The Discourse with Chinese Characteristics

An CHEN on International Economic Law

中国特色话语
陈安论国际经济法学

第三卷

陈安 著

北京大学出版社
PEKING UNIVERSITY PRESS

简目

第三卷

第三编　国际投资法（续） ······ 1415

第 4 章　ICSID 与中国：我们研究"解决投资争端国际中心"的现实动因和待决问题 ······ 1417

第 5 章　中—外双边投资协定中的四大"安全阀"不宜贸然拆除
　　　　——美、加型 BITs 谈判范本关键性"争端解决"条款剖析 ······ 1470

第 6 章　区分两类国家，实行差别互惠：再论 ICSID 体制赋予中国的四大"安全阀"不宜贸然全面拆除 ······ 1499

第 7 章　"南北矛盾视角"应当"摒弃"吗？
　　　　——聚焦"中—加 2012 BIT" ······ 1536

第 8 章　国际投资法中"身份混同"问题之宏观剖析与中国应对 ······ 1559

第 9 章　全球治理背景下有关"国际投资法庭"提议臧否之中国观 ······ 1591

第 10 章　中国—秘鲁 1994 年双边投资协定可否适用于"一国两制"下的中国香港特别行政区？
　　　　——香港居民谢业深 v. 秘鲁政府征收投资案件的法理剖析 ······ 1609

第 11 章　我国涉外经济立法中可否规定对外资绝不实行国有化 ······ 1659

第 12 章　是重新闭关自守，还是扩大对外开放？
　　　　——论中美两国经济上的互相依存以及"1989 年政治风波"后在华外资的法律环境 ······ 1672

第 13 章　中国对欧洲在华直接投资的法律保护及其与国际惯例的接轨 ······ 1690

第 14 章 外商在华投资中金融票据诈骗问题剖析
　　　——香港东方公司 v. 香港泰益公司案件述评 …………… 1708

第 15 章 外商在华投资中的担保与反担保问题剖析
　　　——香港上海汇丰银行有限公司 v. 厦门建设发展公司案件述评
　　　………………………………………………………………… 1718

第 16 章 外商在华投资"征收"索赔迷雾中的庐山面目
　　　——英商 X 投资公司 v. 英商 Y 保险公司案件述评(一) ………… 1743

第 17 章 外商在华投资"征收"索赔中的"脚踩两船"与"左右逢源"
　　　——英商 X 投资公司 v. 英商 Y 保险公司案件述评(二) ………… 1772

第 18 章 外商在华投资中的"空手道"融资："一女两婿"与"两裁六审"
　　　——中国深圳市中方四公司 v. 泰国贤成两合公司案件述评 …… 1790

第四编　国际贸易法 …………………………………………………… 1839

第 1 章 某些涉外经济合同何以无效以及如何防止无效 ……………… 1841

第 2 章 跨国商品代销中越权抵押和争端管辖权问题剖析
　　　——意大利古西公司 v. 香港图荣公司案件述评 ……………… 1868

第 3 章 外贸汇票承兑争端管辖权冲突问题剖析
　　　——美国约克公司 v. 香港北海公司案件述评 ………………… 1882

第 4 章 指鹿为马　枉法裁断
　　　——评香港高等法院"1993 年第 A8176 号"案件判决书 ……… 1917

第 5 章 外贸争端中商检结论暧昧、转售合同作伪问题剖析
　　　——中国 A 市 MX 公司 v. 韩国 HD 株式会社案件述评 ………… 1949

第 6 章 外贸代理合同纠纷中的当事人、管辖权、准据法、仲裁庭、债务人等
　　　问题剖析
　　　——韩国 C 公司 v. 中国 X 市 A、B 两家公司案件述评 ………… 1967

第 7 章 中国中禾公司采购巴西大豆含毒案件专家意见书：含毒可能致癌
　　　依法严禁进口 …………………………………………………… 2000

第 8 章 论英国 FOSFA 裁决严重枉法、不予执行
　　　——中国中禾公司采购巴西大豆含毒案件述评[专家意见书] …… 2014

目 录

第三编 国际投资法(续)

第 4 章 ICSID 与中国:我们研究"解决投资争端国际中心"的现实动因和待决问题 …… 1417

- 一、问题的提出:在中国境内的涉外投资争端中,外国的"民"可否控告中国的"官" …… 1419
- 二、"解决投资争端国际中心"的由来及其仲裁体制 …… 1424
- 三、中国与"解决投资争端国际中心"早期关系的发展进程 …… 1432
- 四、关于中国应否参加《华盛顿公约》、可否接受"解决投资争端国际中心"仲裁体制的分歧意见 …… 1435
- 五、中国参加《华盛顿公约》、接受"解决投资争端国际中心"仲裁体制后面临的新形势和待决问题 …… 1447
- 六、《国际投资争端仲裁——ICSID 机制研究》一书的内容结构 …… 1468

第 5 章 中—外双边投资协定中的四大"安全阀"不宜贸然拆除
——美、加型 BITs 谈判范本关键性"争端解决"条款剖析 …… 1470

- 一、中国型 BITs 中争端解决条款与《华盛顿公约》相关条款的"接轨" …… 1472
- 二、美、加型 BITs 谈判范本关键性"争端解决"条款之基本规定 …… 1476
- 三、中国在 BIT 谈判中不宜贸然接受上述条款或其"变种" …… 1479
- 四、结论:有关今后中外 BIT 谈判的几点管见 …… 1495

第 6 章 区分两类国家,实行差别互惠:再论 ICSID 体制赋予中国的四大"安全阀"不宜贸然全面拆除 …… 1499

- 一、问题的缘由 …… 1501
- 二、中国型 BITs 中争端解决条款与《华盛顿公约》相关条款"接轨"的简要回顾 …… 1503

三、中国在 BITs 谈判中不宜贸然接受美国型的争端解决条款或其
"变种" ………………………………………………………………… 1505
四、有关今后中外 BIT 谈判的几点思考 ……………………………… 1522
五、区分两类国家,实行差别互惠的理论依据和实践先例 ………… 1528
六、结论 ………………………………………………………………… 1534

第 7 章 "南北矛盾视角"应当"摒弃"吗?
——聚焦"中—加 2012 BIT" ……………………………………… 1536
一、中国国家的科学定性:迄今仍是发展中国家——仍属于南方国家
范畴 …………………………………………………………………… 1538
二、南北矛盾的源与流 ………………………………………………… 1540
三、"中—加 2012 BIT"的缔结乃是南北利益交换和互相妥协的典例:
聚焦"征收补偿"条款 ……………………………………………… 1543
四、"中—加 2012 BIT"的缔结乃是南北利益交换和南北互相妥协的
典例:聚焦"争端解决"条款 ……………………………………… 1548
五、多哈回合谈判是构建国际经济规则不能"摒弃南北矛盾视角"的
最大明证 …………………………………………………………… 1556
六、结束语 ……………………………………………………………… 1557

第 8 章 国际投资法中"身份混同"问题之宏观剖析与中国应对 ……… 1559
一、身份混同非均衡化的表现 ………………………………………… 1560
二、身份混同非均衡化的成因 ………………………………………… 1565
三、身份混同非均衡化引发的问题 …………………………………… 1568
四、身份混同非均衡化的国家应对——中国视角 …………………… 1573

第 9 章 全球治理背景下有关"国际投资法庭"提议臧否之中国观 …… 1591
一、全球治理背景下国际投资法庭模式的浮现 ……………………… 1592
二、欧盟版国际投资法庭体制的关键内容 …………………………… 1597
三、中国关于国际投资法庭模式的应对 ……………………………… 1600
四、几点结论 …………………………………………………………… 1608

第 10 章 中国—秘鲁 1994 年双边投资协定可否适用于"一国两制"下的
中国香港特别行政区?
——香港居民谢业深 v. 秘鲁政府征收投资案件的法理剖析 ……… 1609
一、本案案情梗概 ……………………………………………………… 1611
二、主要争议和初步看法 ……………………………………………… 1612

三、关于申请人之中国国籍问题 ………………………………………… 1613
　　四、关于中—秘 BIT 1994 适用于在香港享有居留权的中国公民问题…… 1616
　　五、关于中—秘 BIT 1994 中仲裁条款的适用范围问题 ………………… 1627
　　六、关于中—秘 BIT 1994 中最惠国条款的适用范围问题 ……………… 1636
　　七、结论 ……………………………………………………………………… 1658

第 11 章　我国涉外经济立法中可否规定对外资绝不实行国有化 1659
　　一、问题缘起 ………………………………………………………………… 1660
　　二、两种歧议 ………………………………………………………………… 1661
　　三、四点管见 ………………………………………………………………… 1664
　　四、结论：务必留权在手，但决不任意滥用 ……………………………… 1671

第 12 章　是重新闭关自守，还是扩大对外开放？
　　　　　——论中美两国经济上的互相依存以及"1989 年政治风波"后在
　　　　　华外资的法律环境 …………………………………………………… 1672
　　一、华盛顿：最惠国≠最喜欢的国家 ……………………………………… 1673
　　二、北京：最惠国——中美同舟 …………………………………………… 1676
　　三、燕子悄无声，天暖翩然来 ……………………………………………… 1678
　　四、有利于外国投资者的中国法律多面体上又新增六面 ……………… 1681
　　五、娃娃与洗澡水 …………………………………………………………… 1688

第 13 章　中国对欧洲在华直接投资的法律保护及其与国际惯例的接轨 1690
　　一、中国国内法对在华外资的保护 ………………………………………… 1691
　　二、中国吸收外资政策新近的重要发展及其相应的法律措施 ………… 1697
　　三、中国参加缔结的国际条约对在华外资的保护 ……………………… 1699

第 14 章　外商在华投资中金融票据诈骗问题剖析
　　　　　——香港东方公司 v. 香港泰益公司案件述评 ………………… 1708
　　一、本案案情梗概 …………………………………………………………… 1709
　　二、本案讼争主要问题剖析 ………………………………………………… 1710
　　附录　福建省高级人民法院民事判决书 ………………………………… 1715

第 15 章　外商在华投资中的担保与反担保问题剖析
　　　　　——香港上海汇丰银行有限公司 v. 厦门建设发展公司案件述评
　　　　　………………………………………………………………………… 1718
　　一、本案案情梗概 …………………………………………………………… 1719
　　二、厦门建发公司答辩状 …………………………………………………… 1721

三、本案讼争主要问题剖析 ··· 1729
四、本案中方代理律师致香港汇丰银行中国业务部总经理罗素
　　先生函 ·· 1740

第 16 章　外商在华投资"征收"索赔迷雾中的庐山面目
　　　　　——英商 X 投资公司 v. 英商 Y 保险公司案件述评（一） ······ 1743
一、本案案情梗概 ··· 1744
二、咨询的问题 ·· 1745
三、专家的看法和意见 ··· 1746
四、结论 ··· 1757
附录 ··· 1759

第 17 章　外商在华投资"征收"索赔中的"脚踩两船"与"左右逢源"
　　　　　——英商 X 投资公司 v. 英商 Y 保险公司案件述评（二） ······ 1772

第 18 章　外商在华投资中的"空手道"融资："一女两婿"与"两裁六审"
　　　　　——中国深圳市中方四公司 v. 泰国贤成两合公司案件述评 ······ 1790
一、本案案情梗概 ··· 1791
二、本案各方当事人的主张和仲裁庭对事实的认定 ··························· 1793
三、本案仲裁庭的合议评析和终局裁断 ··· 1820
附录 ··· 1827

第四编　国际贸易法

第 1 章　某些涉外经济合同何以无效以及如何防止无效 ····················· 1841
一、"合同必须信守"与"违法合同自始无效" ······························· 1842
二、"鳗苗"风波——数项合同一连串违法 ····································· 1844
三、合同主体不合格导致合同无效 ··· 1848
四、合同内容不合法导致合同无效 ··· 1852
五、两起涉嫌"欺诈"的涉外合同纠纷 ··· 1858
六、无效合同的处理和预防 ··· 1864

第 2 章　跨国商品代销中越权抵押和争端管辖权问题剖析
　　　　——意大利古西公司 v. 香港图荣公司案件述评 ······················ 1868
一、本案案情梗概 ··· 1869
二、本案民事诉状 ··· 1870

三、本案争端管辖权问题剖析——对图荣公司答辩状的反驳 …………… 1872
　　四、本案讼争商品所有权问题剖析 ………………………………………… 1876
　　附录 …………………………………………………………………………… 1880

第3章　外贸汇票承兑争端管辖权冲突问题剖析
　　　　——美国约克公司 v. 香港北海公司案件述评 ………………………… 1882
　　一、本案案情梗概 …………………………………………………………… 1883
　　二、关于约克公司与北海公司争议案件的专家意见书 …………………… 1883
　　三、关于约克公司与北海公司争议案件专家意见书的重要补充 ………… 1898
　　四、评英国皇家大律师狄克斯（A. R. Dicks Q. C.）的书面证词 ………… 1901

第4章　指鹿为马　枉法裁断
　　　　——评香港高等法院"1993年第A8176号"案件判决书 ……………… 1917
　　引言 …………………………………………………………………………… 1919
　　一、本案案情梗概 …………………………………………………………… 1919
　　二、判决质疑之一：关于本案的管辖权问题 ……………………………… 1924
　　三、判决质疑之二：关于中国内地法律"承认"本案汇票争端之"独立性"
　　　　问题 …………………………………………………………………… 1936
　　四、判决质疑之三：关于本案被告的答辩权问题 ………………………… 1945

第5章　外贸争端中商检结论暧昧、转售合同作伪问题剖析
　　　　——中国A市MX公司 v. 韩国HD株式会社案件述评 ………………… 1949
　　一、本案案情梗概 …………………………………………………………… 1950
　　二、A市的商检证书结论暧昧，不足采信
　　　　——韩国HD公司的答辩书及反请求书 ……………………………… 1951
　　三、MX公司的"转售合同"涉嫌凭空伪造或逃税走私（一） ……………… 1958
　　四、MX公司的"转售合同"涉嫌凭空伪造或逃税走私（二） ……………… 1961
　　五、本案的仲裁庭意见和终局裁决 ………………………………………… 1964

第6章　外贸代理合同纠纷中的当事人、管辖权、准据法、仲裁庭、债务人等
　　　　问题剖析
　　　　——韩国C公司 v. 中国X市A、B两家公司案件述评 ………………… 1967
　　一、本案案情梗概 …………………………………………………………… 1968
　　二、关于当事人和管辖权的争议 …………………………………………… 1971
　　三、关于准据法的争议 ……………………………………………………… 1979
　　四、关于仲裁庭人数和人选的争议 ………………………………………… 1982

五、关于无单放货和货款债务人的争议 ··· 1989
六、本案终局裁决 ··· 1995
七、从本案实践看现行《ICC 仲裁规则》及其执行中的瑕疵 ··············· 1996

第 7 章 中国中禾公司采购巴西大豆含毒案件专家意见书:含毒可能致癌依法严禁进口 ··· 2000
一、专家简况 ·· 2001
二、本案案情梗概 ·· 2002
三、咨询的问题 ··· 2004
四、专家的看法和意见 ·· 2005
五、简短的结论 ··· 2013

第 8 章 论英国 FOSFA 裁决严重枉法、不予执行
——中国中禾公司采购巴西大豆含毒案件述评[专家意见书] ······ 2014
一、专家简况 ·· 2016
二、本案案情梗概 ·· 2016
三、中禾公司咨询的问题 ··· 2021
四、专家的看法和意见 ·· 2023
五、结论:英国 FOSFA 裁决严重枉法,依法应不予承认、不予执行 ······ 2053

第三编
国际投资法(续)

第4章　ICSID 与中国：我们研究"解决投资争端国际中心"的现实动因和待决问题[*]

>> 内容提要

中国实行对外开放基本国策之后，20 世纪 80 年代中期，外商对华投资逐步增多。但对中国政府部门能否公正处理投资行政争端，心存疑惧。在双边谈判中，许多外国（主要是发达国家）政府要求中国参加《解决国家与他国国民间投资争端公约》和接受"解决投资争端国际中心"（ICSID）仲裁体制。对此种要求，国内人士见仁见智，歧议甚多，可归纳为三种主张：（一）主张"促进开放，从速参加"，认为：为了认真贯彻对外开放基本国策，进一步改善外商在华投资的法律环境，解除外商来华投资的顾虑，从而更多更快地吸收经济建设急需的大量外资，中国应当当机立断，迅即参加上述公约和接受 ICSID 体制。（二）主张"珍惜主权，不宜参加"，认为：对中国说来，实行对外开放和大量吸收外资，确属十分必要。但是，维护主权，独立自主，是对外开放和吸收外资的前提和基础。上述公约和 ICSID 体制对东道国（主要是发展中国家）的司法管辖权施加限制，并尽量把它转交国外机构，此种体制颇有损于东道国主权。作为社会主义国家和发展中国家的中坚力量，中国不宜参加上述公约。（三）主张"积极研究，慎重参加"，认为：上述两种主张，针锋相对，都有重要的理论根据。主张"从速参加"者根据的是中国对外开放的基本国策，主张"不宜参加"者根据的是中国维护主权的一贯立场。但是，仅仅根据这些理论原则，还不能准确地和全面地权衡利弊得失，从而对中国应否参加上述公约以及在何种条件下参加该公约的问题，作出科学的决策。为了作出正确的判断，就必须在上述基本国策和一贯立场的

---

[*] 本文系由笔者参撰和主编的《"解决投资争端国际中心"述评》一书（鹭江出版社 1989 年版）的"代前言"，以及《国际投资争端仲裁——ICSID 机制研究》一书（复旦大学出版社 2001 年版）的"绪论"综合整理而成。前一本书于 1994 年获得"福建省人民政府第二届社科优秀成果奖"一等奖；后一本书于 2002 年先后获得中国司法部颁发的"第一届全国法学教材与科研成果奖"一等奖以及中国出版总署颁发的"中国图书大奖"。

综合指导下,积极地抓紧对这个公约和 ICSID 的历史、现状以及它们在实践中的具体运作情况,开展全面、深入的研究,并且在充分了解有关实况和全貌的基础上,慎重地决定是否参加以及如何参加。

笔者自 20 世纪 80 年代中期起参加过有关的政策咨询和学术研讨,并先后主持了两个科研课题,对 ICSID 体制以及中国在其中如何趋利避害的问题,进行了较系统的和连续的集体攻关,提供了两本著作成果和有关建议。本文由两本著作的"代前言"和"绪论"综合整理而成,约 5.7 万字。为阅读方便,特在文首列明细目,俾读者在开卷时便可概见本文论述的内容、层次和脉络。

中国政府在多方咨询、研究的基础上,经过全面的利弊权衡,终于在 1992—1993 年完成了签署和提交批准书的程序,自 1993 年 2 月 6 日起,成为《解决国家与他国国民间投资争端公约》的缔约国,接受了 ICSID 体制。

目　次

一、问题的提出:在中国境内的涉外投资争端中,外国的"民"可否控告中国的"官"
  (一)中国国内法关于在华外商控告中国民间当事人的规定
  (二)中国国内法关于在华外商控告中国政府机关的规定
  (三)中外国际条约中关于在华外商控告中国政府机关的规定——ICSID 问题的提出

二、"解决投资争端国际中心"的由来及其仲裁体制
  (一)ICSID 出现的历史背景
  (二)ICSID 仲裁体制的基本框架和运作原则

三、中国与"解决投资争端国际中心"早期关系的发展进程

四、关于中国应否参加《华盛顿公约》、可否接受"解决投资争端国际中心"仲裁体制的分歧意见
  (一)主张"为了促进开放,应当从速参加"者的主要论据
  (二)主张"为了珍惜主权,绝对不宜参加"者的主要论据
  (三)主张"积极加强研究,慎重考虑参加"者提出的各种待决问题

五、中国参加《华盛顿公约》、接受"解决投资争端国际中心"仲裁体制后面临的新形势和待决问题
  (一)十一年来《华盛顿公约》缔约国大幅度增加
  (二)十一年来 ICSID 仲裁体制的功能不断扩大
  (三)十一年来 ICSID 受理的国际投资争端案件急剧增多

（四）在 ICSID 新形势下中国面临新的待决问题

六、《国际投资争端仲裁——ICSID 机制研究》一书的内容结构

对外开放，吸收外资，以促进社会主义经济建设，是中国长期的基本国策。

觅利，是资本的本性和本能。外商来华投资的主要动力和终极目的，在于寻求最大限度的利润。利润的大小，除了经营管理方面的因素之外，主要取决于投资环境的良劣。有经验、有眼光的投资家历来重视东道国有关吸收外资的法律规定，将其作为他们综合判断投资环境良劣和日后获利厚薄的主要依据之一。

东道国有关吸收外资的法律规定，是一个比较复杂的综合体和多面体。它所涉及的诸多问题，大体上可以概括为四个主要方面：(1) 对外资施加的保护是否充分、周到；(2) 给予外资的待遇是否优惠、友好；(3) 对外资实行的管束是否适度、宽松；(4) 对涉外投资争端的处断是否公正、合理。这四个方面，历来是外国投资人所密切关注的四大关键问题。

本文所论述和评介的，是上述最后一个关键问题的重要组成部分。

一、问题的提出：在中国境内的涉外投资争端中，外国的"民"可否控告中国的"官"

东道国为处理涉外投资争端制定法律规范，一般采取两种方式或通过两种渠道：一是实行国内立法，一是缔结国际条约。中国也不例外，兹分别简述如下：

（一）中国国内法关于在华外商控告中国民间当事人的规定

在中国，国内立法规定：中国境内中外合资经营企业的合营各方如在解释或履行合营合同时发生争议，应尽量通过友好协商或调解解决。如经过协商或调解无效，则提请仲裁或司法解决。[1] 合营各方根据有关仲裁的书面协议提请仲裁时，可以按照"中国国际贸易促进委员会"所设的"国际经济贸易仲裁委员会"的仲裁程序规则，进行仲裁；如当事各方同意，也可以在被诉一方所在国或第三国的仲裁机构，按照该机构的仲裁程序规则，进行仲裁。[2] 如合营各方之间没有关于仲裁的书面协

---

[1] 参见《中华人民共和国中外合资经营企业法实施条例》第109条。
[2] 参见《中华人民共和国中外合资经营企业法实施条例》第110条。

议,发生争议的任何一方都可以依法向中国的人民法院起诉。[3] 对于中国境内的中外合作企业各方当事人之间的纠纷问题,也有类似的法律规定。[4]

至于设在中国境内的外资独资企业,在企业内部并无中方合资经营人或合作经营人,如果它与企业外部的其他中国法人或自然人发生经济合同纠纷,双方协商或调解不成,任何一方均可依仲裁协议向仲裁机构申请仲裁。当事人没有订立仲裁协议或者仲裁协议无效的,可以向中国人民法院起诉。[5] 这里值得注意的是:即使双方协商同意,也不得将争端提交中国以外的仲裁机构进行仲裁。因为,设立在中国境内的外资独资企业,符合中国法定条件的,依法取得中国法人资格。[6] 它和其他中国法人或自然人之间的经济合同纠纷,属于国内经济合同纠纷,并非涉外经济合同纠纷,从而理所当然地只能归由中国的仲裁机构或中国的人民法院管辖和处理。

以上诸项规定,概括起来说,就是:在中国的涉外投资争端中,外国的"民"(自然人、企业法人)可以告中国的"民"(自然人、企业法人)。

(二) 中国国内法关于在华外商控告中国政府机关的规定

来华投资的外商,包括中外合资经营企业里的外商合营人、中外合作经营企业里的外商合作人以及外资(独资)企业里的外国投资人,如果他们在投资活动过程中发生争端的对方并不是中国的一般企业法人或自然人,而是中国的政府当局或其所属的各级行政机关,那么,来华投资的外商可否将争端提请仲裁或径行起诉? 应当归谁管辖处理? 这是外商所特别关注和担心的。因为,此时他们所面临的对手,不是"民"而是"官",是主权国家的拥有行政权力和各种强制手段的各级政府机关。这就牵涉到在中国"民"可否告"官"、外国的"民"可否告中国的"官"、外国的"民"告中国的"官"归谁审理处断、审理机构根据什么原则和标准来判断是非、审理处断是否公正持平等一系列具体的法律问题。

"民"可以告"官"。中国的《宪法》对此已经作出明确的规定:中华人民共和国公民"对于任何国家机关和国家工作人员的违法失职行为,有向有关国家机关提出申诉、控告或者检举的权利";"由于国家机关和国家工作人员侵犯公民权利而受到损失的人,有依照法律规定取得赔偿的权利。"[7] 根据这一基本精神,为了保护中国公民、法人和其他组织的合法权益,为了维护和监督各级行政机关依法行使行政职权,

---

[3] 参见《中华人民共和国中外合资经营企业法实施条例》第 111 条。
[4] 参见《中华人民共和国中外合作经营企业法》第 26 条。
[5] 参见《中华人民共和国合同法》第 128 条。
[6] 参见《中华人民共和国外资企业法》第 8 条。
[7] 《中华人民共和国宪法》第 41 条。

截至 1989 年 3 月底,中国已有 130 多种法律和行政法规明文规定,公民和各种组织如不服行政机关处理,可以向中国的人民法院起诉。[8] 1989 年 4 月 4 日,中国的第七届全国人民代表大会第二次会议正式通过了审议多年、反复修订的《中华人民共和国行政诉讼法》,对"民可以告官"的基本原则和具体办法,作了更加明确的统一规定:"公民、法人或者其他组织认为行政机关和行政机关工作人员的具体行政行为侵犯其合法权益,有权依照本法向人民法院提起诉讼。"[9]

那么,来华投资的外国的"民"是否也可以告中国的"官"? 中国的现行《宪法》对此虽未作出正面答复,但已基本上从侧面给予肯定:"中华人民共和国保护在中国境内的外国人的合法权利和利益";"在中国境内的外国企业和其他外国经济组织以及中外合资经营的企业,都必须遵守中华人民共和国的法律。它们的合法的权利和利益受中华人民共和国法律的保护。"[10]而上述《中华人民共和国行政诉讼法》,则对实际上已经实行多年的原则从法律上和总体上加以更明确的肯定和固定,即"外国人、无国籍人、外国组织在中华人民共和国进行行政诉讼,同中华人民共和国公民、组织有同等的诉讼权利和义务"[11]。

依据中国的上述国内立法,来华投资的外商在投资活动过程中如与中国的各级行政当局发生争端和纠纷,可以依法"提出申诉、控告或者检举"。但是,应当注意:有权受理、审理和处断的机构,只限于中国的"国家机关"或中国的"人民法院";判断是非、解决纷争所根据的标准和原则,只能是中国的法律规定。换言之,只能适用中国的有关法律和法规来处断纷争,只能由中国的国家机关或人民法院作出最后决定。

(三) 中外国际条约中关于在华外商控告中国政府机关的规定——ICSID 问题的提出

对于中国的这种国内立法规定,来华投资的外商难免心存疑虑甚至很不放心。尽管多年以来中国的国家行政机关、人民法院或专设仲裁机构在受理和处断涉外争端的过程中,基本上做到了依法办事、公正持平、合情合理,但在外商看来,在涉外的行政讼争中,被告或被诉人是中国的行政机关或中国的行政官员,他们掌握着行政实权,而处断争端的管辖权以及处断时所适用的法律,又都是属于中国的,难道审理

---

[8] 参见任建新:《最高人民法院工作报告》(1989 年 3 月 29 日),载《法制日报》1989 年 4 月 11 日。
[9] 《中华人民共和国行政诉讼法》第 2 条。
[10] 《中华人民共和国宪法》第 32 条、第 18 条。
[11] 《中华人民共和国行政诉讼法》第 71 条第 1 款。同条第 2 款进一步规定:"外国法院对中华人民共和国公民、组织的行政诉讼权利加以限制的,人民法院对该国公民、组织的行政诉讼权利,实行对等原则。"

和处断中不会发生偏袒、护短和执法不公的现象？一旦发生，如何补救？基于这种心理状态，他们理所当然地力图通过双边或多边国际条约的规定，把他们在对华投资过程中所卷入的涉外行政纠纷或行政讼争的受理权或管辖权，部分地乃至全部地转移到中国以外去，移交给争端双方当事人以外的国际性仲裁庭，适用"国际性"的法律规范和仲裁规则，实行国际裁断。

这里所说的双边国际条约，主要是指以中国政府为一方，以外国投资者国籍所属国家的政府为另一方，所缔结的关于互相保护国际投资的协定；这里所说的多边国际条约，则主要是指 1965 年 3 月开始出现、迄 1989 年已有九十多个缔约国的《解决国家与他国国民间投资争端公约》(Convention on the Settlement of Investment Disputes Between States and Nationals of Other States)（以下简称《华盛顿公约》），以及 1985 年开始出现、迄 1989 年已有四十多个缔约国的《多边投资担保机构公约》(Convention Establishing the Multilateral Investment Guarantee Agency)。

实行对外开放国策以来，在 1982 年 3 月中国政府参加签订的第一个双边（中国—瑞典）保护投资协定[12]中，并无片言只字提及业已出现 17 年的上述第一种多边公约。但形势发展很快，事隔一年多，在 1983 年 10 月中国政府参加缔结的第三个双边（中国—联邦德国）保护投资协定[13]中，应联邦德国方要求并经中方同意，明文规定：东道国政府为了公共利益需要，可以对外商在东道国境内的投资加以征收，但必须按照法律程序办事，并给外商支付补偿金；如果双方（即东道国政府与前来投资的外商）对于有关征收的补偿金数额有争议，开始协商后 6 个月内意见未获一致，则应外商投资者的请求，可以依约定程序组成国际仲裁庭，专对有关征收的补偿金额争端实行国际裁断，该国际仲裁庭应参照 1965 年 3 月的《华盛顿公约》自行确定仲裁程序。[14] 特别值得注意的是：双方针对上述双边协定而互相送达的外交换文中，明文商定：

> 缔约双方同意，在缔约双方都成为 1965 年 3 月 18 日在华盛顿签订的《解决国家与他国国民间投资争端公约》缔约国时，双方将举行谈判，就缔约一方的投

---

[12] 指 1982 年 3 月签订的《中华人民共和国政府和瑞典王国政府关于相互保护投资的协定》，载陈安：《美国对海外投资的法律保护及典型案例分析》，鹭江出版社 1985 年版，附录，第 154—158 页；或中国对外贸易经济合作部编：《国际投资条约汇编》，警官教育出版社 1998 年版，第 142—145 页。

[13] 指 1983 年 10 月签订的《中华人民共和国和德意志联邦共和国关于促进和相互保护投资的协定》，载陈安：《美国对海外投资的法律保护及典型案例分析》，鹭江出版社 1985 年版，第 163—172 页；或中国对外贸易经济合作部编：《国际投资条约汇编》，警官教育出版社 1998 年版，第 163—170 页。

[14] 参见《中华人民共和国和德意志联邦共和国关于促进和相互保护投资的协定》第 4 条第 1 款，所附《议定书》第 4 条第 3 款、第 4 款，载陈安：《美国对海外投资的法律保护及典型案例分析》，鹭江出版社 1985 年版，第 165、170 页；或中国对外贸易经济合作部编：《国际投资条约汇编》，警官教育出版社 1998 年版，第 164、167 页。

资者和缔约另一方之间的何种争议如何按该公约的规定提请"解决投资争端国际中心"进行调解或仲裁,作出补充协议,并作为本协定的组成部分。[15]

可以说,这是中华人民共和国成立三四十年以来,破天荒第一遭在双边国际协定及其有关外交换文中,正式地、明确地同意在对等互惠的基础上,把在中国境内发生的特定事项(有关征收外资企业的补偿金问题)上的涉外行政讼争(外国的"民"控告中国的"官"),依照一定的程序,提交给中国以外的国际仲裁庭,实行国际裁断。这也是中华人民共和国政府第一次间接地表示:可以考虑在日后时机成熟之际参加《华盛顿公约》的可能性,在某种程度上接受"解决投资争端国际中心"(International Centre for Settlement of Investment Disputes,ICSID)调解或仲裁体制的可能性。

众所周知,中国有着一百多年饱受半殖民地屈辱、听凭"领事裁判权"摧残中国司法主权的痛苦经历,相应地,有着强烈的"闭关自守"的逆反心理和传统意识,举国上下对于多年苦斗、得来不易的国家主权无比珍惜爱护。在这种特定的、复杂的历史条件下,实行对外开放政策才三四年时间,就迈出了这样的第一步:同意把在中国境内发生的特定事项上的涉外行政讼争,提交国际裁断,这需要何等的谨慎小心,何等的深思熟虑,何等的胆略气魄!

自此以后,在中国政府相继与外国政府(特别与发达国家的政府)分别签订的一系列双边保护投资协定及其有关换文中,几乎全都含有类似上述的条款和文字。1985年6月,中国与荷兰签订的相互保护投资协定又进一步明确提出:在缔约双方都成为上述公约的签字国后,"缔约双方将为扩大缔约一方与缔约另一方投资者之间的投资争议提交国际调解或仲裁的可能性开展谈判。"[16]这意味着在对外开放和吸收外资工作迅速发展的形势下,在对华投资外商的强烈要求下,中国政府愿意考虑在日后条件进一步成熟时,将在华外商与中国政府之间的投资争端提交国际仲裁的范围,从"有关征收的补偿金额"这个单一特定事项,扩大到其他某些事项,即将补偿金这一争端以外的其他若干种涉外投资行政讼争,也提交国际裁断。在这种情况下,适应着客观形势的现实需要,中国法学界随即开始以更大的关注和精力,加强对《华盛顿公约》ICSID 这一仲裁体制的探讨和剖析,俾便为中国政府当局的决策抉择提供有益的参考意见,这是理所当然和责无旁贷的。

---

[15]《中华人民共和国和德意志联邦共和国关于促进和相互保护投资的换文》,载《中国国际法年刊》,中国对外翻译出版公司1984年版,第479—480页;或中国对外贸易经济合作部编:《国际投资条约汇编》,警官教育出版社1998年版,第169页。

[16]《中华人民共和国和荷兰王国关于相互鼓励和保护投资协定的议定书》,载《中国国际法年刊》,中国对外翻译出版公司1987年版,第621、637、658页;或中国对外贸易经济合作部编:《国际投资条约汇编》,警官教育出版社1998年版,第291页。

二、"解决投资争端国际中心"的由来及其仲裁体制

国际投资,是当代国际经济交往的常见形式。在国际投资的实践过程中,资本输出国与资本输入国之间、外国投资人与东道国政府之间、外国投资人与东道国公民或公司之间,都有互惠互利的一面,也时有利害冲突的一面。前一面导致国际合作,后一面导致国际争端。

发生在资本输入国即东道国境内的涉外投资争端,应当归谁管辖或处断,可大体区分为三类。第一类,如果卷入纠纷的当事人双方都是主权国家的政府,通常可采取举行外交谈判、提交国际仲裁、诉诸国际法院等方式,谋求解决。第二类,如果当事人双方是不同国籍的公民或公司,一般应归东道国的行政主管机关、司法机关或仲裁机构受理处断;在东道国法律许可的前提条件下,涉讼双方也可协议将争端提交设在东道国以外的其他仲裁机构,进行裁决。这些原则,已被当代国际社会所广泛接受,歧议不多。但是,第三类,如果卷入涉外投资争端的当事人,一方是外国投资人,另一方却是有权管理国家(包括管理境内外商投资活动)的东道国政府或各级行政机关,外国投资人所遇到的问题不是一般的商业性风险,而是行政性风险或政治性风险(如国有化、征用、禁止兑汇外币、革命、暴乱、战争等),通常总称"非商业性风险"(non-commercial risks),在此种场合,外国投资人除了可以在东道国境内采取行政救济手段或司法救济手段,按照法定程序,诉请东道国上级政府机关或司法机关依法处断解决之外,是否也可以在一定条件下,要求将有关的行政讼争,提交东道国境外的国际性仲裁庭,依照东道国法规以外的其他法律规范和仲裁规则,实行国际裁断? 这是一个事关东道国国家主权因而十分敏感的问题。围绕这个问题,在现代国际社会中,长期以来舌剑唇枪,争论激烈。

(一) ICSID 出现的历史背景

第二次世界大战结束以后,亚洲、非洲、拉丁美洲许多弱小民族相继挣脱殖民统治的枷锁,成为政治上独立,但经济上仍很落后的发展中国家。它们为了巩固和发展政治独立,就必须进一步争得经济独立,即必须进一步从根本上改造国内原有的殖民地经济结构,摆脱外国资本对本国的经济控制,独立自主地掌握本国的经济命脉,充分地利用本国的自然资源,大力发展本国的民族经济。在这个过程中,这些国家对于原先根据不平等条约或在强弱地位悬殊条件下签订的投资协议、特许协议或

合同，予以修改或废除，对某些涉及本国重要自然资源和国民经济命脉的境内外资企业，加以限制、征用或收归国有。这就触犯了外国投资家以及西方原殖民国家即发达国家的既得利益，时时引起矛盾纠纷，甚至尖锐对抗，激烈冲突。

对于外国投资者与东道国政府之间因投资问题引起的争端，究竟应如何处理？从外国投资者及其所属的发达国家这一方说来，传统的做法大体有四种。

（1）由发达国家（资本输出国、原宗主国或其他殖民主义国家）以"护侨"为名，向发展中国家（资本输入国、原殖民地或半殖民地）采取经济制裁、外交保护、军事威胁等措施，索取巨金赔偿，甚至发动战争，兴兵索债（如1956年的苏伊士运河事件[17]）。这种做法，严重侵犯东道国主权，粗暴干涉东道国内政，完全背离时代潮流，因而往往遭到众多发展中国家的共同抵制和国际舆论的严厉谴责，从而使发达国家在经济上和政治上都得不偿失。

（2）由发达国家的政府作为原告，以东道国政府作为被告，向国际法院起诉，要求司法解决。《国际法院规约》第34条第1款规定："在本法院得为诉讼当事国者，限于国家。"外国投资者本身不具备主权国家或相当于国家的国际法人资格，不得自行向国际法院直接控告东道国政府，只能由其国籍所属的本国政府出面起诉。这种做法，随着时代潮流的发展，出于前述同类原因，也会给发达国家带来诸多不便和不利。1952年国际法院对英伊石油公司国际投资争端一案的著名判决[18]，便是典型事例之一。

（3）由外国投资者向一般的国际仲裁机构请求仲裁。此种途径，对于外国投资者即申诉人说来，障碍和困难更多。因为作为被诉人的东道国，是主权国家而不是一般的商事组织，它可以主张主权豁免，拒绝参加仲裁程序或拒绝执行仲裁裁决。一般的国际仲裁机构虽擅长于解决国际商事组织之间的商事争议，但对于当事人之一方为主权国家的国际投资争端，往往显得无能为力，因为它在这方面缺乏有效的特定机制和有约束力的特定规则。

---

[17] 1801年，法军占领埃及，从埃及取得开凿专利权的法国人费迪南·德·勒赛普组织开凿公司，于1869年开通了苏伊士运河。1875年，英国殖民势力收买了"苏伊士运河公司"44%的股票，与法国一起控制了埃及的财政命脉。后来英国在苏伊士运河区长期驻军占领。埃及人民进行了长期的反帝反封建斗争，于1953年6月成立埃及共和国。1956年7月，埃及政府宣布将"苏伊士运河公司"收归国有。同年10月，英、法两国纠合以色列向埃及发动侵略战争，企图以武力强迫埃及放弃上述国有化措施，在国际上引起轩然大波，并遭到世界进步舆论和众多发展中国家的一致谴责。在联合国的调停和监督下，英、法、以侵略军被迫于同年12月从埃及撤出。1958年7月，争端双方达成协议，由埃及政府适当地向"苏伊士运河公司"支付国有化补偿金2830万英镑，分6年付清。

[18] 1951年，伊朗议会通过法律，决定将涉及本国经济命脉的石油企业收归国有。应伊朗境内英商投资的"英伊石油公司"要求，英国政府出面向国际法院控告伊朗政府。根据《国际法院规约》第36条第1款，必须是各有关当事国家一致同意提交该院管辖审理的案件，该院才有权受理。碍于这一规定，而且鉴于世界潮流所趋，国际法院终于以伊朗一方不同意作为理由，明确宣布："本院对本案无权管辖（投票表决时9票赞成此结论，5票反对）"，驳回英国的单方投诉，不予受理"。参见《1952年国际法院判例汇编》，1952年英文、法文对照版，第93—115页。

(4) 由外国投资者向东道国的行政机关或司法机关提出申诉或径行起诉。此种途径,在外国投资者看来,乃是"下策",他们担心东道国的受理机关难免有所偏袒,执法不公。

总之,从外国投资者及其所属的发达国家看来,上述四种传统的救济手段,都因形势的发展而存在重大缺陷,不能满足他们的现实需要。于是,他们的法学智囊们力图设计出一种新的、能够较为有效地约束东道国而"副作用"又较少的救济手段和国际机制,以弥补上述诸般缺陷。

但是,他们所提出的原有设计方案,不能不遭到吸收外资的东道国——众多发展中国家的抵制和反对。

一般说来,实行资本输出的发达国家为了保护本国海外投资家的利益,都极力鼓吹将前述第三类涉外投资争端,即外国投资者与东道国政府之间的投资争端,提交具有特殊机制和特定规则的国际性仲裁庭,按照他们惬意的"国际法"规范,实行国际裁断,从而避开东道国政府或法院的管辖,抵制东道国法律的适用。反之,吸收外资的发展中国家为了维护自己的主权权益,力主应当按照国际法上公认的"属地优越权"(territorial supremacy)原则,将前述第三类涉外投资争端归由东道国的政府或法院管辖、受理,并且根据东道国的法律判明是非,加以处断。

正是在上述背景下,1962年,联合国所属专门机构"国际复兴开发银行"(即"世界银行")主持起草了正在设想中的有关《华盛顿公约》的"初步草案"(preliminary draft),先后提交在非洲(埃塞俄比亚的亚的斯亚贝巴)、美洲(智利的圣地亚哥)、欧洲(瑞士的日内瓦)以及亚洲(泰国的曼谷)召开的4次"区域性会议",较为广泛地征求了全球各主要地区各类国家法学专家们的意见,并开展讨论。在这个过程中,来自86个国家的专家们由于其所属国家利害的矛盾或对立,各方见仁见智,很难统一。一方面,面对众多弱小民族力争政治经济独立自主这一历史潮流,发达国家既无法说服也无法压服发展中国家;另一方面,基于继续吸收外资的现实需要,发展中国家虽不肯轻率接受也不能全盘拒绝发达国家的上述要求。经过数年激烈的论战和反复多次的修改,两大国家营垒终于在1965年初逐步达成了妥协性的共识,在"世界银行"主持下拟定了《华盛顿公约》的正式文本,并于1965年3月18日开始在"世界银行"总部所在地美国首都华盛顿市开放,接受各国签署参加。《华盛顿公约》第68条规定,至少应有20个国家依照各自的宪法程序正式批准参加缔约,该公约才能生效。1966年10月14日,荷兰作为第20个国家完成了批准缔约的全部手续,《华盛顿公约》开始生效。随即根据《华盛顿公约》第1条的规定,正式设置了"解决投资争端国际中心"(以下简称"ICSID"),作为根据《华盛顿公约》授权负责组织处理特定国际投资争端(即前述第三类涉外投资争端)的常设专门机构,开始运作。

(二) ICSID 仲裁体制的基本框架和运作原则

《华盛顿公约》共 75 条,它设定了 ICSID 仲裁体制的基本框架和运作原则,其主要内容可概述如下:

(1) 缔约主旨,在于专为外国投资者与东道国政府之间的投资争端,提供国际解决途径,即在东道国国内司法程序之外,另设国际调解和国际仲裁程序。[19]

(2) 根据《华盛顿公约》,创设 ICSID。ICSID 本身并不直接承担调解和仲裁工作,而只是为解决上述类型的国际投资争端提供各种设施和方便;为针对各项具体争端而分别组成的调解委员会或国际仲裁庭,提供必要的基本条件,便于它们开展调解或仲裁工作。[20]

(3) 《华盛顿公约》所适用以及 ICSID 所登记受理的国际投资争端,仅限于外国投资人(即"他国国民")与东道国政府之间直接因国际投资而引起的矛盾纠纷或行政讼争。这里所说的"外国投资人"或"他国国民",是专指具有东道国以外的其他缔约国国籍的任何自然人或法人。但是,有些法人虽具有东道国国籍,事实上却归外国投资者控制,如争端双方同意,也可视同"外国投资人"或"他国国民"。《华盛顿公约》和 ICSID 不适用、不受理资本输出国政府与资本输入国政府之间的投资争端;不适用、不受理外国投资人与东道国公民或公司之间的投资争端;不适用、不受理外国投资人与东道国政府之间并非直接因国际投资引起的其他争端。[21]

(4) 外国投资人与东道国政府之间的每一项投资争端,必须事先经争端双方当事人书面表示同意提交 ICSID 调解或仲裁,后者才有权登记受理。否则,它就缺乏受理、管辖的法定前提。任何缔约国都可以在批准或认可本公约的当时或其后任何时间,通知 ICSID,列举何种争端打算提交 ICSID 管辖,或何种争端不打算提交 ICSID 管辖。但此类一般性的同意表态并不构成也不能取代前述对每一项争端提交 ICSID 管辖的具体表态和书面同意。此外,任何缔约国如尚未就愿意提交 ICSID 管辖的具体投资争端明确表态,就不得仅仅因为它批准加入或认可了本公约,便据以认定它已经承担了将任何特定投资争端提交 ICSID 调解或 ICSID 仲裁的任何义务。[22]

---

[19] 参见《华盛顿公约》"序言"。
[20] 参见《华盛顿公约》第 1 条。
[21] 参见《华盛顿公约》第 25 条第 1 款、第 2 款。
[22] 参见《华盛顿公约》第 25 条第 1 款、第 4 款,"序言"。

凡双方已经书面表示同意提交 ICSID 管辖的争端,应当受到三项限制:一是当事人任何一方不得片面撤回其书面同意。[23] 二是除非另有声明,提交 ICSID 仲裁应视为双方同意排除其他任何救济办法。但东道国可以要求优先用尽当地的各种行政救济手段或司法救济手段,作为它同意提交 ICSID 仲裁的条件。[24] 三是对于已经书面同意提交 ICSID 仲裁的争端,投资者国籍所属国家不得另外主张给予外交保护或提出国际索赔要求,除非东道国不遵守和不履行对此项争端所作出的裁决。[25]

(5)《华盛顿公约》规定用以解决前述特定国际投资争端的基本途径,有调解程序与仲裁程序两种,争端当事人可自行商定,择一采用。采用调解程序,是在当事人之间进行斡旋,使当事人就双方经过妥协退让后均可接受的条件达成协议。[26] 采用仲裁程序,则是根据法律规定对争端作出有法律约束力的、终局性的仲裁裁决。对于此类裁决,不但争端当事人应当遵守、履行,而且本公约的所有缔约国都应当承认它具有法律约束力,并应视同各该本国国内法院的终审判决,在各自的领土疆域内,执行该项裁决所科予的金钱义务。[27]

但是,《华盛顿公约》又作出两种例外规定:第一,各缔约国有权依据本国现行法律,在本国国境内,使本国或任何外国豁免于上述裁决的强制执行。[28] 第二,如果具备下述理由之一:仲裁庭的组建不当、仲裁庭显然越权、仲裁员之一有受贿行为、仲裁过程严重违反基本的程序规则、裁决未阐明它所依据的理由,那么,争端当事人的任何一方都有权向 ICSID 秘书长提出书面申请,请求撤销裁决,并在该裁决撤销之后,申请将争端提交另行组建的新仲裁庭重新仲裁。[29]

(6)对提交 ICSID 进行国际仲裁的投资争端,仲裁庭应当依据争端当事人双方协商同意适用的法律规范,加以裁断处理。如双方未达成此种协议,仲裁庭应当适用作为争端当事国的缔约国(即吸收外资的东道国)的法律(包括该国的冲突法规范)以及可以适用的国际法规范。如果争端双方当事人协商同意,仲裁庭也可以依据公平善意原则裁断争端。[30]

(7)ICSID 本身设"行政理事会"和"秘书处"两个机构。"行政理事会"由缔约国

---

[23] 参见《华盛顿公约》第 25 条第 1 款。
[24] 参见《华盛顿公约》第 26 条。
[25] 参见《华盛顿公约》第 27 条。
[26] 参见《华盛顿公约》第 28 条、第 34 条。
[27] 参见《华盛顿公约》第 36 条、第 53 条、第 54 条。
[28] 参见《华盛顿公约》第 55 条。
[29] 参见《华盛顿公约》第 52 条。
[30] 参见《华盛顿公约》第 42 条第 1 款、第 3 款。

各派代表一人组成,"世界银行"行长兼任行政理事会的当然主席。[31] "秘书处"设秘书长、副秘书长及若干工作人员。正、副秘书长均由"行政理事会"选举产生,是ICSID 的法定代表人和主管官员;同时执行类似于法庭书记官的任务,对争端当事人双方协议提交 ICSID 管辖、要求给予调解或仲裁的案件,预先审查,认为符合《华盛顿公约》规定的受理条件后,应立即予以登记受理,并进一步进行调解委员会或仲裁庭的组建工作。[32]

(8) ICSID 应备有"调解员名册"和"仲裁员名册"各一份,供投资争端当事人选择,指定聘请。本公约的每一缔约国可以就每一种名册各指定 4 人参加。所指定的人员,可以是各该本国国民,也可以是外国人。另外,"行政理事会"主席有权就每一种名册各指定 10 人参加,但这些被指定的人应各具不同的国籍,并且注意使两种名册都能代表世界各种主要的法律制度和主要的经济体制,从而具有较广泛的代表性。所有被指定列入各名册的调解员和仲裁员,都应当是品格高尚,被公认为在法学、商务、工业或金融方面深具才识,能作出独立判断的人士。其中的仲裁员,在法学方面的才识尤为重要。[33]

《华盛顿公约》的主要条款以及 ICSID 据以运作的主要原则,大体如上。不难看出,在这些主要条款和主要原则之中,始终贯穿着两大线索:

第一,缔结《华盛顿公约》和设置 ICSID 的实际宗旨,说到底,就是为了切实保障资本输出国(绝大部分是发达国家)海外投资家的利益。《华盛顿公约》明显地体现了发达国家的基本立场:尽可能把本来属于东道国(绝大部分是发展中国家)的境内投资领域中涉外行政诉争的绝对管辖权和法律适用权,转交给国际组织。它在相当程度上,实现了发达国家的这一目的。可以说,《华盛顿公约》的签订,为外国的"民"以"原告"(申诉人)身份到东道国国境以外去直接控告东道国的"官",提供了"国际立法"上的根据。事实上,ICSID 成立以来受理的投资争端案件中,除极个别例外,东道国政府都是直接处在"被告"(被诉人)的地位。这也是本公约不同于其他有关仲裁的国际公约、ICSID 不同于其他国际商事仲裁机构的一大特色。

第二,在资本输入国(绝大多数是发展中国家)方面,出于吸收外资的现实需要,在全面权衡利弊得失之后,原则上同意对于本国境内有关投资的涉外行政诉争的绝对管辖权和法律适用权,作出局部的自我限制和向外转移。但是,出于对国际资本贪婪本性的高度戒心,出于对得来不易的本国主权的高度珍惜,又不得不层层设防,

---

[31] 参见《华盛顿公约》第 4 条、第 5 条。
[32] 参见《华盛顿公约》第 9—11 条、第 28 条、第 29 条、第 36 条、第 37 条。
[33] 参见《华盛顿公约》第 12—14 条。

力争把本来就属于自己的上述争端管辖权和法律适用权,尽可能地保留在自己手中。《华盛顿公约》中的若干重要条款(诸如前述第(4)点中提到的有关"逐项事先书面同意"和"缔约之后允许保留"之类的规定),相当明显地体现了发展中国家的戒心和防范。

由此可见,《华盛顿公约》和 ICSID 既是发达国家与发展中国家利害冲突的产物,又是双方互相妥协退让的产物。其中有国际争斗的记录,也有国际合作的记录,这两种记录交错在一起,综合地反映了 20 世纪 60 年代中期国际舞台上双方实力的实际对比。

自从 1966 年 10 月《华盛顿公约》正式生效、ICSID 开始运作以后,一方面,这种体制在实践中暴露出种种问题,另一方面,它在解决国际投资争端和促进国际经济合作中也发挥了一定的积极作用。约二十年间,随着国际社会各类成员之间经济上互相依存关系的加深和加强,参加缔约的国家逐渐增加。截至 1989 年 4 月 2 日,《华盛顿公约》的正式缔约国成员已达 91 个,另外还有 6 个国家已经签署,但尚未提交正式批准书[34](1990 年以来《华盛顿公约》缔约国成员和 ICSID 的发展情况,见本文第五部分)。

据 ICSID 机关刊物报道:自 1966 年 10 月 ICSID 组建并开始运作至 1987 年 1 月底,约二十年中一共受理国际投资争端 21 起,其中提交仲裁 19 起、提交调解 2 起。值得注意的是:在这 21 起争端案件中,除 1 起外,其余各案全部是以外国投资者为原告(申诉人),以吸收外资的东道国为被告(被诉人);而这些被告东道国,除欧洲一国——冰岛以外,又全部都是亚洲、非洲、拉丁美洲的发展中国家,诸如非洲的摩洛哥、象牙海岸(今译"科特迪瓦")、刚果、尼日利亚、喀麦隆、塞内加尔、利比里亚、几内亚、埃及、突尼斯、马达加斯加;拉丁美洲的牙买加、特立尼达和多巴哥;亚洲的印度尼西亚等。[35]

ICSID 开始运作以来,尽管受理和处断的国际投资争端案件不多,但它所独具的特殊体制和功能,毕竟为外国投资者提供了一个可以到东道国以外去"控告"东道国政府的特殊场所和专设机构,从而成为外国投资者在海外投资活动中的一个重要精神支柱或希望所托。适应着鼓励他们积极投资的现实需要,许多双边性投资保护条约或协定都明文规定了"ICSID 条款",即缔约双方事先约定在特定条件下和特定范围内将日后可能在东道国境内发生的"民告官"涉外投资争端,提交 ICSID 管辖、处

---

[34] 参见《解决投资争端国际中心 1988 年年度报告》以及《解决投资争端国际中心讯息》1989 年第 6 卷第 1 期。

[35] 参见《解决投资争端国际中心成立二十周年》,载《解决投资争端国际中心讯息》1987 年第 4 卷第 1 期,第 6 页。

断。据 ICSID 统计，至 1987 年春，至少已有 108 项双边性投资保护条约或协定列有"ICSID 条款"。另有一些双边性投资保护条约或协定提到了在发生争端时采用 ICSID 附属设施程序的可能性。外国投资者与东道国有关机关签订的投资协定中列有"ICSID 条款"的，更是不胜枚举。由"亚非法律咨询委员会"[36]拟订的《鼓励和保护投资双边协定范本》，也设想可以把有关的国际投资争端提交 ICSID 仲裁。至于像埃及、几内亚、象牙海岸、贝宁、马达加斯加、毛里塔尼亚、摩洛哥、突尼斯、扎伊尔、多哥、斯里兰卡等发展中国家，直接在国内颁行的外资法规中明文规定：把提交 ICSID 管辖（调解或仲裁）作为解决该国涉外投资争端的途径之一，这意味着"ICSID 条款"已经开始进一步直接闯入某些发展中国家的国内法领域。这种现象，也颇引人注目。[37]

以上情况表明：ICSID 在国际投资领域中的影响和功能，正在缓慢而又稳步地扩大之中。

为了配合 ICSID 工作的开展，并促进国际投资的活跃，ICSID 组织出版了一系列有关国际投资问题的书刊。其中比较重要的是：《华盛顿公约立法史》（4 卷集）、《世界各国投资法汇编》（10 卷集）、《投资条约汇编》（2 卷集）、《ICSID 评论：外国投资法学刊》等等。1983 年以来，ICSID 多次与国际商会所设的"国际商事仲裁院""美国仲裁协会"联合主办一年一度的国际商事仲裁问题学术讨论会，显得比较活跃。

《投资条约汇编》中所载明的各种"ICSID 条款"，对于尚未加入《华盛顿公约》而正在考虑是否加入或如何加入的国家说来，很有深入研究和比较参考的价值。这个条款的实质就是规定东道国愿意在何种条件下和何种程度上把原属本国的涉外投资争端管辖权转移给 ICSID。从发展中国家的角度看来，此事直接关系到国家主权和经济发展，决策不可不慎，既要防止观念僵化，盲目排外，又要防止授人以柄，作茧自缚。由于各国国情不同，所以在各类保护外国投资的双边协定中，其"ICSID 条款"的具体内容和措辞，也字斟句酌，各有特色。归纳起来，大体可分为以下几种类型：

（1）笼统地规定愿将东道国政府与他国国民之间的投资争端提交 ICSID 调解或仲裁，未加前提条件限制，也未限定可以提交的争端范围。此类规定，对发展中国家说来，约束力最大。

---

[36] "亚非法律咨询委员会"正式成立于 1958 年，是亚非二十多个国家政府间的高级法律咨询机构，总部设在新德里，由各成员国指派本国最高法院院长或总检察长一级的专家官员组成委员会，每年开会一次。其任务为：审议联合国"国际法委员会"研究的各种问题，提出意见或建议；审议各成员国政府提出的法律问题并提出建议；就成员国共同关心的法律事项交换意见并提出建议；受委托提出对国际法律问题的见解，经成员国同意后，报联合国及其他有关国际机构。

[37] 参见《解决投资争端国际中心讯息》1987 年第 4 卷第 1 期。

(2) 抽象地规定在外国投资者提出要求时,东道国政府愿意"郑重考虑"或"适当考虑"将上述国际投资争端提交 ICSID 裁断的"可能性"。此类规定,约束力最小。

(3) 把 ICSID 与国际商会的"国际商事仲裁院"等并列,作为受理和解决上述国际投资争端的机构之一,加以选择。此类规定,约束力也很小。

(4) 明确规定:遇有上述国际投资争端,应当首先在东道国境内用尽当地各种行政救济手段和司法救济手段,如争端仍未解决,经双方同意,可提交 ICSID 裁断。此类规定,有利于东道国在一定程度上"留权在手"。但一旦同意提交 ICSID 裁断,就存在 ICSID 裁决否定东道国判决的可能性,使 ICSID 的裁决权凌驾于东道国的司法权之上。

(5) 明确规定保留条件或保留项目。如:凡涉及东道国经济命脉或重要矿产资源的上述国际投资争端,或者凡涉及东道国国家主权行为的国际投资争端,概不提交 ICSID 管辖、受理。此类规定,颇有利于东道国保护境内最主要的自然资源和经济主权,但却削弱了外国投资者对开发这些资源的投资积极性。

(6) 严格限定可以提交 ICSID 管辖的具体争端范围。例如,东道国只同意将由于征用外资企业或将其收归国有所引起的赔偿金额争端,提交 ICSID 裁断。本国境内其他性质或其他范围的涉外投资行政讼争,概由本国司法机关管辖、受理。换言之,对于其余涉外投资行政讼争的管辖权,概不向外转让。此类规定,抓住了外国投资者最为关注的征用赔偿金或国有化赔偿金这一要害问题,同意在一定条件下将有关争端提交 ICSID 管辖处断。它具有兼顾东道国主权权益和外国投资者合法权益的特点和优点,但其利弊得失,尚有待于在长期实践中全面权衡,认真总结。

三、中国与"解决投资争端国际中心"早期关系的发展进程

直到 20 世纪 80 年代末,中国迄未参加《华盛顿公约》,从而尚未接受根据《华盛顿公约》设立的 ICSID 这一体制。但是,这并不意味着在 80 年代末以前中国与《华盛顿公约》及 ICSID 之间毫无联系。

1965 年 3 月《华盛顿公约》在华盛顿开放接受各国签署之后,当时窃踞联合国中中国席位的台湾当局曾以所谓"中华民国"的名义于 1966 年 1 月 13 日"签署"了该公约,其后又在 1968 年 12 月 10 日办了"批准"手续。事隔十余年,ICSID 从中华人民共和国方面获得信息,得知中国政府正在考虑和研究参加上述公约的可能性,遂于 1980 年 10 月 2 日在 ICSID 的"行政理事会"第 14 届年会上作出决定,将台湾当局从

《华盛顿公约》缔约国名单上勾消除名，并静候中国政府作出新的决策。

如前所述，自1983年10月以来，中国政府在对外签订的一系列有关相互保护投资的双边协定中，多次表示愿意考虑日后成为《华盛顿公约》缔约国以及在某种程度上接受ICSID体制的可能性。[38] 1985年10月以后，情况又有新的重要发展。这主要是指国际社会中又出现了一个与上述公约和ICSID有密切"血缘"联系的、新的多边公约，即《多边投资担保机构公约》（简称《MIGA公约》），而中国已经在1988年4月28日签署并随即批准了这个新公约，从而成为该公约的正式缔约国。相应地，中国与《华盛顿公约》及ICSID也就多了一层间接的关系。

1985年出现的《多边投资担保机构公约》与1965年出现的《华盛顿公约》，两者虽相隔20年，但都紧扣国际投资"风险"这同一主题，又都是在同一世界性组织——"世界银行"倡议和主持下缔结的，两者的业务和功能，互相呼应，紧密配合，交叉渗透，相辅相成，因此不妨说这两个公约是"姐妹公约"；根据两个公约先后分别成立的机构，即ICSID和"多边投资担保机构"，是"姐妹机构"。具体而言，ICSID通过受理和组织处断国际投资争端，为海外投资家在东道国所可能遇到的非商业性风险，提供法律上的保障；"多边投资担保机构"则通过直接承保这种非商业性风险，为海外投资家提供经济上的保障，并且进一步加强法律上的保障。两者可谓"殊途同归"，其共同的主要宗旨都在于通过"国际立法"，切实保护海外投资家（主要来自发达国家）的切身利益。

《多边投资担保机构公约》于1985年10月在世界银行年会上通过以后，即对世界银行各成员国以及非成员国瑞士开放签字。1988年4月12日，交存缔约批准书的国家达到了这个新公约第61条所要求的数目（20个），使这个新公约正式开始生效。经过短短三个多月时间，截至1988年8月5日，参加这个新公约的成员国迅速增加了一倍多，达到44个，其中12个是输出资本的发达国家，32个是输入资本的发展中国家，包括中国在内。[39] 1989年1月25日，"多边投资担保机构"的董事会审议

---

[38] 参见《中华人民共和国和德意志联邦共和国关于促进和相互保护投资的协定》，载陈安：《美国对海外投资的法律保护及典型案例分析》，鹭江出版社1985年版，第163—172页；或中国对外贸易经济合作部编：《国际投资条约汇编》，警官教育出版社1998年版，第163—170页；《中华人民共和国和德意志联邦共和国关于促进和相互保护投资的协定》第4条第1款，所附《议定书》第4条第3款、第4款，载陈安：《美国对海外投资的法律保护及典型案例分析》，鹭江出版社1985年版，第165、170页；或中国对外贸易经济合作部编：《国际投资条约汇编》，警官教育出版社1998年版，第164、167页；《中华人民共和国和德意志联邦共和国关于促进和相互保护投资的换文》，载《中国国际法年刊》，中国对外翻译出版公司1984年版，第479—480页；或中国对外贸易经济合作部编：《国际投资条约汇编》，警官教育出版社1998年版，第169页；《中华人民共和国和荷兰王国关于相互鼓励和保护投资协定的议定书》，载《中国国际法年刊》，中国对外翻译出版公司1987年版，第621、637、658页；或中国对外贸易经济合作部编：《国际投资条约汇编》，警官教育出版社1998年版，第291页；以及有关正文。

[39] 参见《多边投资担保机构开张营业》，载《解决投资争端国际中心讯息》1988年第5卷第2期，第10页。

批准了一份有关投资保证（保险）的标准合同，使这个"多边投资担保机构"从此以后可以在标准合同条款的基础上，与前来"投保"的海外投资家逐一签订"投资保证（保险）合同"。在1989年第一季度中，就有分布于15个国家各种项目的外来投资家们提出了28份投保申请书，登记在案，等候审议，[40]从而使"多边投资担保机构"这个国际性的投资保险专业机构在开张营业的最初阶段就呈现出比较活跃、兴旺的景象，引起发展中国家与发达国家的普遍重视。

《多边投资担保机构公约》中关于解决投资保险"代位索赔"争端的条款，特别值得中国加以注意。根据这个新公约设立的国际投资保险体制，外国投资家就其在发展中国家缔约国境内的投资向"多边投资担保机构""投保"并签订了保险合同之后，一旦发生合同所"承保"的风险事故，"多边投资担保机构"依约向"投保人"支付了赔偿金之后，就取代了该"投保人"在法律上的债权人地位，有权向上述投资所在的东道国政府实行"代位索赔"。[41] 如因"代位索赔"引起"多边投资担保机构"与东道国缔约国之间的争端，则依这个新公约第57条第2款规定：

> 本机构（指"多边投资担保机构"）作为投资者代位人有关求偿权的争端，应按本公约附件Ⅱ中规定的程序予以解决；或者按本机构与有关缔约国日后达成的协议予以解决。在后一种情况下，本公约附件Ⅱ应作为此类协议的依据。[42]

这里如此反复强调的"本公约附件Ⅱ"所规定的程序，其最主要的内容之一，就是把"多边投资担保机构"与ICSID这两种用以保护国际投资的国际机构串联起来，使其充分发挥综合功能。例如，按本公约附件Ⅱ规定，如果"多边投资担保机构"与上述投资所在的东道国之间在规定期限内未能就有关"代位索赔"争端组成国际仲裁庭问题达成协议，则：

> 应由"解决投资争端国际中心"的秘书长根据争端当事人双方的联合请求任命尚未指定的仲裁员或尚未选出的庭长。[43]

此外，还进一步规定：

> 除非本附件另有规定，或争端双方另有协议，仲裁庭应当决定有关的仲裁

---

[40] 参见《MIGA投资保证标准合同已被批准》，载《解决投资争端国际中心讯息》1989年第6卷第2期，第8页。

[41] 参见《多边投资担保机构公约》第14—18条，中华人民共和国财政部外事财务司世界银行处1985年，中译单行本，第8—9页。其中文改译本见陈安主编：《MIGA与中国：多边投资担保机构述评》，福建人民出版社1995年版，附录，第581—582页。

[42] 参见《多边投资担保机构公约》第57条第2款。

[43] 参见《多边投资担保机构公约》附件Ⅱ第4条第2款。

程序。在这方面,仲裁庭应当接受《解决国家与他国国民间投资争端公约》所采用的仲裁规则的指导。[44]

除非争端双方另有协议,支付给仲裁员的各种费用和酬金,应当根据"解决投资争端国际中心"仲裁所采用的收费率核定。[45]

由此可见,"多边投资担保机构"通过上述诸项规定,就把解决国际投资保险"代位索赔"争端的有关事宜,包括仲裁员的指定、仲裁规则的确立、仲裁费用的核收等等,都与"解决投资争端国际中心"这一机构及其有关体制挂上了钩。

由此可见,任何国家,尽管它还未参加《华盛顿公约》,还未接受 ICSID 的调解或仲裁体制,只要它已经加入《多边投资担保机构公约》并成为缔约国,那么,通过后者有关条款的规定,以后者作为"中介"和桥梁,这个国家就在一定程度上认知和肯定了 ICSID 体制及其有关功能的客观存在,并且间接地与 ICSID 体制添加了一层若有若无、若无若有的微妙关系。

在这种客观形势的进一步发展之下,作为《多边投资担保机构公约》的缔约国和正式成员的中华人民共和国,仔细地研究 ICSID 体制,显然具有更大的现实性和紧迫感。只有在仔细地研究 ICSID 体制的基础上,才能就中国是否应当正式加入《华盛顿公约》以及在何种条件下方可参加此项公约等问题,作出科学的抉择和正确的决策,这是不言而喻的。

四、关于中国应否参加《华盛顿公约》、可否接受"解决投资争端国际中心"仲裁体制的分歧意见

一般说来,中国法学界对于本国应否参加《华盛顿公约》从而接受 ICSID 体制等有关问题,在比较广泛的范围和比较高的层次上展开认真讨论,大体上开始于 1985 年。中国国际法学会在 1986 年的学术讨论会上曾把它作为重要专题,开展学术争鸣。[46]

论者见仁见智,歧议甚多。但大体可归纳为三种主张:(1) 为了促进开放,应当从速参加;(2) 为了珍惜主权,绝对不宜参加;(3) 积极加强研究,慎重考虑参加。兹

---

[44] 参见《多边投资担保机构公约》附件 Ⅱ 第 4 条第 5 款。
[45] 参见《多边投资担保机构公约》附件 Ⅱ 第 4 条第 11 款。
[46] 参见金克胜:《中国国际法学会 1986 年学术讨论》,载《中国国际法年刊》,中国对外翻译出版公司 1987 年版,第 462—471 页。

分别简介有关观点如下:

(一) 主张"为了促进开放,应当从速参加"者的主要论据

国内法学界有些人士认为:为了认真贯彻和大力促进经济上对外开放这一基本国策,为了进一步改善外商在华投资的法律环境,为了解除外商来华投资的顾虑和疑惧,从而更多更快地吸收中国"四化"建设所急需的大量外来资本,中国应当当机立断,迅即参加上述公约和接受 ICSID 体制。此派人士所持理由主要是:

第一,中国在经济上实行对外开放以来,在吸收外资以促进"四化"建设工作方面业已取得显著成绩和效益。但外商对华投资的积极性、数量和速度,较之实际的需要和潜在的可能,还有很大差距。其主要原因之一,在于还有不少外商认为中国的投资环境还不够好,保护外资的法制还不健全,公正、公平地处断涉外投资争端的法律保证还不完备。长期的闭关自守政策以及"文革"时期极左路线、盲目排外的做法,都使他们记忆犹新,心有余悸。因而在对华投资方面心存疑惧,趑趄不前。他们担心中国的政策多变,随时可能对在华外资实行各种限制,甚至径予征收或国有化,使他们的在华权益遭到各种非商业性的风险;他们尤其担心一旦发生了这些风险事故,从而与中国行政当局发生争端时,如果只局限于寻求当地的行政救济或司法救济,可能投诉无门,也可能受理机关执法不公,蓄意偏袒,使争端无从公平妥善地解决。因此,他们强烈希望把中国境内的涉外投资争端尽多地提交国际仲裁,排除中国的管辖。事实上,有的发达国家迄今未能和中国就双边保护投资协定达成协议,其重要原因之一,就在于中国不同意对方提出的要求将东道国与外国投资者之间的全部争议或大部争议提交 ICSID 实行国际仲裁。[47] 尽管中国一再强调外商的上述疑惧和担心是多余的、不必要的,但并不能使外商真正摒除顾虑。为了更有力地证明中国的对外开放确实是长期的基本国策,中国对于切实保护外商合法权益和公平处断涉外投资争端确有最大的诚意和决心,中国就应当果敢地采取实际行动,从速参加上述公约,接受 ICSID 仲裁体制。这就进一步改善了在华投资的法律环境,更加有效地消除外国投资家的疑虑,从而使他们增强对华投资的信心和安全感,加快对华投资的步伐,扩大对华投资的规模。尽管此举在某种程度上限制了中国对境内涉外投资争端的绝对管辖权,但权衡利弊,归根结底,这对中国的"四化"建设还是有

---

[47] 在这方面,比较突出的例子是美国。美国在 1982 年提交中国供谈判用的《双边保护投资条约〈样本〉》第 6 条中,就提出了这种要求。中美之间的上述双边条约谈判,至今未获一致协议,重要原因之一,就在于中方不同意美方提出的这种要求。上述样本中文译文见陈安:《美国对海外投资的法律保护及典型案例分析》,鹭江出版社 1985 年版,附录,第 220—230 页。

利的。

第二，上述公约和 ICSID 出现后二十多年间，签署国和缔约国稳步增加，迄 20 世纪 80 年代末已达 97 个，其中发展中国家占 2/3 左右。如此众多的发展中国家业已参加上述公约，并在不同程度上认可了 ICSID 体制，说明这个公约和 ICSID 体制的基本内容和基本原则，是一般发展中国家所可以接受的。这种现实，值得中国借鉴。须知：中国也是一个发展中国家。

第三，中国从速参加上述公约和接受 ICSID 体制，既有利于实行对外开放的国策，又无损于中国一贯坚持的国家主权原则。《华盛顿公约》在一定程度上肯定了国际投资争端原则上应服从东道国国内管辖并受东道国法律调整。例如，《华盛顿公约》的"序言"首先承认：国际投资争端"通常受各国的法律程序管辖"；第 26 条规定，东道国有权要求，用尽当地行政救济和司法救济，作为同意把有关争端提交 ICSID 仲裁的前提条件；第 42 条第 1 款规定，在当事人未达成法律选择的协议时，仲裁庭应首先适用东道国的国内法。因此，涉外投资争端的 ICSID 解决（即国际裁决）是对国内解决的一种补充，而不是对后者的取代。这就划清了涉外投资争端的国内解决与ICSID 解决的主次关系，符合发展中国家的主张，具有一定的进步意义。

第四，《华盛顿公约》建立了简便、有力的承认与执行裁决的制度，特别强调 ICSID 裁决的约束力，明确规定各缔约国负有加以承认并在境内加以执行的义务，[48] 从而消除了通常情况下承认与执行外国裁决可能遇到的种种障碍，便于争端得到彻底的解决。

第五，尽管《华盛顿公约》还存在一些重大缺陷，其中的某些条款甚至对发展中国家是不利的，但从整体上看，《华盛顿公约》的积极因素和合理之处还是主要的；其中存在的缺陷和弊端，各缔约国可以在实践中通过努力加以克服；或者采取扬长避短、趋利避害的办法，加以抵制。诸如：对于《华盛顿公约》中不利于发展中国家的条款，在加入《华盛顿公约》之际就声明保留，不受约束；还可以依据进步的、符合时代潮流的法理精神，对有关条文作出合理的法律解释，避免其不利影响。

（二）主张"为了珍惜主权，绝对不宜参加"者的主要论据

国内法学界另一些人士认为：对中国说来，实行对外开放和大量吸收外资，确属十分必要。但是，维护主权，独立自主，是对外开放和吸收外资的前提和基础。上述公约和 ICSID 体制对东道国（主要是发展中国家）的司法管辖权施加限制，并尽量把

---

[48] 参见《华盛顿公约》第 54 条。

它转交国外机构,此种体制颇有损于东道国主权。作为社会主义国家和发展中国家的中坚力量,中国不宜参加上述公约。此派人士所持主要理由如下:

第一,主权国家对于本国境内一切人、物和事项,享有管辖权,只有"国家豁免"和"外交豁免"等少数例外。这是举世公认的国际法基本原则。它既古老,又新鲜。说它古老,因为它由来已久;说它新鲜,因为它不断受到强权国家的否定和限制,至今新的论争,依然层出不穷。众多发展中国家都原是弱小民族,多年丧权辱国的惨痛历史至今记忆犹新,它们对于经过长期奋斗牺牲得来不易的民族独立和国家主权,不能不倍加珍惜。中国现行的对外开放国策,迥异于历史上的门户洞开。鼓励对华投资从而利用外资促进"四化",也应时刻不忘珍惜和维护国家主权这个最基本的前提。对于在华外资和外商,中国的法律已予多方保护和鼓励,其中包括允许将境内"民间的"涉外投资争端,即外国的"民"(自然人或企业法人)控告中国的"民"的投资争端,在双方协议的前提下,提交中国以外的仲裁机构,加以裁断。这是对民法上和国际私法上"当事人意思自治"原则的充分尊重,也是符合国际惯例的。

至于中国境内的"民告官"争端,所涉及的大多是有关国家施政方面的问题,事关国家权力、行政法规和行政行为,属于国内公法范畴。在中国境内的行政讼争中,如果原告是中国公民或中国法人,争端的管辖权和处断权只能属于中国的上级行政机关、司法机关或仲裁机构。纵使涉讼双方协商一致,也不允许提交国际仲裁。换言之,"当事人意思自治"原则在这里是不适用的。在中国境内的行政讼争中,如果原告是外国公民或外国法人,按中国《行政诉讼法》以及其他行政法规、经济法规的有关规定,其受理、管辖和处断的部门,也只限于中国的行政、司法机关或仲裁机构。中国的《行政诉讼法》规定:外国人、外国组织在中国进行行政诉讼,与中国公民、组织享有同等的权利。允许他们在中国境内控告中国的政府机构及其工作人员,这已是赋予外国人以相当宽厚的"国民待遇";如果再进一步笼统地同意他们将发生于中国境内的行政性的涉外投资争端,避开中国有关部门的管辖,提交国际仲裁,提交 ICSID 管辖,其实质就是允许他们以中国政府为被告,就中国国家机关的施政权力和施政行为,在中国国境以外提出质疑、挑战和控告,并由外国的机构裁断处理,这不但有损于中国国家的尊严,有损于中国的国家主权,意味着放弃了"属地管辖"原则,而且意味着纵容外国人享有中国人自己也不能享有的特权。

诚然,中国如果加入上述公约和接受 ICSID 体制,可以进一步改善在华投资的法律环境,消除外商疑虑,但是,投资环境是一个十分复杂的综合体,涉及税收优惠、为政清廉、办事效率、人员素质、能源供应、交通运输、通信设施等多方面的问题。现阶段我国影响吸收外资的因素很多，投资环境需要认真综合治理，不能指望通过参加上述公约，外资就会滚滚而来。贸然参加《华盛顿公约》，弊大于利，实属不宜。

第二，上述公约出现以后直至 20 世纪 80 年代末，参加缔约的，除二十多个发达国家外，还有七十多个发展中国家，后者约占全数缔约国的 2/3，这诚然是事实。但是，全世界还有六十多个发展中国家，其中包括人口数亿的大国印度，尽管也十分需要外资并且正在大力吸收外资，却一直对上述公约持观望态度，不肯贸然加入，以免把本来属于自己的对于本国境内行政性涉外投资争端的管辖权，轻易地拱手让与他人，这也是事实。他们的取舍标准和行事准则，同样也值得中国认真借鉴。此外，还应当看到：中国既是一个发展中国家，又是一个社会主义国家。它对坚持国家主权、经济独立自主等问题的看法和态度，既有相同于一般发展中国家的一面，又不能不有更深远更全面的考虑。即使单就中国是发展中国家这一点而言，它是"安理会"的常任理事国，是拥有十几亿人口的大国，它所承担的国际责任和行事的国际影响，客观上与一般的发展中国家有很大不同。它的一举一动，必举世瞩目，不能不倍加慎重。一句话，中国的这些国情特色，是应当认真考虑的。

第三，用"一分为二"的辩证方法，对上述公约的条款进行"两点论"的分析，分别指出其积极面和消极面、优点与弊端，以便使人们对整个《华盛顿公约》有比较全面的认识，这是必要的。但是，正确的辩证法离不开唯物论，"一分为二"的前提是实事求是，如实地反映事物的本来面貌。整个《华盛顿公约》的主要宗旨，就是要把本来属于东道国的对于境内行政性涉外投资争端的绝对管辖权和法律适用权，尽可能地转移到国外去，移交给 ICSID。这一主旨，自始至终是贯穿于《华盛顿公约》整体的。作为发展中国家的法律学人，尤其应当清醒地意识到这一点。诚然，《华盛顿公约》中的若干条款留下了当年参加草拟本公约的发展中国家代表据理力争的痕迹，体现了它们的戒心和防范，但是，此方的层层设防，实出于彼方的步步进逼；而且，除了前述的"事先逐项同意"条款和"事后追加保留"条款[49]等寥寥数条之外，其他各种设防实际上并不能有效地遏止进逼。主张"从速参加"本公约的学者用以论证本公约"具有一定的进步意义"的三点论据，即前述"序言"的某些字眼、第 26 条以及第 42 条第 1 款的有关规定，究其实际作用，不过是"虚晃一枪"或"无效设防"。请看"序言"中这一段文字的整个句子：

> 各缔约国……深信此类争端（指国家和他国国民间投资争端）虽然通常受各国的法律程序管辖，但是在某些情况下，采取国际解决方法可能是适当的；特

---

[49] 参见《华盛顿公约》第 25 条第 1 款、第 2 款、第 4 款。

别重视提供国际调解或仲裁的便利,各缔约国和其他缔约国国民如果有此要求,可将此类争端提交国际调解或仲裁,现共同议定下列各项:……

明眼人不难看清:在这个长句里,紧接"虽然"之后的字眼,显然只是虚词饰语,欲擒故纵;紧接"但是"之后的言辞,才是紧扣《华盛顿公约》主旨,画龙点睛! 对此,发展中国家岂能不洞察其"立法本意"?

按《华盛顿公约》第 26 条的规定,东道国的行政救济手段和司法救济手段虽然应当尽先使用和必须"用尽",但是,一旦已经"用尽"而涉讼外国投资者仍然不服,并经东道国同意提交 ICSID 实行国际仲裁,那么,此种国际裁决就完全有权和完全可能否决东道国的国内裁决或国内判决。在此种场合,实际上是允许国际裁决凌驾于东道国国内裁决或国内判决之上,并由前者完全取代后者。两者之间的关系,就不但是"主次关系",而且简直就是"主仆关系"或统治与服从的关系了! 对此,发展中国家岂能不警惕其实际后果?

按《华盛顿公约》第 42 条第 1 款的规定,在争讼双方当事人未达成法律选择协议的情况下,根本不存在所谓"仲裁庭应首先适用东道国的国内法"的约束。请看该条款中这一段文字的全文:

> 仲裁庭应依据当事人双方协议的法律规范处断争端。如无此种协议,仲裁庭应适用作为争端当事国的缔约国的法律(包括它的法律冲突规范)以及可以适用的国际法规范。

在这里,从文字逻辑看,"争端当事国"即东道国的法律规范与所谓"可以适用的国际法规范",显然完全处在"平起平坐"、不分轩轾的地位,因此,对于 ICSID 所组成的国际仲裁庭说来,根本不存在"应首先适用东道国的国内法"的法定义务。对此,发展中国家岂能不深究其条文本义?

可见,在分析和肯定本公约的"积极面"和"进步意义"时,务必深入探讨和准确掌握有关条款的立法本意和文字本义切忌以主观的善良愿望代替客观的条款现实,对《华盛顿公约》加以溢美,从而模糊了自己的视线,放松了应有的警惕。

第四,《华盛顿公约》第 54 条建立了简便、有力地承认与执行裁决的制度,特别强调 ICSID 裁决的约束力,这实际上是反映了输出资本的发达国家的要求,对于吸收外资的发展中国家说来,未必是优点和好事,而更可能是缺点和坏事。在依据 ICSID 体制所设立的国际仲裁庭中,吸收外资的东道国几乎全部是处在被告(被诉人)的地位。一般而论,裁决书中所科予的金钱义务也主要是落实到被告(被诉人)身上。如果国际仲裁庭的处断大体上公平合理,则强调其裁决的约束力并强化其执行制度当然是无可厚非的。反之,如果裁决本身是处断不公、偏袒一方的,则其约束力愈大,执行制度愈有力,其危害性也愈强烈。在这种情况下,它的约束力和执行力就不但不值得赞扬,反而理应加以批判和抵制了。有鉴于此,经过发展中国家的据理力争,终于在《华盛顿公约》的第55条中载明:同意第54条的规定,并不意味着缔约国同意背弃其国内现行法律,放弃对本国或外国的"执行豁免权"。换言之,各缔约国,包括作为争端当事国的东道国,仍然依法保有主权国家的豁免权,即仍然有权依据其国内现行法律,对于涉及其本国或任何外国的ICSID裁决,不予执行。可见,第55条实质上是第54条的"但书",它的实际作用在于力图削弱ICSID裁决对发展中国家的约束力和执行力。《华盛顿公约》既强调ICSID裁决的约束力和执行力,又不得不同意各缔约国有权依其国内法削弱甚至否定ICSID裁决的约束力和执行力,这显然是自相矛盾的。初看,似乎犯了"立法大忌",其实,这正是反映了缔约当初发达国家与发展中国家各自坚持自己的立场、势均力敌、互不相让的实际情况。对于这种"自相矛盾"的规定,既不宜笼统肯定,也不宜一概否定,而必须结合当时的历史背景,进行深入具体的分析。

第五,诚然,中国如果决定参加《华盛顿公约》,可以在加入之际就针对其中不利于吸收外资东道国的条款以及其他有关弊端,声明保留,不受约束。但是,应考虑予以保留的条款往往是要害问题,诸如关于ICSID的管辖权的范围和条件(第25条)、关于ICSID仲裁庭实行裁决时所适用的法律(第42条)、关于ICSID仲裁庭裁决的承认与执行(第54条)等等,如全盘接受,不作保留,则无异于作茧自缚,失去自主权和选择权;或者一旦稍有不慎,运用失当,就会给中国造成重大损失;反之,如保留过多,则几乎无异于不参加这个公约,而所谓通过参加这个公约"进一步改善外商在华投资的法律环境",也就可能被理解为空言约许,口惠而实不至,从而有损于中国在国际交往中一贯实事求是、言行一致的形象。

至于依据进步的法理精神对《华盛顿公约》的有关条文作出合理的法律解释,借以避免其不利影响,此议基本上也是一种主观的善良愿望,其实际作用十分有限。因为,条文的解释毕竟不能完全背离条文的本义。合理的解释纠正不了条文本身的"先天缺陷",也无从束缚对方。这是不说自明的。

(三)主张"积极加强研究,慎重考虑参加"者提出的各种待决问题

国内法学界还有一些人士认为:上述两种主张,针锋相对,都有重要的理论根据。主张"从速参加"者根据的是中国对外开放的基本国策,主张"不宜参加"者根据的是中国维护主权的一贯立场。但是,仅仅根据这些理论原则,还不能准确地和全

面地权衡利弊得失,从而对中国应否参加《华盛顿公约》以及在何种条件下参加该公约的问题,作出科学的抉择和正确的决策。为了作出准确和正确的判断,就必须在上述基本国策和一贯立场的综合指导下,积极地抓紧对这个公约和 ICSID 的历史、现状以及它们在实践中的具体运作情况,开展全面、深入的研究,并且在充分了解有关实况和全貌的基础上,慎重地决定是否参加以及如何参加。此派人士所持主要理由如下:

第一,多年的"闭关锁国"使得中国在 20 世纪 80 年代初期以前与上述公约及 ICSID 基本上处在隔绝状态。实行对外开放以后,80 年代初期以来,中国有关当局和法学界人士对《华盛顿公约》和 ICSID 虽渐加重视并开始研究,但对其实况和全貌多半还只是一知半解、若明若暗,远未做到了如指掌、心中有数、成竹在胸。在这样的条件下,对《华盛顿公约》的重要条款随意作这样那样的解释,并进而贸然断言和主张"应当从速参加",或贸然断言和主张"绝对不宜参加",似都缺乏足够的事实根据,因而缺乏足够的说服力。要改变这种认识水平,就必须认真地下功夫弄清这个公约的来龙去脉。

试以对《华盛顿公约》第 42 条第 1 款的两种解释为例。主张"从速参加"者认为,该条款规定争端双方若无法律选择协议,ICSID 所组建的国际仲裁庭应首先适用东道国的国内法,其次才适用国际法,前者处在优先地位;主张"不宜参加"者认为,该条款本义并未约束国际仲裁庭,要求它"首先适用东道国的国内法",在仲裁庭处断争端过程中,东道国国内法与国际法在适用上完全平起平坐,前者毫无优先地位可言。这两种对立的见解,孰是孰非?要判断是非,就务必对这个公约的"立法历史"作比较深入的探讨。

《华盛顿公约》的"立法史"表明:第 42 条的规定事关处断争端时的准据法问题;围绕着这个要害问题,发展中国家与发达国家双方的代表在起草条文的过程中曾经开展过多次激烈论战。[50] 概括地说,前者极力强调国际仲裁庭只能根据或主要根据东道国的国内法来判明投资争端的是非曲直,并据以作出处断。后者则竭力鼓吹国际仲裁庭应当根据"文明国家"所惬意的传统国际法规范来处断投资争端,并且依据这种国际法规范来甄别东道国的国内法规范,决定取舍。换言之,这种国际法规范的效力凌驾于东道国国内法之上,一旦两者之间发生矛盾冲突,国际仲裁庭就可以引据这种国际法规范来否定东道国的国内法。

---

[50] 参见"解决投资争端国际中心"出版物:《华盛顿公约立法史》第 2 卷,1968—1970 年英文版;林红梅:《论"解决投资争端国际中心"仲裁的法律适用问题》第一部分《〈公约〉第 42 条立法史》,载陈安主编:《"解决投资争端国际中心"述评》,鹭江出版社 1989 年版,第 105—111 页。

多番的激烈论战导致有关第 42 条的草案数易其稿，最后采用了论战双方都可以勉强接受的妥协性文字，即前文摘引的"……如无此种协议（指争端双方关于法律选择的协议），仲裁庭应适用作为争端当事国的缔约国的法律……以及可以适用的国际法规范"。据当年主持本公约起草和签订工作的世界银行总裁伍德斯（G. D. Woods）的事后总结，此类最终规定的基本精神是"在投资者利益和东道国利益之间保持了一种精心考虑的平衡"[51]。他所说的这种"平衡"，其实就是妥协调和的"美称"。因为现行条文中这种妥协性的措辞，实际上就是上述两种对立主张的简单相加。在处断投资争端中，东道国国内法与国际法，这两种法律规范，究竟何者应占优越地位？何者应是最高准据？是非并未判明，分歧仍未解决。在条款的行文中，用"以及"两字，把两种法律规范凑合起来，加以并列，论战双方依然可以各执条文一端，继续坚持各自的原有立场和原有见解。

如果再进一步联系到本公约起草当年的"国际大气候"，就可以更加清晰地看到：在 20 世纪 60 年代前期的国际大环境中，各国依法处断涉外投资争端时上述两种法律规范孰优孰劣、孰主孰从的问题，一直是国际会议上唇枪舌剑的一大主题和一大难题。当时在联合国内部，一向主宰国际社会的发达国家与初步崛起的众多新兴发展中国家，双方旗鼓相当，僵持不下。经过激烈论战，1962 年联合国第 17 届大会通过了《关于自然资源永久主权的决议》，一方面，正式承认各国有权把本国境内被外资控制的自然资源及其有关企业收归国有或加以征用；另一方面，同时规定："采取上述措施以行使其主权的国家，应当按照本国现行法规以及国际法的规定，对原主给予适当的赔偿。"[52]在 1962 年的这个联合国决议中，就把东道国的国内法与发达国家所惬意的国际法相提并论，"一视同仁"地都当作东道国处断本国境内涉外投资争端时应当遵循的法律规范，其措辞文字与 1965 年《华盛顿公约》第 42 条第 1 款的前述相应部分，前后一脉相承，如出一辙。这显然并非历史的偶合，而是如实地反映了 60 年代前期发达国家（资本输出国）与发展中国家（资本输入国）在国际舞台上的实力对比：势均力敌，谁也无法占上风。最后只好把上述折中、含糊、"和稀泥"式的文字，写入国际决议或国际公约之中。

直到 20 世纪 70 年代前期，上述情况才有较大的改变。自 60 年代后期至 70 年代前期，联合国成员中又增添了一大批新兴的发展中国家，致使上述两类国家在联合国内部的实力对比发生了相应的重大变化。1974 年，联合国第 29 届大会以压倒

---

[51] 国际复兴开发银行：《执行董事会关于解决国家与他国国民间投资争端公约的报告书》，载陈安主编：《"解决投资争端国际中心"述评》，鹭江出版社 1989 年版，第 1088 页。

[52] 《关于自然资源永久主权的决议》第一部分第 4 条，载《第 17 届联合国大会决议集》，1963 年英文版，第 15 页；中译本见陈安、刘智中主编：《国际经济法资料选编》，法律出版社 1991 年版，第 3 页。

性大多数投票通过了《各国经济权利和义务宪章》,明文规定:"每个国家都有权将外国财产收归国有、征用或转移其所有权。在收归国有、征用或转移其所有权时,应由采取这些措施的国家,考虑本国有关法律和条例的规定以及本国认为有关的一切情况,给予适当的赔偿。赔偿问题引起争执时,应当根据采取国有化措施国家的国内法,由该国法院审理处断。但各有关国家经过自由协商,一致同意在各国主权平等的基础上,按照自由选择解决途径的原则,采用其他和平解决办法的,不在此限。"[53] 对比 1962 年的前述决议,1974 年的决议不但突出地强调了东道国国内法的优先和优越地位,而且干脆删去了"以及国际法的规定"等字样,从而开始奠定了东道国国内法在处断涉外投资争端中的优势地位和权威地位。正因为如此,以美国为首的寥寥几个最大的资本输出国,它们可以投票赞成和接受 1962 年的前述决议,也乐意签字参加 1965 年的《华盛顿公约》,却不能容忍和接受 1974 年的上述决议,甘冒国际之大不韪,顽固地投了反对票,或无可奈何地投了弃权票。[54]

认真弄清上述历史背景之后,对《华盛顿公约》第 42 条第 1 款中予以并列的东道国国内法以及国际法,这两种法律规范在处断国际投资争端中的法律效力,是否早在 1965 年缔约之初就已经确切规定了先与后、优与劣、高与低、主与从的相互关系,究竟应如何解释,才符合当时的历史真实和条文的本义,这个疑难问题,也就迎刃而解了。

举一可以反三。为了准确、全面地评价《华盛顿公约》,对《华盛顿公约》的"立法史"开展比较深入的研究是必不可少的。

第二,除了认真弄清《华盛顿公约》本身的来龙去脉之外,还必须认真了解与《华盛顿公约》成龙配套的一系列规章、制度、组织机构和基本设施。特别是应当深入研究 ICSID 的《行政和财务条例》《提起调解和仲裁的程序规则》《调解程序规则》《仲裁程序规则》《标准条款》等基本文献。这些文献都是《华盛顿公约》与 ICSID 具体运作和发挥作用的主要依据和基本准绳,深入地加以探讨,洞悉其利弊和长短,大有助于提高中国关于应否加入《华盛顿公约》的判断力。

第三,世界各类国家对《华盛顿公约》采取的态度以及迄 20 世纪 80 年代末为止《华盛顿公约》的成员结构,也是当时中国应当加以了解、思考、分析和借鉴的重要课题。围绕这一总的课题,又有许多新的具体的问题值得中国认真思考和深入分析。

---

[53]《各国经济权利和义务宪章》第 2 条第 2 款第 3 项,载《1974 年联合国年鉴》(第 28 卷),1977 年英文版,第 404 页。

[54] 1974 年 12 月 12 日联大第 2315 次会议对《各国经济权利和义务宪章》进行表决时,阿富汗、中国等 120 个国家投了赞成票;美国、英国、原联邦德国等 6 国投了反对票;日本、法国、意大利等 10 国投了弃权票。参见陈安:《美国对海外投资的法律保护及典型案例分析》,鹭江出版社 1985 年版,第 22—28 页。

诸如：为什么迄80年代末为止还有60多个发展中国家，尽管也急需吸收外资促进本国经济发展，但却迟迟不肯贸然加入《华盛顿公约》？它们迟迟尚未参加这个公约，究竟有没有以及在多大程度上对于吸收外资工作产生了消极影响？人口、幅员以及若干其他重要国情都与中国相近的亚洲大国——印度，对参加《华盛顿公约》一直抱着观望态度，这究竟是出于何种考虑？拉丁美洲的巴西、阿根廷、墨西哥等国，在卡尔沃主义[55]的传统影响下，直到80年代末仍不参加该公约，但事实上并不影响大量外资源源不断流入这些国家，这是什么原因？在发达国家行列中，加拿大和澳大利亚都是大量吸收外资的著名大国，其中加拿大一直不参加《华盛顿公约》，澳大利亚则自1975年3月在《华盛顿公约》上签署之后，迄80年代末，历时已经十几年，何以其国内议会一直不予批准因而尚未成为正式的缔约国？加、澳两国的这种投资法律环境对于它们大量引进外资究竟发生过多大的消极影响？

简言之，彻底弄清上述这些问题，大有助于增加关于中国应否加入《华盛顿公约》的判断根据。

第四，ICSID实行国际调解或国际仲裁的职能，归根结底是由调解员和仲裁员执行的。俗话说："法律是死的，法官是活的。"不同的执法者执行同一法律，往往会有不同的结论。联系到ICSID的情况，这些调解员和仲裁员的政治倾向、道德品格、法学知识以及其他专业水平，都直接影响到他们在调解或裁断国际投资争端时能否做到公正持平，合法合情合理。为了从总体上或个案上预测加入《华盛顿公约》、接受ICSID仲裁体制所可能出现的实际效果，以便事先有所防范，或趋利避害，择优汰劣，中国必须对这些人员的基本情况逐一有所了解。

根据ICSID报道，截至1987年4月，ICSID所备两种名册上经58个缔约国指派或ICSID主席任命的调解员已有210人，仲裁员已有219人，随后又略有增补。[56] 值得认真研究的是：

（1）按《华盛顿公约》第13条规定，每个缔约国都有权向ICSID指派调解员和仲裁员各4人。截至1987年4月，缔约国已达89个，何以行使上述指派权的缔约国只

---

[55] 19世纪至20世纪初，欧洲列强政府常常滥用国际法上的"外交保护权"，专横地介入拉丁美洲国家政府与欧洲的公司或个人间有关经济合同方面的争端，粗暴干涉拉美国家内政。有鉴于此，阿根廷法学家卡尔沃（Carols Calvo，1824—1906）极力主张：在有关国家政府与外国人之间在经济合同方面的争端中，作为合同当事者的外国人，应当依据合同当事国的国内法，服从该国（即东道国）国内法院的管辖，不得请求本国政府加以外交保护；外国政府亦不得滥用外交保护权。这种主张，通称"卡尔沃主义"，成为世界上弱小民族反抗列强干涉内政的理论武器。它在国际法的发展史上产生过很大的影响，在拉美各国更是深入人心，甚至定为宪法条款或对外条约专款，通称"卡尔沃条款"。

[56] 参见《解决投资争端国际中心讯息》1987年第4卷第2期，第3页；《解决投资争端国际中心讯息》1988年第5卷第2期，第4页；《解决投资争端国际中心讯息》1989年第6卷第1期，第3页。

有58个?还有31个缔约国(其中绝大多数是发展中国家)为何有权不用?它们遇到了什么困难?

(2)这58个缔约国及其所指派的调解员、仲裁员以及ICSID主席直接任命的同类人员,他们在改造国际经济旧秩序、创建国际经济新秩序这一矛盾斗争和世界潮流面前,向来持有何种态度?他们所经受的法学教育训练、他们的基本法学观点、代表性学术著作以及其他专业特长等等,情况如何?

(3)据ICSID报道,[57]截至1987年8月,被指派或任命的仲裁员总数已达228人,但直到当时为止,实际上被指定担任过具体案件仲裁员的,却只有其中的63人。余下的165人约占全体仲裁员的72%,何以全都"赋闲待命",甚至形同虚设?更有甚者,在实际参加过ICSID仲裁的上述63人中,竟有49人是欧美发达国家的国民,而来自发展中国家的只有区区14人,仅占全数的22%;在已经组建处断争端的19个仲裁庭和两个专案委员会中,担任庭长和主席的几乎全是发达国家国民,而来自发展中国家的只有寥寥3个人,仅占全数的14%。然而须知:发展中国家占《华盛顿公约》成员国66%左右,而且在上述仲裁庭中的被告(被诉人)几乎100%都是发展中国家,在此种情况下,ICSID仲裁员及有关仲裁庭的上述结构和比例是否合理?裁断能否公正?难道发展中国家真的如此缺乏合格的仲裁员人才?问题的真正症结何在?应当怎样解决或纠正?

上述这些关键问题,也都是值得认真探究和深思的。

综上所述,可以看出:在1985—1989年,即中国实行对外开放、吸收外资国策届满五年至十年之际,国内外客观形势的不断发展,日益增强了中国人对《华盛顿公约》以及ICSID体制积极开展研究的必要性、现实性和紧迫感。

对于中国应否加入上述公约以及在何种保留条件下方可参加这个公约的问题,中国人应当尽早做到情况明了,胸有成竹,慎重决策,果断行事。

"情况明",才能"决心大"。换言之,"情况明"是"决心大"的前提和基础。已经摆在议程上的现实问题,既不宜长期犹豫,久拖不决;尤不宜盲目决断,贸然行事。久拖不决或贸然行事,都可能影响对外开放或损害国家权益,两者都是对中国相当不利的。为了避免这两种可能,除加紧研究之外,别无他途可循。

---

[57] 参见《解决投资争端国际中心仲裁庭组建概况》,载《解决投资争端国际中心讯息》1987年第4卷第2期,第5—7页、第3页。

五、中国参加《华盛顿公约》、接受"解决投资争端国际中心"仲裁体制后面临的新形势和待决问题

中国政府当局和有关主管部门在数年来加强调查研究、多方征询意见的基础上,经过全面的利弊权衡,审时度势,终于在 1990 年 2 月 9 日,由当时的驻美大使朱启桢代表中国政府签署参加《华盛顿公约》。大约事隔三年之后,经全国人民代表大会常务委员会审议通过,中国政府于 1993 年 1 月 7 日向《华盛顿公约》保存者世界银行总部提交了批准书,并按有关规定,自 1993 年 2 月 6 日起,正式成为《华盛顿公约》的缔约国,接受了《华盛顿公约》设定的 ICSID 仲裁体制。

从 1985 年开始加强调查研究到 1993 年果断交存缔约批准书,先后历时七八年,这从一个侧面反映出中国政府参加《华盛顿公约》、接受 ICSID 仲裁体制的决策过程,是深思熟虑,反复权衡,相当审慎的。

自 1990 年中国签署加入《华盛顿公约》之后,晚近十一年来有关《华盛顿公约》和 ICSID 体制新的形势发展和国际实践,证明中国的上述决策是适时的、正确的。近十一年来,《华盛顿公约》的签署国和缔约国,大幅度增加,ICSID 仲裁体制的功能不断扩大,受理的投资争端案件,也日益增多。相应地,中国对《华盛顿公约》和 ICSID 体制的认识也有待于进一步深化,并面临着一些新的待决问题。

(一) 十一年来《华盛顿公约》缔约国大幅度增加

在中国于 1990 年签署加入《华盛顿公约》之前,《华盛顿公约》已拥有 97 个签署国,其中 91 个国家已交存了批准书,成为正式缔约国。如果从《华盛顿公约》开始提供各国签署的 1965 年起算,《华盛顿公约》签署国与缔约国达到此数,先后历时 25 年。在中国签署加入《华盛顿公约》之后,迄 2007 年 4 月为止,《华盛顿公约》的签署国已大幅度增加到 155 个,其中 143 个国家已交存批准书,成为正式缔约国。这种"增幅"和"增速",具体地表明《华盛顿公约》和 ICSID 仲裁体制已在更加广泛的程度上为当今国际社会成员所普遍认同和接受。

迄今为止,世界各国相继加入《华盛顿公约》的简况,可见下表:

表 3-4-1 《华盛顿公约》缔约国与签署国一览表[58]（截至 2007 年 4 月）

State	Signature	Deposit of Ratification	Entry into Force of Convention
Afghanistan	Sep. 30, 1966	June 25, 1968	July 25, 1968
Albania	Oct. 15, 1991	Oct. 15, 1991	Nov. 14, 1991
Algeria	Apr. 17, 1995	Feb. 21, 1996	Mar. 22, 1996
Argentina	May 21, 1991	Oct. 19, 1994	Nov. 18, 1994
Armenia	Sep. 16, 1992	Sep. 16, 1992	Oct. 16, 1992
Australia	Mar. 24, 1975	May 2, 1991	June 1, 1991
Austria	May 17, 1966	May 25, 1971	June 24, 1971
Azerbaijan	Sep. 18, 1992	Sep. 18, 1992	Oct. 18, 1992
Bahamas	Oct. 19, 1995	Oct. 19, 1995	Nov. 18, 1995
Bahrain	Sep. 22, 1995	Feb. 14, 1996	Mar. 15, 1996
Bangladesh	Nov. 20, 1979	Mar. 27, 1980	Apr. 26, 1980
Barbados	May 13, 1981	Nov. 1, 1983	Dec. 1, 1983
Belarus	July 10, 1992	July 10, 1992	Aug. 9, 1992
Belgium	Dec. 15, 1965	Aug. 27, 1970	Sep. 26, 1970
Belize	Dec. 19, 1986		
Benin	Sep. 10, 1965	Sep. 6, 1966	Oct. 14, 1966
Bosnia and Herzegovina	Apr. 25, 1997	May 14, 1997	June 13, 1997
Botswana	Jan. 15, 1970	Jan. 15, 1970	Feb. 14, 1970
Brunei Darussalam	Sep. 16, 2002	Sep. 16, 2002	Oct. 16, 2002
Bulgaria	Mar. 21, 2000	Apr. 13, 2001	May 13, 2001
Burkina Faso	Sep. 16, 1965	Aug. 29, 1966	Oct. 14, 1966
Burundi	Feb. 17, 1967	Nov. 5, 1969	Dec. 5, 1969
Cambodia	Nov. 5, 1993	Dec. 20, 2004	Jan. 19, 2005
Cameroon	Sep. 23, 1965	Jan. 3, 1967	Feb. 2, 1967
Canada	Dec. 15, 2006		
Central African Republic	Aug. 26, 1965	Feb. 23, 1966	Oct. 14, 1966
Chad	May 12, 1966	Aug. 29, 1966	Oct. 14, 1966
Chile	Jan. 25, 1991	Sep. 24, 1991	Oct. 24, 1991
China	Feb. 9, 1990	Jan. 7, 1993	Feb. 6, 1993
Colombia	May 18, 1993	July 15, 1997	Aug. 14, 1997
Comoros	Sep. 26, 1978	Nov. 7, 1978	Dec. 7, 1978
Congo	Dec. 27, 1965	June 23, 1966	Oct. 14, 1966

---

[58] 数据来源：http://icsid.worldbank.org/ICSID/FrontServlet? requestType=ICSIDDocRH&actionVal=ContractingStates&ReqFrom=Main。

(续表)

State	Signature	Deposit of Ratification	Entry into Force of Convention
Congo, Democratic Rep. of	Oct. 29, 1968	Apr. 29, 1970	May 29, 1970
Costa Rica	Sep. 29, 1981	Apr. 27, 1993	May 27, 1993
Côte d'Ivoire	June 30, 1965	Feb. 16, 1966	Oct. 14, 1966
Croatia	June 16, 1997	Sep. 22, 1998	Oct. 22, 1998
Cyprus	Mar. 9, 1966	Nov. 25, 1966	Dec. 25, 1966
Czech Republic	Mar. 23, 1993	Mar. 23, 1993	Apr. 22, 1993
Denmark	Oct. 11, 1965	Apr. 24, 1968	May 24, 1968
Dominican Republic	Mar. 20, 2000		
Ecuador	Jan. 15, 1986	Jan. 15, 1986	Feb. 14, 1986
Egypt, Arab Rep. of	Feb. 11, 1972	May 3, 1972	June 2, 1972
El Salvador	June 9, 1982	Mar. 6, 1984	Apr. 5, 1984
Estonia	June 23, 1992	June 23, 1992	Jul. 23, 1992
Ethiopia	Sep. 21, 1965		
Fiji	July 1, 1977	Aug. 11, 1977	Sep. 10, 1977
Finland	July 14, 1967	Jan. 9, 1969	Feb. 8, 1969
France	Dec. 22, 1965	Aug. 21, 1967	Sep. 20, 1967
Gabon	Sep. 21, 1965	Apr. 4, 1966	Oct. 14, 1966
Gambia, The	Oct. 1, 1974	Dec. 27, 1974	Jan. 26, 1975
Georgia	Aug. 7, 1992	Aug. 7, 1992	Sep. 6, 1992
Germany	Jan. 27, 1966	Apr. 18, 1969	May 18, 1969
Ghana	Nov. 26, 1965	July 13, 1966	Oct. 14, 1966
Greece	Mar. 16, 1966	Apr. 21, 1969	May 21, 1969
Grenada	May 24, 1991	May 24, 1991	June 23, 1991
Guatemala	Nov. 9, 1995	Jan. 21, 2003	Feb. 20, 2003
Guinea	Aug. 27, 1968	Nov. 4, 1968	Dec. 4, 1968
Guinea-Bissau	Sep. 4, 1991		
Guyana	July 3, 1969	July 11, 1969	Aug. 10, 1969
Haiti	Jan. 30, 1985		
Honduras	May 28, 1986	Feb. 14, 1989	Mar. 16, 1989
Hungary	Oct. 1, 1986	Feb. 4, 1987	Mar. 6, 1987
Iceland	July 25, 1966	July 25, 1966	Oct. 14, 1966
Indonesia	Feb. 16, 1968	Sep. 28, 1968	Oct. 28, 1968
Ireland	Aug. 30, 1966	Apr. 7, 1981	May 7, 1981
Israel	June 16, 1980	June 22, 1983	July 22, 1983
Italy	Nov. 18, 1965	Mar. 29, 1971	Apr. 28, 1971

(续表)

State	Signature	Deposit of Ratification	Entry into Force of Convention
Jamaica	June 23, 1965	Sep. 9, 1966	Oct. 14, 1966
Japan	Sep. 23, 1965	Aug. 17, 1967	Sep. 16, 1967
Jordan	July 14, 1972	Oct. 30, 1972	Nov. 29, 1972
Kazakhstan	July 23, 1992	Sep. 21, 2000	Oct. 21, 2000
Kenya	May 24, 1966	Jan. 3, 1967	Feb. 2, 1967
Korea, Rep. of	Apr. 18, 1966	Feb. 21, 1967	Mar. 23, 1967
Kuwait	Feb. 9, 1978	Feb. 2, 1979	Mar. 4, 1979
Kyrgyz Republic	June 9, 1995		
Latvia	Aug. 8, 1997	Aug. 8, 1997	Sep. 7, 1997
Lebanon	Mar. 26, 2003	Mar. 26, 2003	Apr. 25, 2003
Lesotho	Sep. 19, 1968	July 8, 1969	Aug. 7, 1969
Liberia	Sep. 3, 1965	June 16, 1970	July 16, 1970
Lithuania	July 6, 1992	July 6, 1992	Aug. 5, 1992
Luxembourg	Sep. 28, 1965	July 30, 1970	Aug. 29, 1970
Macedonia, former Yugoslav Rep. of	Sep. 16, 1998	Oct. 27, 1998	Nov. 26, 1998
Madagascar	June 1, 1966	Sep. 6, 1966	Oct. 14, 1966
Malawi	June 9, 1966	Aug. 23, 1966	Oct. 14, 1966
Malaysia	Oct. 22, 1965	Aug. 8, 1966	Oct. 14, 1966
Mali	Apr. 9, 1976	Jan. 3, 1978	Feb. 2, 1978
Malta	Apr. 24, 2002	Nov. 3, 2003	Dec. 3, 2003
Mauritania	July 30, 1965	Jan. 11, 1966	Oct. 14, 1966
Mauritius	June 2, 1969	June 2, 1969	July 2, 1969
Micronesia	June 24, 1993	June 24, 1993	July 24, 1993
Moldova	Aug. 12, 1992		
Mongolia	June 14, 1991	June 14, 1991	July 14, 1991
Morocco	Oct. 11, 1965	May 11, 1967	June 10, 1967
Mozambique	Apr. 4, 1995	June 7, 1995	July 7, 1995
Namibia	Oct. 26, 1998		
Nepal	Sep. 28, 1965	Jan. 7, 1969	Feb. 6, 1969
Netherlands	May 25, 1966	Sep. 14, 1966	Oct. 14, 1966
New Zealand	Sep. 2, 1970	Apr. 2, 1980	May 2, 1980
Nicaragua	Feb. 4, 1994	Mar. 20, 1995	Apr. 19, 1995
Niger	Aug. 23, 1965	Nov. 14, 1966	Dec. 14, 1966
Nigeria	July 13, 1965	Aug. 23, 1965	Oct. 14, 1966
Norway	June 24, 1966	Aug. 16, 1967	Sep. 15, 1967

（续表）

State	Signature	Deposit of Ratification	Entry into Force of Convention
Oman	May 5, 1995	July 24, 1995	Aug. 23, 1995
Pakistan	July 6, 1965	Sep. 15, 1966	Oct. 15, 1966
Panama	Nov. 22, 1995	Apr. 8, 1996	May 8, 1996
Papua New Guinea	Oct. 20, 1978	Oct. 20, 1978	Nov. 19, 1978
Paraguay	July 27, 1981	Jan. 7, 1983	Feb. 6, 1983
Peru	Sep. 4, 1991	Aug. 9, 1993	Sep. 8, 1993
Philippines	Sep. 26, 1978	Nov. 17, 1978	Dec. 17, 1978
Portugal	Aug. 4, 1983	July 2, 1984	Aug. 1, 1984
Romania	Sep. 6, 1974	Sep. 12, 1975	Oct. 12, 1975
Russian Federation	June 16, 1992		
Rwanda	Apr. 21, 1978	Oct. 15, 1979	Nov. 14, 1979
Samoa	Feb. 3, 1978	Apr. 25, 1978	May 25, 1978
Sao Tome and Principe	Oct. 1, 1999		
Saudi Arabia	Sep. 28, 1979	May 8, 1980	June 7, 1980
Senegal	Sep. 26, 1966	Apr. 21, 1967	May 21, 1967
Serbia	May 9, 2007	May 9, 2007	June 8, 2007
Seychelles	Feb. 16, 1978	Mar. 20, 1978	Apr. 19, 1978
Sierra Leone	Sep. 27, 1965	Aug. 2, 1966	Oct. 14, 1966
Singapore	Feb. 2, 1968	Oct. 14, 1968	Nov. 13, 1968
Slovak Republic	Sep. 27, 1993	May 27, 1994	June 26, 1994
Slovenia	Mar. 7, 1994	Mar. 7, 1994	Apr. 6, 1994
Solomon Islands	Nov. 12, 1979	Sep. 8, 1981	Oct. 8, 1981
Somalia	Sep. 27, 1965	Feb. 29, 1968	Mar. 30, 1968
Spain	Mar. 21, 1994	Aug. 18, 1994	Sep. 17, 1994
Sri Lanka	Aug. 30, 1967	Oct. 12, 1967	Nov. 11, 1967
St. Kitts & Nevis	Oct. 14, 1994	Aug. 4, 1995	Sep. 3, 1995
St. Lucia	June 4, 1984	June 4, 1984	July 4, 1984
St. Vincent and the Grenadines	Aug. 7, 2001	Dec. 16, 2002	Jan. 15, 2003
Sudan	Mar. 15, 1967	Apr. 9, 1973	May 9, 1973
Swaziland	Nov. 3, 1970	June 14, 1971	July 14, 1971
Sweden	Sep. 25, 1965	Dec. 29, 1966	Jan. 28, 1967
Switzerland	Sep. 22, 1967	May 15, 1968	June 14, 1968
Syria	May 25, 2005	Jan. 25, 2006	Feb. 24, 2006
Tanzania	Jan. 10, 1992	May 18, 1992	June 17, 1992
Thailand	Dec. 6, 1985		
Timor-Leste	July 23, 2002	July 23, 2002	Aug. 22, 2002

(续表)

State	Signature	Deposit of Ratification	Entry into Force of Convention
Togo	Jan. 24, 1966	Aug. 11, 1967	Sep. 10, 1967
Tonga	May 1, 1989	Mar. 21, 1990	Apr. 20, 1990
Trinidad and Tobago	Oct. 5, 1966	Jan. 3, 1967	Feb. 2, 1967
Tunisia	May 5, 1965	June 22, 1966	Oct. 14, 1966
Turkey	June 24, 1987	Mar. 3, 1989	Apr. 2, 1989
Turkmenistan	Sep. 26, 1992	Sep. 26, 1992	Oct. 26, 1992
Uganda	June 7, 1966	June 7, 1966	Oct. 14, 1966
Ukraine	Apr. 3, 1998	June 7, 2000	July 7, 2000
United Arab Emirates	Dec. 23, 1981	Dec. 23, 1981	Jan. 22, 1982
United Kingdom of Great Britain and Northern Ireland	May 26, 1965	Dec. 19, 1966	Jan. 18, 1967
United States of America	Aug. 27, 1965	June 10, 1966	Oct. 14, 1966
Uruguay	May 28, 1992	Aug. 9, 2000	Sep. 8, 2000
Uzbekistan	Mar. 17, 1994	July 26, 1995	Aug. 25, 1995
Venezuela	Aug. 18, 1993	May 2, 1995	June 1, 1995
Yemen, Republic of	Oct. 28, 1997	Oct. 21, 2004	Nov. 20, 2004
Zambia	June 17, 1970	June 17, 1970	July 17, 1970
Zimbabwe	Mar. 25, 1991	May 20, 1994	June 19, 1994

(二) 十一年来 ICSID 仲裁体制的功能不断扩大

晚近十一年来，ICSID 仲裁体制的功能不断扩大，主要体现在以下几个方面：[59]

第一，有更多的发展中国家，直接在本国颁行的外资法规中明文规定：把本国境内的涉外投资争端提交 ICSID 调解或仲裁。如前所述，在 1987 年间，在国内立法中直接作出此种规定的国家只有十来个；到了 1999 年春，作出此类国内立法规定的国家已增加到三十来个。据 ICSID 专家解释，这种法律规定意味着有关东道国已向外国投资者提出一般性的"要约"(offers) 或表示一般性的"同意"(consents)，一旦发生争端，外商即可据以将争端提交 ICSID 裁断。

第二，有愈来愈多的双边投资保护条约，直接规定了 ICSID 仲裁条款。在 1987 年间，在此类双边条约中订有 ICSID 仲裁条款者约为 108 项；到了 1999 年春，订有

---

[59] 参见〔美〕安东尼奥·帕拉 (ICSID 高级法律顾问，现已升任 ICSID 副秘书长)：《ICSID 在解决投资争端中发挥的作用》，载《解决投资争端国际中心讯息》1999 年第 16 卷第 1 期，第 5—8 页。另参见 ICSID, http://www.worldbank.org/icsid/about/main.htm。

ICSID 仲裁条款的双边投资保护条约已猛增至 950 项左右。[60] 据 ICSID 专家解释,在此类双边条约中订有 ICSID 仲裁条款,其含义相当于在国内立法中作出的上述规定,即各缔约的东道国已经向外来投资者发出一般性的"要约",或表示一般性的"同意":遇有涉外投资争端,外商即可据以向 ICSID 投诉。

第三,有日益增多的国际经济组织作出规定,与 ICSID 仲裁体制"联手"协作,以解决国际经济争端。20 世纪 90 年代以来出现的双边投资保护条约中,有些当事国并非《华盛顿公约》的缔约国,因而难以在有关双边条约中直接纳入 ICSID 仲裁条款,但它们往往借助于联合国贸易法委员会制定的仲裁规则中的有关规定,与 ICSID 的仲裁体制挂上钩,对后者加以利用,间接地转请 ICSID 秘书长代为指定仲裁员,组庭受理和处断有关的国际投资争端。这种"联手"和"挂钩"的做法,又进一步被先后推广运用于在 90 年代签订的一系列多边性的经贸条约和相关的国际经济组织之中,诸如《北美自由贸易协定》《卡塔赫纳自由贸易协定》《南部锥形地区共同市场投资议定书》以及《能源宪章条约》中,都有类似的借助于 ICSID 仲裁体制的规定,借以促进国际投资争端的解决。这些做法实质上都起到扩大和增强 ICSID 仲裁体制功能的作用。

第四,在日益增多的东道国与外国投资者订立的投资合同中,直接明文约定:将日后有关投资的行政争端提交 ICSID 仲裁解决。

第五,有日益增多的国际性仲裁机构与 ICSID 机构开展互助协作,增强了 ICSID 仲裁体制的功能和效率。《华盛顿公约》第 63 条规定,经当事人双方同意,有关的仲裁程序可以在 ICSID 以外的其他公私仲裁机构的所在地进行。据此,ICSID 机构先后与海牙的"常设仲裁院"、开罗与科伦坡的"亚非法律咨询委员会地区仲裁中心"、墨尔本的"澳大利亚国际商务仲裁中心"、悉尼的"澳大利亚解决商务争端中心""新加坡国际仲裁中心"、巴林的"GCC 商务仲裁中心"等等,就 ICSID 受理的有关仲裁案件在当地开庭听审等项事宜,多次开展合作,作出科学安排,方便了当事人,提高了效率,也扩大了 ICSID 体制的国际影响。

在以上这五个方面因素的综合作用下,进入 20 世纪 90 年代以来,ICSID 受理的国际投资争端案件增长的幅度和速度,颇令人瞩目。

(三) 十一年来 ICSID 受理的国际投资争端案件急剧增多

据统计,自 1966 年 ICSID 始建迄 1988 年 6 月 30 日止,二十余年间,ICSID 共受

---

[60] 另据安·帕拉统计,截至 2000 年 11 月 10 日,全球约有 170 个国家先后分别签订了大量的双边投资保护条约,合计约为 1800 项左右,其中大部分都表示同意将有关国际投资争端提交 ICSID 按其有关规则加以仲裁解决。参见《由国际投资条约产生的适用于"中心"仲裁的实体法》,载《解决投资争端国际中心讯息》2000 年第 17 卷第 2 期,第 6 页。

理国际投资争端 25 起,平均每年仅约一起。而自 1998 年 1 月至 2001 年 5 月,短短 3 年 4 个月间,共受理同类案件 38 起,其受案频率已达到每年 11 起以上。[61] 此种增长势头,显非偶然现象,值得重视,加强研究。

截至 2001 年 5 月 24 日,经 ICSID 登记受理的国际投资争端案件共计 86 起,其中已经结案的 52 起,悬而待决的 34 起。有关两类案件的简况,可分别综合如下页列表。

(四) 在 ICSID 新形势下中国面临新的待决问题

《华盛顿公约》及其设定的 ICSID 仲裁体制在晚近十一年中的重大发展,已概述如上。这些重大发展,对于当代中国说来,尤其具有现实意义,不可低估,更不容忽视。其所以然,是因为:

第一,根据国际经济组织的权威性统计,中国已连续多年成为跨国投资的首选地之一,就全球一百多个发展中国家而论,中国吸收的外商投资总额已连续多年稳居"榜首";即使与全球几十个发达国家相比,中国近几年来吸收外资的总额也已超过绝大多数发达国家,而仅次于最大的发达国家美国。巨额外资源源流入中国,对于中国的社会主义"四个现代化"建设事业,起了重大的推动和促进作用,这当然是可喜的。相应地,从总体上说,中国政府对外资施加的保护是充分和周到的,给予外资的待遇是优惠和友善的,对外资实行的必要管束是适度宽松的,对涉外投资争端的处断是公正、公平、合理的。但是,作为当代的中国人,也不能不清醒地看到:大量外资的流入,不可能不同时带来,而且已经带来某些负面的作用,针对这些负面作用,必须及时采取适当的措施,予以必要的制约,使其尽量减轻或消除;尤其不能不清醒地看到:在资本输出国与资本输入国之间、外国投资人与东道国政府之间,既有互利互惠的一面,因而导致国际合作,又有利害冲突的另一面,因而导致国际争端。这是国际经济交往和资本跨国流动的内在规律之一,是客观存在的必然,不以人们的主观愿望为转移。

诚然,迄今为止,中国从未成为 ICSID 任何具体仲裁案件中的"被诉人"或当事国,但是,既然中国已经相继成为《多边投资担保机构公约》和《华盛顿公约》的缔约国,而这两项公约中都规定各缔约国在一定条件下均应接受 ICSID 仲裁体制,以解决在该国境内发生的涉外投资争端;既然中国已经相继与八九十个外国签订了双边

---

[61] 参见《解决投资争端国际中心 1988 年度报告》1988 年英文本,第 4 页;《解决投资争端国际中心讯息》1987 年第 4 卷第 1 期,第 7 页;《解决投资争端国际中心讯息》1987 年第 4 卷第 2 期,第 3 页;《解决投资争端国际中心讯息》1999 年第 16 卷第 1 期,第 7 页;以及以下两份 ICSID 受理案件"一览表"。

投资保护条约,而其中又都纳入了 ICSID 仲裁条款,因此,中国不可能完全避免有朝一日也成为 ICSID 仲裁案件中的"被诉人"。

表 3-4-2　ICSID 受理并已结案的国际投资争端一览表

(截至 2001 年 5 月 28 日,共 52 起)

案号	申请人 (请求人)	被诉人 (被请求人)	案由	立案日期	结案日期
1. ARB/72/1	假日酒店公司等	摩洛哥	合资经营酒店争端	1972.1.13	1978.10.17
2. ARB/74/1	阿德里昂诺公司	科特迪瓦	化纤产品争端	1974.3.6	1977.8.6
3. ARB/74/2	牙买加阿尔科矿业公司	牙买加	铝土矿开采争端	1974.6.21	1975.7.6
4. ARB/74/3	恺撒铝矿公司	牙买加	铝土矿开采争端	1974.6.21	1977.2.27
5. ARB/74/4	雷诺兹牙买加矿业公司与雷诺兹金属公司	牙买加	铝土矿开采争端	1974.6.21	1977.10.12
6. ARB/76/1	加蓬政府	塞勒特公司	建造产科医院争端	1976.10.5	1978.2.27
7. ARB/77/1	AGIP 公司	刚果人民共和国	石油产品销售争端	1977.11.4	1979.11.30
8. ARB/77/2	班弗努蒂与邦芬特公司	刚果人民共和国	塑料瓶制造争端	1977.12.15	1980.8.8
9. ARB/78/1	瓜达鲁普油气产品公司	尼日利亚	液化气产销争端	1978.3.20	1980.7.22
10. ARB/81/1	阿姆科公司等	印度尼西亚	A. 建造和经营大酒店争端	1981.2.27	1984.11.20
			B. 申请撤销裁决书	1985.3.18	1986.5.16
			C. 申请重新仲裁	1987.5.21	1990.10.17
			D. 再次申请撤销裁决书	1990.10.18	1992.12.17
11. ARB/81/2	克劳科纳公司等	喀麦隆	A. 建造和经营肥料公司争端	1981.4.14	1983.10.21
			B. 申请撤销裁决书	1984.2.16	1985.5.3
			C. 申请重新仲裁	1985.6.7	1988.1.26
			D. 再次申请撤销裁决书	1988.7.1	1990.5.17
12. ARB/82/1	非洲乌厄斯特公司	塞内加尔	建造低薪阶层住宅争端	1982.11.5	1988.2.25

(续表)

案号	申请人（请求人）	被诉人（被请求人）	案由	立案日期	结案日期
13. CONC/82/1	塞迪特纺织工程公司	马达加斯加	组建纺织企业争端	1982.10.5	1983.6.20
14. ARB/83/1	瑞士铝业公司与冰岛铝业公司	冰岛	铝矿冶炼厂争端	1983.6.16	1985.3.6
15. ARB/83/2	利比里亚东方木材公司	利比里亚	森林业特许争端1	1983.6.21	1986.3.31
16. CONC/83/1	泰索罗石油公司	特立尼达和多巴哥	石油勘探与开采争端	1983.8.26	1985.11.27
17. ARB/84/1	大西洋特里顿公司	几内亚	建造渔船合同争端	1984.1.19	1986.4.21
18. ARB/84/2	科尔特工业公司	韩国	武器生产技术许可证争端	1984.2.21	1990.8.3
19. ARB/84/3	南太平洋房地产（中东）公司	埃及	A. 旅游开发项目争端	1984.8.28	1992.5.20
			B. 申请撤销裁决书	1992.5.27	1993.3.9
20. ARB/84/4	国际海运代理公司	几内亚	A. 铝矿土运输合营争端	1984.9.18	1988.1.6
			B. 申请撤销裁决书	1988.3.30	1989.12.22
			C. 申请重新仲裁	1990.1.26	1990.11.20
21. ARB/86/1	盖思·法隆公司	突尼斯	旅游度假项目争端	1986.9.24	1988.11.21
22. ARB/87/1	塞蒂梅工程公司	加蓬	改建住宅区争端	1987.2.24	1993.1.21
23. ARB/87/2	莫比尔石油公司	新西兰	合成燃料项目争端	1987.4.15	1990.11.26
24. ARB/87/3	亚洲农产品公司	斯里兰卡	虾类养殖合营争端	1987.7.20	1990.6.27
25. ARB/87/4	巴基斯坦西方公司	巴基斯坦	石油开采特许争端	1987.10.7	1989.1.27
26. ARB/89/1	汉诺威信托公司	埃及	银行分行经营争端	1989.6.15	1993.6.24
27. ARB/92/1	真空盐产公司	加纳	盐矿经营争端	1992.6.11	1994.2.16
28. ARB/92/2	西米塔尔勘探公司	孟加拉	石油勘探与开发争端	1992.11.3	1994.5.4
29. ARB/93/1	美国工业与贸易公司	刚果民主共和国	工贸企业争端	1993.2.2	2000.7.26

(续表)

案号	申请人（请求人）	被诉人（被请求人）	案由	立案日期	结案日期
30. ARB/94/1	菲利普·格鲁斯林	马来西亚	建筑企业争端	1994.1.13	1996.4.24
31. CONC/94/1	塞迪特纺织工程公司	马达加斯加	组建纺织企业争端	1994.6.13	1996.7.19
32. ARB/94/2	特拉德·赫拉斯公司	阿尔巴尼亚	组建农业企业争端	1994.12.8	1999.4.29
33. ARB/95/1	米歇尔赖德烟草公司等	阿尔巴尼亚	烟草加工争端	1995.4.27	1997.1.30
34. ARB/95/2	尼维斯有线电视公司等	圣基茨—尼维斯	有线电视特许争端	1995.11.14	1997.1.13
35. ARB/95/3	安东尼·戈茨公司等	布隆迪	组建矿产企业争端	1995.12.18	1999.2.10
36. ARB/96/1	桑塔·爱丽纳公司	哥斯达黎加	地产评估争端	1996.3.22	2000.2.17
37. ARB/96/3	菲德公司	委内瑞拉	债券争端	1996.6.26	1998.3.9
38. ARB/(AF)/97/1	塔克拉馆公司	墨西哥	组建废品处理企业争端	1997.1.13	2000.8.20
39. ARB/97/1	雷彻奇采矿公司	布基纳·法索	金矿开采争端	1997.1.27	2000.1.19
40. ARB/97/2	居佩（刚）公司	刚果共和国	石油勘探与开采争端	1997.1.27	1997.9.8
41. ARB(AF)/97/2	罗伯特·阿津宁公司等	墨西哥	组建废品处理企业争端	1997.3.24	1999.11.1
42. ARB/97/5 WRB	公司等	格林纳达	组建电力企业争端	1997.7.30	1998.12.21
43. ARB/97/6	兰科国际公司	阿根廷	港口特许协议争端	1997.10.14	2000.10.17
44. ARB/97/7	埃米略公司等	西班牙	组建化工企业争端	1997.10.30	2000.11.13
45. ARB/97/8	法国化纤开发公司	科特迪瓦	组建纺织企业争端	1997.11.4	2000.4.4
46. ARB(AF)/98/1	约瑟·雷米尔公司	乌克兰	组建广播企业争端	1998.1.16	2000.9.18
47. ARB/98/6	国际采矿公司	秘鲁	金矿开采争端	1998.10.28	2001.2.23
48. ARB/98/7/	班罗美洲资源公司	刚果民主共和国	金矿开采特许争端	1998.10.28	2000.9.1
49. ARB(AF)/98/2	废品管理公司	墨西哥	组建废品处理企业争端	1998.11.18	2000.6.2

（续表）

案号	申请人 （请求人）	被诉人 （被请求人）	案由	立案日期	结案日期
50. ARB/99/1	莫比尔（阿根廷）公司	阿根廷	石油勘探与开采争端	1999.4.9	1999.7.21
51. ANB/99/4	恩普利萨电力公司	阿根廷	水电站特许争端	1999.7.12	2001.2.8
52. ARB/99/8	阿斯塔迪公司等	洪都拉斯	高速公路改建争端	1999.12.8	2000.10.19

资料来源：ICSID Cases, List of Concluded Cases, http://www.worldbank.org/icsid/cases/conclude.htm。原资料逐一列明各案仲裁员或调解员名单等，限于篇幅，兹从略。

表 3-4-3　ICSID 受理后待决的国际投资争端一览表
（截至 2001 年 5 月 28 日，共 33 起）

案号	申请人 （请求人）	被诉人 （被请求人）	案由	立案日期
1. ARB/96/2	米西马矿业公司	巴布亚新几内亚	采矿特许争端	1996.4.29
2. ARB/97/3	阿孔基哈公司等	阿根廷	供水与下水道服务特许争端	1997.2.19
3. ARB/97/4	捷克斯洛文斯卡银行	斯洛伐克	债券争端	1997.4.25
4. ARB/98/1	休斯敦工业能源公司等	阿根廷	电力销售特价争端	1998.2.25
5. ARB/98/2	卡萨多与阿连德总统基金	智利	组建出版企业争端	1998.4.20
6. ARB/98/3	利比亚国际信托公司	利比里亚	海事登记争端	1998.5.28
7. ARB/98/4	韦纳饭店公司	埃及	旅社租赁与开发争端	1998.7.31
8. ARB/98/5	E.A.奥尔昆	巴拉圭	组建食品企业争端	1998.8.26
9. ARB(AF)/98/3	洛文集团公司等	美国	组建殡仪馆与保险企业争端	1998.11.19
10. ARB/98/8	坦桑尼亚电力供应公司	坦桑尼亚独立电力公司	电力购销合同争端	1998.12.7
11. ARB/99/2	亚历克斯·格宁等	爱沙尼亚	组建银行争端	1999.5.12
12. ARB/99/3	菲利普·格鲁斯林	马来西亚	互助基金争端	1999.5.12
13. ARB(AF)/99/1	费德曼·卡尔帕	墨西哥	组建外贸企业争端	1999.5.27
14. ARB/99/5	阿利门塔公司	冈比亚	组建花生企业争端	1999.7.12
15. ARB(AF)/99/2	蒙德维国际公司	美国	商用地产开发争端	1999.9.20
16. ARB/99/6	中东水泥装运装卸公司	埃及	组建水泥销售企业争端	1999.11.19
17. ARB/99/7	帕特里克·米歇尔	刚果民主共和国	组建律师事务所争端	1999.12.10

(续表)

案号	申请人 (请求人)	被诉人 (被请求人)	案由	立案日期
18. ARB/00/1	津瓦利开发公司	格鲁吉亚	水电站改建合同争端	2000.1.7
19. ARB/00/2	米哈利国际公司	斯里兰卡	电力项目争端	2000.1.11
20. ARB/00/3	格拉德联合公司	委内瑞拉	建造教养所争端	2000.3.1
21. ARB/00/4	萨利尼建筑公司等	摩洛哥	建造高速公路争端	2000.6.13
22. ARB/00/5	奥托皮斯塔公司	委内瑞拉	建造高速公路争端	2000.6.23
23. ARB/00/6	康索蒂安公司	摩洛哥	建造高速公路争端	2000.6.28
24. ARB/00/7	世界免税公司	肯尼亚	免税特许争端	2000.7.7
25. ARB/00/8	利泽波因特公司	刚果民主共和国	铜矿开采特许争端	2000.7.27
26. ARB(AF)/00/1	ADF集团公司	美国	高速公路建设争端	2000.8.25
27. ARB(AF)/00/2	塔尼卡斯公司	墨西哥	组建废品处理企业争端	2000.8.28
28. ARB(AF)/00/3	废品管理公司	墨西哥	组建废品处理企业争端	2000.9.27
29. ARB/00/9	世代乌克兰公司	乌克兰	建造办公大楼争端	2000.10.20
30. ARB/01/1	英普列基罗公司等	阿拉伯联合酋长国	建造清真寺争端	2001.2.15
31. ARB/01/2	安托英公司等	布隆迪	组建采矿、银行企业争端	2001.3.27
32. ARB/01/4	AES高峰电力公司	匈牙利	电力购销协议争端	2001.4.25
33. ARB/01/5	索西矿业开发公司	马里	金矿开采特许争端	2001.5.24

资料来源：ICSID Cases, List of Pending Cases, http://www.worldbank.org/icsid/cases/pending.htm. 原资料逐一列明各案仲裁员或调解员姓名等，限于篇幅，兹从略。

诚然，遇有涉外投资的行政争端（即外国的"民"控告中国的"官"），中国的主管当局和有关部门可以采取适当的措施和步骤，尽可能在中国境内"消化"矛盾，解决争端；但是，一旦涉案的外商坚持其无理要求、过苛索偿或乘机要挟，则中国的主管当局和有关部门显然不应一味姑息迁就或一味回避应诉，恰恰相反，理应勇于正视矛盾，敢于按照有关规定，善于在 ICSID 组建的国际性仲裁庭上，与申诉人针锋相对，对簿公堂，依法据理力争，使争端获得公正、公平、合理的解决。

简言之，当代中国人对于很可能出现的上述情况，应当早有"忧患"意识，预设"防范"屏障，未雨绸缪，早做准备，以免届时措手不及，陷于被动。

第二，20 世纪 90 年代以来，经济全球化进程明显加快，中国正式加入世界贸易组织，已指日可待。一旦"入世"，势必遵循全球性的经济"游戏规则"，在现有基础上进一步全方位、多层次地扩大对外开放，吸收和利用更多的外资；结合全面实施西部大开发、国企改革更新、优化产业结构等新的经济战略,扩大外商投资的地域和领域,逐步推进原先属于禁止或限制外资进入的商业、外贸、金融、保险、证券、电信、旅游和中介服务等行业的对外开放,鼓励外商更积极地投资基础设施、环保产业和高新技术产业。加上中国政局平稳、社会安定、经济活跃、持续快速发展等客观有利条件,今后外商来华投资的规模、范围和总量,势必达到前所未有的水平。与此俱来的,涉外投资争端出现的领域、频率和规模,也势必有相应的扩大和变化。面对在中国势必出现的新现实,面对ICSID仲裁体制功能不断扩大,受案数量大幅、加速增多的新现实,如何妥善应对,因势利导,做到游刃有余,这也是当代中国人不能不预为深思熟虑的。"无远虑者必有近忧",这个中华"古训",自应谨记,不可或忘。

基于对ICSID体制发展新态势的清醒认识,基于对中国吸收外资进入新阶段的全面预估,中国在接受和适应ICSID体制的现阶段,要切实做到趋利避害,为我所用,至少面临着以下几个方面新的待决问题:

第一,加强对ICSID仲裁成案的深入研究。

成案先例作出的是非判断,对于后续类似争端的处理,是否具有法律上、法理上或道义上的约束力?大陆法系与英美法系各有不同的理论与实践,见仁见智,迄未统一,也不必强求统一。但是,成案先例之对于后续类似争端的分析与论证,至少具有正面或负面的精神影响,则是全球法律学者的共识,关于这一点,看来不会有多大争议。对于这种精神影响,后人是接受它,作为判断后续类似争端的依据或参考,抑或是拒绝它,在判断后续类似争端过程中,努力摆脱这种精神影响,以便反其道而行之?要做到科学地解决这个问题,其前提都是必须对有关的成案先例的审理过程、两造主张之论点和论据、仲裁员处断之依据和理由,进行深入细致的研究,方能在"接受它"抑或"拒绝它"的判断上,做到持之有故,言之成理。

这种科学的方法,当然也适用于ICSID成案的研究。

对于面临前述国内外新形势的中国人说来,ICSID组建以来受理和处断国际投资争端的实况和案例,当然应当成为加紧研究的重点,其理至显,不必多赘,因为,这些案件的仲裁处断结果是整个ICSID仲裁体制和ICSID仲裁人员具体运作的综合产品和集中表现,案件的裁决书最集中、最具体地展示了ICSID仲裁体制的审理水平(可否信赖)、公正程度(有无偏袒)、断案倾向(对谁有利)以及实际效果(能否执行)。因此,它们成为全世界资本输出国以及资本输入国共同瞩目的焦点,尽管这两类国家倍加关注的动机和角度大相径庭,甚至完全相反。

在已经裁决的诸项争端案件中,认定事实是否清楚?有否歪曲臆断?适用法律是否正确?东道国的法律是否获得充分的尊重?各案裁断是否公正持平和合情合理?有无蓄意偏袒和执法不公现象?特别是有无坑害东道国、严重侵害其主权权益情事?《华盛顿公约》第53条规定:ICSID仲裁庭的裁决一般是终局性的,当事人不得就裁决提起上诉或寻求其他救济,而前述已结案件一览表中所列的第10、11、19、20四例却依据《华盛顿公约》第52条的规定撤销了原裁决,或最终以双方和解结案,那么,原裁决何处不公或不当?何故造成不公或不当?ICSID前任秘书长伊伯拉欣·希哈塔对于当事人可能滥用"撤销原裁决"这一程序表示担心,已建议"中心"的行政理事会考虑修订现行的《仲裁规则》,严格地把"撤销原裁决"程序作为特殊的例外来对待。[62] 这种担心和修订是否有必要,是否合理?此外,上述各项裁决正式生效后,其执行情况如何?其拘束力是否确实有效?争端当事人和当事国是否严格履行?作为第三者和局外人的其他缔约国对有关裁决是否全盘承认并在其境内认真协助执行?作为发展中国家和吸收外资的东道国,从上述争端案例的裁决和执行中应当吸取哪些经验或教训?应当采取哪些必要的、有效的、恰如其分的防范措施?——不认真研究和充分掌握上述有关情况,则中国一旦遇到类似争端,并被卷入类似的国际仲裁程序,就难以做到胸有成竹,从容对付,依法据理力争,以确保中国的正当权益。

第二,加强对各国"保留条款"的深入研究。

有些缔约国在参加《华盛顿公约》之初或其后,就行使《华盛顿公约》第25条第4款赋予的有关预设"保留条款"的权利,书面通知ICSID,列举何种争端打算提交ICSID受理和管辖,何种争端不拟提交ICSID裁断。例如,沙特阿拉伯王国在1980年5月8日正式批准加入《华盛顿公约》之际,就明确宣布:本国"保留权利,不将一切涉及石油以及涉及国家主权行为的争端问题,提交'解决投资争端国际中心'进行调解或仲裁。"随后,又在1983年4月颁行的《沙特阿拉伯仲裁条例》第3条中明文规定:"非经大臣会议主席批准,各级政府机构不得将它们与其他第三方当事人之间的争端提交仲裁解决。"[63] 这就从实体法和程序法两个方面在很大程度上限制了可以提交ICSID管辖的争端的范围。

又如,圭亚那共和国早在1969年7月11日就正式批准加入《华盛顿公约》,事隔5年之后,根据本国国情需要,曾于1974年7月8日正式书面通知ICSID:"圭亚那不考虑将有关圭亚那矿藏以及其他自然资源投资所直接引起的法律争端,提交ICSID管辖。"又隔13年以后,到了1987年10月,圭亚那政府根据本国国情的变化和吸收

---

[62] 参见《解决投资争端国际中心1988年度报告》(英文本),第4页。
[63] 参见〔黎巴嫩〕纳西布·G. 嘉德:《"解决投资争端国际中心"与阿拉伯国家》,载《解决投资争端国际中心讯息》1988年第5卷第2期,第5页。引文中所称"大臣会议"是沙特阿拉伯王国政府的最高执行机构,由内阁各部大臣和国王顾问组成,国王和王储分别担任主席和副主席。

外资的新需要,又通知 ICSID:圭亚那决定正式撤回上述保留条款,不再限制提交 ICSID 管辖的投资争端的种类和范围。[64]

对于诸如此类"保留条款"的具体内容、提出的背景和用意、实际的影响和利弊,都应逐一地加以比较研究,参考借鉴,从而开阔眼界,增广见识,俾便结合中国的具体国情,作出正确的抉择、取舍和创新。

中国政府于 1990 年 2 月 9 日签署了《华盛顿公约》,进而在 1993 年 1 月 7 日递交批准书,并郑重通知 ICSID:"根据《华盛顿公约》第 25 条第 4 款的规定,中国仅考虑把由于征收和国有化而产生的有关补偿的争端提交'解决投资争端国际中心'管辖。"[65]这一"保留"和"限制",显然是在广泛调查研究、多方征询意见、反复全面权衡之后,作出的审慎抉择。对比上述沙特阿拉伯 1980 年和 1983 年的两项保留以及圭亚那 1974 年的一项保留,中国对 ICSID 管辖权所作的保留和施加的限制,显得不很严格而较为宽松;反之,对比圭亚那 1987 年之完全撤回了保留条款,对提交 ICSID 管辖的涉外投资争端的种类和范围不再施加任何限制,则中国的做法又显得并不宽松而较为严格。可以说,这是中国立足于中国当时的国情并参考各国相关做法后,采取了"宽严适度"的"中庸之道"。

"一切依时间、地点和条件而转移","实践是检验真理的唯一标准",这是辩证唯物论或唯物辩证法的基本准则。循此准则作深入思考,中国在面临前述国内外新形势下,是否应当对 1993 年当年所作的保留再作适当的调整？或者是否应当继续坚持当年所作的保留？这显然又是一个有待认真调查研究、审时度势、重新探讨的问题。

第三,加强对外国专家有关 ICSID 论述的深入研究。

ICSID 组建以来,特别是 20 世纪 90 年代以来,外国法学专家和 ICSID 高级官员对于《华盛顿公约》和 ICSID 的评论,不论其政治倾向和法学观点如何,也不论这些评论是赞美、歌颂,还是批评、指摘,是工作总结,还是改革建议,都在应当了解之列。了解各种有代表性的"一家之言",也是一种重要的调查研究,颇有助于中国人进行比较分析和独立判断。"他山之石,可以攻玉","兼听则明",其理至显,毋庸赘述。

第四,抓紧推出有关 ICSID 体制的国内配套立法。

中国 1990 年初签署《华盛顿公约》,迄今已经十一年有余;如果从 1993 年初正式提交批准书起算,迄今也已超过八年。但是,直到现在,中国尚未正式推出有关贯彻《华盛顿公约》规定、适应 ICSID 仲裁体制的国内"配套"立法。对比《华盛顿公约》其

---

[64] 参见《依据〈华盛顿公约〉第 25 条第 4 款作出的通知》,载《解决投资争端国际中心讯息》1988 年第 5 卷第 1 期,第 10 页。

[65] 《中国批准 ICSID 公约》,载《解决投资争端国际中心讯息》1993 年第 10 卷第 1 期,第 1 页。

他许多缔约国的立法实践以及中国当前的国情需要,[66]似已显得立法滞后和不足,亟待改进和完善。换言之,似应抓紧考虑在中国的具体条件下,如何参照《华盛顿公约》其他缔约国的有关做法,通过审慎和合理的国内立法,制定有关《华盛顿公约》和ICSID体制在中国的实施条例或细则,既要信守和贯彻《华盛顿公约》的基本规定,又要对中国的保留条款和必要的防范措施,作出具体和周密的安排,从而灵活地充分运用《华盛顿公约》各项既定条款,力争趋利避害,维护我国的正当权益,——这显然是中国当前应当认真着手解决的一项待决问题。诸如,在有关的国内立法中,明确规定何类涉外投资争端、在何种条件下可以提交ICSID管辖和裁断,何类涉外投资争端、在何种条件下不允许或严禁擅自提交ICSID;特别是,针对《华盛顿公约》"序言"和第25条第1款赋予吸收外资东道国的逐项"书面同意权",应由中国政府的何种、何级主管部门,根据何种标准和何种手续作出科学判断,对外表示同意或不同意将有关涉外投资争端正式提交ICSID管辖;一旦中国政府的有关部门成为ICSID仲裁案件的"被诉人",应当如何正面对待、积极应诉;ICSID作出的仲裁裁决,在中国境内如何加以承认和执行,等等。针对这些具体的问题,都应当在中国的国内立法中,从实体上和程序上确立严格的审批标准和操作办法,俾便有法可依,有章可循,从而逐项严格把关,审慎行事,防患未然。[67]

第五,抓紧研究ICSID仲裁机制在"一国两制"下的正确运用。

如前所述,中国于1990年初签署《华盛顿公约》、1993年初正式递交了批准书。当时离香港、澳门回归祖国尚有相当时日,因而对于日后该公约以及ICSID仲裁机制是否适用于、如何适用于中国港、澳地区问题,也尚未有十分具体的考虑。

1997年7月1日、1999年12月20日香港、澳门先后回归祖国。依据《中华人民共和国宪法》《中华人民共和国香港特别行政区基本法》《中华人民共和国澳门特别行政区基本法》的规定,中国对香港、澳门恢复行使主权后,实施"一国两制"的基本方针,两地区仍然分别保持其原有的资本主义制度,50年不变。两地区均在中央人民政府直辖之下,实行高度的自治,享有行政管理权、立法权、独立的司法权和终审

---

[66] 《多边投资担保机构公约》(《MIGA公约》)首席法律顾问罗林·威森费尔德先生(Lorin S. Weisenfeld)曾为陈安教授主编的《MIGA与中国》一书撰写专章,阐述MIGA机构与中国法律关系的现状。据他提供的信息:美国"海岸能源公司"(Coastal Energy Corporation)在中国江苏省南京、苏州、无锡等地投资6000多万美元建立了4家合资公司,经营火力发电厂,近因与地方政府当局发生投资争端,已向其投资风险"承保"机构——MIGA投诉索赔,并正在由MIGA派员向争端双方斡旋之中。一旦斡旋调解失败,则依据《MIGA公约》的有关规定,最后就难免要提交ICSID仲裁(见威森费尔德2000年3月29日、2001年4月26日致陈安函)。

[67] 参见李万强:《ICSID管辖权行使的法律实践与中国的对策》,载陈安主编:《国际经济法论丛》(第3卷),法律出版社2000年版,第194—240页。

权。[68] 在对外关系方面,中央人民政府负责管理与港、澳两地区有关的外交事务和防务;与此同时,又授予两地区以中国一般地方行政区所未能享有的、特定的对外交往权利,诸如:第一,港、澳两个特别行政区可以在经济、贸易、金融、航运等领域,以"中国香港"或"中国澳门"的名义,单独地同世界各国、各地区及有关国际组织保持和发展关系,签订和履行有关协议;第二,中华人民共和国缔结的国际协议,中央人民政府可根据港、澳两地区的情况和需要,在征询两地区政府的意见后,决定是否适用于该两地区;第三,中华人民共和国尚未参加但已适用于香港的协议,仍可继续适用。中央人民政府根据需要,分别授权或协助港、澳两地区政府作出适当安排,使其他有关国际协议适用于港、澳两地区。[69]

不言而喻,关于《华盛顿公约》和ICSID仲裁机制今后是否适用于以及如何具体地和正确地适用于中国港、澳两地区的问题,显应根据上述基本规定,加以慎重研究。

从历史上说,在1997年7月1日中国对香港恢复行使主权之前,香港由英国强行占领和统治。英国早在1967年1月18日就正式成为《华盛顿公约》的缔约国,相应地,该公约所规定的ICSID仲裁机制在当时就开始适用于香港地区。同理,在1999年12月20日中国对澳门恢复行使主权之前,澳门由葡萄牙强行占领和统治。葡萄牙于1984年8月1日正式成为《华盛顿公约》的缔约国,相应地,ICSID仲裁机制也在当时就开始适用于澳门。在这方面,两地的共同点是:

(1) 在回归祖国之前,两地均受发达国家的统治和管辖,实行的都是资本主义制度,其在《华盛顿公约》中所享有的权利和承担的义务,都是采取发达国家的标准。

(2) 在回归祖国之后,两地均成为中国这一社会主义国家和发展中国家直接管辖的特别行政区,但都在法定时期内继续保持其原有的相当发达的资本主义制度。

(3) 由于中国参加缔结《华盛顿公约》和接受ICSID仲裁机制之时,其所享有的权利和承担的义务,从整体上说,采取的是发展中国家的标准,于是,就产生了这些标准和相应的具体规定是否适用于以及如何适用于资本主义经济相当发达的港澳地区这一现实问题。

(4) 作为资本主义经济相当发达的地区,原先其吸收外国投资的总体环境是相当宽松、透明、自由化和法治化的。相应地,就外商与当地政府之间有关跨国投资的行政争端而言,两地外商利用ICSID仲裁机制直接向华盛顿ICSID机构投诉,其限

---

[68] 参见《中华人民共和国宪法》第31条;《中华人民共和国香港特别行政区基本法》序言,第2、5、12条;《中华人民共和国澳门特别行政区基本法》序言,第2、5、12条。
[69] 参见《中华人民共和国香港特别行政区基本法》第13、151、153条;《中华人民共和国澳门特别行政区基本法》第13、136、138条。

制或障碍也是颇少的。两地回归祖国之后,中国既要对它们恢复行使主权,又要继续保持和发展其原有的对外国资本具有重大吸引力的良好经济环境和法律环境,特别是要保持和发展香港作为全球性国际金融、投资、贸易一大中心的优势,以吸收更大量的外资,这就需要对坚持行使中国主权与允许外商充分利用 ICSID 仲裁机制这两个方面,加以新的综合考虑,审慎地作出不同于内地各省、各地区的妥善安排。

试以前述关于"书面同意"权的行使[70]为例:一般而论,发展中国家鉴于自身经济实力不足、法治水平不高以及高层次涉外法律人才不多等现实情况,均倾向于由中央一级的国家主管部门统一"把关",逐案审议和判断是否可以书面同意将本国境内某项涉外投资行政诉争的管辖权转交 ICSID,由后者实行国际性的仲裁裁决。本国地方行政当局非经中央主管机关逐案授权,一般不直接具备行使此种"书面同意"的权力。许多学者主张,在中国拟订实施《华盛顿公约》的国内"配套"立法中,亦当按此国际通行做法办理。但是,鉴于香港、澳门两个特别行政区的特殊环境和特殊地位,鉴于两地在引进外资方面所能发挥的特殊作用和特殊需要,已有学者提出:对在港、澳两地区的外商投资进行行政管理,应分别属于两地实行高度自治的权限范围。而且,它们对于产生于当地的国际投资争端实况和有关事宜,相当熟悉,因此,对于两地区政府与外商之间出现的投资争端,应当由两地政府自己负责处理。它们可分别作为中国统一授权指派到 ICSID 的"下属单位或下属机构"(a constituent subdivision or agency of a Contracting State designated to the Centre by that State)[71],分别以两地政府自己的名义,单独地参与 ICSID 仲裁,单独地享受"应诉"的权利,并实际承担履行 ICSID 仲裁裁决的义务,中央人民政府不必直接介入。[72]这种特殊授权,当能更有助于消除外商在港、澳回归中国后继续对两地投资的疑虑。

再以前述关于 ICSID 对在华国际投资争端的管辖范围为例:中国在 1993 年递交《华盛顿公约》批准书时,曾郑重声明仅考虑把由于征收和国有化而产生的补偿争端提交 ICSID 管辖。换言之,对于外商指控东道国政府违约、禁止汇兑、战乱等事故或风险所产生的补偿争端,凡不涉及征收和国有化者,均不提交 ICSID 管辖。这一管辖问题的"保留"和"限制",是否应当完全适用于回归中国之后的港、澳地区?这也是应当审慎研究考虑的现实问题。鉴于港、澳地区的特殊地位及其在吸收外资中

---

[70] 参见《华盛顿公约》序言,第 25 条第 1 款、第 4 款。
[71] 参见《华盛顿公约》第 25 条第 2 款。
[72] See Xu Chongli, & Zhao Deming, Debate Regarding the Application of International Investment Treaties to the Hong Kong Special Administrative Region After 1997, *Journal of Chinese Law and Comparative Law*, Vol. 2, No. 1, 1996, pp. 142-143.

的特殊作用,已有学者主张:可以提交ICSID仲裁管辖的港、澳两地政府与外商之间的投资争端,其具体范围不应仅仅局限于征收和国有化的赔偿方面,而应适当地结合两地的实况和吸收外资的需要,比照发达国家的有关规定,适当地予以扩大。至于扩大的具体幅度和范围,则可由港、澳两地政府在征询中央人民政府意见的基础上,自行决定。[73]

举一反三。对于诸如此类有关《华盛顿公约》及ICSID仲裁机制是否适用以及如何适用于中国香港、澳门两地区的问题,确实有待于抓紧研究。迄今有关这方面的研究成果似仍不多见,不足以适应形势发展的需要,亟宜加强探讨。

第六,抓紧研究利用ICSID仲裁机制保护中国的海外投资。

中国的对外开放国策,素来就包含"引进来"和"走出去"这两个基本方面。中国人有能力、有智慧学会充分利用国内和国外两种资源,开拓国内和国外两个市场。就国际投资领域而言,改革开放初期,囿于中国当时的经济实力和开拓经验,注意力主要集中于引进和利用外资,并取得了举世瞩目的成就。20世纪90年代以来,随着综合国力的逐步提高和对外开拓经验的逐步积累,中国在继续加强引进外资的同时,开始认真探索如何做到"引进来"与"走出去"并重和并举。经过近十年来的努力,一些有条件、有实力、有市场的国内企业和产品生产开始走向境外,开办了一大批受当地政府和人民欢迎的投资项目,从而在利用国内外两个市场、两种资源以促进中国经济发展方面,有了实质性的推进。[74] 向海外投资的"势头"不断强化,并初见成效。据不完全的统计,截至2000年底,经国家批准和备案的中国在境外的企业已超过6000家,投资总额超过100亿美元。这些境外企业向外开拓投资市场,对促进中国"四化"建设的重大意义和作用,是不容忽视的:第一,它大幅度地扩大了中国产品的出口。越来越多的大型生产企业、知名品牌企业纷纷到境外开展加工贸易,不仅优化了中国向境外投资企业的结构,而且通过投资直接带动了出口。据统计,已投资的境外加工项目每年可直接带动出口约10亿美元。第二,它有力地推动了中国的承包工程和劳务输出。单单2000年1月至12月,中国对外经济技术合作、承包工程和劳务合同金额即高达149.43亿美元。[75] 第三,它缓解和补充了国内紧缺资源的需求。从比较效益的角度出发,中国企业向境外诸如森林、能源、矿产和农业等

---

[73] See Xu Chongli, & Zhao Deming, Debate Regarding the Application of International Investment Treaties to the Hong Kong Special Administrative Region After 1997, *Journal of Chinese Law and Comparative Law*, Vol. 2, No. 1, 1996, pp. 140-141.

[74] 参见中国对外经贸部部长石广生在全国外经贸工作会议上的讲话:《不断提高外经贸运行质量和水平》(2000年12月26日),第2页,http://www.moftec.gov.cn/moftec-cn/news/2001-1-4.html.

[75] 参见郑志海:《承包工程劳务合作大有可为》,载《国际经贸消息》2001年4月25日。

方面的投资项目,与东道国企业就地合作开发,产品分成或采购东道国内物质,对满足中国建设急需而又紧缺的农、林、矿等资源要求,起了缓解和补充的作用,而且减少了诸多中间环节的费用,大大节约了成本,提高了经济效益。

但是,有关国际投资的历史以及来自有关方面的信息表明:向海外投资并非都是一片坦途,它历来都是机遇与挑战并存,厚利与风险同在的。就风险而言,除了一般性的商业风险之外,还存在着非商业性的即政治性的风险。目前中国到境外投资的企业,大多重视是否存在商业风险,注意对成本、价格、销路、市场等因素事先开展调查研究,并据以作出决策;而相形之下,对于东道国的政局是否动荡,其外资政策、法规以及外汇管理措施是否透明和稳定,其投资争端解决机制是否公平、公正等等因素,即对于是否存在着战争动乱、政权更迭、政府违约、滥行罚没、禁止汇兑等等潜在的政治风险,则往往未予足够的重视,或事先调查研究不足,或事先防范不力,便贸然投入巨资,以致一旦发生上述非商业性风险,就陷于十分被动的困境:或无从索赔,或投诉无门,以致已有不少中国企业的境外投资在诸如"东道国政局动荡或战乱"中,遭到重大损失。据有关部门介绍:中国人民保险公司出口信贷保险部自 1994 年起就开办海外投资保险业务,承保各类政治风险,但迄 2000 年 11 月 30 日为止,竟尚无任何一家中国企业为其海外投资前来投保。[76] 仅此一端,就足见其忧患意识、风险观念,以及事先采取自我保护和未雨绸缪措施,都很不到位。基于这种现状,不难推断:迄今为止,能够自觉地充分利用中国已经参加《多边投资担保机构公约》以及《华盛顿公约》的良好条件,主动向 MIGA 申请担保政治风险,[77]主动在各类对外投资合同中力争订立 ICSID 仲裁条款者,如果不是尚无此举,也是凤毛麟角,十分罕见。

如前所述,在当代跨国投资活动中,不但有愈来愈多的双边投资保护条约,直接规定了 ICSID 仲裁条款,而且有日益增多的东道国同意在其与外国投资者订立的投资合同中也直接约定将日后可能出现的投资行政争端提交 ICSID 仲裁解决。这是资本输出国保护其本国向海外投资的企业的有力措施之一。中国现在既已开始认真推进"引进来"与"走出去"并举的方针,则在跨国投资领域,除了继续是资本输入国之外,也开始初步兼具资本输出国的地位,因而对于当代资本输出国可以援用的法律手段,自应加强研究和善加利用,以维护本国"走出去"的企业的合法权益。对此,中国的主管部门已经开始加以重视,提出:"我国要抓紧同有关国家商签双边投资保护协定,避免双重征税协定,进一步研究和利用《多边投资担保机构公约》的有

---

[76]　参见展石:《国内企业海外投资该上双保险》,载《北京晨报》2000 年 11 月 30 日。
[77]　参见陈安主编:《MIGA 与中国:多边投资担保机构述评》,福建人民出版社 1995 年版,绪论。

关条款,保护我国对外投资企业的利益。"[78]与此同时,显然也应抓紧研究近年来在世界各国、各地、各类国际投资合同中直接约定 ICSID 仲裁条款的通行做法及其实践效果,并结合我国资本输出的国情,在有关向海外投资的管理性法规或部门规章中,作出相应规定和制定示范性条款,指示或指导中国的海外投资企业遵行。

第七,抓紧落实向 ICSID 指派中国遴选的仲裁员和调解员。

根据《华盛顿公约》第 3 条以及第 13—15 条的规定,每个缔约国有权向 ICSID 指派仲裁员和调解员各 4 名,共同构成 ICSID 配备的仲裁员团组和调解员团组。任期 6 年,可以连任。迄 2001 年 3 月为止,在 134 个正式缔约国中已有 80 个国家行使了此项重要权利,但在 ICSID 开列的仲裁员和调解员总名单上,至今未见列明中国指派的成员。据悉:早在 1993 年 8 月,中国政府的主管当局经过郑重遴选,已决定向 ICSID 指派 4 名仲裁员和 4 名调解员,但由于各种原因,至今尚未最后落实和完成指派的正式手续。在这方面的工作滞后,"有权不用"或不及时使用,显然相当不利于提高中国在 ICSID 体制中的应有声誉和形象;相当不利于中国人在"近距离"和第一线观察和体验 ICSID 仲裁体制的具体运作实况,及时获得必要的信息,积累必要的经验,俾便为中国以及第三世界发展中国家仗义执言,提供公正、公平的法律服务;也相当不利于中国自身专业人才国际实践能力的培养和综合素质的提高。如果认真考虑中国当前面临的前述各种新形势,看来这也是已经提到日程上亟待落实解决的一个重要问题。

以上七个方面的待决问题,轻重缓急,各有不同。但从总体上考虑,第一方面的问题,即加强对 ICSID 仲裁成案的深入研究,显然乃是居于首要地位的基础研究,属于重中之重,需要更多的"志士仁人",投入更大的精力,进行持续的"回溯探讨"和"跟踪追击",从而不断求索和积累新知,为我所用。把此项基础研究做好,就不难举一反三,触类旁通,把其他待决问题也逐一妥善解决。

厦门大学国际经济法研究所几位同道近三年来的"集体攻关",就是基于这种共识,沿着上述这个方向进行一次新的、初步的探索。

六、《国际投资争端仲裁——ICSID 机制研究》一书的内容结构

有关 ICSID 仲裁成案的各种文档,可谓繁篇浩帙。题述著作是厦大几位同道对

---

[78] 中国对外经贸部部长石广生在全国外经贸工作会议上的讲话:《不断提高外经贸运行质量和水平》(2000 年 12 月 26 日),第 7 页。

其中部分文档开展集体研究的初步成果。它是一些研究心得的汇集,也是一些原始素材的选要。

全书除绪论外,原先辑为四编。第一编是 ICSID 仲裁专题研究,分列仲裁管辖权、仲裁法律适用、仲裁临时措施制度、仲裁撤销制度、仲裁裁决的承认与执行、ICSID 仲裁与其他机构仲裁的比较等六个专题。这些专题研究,以 ICSID 的基本体制为"经",以 ICSID 仲裁实践的典型案例为"纬",加以梳理、编织和归纳,逐一加以综合剖析和评论,从其"静态"与"动态"的结合上,来观察 ICSID 体制成立 35 年来的具体运作情况,辨明其主要的是非臧否。第二编以个案为单位,从 ICSID 成立迄今已结的 52 件成案中,精选其七,以"夹叙夹议"的方式,逐一叙述和评论其案情梗概、纷争焦点、仲裁进程和处断结果,以及发展中国家(特别是中国人)应当从中吸取的主要经验教训。第三编以上述各典型成案的仲裁"裁决书"为中心,分别将各案有关的英文原始文档译成中文,以供难以直接搜集到或难以顺利阅读这些原始文档的学术界有心人,作进一步的查索、发掘和评析。第四编附录了有关 ICSID 仲裁体制的基本文献,含《华盛顿公约》全文、ICSID 的仲裁规则、调解规则等。这些基本文献,是 ICSID 组建成立、中心仲裁具体运作的主要依据和基本规则,在各项具体成案文档(含裁决书等)之中经常被援引、被论证。附录于该书,旨在为读者提供方便,在阅读该书其余各编有关论述过程中,可以随时顺手查核对照,以加深理解。

以上这四编,总字数约为 117 万字。考虑到全书篇幅较大,也考虑到广大读者定会有不同的需要,故将上述研究心得和原始素材分成两册,以"姊妹书"形式,同时出版,分别定名为《国际投资争端仲裁——"解决投资争端国际中心"机制研究》和《国际投资争端案例精选》,前者含绪论、专题研究、成案述评和基本文献,后者专门收辑经精选和编译的九个典型案例的仲裁裁决书等原始文档。这两本成果,既各自独立成书,又互相呼应配套。

如前所述,该书是一部集体创作。在成书的全过程中,各人分工撰写与集体切磋探讨,两相结合,交叉进行。全书的基本观点是集体智慧的结晶,也是参撰作者们的共识。但是,在论证和行文的具体过程中,在个别问题的看法上以及文字表述的风格上,都保留着若干"个性"特点,以存其真,并不全求统一。

"存真"更有利于"求教"。作者们自知学力有限,面对许多既"难得",又"难啃"的外文原始资料,其所译、所解、所悟和所论,难免有不妥或舛误之处,恳切期待海内外方家和广大读者惠予指正。

第5章 中—外双边投资协定中的四大"安全阀"不宜贸然拆除[*]

——美、加型 BITs 谈判范本关键性"争端解决"条款剖析

>> 内容提要

迄今为止,中国已经与110多个国家缔结了"双边投资协定"(BITs)。目前还正在进一步与一些国家谈判缔结新的 BITs 或修订原有的 BITs。据悉,在近期的上述谈判中,有些外国向中国提供的谈判文本,是以美国、加拿大的 BITs 范本作为蓝本,略加增删而成,其基本内容,大体相同。本文以美、加 BITs 范本为主要对象,针对其中若干关键性"争端解决"条款的设计,加以剖析,指出这些条款实质上要求吸收外资的东道国全盘放弃"逐案审批同意"权,放弃"当地救济优先"权,放弃"东道国法律适用"权,甚至放弃"重大安全例外"权。这些要求,不符合当代国际公约对吸收外资东道国的授权规定,不符合中国当前的现实国情,无视于晚近发展中国家实践的沉痛教训,无视于晚近东道国的最新立法转轨。因此,中国在有关谈判中,应当保持清醒头脑,立足于本国的现实国情,吸取国际实践的有关教训,增强忧患意识,坚持有关国际公约的授权规定,善于掌握四大"安全阀",趋利避害,维护国家权益,进而在确立跨国投资合理规范和建立国际经济新秩序的过程中,发挥应有的示范作用。

---

[*] 本文可简称为《一论中—外 BIT》,最初发表于陈安主编:《国际经济法学刊》2006年第13卷第1期。文章发表后,引起学界强烈兴趣,认同者固多,但也不无疑议。针对疑议,笔者又就后续研究心得,另撰新文,题为《区分两类国家,实行差别互惠:再论 ICSID 体制赋予中国的四大"安全阀"不宜贸然全面拆除》,可简称为《再论中—外 BIT》,再次陈述管见,收辑于陈安主编:《国际投资法的新发展与中国双边投资条约的新实践》,复旦大学出版社2007年出版。两文实为"姊妹篇",后文是前文见解的扩展与申论。两篇专论所述,均以撰写当时的官方媒体报道以及官方网站统计数字为据,如实反映了笔者对当时形势发展认识之逐步深化。现将两文一并辑入本书,分别列为本书第三编之第5章和第6章,便于读者对照参考。两文所述的基本观点至今未变。但近来中国吸收外资和对外投资的对比态势和具体数字又有新的发展,阅读时请予留意。此外,这两篇专论的英文本,先后相继发表于 The Journal of World Investment & Trade,Vol. 7, No. 6, December 2006 以及 Vol. 8, No. 6, December 2007,并曾经辑入复旦大学出版社 2008 年版《陈安论国际经济法学》,分别列为第七编之第 III 章和第 IV 章,也可供有关读者对照参考。

目　次

一、中国型 BITs 中争端解决条款与《华盛顿公约》相关条款的"接轨"
二、美、加型 BITs 谈判范本关键性"争端解决"条款之基本规定
三、中国在 BIT 谈判中不宜贸然接受上述条款或其"变种"
　（一）此类条款背离了国际公约对东道国的授权
　（二）此类条款不符合中国的现实国情
　（三）此类条款无视于弱国 BIT 缔约实践的沉痛教训：阿根廷的前车之鉴
　（四）此类条款无视于两类东道国的最新立法转轨
四、结论：有关今后中外 BIT 谈判的几点管见
　（一）加强调查研究，"摸着石头过河"
　（二）善用公约授权，牢握"安全阀门"
　（三）坚持"下不为例"，"亡羊"及时"补牢"

在国际社会的缔约实践中，自 20 世纪 60 年代之初起，由德国领先创新，把用以调整跨国投资关系的国际法规范，从传统的"友好通商航海条约"（Friendship, Commerce and Navigation Treaty, FCNT）之中分离出来，加以细化，自成一体，形成"双边投资条约"（Bilateral Investment Treaty, BIT or BITs），成为多种国际条约中独具一格的新模式。[1] 此种模式的条约，以促进和保护国际投资为宗旨，故往往冠以名称："甲国与乙国相互促进和保护投资协定"或"甲国与乙国相互鼓励和保护投资协定"。由于此种模式的双边专题条约，其条款设计日趋细密和具体，在调整跨国投资关系的实践中确有实效，故许多国家纷纷师法仿效，互相缔结同类条约，四十多年来，其累计数目之多，居多种国际条约的最前列。

BIT 的主要内容，一般包括投资保护范围、投资待遇、征收与补偿、货币汇兑、业绩要求、高层人员国籍、政策法令公开透明、税收规则、争端解决等主要条款。本文集中探讨的，就是美国和加拿大型 BITs 中若干关键性的争端解决条款问题，特别是中国与外国缔结的 110 多部 BITs（以下简称"中国型 BITs"）中的争端解决条款及其发展问题。

---

[1] 参见〔日〕横川新：《论国外投资与双边条约》，载陈安编译：《国际经济立法的历史和现状》，法律出版社 1982 年版，第 119—144 页；陈安：《国际经济法学刍言》，北京大学出版社 2005 年版，上卷，第 459—465 页。

一、中国型 BITs 中争端解决条款与《华盛顿公约》相关条款的"接轨"

根据 2005 年 12 月"解决投资争端国际中心"(International Centre for Settlement of Investment Disputes, ICSID)秘书长罗伯托·丹尼诺(Roberto Danino)披露的最新信息,晚近 15 年来有关跨国投资的三项统计数字,十分引人瞩目:(1) 在 1990 年至 2004 年底这段时间里,外国私人资本流入发展中国家的总额已从 750 亿美元迅速增加到 4000 亿美元。(2) 相应地,世界各国相互间签订的双边投资条约,迄今已超过 2000 部,其中 1500 部以上选定 ICSID 作为解决投资争端的受理机构。(3) 相应地,各类国际投资争端总数也迅速增加。以 ICSID 受案情况为例,10 年以前,ICSID 手中只有 5 起案件悬而未决,涉讼金额约共 1500 万美元,时至 2005 年底,ICSID 积案未决者多达 113 起,涉讼金额超过 300 亿美元。[2]

上述信息及其相关数字,与中国都是息息相关的:(1) 中国自实行改革开放国策以来,迄 2004 年底为止,已累计吸收并实际使用外资 5621.01 亿美元;[3]近几年以来,其累计数和每年增长额,均居于全球发展中国家之首位。(2) 自 1982 年中国与瑞典缔结第一部 BIT 以来,迄 2005 年 9 月为止,中国与其他外国分别签订的 BIT 已多达 112 部,目前还在继续与另外一些国家谈判缔结新的 BIT 或修订原有的 BIT。其所参加缔结的 BIT 数目,亦居全球发展中国家之冠。(3) 但是,在 ICSID 受理的仲裁案件中,无论已决或待决,迄今尚无一例是以中国这个吸收外资最多的东道国作为"被诉人"(respondent,又译"被申请人")。其所以然,除了其他有关因素之外,十分关键的原因在于:中国在参加《解决国家与他国国民间投资争端公约》(Convention on the Settlement of Investment Disputes Between States and Nationals of Other States,简称《华盛顿公约》)以及与外国缔结 BIT 的过程中一直抱着十分谨慎的态度,十分注意把国际公约认可和授予的各种主权权利——各种"安全阀"保留在自己

---

[2] See Roberto Domino(Secretary General, ICSID), Opening Remarks at the Symposium Co-organized by ICSID, OECD and UNCTAD, 12 Dec. 2005.

[3] 依据中国商务部外国投资管理司在 2005 年 10 月 19 日发表的统计数字:截至 2004 年底,中国内地累计批准设立外商投资企业 508941 个,合同外资金额 10966.08 亿美元,实际使用外资金额 5621.01 亿美元。中国香港(2415.74 亿美元)位居累计对华投资国家/地区之首位,占内地实际使用外资累计总额的 42.98%。位居对华投资前十位的其他国家/地区依次为:美国(480.29 亿美元)、日本(468.46 亿美元)、中国台湾地区(396.05 亿美元)、维尔京群岛(368.95 亿美元)、韩国(259.35 亿美元)、新加坡(255.39 亿美元)、英国(122.31 亿美元)、德国(99.09 亿美元)和法国(68.04 亿美元)。数据来源:http://www.fdi.gov.cn/common/info.jsp?id=ABC00000000000025847。

手中。具体说来：

第一，自从 1840 年"鸦片战争"失败以来，在不平等条约的"镣铐"下，中国人民饱尝了丧权辱国的种种苦楚，其中包括对本国境内的涉外争端竟然无权管辖而被迫接受外国列强的"领事裁判权"，对此，中国人民是极端愤慨和深恶痛绝的。中华人民共和国成立后，中国彻底废除了列强强加的不平等条约及其相关的"领事裁判权"。但是，基于一百多年来的沉痛历史教训，即使在 1978 年实行对外开放国策后的一段时期内，中国对于事关国家司法主权的涉外争端管辖权部分向外"让渡"的问题，仍然不能不秉持十分严肃认真和慎之又慎的态度。经过多年的调查研究、政策咨询和审慎考虑，[4]中国直到 1990 年 2 月 9 日才签署了《华盛顿公约》，接受了 ICSID 仲裁体制。事后，又经过大约三年的权衡利弊和审慎考虑，中国立法机构才正式批准了《华盛顿公约》，该公约自 1993 年 2 月 6 日起对中国生效。

第二，依据 20 世纪 80—90 年代中国型 BITs 中有关争端条款的规定，对于允许外国投资者将其与东道国政府（含中国政府）之间的投资争端提交 ICSID 仲裁**的范围和程序**，均有较严格的限制。试以 1993 年中国正式参加《华盛顿公约》之后在 1995 年与摩洛哥签订的 BIT 为例，该双边协定第 10 条"有关投资的争议解决"的条款规定如下：[5]

一、缔约一方和缔约另一方投资者之间有关投资的争议应尽量由争议双方通过友好协商谈判解决。

二、如果争议在书面提出解决之日起六个月内不能由争议双方通过直接安排友好解决，该争议应按投资者的选择提交：

（一）投资所在缔约一方有管辖权的法院，或者

（二）一九六五年三月十八日在华盛顿开放签字的《关于解决国家和他国国民间投资争端公约》下设的"解决投资争端国际中心"仲裁。

为此目的，缔约任何一方对**有关征收补偿款额的争议**提交该仲裁程序均给予不可撤销的同意。**其他争议**提交该仲裁程序，**应征得当事双方同意**。

三、作为争议一方当事人的缔约国家不能因为作为争议另一方的投资者可以根据保险单收取全部或部分损失的补偿，而在仲裁程序的任何阶段或在执行仲裁裁决时提出任何异议。

---

〔4〕 参见陈安主编：《国际投资争端仲裁——"解决投资争端国际中心"机制研究》，复旦大学出版社 2001 年版，第 1—72 页。

〔5〕 中国对外贸易经济合作部编：《国际投资条约汇编》，警官教育出版社 1998 年版，第 995 页。此前和此后，在中国与其他许多外国相继分别签订的 BITs 中，也有类似的争端解决条款规定，参见该书第 894、906、931、956、968、1015、1027、1041、1053、1067、1079、1094、1106、1118、1130、1142 页。

四、仲裁庭应根据作为争议当事人接受投资的缔约国一方的**国内法**,包括有关冲突法的规则、本协定的规定、为该投资签订的特别协议的规定以及**国际法**的原则,作出裁决。

五、仲裁裁决是终局的,并对争议双方均有拘束力。缔约国任何一方应承诺依照其国内法执行该仲裁。

从上述中国型 BITs 的争端解决条款中可以看出:

(A) 在涉外投资争端发生后的一定期间内,应当努力充分使用包括友好协商、司法诉讼在内的"**当地救济**"手段,使争端获得双方都可接受的公平解决。中国型 BITs 中的这项争端解决条款,与《华盛顿公约》第 26 条有关"用尽当地救济"[6]的规定,是互相"接轨"和基本一致的。

(B) 在一定期间内使用"当地救济"手段仍未能解决的**一般投资争端**,应**征得当事双方同意后,方可提交 ICSID 仲裁**。仅仅是其中有关征收补偿款的特定投资争端,才允许当事人单方提请 ICSID 仲裁。中国型 BITs 中的这项争端解决条款,与《华盛顿公约》第 25 条第 1 款有关"逐案同意"[7]的规定,是互相"接轨"和基本一致的。

(C) ICSID 仲裁庭审理和裁断争端案件时,应当以**东道国的国内法**以及有关的国际法原则,作为准据法。中国型 BITs 中的这项争端解决条款的规定,与《华盛顿公约》第 42 条有关适用东道国法律和国际法准则的规定,[8]是互相"接轨"和基本一致的。

(D) 中国型 BITs 有关保留"用尽当地救济"权、"逐案同意"权、"适用东道国法律"权的各项具体条款规定,显然是中国**行使国家主权和保证国家安全**的具体表现。即一方面对发生于中国境内的涉外争端的管辖权,进行一定的"自我限制",并向 ICSID 这一国际仲裁机构实行必要的、有限的"让渡";另一方面,实行这种让渡的范围和程序,是在中国独立自主和严格限制的基础上,与有关外国达成了双边协定。

---

[6]《华盛顿公约》第 26 条规定:"缔约国可以要求用尽当地各种行政或司法救济办法,作为其同意根据本公约交付仲裁的一种条件。"参见陈安主编:《国际投资争端仲裁——"解决投资争端国际中心"机制研究》,复旦大学出版社 2001 年版,第 575 页。

[7]《华盛顿公约》"序言"明文宣告:"不能仅就缔约国批准、接受或认可本公约这一事实而不经其同意就认为缔约国具有将任何特定的争端接交仲裁或调解的义务。"第 25 条第 1 款进一步明确规定:"ICSID 的管辖权适用于缔约国(或缔约国指派到 ICSID 的该缔约国的任何下属单位或机构)和另一缔约国国民之间因直接投资而产生的任何法律争端,该项争端应经双方书面同意提交 ICSID。当双方表示同意后,不得单方面撤销同意。"参见陈安主编:《国际投资争端仲裁——"解决投资争端国际中心"机制研究》,复旦大学出版社 2001 年版,第 569 页、第 574—575 页。

[8]《华盛顿公约》第 42 条第 1 款规定:"仲裁庭应依据当事人双方协议的法律规范处断争端。如无此种协议,仲裁庭应适用作为争议当事国的缔约国的法律(包括它的法律冲突规范)以及可以适用的国际法规范。"参见陈安主编:《国际投资争端仲裁——"解决投资争端国际中心"机制研究》,复旦大学出版社 2001 年版,第 579 页。

中国型 BITs 中这些争端解决条款的规定,与《华盛顿公约》第 25 条第 4 款的规定,[9] 是互相"接轨"和基本一致的。

前文提到,早在中国正式参加《华盛顿公约》之前,中国就已在 1982 年与瑞典缔结了第一部 BIT。在这第一部中—外 BIT 的正文中,对于投资争端在一定条件下可以提交国际仲裁解决,只作了抽象的原则规定,随即在双方代表的"换文"中作了明确的补充说明:"鉴于中华人民共和国不是一九六五年三月十八日关于解决各国与他国国民之间投资争端的《华盛顿公约》的参加国,双方代表团感到还不可能在本协定内写入解决缔约一方与缔约另一方投资者之间的争端的任何规定。但是,双方代表团同意:如果将来中华人民共和国加入了华盛顿公约,本协定即应补充一项协议,规定提交'解决投资争端国际中心'去解决争端所必须遵守的制度"[10]。翌年,在中国与德国缔结 BIT 时,为补充正文的"不足",也在随后的"议定书"中规定:"缔约双方同意,在缔约双方都成为一九六五年三月十八日在华盛顿签订的《关于解决国家与他国国民间投资争端公约》缔约国时,双方将举行谈判,就缔约一方的投资者和缔约另一方之间的何种争议和如何按该公约的规定提请'解决投资争端国际中心'进行调解或仲裁,作出补充协议,并作为本协定的组成部分"[11]。此后,在中—外 BIT 等一系列双边协定中,也分别以"附件""换文""议定书"或直接列入正文等形式,对各该 BIT 日后与《华盛顿公约》的接轨问题,表明了缔约双方进行后续谈判、达成补充协议或修改 BIT 的共同意向。[12]

1993 年中国正式成为《华盛顿公约》缔约国之后,中国与前此签订了 BITs 的各有关外国,就有必要适应形势的最新发展,共同磋商如何补充或修改原有的 BITs。

同时,为了适应更多外资流入中国以及中国开始注重向外投资的新形势,中国也有必要进一步与尚未签订 BIT 的相关外国进一步磋商缔结新协定。在世界各国相互缔结 BIT 的进程中,美国作为全球最强大的发达国家,精心设计和不断更新它所惬意的 BIT 范本,极力在全球广泛推行。中国与外国当前正在开展有关缔约新 BITs 或修改原 BITs 的谈判,就有若干外国向中国提供了美国型的 BITs 或其变种作为谈判的范本,并要求在此基础上开展磋商。目前正在进行的中国与加拿大之间

---

[9]《华盛顿公约》第 25 条第 4 款规定:"任何缔约国可以在批准、接受或认可本公约时,或在此后任何时候,把它考虑或不考虑提交给 ICSID 管辖的一类或几类争端,通知 ICSID,秘书长应立即将此项通知转交给所有缔约国。此项通知不构成第一款所要求的同意。"参见陈安主编:《国际投资争端仲裁——"解决投资争端国际中心"机制研究》,复旦大学出版社 2001 年版,第 575 页。

[10] 中国对外贸易经济合作部编:《国际投资条约汇编》,警官教育出版社 1998 年版,第 145 页。

[11] 同上书,第 169 页。

[12] 同上书,第 189、208、224、237、249、291、307、325、347、368、385、405、428、445、467、485、564、642、677、705、902、844、894、906 页等。

的 BIT 谈判,就是其中一例。

对于此类谈判,中国自应根据进一步扩大对外开放的基本国策,立足于本国国情,秉持对外谈判缔约中应有的谨慎,对美、加型 BITs 谈判范本,特别是对其中若干关键性的争端解决条款,进行认真的、深入的剖析。通过"解剖一只麻雀",借以举一反三。

二、美、加型 BITs 谈判范本关键性"争端解决"条款之基本规定

美国早在 20 世纪 80 年代初期就推出了精心设计的 BIT 范本,以后经数度增订更新,形成了 2004 年的现行谈判范本。[13] 其中第二部分(Section B)有关"争端解决"的主要条款如下:

第 23 条 调解和磋商

发生投资争端时,申诉人与被申诉人应力求通过协商和谈判,包括通过不具有约束力的第三人调停程序,解决争端。

第 24 条 提交仲裁

1. 如果争端的一方当事人认为投资争端不能通过协商和谈判解决,则

(a) 申诉人可以根据本章规定,以自己的名义,把争端诉求(claim)提交仲裁,(i) 主张被诉人(A)违反了本协定第 3—10 条规定的义务,(B)违反了投资授权,或(C)违反了投资协议;(ii)主张由于上述违约行为,使申诉人遭受损失。

(b) 申诉人可以根据本章的规定,代表由申诉人拥有、直接控制或间接控制的具有被诉方[按指东道国]法人资格的企业,把争端提交仲裁,(i)主张被诉人(A)违反了本协定第 3—10 条规定的义务,(B)违反了投资授权,或(C)违反了投资协议;(ii)主张由于上述违约行为,使申诉人遭受损失。

2. 申诉人根据本章规定将争端诉求提交仲裁,至少应提前 90 天向被诉人送达书面通知,说明把争端诉求提交仲裁的意向。……

3. 引起争端诉求的事件发生六个月之后,申诉人可根据以下规定,提出本条第 1 款的有关诉求:

---

[13] 资料来源:http://www.ustr.gov/Trade_Sectors/Investment/Model_BIT/Section_Index.html。

（a）如果被申诉方［按：指东道国］以及非投资争端方［按：指投资者的母国］两者都是《华盛顿公约》的缔约国，可根据《华盛顿公约》和《ICSID 仲裁程序规则》提交仲裁；

（b）如果被诉方或非争端缔约方不是《华盛顿公约》的缔约国，可根据《ICSID 附设机构规则》提交仲裁；

（c）根据《联合国国际贸易法委员会仲裁规则》提交仲裁；

（d）根据争议各方同意的任何其他仲裁规则提交仲裁。

4、5、6［略］

第 25 条　缔约国各方同意提交仲裁

1. 缔约国各方同意根据本条约本章规定把争端诉求提交仲裁。

2. 本条第 1 款规定的同意表示以及［涉讼投资人］根据本条约本章规定把争端诉求提交仲裁，应即符合（shall satisfy）以下各种要求：

（a）《华盛顿公约》第二章关于 ICSID 管辖权的要求以及《ICSID 附设机构规则》的要求，以及

（b）《纽约公约》第 2 条关于"书面协议"的要求；

（c）《美洲各国公约》关于"协议"的要求。[14]

---

[14] 2004 年美国 BIT 范本的相关原文是：
Article 25: Consent of Each Party to Arbitration
1. Each Party consents to the submission of a claim to arbitration under this Section in accordance with this Treaty.
2. The consent under paragraph 1 and the submission of a claim to arbitration under this Section shall satisfy the requirements of:
(a) Chapter II of the ICSID Convention (Jurisdiction of the Centre) and the ICSID Additional Facility Rules for written consent of the parties to the dispute;［and］
(b) Article II of the New York Convention for an "agreement in writing";［and］
(c) Article I of the Inter-American Convention for an "agreement."
2004 年加拿大 BIT 范本的相关原文是：
Article 28: Consent to Arbitration
1. Each Party consents to the submission of a claim to arbitration in accordance with the procedures set out in this Agreement.
2. The consent given in paragraph 1 and the submission by a disputing investor of a claim to arbitration shall satisfy the requirement of:
(a) Chapter II of the ICSID Convention (Jurisdiction of the Centre) and the Additional Facility Rules for written consent of the parties;
(b) Article II of the New York Convention for an agreement in writing; and
(c) Article I of the Inter-American Convention for an agreement.
1994 年 1 月 1 日开始生效的《北美自由贸易区协定》(NAFTA)相关条款的原文是：
Article 1122: Consent to Arbitration
1. Each Party consents to the submission of a claim to arbitration in accordance with the provisions of this Subchapter.
2. The consent given by paragraph 1 and the submission by a disputing investor of a claim to arbitration in accordance with the provisions of this Subchapter shall satisfy the requirement of:（转下页）

第 26—29 条 [略]

第 30 条 准据法

1. 受本条第 3 款限制,仲裁庭应当根据本条约以及可适用的国际法,处断根据本条约第 24 条第(1)(a)(i)(A)款或第 24 条第(1)(b)(i)(A)款规定提交的争端问题。

2. 受本条第 3 款以及本章其他条款的限制,仲裁庭应当根据以下的法律规则,处断根据本条约第 24 条第(1)(a)(i)(B)或(C)款,或第 24 条第(1)(b)(i)(B)或(C)款规定提交的争端诉求:

(a) 有关投资协议或投资授权中具体规定的法律规则;

(b) 如果没有上述具体规定的法律规则或其他约定的规则,则应适用:

(i) 被诉方[按:指涉讼东道国]国内的法律,包括其法律冲突规则;

(ii) 可适用的国际法规则。

3. 缔约国各方应就本条规定,指定各自的代表,作出共同决定并且宣布:

他们对本条约有关规定作出的解释,对于根据本章规定组建的仲裁庭具有约束力,任何裁决都必须符合上述共同决定。

2004 年加拿大 BIT 谈判范本中若干关键性的"争端解决"条款,与上述 2004 年美国 BIT 范本"争端解决"条款,可谓"同出一源",即都是从 1994 年以美国为主导的

(接上页)(a) Chapter II of the ICSID Convention (Jurisdiction of the Center) and the Additional Facility Rules for written consent of the parties;

(b) Article II of the New York Convention for an agreement in writing; and

(c) Article I of the Inter-American Convention for an agreement.

1998 年版《多边投资协定》(MAI,草案)"V. Dispute Settlement"中的相关内容是:

3. Contracting Party Consent

a. each Contracting Party hereby gives its unconditional consent to the submission of a dispute to international arbitration in accordance with the provisions of this Article. …

5. Written Agreement of the Parties

The consent given by a Contracting Party in subparagraph 3. a, together with either the written submission of the dispute to resolution by the investor pursuant to subparagraph 2. c or the investor's advance written consent to such submission, shall constitute the written consent and the written agreement of the parties to the dispute to its submission for settlement for the purposes of Chapter II of the ICSID Convention, the ICSID Additional Facility Rules, Article 1 of the UNCITRAL Arbitration Rules, the Rules of Arbitration of the ICC, and Article II of the United Nations Convention on the Recognition and Enforcement of Foreign Arbitral Awards (the "New York Convention"). Neither party may withdraw its consent unilaterally, except as provided in paragraph 9. e of this Article.

从以上四种原文对比中,不难看出:(1) 2004 年美国 BIT 范本第 25 条的规定以及 2004 年加拿大 BIT 范本第 28 条,都是从 1994 年以美国为主导的《北美自由贸易区协定》(NAFTA)第 1122 条的相关规定"脱胎"而出的,前两者都是后者的衍生物。(2) 主要由发达国家组成的"经济合作与发展组织"(OECD)所设计的 1998 年《多边投资协定(草案)》"V. Dispute Settlement"的相关规定,把缔约国各方在该国际协定中表示"同意"解释为"应即构成"(shall constitute)《华盛顿公约》第 25 条规定的逐案"书面同意",其用词,较上述 NAFTA 以及美国 BIT 范本的"应即满足"(shall satisfy),又更加明确和更加强化,可谓"毫不含糊"!

《北美自由贸易区协定》(NAFTA)的相关规定"脱胎"而出的,故其基本内容大体相同。略有差异的是加拿大 BIT 范本有关条款的行文较为简练,而其中个别规定,则比美国范本更为"苛刻"(下文另作评介)。[15]它们的共同特点是充分体现了作为资本输出国的发达国家之权益。为剖析行文方便,以下统称为"美国型 BITs"或"美、加型 BITs"。

三、中国在 BIT 谈判中不宜贸然接受上述条款或其"变种"

上述"美、加型 BITs"中的争端解决条款,充分体现了当代发达国家资本输出国的权益。对于吸收外资的发展中国家说来,特别是对于吸收巨额外资的中国说来,其要害在于这些条款要求把《华盛顿公约》授予发展中东道国的四种重大权利,即"逐案审批同意"权、"当地救济优先"权、"东道国法律适用"权以及"重大安全例外"权,全盘放弃或严重削弱,从而拆除了吸收外资的发展中国家用以避免重大风险的四大"安全阀"。这种条款,背离了有关国际公约对弱者实行自我保护的授权,不符合中国的现实国情,无视于国际实践的沉痛教训,也无视于各类东道国当前的最新立法动向。因此,中国在有关 BIT 的缔约或修约谈判中,不宜贸然接受美、加型上述争端条款或其变种,以免造成重大被动,甚至贻害无穷。兹试缕析如下:

(一) 此类条款背离了国际公约对东道国的授权

这里指的是《华盛顿公约》和《维也纳条约法公约》授予缔约东道国的以下几种权利:

(A)"逐案审批同意"权

根据《华盛顿公约》第 25 条第 1 款的规定,ICSID 管辖权适用于缔约国和另一缔约国国民之间直接因投资而产生的任何法律争端,而该项争端须经双方书面同意提交给 ICSID,ICSID 仲裁庭才可受理处断。这款内容规定了提交 ICSID 的争端必须经东道国预先同意,也就是授予了东道国"逐案审批"权。然而,美国 2004 年 BIT 范本第 25 条以及加拿大 2004 年 BIT 范本第 28 条都规定东道国在条约(即双边投资协定)中作出同意后,外国投资者就可以直接把争端提交国际仲裁庭,而无须东道国

---

[15] Agreement between Canada and—for the Promotion and Protection of Investments, Article 40 Governing Law, 1;其原文为"A Tribunal established under this Section shall decide the issues in dispute in accordance with this Agreement and applicable rules of international law"。

另行专门逐案表示同意。这就剥夺了或阉割了东道国的对每一案件的"逐案审批"权。

(B)"当地救济优先"权

《华盛顿公约》第 26 条规定:"除非另有规定,双方同意根据本公约交付仲裁,应视为同意排除任何其他补救办法而交付上述仲裁。缔约国可以要求用尽当地各种行政或司法补救办法,作为其同意根据本公约交付仲裁的一个条件。"换言之,在把有关争端提交国际仲裁庭之前,东道国有权要求优先用尽当地各种行政或司法补救办法。但是,在美国与加拿大的 2004 年 BIT 范本中,却规定东道国在条约中表示的同意视为无条件地同意投资者可以把有关争端直接提交国际救济,而无须受当地救济的约束,也就完全剥夺了东道国要求优先适用当地救济的权利,即废除了东道国在一定时期内优先实行本国管辖的权利。

(C)"东道国法律适用"权

《华盛顿公约》第 42 条第 1 款规定:"仲裁庭应依据当事双方协议的法律规范处断争端。如无此种协议,仲裁庭应适用作为争端当事国的缔约国的法律(包括它的法律冲突规范)以及可以适用的国际法规范。"可见,该公约规定应该先根据当事双方合意选择的法律规范来裁决争端,如当事双方未作共同选择,则把东道国的国内法律以及可适用的国际法并列作为裁决依据。该公约并没有把东道国法律排除在外,即使在当事双方没有合意的情况下,仍然承认东道国法乃是应当适用的准据法之一。

但是,美国 2004 年范本第 30 条却以"偷天换日"的手段,从实质上剥夺了或阉割了"东道国法律适用"权:它根据申诉方主张被诉方是违反条约还是违反投资许可或投资合同,而分别规定应适用不同的准据法。第 30 条第 1 款规定,当申诉方主张被诉方违反了本条约第 3 到 10 条项下的义务[16]时,仲裁庭应该适用本条约与可适用的国际法规则来解决争端;第 30 条第 2 款则规定,当申诉方主张被诉方违反了某项投资许可或者投资合同时,仲裁庭应该适用(a)相关投资许可或者投资合同中所指定的法律规则,或者(b)如果没有指定此种法律规则或者双方另有协议,则适用被诉方的法律(包括其法律冲突规范)以及可适用的国际法规则。

可见,按 2004 年美国 BIT 范本规定,当申诉方主张被诉方违反了有关的投资许可或者投资合同时,其准据法的适用与《华盛顿公约》的规定是一致的。但是,当申诉方主张被诉方违反了 BIT 时,其准据法的适用就背离了《华盛顿公约》的规定,剥

---

[16] 这 8 条义务是指"国民待遇""最惠国待遇""最低待遇标准""征收与补偿""资金移转""业绩要求""高级管理层与董事会""涉及投资的法律与决定之公布"。

夺了或排除了东道国法律的适用。

加拿大 2004 年范本第 40 条第 1 款[17]则是并不对申诉方的主张加以区别,而是"统一"地明确规定,仲裁庭应该适用本条约(协定)以及可适用的国际法规则解决争端。这就更苛刻、更彻底地把东道国法规完全排除在可适用范围之外。可以说,美国范本"部分地"剥夺了《华盛顿公约》有关适用东道国法规的授权,而加拿大范本则是完全剥夺了适用东道国法规的可能。

不过,美国 BIT 范本第 30 条两款的上述"分轨法",其实质与加拿大 BIT 范本的上述"并轨法",不但毫无二致,而且有些伪善。因为"聪明"的投资人及其律师,当然不妨选择依据美国 BIT 范本第 30 条第 1 款的规定,把东道国法规的适用权完全排除在外。因此,如果说,加拿大 BIT 范本第 40 条对东道国法规适用权的剥夺,是赤裸裸的;那么,美国 BIT 范本第 30 条对东道国法规适用权的剥夺,则是"羞答答"的——多了一重假仁假义的遮羞布。

(D)"重大安全例外"权

在发生重大金融风险或经济危机时,东道国为保障本国安全所采取的紧急措施常常被外国投资者指责为构成"间接征收",并诉之于国际仲裁庭,这在阿根廷 2002 年发生金融危机时外国投资者向国际仲裁庭提出的投诉和指控中,表现得非常突出。有鉴于这种触目惊心的国际教训,加拿大在 2004 年范本第 13 条确立高标准征收补偿规则的同时,又单独通过附录 B.13(1)专门规定了许多例外,以防止投资者滥用"间接征收"规定,从而损害东道国的主权。其中两段文字尤其值得注意:"虽然缔约方的某种措施或者一系列措施对某项投资的经济价值具有消极效果,但仅仅这一事实本身还不足以推断已经发生间接征收","缔约方旨在保护合法公共利益目标,如健康、安全以及环境而制定并采取非歧视措施,这些非歧视措施不构成间接征收。"

美国在其 2004 年范本附录 B 中对"间接征收"也作了与加拿大相似的规定。除此之外,美国还另外在 2004 年范本第 18 条("重大安全")中规定,"本条约不能解释为要求缔约国披露其认为将违反重大安全利益的信息,不得解释为阻碍缔约国采取某些必要措施,这些措施是它认为对于履行有关维持或者恢复国际和平、安全或保护本国重要安全利益方面的义务所必需的。"[18] 相较该范本中其他有关确认"金融

---

[17] 其原文为"A Tribunal established under this Section shall decide the issues in dispute in accordance with this Agreement and applicable rules of international law"。

[18] 该第 18 条"Essential Security"原文为"Nothing in this Treaty shall be construed: 1. to require a Party to furnish or allow access to any information the disclosure of which it determines to be contrary to its essential security interests; or 2. to preclude a Party from applying measures that it considers necessary for the fulfillment of its obligations with respect to the maintenance or restoration of international peace or security, or the protection of its own essential security interests"。

服务"例外及"税收措施"例外之设定各种条件,采取的有关措施是否属于"重大安全"例外,只要缔约国"认为……所必需"即可,并没有规定其他任何条件,诸如:应该依次提交缔约双方的有关机构、解决国家间争端的仲裁庭、解决投资者和东道国间争端仲裁庭进行确认,等等。所以,美国对保留其本国的"重大安全"例外权是极其重视的。

同样,属于发展中国家的印度也对"重要安全利益"规定了例外。其 2003 年 BIT 范本第 12 条第 2 款规定,本协定内容不得排除东道国为保护其重要安全利益或者在特别紧急的情况下根据其法律在非歧视基础上正常、合理地采取行动。[19] 1995 年印度和英国之间的投资保护条约第 11 条就是和印度范本第 12 条的规定相同,其第 2 款规定了投资保护条约不得排除东道国为保护其重要安全利益或者在特别紧急的情况下采取行动的权利。[20]

由此可见,不论是发达国家加拿大,甚至是"超级大国"美国,还是与中国相似的发展中国家印度,都极其重视把涉及"重要安全利益""特别紧急"的事项排除于国际仲裁庭的管辖范围之外。而且,两个维也纳公约也都规定当事国可以"情势变更"为由终止条约。根据 1969 年《维也纳条约法公约》第 62 条第 1 款的规定,如果签订条约时存在之情况发生当事国预料之外的根本改变(fundamental change),而且这种情况构成当事国同意承受条约约束之必要根据,这种改变还会根本变动依条约尚待履行义务之范围,那么,可以援引这种情况作为终止或者退出条约之理由。[21] 1986 年《关于国家和国际组织间或国际组织相互间条约法的维也纳公约》第 62 条第 1 款也作了相同的规定。[22] 不言而喻,作为发展中国家的中国有权也应该在 BIT 中规定"重大安全利益"例外。但是,就笔者所知,我国对外签订 BIT 时却没有把涉及"重大安全利益"的事项明确排除在国际管辖之外。尤其是在与德国、荷兰等发达国家签订的 BIT 中,在全面同意 ICSID 管辖权这一前提条件下,仍然是没有规定"重大安全利益"例外。我国对外签订的 BIT 一般是 12、14、15 或者 16 条,内容相当简略,似乎不足以把应有例外表述全面。即使是条文最长、内容最多的 2003 年中国和德国 BIT,

---

[19] 该第 12 条原文为"(1) Except as otherwise provided in this Agreement, all investment shall be governed by the laws in force in the territory of the Contracting Party in which such investments are made. (2) Notwithstanding paragraph (1) of this Article nothing in this Agreement precludes the host Contracting Party from taking action for the protection of its essential security interests or in circumstances of extreme emergency in accordance with its laws normally and reasonably applied on a non discriminatory basis"。

[20] 资料来源:http://www.unctad.org/sections/dite/iia/docs/bits/uk_india.pdf.

[21] See Vienna Convention on the Law of Treaties, 1969. http://www.un.org/law/ilc/texts/treatfra.htm.

[22] See Vienna Convention on the Law of Treaties between States and International Organizations or between International Organizations, 1986. http://www.un.org/law/ilc/texts/trbtstat.htm.

也仅仅在附加"议定书"当中用了3项内容作了轻微的限制性声明。[23] 另外,发达国家BIT示范文本还规定了许多其他的一系列重要例外事项,例如"最惠国待遇""利益的拒绝""新投资企业的建立、并购"等等例外事项,而我国对外签订的BIT却基本上没有涉及。[24] 在没有附加"重大安全例外"的前提下全盘接受ICSID仲裁庭的管辖权,颇似"门户洞开"却"毫不设防"！如不及时警醒和采取必要的"刹车"措施,则有朝一日,中国在国际资本或国际投机"巨鳄"的冲击下,发生了难以完全预见或难以完全避免的重大危险或危机,其后果就可能"不堪设想""后患无穷"！这样的忧患意识,是任何时候都不应削弱的！这样说,应当不会被误解为是"危言耸听"或"杞人忧天"吧！

(二) 此类条款不符合中国的现实国情

关于这个问题可以从以下四个方面加以评析：

1. 现阶段中国吸收外资与对外投资的比例

BIT所提供的保护标准越高,缔约东道国承担的国际义务也就越重、越大、越多。高标准的投资保护十分有利于对海外投资多的国家,而对外投资少的国家则利益不大。如果某国主要是作为资本输入国(即缔约东道国)而存在,则其在利用大量外资的同时也面临被诉之于国际仲裁庭的巨大风险。所以,科学地判断中国吸收外资与对外投资的真实比例,显然大大有助于科学评估中国在缔结高保护标准的BIT面前所面临风险与可获利益的比例,进而可以对缔结高保护标准的BIT采取正确的态度。

据中国商务部外资管理司的统计：(1) 2004年中国对外直接投资分别相当于全球对外直接投资(流出)流量、存量的0.9%和0.55%,可谓"微乎其微"。(2) 2004年中国对外直接投资净额(即存量)只相当于中国引进外资的6.8%。[25] (3) 如果以累

---

[23] 在该附加"议定书"的7项规定中,只有第3、4、5项规定包含了可以称为"例外或者限制"的内容。第3项规定中国将采取措施逐步消除现有的"不符措施",第4项第2句规定"第3条(投资待遇)并不要求缔约一方有将其依照税法只给予住所在本国境内的投资者的税收优惠、免税或者减税待遇,扩大到缔约另一方境内的投资者的义务"。第5项内容是中国对适用第6条第1款第3项附加了条件,该第6条第1款第3项的内容是"缔约任何一方应该保证缔约另一方投资者转移在其境内的投资和收益,包括……(三)全部或者部分出售或者清算投资或者减少投资资本所获得的款项",而"议定书"第5项内容的限制是要求"如果转移遵循有关外汇管理的中国现行法律和法规规定的相关手续"。另外,该第5项内容还对转移投资和收益的"没有迟延"加以更具体的规定。

[24] 有关这些例外事项的讨论,请参见王海浪：《"落后"还是"超前"？——论中国对ICSID管辖权的同意》,载陈安主编：《国际经济法学刊》2006年第13卷第1期。

[25] 据中国商务部外资管理司于2005年10月发布的统计信息：2004年,中国对外直接投资净额(即存量)为55亿美元,扣除对香港地区投资额26.29亿美元后是28.71亿美元。2004年,实际使用外资金额606.30亿美元,如果要扣除香港投资额189.98亿美元的话,数额为416.32亿美元。把2004年上述对外投资的28.71亿美元与吸收外资的416.32亿美元相比较,我国的对外投资额只相当于所引进外资的6.8%。

计投资来分析,截至 2004 年,中国累计对外投资额只相当于累计引进外资额的 4.5%。[26] (4) 如果以美国或加拿大单个国家为对象进行比较,则截至 2004 年底,中国累计对美国直接投资净额是 6.70 亿美元,而美国对中国累计投资额为 480.29 亿美元。换言之,中国对美国的投资额只相当于美国对中国投资额的 1.3%。(5) 截至 2004 年底,中国累计在加拿大投资额为 4.67 亿美元,而加拿大在中国直接实际投资约 45 亿美元,即中国对加拿大投资额约相当于加拿大对中国投资额的 10%。[27]

从以上 5 组数据对比中,不难看出:迄 2004 年底,虽然中国"走出去"对外投资越来越多,但与中国吸收外资的相关数额对比,以上 0.55%、6.8%、4.5%、1.3%以及 10%这些数据仍然说明,我国目前主要还是作为资本输入国参加国际投资活动。相应地,我国在对外签订 BIT 时,除了注重如何保护我国海外投资之外,显然更应该着重注意过于"开放"的 BIT 对国家管理公共利益权力的侵蚀。如果不牢牢立足于中国现阶段的具体国情和国力,脱离了现实,对外缔结开放程度过大、开放速度过快、对外资保护标准过高的 BIT,则权衡利弊得失,显然可能弊大于利,得不偿失。即以上述第(3)组数据为例,在现阶段以及可预见的近期以内,用只占 4.5%的可保护海外中资利益换回来 95.5%被国际资本诉于国际仲裁的风险,无疑会得不偿失。换言之,要对外缔结高保护标准的 BIT,不妨静观形势发展,逐步地、稳妥地"与时俱进",等日后我国对外投资额相当于所吸收的外资额时再改动现有的较低(但较符合中国现实国情)的保护标准,也不为迟。

2. 20 多年来中国吸引大量外资与中外 BITs 之间的实证关系

关于这个问题,可以从以下三个不同的角度加以考察:

(1) 从对华投资最多的国家这一角度看:2005 年 1—7 月,对中国内地投资前十位国家/地区实际投入外资金额占全国实际使用外资金额的 86.26%。如果不计来自中国香港和台湾地区的投资,前八位外国投资者(以实际投入外资金额计)依次分别为:英属维尔京群岛、日本、韩国、美国、开曼群岛、新加坡、德国、萨摩亚。[28] 在这

---

[26] 截至 2004 年底,中国累计对外直接投资净额为 448 亿美元。其中,对香港地区累计投资额为 303.93 亿美元,占中国对外累计投资额的 67.8%。在扣除这一项之后,中国累计对外投资额为 144.07 亿美元。截至 2004 年底,全国累计实际使用外资金额 5621.01 亿美元。其中香港是 2415.74 亿美元,占内地实际使用外资累计总额的 42.98%。如果也扣除香港投资的话,累计实际使用外资为 3205.27 亿美元。把上述累计对外投资的 144.07 亿美元与累计吸收外资的 3205.27 亿美元相比较,我国累计对外投资额只相当于累计引进外资额的 4.5%。

[27] 资料来源:《2004 年度中国对外直接投资统计公报(非金融部分)》,http://www.chinapressusa.com/luntan/200510270180.htm;《2004 年中国吸收外商直接投资情况综述》,http://www.fdi.gov.cn/common/info.jsp?id=ABC00000000000025847。

[28] 2005 年 1—7 月对中国内地投资前十位国家/地区(以实际投入外资金额计)中,香港地区(91.22 亿美元)、台湾地区(13.31 亿美元)分别名列第一、第六位。参见《2005 年 1—7 月全国吸收外商直接投资快讯》,http://www.fdi.gov.cn/common/info.jsp?id=ABC00000000000023505。

八个国家/地区中,只有维尔京群岛的宗主国英国、日本、韩国、新加坡以及德国这五国和中国内地签订了双边投资保护条约。维尔京群岛的宗主国英国与中国签订的BIT只规定有关补偿额的特定争端应由国际仲裁,但没有提及ICSID仲裁庭。[29] 1988年日本与中国签订的BIT[30]及1992年中国与韩国签订的BIT[31]都只规定,ICSID只对征收补偿额的特定争端具有管辖权;对其他争端是否具有管辖权必须由争端双方另行签订协议。1985年新加坡与中国签订的BIT也只规定了就征收补偿额的特定争端提交国际仲裁的意向。[32] 但是,2003年12月1日,德国和中国修改签订的新BIT中文本第9条却规定,缔约一方与缔约另一方投资者间就投资发生的任何争议"可以"提交ICSID仲裁,而英文本却规定"应当"(shall)提交ICSID仲裁,两种文本都规定英文本效力高于中文本。由此可见,2003年德国和中国修订的新BIT已经概括地全面地同意了ICSID管辖权。[33]

简言之,在以上八个对华投资最多的国家/地区中,只有德国和中国签订的BIT概括地全面地同意了ICSID管辖权,中国和英属维尔京群岛、日本及韩国签订的BIT只就征收补偿额争端同意了ICSID管辖权。在这八个国家/地区实际投入的180.91亿美元外资中,来自德国的只有8.64亿美元,比例为4.8%。换言之,从表面上看,充其量也只有4.8%的外资有可能在某种程度上是与中德BIT新订全面同意ICSID管辖权有关,但显然没有任何证据可以断言如果不存在这种全面同意ICSID管辖权,8.64亿美元的德国资本就不会进入中国。

更何况,据统计,2000年至2002年,德国对华投资几乎只维持在德国对外投资总额1%的水平,2003年也只上升至1.2%。德国对华投资只相当于美国和日本对华投资的1/5,甚至远远落后于韩国及中国台湾地区对中国大陆的投资。[34] 换言之,在中德双方签订规定全面同意ICSID管辖权的新BIT的2003年,德国对华投资在其对外投资总额中只比上年度增加0.2%。可见,与德国签订全面同意ICSID管辖权的BIT,此举并没有使德国对华投资显著增加,对其实际积极影响显然不宜估计过高。

---

[29] 参见1986年5月中国—英国BIT第7条。
[30] 参见1988年中国—日本BIT第11条。
[31] 参见1992年中国—韩国BIT第9条。
[32] 1985年中国—新加坡BIT第13条("争端解决")第1款规定,争端当事双方应该协商解决争端。第2款规定,6个月内无法协商解决的,应该提交东道国内有管辖权的法院。第3款规定,如果争端涉及征收、国有化或其他具有同样效果的措施的补偿额,且无法在6个月内协商解决的,可以提交当事双方建立的国际仲裁庭。
[33] 参见2003年中国和德国间修订的新BIT第9条,中国与联邦德国间原有的BIT签订于1983年10月7日。
[34] 参见中国驻德国使馆经商处:《德国对华投资现状及趋势》,http://www.chinatradenews.com.cn/news/Article_Show.asp? ArticleID=9067。

(2) 从晚近中国对外投资的角度看: 2005年9月1日,商务部、国家统计局联合发布的《2004年度中国(不包括香港、澳门特区和台湾省)对外直接投资统计公报》(非金融部分)显示,目前中国境外企业分布在全球149个国家和地区,占全球国家(地区)的71%。中国境外企业在美国、俄罗斯、日本、德国、澳大利亚和香港地区的聚集程度最高,在这些国家和地区的中国境外企业占全部中国境外企业的43%,其中香港为17%。[35] 不过,到2004年底中国只与149个东道国中的17个国家签订了全面接受ICSID仲裁管辖权的BITs,这17个缔约另一方分别是:巴巴多斯、刚果(布)、博茨瓦纳、塞浦路斯、塞拉利昂、莫桑比克、肯尼亚、荷兰、缅甸、波黑、特立尼达和多巴哥、科特迪瓦、圭亚那、德国、贝宁、拉脱维亚、乌干达,其中又只有德、荷两国是发达国家。上述统计数据表明:中国对外投资企业在选择东道国时似乎也并没有把中国是否已与东道国签订规定全面同意ICSID管辖权的BIT作为首要的考虑因素。

(3) 从晚近全球性投资报告的角度看: 2003—2005年有关国际投资的全球性综合研究报告表明,ICSID仲裁之类的投资争端仲裁安排无法实现有关国家在签订BIT时对于吸引外资的预期,易言之,此类安排对于吸引外资虽略有作用但作用不大。在《2003年全球经济展望》中,世界银行根据客观事实指出:"即使BIT中相对强有力的保护措施,看来也没有增加向签署协定的发展中国家的投资流动。"[36] 世界银行《2005年世界发展报告》则进一步明确强调不要过分夸大BIT对投资流动的影响:"(BIT中的)这类保证[按:包括把投资争端交付国际仲裁的安排]有助于改善东道国的投资环境,也有一些证据表明投资者信赖这些保证。诚然,东道国与投资者母国之间已经签订BIT,有时是投资保险机构向投资者发放政治风险保单的前提条件。但尽管如此,迄今的实证研究尚未发现,在缔结BIT与其后的投资流入间存在密切联系。"[37] 它还指出,有证据显示,投资者在进行投资决策时并不清楚其母国与东道国已经签订BIT这一事实,而直到其与东道国间发生争端且该BIT的规定可能有助于解决争端时,投资者这才恍然大悟。[38] 还有一份留英学者提供的调查报告也印证了这一观点。他发现,ICSID仲裁机制对于从事国际投资的欧盟投资者是鲜为人知的:在进行对中国投资决策时,只有18%的欧盟投资者注意到能否援用ICSID仲裁

---

[35] 参见《去年中国对外投资同比增长近一倍》,http://www.huaxia.com/sw/cjzx/jjdt/2005/00361580.html。
[36] 世界银行:《2003年全球经济展望》,http://www.worldbank.org/prospects/gep2003/summarycantonese.doc。
[37] World Bank, *World Development Report 2005—A Better Investment Climate for Everyone*, World Bank and Oxford University Press, 2004, p.177.
[38] Ibid.

机制的问题。[39]

联合国贸易与发展会议(UNCTAD)的《2003年世界投资报告》指出:"在今后的国际投资协定中,发展中国家面临的最大挑战是,在这类协议推动外国直接投资流量的潜力与东道国维持其从外国直接投资流动中获得更多益处、有利于发展的外国直接投资政策的能力之间,如何保持平衡,即如何确保东道国有权基于公共利益考虑实行管制。这意味着发展中国家必须保留足够的政策空间,使政府能够在所签署的国际投资协定确定的权利、义务框架内灵活地运用这些政策。"[40]什么叫"必须保留足够的政策空间"?在笔者看来,这就是指东道国在签订 BIT 时需要保留本国可以调整政策、加强管理国民经济的自主权力,并在必要时"有权基于公共利益考虑实行管制"。换言之,就是在 BIT 中不能毫无条件、毫无保留地全盘同意国际仲裁庭的管辖权!同时,还应该保留应有的例外,保留基于公共利益"灵活运用"管制措施的权力,并以明确的文字载入相关的 BIT 之中,做到"有言在先",以免事后被指责为"违反国际投资协定"。UNCTAD 上述报告书中之所以郑重提出这种忠告,显然不是"无的放矢"。不妨说,它是针对某些发展中国家为急于吸收外资而过度放松对本国经济的控制和管理,不"保留足够的政策空间",因而尝到苦果的事实,"有感而发"!关于这一点,下文将作进一步的分析。

3. 二十多年来外资大量流入中国的主要原因

众所周知,中国能够在引进外资上取得巨大成就,主要是由于以下原因:(1)中国的劳动力成本低下。目前在许多外资工厂中,工人领取着仅仅 600 元人民币甚至是 400 元人民币的月工资,但工作时间每天达 10 小时以上的情况非常普遍,外国投资者不理会中国《劳动法》的规定似乎已成为"正常"现象,也不用担心"工会"抗议。(2)中国的外资优惠政策与广大的消费市场。随着中国加入 WTO,中国广阔的市场越来越开放。而且,在中国投资可以比中资企业享受更优惠的税收、行政程序、用地等等"超国民待遇",这意味着和中资企业竞争时,外资从一开始就占据了优势地位。(3)中国政局稳定。这意味着政治风险大大减小,同时中国法律一再重申在正常情况下不对外资实现国有化和征收的明确规定,以及多年来一直信守诺言的具体行动,也让外国投资者大大减少了后顾之忧。(4)中国资源相对丰富。虽然中国原材料、能源都面临紧缺的情况,但相对于许多发达国家,中国资源在许多方面还是相对

---

[39] Wenhua Shan, The Role of Law in China's Success in Attracting Foreign Investment: An Empirical Approach, p. 12. 该文系作者在 2004 年 11 月 4—5 日于厦门召开的"国际经济法与经济转型期的中国"国际研讨会(International Economic Law and China in Its Economic Transition)上提交的论文。

[40] UNCTAD, World Investment Report 2003—FDI Policies for Development: National and International Perspectives (Overview), 2003, p. 18.

丰富的,就地取材的价款也相当低廉,这也对外资具有较大的吸引力。

总之,中国吸引外资位居发展中国家之冠,主要是由于以上因素换来的,而不是由于对外缔结高保护标准 BIT 的"功劳"。其中,最具说服力的证据是:由于美国一直"要价"过高,中国与美国之间迄今并未缔结任何 BIT,更不必说是高保护标准的 BIT。但是,迄 2004 年底为止,二十多年来,稳居累计对华投资数额"榜首"的,竟然正是美国,而不是其他任何国家。[41] 此外,还应该看到:1988 年日本与中国签订的 BIT[42] 及 1992 年中国与韩国签订的 BIT[43] 都只同意 ICSID 对征收补偿额争端有管辖权,但是迄 2004 年底为止,韩国与日本分别高居累计对华投资第二位和第三位。这也有力地证明:中日 BIT 和中韩 BIT 中现行的相对"低标准"的外资保护规定,并未影响日资和韩资投入中国的积极性和热情。因此,在现阶段似乎没有必要"随大流"地任意大幅度提高其保护标准。

4. 中国现在正处于政策调整期

作为正处于向完善的市场经济全面转型过程的发展中国家,面对着今后一个时期内势必不断出现的许多新问题,我国还需要制定一系列新的法律和规则,或改革旧有的法律和规则,以有效地调整宏观国民经济,因而不能排除发生为维护国家安全和公共利益而违反有关特许协议的情况。首先,毋庸讳言,经过多年的粗放型经济发展,中国的自然生态环境受到很大破坏,正在日益对我国经济综合实力水平的进一步提高产生负面影响。因此,中国政府强调实现可持续发展,强调对环境的保护。但是如果对各类有关企业全面提高保护环境的要求,则可能会大规模地影响到外资的利益。其次,中国多年的经济发展一直是建立在劳工保护制度严重欠缺之基础上的,尤其在许多外资企业中,对农民工的保护几乎是空白状态,所谓"工会"也是有名无实。而且,中国的两极分化正在造成越来越多的社会问题。为了应对此类问题,中国提出了建立"和谐社会"的目标,正在着手提高劳工保护标准,而这也可能会影响到外资的既得利益。再次,针对外资的"超国民待遇"问题,我国正在进行内、外资有关税收统一等方面的改革。而这一系列的改革也会极大地影响到外资的既得利益。最后,作为发展中国家,我国的金融体制和经济运行还不是很完善、很稳健,抵御各种金融风险和经济危机的能力不是很大,受到重大风险或危机的冲击时,必然会采取加强外汇管制、强化海关监控等措施以保护国家的经济安全,这也将极大地影响到外资的既得和潜在利益。

---

[41] 参见中国商务部外国投资管理司在 2005 年 10 月 19 日发表的统计数字,http://www.fdi.gov.cn/common/info.jsp? id=ABC00000000000025847。

[42] 参见 1988 年中国—日本 BIT 第 11 条。

[43] 参见 1992 年中国—韩国 BIT 第 9 条。

以上这些环境政策、劳工政策、"超国民待遇"政策等等都势在必改,日后一旦经济运行失调、遭遇金融风险或发生经济危机时,中国就会像其他主权国家一样,也势必在特定时期内采取各种加强经济管制和监控的必要措施。凡此种种,都不可能不在特定的时期内和一定的程度上损害到外商的既得利益或潜在利润。一旦因紧急需要而不得不触犯投资合同或者 BIT 中的高标准保护规定,外商就会动辄以投资合同或者 BIT 为依据申请国际仲裁,并且可能产生"多米诺"骨牌的"连锁效应",从而造成我国大量被诉于国际仲裁庭的后果。在这方面,有的发展中国家在缔结高保护标准 BIT 的实践中,已经有了沉痛的教训,中国不可不引以为戒。因此,中国如不增强忧患意识,居安思危,未雨绸缪,预先有所防范,则有朝一日,很可能会变成第二个阿根廷。

(三) 此类条款无视于弱国 BIT 缔约实践的沉痛教训:阿根廷的前车之鉴

阿根廷是南美第二大国,历史上曾经长期沦为殖民地。饱受殖民统治痛苦的阿根廷人民有着反抗殖民主义的优良传统。因此,以维护本国司法主权独立、主张境内涉外商事争端应由本国法院管辖为核心内容的"卡尔沃主义"发祥于此地,这不是偶然的。但是,晚近二十多年来,曾经具有全球重大影响的"卡尔沃主义",却在其发祥地阿根廷本国,经历了一场"马鞍形"的"否定之否定",举世瞩目,发人深思。

在 1965 年《华盛顿公约》及其国际仲裁体制讨论、产生的过程中,因其与"卡尔沃主义"精神相悖,阿根廷曾经牵头予以公开抵制,并且造成南美众多国家长期拒不参加《华盛顿公约》的局面。然而,20 世纪 90 年代初,阿根廷为了缓解国内的经济困局,吸收更多外资和促进本国经济建设,一方面,开始在国内采取两大改革措施:(1) 对原属国有的公用事业与能源事业单位,大规模地实行私有化,通过与外商签订长期合同来吸收大量外国资金流入;(2) 规定阿根廷货币比索与美元直接"等价"挂钩,由金融机构保证以法定比索 1∶1 自由兑换,以提高和加强比索在国内外金融市场中的地位。另一方面,在国际缔约活动中,也采取了两大改革措施:(1) 在经历多年抵制和观望后,阿根廷终于决定在 1991 年 5 月签署参加《ICSID 公约》,并在 1994 年 10 月正式提交了批准书;(2) 又与许多外国签订了大量的双边投资条约。

但是,阿根廷在其与许多发达国家签订 BITs 的过程中,却显得考虑不周、有欠慎重。这主要表现在其有关当局不顾自己实际的国情和国力,忧患意识和风险观念不强,以致在大量的 BIT 中,对外商提供了过高的保护标准,特别是在同意外商可以规避阿根廷国内管辖、把有关投资争端提交国际仲裁方面,开放幅度过宽,开放速度过快,几乎没有设置什么必要的限制和重大的例外,即把本文前面提到的、由《华盛顿公约》等授予的四大"安全阀",完全拆除了,从而留下重大的隐患和祸根!

据统计,为促进吸引外资,从 20 世纪 90 年代之初开始,阿根廷陆续与包括美、法、德、澳、西(班牙)等发达国家及其他比较富足的发展中国家缔结了一系列高保护标准的 BITs。整个 20 世纪 90 年代,阿根廷共签订了 50 多个 BITs,这一数字远远高于拉美其他国家。[44] 大约从 1990 年起,阿根廷在签订的 BITs 中除了规定对外资提供广泛的高标准的实体待遇外,还对国际仲裁庭的管辖权作出了概括性的全面同意。[45] 比如,规定投资者可以选择 ICSID 仲裁机构或者利用《ICSID 附设机构规则》解决有关投资争端,也可以根据《联合国国际贸易法委员会仲裁规则》提交国际仲裁,还可以根据双方同意的其他方式提交国际仲裁。[46] 可谓自由选择,"悉听"外国投资者"尊便"。然而,在全面接受 ICSID 或其他国际仲裁庭管辖权的同时,阿根廷签订的此类 BITs 却未明文附加《华盛顿公约》授权的必要限制和重大安全例外条款。至此,曾经在全球弱小民族亿万人民中素来享有盛誉的"卡尔沃主义",竟然就是在"卡尔沃主义"的故乡,几近荡然无存!

大约从 2001 年开始,在国际资本冲击和国内管理失当的情况下,阿根廷经济正常运转失灵,金融危机日益严重。在 2002 年颁布了《公共紧急状态法》以及配套的法律规章,其主要内容有:(1)政府和金融机构不再保证以 1∶1 的法定汇率自由兑换比索与美元;同时(2)强制性地要求将包括存款在内的各种美元债务、其他外币债务以远低于正常市场汇率的比率兑换成比索债务,遂使比索针对美元大幅贬值。(3)还规定公用事业单位(含大量外资的私营单位或合营单位)在向消费者收费的时候,仍需按照 1 美元兑换 1 比索的汇率收费,公用事业单位还必须全面履行其在特许合同等项下的义务。同时,阿根廷政府还针对包括外商投资经营或合营的能源企业的出口产品大幅度增征关税,以开辟财源,增加国库收入。[47]

阿根廷政府在金融危机中所采取的这些"开源节流"的紧急措施,显然难免在相当程度上损害了外商的利益。外商遂纷纷依据 BIT 高标准保护规定向 ICSID 提出

---

[44] See Freshfields Bruckhaus Deringer, The Argentine Crisis-Foreign Investor's rights, http://www.freshfields.com/places/latinamerica/publications/pdfs/2431.pdf.

[45] 阿根廷至少已经在 23 个 BITs 中全盘接受了 ICSID 仲裁管辖权,其中包括与瑞典、美国、西班牙、德国、法国、芬兰这些发达国家签订的 BITs。这些统计数据可以从以下网址下载阿根廷所签订之 BIT 原文加以验证:http://www.unctadxi.org/templates/DocSearch.aspx?id=779。另外,2005 年 7 月 12 日,ICSID 高级顾问 Ucheora Onwuamaegbu 先生在厦门大学讲学时曾指出,阿根廷在 ICSID 的仲裁案件均系投资者依据 BITs 提起。

[46] 如阿根廷—美国 BIT 第 7 条以及阿根廷—瑞典 BIT 第 8 条,http://www.unctadxi.org/templates/DocSearch.aspx?id=779。

[47] See Paolo Di Rosa, The Recent Wave of Arbitrations Against Argentina Under Bilateral Investment Treaties: Background and Principal Legal Issues, *The University of Miami Inter-American Law Review*, Vol. 36, 2004, pp. 44-49.

仲裁申请。至 2006 年 1 月 22 日为止，在 ICSID 的 103 个未决案件中，阿根廷为被诉方的案件数目竟高达 37 起。"被告"如此集中于一国并导致"群起而攻之"，此种现象，不但在《华盛顿公约》及其仲裁体制诞生四十年来所从未见过，而且即使在近现代整个国际仲裁制度的发展史上，也可谓空前未有！近几年来，阿根廷处境极为被动。从《ICSID 2005 年度报告》以及 ICSID 网站公布的有关情况来看，与当初对外签订一系列 BITs 时十分"慷慨大方"地全盘同意 ICSID 管辖权相比，阿根廷在连续不断地成为国际仲裁之被诉方后，却是"寸土必争"地采取了"拖延战术"，即先提出管辖权异议，在仲裁庭连续驳回管辖权异议并且已经对实体问题作出裁决的情况下，又针对终局性仲裁裁决提出撤销申请，要求再次组成专门委员会重新审理。[48] 与此同时，阿根廷国内也出现了要求恢复"卡尔沃主义"及其相关法制的强烈呼声，出现了要求把相关管辖权收回并重新保留在国内法院的最新动向。换言之，如果把当初涉外争端管辖权之大幅度、无保留地向国际仲裁庭"让渡"举措，看作对"卡尔沃主义"的否定，则如今要求收回相关管辖权的强烈呼声和相应行动，不妨称为是已经开始进入"否定之否定"的新阶段。[49]

（四）此类条款无视于两类东道国的最新立法转轨

近年来，阿根廷政府采取"否定之否定"措施的典型事例之一，就是发布政令，指定本国法院重审 GB 石油公司争端案。据报道，原先，1996 年阿根廷时任总统 C. 梅内姆（Carlos Menem）应外商要求，曾经签署一项法令，建立国际仲裁庭来解决 GB 石油公司与阿根廷政府之间的争端，认为这是解决该争端最有效与最经济的方法。但几经反复，迄未解决问题。事隔七年，2003 年 10 月，阿根廷政府发布了另一项新的法令，废除了 1996 年的前项法令，并指派专人针对原先由 GB 石油公司控制但现已停业的两家公司向阿根廷本国法院重新起诉，追索价值 5 亿阿根廷比索（ARS500 million）的欠交税款、罚款与贷款。这一行动被认为是政府把其与境内外商间的许多法律争端"重新交给本国管辖"（"renationalizing" legal conflicts）采取的第一步骤。这些争端实际上包括许多家主要由外商拥有的公用事业公司对阿根廷政府提起的

---

[48] 详情请参见 ICSID 网站：http://www.worldbank.org/icsid/cases/pending.htm。ICSID Annual Report 2005, pp. 15-35. 试以 CAA 公司与 VU 诉阿根廷政府一案为例：该争端于 1997 年 3 月在 ICSID 立案，几经反复，2004 年 7 月再度开庭，2005 年 3 月被申请人提出管辖权异议书，同年 5 月申请人提出对管辖权异议的反驳书，同年 6 月被申请人又针对申请人的反驳提出答辩书……

[49] 有关阿根廷在这方面的具体经历和经验教训，可进一步参见另外三篇论文：(1) 魏艳茹：《论我国晚近全盘接受 ICSID 仲裁管辖权之不当》，第三部分；(2) 单文华：《卡尔沃主义的"死亡"和"再生"——晚近拉美国际投资立法的态度转变及其对我国的启示》；(3) 蔡从燕：《不慎放权，如潮官司——阿根廷轻率对待投资争端管辖权的惨痛教训》，载陈安主编：《国际经济法学刊》2006 年第 13 卷第 1 期。

大约20件讼案在内,而这些争讼案件正由 ICSID 仲裁庭受理审议之中。

阿根廷政府的这一举措所带来的冲击远远超越于本案。舆论认为,此项新法令正式抛弃了(scraps)国际仲裁庭,因为该法令提到把上述案件提交给境外第三方审理"从法律、政治与经济各个层面来看,都会带来一系列的困难"。阿根廷财政部总长办公室主任(the head of the office of the Attorney General in the Treasury)H. 罗萨蒂(Horacio Rosatti)在记者招待会上发表的以下言论被广泛引用:政府的目的就在于"恢复阿根廷本国法院的管辖权"。他说,阿根廷政府正在研究如何把政府与阿根廷境内外资企业之间的其他争端,包括那些因2002年紧急措施受到损失并把争端提交给 ICSID 仲裁庭解决的案件在内,拿回到阿根廷境内解决(bring back within Argentina's orbit)。他还提到,阿根廷政府力图确保做到两点:第一,这些公司已在阿根廷境内优先用尽所有的法律救济;第二,任何国际仲裁庭的最后决定都应当受到阿根廷国内法院的"分析"(analysis)。他还宣称:"我们正在质疑这种(国际)管辖权,我们还可能进一步质疑其整个体系的合宪性(constitutionality)。"[50]换言之,阿根廷政府正在认真研究并提出质疑,把境内涉外投资争端全盘交由 ICSID 国际仲裁管辖,是否符合阿根廷国家的根本大法——宪法。

另据一篇题为《卡尔沃终于起死回生了吗?》的评论文章所述,[51] 2005年3月2日,阿根廷总统科奇纳(President Kirchner)曾在阿根廷的第123次国会上,公开严词质疑国际仲裁庭岂能对阿根廷境内外商状告东道国的索赔案件作出终局裁决。紧接其后,两名议员提出了一份立法议案,要求正式通过立法,作出明确规定:(1)设置严格条件,从严限制把本国境内涉外投资争端提交国际仲裁;(2)即使国际仲裁庭已经作出裁决,当事人仍可向阿根廷本国联邦法院提起上诉,这就完全否定了国际仲裁庭裁决的终局性,把最后的决定权收回阿根廷自己手中;(3)指示阿根廷政府通知各有关缔约国,申述阿根廷的意向,将要废除先前接受国际仲裁管辖权的国际条约;(4)授权阿根廷政府及其所属机构和企业发布命令与决定,废除先前订立或作出的与本法案相抵触的各种协议或决定。不言而喻,此项法案如获正式通过,当年卡尔沃的主权意识和民族精神终将在新的劫难中获得新生。国际舆论正在密切关注其进一步的发展。

---

[50] Laurence Norman, Argentina: Government Reopens 7-Year-Old Case vs Oil Group, By Dow Jones Newswires, http://www.LatinPetroleum.com, 01-01-2006. See also C. E. Alfaro et al., The Growing Opposition of Argentina to ICSID Arbitral Tribunals, A Conflict between International and Domestic Law? *The Journal of World Investment & Trade*, Vol. 6, No. 3, June 2005.

[51] Guido Santiago Tawil, Is Calvo Finally Back? Translational Dispute Management, No. 3, June 2005, http://www.transnational-dispute-management.com/news/tdm2-2005_5.htm.

与阿根廷相似,加拿大、美国也经历了一个先"全面放开"再收回管辖权的过程。由于加拿大、美国主要是和发展中国家签订 BITs,其立场显然是基于资本输出国的角度,尽量订立最高规格的投资保护条款,尽量推动投资者在争端发生后有权不受约束地寻求包括 ICSID 在内的国际仲裁救济。然而,在 NAFTA 体制的实际运行中,加拿大与美国政府也逐渐体会到了本国作为"被告"被外国投资者诉诸国际仲裁庭的不利影响,认为应该对本国境内的外国投资者动辄向国际仲裁庭提出申诉的权利加以限制,应该维护东道国政府行使宏观经济调控的权力。于是,加拿大与美国分别在 2004 年对其原有的 BIT 示范文本作了重大修改,增加了大量的例外,并对 NAFTA 中的一些法律问题作了澄清。例如,加拿大在其 2004 年范本附录 B.13(1)、美国在其 2004 年范本附录 B 中都进一步澄清:什么情况以及具备哪些条件才可以视为东道国对外资实行"间接征收";东道国为了健康、安全以及环境等公共利益而采取的有关措施,不得视为"间接征收";等等。这就把"间接征收"的范围大大缩小了。又如,加拿大 2004 年 BIT 范本第 5 条与美国 2004 年 BIT 范本第 5 条都对"公平与公正待遇"作了限制解释,附加了"传统国际法的最低待遇"的要求,等等。因此,加拿大 2004 年范本被西方学者称为"进两步,退一步"。[52] 而对于美国 2004 年范本的发展动向,西方学者认为,美国政府倾向于在它与智利、新加坡以及其他国家的自由贸易区协定、双边投资保护条约当中,弱化对投资者的保护。尽管迄今美国境内的外国投资者对美国提起国际仲裁申诉的案件为数尚不很多,但是,美国 2004 年 BIT 范本仍然更多地关注国会、公众的批评以及外国投资者今后可能对美国所提起的国际申诉。[53]

美国商务部曾要求其国际经济政策咨询委员会(一个代表广泛群体的非政府专家委员会)对"示范 BIT"草案加以审查和评论。2004 年 1 月 30 日,该咨询委员会下属的"投资委员会"提交了一份报告,把其成员观点归纳如下:(1) 代表美国本土海外投资者的成员认为不需要或者不应该修改 1994 年的 BIT 范本,因为该 1994 年 BIT 范本反映了现代国际法和投资实践,对美国海外投资者所面临的风险提供了强有力的保护。相反,2004 年 BIT 范本在实质上削弱了对美国海外投资者的保护,体现了"走下坡路"倾向,不足以排除美国的海外投资者常常面临的东道国"不发达法律体系"的管辖;(2) 代表美国环境保护机构和劳工组织的成员认为,即使是在 2004 年 BIT 范本当中,也没有能够充分地维护美国政府的权力,以便政府随时可以采取保护

---

[52] See James Mcilroy, Canada's New Foreign Investment Protection and Promotion Agreement, Two Steps Forward, One Step Back? *The Journal of World Investment & Trade*, Vol. 5, No. 4, August 2004.

[53] See David A. Gantz, The Evolution of FTA Investment Provisions: From NAFTA to the United States-Chile Free Trade Agreement, *American University International Law Review*, Vol. 19, p. 679.

重要公共利益的措施。BIT范本中应该强调要求外国投资者遵守美国国内法的义务，以便美国在必要时有权提高保护环境和工人权利的标准，并要求美国境内的外国投资者切实遵守和执行这些标准。代表美国劳工组织的成员反对任何可能会使得就业机会或者生产机构被转移到美国境外的促进对外投资条约。[54] 另外，由于担心国际仲裁庭裁决的终局性可能过度影响美国的国家利益，2002年出台的《两党贸易促进授权法案》明确规定：美国的首要谈判目标在于通过建立"上诉机构"或者类似机制的方式，改善外国投资者与东道国政府间的争端解决机制。[55] 而美国2004年BIT范本附件D也规定，在有关BIT生效三年内，缔约国双方应该考虑是否建立一个"双边上诉机构"或者类似机制，以审查有关国际仲裁庭的裁决。

从以上有关动态可以看出：

第一，就阿根廷这样的发展中国家而言，对于把东道国本国政府与境内外资之间的投资争端管辖权提交给国际仲裁庭这种体制，原先曾经极力排斥，主张有关争端应在东道国国内解决。但随着国际经济形势的发展，意识到不能把国际仲裁庭的管辖权一概排斥，于是经历了一个适当限制国内管辖权的阶段，甚至转而全面否定国内管辖权和全面同意国际仲裁庭的管辖权。但是，在国际仲裁实践中遭受重大挫折之后，又意识到这样大幅度放权甚至全面放权的做法，相当不利于国家对宏观经济的管辖与对公共利益的维护，于是又开始力图重新否定国际仲裁庭管辖权，尽可能把相关管辖权收回来。

第二，就美国这样的发达国家来说，它们原先是极力排斥和否定东道国对境内涉外投资争端的全面管辖权，极力倡导有关争端应提交国际仲裁庭解决，但是随着国际经济形势的最新发展，就连美国这个全球唯一的"超级大国"都体验到对本国境内的涉外投资争端任由国际仲裁庭"一裁终局"的不利之处，进而开始"改弦更张"，实行立法转轨。

第三，上述两类国家，在分别经历了不同层次的"否定"阶段之后，现在都正处于新的"否定之否定"阶段。有趣的是，这两种不同层次的"否定之否定"，如今都正在朝着同一种方向发展，即都开始否定国际仲裁的全面管辖，开始注重对国际仲裁加以必要的限制，开始重视或者强调东道国对本国境内涉外投资争端应当在必要的范围和必要的条件下保持优先的管辖权或排他的管辖权。

---

[54] See Subcommittee on Investment of the U. S. Dep't of State Advisory Comm. on International Economic Policy (ACIEP), Report Regarding the Draft Model Bilateral Investment Treaty 2-3 (Jan. 30, 2004), http://www.ciel.org/Publications/BIT_Subcmte_Jan3004.pdf. Sean D. Murphy, Proposed New U. S. "Model" Bilateral Investment Treaty, *American Journal of International Law*, October 2004.

[55] See 19USCS § 3802(b)(3)(G)(iv).

第四，相形之下，我国作为发展中国家，在近期缔结新 BIT 或修改原 BIT 的实践中，似乎有些昧于当前形势的最新发展，不了解有关 BIT 缔约之最新动向和转轨方向，因而贸然追随前阶段某些发展中国家的过时"潮流"，即从原先的注重国内管辖权逐步转到实质上否定国内管辖权并"全面同意"国际仲裁庭管辖权。这种倾向，显然是"不合时宜"的，已有"前车之鉴"的，势必会吃大亏。反之，如能总结经验，及时"刹车"，并不为晚。

四、结论：有关今后中外 BIT 谈判的几点管见

基于以上粗略剖析，似可针对中国今后对外谈判缔结新 BIT 和修订原 BIT 有关事宜，提出以下几点管见和刍议：

（一）加强调查研究，"摸着石头过河"

对于任何国家说来，特别是对于以吸收外资为主的发展中国家说来，BIT 是一把"双刃剑"。不言而喻，中国在对外谈判缔结或修订 BIT 过程中，必然是有所"予"方能有所"取"。如果要在"予"与"取"之间、"义务"与"权利"之间实现正确的平衡，其先决要件就是要立足中国国情，放眼国际实践，总结经验教训，明确潮流方向，综合地、全面地剖析和权衡 BIT 各类条款（包括本文所专门讨论的争端解决条款）对中国可能产生的各种利弊得失，认真地、谨慎地考虑如何趋利避害。利取其重，害取其轻。为此，就务必对中国的现有国情——与吸收外资有关的一切国情，进行全面的、深入的和充分的调查研究。同时，也对国际 BIT 缔约实践中的有益经验和沉痛教训，进行尽可能全面、深入和充分的调查研究，从而在充分掌握国内外实况的基础上，掌握好谈判中"予"与"取"的正确分寸和尺度，实行科学的决策，定下恰如其分的"底线"。反之，在上述各方面的调查研究还不够全面、不够深入和不够充分之前，与其想当然，随大流，追求表面的"谈判成功"和"达成协议"的数量，不如在未明水流深浅、流速和漩涡细情之前，兢兢业业地摸着石头过河。换言之，在情况不够明了的条件下，举步慢些、稳些，步伐小些，力求安全，这绝非"保守因循"或"抱残守缺"，而是最明智和最可靠的"与时俱进"。如果举目望去，已见前面过河者陷入急流漩涡而正在奋力挣扎却难以自拔，则就尤应慎之又慎，并"绕道而行"了！

(二) 善用公约授权,牢握"安全阀门"

《华盛顿公约》等授予东道国,特别是授予国际弱势群体——发展中国家的前述四权,即"逐案书面同意"权、"当地救济优先"权、"东道国法律适用"权以及"重大安全例外"权,既是国家主权特别是司法主权的应有体现,又是缔约当年众多发展中国家联合奋斗、据理力争、得来十分不易的重要权利,[56]继续生效也是国际弱势群体在国际资本强大实力面前用以自我保护、自我防卫的必要"安全阀"。在《华盛顿公约》等本身依然健在、继续生效、未作任何修改的情况下,牢牢把握这四大授权或四大"安全阀门",使其有效地为我服务,乃是正大光明、名正言顺和理直气壮的。这是中国对外谈判缔结新 BIT 或修订原 BIT 时应当具备的基本心态。1998 年中国—巴巴多斯 BIT 中设定新"全盘同意"型争端解决条款以前,原有的中国—摩洛哥等 BITs 中设有必要"安全限制"的争端解决条款,已经行之多年,颇见实效,而且没有任何证据足以证明此类规定的基本内容或主流防患意识已经"脱离"中国现实国情和"落后"于世界最新潮流。相反,它们丝毫未曾明显影响或削弱全球外商对华投资的信心和热情,此点已经反复地为大量外资源源不断地流入中国的有关事实和官方统计数字所佐证。因此,在中国对外 BIT 谈判中,面对美、加型 BITs 或其变种中的争端解决条款,不但无须全盘同意接受,全面自动放弃上述这些国际公约授予的四权,贸然拆除四大"安全阀",恰恰相反,理应援引《华盛顿公约》规定,依该公约据理力争,针对谈判对方提出的争端解决条款中十分不利于我国"留权在手"的规定,予以明确的、坚决的抵制;同时,对于谈判对方 BIT 范本中现在提出的各种"安全例外"最新规定,而我方过去往往予以忽略的,现在则不妨认真地虚心学习,作为可以"攻玉"的"他山之石",结合中国的国情需要,予以"师法"和"移植",使其为我所用。

在上述这些前提下和基础上,再适当考虑我国在对方国家投资的实况和客观需要,适当地、稳步地修订中—摩型 BIT 中的争端解决条款规定,在真正互利互惠的原则下,对国际仲裁的适用范围和适用条件,加以恰如其分的放宽。

然而,我国已经在与发达国家如德国签订的 BIT 中放弃了某些"安全阀",以后如何才能把这些"安全阀"重新取回并牢牢把握在自己手中?笔者认为在今后的对外 BIT 谈判中理应做到和不难做到。

---

[56] 参见陈安主编:《"解决投资争端国际中心"述评》,鹭江出版社 1989 年版,第 66—84、95—99、106—111、126—130、138—153 页;陈安主编:《国际投资争端仲裁——"解决投资争端国际中心"机制研究》,复旦大学出版社 2001 年版,第 8—71 页。

(三) 坚持"下不为例","亡羊"及时"补牢"

第一,《华盛顿公约》第 25 条第 1 款规定"当(争端)双方表示同意后,不得单方面撤销其同意。"换言之,如果只有投资争端当事人某一方表示了"同意",那么其在另一方表示"同意"之前,是可以单方面撤销同意的。而在实践中,作为投资争端一方当事人的东道国,通常是在美、加型 BITs 中作出这种概括性的"同意"表示,待到争端发生后,外国投资者把该争端提交 ICSID 仲裁的书面申请书,就被视为该外国投资者的"同意"。中国目前虽然已在 1998 年以后新订的 BIT 中作出概括性的"同意",但迄今还没有哪一位外国投资者向 ICSID 正式提交仲裁申请。也就是说,目前只有可能成为争端当事人的中国一方(东道国)预先作出了同意,所以,根据《华盛顿公约》第 25 条第 1 款的上述规定,迄今为止,中国还是有权撤销这种预先"同意"的。因此,中国不妨以吸取"阿根廷教训"作为理由,向德、荷等国要求重启谈判,争取达成新的议定书,对有关概括性全盘"同意"的有关规定加以必要的修订与补充,作为相关 BITs 不可分割的一部分,并明文规定应当"以新议定书的修订内容为准"。

第二,中国所签订的 BITs 中都规定了最惠国待遇条款,那么,即使我国从此以后在签订新 BITs 时不再放弃这四大"安全阀",但缔约对方的投资者是否有可能根据"最惠国待遇"条款,主张援例享受到中国与德国 BIT 中的更优惠的争端解决待遇?从 ICSID 的"墨菲兹尼案"(Maffezini v. Spain)裁决[57]等来看,这种可能性非常大。但我国可以在今后缔结或修订的 BITs 中对最惠国待遇条款的具体适用加以明确限制,即规定该条款不适用于程序性待遇。因为最惠国待遇条款的通常适用范围,是实体性待遇。它是否可以适用于程序性待遇,这在国际上迄今未有定论,并没有取得一致的意见。但是鉴于 ICSID 仲裁庭在其实践中具有通过自由裁量权扩大管辖权的倾向,所以应当在今后缔结或修订的 BITs 中对此作出明确限制。

这样做,是有先例可援的。例如,2003 年《美洲自由贸易协定(草案)》中就有这样的注解:"本协定中的 MFN 条款……并不适用于本章第 C.2b 部分所包含的国际争端解决机制(缔约一方与缔约另一方的投资者之间的争端解决)之类的事宜。"[58]另外,中国还可以借鉴加拿大 2004 年 BIT 范本附录Ⅲ"最惠国待遇的例外"中的规定:"第 4 条(最惠国待遇)不应该适用于在本协议生效日以前有效或者签订的所有双

---

[57] See Emilio Agustin Maffezini v. Kingdom of Spain(ICSID Case No. ARB/97/7),Decision on Objections to Jurisdiction of January 25,2000,http://www.worldbank.org/icsid/cases/emilio_DecisiononJurisdiction.pdf.

[58] Chapter XXIII Dispute Settlement of FTAA(Draft Agreement),footnote 13,http://www.ftaaalca.org/FTAADraft03/ChapterXXIII_e.asp.

边或者多边国际协议所赋予的待遇"[59],加以师法和移植,这样,中国对外谈判签订BIT的相对方就不能根据最惠国待遇的规定要求援例享受我国以前曾经赋予第三方的更优待遇。

总之,在大量吸收外资并与实力强大的国际资本交往的过程中,中国难以全面、准确地预测前面会有多少坎坷、陷阱与漩涡。阿根廷经历过的沉痛教训及其已经交付的昂贵"学费",中国无须再交一遍。应当力求避免重蹈覆辙,误陷漩涡。从此种意义上讲,在对外BITs谈判中一时达不成协议或暂时没有协定,比迅速达成对中国不利的协定好得多。衡之于国内外的现实形势,我国完全没有必要放权过快、弃权过多,更不宜仅为了制造政治气氛、友好氛围或彰显"政绩"而贸然行事,从而不知不觉地导致"门户洞开,毫不设防"。反之,立足中国,放眼世界,则在当前条件下,显然仍宜保留清醒的头脑,增强必要的忧患意识,经常居安思危。这样,中国才能更好地通过签订或修订BITs,达到名副其实的互利互惠、持续促进经济发展;进而在确立跨国投资合理规范和建立国际经济新秩序的过程中,发挥应有的示范作用。中国的和平崛起要求这么做,中国在国际上的地位也要求我们这么做。只有这样,才有利于中国,有利于发展中国家,有利于世界的共同繁荣与发展。

---

[59] 加拿大范本请参见 http://www.naftaclaims.com/files/Canada_Model_BIT.pdf。

第 6 章 区分两类国家，实行差别互惠：再论 ICSID 体制赋予中国的四大"安全阀"不宜贸然全面拆除[*]

>> 内容提要

当代各类"双边投资协定"(BITs)的具体条款不一。其中有一类条款要求东道国全面拆除四大"安全阀"，即全盘放弃"逐案审批同意"权、"当地救济优先"权、"东道国法律适用"权以及"重大安全例外"权。中国作为发展中国家，如果无条件、无差别地全盘接受这些要求，势必背离当代国际公约对东道国的授权规定，漠视联合国权威机构的反复告诫，不符合中国当前的现实国情，无视晚近发展中国家 BITs 缔约实践的沉痛教训，无视两类东道国的最新立法转轨。因此，中国今后在有关 BITs 的缔约、修约谈判中，切宜保持清醒头脑，增强忧患意识，善于掌握四大"安全阀"，趋利避害，区分南、北两类国家，实行差别互惠，明文排除最惠国条款对争端程序的普遍适用，从而切实维护中国的应有权益。

>> 目　次

一、问题的缘由

---

[*] 本篇专论最初收辑于陈安主编：《国际投资法的新发展与中国双边投资条约的新实践》，复旦大学出版社 2007 年版。本文简称《再论中—外 BIT》，与简称《一论中—外 BIT》的前文互为姊妹篇。前文全题为《论中外双边投资协定中的四大"安全阀"不宜贸然拆除——美、加型 BITs 谈判范本关键性"争端解决"条款剖析》，载陈安主编：《国际经济法学刊》2006 年第 13 卷第 1 期。前文发表后，引起了学界的强烈兴趣，认同者固多，也不无疑义。针对疑义，笔者就后续研究心得，撰写本文，再次陈述管见，以进一步就教于同行学人，并期待能引起更热烈的探讨和争鸣，共同提高认识。这两篇专论所述，都以撰写当时的官方媒体报道以及官方网站统计数字为据，反映了笔者对当时形势发展认识之逐步深化，其中的基本观点至今未变。辑入本书时，中国吸收外资和对外投资的对比态势和具体数字又有新的发展，阅读时请予留意。此外，这两篇专论的英文本，先后相继发表于 The Journal of World Investment & Trade, Vol. 7, No. 6, December 2006 以及 Vol. 8, No. 6, December 2007，并曾经辑入复旦大学出版社 2008 年版《陈安论国际经济法学》，分别列为第七编之 Ⅲ 和 Ⅳ，俾便读者对照参考。

二、中国型 BITs 中争端解决条款与《华盛顿公约》相关条款"接轨"的简要回顾

三、中国在 BITs 谈判中不宜贸然接受美国型的争端解决条款或其"变种"

（一）此类条款背离了国际公约对东道国的授权

（二）此类条款漠视了联合国权威机构的反复告诫

（三）此类条款不符合中国的现实国情

（四）此类条款无视于弱国 BIT 缔约实践的沉痛教训：阿根廷的前车之鉴

（五）此类条款无视于两类东道国的最新立法转轨

四、有关今后中外 BIT 谈判的几点思考

（一）加强调查研究，"摸着石头过河"

（二）善用公约授权，牢握"安全阀门"

（三）区分两类国家，实行差别互惠，排除或限制 MFN 条款适用于争端程序

五、区分两类国家，实行差别互惠的理论依据和实践先例

（一）区别对待的做法符合于"具体分析"的普遍哲理

（二）区别对待的做法符合于"公平互利"的基本法理

（三）区别对待的做法符合于"国家主权至高无上"的国际法基本原则

（四）区别对待的做法符合于 MFN 待遇原则的发展进程

（五）区别对待、排除或限制 MFN 条款扩大适用于争端程序，符合 UNCTAD 晚近的反复警示

（六）区别对待的做法符合于国际仲裁的最新实践

（七）区别对待、排除或限制 MFN 条款适用范围的做法已有若干先例可援

六、结论

中国已经与 120 多个国家缔结了双边投资条约（BITs）。[1] 为了适应引进更多外资以及重视向外投资的新形势，中国目前正在进一步与一些国家谈判缔结新的 BITs 或修订原有的 BITs。在此过程中，有些发达国家提出美国 BIT 范本争端解决条款或其变种，要求吸收外资的中国大幅度放开甚至完全放弃对本国境内涉外投资争端的管辖权，代之以 ICSID 或其他国际仲裁的全面管辖。此类条款实质上要求中国全盘放弃"逐案审批同意"权，放弃"当地救济优先"权，放弃"东道国法律适用"权，甚至放弃"重大安全例外"权。这些要求，**背离了当代国际公约对吸收外资东道国的授权规定**，**漠视了联合国权威机构的反复告诫**，不符合中国当前的现实国情，无视于

---

[1] 中国对外签订的 BIT 通称《关于相互促进和保护投资的协定》《关于相互鼓励和保护投资的协定》等。

晚近发展中国家 BIT 缔约实践的沉痛教训,无视于两类东道国的最新立法转轨。中国如贸然接受,并普遍推广,势必对本国的司法主权和应变能力造成重大伤害和削弱,遗患无穷。因此,中国今后在有关谈判中,切宜保持清醒头脑,立足于本国的现实国情,吸取国际实践的有关教训,增强忧患意识,坚持有关国际公约的授权规定,善于掌握四大"安全阀",趋利避害,**区分南、北两类国家,实行差别互惠,明文排除最惠国条款(MFN 条款)对争端程序的普遍适用**,从而在"引进来"与"走出去"之间,在保护外资合法权益和维护中国主权权力之间,保持正确的综合平衡,进而在确立跨国投资合理规范和建立国际经济新秩序的过程中,发挥应有的示范作用。

一、问题的缘由

三年多以前,2003 年 12 月,中国与德国商定终止 1983 年签订的原有 BIT,另行签订新的 BIT。伦敦友人来电话询及此事的背景及其有关条款之合理性,促使笔者开始认真关注此事,进行新的探讨。

较之 1983 年中—德 BIT,2003 年中—德 BIT 的主要特点有二:第一,扩大了外国投资者就有关争议向国际仲裁庭投诉东道国政府的权利范围,从原先限于"征收补偿金"的争议,扩大到"就投资产生的任何争议";[2]第二,赋予了外国投资者单方向国际仲裁庭投诉东道国政府的随意性和决定权。[3]相应地,否定了或取消了东道国政府逐案审批许可外商向国际仲裁庭投诉的同意权。

其实,中—德新 BIT 的上述两大特点,并非最初出现于中国分别与其他发达国家签订的同类 BIT。早在 1998 年 7 月 20 日中国与**巴巴多斯**签订的 BIT 中,就含有类似的条款或类似的"模式"。[4]其后,自 1998 年 8 月至 2003 年 11 月,在中国与刚果(布)等 13 个**发展中国家**相继分别签订的 BITs 中,也都采用同类的条款或模式,但均未引起学术界的认真关注和足够关切。

2003 年 12 月中—德新 BIT 之所以引起国内外法学理论界和实务界的特别关注,其主要原因有二:第一,德国是当今经济实力最强大的发达国家之一,是原"七国集团"的骨干成员,其海外投资占全球对外投资的领先地位;第二,当时德国对华投

---

[2] 参见 1983 年中—德 BIT《议定书》第 4 条,http://tfs.mofcom.gov.cn/aarticle/h/au/200212/20021200058419.html;2003 年中—德 BIT 第 9 条第 1 款;《议定书》第 6 条,http://tfs.mofcom.gov.cn/aarticle/h/au/200405/20040500218063.html。

[3] 参见 2003 年中—德 BIT 第 9 条第 2 款。

[4] 参见 1998 年中国—巴巴多斯 BIT 第 9 条第 1、2 款。

资总额与中国对德投资总额之间的比例,约为 **100∶0.93**。[5]相应地,尽管中—德新 BIT 的条款文字在表面上看来是"平等互惠"的,但一旦情势变迁,涉外投资争端频起,则中国政府被在华德商任意诉之国际仲裁庭的概率和风险,约为德国政府被在德华商诉之国际仲裁庭的概率和风险的 107 倍;这也意味着中国司法主权之可能受限与削弱,远远大于德国司法主权之可能受限与削弱,约达 107 倍,悬殊极大,构成了实际上的不平等、非互惠。

作为全球经济最发达的强国之一,德方提出并为中方接受的上述争端解决条款,**实际上源于美国早在 1982 年到 1984 年间即已精心设计并不断更新的 BIT 范本之中**。[6]此种范本曾被若干西方发达强国师法、仿效、移植。当年美国曾经一再向中国政府"推销",要求按此模式签订中—美 BIT。鉴于中美之间经济实力悬殊,中国对美投资总额与美国对华投资总额相比,可谓微不足道;且此类貌似"平等互惠"的过苛要求,实际上会构成中国对境内美商投资的管辖权、管理权受到重大损害。故迄今为止二十多年以来,中美之间迄未订立任何形式的 BIT。

显然,要评析中—德新 BIT 有关争端解决条款之妥当性与合理性,就不能不追本身溯源地论及美式 BIT 范本之是非臧否。

2006 年 5 月,笔者曾就国内外学界提出的有关 2003 年中—德新 BIT 争端解决条款之合理性问题,撰写专文,题为《中外双边投资协定中的四大"安全阀"不宜贸然拆除》(简称《一论》)[7]进行探讨。笔者认为,把以美国 BIT 模式为范本的争端解决条款纳入中外 BITs,实质上让中国拆除了国际公约赋予东道国的四大"安全阀"。面对实力强大的国际资本和"富可敌国"的跨国公司,中国既要充分调动其对华投资的积极性,又不能在境内投资争端管辖权方面"放权"过多、过快。否则,如果听任在华外商"就投资产生的任何争议"有权单方随意决定诉之国际仲裁,确实不符合中国的现实国情。因此,今后中国与经济发达的强国修订原 BITs 或缔结新 BITs 时,亟宜采取"亡羊补牢"措施,即明确宣布并坚持"下不为例"。

---

〔5〕 据商务部网站公布的统计数字,迄 2003 年底,中国内地对德国累计投资金额为 0.83 亿美元,而德国对华累计投资金额为 88.51 亿美元,前者还不到后者的 1%。参见《2003 年度中国对外直接投资统计公报》,第 8 页,表 2, http://www.fdi.gov.cn/pub/FDI/wztj/lntjsj/jwtzsj/2003yearjwtzsj/t20060423_27914.htm;《2003 年中国吸收外商投资情况综述》,第 2 页,http://www.fdi.gov.cn/pub/FDI/wztj/lntjsj/wstzsj/2003yearzgwtj/t20060423_27823.htm。

〔6〕 参见美国型 BIT1984 年谈判范本第 6 条,附录于陈安:《美国对海外投资的法律保护及典型案例分析》,鹭江出版社 1985 年版,第 225—227 页。此种范本以后经数度增订更新,形成了 2004 年现行谈判范本。http://www.ustr.gov/Trade_Sectors/Investment/Model_BIT/Section_Index.html。其中,有关争端解决的主要条款是第 23—25 条,其原文和中译文参见《国际经济法学刊》第 13 卷第 1 期,第 9—11 页。

〔7〕 全题为《中外双边投资协定中的四大"安全阀"不宜贸然拆除——美、加型 BITs 谈判范本关键性"争端解决"条款剖析》,载陈安主编:《国际经济法学刊》2006 年第 13 卷第 1 期。

文章发表后,引起了学界的强烈兴趣,肯定、认同者固多,也不无若干质疑或异议。其中最主要的问题有二:第一,中国现在正在贯彻"走出去"战略,在 BIT 中按当前通行的"国际惯例"行事,应当是势在必行。在境内涉外投资争端的管辖权上全面"放权",允许外商自由向国际仲裁庭投诉,也是难以全然避免的。何况,迄今为止,中国基本上按美国模式(德式)争端解决条款签订的 BIT 已经多达 28 个。第二,《一论》中提到"亡羊补牢,下不为例"之说,似不符合于当代盛行的 MFN 待遇原则。中国既已在 2003 年中—德 BIT 中同意采用美国式的争端解决条款,则难以在今后与任何其他发达国家(包括经济发达的其他强国)签订和修订 BIT 时,拒绝对方援引 MFN 条款要求在新 BIT 中援例办理。

针对上述两点质疑,本文拟就新近探讨心得,再次陈述管见,姑称为《再论》,以就教于同行专家和读者,并期待能引起更热烈的探讨和争鸣,共同提高认识。

为便于读者了解笔者思维之连续性,本节《再论》先简单复述《一论》中的主要观点及主要论据。

二、中国型 BITs 中争端解决条款与《华盛顿公约》相关条款"接轨"的简要回顾

中国实行对外开放基本国策以来,迄今为止,已经与 120 多个国家缔结了"双边投资协定"(BITs)。目前还正在进一步与一些国家谈判缔结新的 BITs 或修订原有的 BITs。这些 BITs 的主要内容,一般包括投资保护范围、投资待遇、征收与补偿、货币汇兑、业绩要求、税收规则、争端解决等主要条款。本文集中探讨的,就是美国型 BITs 中关键性的争端解决条款问题,特别是中国与外国缔结的 120 多部 BITs(简称"中国型 BITs")中的争端解决条款及其发展问题。

中—外 BITs 中的争端解决条款,与中国参加缔结的《解决国家与他国国民间投资争端公约》(Convention on the Settlement of Investment Disputes Between States and Nationals of Other States,以下简称《华盛顿公约》),[8]互相紧密衔接。

当初,中国在参加《华盛顿公约》以及与外国缔结 BITs 的过程中,一直抱着十分谨慎的态度,十分注意把国际公约认可和授予的各种主权权利——各种**"安全阀"**保留在自己手中。具体说来:

---

[8] 根据本公约建立了"解决投资争端国际中心"(ICSID)。

第一,自 1840 年"鸦片战争"失败以来,在不平等条约的镣铐下,中国人民饱尝了丧权辱国的种种苦楚,其中包括对本国境内的涉外争端竟然无权管辖而被迫接受外国列强的"领事裁判权",对此,中国人民是深恶痛绝的。中华人民共和国成立后,中国彻底废除了列强强加的不平等条约及其相关的"领事裁判权"。但是,基于一百多年来的沉痛历史教训,即使在 1978 年实行对外开放国策后的一段时期内,中国对于事关国家司法主权的涉外争端管辖权部分地向外"让渡"的问题,仍然不能不秉持十分严肃认真和慎之又慎的态度。经过多年的调查研究、政策咨询和审慎考虑,[9]中国直到 1990 年 2 月 9 日才签署了《华盛顿公约》,接受了 ICSID 仲裁体制。事后,又经过大约三年的权衡利弊和审慎考虑,中国立法机构才正式批准了《华盛顿公约》,该公约自 1993 年 2 月 6 日起对中国生效。此时,距 1978 年中国开始实行对外开放政策,已约 15 年。不言而喻,中国决策者如此之慎而又慎,绝非"思想保守",而是**痛定思痛,居安思危**。

第二,综观 20 世纪 80—90 年代中国与外国签订的 BITs 中有关争端条款的规定,对于允许外国投资者将其与东道国政府(含中国政府)之间的投资争端提交 ICSID 仲裁的**范围和程序**,均有较**严格的限制**。其要点是:(1)东道国政府与对方国家投资者之间有关投资的争议,如在一方书面提出要求解决之日起六个月内不能由争议双方通过友好协商解决,应按投资者的选择提交东道国**有管辖权的法院**,或者《华盛顿公约》下设的 **ICSID** 仲裁。(2)为此目的,缔约任何一方对**有关征收补偿款额的争议**提交该仲裁程序均给予不可撤销的同意。**其他争议**提交该仲裁程序,**应征得当事双方同意**。(3)仲裁庭应根据东道国的**国内法**、本协定的规定、为该投资签订的特别协议的规定以及**国际法**的原则,作出裁决。(4)仲裁裁决是终局的,并对争议双方均有拘束力。[10]

从上述中国型 BITs 的争端解决条款中可以看出:东道国保留了"当地救济优先"权、"逐案审批同意"权、"东道国法律适用"权。就中方而言,这显然是中国**行使国家主权和保证国家安全**的具体表现。即:一方面对发生于中国境内的涉外争端的管辖权,进行一定的"自我限制",并向 ICSID 这一国际仲裁机构实行必要的、有限的"让渡";另一方面,实行这种让渡的范围和程序,是在中国独立自主和严格限制的基础上,与有关外国达成了双边协定。中国型 BITs 中这些争端解决条款的规定,与

---

[9] 参见陈安主编:《国际投资争端仲裁——"解决投资争端国际中心"机制研究》,复旦大学出版社 2001 年版,第 1—72 页。

[10] 参见 1995 年中国—摩洛哥 BIT 第 10 条,载中国对外贸易经济合作部编:《国际投资条约汇编》,警官教育出版社 1998 年版,第 995 页。此前和此后,在中国与其他许多外国相继分别签订的 BITs 中也有类似的争端解决条款规定,参阅该书第 894、906、931、956、968、1015、1027、1041、1053、1067、1079、1094、1106、1118、1130 和 1142 页。

《华盛顿公约》第 25 条第 1 款和第 4 款、第 26 条、第 42 条第 1 款的相关规定,是互相"接轨"和基本一致的。[11]

早在中国正式参加《华盛顿公约》之前,中国就已在 1982 年 3 月—1993 年 1 月期间与瑞典等 47 个国家分别缔结了 BIT。鉴于中国当时还不是《华盛顿公约》参加国,故缔约双方分别对各该 BIT 日后与《华盛顿公约》的接轨问题,表明了待机进行后续谈判的共同意向。[12] 1993 年 2 月中国正式成为《华盛顿公约》缔约国之后,为了适应更多外资流入以及开始注重向外投资的新形势,中国不但有必要与上述各有关外国,共同磋商适当修订原有的 BITs,也有必要进一步与尚未签订 BIT 的相关外国进一步磋商缔结新协定。

在与相关外国磋商修订 BITs 或缔结新 BITs 进程中,有些经济实力强大的发达国家,向中国提供了美国型的 BITs 或其变种作为谈判的范本,并要求在此基础上开展磋商。

三、中国在 BITs 谈判中不宜贸然接受美国型的争端解决条款或其"变种"

上述美国型 BITs 中的争端解决条款,充分体现了当代发达国家资本输出国的权益。对于吸收外资的发展中国家说来,特别是对于吸收巨额跨国公司外资的中国说来,其要害在于这些条款要求把《华盛顿公约》等授予发展中东道国的四种重大权利,即"逐案审批同意"权、"当地救济优先"权、"东道国法律适用"权以及"国家重大安全例外"权,全盘放弃或严重削弱,从而拆除了吸收外资的发展中国家用以避免重大风险的四大"安全阀"。这种条款,背离了有关国际公约对弱者实行自我保护的授权,漠视了联合国权威机构的反复告诫,不符合中国的现实国情,无视于国际实践的沉痛教训,也无视于各类东道国当前的最新立法动向。因此,中国在有关 BIT 的缔约或修约谈判中,不宜**不辨明双方实力对比,无差别地、全盘地贸然**接受美国型上述争端条款或其变种,以免造成重大被动,甚至贻害无穷。

兹试逐一缕析如下:

---

[11] 参见陈安主编:《国际投资争端仲裁——"解决投资争端国际中心"机制研究》,复旦大学出版社 2001 年版,附录《华盛顿公约》,第 56、574—575 和 579 页。

[12] 参见中国对外贸易经济合作部编:《国际投资条约汇编》,警官教育出版社 1998 年版,第 189、208、224、237、249、291、307、325、347、368、385、405、428、445、467、485、564、642、677、705、720、728—729、744 页等。

(一) 此类条款背离了国际公约对东道国的授权

这里指的是《华盛顿公约》和《维也纳条约法公约》授予缔约东道国的以下几种权利:

1. "逐案审批同意"权

根据《华盛顿公约》第25条第1款的规定,ICSID管辖权适用于缔约国和另一缔约国国民之间直接因投资而产生的任何法律争端,而该项争端须经**双方书面同意**提交给ICSID,ICSID仲裁庭才有权受理处断。此项规定实质上授予了东道国"逐案审批同意"权。然而,美国2004年BIT范本第25条以及加拿大2004年BIT范本第28条都规定,东道国在条约(即BIT)中作出同意后,外国投资者即可直接把争端提交国际仲裁庭,而无须东道国另行逐案表示同意。这就剥夺了或阉割了东道国对每一案件的"逐案审批同意"权。

2. "当地救济优先"权

《华盛顿公约》第26条规定:"除非另有规定,双方同意根据本公约交付仲裁,应视为同意排除任何其他补救办法而交付上述仲裁。缔约国可以要求用尽当地各种行政或司法补救办法,作为其同意根据本公约交付仲裁的一个条件。"换言之,在把有关争端提交国际仲裁庭之前,东道国有权要求**优先用尽**当地各种行政或司法补救办法。但是,在美国与加拿大的2004年BIT范本中,却规定东道国在条约中表示的同意视为无条件地同意投资者可以把有关争端直接提交国际救济,而无须受当地救济的约束,也就完全剥夺了东道国要求优先适用当地救济的权利,即废除了东道国在一定时期内优先实行本国管辖的权利。

3. "东道国法律适用"权

《华盛顿公约》第42条第1款规定:"仲裁庭应依据当事双方协议的法律规范处断争端。如无此种协议,仲裁庭应适用作为争端当事国的缔约国的法律(包括它的法律冲突规范)以及可以适用的国际法规范。"可见,该公约规定应该先根据当事双方合意选择的法律规范来裁决争端,如当事双方未作共同选择,则把东道国的国内法律以及可适用的国际法并列作为裁决依据。该公约并没有把东道国法律排除在外,即使在当事双方没有合意的情况下,仍然承认东道国法乃是应当适用的准据法之一。

但是,美国2004年范本第30条第1款规定,当申诉方主张被诉方违反了本条约

第 3 条到第 10 条项下义务[13]时,仲裁庭应该适用本条约以及可适用的国际法规则来解决争端。换言之,此项有关准据法适用的条款背离了《华盛顿公约》的上述规定,剥夺了或排除了东道国法律的适用。

4."国家重大安全例外"权

在发生重大金融风险或经济危机时,东道国为保障本国安全所采取的紧急措施常常被外国投资者指责为构成"间接征收",并诉之于国际仲裁庭,这在阿根廷 2002 年发生金融危机时外国投资者向国际仲裁庭提出的投诉和指控中,表现得非常突出(详见下文)。有鉴于这种触目惊心的国际教训,加拿大 2004 年 BIT 范本第 13 条确立高标准征收补偿规则的同时,又单独通过附录 B.13(1)专门规定了许多例外,以防止投资者滥用"间接征收"规定,从而损害东道国的主权。其中两段文字尤其值得注意:"虽然缔约方的某种措施或者一系列措施对某项投资的经济价值具有负面效果,但仅仅这一事实本身还不足以推断已经发生间接征收","缔约方旨在保护合法公共利益目标,如健康、安全以及环境,有权制定并采取非歧视措施,这些非歧视措施不构成间接征收。"[14]

美国 2004 年 BIT 范本附录 B 中对"间接征收"也作了与加拿大相似的规定。此外,美国还另在该范本第 18 条("重大安全")中规定,"本条约不得解释为要求缔约国**披露它认为**将违反重大安全利益的信息,不得解释为阻碍缔约国采取**它认为必要**的措施,以便它履行有关维持或者恢复国际和平、安全或保护本国重大安全利益方面的义务。"[15]换言之,采取的有关措施是否属于"重大安全"例外,只要缔约国**主观上"认为必要"**即可,并没有规定其他任何客观条件。可见,美国对保留其本国的"重大安全例外"权是极其重视的,是可以**自行解释**和**单方认定**的。

同样,属于发展中国家的印度也对"重大安全利益"规定了例外。其 2003 年 BIT 范本第 12 条第 2 款规定,本协定内容不得排除东道国为保护其重大安全利益或者在

---

[13] 这 8 条义务分别指"国民待遇""最惠国待遇""最低待遇标准""征收与补偿""资金移转""业绩要求""高级管理层与董事会"以及"涉及投资的法律与决定之公布周知"。

[14] 该两段文字的原文为"[T]he economic impact of the measure or series of measures, although the sole fact that a measure or series of measures of a Party has an adverse effect on the economic value of an investment does not establish that an indirect expropriation has occurred";

"[N]on-discriminatory measures of a Party that are designed and applied to protect legitimate public welfare objectives, such as health, safety and the environment, do not constitute indirect expropriation", available at http://ita.law.uvic.ca/investmenttreaties.htm。

[15] 该第 18 条"Essential Security"原文为"Nothing in this Treaty shall be construed: 1. to require a Party to furnish or allow access to any information the disclosure of which it determines to be contrary to its essential security interests; or 2. to preclude a Party from applying measures that **it considers necessary** for the fulfillment of its obligations with respect to the maintenance or restoration of international peace or security, or the protection of its own essential security interests", http://ita.law.uvic.ca/investmenttreaties.htm。

特别紧急的情况下根据其法律在非歧视基础上正常、合理地采取行动。[16] 1995 年印度—英国 BIT 第 11 条就和印度 2003 年 BIT 范本第 12 条的规定相同,其第 2 款规定了投资保护条约不得排除东道国为保护其重大安全利益或者在特别紧急的情况下采取行动的权利。[17]

由此可见,不论是发达国家加拿大,甚至是"超级大国"美国,还是与中国相似的发展中国家印度,都极其重视把涉及"重大安全利益""特别紧急"的事项**排除于国际仲裁庭的管辖范围之外**。

此外,两个维也纳公约也都规定当事国可以"情势变更"为由终止条约。根据 1969 年《维也纳条约法公约》第 62 条第 1 款的规定,如果签订条约时存在之情况发生当事国预料之外的根本改变(fundamental change),而且这种情况构成当事国同意承受条约约束之必要根据,这种改变还会根本变动依条约尚待履行义务之范围,那么,可以援引这种情况作为终止或者退出条约之理由。[18] 1986 年《关于国家和国际组织间或国际组织相互间条约法的维也纳公约》第 62 条第 1 款也作了相同的规定。[19] 不言而喻,作为发展中国家的中国也应该有权在 BIT 中规定"重大安全利益"例外。

但是,就笔者所知,我国对外签订 BIT 时却没有把涉及"重大安全利益"的事项明确排除在国际仲裁庭管辖之外。尤其是在与德国、荷兰等发达国家签订的 BIT 中,在全面同意 ICSID 仲裁庭管辖权这一前提条件下,仍然没有明确规定"重大安全利益"例外。另外,美国、加拿大现行 BIT 示范文本还规定了一系列重要例外事项,例如"MFN 待遇""利益的拒绝"和"新投资企业的建立、并购"等等例外事项,而我国对外签订的 BIT 却基本上没有涉及。[20] 在没有附加"重大安全例外"的前提下全盘接受 ICSID 仲裁庭的管辖权,颇似"门户洞开"却"毫不设防"!如不及时警醒和采取必要的"刹车"措施,设若中国在国际资本或国际投机"巨鳄"的冲击下,发生了难以完

---

[16] 该第 12 条原文为"(1)Except as otherwise provided in this Agreement, all investment shall be governed by the laws in force in the territory of the Contracting Party in which such investments are made. (2) Notwithstanding paragraph (1) of this Article nothing in this Agreement precludes the host Contracting Party from taking action for the protection of its essential security interests or in circumstances of extreme emergency in accordance with its laws normally and reasonably applied on a non discriminatory basis", http://ita.law.uvic.ca/investmenttreaties.htm.

[17] http://www.unctad.org/sections/dite/iia/docs/bits/uk_india.pdf.

[18] Vienna Convention on the Law of Treaties, 1969, http://www.un.org/law/ilc/texts/treatfra.htm.

[19] Vienna Convention on the Law of Treaties Between States and International Organizations or Between International Organizations, 1986, http://www.un.org/law/ilc/texts/trbtstat.htm.

[20] 有关这些例外事项的讨论,参见王海浪:《"落后"还是"超前"?——论中国对 ICSID 管辖权的同意》,载陈安主编:《国际经济法学刊》2006 年第 13 卷第 1 期。

全预见或难以完全避免的重大危险或危机,则可能后患无穷!这样的忧患意识,是任何时候都不应削弱的!

(二)此类条款漠视了联合国权威机构的反复告诫

2003—2006年,联合国贸易与发展会议(UNCTAD)、世界银行等联合国权威机构相继发表了多份有关国际投资的全球性综合研究报告。这些研究报告先后"异口同声"地强调,ICSID仲裁之类的投资争端仲裁安排,无法实现有关国家在签订BIT时对于吸引外资的预期,易言之,此类安排对于吸引外资虽略有作用但作用不大。与此同时,这些研究报告多次提醒和反复告诫处在弱势地位的发展中国家在对外缔约时,务必注意BIT的"双刃剑"作用,切勿放权过多、过快,应当力求趋利避害,尽量留有余地。兹列举如下:

1. 在《2003年全球经济展望》中,世界银行根据客观事实指出:"即使BIT中相对强有力的保护措施,看来也没有增加向签署协定的发展中国家的投资流动。"[21]世界银行《2005年世界发展报告》进一步明确强调不要过分夸大BIT对投资流动的影响:"东道国与投资者母国之间已经签订的BIT,有时是投资保险机构向投资者发放政治风险保单的前提条件。但尽管如此,迄今的实证研究尚未发现,在缔结BIT与其后的投资流入间存在密切联系。"[22]

2. 作为最密切关注全球发展中国家发展问题的权威专设机构,UNCTAD在其多份研究报告中更是再三提醒众多发展中国家:务必清醒地认识BITs的"双刃剑"作用:

UNCTAD《2003年世界投资报告》指出:"在今后的国际投资协定中,发展中国家面临的最大的挑战是……如何确保东道国家有权基于公共利益考虑[对外国直接投资]实行管制。这意味着发展中国家必须保留足够的政策空间,使政府能够在其签署的国际投资协定所确立的权利与义务框架内,灵活地运用这些政策。这显然有难度,因为保留过多的政策空间会削弱国际义务的价值,而过于苛刻的国际义务则会过度挤压东道国国家的政策空间。在这方面面临的挑战是应当在国际投资协定的目标、结构、落实方式和内容上,保持有利于发展的平衡。"[23]

---

[21] 世界银行:《2003年全球经济展望》,http://www.worldbank.org/prospects/gep2003/summarycantonese.doc。
[22] World Bank, *World Development Report 2005—A Better Investment Climate for Everyone*, World Bank and Oxford University Press, 2004, p.177.
[23] UNCTAD, World Investment Report 2003—FDI Policies for Development: National and International Perspectives (Overview), 2003, pp.18-19.

3. 2004 年，UNCTAD 第 11 次大会通过的决议即《圣保罗共识》中，再次强调发展中国家在对外缔结 BITs 时必须为本国保留足够的政策空间。它言之谆谆："接受各种国际规则和承担国际义务从而获得利益，势必因此受到各种限制和丧失政策空间，各国政府在这两者之间实行交换之际，都应衡量利弊得失。对于一切发展中国家说来，特别重要的是，务必牢记发展的宗旨和目标，仔细考虑在保留本国政策空间与接受国际规则和承担国际义务之间，需要保持恰如其分的平衡。"[24]

4. 时隔两年之后，UNCTAD《2006 年世界投资报告》提到：截至 2005 年底，BIT 总数已增至 2495 项；国际投资协议的格局日益复杂化，晚近的国际投资协议往往涉及范围更广的各类问题。针对现实情况，该报告再次强调指出：BITs"这种量和质的变化，或许有助于为外国直接投资形成更具扶持性的国际框架，但也意味着政府和公司需要面对迅速演变的、多层次多方面的规则体系。如何保持这个框架的一致性，并作为有效的工具用于推进各国［东道国］的发展目标，这仍然是关键的挑战（remain key challenges）。"[25]

5. 在这同时，一份由 UNCTAD 组织国际知名专家撰写的题为《在国际投资条约中留权在手：善用保留权》的研究报告，针对 BITs 的"双刃剑"作用，表达了更加直截了当，也更加语重心长地告诫：

> **各种国际协定的真实本质**（very nature），**都是要限制有关国家自己的政策选择**。就国际投资条约而言，其中所设定的各种义务就限制了各国决策者在设计本国投资政策时原本可以自由选择的范围。……虽然国际投资条约可以改善东道国的投资环境，但这些条约不应过分地限制东道国决策者为追求本国发展或其他政策目标所享有的灵活性。[26]

6. 2007 年 2 月，UNCTAD 又推出一份长篇的专题研究报告，专门针对 1995—2006 年这十一年间缔结的全球各类双边投资条约进行综合剖析，探讨其中厘定投资规则的最新走向。它指出，近期以来：

> 有关直接投资是否可能发生负面作用的争论正在进行之中，在此种背景

---

[24] The São Paulo Consensus, para. 8, adopted at the UNCTAD XI Conference, http://www.unctad.org/en/docs//td410_en.pdf; also see Preserving Flexibility in IIAs: The Use of Reservations, p. 15, note 2, UNCTAD Series on International Investment Policies for Development, New York and Geneva, 2006, http://www.unctad.org/templates/webflyer.asp?docid=7145&intItemID=2310&lang=1&mode=downloads.

[25] UNCTAD, World Investment Report 2006—FDI from Developing and Transition Economies: Implications for Development (Overview), 2006, pp. 9-11.

[26] UNCTAD, Preserving Flexibility in IIAs: The Use of Reservations, supra note 24, p. 6.

下，愈来愈多的国家在其缔结的 BITs 中强调：**实行既定的投资保护不得以牺牲东道国其他合法的公共利益关切**（legitimate public concerns）**作为代价**。为此，多数国家采取在条约中设定各种例外的做法，借以维护东道国制定各种条例的权利，这些条例甚至可以与 BIT 中规定的义务前后矛盾，并不一致。除了多年来在 BITs 中通常设定的"传统的"例外领域（诸如税收、地区经济一体化等）之外，如今有更多的国际协定又将保证东道国的重大安全与公共秩序、保护国民健康与安全、保护自然资源、保护文化多样性以及东道国在金融服务方面采取慎重措施等等，也全部或部分地列为 BIT 义务的豁免范围。这些例外豁免规定表明了缔约国各方在决策考虑方面的价值观念和衡量标准，并且把对投资的保护从属于缔约国各方所追求的其他各种关键性的政策目标。……除了在投资协定中设置各种一般性的例外之外，还有一些 BITs 在协定的序言中或具体条款中运用正面表述的语言，强化了缔约国各方对维护某些重要价值观念的承诺，主要涉及保证国民健康、维护国家安全、保护环境生态以及国际公认的劳动者权利等。这种正面表述的法律效力，尽管不同于一般的例外规定，但它也发出了同样的政治信号，表明缔约国各方不愿使对投资的保护凌驾于本国其他重大的公共政策目标之上。[27]

综上各点，人们不免会问：什么叫"发展中国家必须保留足够的政策空间"？UNCTAD 为何一再提醒和告诫发展中国家要谨慎应对 BITs 提出的"最大的挑战""关键的挑战"？显而易见，这主要就是指东道国在签订 BITs 时需要保留本国可以调整政策、加强管理本国国民经济的自主权力，并在必要时有权基于公共利益考虑对本国境内外国直接投资实行管制。换言之，其要害问题，就是在 BITs 中务必恰如其分地"留权在手"，不能毫无条件、毫无保留地全盘同意国际仲裁庭的管辖权！相反，应该保留应有的例外，保留基于公共利益"灵活运用"管制措施的权力，并以明确的文字载入相关的 BIT 之中，做到"有言在先"，以免事后被指责为"违反国际投资协定"。

UNCTAD 上述多项报告书中之所以反复多次郑重提出这种忠告，显然不是"无的放矢"。不妨说，它是针对某些发展中国家为急于吸收外资而过度"放权"，过度放弃对本国经济必要的宏观控制和管理，不"保留足够的政策空间"，因而尝到苦果的事实，"有感而发"！关于这一点，下文将作进一步分析。

---

〔27〕 UNCTAD, Bilateral Investment Treaties 1995-2006: Trends in Rulemaking, United Nations, New York and Geneva, 2007, p. 142.

(三) 此类条款不符合中国的现实国情

关于这个问题可以从以下四个方面加以评析:

1. 现阶段中国吸收外资与对外投资的比例:资本总输入超过资本总输出20倍及其可能带来的风险

BIT所提供的保护标准越高(包含外商可单方决定把东道国境内的任何涉外投资争端提交国际仲裁),缔约东道国承担的国际义务也就越重、越大、越多。高标准的投资保护十分有利于对外投资庞大的经济强国,而对海外投资少而吸收外资很多的国家则弊大于利。如果某国主要是作为资本输入国(即缔约东道国)而存在,则其在利用大量外资的同时也面临被诉之于国际仲裁庭的巨大风险。所以,科学地判断中国吸收外资与对外投资的真实比例,显然大大有助于科学地评估中国在缔结高保护标准的BIT中所面临风险与所可获利益的比例,进而对缔结高保护标准的BIT采取正确的态度。

兹试以中国商务部外资管理司最近两年来的统计数字为据,作出以下分析:

(1) 截至2004年底,中国内地累计对境外直接投资净额为448亿美元,[28]累计实际使用外资金额5621.01亿美元。[29]两者相比较,中国内地累计对境外投资额只相当于累计引进外资额的7.9%。

(2) 但是,在上述中国内地累计对**境外**直接投资净额的**448亿**美元中,对中国香港地区累计投资额为303.93亿美元,对中国澳门地区累计投资额为6.25亿美元[30],两者合计为310.18亿美元,占中国内地对境外累计投资额的69.2%。众所周知,基于中国实行"一国两制"的特殊国情,中国内地对本国香港和澳门地区的这部分投资,实质上并非对**外国**的投资;[31]基本上不存在中国内地向**外国**投资所可能遇到的政治风险,一般也不存在内地投资者以香港政府或澳门政府为"被告"诉请ICSID实行国际仲裁的法律根据,即不存在通过《华盛顿公约》来保护在港澳地区的内地投资的问题。故在核算累计中国内地对**外国**投资总额时,似应实事求是地从上述**境外**直接投资净额的**448亿**美元中扣除对港、澳地区的投资。在扣除这两项境外

---

[28] 参见《2004年度中国对外直接投资统计公报(非金融部分)》,http://www.chinapressusa.com/luntan/200510270180.htm。
[29] 参见《2004年中国吸收外商直接投资情况综述》,http://www.fdi.gov.cn/pub/FDI/wztj/lntjsj/wstzsj/2004yearzgwztj/t20060423_27905.htm。
[30] 参见《2004年度中国对外直接投资统计公报(非金融部分)》,http://hzs.mofcom.gov.cn/table/20040909.pdf。
[31] 当然,中国大陆对本国台湾地区的投资,实质上也并非对**外国**的投资,但鉴于目前中国大陆对台湾地区的投资受到台湾当局无理排斥,数字极小,为分析方便,暂不计入,下同。

(对港、对澳)投资之后,中国内地累计真正对**外国**的投资的总额,实际上仅仅为**137.82 亿美元**。换言之,截至 2004 年底,中国内地累计真正对**外国**的投资总额(137.82 亿美元),大约只相当于全国累计实际使用外资总金额(5621.01 亿美元)的 **2.45%**。[32]

(3) 根据新的统计数字,**截至 2006 年底,中国内地累计实际使用外资金额 7039.74 亿美元。**[33]与此同时,**截至 2006 年底,中国内地累计非金融类对外直接投资 750.26 亿美元。**[34] 照此计算,中国内地对境外累计投资也只相当于同期引进外资累计总额的 **10.66%**。

(4) 但是,在上述中国内地对**境外**累计直接投资净额的 750.26 亿美元中,对中国香港地区累计投资额约为 422.7 亿美元,对中国澳门地区累计投资额约为 6.1 亿美元,[35]两者合计为 428.8 亿美元,约占中国内地对境外累计投资额的 57.1%。如前所述,中国内地对本国港、澳地区的这部分投资,实质上并非对**外国**的投资;基本上不存在中国内地向**外国**投资所可能遇到的政治风险。在扣除这两项境外(对港、对澳)投资之后,迄 2006 年底,中国内地累计真正对**外国**的投资的总额,实际上仅仅为 **321.50 亿美元**。换言之,截至 2006 年底,中国内地累计真正对**外国**的投资总额(321.50 亿美元),大约只相当于全国累计实际使用外资总额(7039.74 亿美元)的 **4.57% 以下,还不到 5%**。显而易见,中国近年来努力推行"走出去"方针,虽已取得较大成绩,但从数量上和质量上看,其整体"**战略态势**",仍然还处在"**起步阶段**"。[36]这样评估,是比较客观和切合实际的。

从以上 4 组数据对比中,不难看出:迄 2006 年底,虽然中国"走出去"对**境外**投资越来越多,但与中国吸收外资的相关总额对比,前者只相当于后者的 10.66%(似可称为"毛数"),特别是其中中国内地累计真正对**外国**的投资总额,只大体相当于全国累计实际使用外资金总额的 **2.45%—4.57%**(似可称为"实数")。这些数据强有力地说明,我国目前仍然主要还是作为资本输入国参加国际投资活动。相应地,我国在与外国签订 BIT 时,除了注重如何保护我国企业对外国的投资之外,显然更应该着重注意过于"对外放权"的 **BIT 对国家管理公共利益权力的严重侵蚀**,对保证国家

---

[32] 为贯彻"一国两制"政策和促进香港地区的繁荣和稳定,中国政府把中国港、澳地区对中国内地的投资(其中实际上含有"回流"的原内地对港投资)一律视为"外资"加以保护,这些投资可以享受与外国投资的同等待遇。所以,在全面估算中国从高标准的 BIT 投资保护中"获利大"还是"风险大"的时候,就应该把"受国际仲裁保护的对外投资总额"以及"受国际仲裁保护的引进外资总额"这两个数据加以比较,不从后者中扣除来自港、澳地区的投资。

[33] 参见中国商务部:《中国外资统计 2007》,2007 年版,第 19 页。

[34] 参见中国商务部:《2006 年度中国对外直接投资统计公报》,2007 年版,第 21 页,表 8。

[35] 同上。

[36] 参见《商务部部长助理陈健谈实施"走出去"战略》,http://www.gov.cn/zxft/ft32/wz.htm。

安全能力的重大削弱。

可见，如果不牢牢立足于中国现阶段的具体国情和国力，脱离了现实，对外缔结放权程度过大、速度过快以及对外资保护标准过高的 BIT，则权衡利弊得失，显然弊大于利，得不偿失。即以上述第(2)和(4)两组数据为例，在现阶段以及可预见的近期以内，用只相当于 **2.45%—4.57%** 的中国在外国投资的可保护利益（潜在债权或潜在权益），换回来相当于 100% 的中国随时可能面临被国际资本投诉于国际仲裁的风险（潜在债务或潜在风险），犹如在市场采购中，为了取得只值三五百元的标的物而支付多达一万元的价款，这无疑是一笔大大的"亏本生意"，任何头脑冷静清醒的市场买方，显然都不会贸然接受这样的交易。

换言之，要**普遍地、统一地**对外缔结高保护标准的 BIT，显宜从整体上慎重考虑**现阶段中国吸收外资与对外投资的比例**，认真权衡其中是否真正体现了"等价交换"的交易原则，是否以形式上的"平等互惠"掩盖了事实上的不平等、非互惠。如果已经发现其中存在事实上的不等价和事实上的不平等，那就不应该立即或在可预见的近期内，以普遍地、统一地对外缔结高保护标准的 BIT 作为对外缔约或修约的基本**取向**。相反，如非绝对必要，就不妨静观形势发展，逐步地、稳妥地"与时俱进"，在现阶段对发展中国家与发达国家这两类对方缔约国，**区别对待**，只与发展中国家缔结高保护标准的 BIT。等日后我国对外国的投资额大体相当于所吸收的外资额时，再普遍地、统一地改动现有的较低（但较符合中国现实国情）的保护标准，也不为迟。关于此点，下文将进一步加以分析。

2. 二十多年来中国吸引大量外资与中外 BITs 之间的实证关系：对 BIT 的引资作用不宜估价过高

关于这个问题，可以从以下两个不同的角度加以考察：

(1) 从对华投资最多的国家或地区这一角度看

自 1978 年底至 2006 年底，对中国内地投资最多的前十位国家/地区，其分别实际投入的 FDI 累计金额及其在全球对华 FDI 累计总额（7039.74 亿美元）中所占百分比，依次分别为：[37]

1) 中国香港(2797.55 亿美元，占对华 FDI 累计总额的 39.74%)；
2) 日本(579.73 亿美元，占对华 FDI 累计总额的 8.23%)；
3) 英属维尔京群岛(571.64 亿美元，占对华 FDI 累计总额的 8.12%)；
4) 美国(539.55 亿美元，占对华 FDI 累计总额的 7.66%)；

---

[37] 参见中国商务部：《中国外资统计 2007》，2007 年版，第 19 页。

5) 中国台湾(438.93亿美元,占对华FDI累计总额的6.23%);

6) 韩国(349.99亿美元,占对华FDI累计总额的4.97%);

7) 新加坡(300.04亿美元,占对华FDI累计总额的4.26%);

8) 英国(139.22亿美元,占对华FDI累计总额的1.97%);

9) 德国(134.18亿美元,占对华FDI累计总额的1.90%);

10) 英属开曼群岛(107.54亿美元,占对华FDI累计总额的1.57%)。

在这十个国家/地区中,如果不计属于中国本国的香港、澳门和台湾地区,只有英国、日本、韩国、新加坡以及德国这五个国家分别和中国签订了BIT。其中,1986年中国—英国BIT只规定有关征收补偿额的特定争端应由国际仲裁,但没有提及ICSID仲裁庭。[38] 1988年中国—日本BIT[39]及1992年中国—韩国BIT[40]都只规定,ICSID仲裁庭只对征收补偿额的特定争端具有管辖权;对其他争端是否具有管辖权必须由争端双方另行签订协议。1985年中国—新加坡BIT只规定了就征收补偿额的特定争端提交国际仲裁的意向。[41] 虽然中国—德国新BIT中文本第9条规定,缔约一方与缔约另一方投资者间就投资发生的任何争议都"可以"提交ICSID仲裁庭仲裁,英文本却规定"应当"(shall)提交ICSID仲裁庭仲裁,而两种文本都规定英文本效力高于中文本。可见,2003年中国—德国新BIT已经概括地全面地同意了ICSID仲裁庭的管辖权。[42]

如果进一步结合1978年底至2006年底上述前十位国家/地区分别对华实际投资累计金额及其在对华FDI累计总额中所占百分比,加以分析,则值得特别注意的是:

第一,以上十个对华累计实际投资最多的国家/地区中,中国分别和英国、日本、韩国、新加坡签订的BIT,均只就征收补偿额争端同意提交"国际仲裁"或ICSID仲裁庭管辖。只有中国与德国修改签订的新BIT概括地全面地同意任何涉外投资争端均可提交ICSID仲裁庭管辖。

第二,德国以外的其他九个国家/地区对华实际投入FDI合计约为**5958.37亿**

---

[38] 参见1986年5月中国—英国BIT第7条。该BIT第10条规定:"在本协定签字之时或其后任何时候,缔约双方可**互换照会**同意将本协定的规定**延伸适用**于由联合王国政府负责国际关系的领土。"据笔者查索,迄今尚未发现有此项照会明确规定中国—英国BIT是否**延伸适用**于英属维尔京群岛和英属开曼群岛。

[39] 参见1988年中国—日本BIT第11条。

[40] 参见1992年中国—韩国BIT第9条。

[41] 1985年中国—新加坡BIT第13条第1款规定,争端当事双方应该协商解决争端;第2款规定,6个月内无法协商解决的,应该提交东道国内有管辖权的法院。第3款规定,如果争端涉及征收、国有化或其他具有同样效果的措施的补偿额,且无法在6个月内协商解决的,可以提交当事双方建立的国际仲裁庭。

[42] 参见2003年中国—德国新BIT第9条。

美元,约占对华 FDI 累计总额 **7039.74 亿美元**的 84.63%;相形之下,在对华 FDI 累计总额 7039.74 亿美元外资中,来自德国的只有 134.18 亿美元,即只占对华 FDI 累计总额的 1.90%。换言之,表面上看,充其量也只有这 1.90% 的外资有可能在某种程度上是与中—德 BIT 新订全面同意 ICSID 管辖权或许有关,但仍然没有任何证据可以断言如果不存在中—德 BIT 中新订这种全面同意 ICSID 仲裁庭管辖权,这 134.18 亿美元即只占对华 FDI 累计总额的 1.90% 的德国资本,就不会进入中国。而且,与德国签订全面同意 ICSID 仲裁庭管辖权的 BIT 已三年有余,新近的统计数字表明:此举并未使德国对华投资的总额和排名明显上升,故对其实际积极影响显然不宜估计过高。[43]

第三,由于美国一直"要价"过高,中国与美国之间迄今并未缔结任何 BIT,更不必说是高保护标准的 BIT。但是,迄 2006 年底止,二十多年来,稳居累计对华投资数额"榜首"("状元")或"榜眼"(第二名)的,竟然正是美国,而不是其他任何国家。[44]这就有力地证明:对华投资的多寡,主要并不取决于投资者的母国是否与中国缔结了任何标准的 BIT。此外,还应该看到:

第四,1988 年中国—日本 BIT[45]及 1992 年中国—韩国 BIT[46]都只同意 ICSID 仲裁庭仅限于对征收补偿额争端有管辖权,但是迄 2005 年底为止,韩国与日本分别稳居累计对华投资第二位和第三位;其中日本在 2006 年底甚至进一步跃居第一位,取代了美国原先的"榜首"地位。[47]这也有力地证明:中日 BIT 和中韩 BIT 中现行的相对"低标准"的外资保护规定,丝毫未影响日资和韩资投入中国的积极性和热情。因此,在现阶段似乎没有必要"随大流"地任意大幅度提高 BIT 中的保护标准,包含外商有权单方决定把东道国境内的任何涉外投资争端径自提交国际仲裁。

(2) 从晚近中国对外投资的角度看

《2004 年度中国(不包括中国的香港、澳门特区和台湾省)对外直接投资统计公报》(非金融部分)显示,当时中国境外企业即已分布在全球 149 个国家和地区,约占全球国家(地区)的 71%。中国境外企业在美国、俄罗斯、日本、德国、澳大利亚和香港地区的聚集程度最高,在这些国家和地区的中国境外企业占全部中国境外企业的

---

[43] 参见本节第四部分所列表 3-6-2 "对中国内地投资最多的 15 个国家/地区与中国内地对其反向投资的比较"中的"德国"栏目。

[44] 参见商务部外资司在 2005 年 10 月 19 日发表的统计数字,http://www.fdi.gov.cn/common/info.jsp?id=ABC00000000000025847;该司在 2006 年 9 月 6 日发表的统计数字,http://www.fdi.gov.cn/common/info.jsp?id=ABC00000000000034316。

[45] 参见 1988 年中国—日本 BIT 第 11 条。

[46] 参见 1992 年中国—韩国 BIT 第 9 条。

[47] 参见中国商务部:《中国外资统计 2007》,2007 年版,"日本"栏目。

43%,其中香港为 17%。[48]不过,到 2004 年底中国只与 149 个东道国中的 17 个国家签订了全面接受 ICSID 仲裁管辖权的 BITs,这 17 个缔约另一方分别是:巴巴多斯、刚果(布)、博茨瓦纳、塞浦路斯、塞拉利昂、莫桑比克、肯尼亚、荷兰、缅甸、波黑、特立尼达和多巴哥、科特迪瓦、圭亚那、德国、贝宁、拉脱维亚和乌干达,其中又只有德、荷两国是发达国家。上述统计数据表明:中国对外投资企业在选择东道国时似乎也并没有把中国是否已与东道国签订规定全面同意 ICSID 管辖权的 BIT 作为首要的考虑因素。

3. 二十多年来大量外资流入中国的主要的、决定性的原因:不在于订有百余中外 BITs

众所周知,中国能够在引进外资上取得巨大成就,主要取决于以下原因:(1)中国的劳动力成本低下。(2)中国的外资优惠政策与广大的消费市场。随着中国加入 WTO,中国广阔的市场越来越开放。而且,在中国投资可以比中资企业享受更优惠的税收、行政程序、用地使用等"超国民待遇",这意味着和中资企业竞争时,外资从一开始就占据了优势地位。(3)中国政局稳定。这意味着政治风险大大减小,同时中国法律一再重申在正常情况下不对外资实现国有化和征收的明确规定,以及多年来一直信守诺言的具体行动,也让外国投资者大大减少了后顾之忧。(4)中国资源相对丰富。就地取材的价款也相当低廉,这也对外资具有较大的吸引力。

总之,中国吸引外资累计总额位居发展中国家之冠,主要是由于以上诸因素综合作用的结果,而不是由于对外缔结高保护标准 BIT 的"功劳"。其中,最具说服力的证据是:如前文所述,中国与美国之间迄今并未缔结任何 BIT,但是,迄 2005 年底止,二十多年来,稳居累计对华投资数额"榜首"或"榜眼"的,竟然正是美国。1988 年中国—日本 BIT 及 1992 年中国—韩国 BIT 都只同意 ICSID 仲裁庭仅仅对征收补偿额争端有管辖权,但是迄 2005 年底为止,韩国与日本分别高居累计对华投资第二位、第三位(其中日本最近甚至跃居第一位,取代了美国的"榜首"地位)。其中缘由,确实值得深思!

4. 中国现在正处于政策调整期:不能不预估调整政策对外商权益可能带来的现实影响及其对中国可能带来的风险

作为正处于向完善的市场经济全面转型过程的发展中国家,面对着今后一个时期内势必不断出现的许多新问题,中国还需要制定一系列新的法律和规则,或改革旧有的法律和规则,以有效地调整宏观国民经济,因而不能排除发生为维护国家安

---

[48] 参见《去年中国对外投资同比增长近一倍》,http://www.huaxia.com/sw/cjzx/jjdt/2005/00361580.html。

全和公共利益而违反有关特许协议的情况。

第一,中国政府近年来不断强调实现可持续发展,不断加强对环境保护的力度。但是,如果进一步对各类有关企业全面提高保护环境的要求,则可能会大规模地影响到外资的利益。

第二,中国多年来的经济发展,一直建立在劳工保护制度严重欠缺基础之上;尤其在许多外资企业中,对农民工的保护几乎是空白状态,所谓"工会"往往也是有名无实。而且,中国的两极分化正在造成越来越多的社会问题。为了应对此类问题,中国提出了建立"和谐社会"的目标,正在着手提高劳工保护标准,而这也可能会影响到外资的既得利益。

第三,针对外资的"超国民待遇"问题,我国正在进行内、外资有关税收统一等方面的改革。[49]而这一系列的改革也难免会在颇大程度上影响到外资的既得利益,从而引发龃龉、矛盾和争讼。

第四,作为发展中国家,中国的金融体制和经济运行还不是很完善、很稳健,抵御各种金融风险和经济危机的能力不是很强,受到重大风险或危机的冲击时,必然会采取加强外汇管制、强化海关监控等措施,以保护国家的经济安全,这也势必会在颇大程度上影响到外资的既得利益和潜在利益。

以上这些环境政策、劳工政策、对外商的"超国民待遇"政策等,都势在必改;日后一旦经济运行失调、遭遇金融风险或发生经济危机时,中国就会像其他主权国家一样,也势必在特定时期内采取各种加强经济管制和宏观监控的必要措施。凡此种种,都不可能不在特定的时期内和一定的程度上损害到外商的既得利益或潜在利润。一旦因紧急需要而不得不触犯投资合同或者 BIT 中的高标准保护规定,外商就会动辄以投资合同或者 BIT 为依据,申请国际仲裁,并且可能产生"多米诺"骨牌的"连锁效应",从而造成中国大量被诉于国际仲裁庭的后果。在这方面,有的发展中国家在缔结高保护标准 BIT 的实践中,已经有了沉痛的教训,中国不可不引以为戒。具体说来,中国如不增强忧患意识,居安思危,未雨绸缪,预先有所防范,则有朝一日,不排除可能会变成第二个阿根廷。

(四)此类条款无视于弱国 BIT 缔约实践的沉痛教训:阿根廷的前车之鉴

阿根廷是南美第二大国,历史上曾经长期沦为殖民地。饱受殖民统治痛苦的阿

---

[49] 中国于 2007 年 3 月 16 日颁布新的"内企、外企"统一的企业所得税法,即《中华人民共和国企业所得税法》,并定于 2008 年 1 月 1 日开始实施。截至本文付梓前,与该新税法配套的实施条例等一系列法规尚在国家有关行政立法部门研拟之中,预计将会在 2008 年 1 月 1 日新的统一企业所得税法生效施行前颁布。事关切身利益,外商对此新税法及其配套法规具体规定的内容及其实施后果,正在高度关注,调整对策,采取措施,这是自在意料之中,毋庸讳言的。

根廷人民有着反抗殖民主义的优良传统。因此,以维护本国司法主权独立、主张境内涉外商事争端应由本国法院管辖为核心内容的"卡尔沃主义",发祥于此地,这不是偶然的。但是,晚近二十多年来,曾经具有全球重大影响的"卡尔沃主义",却在其发祥地阿根廷本国,经历了一场"马鞍形"的"否定之否定",引起举世瞩目,发人深思。

《华盛顿公约》及其国际仲裁体制讨论、产生的过程中,因其与"卡尔沃主义"精神相悖,阿根廷曾经牵头予以公开抵制,并且造成南美众多国家长期拒不参加《华盛顿公约》的局面。然而,20世纪90年代初,阿根廷为了吸收更多外资和促进本国经济建设,在内政和外交上实施了重大转变。一方面,对原属国有的公用事业与能源事业单位,大规模地实行私有化,并通过与外商签订长期合同来吸收大量外国资金流入;另一方面,在经历多年抵制和观望后,阿根廷终于决定在1991年5月签署参加《华盛顿公约》,随后在1994年10月正式提交了批准书;又与许多外国分别签订了大量的BITs。但是,阿根廷在其与许多发达国家签订BITs的过程中,却显得考虑不周、有欠慎重。这主要表现在不顾自己实际的国情和国力,忧患意识和风险观念不强,以致在大量的BITs中,对外商提供了过高的保护标准,特别是在同意外商可以规避阿根廷国内管辖、把有关投资争端提交国际仲裁方面,开放幅度过宽,开放速度过快,全面接受ICSID或其他国际仲裁庭管辖权,几乎没有设置什么必要的限制和重大的例外,即把本文前面提到的、由《华盛顿公约》等授予东道国的四大"安全阀",完全拆除了。至此,曾经在全球弱小民族亿万人民中素来享有盛誉的"卡尔沃主义",竟然就是在"卡尔沃主义"的故乡,几近荡然无存!从而留下重大的隐患和祸根!

大约从2001年开始,在国际资本冲击和国内管理失当的情况下,阿根廷经济正常运转失灵,金融危机日益严重。为了缓解此种危机,阿根廷不得不在2002年颁布了《公共紧急状态法》以及配套的法律规章,对当时的金融体制和外汇政策实行改革,大幅度增征关税,以开辟财源,增加国库收入。[50]阿根廷政府在金融危机中所采取的这些"开源节流"的紧急措施,难免损害外商的利益。外商遂纷纷依据BIT高标准保护规定向ICSID提出仲裁申请。据统计,自1997年3月至2005年11月,阿根廷境内外商把投资争端提交ICSID仲裁庭的案件竟高达41起。截至2006年9月29日,在ICSID各仲裁庭的105个未决案件中,阿根廷作为被诉方的案件数目仍然

---

〔50〕 See Paolo Di Rosa, The Recent Wave of Arbitrations Against Argentina Under Bilateral Investment Treaties: Background and Principal Legal Issues, *The University of Miami Inter-American Law Review*, Vol. 36, 2004, pp. 44-49.

高达33起。[51] 多起案件的"被告"在短期内如此集中于单一国家身上,并导致"群起而攻之",此种现象,不但在《华盛顿公约》及其仲裁体制诞生四十年来所从未见过,而且即使在近现代整个国际仲裁制度的发展史上,也可谓前所未有!

在此情况下,阿根廷国内也出现了要求恢复"卡尔沃主义"及其相关法制的强烈呼声,出现了要求把相关管辖权收回并重新保留在国内法院的最新动向。换言之,如果把当初涉外争端管辖权之大幅度、无保留地向国际仲裁庭"让渡"的举措,看作对"卡尔沃主义"的否定,则如今要求收回相关管辖权的强烈呼声和相应行动,则不妨称为是已经开始进入"否定之否定"的新阶段。[52]

(五)此类条款无视于两类东道国的最新立法转轨

近年来,阿根廷政府采取"否定之否定"措施的典型事例之一是:2003年10月,阿根廷政府发布了一项新的法令,把原先已提交国际仲裁庭的GB石油公司与阿根廷政府之间的争端,重新向阿根廷本国法院起诉,追索该公司的长期欠交的巨额税款、罚款与贷款。阿根廷高级官员H. 罗萨蒂(Horacio Rosatti)在记者招待会宣称:政府此举的目的就在于"恢复阿根廷本国法院的管辖权"。过去,阿根廷把境内涉外投资争端提交国际仲裁机构管辖,现在,"我们正在质疑这种(国际仲裁机构)管辖权,我们还可能进一步质疑其整个体系的合宪性。"[53] 换言之,阿根廷政府正在认真研究和质疑:把境内涉外投资争端全盘交由ICSID等国际仲裁机构管辖,是否符合阿根廷国家的根本大法——宪法。

另据一篇题为《卡尔沃终于起死回生了吗?》的评论文章所述,[54] 2005年3月2日,阿根廷总统科奇纳曾在阿根廷的第123次国会上,公开严词质疑:国际仲裁庭岂能对阿根廷境内外商状告东道国的索赔案件作出终局裁决。紧接其后,两名议员提出了一份立法议案,要求正式通过立法,作出明确规定:(1)设置严格条件,从严限制

---

[51] See List of Pending Cases, http://www.worldbank.org/icsid/cases/pending.htm; UNCTAD, Investor-State Disputes Arising from Investment Treaties: A Review, United Nations, New York & Geneva, 2005, pp. 6-9.

[52] 有关阿根廷在这方面的具体经历和经验教训,可参见魏艳茹:《论我国晚近全盘接受ICSID仲裁管辖权之不当》,第三部分;单文华:《卡尔沃主义的"死亡"和"再生"——晚近拉美国际投资立法的态度转变及其对我国的启示》;蔡从燕:《不慎放权,如潮官司——阿根廷轻率对待投资争端管辖权的惨痛教训》,这三篇论文均载于陈安主编:《国际经济法学刊》2006年第13卷第1期。

[53] Laurence Norman, Argentina: Government Reopens 7-Year-Old Case vs Oil Group, Dow Jones Newswires, http://www.LatinPetroleum.com. See also C. E. Alfaro et al., The Growing Opposition of Argentina to ICSID Arbitral Tribunals, A Conflict between International and Domestic Law? *The Journal of World Investment & Trade*, Vol. 6, No. 3, 2005.

[54] See Guido Santiago Tawil, Is Calvo Finally Back? Transnational Dispute Management, No. 3, June 2005, http://www.transnational-dispute-management.com/news/tdm2-2005_5.htm.

把本国境内涉外投资争端提交国际仲裁;(2)即使国际仲裁庭已经作出裁决,当事人仍可向阿根廷本国联邦法院提起上诉。这就完全否定了国际仲裁庭裁决的终局性,把最后的决定权收回阿根廷自己手中。不言而喻,此项法案如获正式通过,当年"卡尔沃主义"的主权意识和民族精神终将在新的劫难中获得新生。国际舆论正在密切关注其进一步的发展。

与阿根廷相似,在外国投资者与东道国争端管辖权问题上,美国和加拿大也正在经历一个从先前主张"全面放开"到现在力图强化自己管辖权的过程。美国和加拿大基于资本输出国的立场,在与发展中国家签订的大量BITs中,一向规定投资者在争端发生后有权不受东道国约束,径自寻求包括ICSID在内的国际仲裁救济。然而,近年来在《北美自由贸易协定》(NAFTA)体制的实际运行中,美国与加拿大政府也逐渐尝到了本国作为"被告"被外国投资者诉诸国际仲裁庭的苦头,[55]认为应该对本国境内的外国投资者动辄向国际仲裁庭提出申诉的权利,加以限制,应该维护东道国政府行使宏观经济调控的权力。两国已分别在2004年对其原有的BIT示范文本作了重大修改,增加了大量的例外,并对NAFTA中的一些法律问题作了澄清。诸如:突出强调东道国为了健康、安全以及环境等公共利益而采取的有关措施,外商不得视为"间接征收"并据以提交国际仲裁索赔;对给予外商"公平与公正待遇"作了限制解释,附加了"传统国际法的最低待遇"的要求等等。[56]

美国商务部曾要求其国际经济政策咨询委员会对2004年BIT范本草案加以审查和评论。2004年1月30日,该咨询委员会下属投资委员会提交了一份报告,其中指出:代表美国环境保护机构和劳工组织的成员认为,2004年BIT范本未能充分地维护美国政府的权力,以便政府随时可以采取保护重要公共利益的措施。BIT范本中应该强调要求外国投资者遵守美国国内法的义务,以便美国在必要时有权提高保护环境和工人权利的标准,并要求美国境内的外国投资者切实遵守和执行这些标准。由于担心国际仲裁庭裁决的终局性可能过度影响美国的国家利益,2002年出台的《两党贸易促进授权法案》明确规定:美国的首要谈判目标在于通过建立"上诉机构"或者类似机制的方式,改善外国投资者与东道国政府间的争端解决机制。[57]而美国2004年BIT范本附件D也规定,在有关BIT生效3年内,缔约国双方应该考虑是

---

[55] See UNCTAD, supra note 51, p. 7.
[56] See James Mcilroy, Canada's New Foreign Investment Protection and Promotion Agreement, Two Steps Forward, One Step Back? *The Journal of World Investment & Trade*, Vol. 5, No. 4, 2004. See also David A. Gantz, The Evolution of FTA Investment Provisions: From NAFTA to the United States—Chile Free Trade Agreement, *American University International Law Review*, Vol. 19, 2004, p. 679.
[57] See 19USCS § 3802(b)(3)(G)(iv).

否建立一个"双边上诉机构"或者类似机制,以审查有关国际仲裁庭的裁决。[58]

从以上有关动态可以看出:

第一,就阿根廷这样的发展中国家而言,对于把东道国政府与境内外资之间的投资争端管辖权提交给国际仲裁庭这种体制,原先曾经极力排斥,主张有关争端应在东道国国内解决。但随着国际经济形势的发展,意识到不能把国际仲裁庭的管辖权一概排斥,于是经历了一个适当限制国内管辖权的阶段,进而全面否定国内管辖权和全面同意国际仲裁庭的管辖权。但是,在国际仲裁实践中遭受重大挫折之后,又意识到这样大幅度放权甚至全面放权的做法,相当不利于国家对宏观经济的管辖与对公共利益的维护,于是又开始力图重新否定国际仲裁庭管辖权,尽可能把相关管辖权收回来。

第二,就美国这样的发达国家来说,它们原先是极力排斥和否定东道国对境内涉外投资争端的全面管辖权,极力倡导有关争端应提交国际仲裁庭解决,但是随着国际经济形势的最新发展,就连美国这个全球唯一的"超级大国",都体验到对本国境内的涉外投资争端任由国际仲裁庭"一裁终局",多有不利之处,进而开始"改弦更张",实行立法转轨。

第三,上述两类国家,在分别经历了不同层次的"否定"阶段之后,现在都正处于新的"否定之否定"阶段。有趣的是,这两种不同层次的"否定之否定",如今都正在朝着同一种方向发展,即都开始否定国际仲裁的全面管辖,开始注重对国际仲裁加以必要的限制,开始重视或者强调东道国对本国境内涉外投资争端,应当在必要的范围和必要的条件下保持优先的管辖权或排他的管辖权。

第四,相形之下,中国作为发展中国家,在近期缔结新 BIT 或修改原 BIT 的实践中,似乎有些忽视了当前形势的最新发展,未全面了解有关 BIT 缔约之最新动向和转轨方向,因而贸然追随前阶段某些发展中国家的过时"潮流",即从原先的注重国内管辖权,逐步转到实质上否定国内管辖权并"全面同意"国际仲裁庭管辖权。这种倾向,看来是"不合时宜"的,已有"前车之鉴"的,可能会吃大亏的。反之,如能总结经验,及时"刹车",并不为晚。

四、有关今后中外 BIT 谈判的几点思考

基于以上粗略剖析,似可针对中国今后对外谈判缔结新 BIT 和修订原 BIT 有关

---

[58] 有关美国在这方面的立法讨论及其转轨动向,参见李万强:《晚近美国对国际投资争端仲裁机制态度的转变——以 NAFTA 为例》;魏艳茹:《美国晚近有关投资仲裁监督机制的态度转变及其对 ICSID 仲裁监督制度的影响》,分别载陈安主编:《国际经济法学刊》2006 年第 13 卷第 1 期、2005 年第 12 卷第 4 期。

事宜,沿着以下思路,进行思考,并提出以下几点管见和刍议:

(一) 加强调查研究,"摸着石头过河"

对于任何国家说来,特别是对于以吸收外资为主的发展中国家说来,BIT 是一把"双刃剑"。不言而喻,中国在对外谈判缔结或修订 BIT 过程中,必然是有所"予"方能有所"取"。如果要在"予"与"取"之间、"义务"与"权利"之间实现正确的平衡,其先决要件就是要立足中国国情,放眼国际实践,总结经验教训,明确潮流方向,综合地、全面地剖析和权衡 BIT 各类条款对中国可能产生的各种利弊得失,认真地、谨慎地考虑如何趋利避害。利取其重,害取其轻。

为此,就务必对中国与吸收外资有关的一切国情,进行全面、深入和充分的调查研究。同时,也对国际 BIT 缔约实践中的有益经验和沉痛教训,进行尽可能全面、深入和充分的调查研究,从而在充分掌握国内外实况的基础上,掌握好谈判中"予"与"取"的正确分寸和尺度,实行科学决策,定下恰如其分的"底线"。

反之,在上述各方面的调查研究还不够全面、不够深入和不够充分之前,与其想当然,随大流,追求表面的"谈判成功"和"达成协议"的数量,不如在未明水流深浅、流速和漩涡细情之前,兢兢业业地摸着石头过河。换言之,在情况不够明了的条件下,举步慢些、稳些,步伐小些,力求安全,这绝非"因循守旧"或"抱残守缺",而是最明智和最可靠的"与时俱进"。如果举目望去,已见前面过河者陷入急流漩涡而正在奋力挣扎却难以自拔,如无法予以救助,就应慎之又慎,并"绕道而行"了!

(二) 善用公约授权,牢握"安全阀门"

《华盛顿公约》等授予东道国,特别是授予国际弱势群体——发展中国家的前述四权,即"逐案书面同意"权、"当地救济优先"权、"东道国法律适用"权以及"重大安全例外"权,既是国家主权特别是司法主权的应有体现,又是缔约当年众多发展中国家联合奋斗、据理力争、得来十分不易的重要权利,[59] 也是国际弱势群体在国际资本强大实力面前用以自我保护、自我防卫的必要"安全阀"。在《华盛顿公约》等本身依然健在、继续生效、未作任何修改的情况下,牢牢把握这四大授权或四大"安全阀门",使其有效地为我服务,乃是正大光明、名正言顺和理直气壮的。这是中国对外谈判缔结新 BIT 或修订原 BIT 时应当具备的基本心态。

---

[59] 参见陈安主编:《"解决投资争端国际中心"述评》,鹭江出版社 1989 年版,第 66—84、95—99、106—111、126—130 和 138—153 页;陈安主编:《国际投资争端仲裁——"解决投资争端国际中心"机制研究》,复旦大学出版社 2001 年版,第 8—71 页。

1998年中国—巴巴多斯BIT中设定新"全盘同意"型争端解决条款以前,原有的中国—摩洛哥等BITs中设有必要"安全限制"的争端解决条款,已经行之多年,颇见实效,而且没有证据证明:此类规定的基本内容或主流防患意识已经"脱离"中国现实国情和"落后"于世界最新潮流。相反,它们丝毫未曾明显影响或削弱全球外商对华投资的信心和热情,此点已经反复地为大量外资源源不断地流入中国的事实所证明。

因此,在中国对外BITs谈判中,面对美国型BITs或其变种中的争端解决条款,不但无须全盘同意接受,全面自动放弃《华盛顿公约》等授予的四权,贸然拆除四大"安全阀",恰恰相反,理应援引《华盛顿公约》等的规定,据理力争,针对经济发达强国谈判对方提出的争端解决条款中十分不利于我国"留权在手"的规定,予以明确的、坚决的抵制;同时,对于谈判对方BIT范本中现在提出的各种"安全例外"最新规定,而我方过去往往予以忽略的,现在则不妨认真地虚心学习,作为可以"攻玉"的"他山之石",结合中国的国情需要,予以"师法"和"移植",使其为我所用。

在上述这些前提下和基础上,再适当考虑我国在对方国家投资的实况和客观需要,适当地、稳步地修订中—摩BIT型中的争端解决条款规定,在真正互利互惠的原则下,对国际仲裁的适用范围和适用条件,加以恰如其分的放宽。

(三)区分两类国家,实行差别互惠,排除或限制MFN条款适用于争端程序

前文提到,从宏观上说来,现阶段中国吸收外资与对外国投资的比例,大体上是100%:**2.45%**—4.57%,两者差距巨大,因此,不应该立即或在可预见的近期内,以**普遍地、统一地**对外缔结"**放权**"过多、过快的高保护标准的BIT,作为对外缔约或修约的基本取向,以免为保护**2.45%**—4.57%的潜在债权利益而承担**100%**的潜在债务风险。

但是,这并不是说,在可预见的近期内,对任何类型的外国,一概不宜与之在真正平等互惠的基础上缔结高保护标准的BIT。

众所周知,在当代世界,存在两大类国家,即发展中国家和发达国家。就若干发展中国家对外来资本实行的法律保护而言,其法制不够健全,法治水平较低,当地救济手段和力度不足,效率不高或效果不彰。这是无可讳言的客观现实。相应地,中国在这些国家中的投资,其所获得的当地法律保护可能不足,而其所遭遇的政治风险则可能较多、较大。针对这种现实,中国在与此类发展中国家缔结的BIT中,自应在**真正**平等互惠的基础上互相给予高标准的保护,包括互相全盘同意把各自境内外资与东道国政府之间的争端,提交ICSID国际仲裁庭管辖,以弥补当地救济手段和

力度之不足,求得公正、公平的解决。

前文提到:据中国官方网站所载,截至 2007 年 2 月,中国先后已与 29 个外国分别签订了全面接受 ICSID 仲裁管辖权的 BITs(见表 3-6-1),其相对缔约方之中有 23 个国家均是发展中国家。可以说,中国与这 23 个发展中国家分别签订了全面接受 ICSID 仲裁管辖权的 BITs,是基于中国进一步贯彻"走出去"战略的客观需要,也基本符合真正的平等互惠的精神。但是,如果把签订全面接受 ICSID 仲裁管辖权的 BITs 的做法,立即"全面铺开",或在可预见的近期内,普遍地推广于对华投资数额巨大的西方发达强国,那就有待另行慎重思考和认真权衡了。

表 3-6-1　全面接受 ICSID 仲裁管辖权的中外 BITs(1998.07—2007.02,按缔约时间先后排序)

1	巴巴多斯	1998-07-20
2	刚果布	2000-03-20
3	博茨瓦纳	2000-06-12
4	塞拉利昂	2001-05-16
5	莫桑比克	2001-07-10
6	肯尼亚	2001
7	约旦	2001-11-05
8	荷兰	2001-11-26
9	缅甸	2001-12-12
10	塞浦路斯	2002-01-15
11	波黑	2002-06-26
12	特立尼达和多巴哥	2002-07-22
13	科特迪瓦	2002-09-30
14	圭亚那	2003-03-27
15	吉布提	2003-08-18
16	德国	2003-12-01
17	拉脱维亚	2004-04-15
18	乌干达	2004-05-27
19	突尼斯	2004-06-21
20	芬兰	2004-11-15
21	贝宁	2004-12-18
22	朝鲜	2005-03-22
23	西班牙	2005-11-14
24	捷克	2005-12-08
25	葡萄牙	2005-12-09
26	瓦努阿图	2006-04-05
27	俄罗斯	2006-11-09
28	印度	2006-11-21
29	塞舌尔	2007-02-12

资料来源:http://tfs.mofcom.gov.cn/h/h.html 以及 http://ita.law.uvic.ca/investmenttreaties.htm。

换言之,要**普遍地、统一地**对外缔结全面"放权"的高保护标准的 BIT,就不能不从整体上慎重考虑**现阶段中国内地吸收外资与对外投资的比例**,认真权衡其中是否**真正体现了**"等价交换"的交易原则,是否以形式上的"平等互惠"掩盖了**事实上的不平等、非互惠**。关于此点,下文试以迄今累计对中国内地投资最多的 15 个国家/地区为例,进一步加以具体分析:

表 3-6-2　对中国内地投资最多的 15 个国家/地区与中国内地对其反向投资的比较

（截至 2006 年底）

（单位:亿美元）

名次	对中国内地投资的国家或地区 \ 累计实际投资金额	(A) 截至 2006 年底中国内地实际使用外资 (FDI) 累计金额	(B) 截至 2006 年底中国内地对外投资 (CDI) 累计金额	(C) 中国内地对外投资累计金额相当于其吸收外资累计金额的百分比
1	中国香港	2797.55	422.7	15.10%
2	日本	579.73	2.24	0.39%
3	英属维尔京群岛	571.64	47.5	8.30%
4	美国	539.55	12.38	2.29%
5	中国台湾	438.93	0.002	0.0004%
6	韩国	349.99	9.49	2.71%
7	新加坡	300.04	4.68	1.56%
8	英国	139.22	2.02	1.45%
9	德国	134.18	4.72	3.51%
10	开曼群岛	107.55	142.09	132.11%
11	法国	78.02	0.45	0.58%
12	荷兰	77.59	0.20	0.26%
13	萨摩亚	75.13	0.009	0.012%
14	中国澳门	69.40	6.124	8.82%
15	加拿大	54.14	1.40	2.59%

资料来源:根据以下信息综合整理:表中(A)栏目中相关数据引自于中国商务部:《中国外资统计 2007》,2007 年版,第 19 页;(B)栏目中的相关数据引自中国商务部:《2006 年度中国对外直接投资统计公报》,2007 年版,第 21—25 页,表 8;以上各栏数字之间的关系:(B)÷(A)= C。

从上述数据比较中,可以看出:迄 2006 年底,中国对日累计投资只相当于日本对华累计投资的 **0.39%**;中国对美累计投资只相当于美国对华累计投资的 **2.29%**;中国对韩累计投资只相当于韩国对华累计投资的 **2.71%**;中国对新加坡累计投资只相当于新加坡对华累计投资的 **1.56%**;中国对英累计投资只相当于英国对华累计投资的 **1.45%**;中国对德累计投资只相当于德国对华累计投资的 **3.51%**;中国对法累计投资只相当于法国对华累计投资的 0.58%；中国对加拿大累计投资只相当于加拿大对华累计投资的 2.59%。一言以蔽之，中国累计对这些发达国家或"新兴工业化国家"[60]的投资只分别相当于这些国家对华投资的 0.39%—3.51% 之间，其最低比例还不到 1%，其最高比例也还不到 4%。

在此种具体条件下，如果不顾中国现实国情，不慎重考虑现阶段中国吸收外资与对外投资的具体比例，贸然与所有这些国家**普遍地、统一地**分别缔结高保护标准的 BITs，包括互相同意把涉外投资争端全盘提交 ICSID 等国际仲裁机构管辖，则尽管在双边协定的条款文字上貌似"平等互惠"，实际上却违背了国际经济领域中的公平原则和"等价交换"原则，是以形式上的"平等互惠"掩盖了事实上的不平等、非互惠。

因为：第一，如前所述，这无异于为了保护 1%—4% 以下的潜在债权权益而甘冒 100% 的潜在债务风险；无异于为了取得只值 39 元至 351 元的标的物而支付近 1 万元的价款。第二，作为主权国家，中国对本国境内涉外投资争端所固有的司法主权或管辖权，由此受到不公平、不平等和过多的限制。第三，作为主权国家，中国为保护本国重大安全在必要时调整政策或采取应急措施的空间和余地，将大幅度削减和缩小。

可见，在可预见的近期内，中国在对外缔结或修订 BITs 的实践中，其所面临的现实综合国情是：既要"引进来"，又要"走出去"；既要求发展，又要求稳定；既要趋大利，又要避大害。因此，在可预见的近期内，中国在对外缔结或修订 BITs 时，在投资争端管辖权的向外开放问题上，明智的做法理应是**区分南北两类国家，厘定差别互惠标准，正确实行区别对待**，从而实现真正的公平、平等与互惠。

需要进一步探讨的问题是：(1) 上述这种**区别对待**的做法，是否并不违背当代国际法上通常所说的 MFN 待遇原则？(2) **区别对待**的做法在理论上是否有足够的根据？(3) 它在实践中是否已有明显的先例？(4) 中国已经在与若干发达国家（如德国）签订的 BITs 中拆除了某些"安全阀"，从而在"平等互惠"条款文字下潜存着实质上不公平的隐患和风险，今后在中国与其他发达国家缔结或修订 BITs 时，是否有权**"亡羊补牢"**，坚持**"下不为例"**，不受对方援引 MFN 待遇原则的约束，把这些"安全阀"重新取回并牢牢把握在自己手中？下文的讨论表明，对这四个问题的答案都是肯定的。

---

[60] 国际论坛上通常以"Newly Industrialized Countries"一词形容韩国和新加坡，意指其曾经是列强的殖民地，现在其经济发展水平已相当于发达国家，但又并非通常意义上的发达国家。

五、区分两类国家,实行差别互惠的理论依据和实践先例

(一)区别对待的做法符合于"具体分析"的普遍哲理

众所周知,马克思主义的最本质的东西,马克思主义的活的灵魂,就在于具体地分析具体的情况。[61]这是"放之四海而皆准"的普遍哲理。上述这种**区别对待**的做法,是完全符合这一普遍哲理的。因为这种做法正是针对上述两类不同国家各异的具体情况以及现阶段中国的具体情况,进行具体的综合分析之后,所得出的符合国内外客观现实的科学结论和可行途径。反之,如果不进行具体的、综合的分析,不实行**区别对待**,却采取统一的标准、统一的模式,实行"一刀切",则是不科学、不明智、不可行的。

(二)区别对待的做法符合于"公平互利"的基本法理

在当代国际经济交往的实践中,互利原则的贯彻,往往遇到干扰、阻碍和破坏。在发达国家与发展中国家之间的经济交往中,尽管以不平等条约为基础的公开的不平等,一般说来已经大为削弱或已不复存在,但是,发达国家仍然凭借其经济实力上的绝对优势,对历史上积贫积弱因而经济上处于绝对劣势的发展中国家,进行貌似平等实则极不平等的交往,实行形式上等价有偿实则极不等价的交换。其常用的主要手段,就是对于经济实力悬殊、差距极大的国家,"平等"地用同一尺度去衡量,用同一标准去要求,实行绝对的、无差别的"平等待遇"。其实际效果,有如要求先天不足、大病初愈的弱女子与体魄强健、训练有素的壮汉,在同一起跑点上"平等"地赛跑,从而以"平等"的假象掩盖不平等的实质。

质言之,对于经济实力相当、实际地位基本平等的同类国家说来,公平互利落实于原有平等关系的维持;对于**经济实力悬殊、实际地位不平等的不同类国家说来,公平互利落实于原有形式平等关系或虚假平等关系的纠正以及新的实质平等关系的创设**。为此,应当积极采取各种措施,让经济上贫穷落后的发展中国家有权单方面享受非对等、不要求直接互惠回报的特殊优惠待遇,并且通过给予这些貌似"不平等"的特惠待遇,来补偿历史上的过错和纠正现实中的弊病,以实现真正的、实质上

---

[61] 参见《列宁全集》第39卷,人民出版社1986年版;《毛泽东选集》第1卷,人民出版社1969年版,第287、311页。

的平等,达到真正的公平。[62]

正是在这种背景下,第三世界众多发展中国家在强调各国主权平等,强调各国在政治上、法律上享有平等地位的同时,又侧重从国际经济关系方面,强烈要求贯彻公平互利原则,突出强调了**公平**的重要性和迫切性,并且借助于1974年《建立国际经济新秩序宣言》和《各国经济权利和义务宪章》,使公平互利上升为建立国际经济新秩序的一项基本法理和调整国际经济关系的一项基本准则。

三十多年来,上述宣言和宪章所强调的公平互利法理原则在国际社会中日益形成共同的法律确信,成为国际经济交往的指导原则。

针对当代BITs中存在的事实上的不平等,国际知名学者索纳拉雅(M. Sornarajah)教授曾作过颇为深刻的剖析:[63]

> 许多双边投资协定是在**不平等的合作伙伴**(unequal partners)之间缔结的。通常是由一个输出资本的发达国家与一个急欲从该发达国家吸引资本的发展中国家双方商定。……尽管此种协定预期各种资本能在缔约国彼此之间双向流动,但是,由于缔约双方在财力和技术上的悬殊,事实上仅仅是打算和实行单向流动。**作为缔约的基础而在协定中冠冕堂皇地表述的双向流动,往往只是一种虚构**(fiction),因此双方之间存在着不适当的交换关系(insufficient quid pro quo)。……这些协定并未设定明确的义务,要求资本输出国那一方必须确保资本能够流入对方,却要求希望获得外国投资的国家这一方在外国资本即将流入的信赖之中拱手交出自己的主权。由于协定项下的外国投资能够从国际争端解决机制中获得外来的保护,**东道国当地的法律在颇大程度上鞭长莫及,无从管辖,其主权也就拱手出让了。**

可见,为了预防或纠正当代BITs中此种貌似"平等互惠"、实则显失公平的弊端,中国今后在对外缔结和修订BITs的实践中,理应依据双方经济发展水平和经济实力的对比、吸收外资与对外投资规模的对比、境内外资政治风险和外资法律保护体制的对比、实行国际仲裁时争讼能力的对比,以及确保国家安全的需要等具体情

---

[62] 参见陈安:《国际经济法刍言》(上卷),北京大学出版社2005年版,第176—177页。这种新的平等观,是切合客观实际需要的,是科学的,也是符合马克思主义基本观点的。早在百余年前,马克思在剖析平等权利时,就曾经指出:用同一尺度去衡量和要求先天禀赋各异、后天负担不同的劳动者,势必造成各种不平等的弊病,并且断言:"要避免所有这些弊病,权利就不应当是平等的,而应当是不平等的。"(马克思:《哥达纲领批判》,载《马克思恩格斯选集》第3卷,人民出版社1995年版,第305页)。马克思的这种精辟见解,对于我们深入理解当代发展中国家提出的关于贯彻公平互利原则、实行非互惠普惠制等正义要求,具有现实的指导意义。

[63] M. Sornarajah, *The International Law on Foreign Investment*, Cambridge University Press, 2004, pp. 207-208.

况,采取"区分两类国家,厘定差别标准,实行区别对待"的做法,对 MFN 条款的适用加以明确的限制和排除,这是完全符合当代国际社会公认的"公平互利"基本法理的。

(三) 区别对待的做法符合于"国家主权至高无上"的国际法基本原则

在国际法中,MFN 待遇原则从来就不是,也不应当是绝对的和至高无上的强制性原则,也不是国际习惯法原则。这一点,已经成为当代国际法学界的主流共识。在当代国际法的规范体系和理论体系中,国家主权原则乃是第一性的、居于最高位阶的基本原则,MFN 待遇设定的根据,端赖于互相给予、互相享受此种待遇的主权国家之间缔结的条约。给予或不给予,在何种具体条件下可以给予或不可以给予,何种具体条件下可以收回或撤销,给予对象的类别、范围和限制,悉由参加缔约的主权国家斟酌内政外交国情和权衡利弊之后,完全自主自愿地作出决策,并通过条约作出明确规定。[64]

从这个意义说,MFN 待遇原则乃是国家主权原则的衍生物,它应当附属于、服从于国家主权原则,它只是第二性的、居于次要地位的原则。况且,在国际交往中,即使是居于最高位阶的国家主权原则,也可以依缔约主权国家的自由意志,通过平等磋商,作出适当的真正平等互惠的自我限制。因此,居于次要地位的 MFN 待遇原则,当然更可以依缔约主权国家的自由意志,通过平等磋商,依不同的时间、地点和条件,施加必要的限制,既可以在必要时予以设定,也可以在必要时予以撤销或废除。

在这方面,中国人民记忆犹新的是:晚清时期,西方列强曾在一系列不平等条约中把 MFN 条款强加于中国。诸如 1843 年的《中英虎门条约》第 8 条规定:中国日后"如有新恩施及各国,亦应准英人一体共沾"云云,实质上形成了"一强勒索特权,列强援例共享"的连锁反应,其丧权辱国的严重后果,可谓"殷鉴不远"。如今已经站起来了的中国人民,既已恢复和强化了完全独立和充分自主的主权国家身份,在其缔约和修订 BITs 的新实践中,当然不会轻易淡忘上述历史惨痛。

(四) 区别对待的做法符合于 MFN 待遇原则的发展进程

在当代的国际缔约实践中,在经济实力悬殊的国家之间实行绝对的 MFN 待遇

---

[64] 参见联合国国际法委员会:《关于最惠国条款的条文草案》(1978 年 7 月拟定),载王铁崖主编:《国际法资料选编》,法律出版社 1982 年版,第 761—767 页;王铁崖主编:《国际法》,法律出版社 1995 年版,第 180—182 页;赵维田:《世贸组织(WTO)的法律制度》,吉林人民出版社 2000 年版,第 75—81 页。

原则,势必造成严重的事实上的不公平和不平等,由此引发了众多发展中国家的强烈反对和联合抗争。在数十年来南北矛盾冲突和南北合作共事的历史进程中,MFN待遇早已被一系列"例外"所"增补"和"修订",从而在实质上遭到重大修正。最明显的例证是在 GATT/WTO 体系中,MFN 待遇规则数十年来不断地"与时俱进",修订频频。具体说,GATT 1947 第 1 条规定的普遍 MFN 待遇原则,在其后修订和增补的第 18 条中,就开了"先河",允许众多积贫积弱的发展中国家有权在一定条件下"暂时偏离"本协定其他条款(含 MFN 条款)的规定。第 21 条关于"安全例外"的规定,第 24 条关于"关税同盟和自由贸易区"的规定,第 24 条和第 25 条关于"豁免义务"的规定,以及其后增补的整个第四部分(贸易与发展,即第 36—48 条),也都从各种不同的领域、在不同的程度上允许发展中成员"偏离"MFN 条款的规定。

在 GATT 发展成为 WTO 之后,经过众多发展中成员的据理力争,与普遍 MFN 待遇原则相左的各种"特殊与差别待遇"条款(S&D),在更多的领域、更大的范围,以更高的频率,出现在 WTO 的各种"游戏规则"之中。尤其是,由于其中还存在许多"口惠而实不至"之处,2001 年 11 月发表的 WTO《多哈宣言》,更进一步把落实各类 S&D 条款作为新一轮多边谈判的主题之一。[65]简言之,上述"与时俱进"的发展,已导致普遍 MFN 待遇原则中原有的"普遍性",逐渐地、不断地被惠及发展中国家的"特殊性"和"差别性"所补充和取代。[66]

由此可见,中国今后在对外缔结和修订 BITs 的实践中,依据双方经济发展水平、经济实力对比、吸收外资与对外投资规模对比、外资法律保护环境对比以及确保国家安全需要等具体情况,在境内涉外投资争端管辖权问题上,采取**"区分两类国家,厘定差别标准,实行区别对待"**的做法,从而在真正公平互惠的基础上,做到"放权适度,宽严有别",这是完全符合于当代 MFN 待遇原则的发展进程的。

(五)区别对待、排除或限制 MFN 条款扩大适用于争端程序,符合 UNCTAD 晚近的反复警示

如前所述,[67]2003—2006 年 UNCTAD 在其一系列研究报告中,接二连三地郑

---

[65]《多哈宣言》强调:"各种特殊与差别待遇条款乃是 WTO 各种协定不可分割的组成部分,……对所有的特殊与差别待遇条款,都应重新审议,予以加强,使它们更加明确,更加切实有效,更加便于操作。""给予发展中国家的特殊与差别待遇应当作为一切磋商谈判中不可分割的内容,列入有待谈判的各种减让清单和承诺清单,并且纳入相关的规则和规章,做到切实可行,以便发展中国家能够切实有效地用以满足其各种发展需要。" Doha Ministerial Declaration(14 November 2001),paras. 44,13,WT/MIN(01)/DEC/1,http://www.wto.org/english/thewto_e/minist_e/min01_e/mindecl_e.htm.

[66] 参见曾华群:《论"特殊与差别待遇"条款的发展及其法理基础》,载《厦门大学学报》2003 年第 6 期。

[67] 见本文第四部分之(二)。

重告诫全球众多发展中国家,务必清醒地认识 BITs 的"双刃剑"作用,既要努力引进外资为本国的发展服务,又要恰如其分地"留权在手",努力保障本国的主权权益,在这两者之间保持必要的平衡。特别是题为《**在国际投资条约中留权在手:善用保留权**》的研究报告,尤其值得注意。它专门探讨和指导处在弱势地位的众多发展中国家,在对外缔结投资条约中,如何善用《维也纳条约法公约》第 2 条赋予的"保留"权,设定必要的例外,尽可能地把自主权、管辖权、灵活处理权保留在自己手中。现任 UNCTAD 秘书长素帕差指出,包括本项文献在内的系列研究报告旨在为各国决策者、政府官员、国际组织官员、公司主管人员和非政府组织代表人士们提供咨询意见和合理建议。这些建议,实质上乃是 UNCTAD 麾下专家们在充分调查发展中国家有关国际投资条约实践的经验教训之后,作出的**科学总结和恳切诤言**,切合中国的现实需要,值得中国认真研究,择善而从。而及时采取"**区分两类国家,实行差别互惠**"的做法,从而在真正公平互惠的基础上,做到"**放权适度,宽严有别**",显然完全符合 UNCTAD 关于"善用保留权"建议的基本精神。

(六) 区别对待的做法符合于国际仲裁的最新实践

在 BIT 中可以采取**区别对待**的做法,以明确的措辞,在争端管辖权问题上,**限制或排除 MFN 条款**的适用,这已在近年来国际仲裁的实践中逐渐形成**主流共识**。[68]在 2000 年阿根廷墨菲兹尼(Maffezini)公司诉西班牙案中,ICSID 仲裁庭对阿根廷—西班牙 BIT 中的 MFN 条款进行了深入的分析。[69]仲裁庭虽然认定:有关 MFN 条款可适用于该案争端解决程序,因而应当提交 ICSID 国际仲裁庭管辖审理,但是,其各种推理和论证,均以阿根廷—西班牙 BIT 中并无明确排除 MFN 条款适用于争端解决程序的明文规定作为立论前提。反之,如果有关 BIT 中已有明白无误的排除规定,则按照"当事人意思自治"这一公认的法理原则,语意含糊的 MFN 条款显然就无从扩大适用于争端解决这一程序性待遇问题了。此种推理和论证,曾在国际仲裁界引起广泛的关注和热烈的讨论,并在后续的多起涉及 ICSID 管辖权的争端中具有深刻的影响。

在 2005 年作出的有关塞浦路斯普拉玛(Plama)公司诉保加利亚案管辖权的决定中,ICSID 仲裁庭明确认定**某一 BIT** 中的 MFN 条款不能扩大适用于**另一 BIT** 中

---

[68] 参见王海浪:《ICSID 管辖权新问题与中国新对策研究》,厦门大学 2006 年博士学位论文,第四章"最惠国条款对'同意'范围的扩展"。

[69] Emilio Agustin Maffezini v. Kingdom of Spain(ICSID Case No. ARB/97/7),Decision of the Tribunal on Objections to Jurisdiction.

规定的争端解决程序。[70]在该案所涉保加利亚—塞浦路斯 BIT 中,争端解决条款规定仅仅限于与**征收补偿金额**有关的争端可提交国际特设仲裁庭仲裁。[71]讼争过程中,当事人双方对于可否通过其中 MFN 条款,依据保加利亚—芬兰 BIT 等其他 BITs 中有关争端解决的规定,把征收补偿金额以外的争端也提交国际仲裁的问题,坚持相反的主张。

普拉玛案仲裁庭指出:"在缔结条约时,保—塞双方把特定的投资者与东道国之间的争端适用相关国际仲裁解决程序限定于 BIT 规定的[与征收补偿金额有关的争端]范围,并且没有通过 MFN 条款扩展这些规定的意图"[72],"把争端解决纳入到 MFN 条款适用范围之内的意图必须是明确的并且毫无疑义的表述"[73]。因此,仲裁庭的结论是:即使把保加利亚—塞浦路斯 BIT 中的 MFN 条款与保加利亚和其他国家签订的 BITs(特别是保加利亚—芬兰 BIT)联系起来解读,也不能任意解释为保加利亚已经同意把东道国与普拉玛公司之间的争端(征收补偿额争端以及其他争端)都提交 ICSID 管辖,或者任意解释为普拉玛公司有权援引其他 BITs 中有关争端解决的规定,把本案争端提交 ICSID 管辖。

比较两案仲裁庭 MFN 条款与 ICSID 管辖权问题分别作出的决定,可以发现,墨菲兹尼案仲裁庭的主张是:除非另有明确的排除规定,MFN 条款**一般可以适用**于争端管辖权的程序性待遇;普拉玛案仲裁庭的主张则是:除非另有明确的适用规定,MFN 条款**一般不能适用**于争端管辖权的程序性待遇。两者的**共同点**是都不认为 MFN 条款**绝对**适用于争端管辖权的程序性待遇。较之前者,后者的主张及其论据,显然更尊重举世公认的当事人意思自治原则,更切合于提交国际仲裁的基础和前提,因此获得更普遍的好评与肯定。

(七)区别对待、排除或限制 MFN 条款适用范围的做法已有若干先例可援

MFN 条款的通常适用范围,是实体性待遇。它是否可以通过推理和解释,扩大适用于程序性待遇,国际上迄今未有最后的权威定论。鉴于 ICSID 仲裁庭在其实践

---

[70] See Plama Consortium Limited v. Republic of Bulgaria (ICSID Case No. ARB/03/24), http://www.worldband.org/icsid/cases/plama-decision.pdf.

[71] 其第 4 条规定:"征收的合法性应该经相关投资者的请求,通过采取征收措施缔约方的普通行政和法律程序加以审查。对于行政裁定中没有解决的**补偿金额争端**,相关投资者和另一缔约当事方的法律代表应该协商解决。如果在开始协商后的三个月内没有达成协议,经投资者申请,补偿金额应该由采取征收措施的缔约一方的法律程序或者是**国际特别仲裁庭**加以审查。"

"4.2 第 4 条第 4.1 款所述国际仲裁庭应该逐案设立。每一缔约方应该指定一名仲裁员,再由这两名仲裁员同意一个第三国国民作为主席……"Ibid., para. 26.

[72] Ibid., paras. 195-197.

[73] Ibid., para. 204.

中具有通过自由裁量扩大管辖权的倾向,因此,中国如果不愿把 MFN 条款扩大适用于程序性待遇,就应当在今后缔结或修订的 BITs 中对此作出明确的限制或排除。这样做,是有先例可援的。例如,2003 年《美洲自由贸易协定(草案)》针对其中的 MFN 条款附加了这样的注解:"缔约各方注意到 ICSID 仲裁庭最近针对阿根廷墨菲兹尼公司诉西班牙案作出的决定,其中确认在阿根廷与西班牙的一份协定中具有含义非常广泛的 MFN 条款。相形之下,《美洲自由贸易协定(草案)》中的 MFN 条款明文限定仅仅适用于'有关投资的立项、并购、扩充、经营、活动、运作、出售以及其他处置事宜'。鉴此,缔约各方现在达成共识,确认本协定中的 MFN 条款并不适用于本节第 C 节所包含的国际争端解决机制[即缔约一方与缔约另一方的投资者之间的争端解决]的有关事宜。"[74]

另外,在缔结 BIT 的范本中,也有以"不溯即既往"的规定对 MFN 条款的适用加以限制的做法,可供参考。因此,中国不妨借鉴加拿大 2004 年 BIT 范本附录Ⅲ(MFN 例外)中的下述规定,加以师法和移植。该附录规定:"第 4 条关于 MFN 待遇的条款不应该适用于在本协定生效日以前已经生效或者已经签订的所有双边或多边国际协定所赋予的待遇"。如果仿此办理,则今后与中国谈判修订或签订 BIT 的任何发达强国,就一律无权根据 MFN 条款规定,要求援例享受我国以前曾经在其他中外 BITs 中赋予第三方(含德、荷等发达国家)的同等待遇。

六、结　　论

总之,在中国对外谈判缔结新的 BITs 或修订原有的 BITs 过程中,切宜根据国内外实情,**区分两类国家,实行差别互惠,明文排除或限制 MFN 适用于争端程序**。尤其是在大量吸收外资并与实力强大的国际资本交往的过程中,中国难以全面、准确地预测前面会有多少坎坷、陷阱与漩涡;阿根廷经历过的沉痛教训及其已经交付的昂贵"学费",已转化成为众多发展中国家的共同财富,中国无须再交一遍"学费"。中国应当力求避免重蹈覆辙,误陷漩涡。从此种意义上讲,中国在与实力悬殊的经济强国进行 BITs 谈判中,**一时达不成协议或暂时没有协定,比迅速达成对中国不利的协定要好得多**。权衡国内外的现实形势,我国完全没有必要全面地放权过快、弃

---

[74] Chapter XXIII Dispute Settlement of FTAA(Draft Agreement), footnote 13, http://www.ftaaalca.org/FTAADraft03/ChapterXXIII_e.asp. See also OECD, International Investment Law: A Changing Landscape, OECD Publishing, 2005, Chapter 4, "Most-Favoured-Nation Treatment in International Investment Law", pp. 127, 132.

权过多,更不宜仅为了制造政治气氛、友好氛围而贸然行事,从而不知不觉地导致"门户洞开,毫不设防"。反之,立足中国,放眼世界,则在当前条件下,显然仍宜保留清醒的头脑,增强必要的忧患意识,经常居安思危,[75] 坚持有关国际公约的授权规定,善于掌握四大"安全阀",趋利避害,在"引进来"与"走出去"之间,在保护外资合法权益和维护中国主权权力之间,保持正确的、恰如其分的综合平衡。

这样,今后中国才能更好地通过签订或修订 BITs,达到名副其实的互利互惠、持续促进经济发展;进而在确立跨国投资合理规范和建立国际经济新秩序的过程中,发挥应有的示范作用。中国的和平崛起要求我们这么做,中国在国际上的地位也要求我们这么做。只有这样,才有利于中国,有利于发展中国家,有利于和谐世界的共同繁荣与发展。

---

[75] 参见江泽民:《全面建设小康社会,开创中国特色社会主义事业新局面》(2002 年 11 月 22 日),http://www.hfzfcg.gov.cn/wzyc/wzyc/20021122141827.htm,第十部分;胡锦涛:《在省部级主要领导干部提高构建社会主义和谐社会能力专题研讨班上的讲话》(2005 年 2 月 19 日),http://news3.xinhuanet.com/newscenter/2005-06/26/content_3138887.htm,第一部分;温家宝:《关于社会主义初级阶段的历史任务和我国对外政策的几个问题》(2007 年 5 月 1 日),http://politics.people.com.cn/GB/1024/5418093.html,第一、三部分。

第 7 章 "南北矛盾视角"应当"摒弃"吗？
——聚焦"中—加 2012 BIT"*

>> **内容提要**

中国经济的迅猛发展不但提高了其在国际社会中的经济排名次序，而且加快了其对外投资的脚步，然而随之而来的各种言论却将中国以及数十个其他发展中国家推向了不利的地位，诸如："中国已不再属于发展中国家的范畴"，"南北矛盾视角在构建国际经济规则和缔结 BIT 的谈判中已经过时，应当摒弃"，等等。但这些说法的科学性、准确性及其背后隐藏的含义却着实有待推敲商榷。本文拟从南北矛盾与 BITs 的本源出发，以新近缔结的"中—加 2012 BIT"中的两大核心条款为例，试图证明在构建国际经济规则过程中和缔结 BITs 的谈判中，不能够也不应当摒弃"南北矛盾视角"。

>> **目　次**

一、中国国家的科学定性：迄今仍是发展中国家——仍属于南方国家范畴
二、南北矛盾的源与流
　（一）当代 BITs 的本源属性：南北矛盾的产物
　（二）南北类 BITs 的缔结：南北利益交换和互相妥协的过程，却未必是寻求"普
　　　 世价值"的过程
三、"中—加 2012 BIT"的缔结乃是南北利益交换和互相妥协的典例：聚焦"征收补
　　偿"条款
　（一）关于"补偿标准"问题的南北分歧

---

* 本文由陈安与谷婀娜合作撰写。谷婀娜是国家重点学科厦门大学国际法学科 2017 届博士，现任西安交通大学法学院讲师。
　致谢：在本文写作过程中，中国商务部条法司温先涛处长、厦门大学国际经济法研究所韩秀丽副教授、陈欣助理教授、王海浪助理教授、博士生李庆灵等分别提供部分资料或修改建议。谨此致谢！

（二）关于"补偿额估算"问题的南北分歧

（三）南北两类国家针对"征收补偿"问题达成妥协的新成果——以"中—加 2012 BIT"第 10 条为例

四、"中—加 2012 BIT"的缔结乃是南北利益交换和南北互相妥协的典例：聚焦"争端解决"条款

（一）关于"最惠国待遇"例外的南北分歧与妥协

（二）关于"金融审慎"例外的南北分歧与妥协

（三）关于"税收措施"例外的南北分歧与妥协

（四）关于"用尽当地救济"例外的南北分歧与妥协

（五）关于"国家重大安全利益"例外的南北分歧与妥协

五、多哈回合谈判是构建国际经济规则不能"摒弃南北矛盾视角"的最大明证

六、结束语

近年来，随着中国的和平崛起，其国民生产总值逐渐超过发达国家"七强"之中的日本、德国、英国、法国、加拿大和意大利，跃居世界第二，仅次于美国。于是，国际上出现了吹捧中国的言论，说中国已跻身于"发达国家"或"发达强国"之列；甚至出现"Chimerica"[1]和"G2"[2]等时髦词汇，鼓吹"中美联手共治世界"。[3] 这些言论，有的是出于朦胧的善意，有的则出于叵测的居心。它们"发源"于某个强权国家，流行于发达世界，但即便在中国境内，这些言论也并非全无影响、全无附和之声。尤其是在经济全球化的今天，中国在大量吸引外资的同时也不断地向外投资。2011 年中国吸引外国直接投资再创历史新高，达到 1240 亿美元；其对外直接投资虽有所下降，

---

[1] "Chimerica"又译"中美共同体""中美国"，是"China"和"America"合拼的英语新词。2007 年 3 月 4 日，哈佛大学商学院教授尼尔·弗格森（Niall Ferguson）在英国《星期日电讯报》发表题为《不是两个国家，而是一个：中美国（Chimerica）》的文章，以强调中美经济关系的紧密性，称中美已走入共生时代。See Niall Ferguson, Not Two Countries, But One: Chimerica, http://blog.sina.com.cn/s/blog_5d09a1e10100bdoz.html.

[2] "G2"概念是指由中、美两国组成一个 Group 来代替旧有的 G8，即八国集团，以携手合作解决世界经济问题。2008 年 8 月，华盛顿彼特森国际经济研究所所长弗雷德·伯格斯登（Fred Bergsten）在《外交事务》杂志发表《平等的伙伴关系：华盛顿应如何应对中国的经济挑战？》一文，主张中美组成"两国集团""共享全球经济领导权"，并使中国在某种程度上取代欧洲。时值第四次中美战略经济对话（U.S.-China Strategic Economic Dialogue）在美国马里兰州安纳波利斯召开，伯格斯登的观点引起了学界和政界广泛关注。See C. Fred Bergsten, A Partnership of Equals: How Washington Should Respond to China's Economic Challenge? http://www.foreignaffairs.com/articles/64448/c-fred-bergsten/a-partnership-of-equals.

[3] 参见金灿荣：《中美联手共治世界惊人内幕：中国恐将陷入混乱》, http://www.junshinews.com/article/201203/8045_3.html. 金教授认为，"Chimerica"和"G2"两个词都是经济学家基于经济发展的事实提出来的，主要是分析中美两国的经济地位以及对世界经济发展的责任。但是，美国少数学者和个别战略家将前述两个词上升到政治层面，特别是提出一种中美共治的制度性领导结构，这在政治上是非常危险的，在实践中也是行不通的。

但也达到 650 亿美元。[4] 不仅如此,在对外缔结"双边投资保护协定"(BITs)方面,中国参与缔结并正式生效的 BITs 已多达 100 个以上。[5] 在此背景下,国内开始出现一种虽不十分流行,但也不十分罕见的说法,认为:"中国对外缔结 BITs 的谈判过程是一个利益交换的过程,也是寻求普世价值的过程;缔结 BITs,实质上就是一种构建国际经济规则的活动;衡诸当今的国际形势和中国的国情","在构建国际经济规则过程中,应当摒弃南北矛盾视角"。

这种看法和说法,初闻乍听,觉得言之有理,似乎颇有新意;但结合现实,细细思考,却令人心生不少疑窦:中国目前是发达国家吗?中国目前已不再归属于发展中国家的范畴了吗?现在讨论南北矛盾问题真的已经"过时"了吗?在 BITs 的缔约谈判中,应该"摒弃南北矛盾视角"吗?"普世价值"在 BITs 的缔结过程中又该作何解释?推而广之,"构建国际经济规则",也应该"摒弃南北矛盾视角"吗?……一系列的问题无不令人疑惑不解。

下文拟结合现实,针对中国国家的科学定性、南北矛盾的源与流、BITs 的本源属性,特别是聚焦于新近缔结的"中—加 2012 BIT"两大核心条款,缕述管见,力证"中—加 2012 BIT"乃是当代南北矛盾与南北妥协的典例之一。

一、中国国家的科学定性:迄今仍是发展中国家——仍属于南方国家范畴

联合国、国际货币基金组织以及世界银行在区分发达国家和发展中国家问题上,均有自己明确的标准,但最重要的依据还是人均国内生产总值(GDP per capita)或人均国民收入值(GNI per capita)。根据国际货币基金组织公布的 2011 年人均 GDP 值,中国以 5414 美元排名第 89 位,被列为发展中国家。[6] 按照世界银行对不同经济体人均国民总收入的分组标准,[7] 进入 21 世纪之前,中国一直是世界上的

---

[4] 参见《2012 年世界投资报告》,http://www.unctad-docs.org/UNCTAD-WIR2012-Overview-cn.pdf。
[5] 资料来源:http://tfs.mofcom.gov.cn/aarticle/Nocategory/201111/20111107819474.html。
[6] 参见 World Economic Outlook Database,"GDP"一词是"Gross Domestic Product"的缩略语。资料来源:http://www.imf.org/external/pubs/ft/weo/2012/02/weodata/weoselgr.aspx。
[7] 参见 How We Classify Countries,其中,"GNI"一词是"Gross National Income"的缩略语。资料来源:http://data.worldbank.org/about/country-classifications。

"人均低收入"(low income—GNI per capita)国家,进入 21 世纪之后,中国开始跨出低收入国家的门槛,进到"人均下中等收入"(lower middle income—GNI per capita)国家的行列,而且直到 2010 年,仍属"下中等收入"国家的行列。[8] 此外,联合国开发计划署发布的 2011 年"人类发展报告"中专门就"人类发展指数"(human development index)[9]作了统计,中国的"人类发展指数"为 0.687,在世界 187 个国家中位列第 101 位。[10]

对上述公认的权威统计数字,中国政府领导人曾反复作过通俗易懂、令人信服的权威解读。早在 2003 年,国务院总理温家宝就在国际论坛上郑重指出中国仍然只是发展中国家,他强调:"人多,不发达,这是中国的两大国情。中国有 13 亿人口,不管多么小的问题,只要乘以 13 亿,那就成为很大很大的问题;不管多么可观的财力、物力,只要除以 13 亿,那就成为很低很低的人均水平。这是中国领导人任何时候都必须牢牢记住的。"[11]

2010 年 9 月 24 日,温家宝总理又在联合国大会上对当代中国的基本国情作了更为具体的分析。他进一步强调:"中国国内生产总值当时位居世界第三,但人均水平较低,只相当于发达国家的十分之一左右。中国经济已保持 30 多年的快速增长,但进一步发展受到能源、资源和环境的制约。中国若干重要产品产量位居世界前列,但总体上仍处于全球产业链的低端。中国已经成为国际贸易大国,但出口产品技术含量和附加值低,核心技术仍然大量依赖进口。中国沿海地区和一些大中城市呈现出现代化的繁荣,但中西部和广大农村的不少地方仍然相当落后,还有 1.5 亿人口生活在联合国设定的贫困线之下。中国民生有了很大改善,但社会保障体系不健全,就业压力很大。中国社会政治生活日趋活跃,公民基本权利得到较好的维护,但民主法制还不够健全,社会不公和贪污腐败等问题依然存在。中国现代化走到今天,先进落后并存,新旧矛盾交织,面临诸多前所未有的挑战。中国仍然处于社会主义初级阶段,仍然属于发展中国家。这就是我们的基本国情,这就是一个真实的中国。"[12]

---

[8] 资料来源:http://data.worldbank.org.cn/indicator/NY.GNP.PCAP.CD.
[9] "人类发展指数"(human development index)以人均收入来衡量生活质量、学校教育、平均寿命以及其他指标等。
[10] 参见《2011 年人类发展报告》,第 126 页。资料来源:http://www.undp.org/content/undp/en/home/librarypage/hdr/human_developmentreport2011/.
[11] 温家宝:《把目光投向中国》,http://www.chinanews.com.cn/n/2003-12-12/26/380015.html.
[12] 温家宝:《认识一个真实的中国——在第六十五届联大一般性辩论上的讲话》,http://politics.people.com.cn/GB/1024/12800629.html.

此外，值得注意的是，总部设在日内瓦的"南方中心"（South Centre）的现任执行长官（Executive Director）马丁·霍尔（Martin Khor）博士，在2011年11月21日发表了一篇题为《中国仍然是发展中国家吗？》（Is China Still a Developing Country?）的评论，强调中国至今仍然还是发展中国家的一员。他指出，尽管中国已经成为经济强国，但其人均GDP只居于全球第91位，HDI指数只居于全球第101位，而且正面临着大多数发展中国家共同面临的各种社会经济问题。因此，综合看来，中国只能算是一个中等水平的发展中国家。就其人均GDP、GNI和HDI的排位次序而言，中国不但落后于所有的发达国家，而且有几十个发展中国家均居于中国之前，中国还"瞠乎其后"，望尘莫及。如果现在中国被迫承担起"发达国家"的义务，被迫放弃其作为发展中国家的定位及其各种权益（status and benefits），则人均GDP、GNI和HDI的排位次序均居于中国之前的几十个发展中国家，都势必很快被"连锁效应"连累，也被迫循例放弃其作为发展中国家的定位及其各种权益。当前，中国正在为捍卫自身作为发展中国家的应有权益而战斗，这一战斗显然与其他发展中国家息息相关；如果中国在这场保卫战中失败了，那么其他发展中国家应有的权益也会随之丧失殆尽。[13]

温家宝总理和Martin Khor博士的上述论断客观地反映了中国的现实情况，因而是对中国当前发展水平的十分科学的定位和定性。这也是当前中国人和外国正直人士考察当代南北矛盾和确认中国归属范畴的基本立足点和基本视角。反之，如果不顾事实，硬把当前中国归入为"发达国家"或"发达强国"之列，或戴上他人奉送的廉价"高帽"，便惬惬然自我陶醉，那就势必导致范畴混乱和定性错误。究其原因，如果不是出于居心叵测，就是由于"头脑发热"，缺乏冷静思考。

二、南北矛盾的源与流

在国际政治学和国际经济法学中，"南北矛盾"已是早有主流共识的概念，一般而言，它是指历史上长期形成的殖民主义、帝国主义国家与广大的殖民地、半殖民地

---

[13] "南方中心"是众多发展中国家缔约组建的政府间国际组织，中国是其成员国之一，该中心被称为发展中国家的共同"智库"（Think Tank）。马丁·霍尔的上述观点不失为洞察当代"南北矛盾"问题实质的真知灼见。资料来源：http://www.twnside.org.sg/title2/gtrends/gtrends364.htm。

附属国之间的政治、经济的矛盾。[14] 前者恃其利炮坚船和强大国力向落后地区实行长达数百年的侵略、压迫、剥削和榨取,造成后者数十亿人民的积贫积弱,从而在经济实力上与前者形成巨大的鸿沟,在世界财富的国际分配上蒙受极其不公平和非正义的待遇。

为了改变这种不公平、非正义的现象,殖民地、半殖民地的弱小民族进行了长期的奋斗和抗争,直到第二次世界大战结束后才相继地挣脱殖民枷锁,陆续成立了具有初步独立自主地位和享有独立政治主权的发展中国家。然而这些国家至今仍未摆脱世界财富国际分配极端不公的境地,并未取得经济上的平权地位和应有权益。

为了进一步取得完整的独立自主地位,发展中国家除了应该坚持政治自主外,还应当进一步强化自己的经济主权和经济实力,即努力发展自身的民族经济,改变长期积贫积弱的处境,力争在国际上享有完全的平权地位和应有权益。

但是由于长期的积贫积弱,要发展自身的民族经济,谈何容易? 它们既缺少必要资金,又无先进技术,也缺少先进的经营管理经验,所有这些都必须求助于原殖民主义、帝国主义国家,即现在的发达国家。正是在这样的历史条件下,才开始出现当代的 BIT。存在于当代发展中国家与发达国家之间的"南北矛盾",乃是近代数百年来的殖民主义、资本帝国主义侵略史的必然产物,后者是前者产生的本源。由此可见,20 世纪 50 年代以来开始存在于当代发展中国家与发达国家之间的大量 BITs,乃是百余年来南北矛盾的产物,前者是后者的历史延长和必然衍生。

(一) 当代 BITs 的本源属性:南北矛盾的产物

发展中国家为了吸引外资,往往必须与发达国家缔结"双边投资条约"(Bilateral Investment Treaty,BIT),除了规定在本国境内依法管辖外资企业时,给予外国投资者以各种经济优惠和全面保护外,还规定东道国应在特定条件下让渡一部分司法主权,外资企业在东道国的合法权益受到侵害并发生争端时,外商有权不经东道国政府的同意,单方决定把有关投资争端提交 ICSID 等国际仲裁机构,从而免遭在东道国被任意侵害的风险。

---

[14] "南北问题"或"南北矛盾"一词是英国劳埃德银行行长奥利弗·弗兰克斯(Oliver Franks)于 1959 年 11 月的一次演讲中首次提出来的,该演讲以《新的国际均衡——对西方世界的挑战》(The New International Balance: Challenge to the Western World) 为题,发表于 1960 年 1 月 16 日的《星期六评论》(Saturday Review),探讨西方世界中地理位置处在相对北方的主要发达国家(前殖民主义宗主国)与地理位置处在相对南方的诸多发展中国家(前殖民地和附属国)之间的矛盾与协调问题。此后,"南北矛盾"一词逐渐流行起来。联合国大会于 1974 年 4 月召开第 6 届特别会议和同年 12 月召开第 29 届会议,先后专门讨论了南北矛盾问题,讨论了反对殖民主义剥削和掠夺、改造国际经济结构的基本原则和具体安排,相继通过了《建立国际经济新秩序宣言》《各国经济权利和义务宪章》,"南北矛盾"遂成为全球公认的、影响当代世界全局发展的主要矛盾。

时至今日,随着世界经济的发展和资本国际流动的活跃,世界各国缔结的各种BITs出现了多样性,特别是出现了发展中国家与发展中国家之间缔结的BITs,即出现了不少调整"南南矛盾"的BITs。尽管如此,当今数以千计的用以调整"南北矛盾"的BITs,依然在资本跨国流动中发挥着主导的、决定性的作用,这也是不争的事实。

就中国而言,尽管近年来在"引进来"的同时也在积极地"走出去",但迄今为止以及在可预见的相当长的时期内,中国仍然只是一个发展中国家;相较于发达强国长期在华的巨量投资,中国向外投资的比重仍处于明显的弱势地位,就吸收外资(潜在债务)与对外投资(潜在债权)的对比而言,中国是严重"入超"的国家,一旦出现重大经济危机,其潜在风险是十分巨大的。[15] 简言之,中国仍然属于南方国家范畴,这也是不争的事实。

由此可见,在探讨当代 BITs 的理论和实践问题时,有关"南北矛盾视角已经过时",应该"摒弃南北矛盾视角"之类的看法,显然太过"超前",不合时宜。

(二) 南北类 BITs 的缔结:南北利益交换和互相妥协的过程,却未必是寻求"普世价值"[16]的过程

"普世"一词源于希腊文"Οικουμενική",意为"整个有人居住的世界"。中文里的"普世价值"在英文中对应"oecumenical value"和/或"universal value"。"universal value"是一个哲学或心理学上的概念,是指人类对自身价值的最基本的评判标准;是人类创造的、千百年来经过沉淀扬弃而升华的、全世界普遍适用的、最好的价值;是放之四海而皆准的价值观或最佳价值理念。西方学者通常把"普世价值"解释或归纳为"博爱、平等、公正、正义、民主、自由、法制、人权"等。[17]

---

[15] 截至 2011 年底,中国对外直接投资累计净额(存量)达 4247.8 亿美元,位居全球第 13 位。(参见商务部、国家统计局、国家外汇管理局联合发布的《2011 年度中国对外直接投资统计公报》。数据来源:http://www.gov.cn/gzdt/2012-08/30/content_2213920.htm。)另外,截至 2011 年底,中国境内外商直接投资实际使用外资金额累计达 12318.43 亿美元。(数据来源:商务部发布的《中国外资统计 2012》,第 6 页。)两者相较,中国吸收外资的"潜在债务风险"大约比中国对外投资的"潜在债权风险"高达 3 倍之多。详见陈安此前的有关分析:《中外双边投资协定中的四大"安全阀"不宜贸然拆除:美、加型 BITs 谈判范本关键性"争端解决"条款剖析》(以下简称《一论"安全阀"》),载陈安主编:《国际经济法学刊》2006 年第 13 卷第 1 期;《区分两类国家,实行差别互惠:再论 ICSID 体制赋予中国的四大"安全阀"不宜贸然全面拆除》(以下简称《再论"安全阀"》),载陈安主编:《国际经济法学刊》2007 年第 14 卷第 3 期。两文的英译本先后发表于 The Journal of World Investment & Trade (Geneva),Vol. 7, No. 6, 2006;Vol. 8, No. 6, 2007;两文的中文本和英译本均已收辑于《陈安论国际经济法学》(五卷本,以下简称《陈安五卷本》),复旦大学出版社 2008 年版,第 1079—1146、1853—1938 页,2012 年 10 月 15 日访问。

[16] "普世价值"一词源于希腊文"Οικουμενική αξία",参见 https://el.wikipedia.org/wiki/%CE%9F%CE%B9%CE%BA%CE%BF%CF%85%CE%BC%CE%B5%CE%BD%CE%B9%CE%BA%CE%AD%CF%82_%CE%A3%CF%8D%CE%BD%CE%BF%CE%B4%CE%BF%CF%82。

[17] 在中国,关于"普世价值"的含义问题,见仁见智,存在不少争议。有些学者认为普世价值的突然兴起,实际上是西方现代价值观对东方传统价值观的入侵;更多学者则认为这是西方现代价值观与东方传统价值观的互相碰撞、互相交流、互相借鉴。近十几年来,中国媒体《南方周末》《人民日报》《光明日报》及《环球时报》,先后都对普世价值做作了专门的讨论,学者们各抒己见,迄今仍在不断"争鸣"之中,值得关注。参见"普世价值"词条,https://baike.so.com/doc/4889809-5107914.html#4889809-5107914-9。

"普世价值"所宣扬的理念固然为广大民众所欣然接受,然而具体到投资领域的双边投资条约谈判,要求 BITs 缔约双方以追求"公平、正义、自由、平等"为目标,显然有些过于理想化。衡之于历史事实与当代现实,与其说 BITs 缔约双方以追求"公平、正义、自由、平等"的"普世价值"为目标,倒不如说 BITs 的缔结不过是一个彼此博弈、利益妥协的过程;究竟在哪个"利益交汇点"(convergence)上达成一致,主要取决于谈判双方各自的经济实力和综合国力,而并不取决于谈判双方各自的"温良恭俭让",也不取决于谈判双方各自持有何种"普世价值"观或具有何等水平的"普世价值"。

简言之,在 BITs 的缔约谈判中,外交辞令上追求公平正义、开放自由等所谓的"普世价值",归根结底,往往等同于实质意义上的"斤斤计较"和实力较量。对待双边投资条约谈判,在折冲樽俎之际,尤其应清醒认识和反复衡量其中每一具体条款对己方的利弊得失,在涉及自身重大利益和根本利益的条款时,坚决不可轻易退让乃至于全盘放弃;与此同时,对其他一般性条款,则可在对等的基础上适当地合理让步。

下文试以新近缔结的"中国—加拿大 BIT"中的两项重要条款为例,具体印证缔约谈判乃是双方利益交换和互相妥协的过程,而非寻求"普世价值"的过程。

三、"中—加 2012 BIT"的缔结乃是南北利益交换和互相妥协的典例:聚焦"征收补偿"条款

2012 年 9 月 9 日,中国商务部部长陈德铭与加拿大国贸部部长埃德·法斯特在俄罗斯符拉迪沃斯托克签署了《中华人民共和国政府和加拿大政府关于促进和相互保护投资的协定》(以下简称"中—加 2012 BIT")。中国商务部条约法律司负责人随即就其主要内容和意义进行了解读。该负责人表示,"中—加 2012 BIT"涵盖了常规投资保护协定的主要内容和要素,共 35 条和 6 个附加条款,是中国迄今为止缔结的内容最为广泛的一个双边投资协定,并在重大问题上反映了国际投资协定的新发展和新趋势。"该负责人同时指出,"中国和加拿大双边投资保护协定的谈判自 1994 年就启动了,历经 18 年共 22 轮正式谈判和数轮非正式磋商,最终双方就一系列核心条款达成共识,这一结果来之不易。"[18]

---

[18] 参见《商务部就中加(拿大)双边投资保护协定进行解读》,http://news.china.com.cn/politics/2012-09/10/content_26477359.htm。

不难想见,在漫长的18年间,中、加双方谈判代表各为其本国争取最大的利益,在最终达成共识之前,由"针锋相对""斤斤计较"和"讨价还价",到最后互相让步妥协,其进展是何等的艰难和缓慢。

碍于篇幅,本文无法对"中—加2012 BIT"加以全面的评析,兹试以"中—加2012 BIT"中有关"征收补偿"和"争端解决"这两大"敏感"条款为例,通过相关历史文献[19]的比较分析,窥见双方妥协性"共识""来之不易"之一斑。

就征收补偿而言,东道国因公共利益需要而采取合法手段把境内外国投资者的财产收归国有,应当给予补偿,这在当代国际社会中已逐渐形成共识;但长期以来,在"补偿标准"和"补偿额的估算"问题上,资本输出国(发达国家)和资本输入国(发展中国家)这两大营垒却持有不同的见解,分歧很大。[20]

(一) 关于"补偿标准"问题的南北分歧

在"补偿标准"问题上,发达国家主张采用"赫尔规则(Hull Formula)"。[21] 以加拿大为例,"加拿大2004 BIT范本"第13条第1款[22]中明确规定将"充分、及时、有效(adequate、prompt and effective)"的补偿作为征收的补偿标准。现今许多双边投资协定及双边投资协定范本均采用"赫尔规则"。[23] 其主要意思如下:"充分(adequate)补偿"是指赔偿金应相当于被征收财产的全部价值,并包括可预期的未来潜在利润以及直至支付赔偿金时的利息;"及时(prompt)补偿"是指迅速地或毫无迟延地给予补偿(without undue delay);"有效(effective)补偿"则需要达到能够被全额兑现(fully realizable)和自由转移(freely transferable)的标准。

---

[19] 包括但不限于"加拿大2004 BIT范本"、新近签署的"中—加2012 BIT"等。之所以选定"加拿大2004 BIT范本"与新近签署的"中—加2012 BIT"作为"对照比较物",是因为"一滴水珠可以反映一个太阳"!"加拿大2004 BIT范本"具有此前全球主要发达国家在各种BIT范本中基本条款的共同性和典型性。参见《一论"安全阀"》,收辑于《陈安五卷本》。

[20] 参见陈安主编:《国际经济法学新论》(第三版),高等教育出版社2012年版,第364—369页。

[21] 在1938年给墨西哥政府的照会中,美国国务卿科德尔·赫尔(Cordell Hull)提出针对东道国征收措施的"充分、及时、有效"补偿标准,因此被称为"赫尔规则"。See Mexico-United States: Expropriation by Mexico of Agrarian Properties Owned by American Citizens, *The American Journal of International Law*, Vol. 32, No. 4, Supplement: Official Documents (Oct., 1938), pp. 181-207, published by ASIL, http://home.heinonline.org/.

[22] "加拿大2004 BIT范本"第13条第1款原文为:Article 13 Expropriation 1. Neither Party shall nationalize or expropriate a covered investment either directly, or indirectly through measures having an effect equivalent to nationalization to nationalization or expropriation (hereinafter referred to as "expropriation"), except for a public purpose, in accordance with due process of law, in a non-discriminatory manner and on prompt, adequate and effective compensation. ……3. Compensation shall be paid without delay and shall be fully realizable and freely transferable. Compensation shall be payable in a freely convertible currency and shall include interest at a commercially reasonable rate for that currency from the date of expropriation until date of payment.

[23] 美国—立陶宛BIT(2001)、美国—乌拉圭BIT(2006)、英国—安哥拉BIT(2000)、美国2004 BIT范本第6条(c)、美国2012 BIT范本第6条(c)、英国2005 BIT范本第5条第1项等。参见朴栽亨:《双边投资协定征收条款之研究——以台湾、韩国比较研究为中心》,台湾政治大学出版社2010年版,第44—45页。

与发达国家所主张的征收补偿标准不同,发展中国家在联合国大会等国际舞台上,[24]共同支持以"适当(appropriate)补偿"作为补偿标准。这种补偿原则上只是"部分"补偿。[25]中国在1986年与瑞士联邦政府签订的BIT第7条中有关征收补偿的规定,就排斥"充分"补偿的字眼,转而规定补偿应是"适当"的。[26]

但在国际实践中,也有部分发展中国家出于对引进外资的迫切期待和需求,在与发达国家签订BITs时不得不同意给予发达国家的投资者以高水准的保护,接受"充分"补偿的标准。从表面上看,它们似乎是遵守了美国所鼓吹的"普世价值观",实质上却是积贫积弱的发展中国家被迫接受美国设定的"统一标准"。[27]

(二)关于"补偿额估算"问题的南北分歧

无论是采用"充分"的补偿标准,还是采用"适当"的补偿标准,都会涉及对补偿额如何估算的问题。倘若按照发达国家的主张,适用"充分"的补偿标准,对发展中国家来讲将是一笔巨额赔款,甚至是天文数字,势必会给实力弱小的发展中国家带来沉重的经济负担。反之,如果适用"适当"的补偿标准,发达国家投资者获得的补偿额将会大大减少,"充分"的补偿实际上就变成了不充分的"部分"补偿。可见,有关征收补偿额的估算问题同补偿标准一样,具有重要的意义,两者互相呼应、密切相关。[28]

对补偿额估算问题的争议主要围绕"going concern value"[29]展开。发达国家主

---

[24] 参见《各国经济权利和义务宪章》第2条第2款第3项等;陈安主编:《国际经济法学新论》(第三版),高等教育出版社2012年版,第94—95页。

[25] 参见陈安主编:《国际经济法学新论》(第三版),高等教育出版社2012年版,第367页。

[26] 1986年《中华人民共和国政府和瑞士联邦政府关于相互促进和保护投资协定》第7条规定:"缔约一方对缔约另一方投资者在其领土内的投资,只有为其公共利益,并且所采取的措施不是歧视性的,是符合其法律规定并给予补偿时,才能采取征收、国有化、剥夺措施或其他类似措施。补偿应是适当的,即相当于采取征收、国有化、剥夺措施或其他类似措施前一刻的或者即将采取的措施开始发生作用前一刻的投资价值。补偿应以自由兑换货币支付,不无故迟延,并应在缔约双方之间自由转移。"迄今为止,在中国参加缔结的BITs中,均以大同小异的文字表述了类似的意思。详见中国商务部网站:http://tfs.mofcom.gov.cn/aarticle/Nocategory/201111/20111107819474.html。

[27] 参见朴栽亨:《双边投资协定征收条款之研究——以台湾、韩国比较研究为中心》,台湾政治大学出版社2010年版,第46页;陈安主编:《国际经济法学新论》(第三版),高等教育出版社2012年版,第367—368页。

[28] 参见陈安主编:《国际经济法学新论》(第三版),高等教育出版社2012年版,第368—369页。

[29] 关于"going concern value"一词,目前有较多学术论文称为"持续经营价值"。参见徐崇利:《外资征收中的补偿额估算》,载陈安主编:《国经经济法学刊》第13卷第1期,北京大学出版社2006年版,第79页。另据查索有关中文、英文工具书,"going concern value"一词似可综合改译为"兴旺企业持续经营总值",更能表达原意。第一,美国Blacks Law Dictionary(9th ed.)词条诠解:"going-concern value"指商务企业资产的价值,或作为营业活跃企业本身的现有资产及其未来赢利能力的价值,其对应词是"企业或其资产的清算价值"。"兴旺企业持续经营价值"包含商号招牌、信誉,等等,又称"兴旺价值"。其英文原文为:The value of a commercial enterprise's assets or of the enterprise itself as an active business with future earning power, as opposed to the liquidation value of the business or of its assets. -Going-concern value includes, for example, goodwill. Also termed going value. See Bryan A. Garner, *Blacks Law Dictionary*, 9th ed., New York: West Publishing Co., 2009: 1691. 第二,"going concern"指营业活跃和繁荣的企业、机构等(an active and prosperous business institution, etc.)。参见《牛津高阶英汉双解词典》(第4版增补本),商务印书馆2002年版,第639页。第三,"营业发达的商行"。参见《新英汉词典》(增订本),上海译文出版社1991年版,第538页。第四,兴旺企业指被证明为盈利的企业,其招牌、信誉等可获得一种无形价值。参见《英汉法律词典》,法律出版社1985年版,第365页。第五,"继续经营"。参见《英汉财政金融词汇》,中国财政经济出版社1984年版,第286页。

张,在外资企业被东道国征收时,应按照该企业的"兴旺企业持续经营总值"(有人简称为"兴旺发达值")计算赔偿数额,既应包括该企业自身的现有资本价值,也应包括该企业未来的、可预期的、潜在的利润。仍以"加拿大 2004 BIT 范本"为例,其第 13 条第 2 款强调:估算标准应包括"兴旺企业持续经营总值",包含有形财产的申报税收价值之资产价值,以及确定公平市场价值之其他适当标准。[30] 显然,这里的"going concern value"应被理解为现有资产和未来预期利润的综合体。

例如:A 外资跨国公司在某东道国境内投资 1 亿美元,获准经营 30 年,因其从事垄断经营,平均每年赢利 3000 万美元。为发展民族经济,东道国在该公司经营的第 15 年决定加以征收。如按"兴旺企业持续经营总值"("现金流量折算")核计征用赔款,则该东道国除应支付 A 公司现有资产 1 亿美元之外,还要支付未来 15 年 A 公司可能赢得的全部预期"潜在利润"4.5 亿美元(15 年×年均利润 3000 万美元 = 4.5 亿美元)。其结果是:第一,A 跨国公司只在东道国投资 1 亿美元,15 年间即赢利 4.5 亿美元,被征用后除获赔原投资额 1 亿美元,又获赔未来 15 年"潜在利润"4.5 亿美元。换言之,投资 1 亿美元,15 年间总共获利 9 亿美元,高达原投资的 9 倍!第二,如此漫天要价,显然大大超过东道国的支付能力,实质上无异于剥夺了发展中东道国行使主权、必要时征用外资以发展民族经济的合法权利。

正因为这样的"征收补偿额估算"规定带有强烈的经济霸权主义色彩,故数十年来国际上非议、抨击之声不绝于耳。[31] 但美国凭借其强大实力,多年来依然我行我素;加拿大则亦步亦趋,多年未改。

与之相反的是,发展中国家主张对被征收的外资企业给予补偿时,仅应补偿企业有形资产的损失,不应将未来预期利润计算在内,而这种主张绝非无理。因为:第一,外资企业在东道国已经营有年,利用东道国丰富的资源、廉价的土地和劳力,一般都获得了比较丰厚的盈利。尔后东道国政府为实现公共利益的需要,对外资企业实行征收,并给予其资本金的补偿价值,外商投资者则放弃其对未来预期利润的追偿,从某种程度上讲,两者之间已经达成了一种利益上的均衡。第二,即使征收并未发生,该外资企业也不能保证在未来经营期间必然不会遭遇任何商业风险或经济危

---

[30] "加拿大 2004 BIT 范本"第 13 条第 2 款原文为:Article 13 Expropriation 2. Such compensation shall be equivalent to the fair market value of the expropriated investment immediately before the expropriation took place (date of expropriation), and shall not reflect any change in value occurring because the intended expropriation had become known earlier. Valuation criteria shall include going concern value, asset value including declared tax value of tangible property, and other criteria, as appropriate, to determine fair market value.

[31] 参见曾华群:《外资征收及其补偿标准:历史的分野和现实的挑战》,载陈安主编:《国际经济法学刊》2006 年第 13 卷第 1 期,第 38—69 页。M. Sornarajah, *The International Law on Foreign Investment* 2nd ed., Cambridge: Cambridge University Press, 2004, pp. 435-488.

机,并因此亏本乃至破产。第三,如果被征收的外资企业获得"现有资本＋预期利润"的赔偿,他们手持所获全部赔偿作为本金再进行投资,日后仍可再度获得利润。就同一笔资金获得双重利润,对外商投资者而言乃是暴利,更是不当得利。[32]

在中国与他国签订的BITs中,就征收补偿额的问题多是以"市场价值"或"公平市场价值"为标准进行估算。例如,在2006年中国与俄罗斯联邦政府签订的BIT中,双方就一致认为应按照征收或征收为公众所知的前一刻被征收投资的市场价值进行估算;[33]在2004年中国与芬兰共和国政府签订的BIT中,也将"公平市场价值"作为征收补偿额估算的标准。[34] 由此可见,中国的立场和广大发展中国家一致,支持以客观和公平的方法估算被征收外资企业的补偿额。

(三)南北两类国家针对"征收补偿"问题达成妥协的新成果——以"中—加 2012 BIT"第 10 条为例

"中—加 2012 BIT"第 10 条对"征收补偿"问题作了详尽的规定。该条首先列举了实施征收行为的前提条件:基于公共目的、根据国内正当法律程序、不以歧视的方式、给予补偿。关于征收补偿的标准,该条规定:"补偿的支付应可以有效实现、自由转移,且不得迟延。"这里明确排除了"加拿大 2004 BIT 范本"中所列举的"充分"(adequate)补偿标准,延续了发展中国家一贯的主张,即不认可发达国家主张的"充分"补偿,仅在有效和及时的基础上给予被征收企业以补偿。关于征收补偿额的估算,该条明确排除了按照"兴旺企业持续经营总值"计算赔款的方法,转而适用"公平市场价值"标准,对被征收企业的有形资产进行客观公正的估算,但不赔偿企业未来预期利润损失,并按照通常的商业利率支付投资者一定的利息。[35]

---

[32] 参见徐崇利:《外资征收中的补偿额估算》,载陈安主编:《国经经济法学刊》第 13 卷第 1 期,北京大学出版社 2006 年版,第 70—108 页;陈安主编:《国际经济法学新论》(第三版),高等教育出版社 2012 年版,第 369 页。

[33] 参见《中华人民共和国政府和俄罗斯联邦政府关于促进和相互保护投资协定》第 4 条,http://tfs.mofcom.gov.cn/aarticle/Nocategory/201111/20111107819474.html。

[34] 参见《中华人民共和国政府和芬兰共和国政府关于鼓励和相互保护投资协定》第 4 条第 2 款,http://tfs.mofcom.gov.cn/aarticle/Nocategory/201111/20111107819474.html。

[35] "中—加 2012 BIT"第 10 条第 1 款的英文原文为:ARTICLE 10 Expropriation 1. Covered investments or returns of investors of either Contracting Party shall not be expropriated, nationalized or subjected to measures having an effect equivalent to expropriation or nationalization in the territory of the other Contracting Party (hereinafter referred to as "expropriation"), except for a public purpose, under domestic due procedures of law, in a non-discriminatory manner and against compensation. Such compensation shall amount to the fair market value of the investment expropriated immediately before the expropriation, or before the impending expropriation became public knowledge, whichever is earlier, shall include interest at a normal commercial rate until the date of payment, and shall be effectively realizable, freely transferable, and made without delay. 对照"加拿大 2004 BIT 范本"第 13 条第 1、2 款原文,显见"中—加 2012 BIT"第 10 条第 1 款的相关具体规定已经排除了饱受发展中国家诟病的"adequate"补偿标准和"going concern value"补偿额估算方法。

纵观"中—加 2012 BIT"第 10 的规定,内容具体充分,尤其是在"补偿标准"和"补偿额估算"的关键问题上,中国并未作出不应有的让步,从而坚持了作为发展中国家应有的立场。如此看来,"中—加 2012 BIT"的缔结,显然不可被认定为双方已实现了"普世价值"。[36]

四、"中—加 2012 BIT"的缔结乃是南北利益交换和南北互相妥协的典例:聚焦"争端解决"条款

长期以来,围绕着投资者和东道国间的投资争端解决,资本输出国和资本输入国之间存在很大分歧。资本输出国(发达国家)从保护本国投资者的角度出发,主张运用国际保护的手段将投资者与东道国之间的投资争端提交 ICSID 等仲裁机构处理,而资本输入国(发展中国家)力求将《华盛顿公约》等授予的四种重大权利[37]完整保留,强调当地救济方法,力主投资争端应由东道国法院管辖和解决。发达国家现有 BIT 范本中有关争端解决的条款(如美、加型 BITs)充分体现了发达国家的权益,却背离了有关国际公约对弱者实行自我保护的授权,对于吸收外资的发展中国家来说,更是一种对经济主权和司法主权的变相剥夺。

因此,在与发达国家缔结 BITs 的谈判中,发展中国家面临的核心问题之一是:对于本国境内本属于自己的有关外商投资争端的管辖权,在"留权在手"的幅度与"对外放权"的尺度上,在"留"与"放"的利弊矛盾中,如何趋利避害,拿捏分寸,取

---

〔36〕 据来自加拿大的最新信息,"中—加 2012 BIT"签订后,一位加拿大知名学者格斯·范·哈滕(Gus Van Harten)迅即致函(公开信)加拿大现任总理哈珀,郑重提出 14 点异议,要求开展公开辩论。See Gus Van Harten, China Investment Treaty: Expert Sounds Alarms in Letter to Harper, http://the tyee. ca/Opinion/2012/10/16/China-Investment-Treaty/. 加拿大多家媒体纷纷批评加拿大政府不该"轻率地"与中国签订此项 BIT。议会反对党"新民主党"领袖托马斯·穆克莱尔公开指责加拿大政府和执政党试图匆忙通过一份协定,让加拿大人"在未来 31 年内都无法改变这份事先既没有充分研究,也没有充分咨询和辩论的协定"。他甚至还强硬地表示,一旦"新民主党"执政,"只要认为对加拿大有利,就将毫不犹豫地退出此项 BIT"。加拿大现任总理哈珀则针锋相对地反驳说,反对党的说法是错误的,退出此项 BIT 等于放弃中国这个对加拿大至关重要的市场,放弃令加拿大投资者在中国的投资获得保护的权利,"我们都知道中国是多么重要的市场,我们都知道在这样重要的市场,加拿大人需要获得投资保护,这份协定正是这样做的";"这就是为何几乎所有加拿大投资者都一边倒地支持这项协定"。参见陶短房、李源:《加总理力挺中加投资保护协定称必须准时生效》,http://world.people.com.cn/n/2012/1102/c1002-19476482.html。依据国内外有关信息,迄 2013 年 3 月初为止,"中—加 2012 BIT"签署历时已经半年,尽管中国方面已经完成促使本协定生效的内部法律程序,并已通过外交渠道通知加方,但加方至今尚未完成促使本协定生效的内部法律程序。由此可见,即使是在加拿大一国国内,也众说纷纭,争议激烈,并不认为"中—加 2012 BIT"已经实现了公认的"普世价值",遑论其他为数众多、立场各异的南北各国?! 更遑论什么"普世"?!

〔37〕 即"逐案审批同意"权、"当地救济优先"权、"东道国法律适用"权以及"国家重大安全例外"权,又被称为发展中国家用以避免重大风险的四大"安全阀"。参见陈安:《陈安论国际经济法学》(五卷本),复旦大学出版社 2008 年版,第 1088 页。

得科学的平衡。在 BITs 中设定的所有"例外条款",使东道国某些相关法律的位阶高于或优先于 BITs 中相应的程序性或实体性规定,从而排除 BITs 中一般性条款的适用。

"中—加 2012 BIT"的谈判历时 18 年,终于正式缔结,充分体现了上述南北矛盾、南北分歧、南北利益交换、南北协调合作的进程与效果。以下聚焦于与"争端解决"有关的条款规定,择其五个要点,即关于"最惠国待遇"的例外、"金融审慎"的例外、"税收措施"的例外、"用尽当地救济"的例外和"国家重大安全利益"的例外,逐一加以剖析,借以明确当今中国在上述"留权在手"的幅度与"对外放权"的尺度上,持有何种原则立场,如何拿捏恰当分寸。

(一) 关于"最惠国待遇"例外的南北分歧与妥协

国际投资条约中确立的"最惠国待遇"标准是指缔约一方给予另一方投资者的待遇不得低于其已经给予或将要给予任何第三方投资者的待遇,该项标准赋予了所有外国投资者以平等的待遇和在东道国公平竞争的机会。[38] 如果缔约双方在其签订的双边投资条约中未就"最惠国待遇"条款附加任何限制,则基于"最惠国待遇"条款的"传递性"特征,该条约就会对所有的非缔约方适用,从而使双边性的 BITs 演变为多边的国际条约。然而"最惠国待遇"不单单具有"传递性",还具有"单向性",实践中对施惠国来说,会应缔约另一方的要求将其已经给予第三方的待遇无条件地写进条约中,使得受惠国"惠而不费"地享受同等待遇。在晚近的国际投资条约中,围绕"最惠国待遇"条款存在较多的争议,主要的焦点在于"最惠国待遇"条款是否惠及和适用于争端解决机制。[39] 大多数 BITs 对于"最惠国待遇"条款是否适用于"争端解决"规定均无明确表态,这也为有关当事方及仲裁庭在涉及具体案件的解释问题上留有自由裁断(discretion)的余地。

众所周知,投资国际仲裁的当事人主体是外国投资者和东道国。"加拿大 2004

---

[38] 参见陈安主编:《国际经济法学新论》(第三版),高等教育出版社 2012 年版,第 345 页。
[39] 较为突出的例子为 2000 年 Maffezini 案与 2005 年 Plama 案。在这两个案件中,不同仲裁庭的意见截然相反:在 Maffezini 案中,其仲裁庭认为,除非另有明确的排除规定,"最惠国待遇"条款的适用范围一般可以涵盖程序性事项;在 Plama 案中,其仲裁庭则认为,除非另有明确的适用规定,"最惠国待遇"条款一般不能适用于争端管辖权的程序性待遇。See Maffezini v. Spain, ICSID Case No. ARB/97/7-January 25, 2000; Plama Consortium Ltd. v. Bulgaria, ICSID Case No. ARB/03/24-February 8, 2005. 参见陈安:《陈安论国际经济法学》(五卷本),复旦大学出版社 2008 年版,第 1143—1145、1933—1935 页;梁丹妮:《国际投资条约最惠国待遇条款适用问题研究——以"伊佳兰公司诉中国案"为中心的分析》,载《法商研究》2012 年第 2 期,第 99—100 页。

BIT范本"第4条有关"最惠国待遇"的表述[40]实际上已经涵盖了投资争端解决问题,即"最惠国待遇"可以适用于"争端解决"机制。一旦外国投资者认定自身利益受到东道国的非法损害,即可单方面地将投资争端提交给国际仲裁庭,而无须经过其东道国政府的同意。换言之,由发达国家主导的多数BITs已经授权投资者来决定是否援用其中的"最惠国待遇"条款,从而享受第三方条约中更为有利的争端解决待遇。

相比较而言,"中—加2012 BIT"第5条关于"最惠国待遇"的规定就较为谨慎:除去与"加拿大2004 BIT范本"第4条相同的前两款规定外,"中—加2012 BIT"增加了第3款,强调"最惠国待遇"条款"不能适用于投资条约和其他贸易协定中的争端解决机制"。[41] 如此看来,该表述已明确地将"最惠国待遇"排除在争端解决机制之外。

之所以会有这样的规定,是"事出有因、有据可循"的:中国经济的发展离不开世界市场,但同时还必须受国内政府的宏观调控,"与时俱进"的理念决定了政策也要视全球经济局势的发展变化而发生变动,因而不可避免地会使得某一行业或产业的政策出现重大调整,从而可能严重地损害该行业或产业的外国投资者的利益,导致其纷纷向ICSID申请仲裁。倘若中国全盘接受ICSID仲裁管辖权,很难想象,当众多的外国投资者将矛头直指中国,声称中国政府断然采取征收措施或其他重大措施剥夺了他们的财产所有权,并要求中国按照"兴旺企业持续经营总值"来计算赔偿数额时,中国该如何处理呢?再者,一旦在任何一个中—外BIT中同意将与投资有关的争端提交给ICSID解决,且在"最惠国待遇"条款中未明确规定MFN不得适用于争端解决机制,那就意味着所有的中—外BITs一致同意接受ICSID仲裁管辖权,这无疑是对中国司法主权的公然挑战,更是对中国作为发展中国家理应享有的四大权利的公然剥夺。

值得注意的是,"中—加2012 BIT"中的"最惠国待遇"条款断然拒绝采用发达国

---

[40] 参见"加拿大2004 BIT范本"第4条。Article 4:1. Each Party shall accord to investors of the other Party treatment no less favourable than that it accords, in like circumstances, to investors of a non-Party with respect to the establishment, acquisition, expansion, management, conduct, operation and sale or other disposition of investments in its territory. 2. Each Party shall, accord to covered investments treatment no less favourable than that it accords, in like circumstances, to investments of investors of a non-Party with respect to the establishment, acquisition, expansion, management, conduct, operation and sale or other disposition of investments in its territory.

[41] 参见"中—加2012 BIT"第5条。Article 5:Most-Favoured-Nation Treatment:1.... 2.... 3. For greater certainty, the "treatment" [MFN]referred to in paragraphs 1 and 2 of this Article does not encompass the dispute resolution mechanisms, such as those in Part C, in other international investment treaties and other trade agreements. 对照前注,"加拿大2004 BIT范本"第4条原文只设两款规定,留下在国际仲裁实践中由仲裁员对MFN待遇任意扩大解释的空间与弊端,相形之下,显见"中—加2012 BIT"第5条第3款的上述规定已明确排除了此种弊端。

家一贯的主张,这显然是中方谈判代表吸取了某些发展中国家(例如阿根廷[42])曾经经历的惨痛教训,在谈判中坚持"居安思危"的忧患意识,从而在原有条文的基础上增加了上述排除"最惠国待遇"的例外规定,这确是一项"得来不易"的突破性成果,应予充分肯定,同时也为中国后续与他国缔结 BITs 的谈判表明了中方应有的原则立场,树立了示范性的先例。[43]

(二) 关于"金融审慎"例外的南北分歧与妥协

国际金融危机爆发所造成的连锁反应引起了世界各国的关注,部分国家和地区因此而遭受的负面影响更不容小觑。因此,各国为防范金融危机而采取的"金融审慎措施"就被列入 BIT 谈判范本中,作为 ICSID 或其他"投资者 v. 东道国仲裁庭"(investor-State tribunal)管辖权例外条款之一。其核心内容是:即使东道国采取的"金融审慎措施"与 BITs 中的规定不符,但只要不以不合理的方式使用,不是有意将其作为逃避义务的手段,则不必为此承担法律责任。[44]

在实践中,多数 BITs 关注的是"金融审慎措施"的争端解决方面,尤其是在认定东道国所采取的"金融审慎措施"的合法性问题方面,不同 BITs 范本的规定不尽相同。将"加拿大 2004 BIT 范本"与已经签署的"中—加 2012 BIT"中有关"金融审慎措施"例外的条款进行计较,进而分析两者的不同之处,可以作为中国今后与其他国家签订 BITs 的重要先例,加以参考和借鉴。

"加拿大 2004 BIT 范本"有关"金融审慎措施"的规定[45]指出:当投资者单方向国际仲裁庭提出诉请而被诉方东道国以"金融审慎措施"和合理的阻止或限制转移措施为由进行抗辩时,应先由(1)缔约双方的金融服务主管部门进行磋商,在达成协议的基础上,或通过(2)另设"仲裁小组"(an arbitral panel)的方式,准备一份书面报告。ICSID 在收到该份报告以前,不得就前述条款能否以及在何种程度上对投资者的诉请构成有效抗辩加以审理,上述报告书对 ICSID 具有约束力。反之,如果 ICSID 在收到投资者诉请的 70 天内,既未收到两国另行设立"仲裁小组"的请求也未收到来

---

[42] 参见蔡从燕:《不慎放权,如潮官司——阿根廷轻率对待投资争端管辖权的惨痛教训》,载陈安:《国际经济法学刊》第 13 卷第 1 期,北京大学出版社 2006 年版。

[43] 早在 2007 年,陈安教授即在中英双语长篇专论《区分两类国家,实行差别互惠:再论 ICSID 体制赋予中国的四大"安全阀"不宜贸然全面拆除》(Distinguishing Two Types of Countries and Properly Granting Differential Reciprocity Treatment: Re-comments on the Four Safeguards in Sino-Foreign BITs Not to Be Hastily and Completely Dismantled 之中,强调并呼吁在今后中—外 BITs 谈判中应当力争排除"最惠国待遇"(MFN)条款适用于争端解决程序。

[44] 参见"加拿大 2004 BIT 范本"第 10(2) 条、第 14(6) 条、第 17 条;余劲松:《国际投资条约仲裁中投资者与东道国权益保护平衡问题研究》,载《中国法学》2011 年第 2 期,第 133—134、136 页。

[45] 参见"加拿大 2004 BIT 范本"第 17 条。

自两国金融服务主管部门达成共识的书面报告,ICSID 即可直接对前述问题进行审理和作出裁定。

简言之,ICSID 对于投资者单方提出的指控东道国金融措施"不合法"侵权之诉请,除受上述(1)(2)限制外,在较大程度上具有直接的和独立的管辖权、审理权和裁决权。

反观已经签署的"中—加 2012 BIT",涉及"金融审慎措施"例外规定的主要有 3 个条款,[46]这些条款对裁决"金融审慎措施"合法性的认定问题,采取了特殊的、更为严格的处理措施:

(1)当投资者单方将争端提交国际仲裁而被诉方(东道国)以"金融审慎措施"作为抗辩理由时,首先要将问题提交给争端各缔约国的金融服务主管部门进行磋商,并就抗辩理由的有效性联合作出共同决定。该决定应形成书面的报告,并对 ICSID 具有约束力。

(2)如果争端各缔约国的金融服务主管部门未能在规定的期限(60 天)内联合作出共同决定,则任一缔约方可在此后 30 天内,将争端提交给"缔约国间的仲裁庭"(State-State arbitral tribunal)解决,此时,就不得再以两国自行磋商的方式进行解决。"缔约国间的仲裁庭"所作出的裁定同样对 ICSID 具有约束力。

简言之,ICSID 对于投资者单方提出的指控东道国金融措施"不合法"侵权之诉请,除非已经具备上述(1)或(2)的必备条件之一,否则,对于此种单方诉请,ICSID 根本没有直接的和独立的管辖权、审理权和裁决权。

通过对比,不难发现,在"金融审慎措施"的争端解决方面,"中—加 2012 BIT"的规定较之"加拿大 2004 BIT 范本"在更大程度上尊重和维护了东道国的立法、执法和司法主权,更好地反映了弱势发展中国家"尽可能留权在手"的真实意愿,避免贸然对外过度"放权",由 ICSID 自行对有关条款作出任意解释,从而影响弱势发展中国家缔约国的金融安全。这样的规定也是发展中国家(中国)针对发达国家(加拿大)在谈判博弈中取得的又一"得来不易"的成果。

(三)关于"税收措施"例外的南北分歧与妥协

现行 BITs 针对税收事项一般均设有专门的条款,主要包括两方面的内容:一则规定税收条款的适用范围,二则规定税收争议仲裁的程序性问题。但税收条款的核心问题是探讨税收措施的争端解决,涉及税收争议的仲裁程序,尤其在是否强化缔

---

[46] 参见"中—加 2012 BIT"第 12 条第 4 款、第 20 条第 2 款和第 33 条第 3 款。

约双方税务主管部门的作用方面,要有明确的表态。无论是"加拿大 2004 BIT 范本"还是"中—加 2012 BIT",均强调缔约国税务主管部门在对税收措施是否构成"间接征收"[47]的问题上具有发言权和认定权。

"加拿大 2004 BIT 范本"允许投资者单方对具有"间接征收"性质的税收措施向 ICSID 等国际仲裁机构提起申诉,但这种申诉应受筛选机制的监督。[48] 尽管 BIT 中有关征收的规定适用于税收措施,但投资者只有在满足下述前提的情况下才可提交国际仲裁:(1) 已经将税收措施是否构成"间接征收"的问题提交给缔约双方的税务机关;(2) 在收到诉请的 6 个月后,缔约双方的税务机关仍然未能就该争议税收措施是否构成征收达成一致的决定。此外,缔约双方在争议税收措施是否构成"间接征收"的问题上所作出的共同决定,对仲裁庭或仲裁小组均具有拘束力。[49] 这种规定实际上赋予了缔约国税务主管部门在税收实体问题上享有共同的决定权,从而排除了 ICSID 在税收争端解决方面的直接管辖权。

关于"税收措施"的例外,"中—加 2012 BIT"同样作出了专门规定:一是规定当 BIT 中的条款与其他任何税收协定中的条款存在不一致的情况时,在不一致的范围内适用税收协定中的规定;二是对于税收措施的实体约束,仅限于 BIT 中的征收条款规定;三是突出缔约方税务主管部门的作用,在投资者就税收争议提出诉请时,应先由双方税务主管部门就争议税收措施是否构成征收联合作出决定,如一致认为不构成征收,则投资者不能提请国际仲裁;四是仅在双方税务主管部门不能就前述问题达成一致意见时,投资者才可以向国际仲裁庭提交申诉。[50]

值得一提的是,此前中国的 BITs 中对税收和征收的关系尤其是税收和"间接征收"的关系上并未作出明确的规定。一方面,BITs 虽然没有将税收措施排除在征收范围之外,但也没能列举出"征收性税收措施"的具体标准;另一方面,BITs 在授权投资者可就税收争议提交国际仲裁解决的同时,又规定该种争议应优先适用税收协定中的实体规定。[51]

尽管如此,在"税收措施"例外问题上,发达国家和发展中国家的立场可谓基本一致,"中—加 2012 BIT"延续了双方一贯的坚持,其表述更加明确和细化,没有出现类似前述其他问题的重大分歧。双方均认可两国税务主管部门的发言权和共同决

---

〔47〕 "中—加 2012 BIT"第 10 条的"附录"规定:"间接征收源于缔约方采取的一项或一系列措施,该等措施与直接征收具备同等效力,但没有在形式上体现为转移所有权或直接没收。"
〔48〕 参见石俭平:《东道国外资征税权与间接征收关系辨析》,载《企业经济》2012 年第 5 期,第 161—162 页。
〔49〕 参见"加拿大 2004 BIT 范本"第 16 条第 3、4、5、6 款。
〔50〕 参见"中—加 2012 BIT"第 14 条;《商务部就中加(拿大)双边投资保护协定进行解读》。
〔51〕 参见石俭平:《东道国外资征税权与间接征收关系辨析》,载《企业经济》2012 年第 5 期,第 162 页。

定权,在很大程度上可取代 ICSID 在税收争议问题上的直接管辖权,进而可以依据各自的国情,更好地制定其本国的税收政策和法律,防止部分外国投资者单方向国际仲裁庭提出滥诉。

(四) 关于"用尽当地救济"例外的南北分歧与妥协

发展中国家在对外签订的 BIT 中基本上均设立了"用尽当地救济"条款,规定投资者在争端发生后,首先应将争端提交给东道国国内的法院解决或向东道国国内的行政机关申请行政复议解决,只有在国内法院或行政机关未能在合理期限内作出裁决,或投资者对裁决的结果不满时,才能单方将争端提交给 ICSID 等解决。

在晚近中国对外签订(包括重新签订)的 BITs 中,不乏出现"用尽当地救济"的先例。例如,1998 年中国与巴巴多斯政府签订的 BIT 第 9 条的规定;[52] 2003 年中国与德意志联邦共和国签订的 BIT 第 9 条以及该协定议定书第 6 条的规定。[53]

在中方谈判代表的坚持下,新近缔结的"中—加 2012 BIT"第 21 条就规定了外国投资者单方诉请国际仲裁的前提条件,强调投资者需"用尽当地救济"后方能将争端提交给国际仲裁庭。具体说来:(1) 外国投资者把争端提交国际仲裁前,应首先通过东道国的行政复议程序解决,在提出复议申请 4 个月后,如果该投资者认为争端仍然存在,或者不存在可用的此种救济,则可将争端提交国际仲裁。(2) 该投资者如果已经就争端在东道国当地法院提起诉讼,则仅在该国法院作出判决前该投资者撤诉的情况下,才可诉请国际仲裁。

然而,对于外国投资者尤其是发达强国的投资者而言,更倾向于通过国际仲裁解决投资争端。他们认为,国际仲裁采用的是国际标准和程序,裁决结果对双方比较"客观、公正";反之,通过东道国的国内法院解决争端,容易受东道国政府的影响产生"当地偏袒"。"加拿大 2004 BIT 范本"就是一个很好的例证,该范本第 28 条规定:东道国在 BIT 中表示的同意视为无条件地同意投资者把有关争端直接提交国际救济,而无须受"用尽当地救济"的约束,这就完全剥夺了东道国要求优先适用当地救济的权利,即废除了东道国在一定时期内优先实行本国管辖的权利。[54]

在"用尽当地救济"的问题上,中方代表在谈判和缔结"中—加 2012 BIT"的过程中,坚持了中国的原则立场,并未贸然接受发达国家原有的关于争端解决的条款规

---

[52] 资料来源:http://tfs.mofcom.gov.cn/article/Nocategory/201111/20111107819474.shtml。
[53] 同上。
[54] 参见陈安:《陈安论国际经济法学》(五卷本),复旦大学出版社 2008 年版,第 1089 页。

定。可以说,《华盛顿公约》赋予发展中国家的这一"安全阀",在"中—加 2012 BIT"中基本得到了保留,再次印证了该谈判成果确实"来之不易"。

(五) 关于"国家重大安全利益"例外的南北分歧与妥协

众所周知,加拿大基于资本输出国的立场,一向仿效美国,在与发展中国家签订的 BITs 中,往往规定外国投资者在争端发生后有权不受东道国约束,径自寻求包括 ICSID 在内的国际仲裁救济。然而,自 21 世纪初以来,在《北美自由贸易协定》(NAFTA)体制的实际运行中,加拿大政府也逐渐尝到了本国作为"被告"被外国投资者诉诸国际仲裁庭的"苦头",[55] 认为应该对本国境内的外国投资者动辄向国际仲裁庭提出申诉的权利加以限制,以此维护东道国政府行使宏观经济调控的权力。加拿大对其 2004 年 BIT 范本作了重大修改,增加了大量的例外,突出强调东道国为了国民健康、国家安全、金融稳定、货币信贷稳定、资源保护、环境保护等公共利益而采取的有关措施,外商不得视为"间接征收"并据以提交国际仲裁索赔。[56]

反观中国,直至 2003 年 12 月重新签订"中—德 BIT"(2005 年 11 月生效),之前对外缔结的大量 BITs 中,条款都十分简单,特别是在大幅度"对外放权"(允许在华外商有权单方把境内投资争端直接提交国际仲裁管辖)的同时,对于保留"国家重大安全利益"的例外,即慎重"留权在手"事宜,多未予以应有的重视。有鉴于此,中国学者们早在 2006—2007 年就语重心长地呼吁:"中国如不增强忧患意识,居安思危,未雨绸缪,预先有所防范,则有朝一日,不排除可能会变成第二个阿根廷。"[57] 因此,中国在日后的 BITs 缔约谈判中(如与美国的 BIT 谈判),不妨以对方范本中添加的各种"安全例外"条款,作为可以"攻玉"的"他山之石",结合中国的国情,予以"师法"和"移植",使其为我所用。[58]

在新近缔结的"中—加 2012 BIT"相关条款[59]中,就比较完善地实现了南北两类

---

[55] UNCTAD, Investor-State Disputes Arising from Investment Treaties: A Review, New York & Geneva: United Nations, 2005, p.7.

[56] 参见"加拿大 2004 BIT 范本"第 10 条关于"一般例外"(general exceptions)的规定。

[57] 参见《陈安五卷本》第 1129、1092 页,第 1128—1134 页。有关阿根廷在这方面的具体经历和教训,可参见魏艳茹:《论我国晚近全盘接受 ICSID 仲裁管辖权之不当》,第三部分;单文华:《卡尔沃主义的"死亡"和"再生"——晚近拉美国际投资立法的态度转变及其对我国的启示》;蔡从燕:《不慎放权,如潮官司——阿根廷轻率对待投资争端管辖权的惨痛教训》。这三篇论文均载于陈安主编:《国际经济法学刊》2006 年第 13 卷第 1 期。

[58] 参见陈安:《陈安论国际经济法学》(五卷本),复旦大学出版社 2008 年版,第 1134 页。

[59] 详见"中—加 2012 BIT"第 33 条"一般例外"的规定。许多东道国的立法、执法措施,均被列为国际仲裁庭管辖的例外,即不归国际仲裁庭管辖。其范围甚广,诸如:与文化产业相关的措施;保护人类、动物或植物生命或健康所必要的措施;与保护易耗尽的自然资源相关的措施;基于审慎原因而采取维持金融机构和金融体系安全、稳定的措施;为实施货币和相关信贷政策或汇率政策而普遍适用的非歧视性措施;为保护国家根本安全利益所必要的任何军事措施;为履行维护国际和平与安全义务而采取的行动;保护内阁机密、金融机构机密的法律;受《竞争法》《反垄断法》《价格法》和《反不正当竞争法》保护而不得披露的信息;等等。

国家互相尊重对方国家的法律,[60]互相尊重对方国家的立法和执法主权,从而达到彼此平等、互利共赢。这种条款规定,可谓"在重大问题上反映了国际投资协定的新发展和新趋势"[61],显然也是"来之不易",值得肯定和赞许。

五、多哈回合谈判是构建国际经济规则不能"摒弃南北矛盾视角"的最大明证

本文开头提到,晚近出现一种说法,认为"中国对外缔结 BITs 的谈判是寻求普世价值的过程";"南北矛盾视角"已经"过时";由此推论,"在构建国际经济规则的过程中,应当摒弃南北矛盾视角"。此说似是"以小见大",实则"以小偏概大全",大大背离全球大局的现实。众所周知,迄今延宕十一年之久的"多哈回合"谈判,就是构建全球性国际经济规则的"南北大谈判";换言之,"多哈回合"谈判本身就是"构建国际经济规则"绝对不能"摒弃南北矛盾视角"的最大明证。

多哈回合谈判自 2001 年启动以来,就本着 WTO 所倡导的"以发展问题为主线"的宗旨,寻求对经济全球化加以有效治理的多边贸易体制。在此之前,作为多哈回合谈判的前身——乌拉圭回合谈判的核心成果,被评价为发达国家和发展中国家之间的一个"南北大交易",即发达国家开放农产品、纺织品等对发展中国家具有重要出口利益的领域,实行"市场准入",发展中国家同意将服务贸易、知识产权等新议题纳入到多边贸易体制中。然而随着乌拉圭回合的结束并伴随相关协议的实施,发展中国家普遍感受到它们并没有在这场"南北大交易"中得到预期的利益,尤其是在"市场准入"方面表现得最为明显。与此同时,它们却要为新议题的出现而承担更为沉重的义务。与发达国家在交易中的"收获多多"相比,发展中国家不仅没有在市场准入方面获得贸易顺差,还要为新议题作出巨大的让步,付出巨大的经济代价。显然,这场"南北大交易"中的显失公平,加剧了而不是缓解了多边贸易体制下发达国

---

[60] 前文提到,BITs 中设定的所有"例外条款",实质上就是旨在维护东道国特定相关法律的权威性及其优先适用地位,换言之,通过 BITs 中的"例外条款",使东道国某些相关法律的位阶高于、优先于 BITs 中相应的程序规定或实体规定,从而排除 BITs 相应一般程序性或实体性条款的法律效力。从这个意义上说,"例外条款"不但是保障东道国国家重大安全利益的一大"安全阀",而且是保障东道国主权(含经济主权、立法主权、执法主权和司法主权)和独立自主的一大"安全阀"。

[61] 参见《商务部就中加(拿大)双边投资保护协定进行解读》,http://news.china.com.cn/politics/2012-09/10/content_26477359.htm。

家和发展中国家之间的南北分歧。[62]

当前,多哈新一轮多边贸易体制下的谈判已从传统的货物贸易领域逐渐向服务贸易、劳工、竞争和发展等领域开放,其所涉及的范围已经深入到成员国的国内规则、政治经济制度等较为敏感的"内政"领域,并不断向发达国家和发展中国家利益直接冲突的重要事项逼近。[63] 因此,不难想象,面对两大群体的正面交锋,实力强大的发达国家与数量众多的发展中国家很难在多边贸易谈判中迅速地、顺利地达成一致。南北之间的矛盾、角力和较量,势必还要延续相当长一段时间,其进展势必步履维艰、曲折向前。

毋庸置疑,迄今历时11年的多哈回合谈判体现了南北矛盾遇到了新难题,进入了新阶段。在某些发达强国的极力阻挠下,如何在推进贸易自由化和保留发展中国家的经济自主权和优先发展权之间寻求平衡点和交汇点,乃是当下需要优先考虑和解决的问题,也是在构建国际经济规则过程中不应该"摒弃南北矛盾视角"的最大明证。

六、结 束 语

综上所述,笔者对构建国际经济规则是否应当"摒弃南北矛盾视角"的问题加以认真探讨,试图厘清几条基本主线:

第一,在历史上,大量BITs的缔结即为南北矛盾的产物。在南北两类国家之间,无论是已经缔结的BITs还是正处在谈判阶段的BITs,均体现了南北两类国家之间利益的交换和妥协过程,这显然是"构建国际经济规则,不应当摒弃南北矛盾视角"的一大实证。

第二,新近缔结的"中—加2012 BIT",历经18年的漫长努力和耐心等待,这一过程表明,南北两类国家在投资实践的某些核心问题上已经由分歧走向共识,其过程的艰难和缓慢无疑证明了"构建国际经济规则,不应当摒弃南北矛盾视角"。

第三,作为促进"构建国际经济规则"合理变革的多哈回合谈判,如已走过11个年头,虽步履维艰,却依然在曲折中前进,并终将在南北双方均可接受的"交汇点"化

---

[62] 参见黄志雄:《WTO多哈回合谈判与转型中的多边贸易体制:挑战与未来》,载陈安主编:《国际经济法学刊》2008年第15卷第3期,第218—219页。
[63] 参见沈虹:《论多哈回合谈判的新趋势和中国的策略定位》,载《汕头大学学报》2011年第4期,第79页。

解南北僵局,平衡南北两类国家的利益。[64]这也为多年来全球多边谈判的最新事例,再次提供了有力的佐证,证明了"构建国际经济规则,不可能也不应当摒弃南北矛盾视角"。

第四,中国作为长期活跃在世界经济舞台的发展中国家,在处理和其他国家尤其是强大发达国家之间的投资利益关系时,应摆正心态,保持"居安思危"的忧患意识。一方面,应当对他国先进的理念和实践加以学习和借鉴,并立足于中国吸收外资和向外投资的有关国情,进行全面、深入的调查研究,认真吸取当代各国 BITs 缔约实践中的经验教训,谨慎小心地"摸着石头过河"。另一方面,在面对投资争端解决时,切不可贸然过度交出本国的司法管辖权和本国法律的优先适用权。恰恰相反,应善于运用四大"安全阀",尽可能"留权在手",在"引进来"和"走出去"之间,在保护外资合法权益和维护中国司法主权、经济主权之间,保持正确的、恰如其分的综合平衡。

---

[64] 目前,国际社会对于多哈回合谈判前景之预测,意见不一:发达强权国家官方学者别有用心地散播"多哈已死"论、"多哈瘫痪"论、"多哈临终"论;中国代表则在国际论坛上力排"众议",旗帜鲜明地提出虽然目前多哈回合遭遇困境,似乎进入"冬眠"期,但在 WTO 第八次部长级会议上,各成员均展现出经过一段时间磨合后会继续推进的信心,期待多哈回合的"春天"不会太遥远。参见陈德铭:《一些国家正值政治选举期 多哈回合进入"冬眠"》,http://mnc.people.com.cn/BIG5/16641600.html;陈德铭:《中国为多哈发展回合做出了实实在在的贡献》,http://business.sohu.com/20111219/n329493688.shtml;陈安主编:《国际经济法学新论》(第三版),高等教育出版社 2012 年版,第 148—162 页。

第 8 章 国际投资法中"身份混同"问题之宏观剖析与中国应对*

>> 内容提要

国际投资条约的有效运行是以缔约国双方的"身份混同"("可逆性")为前提条件的。然而,实践却表明,身份混同的现象在国际投资领域并非是一种常态,相当部分的国家不存在身份混同的情况。这种现象,可称为"身份混同的非均衡化"。在国际投资领域,身份混同的非均衡化现象究竟是怎样的?它是如何产生的?对国际投资法制与缔约国产生何种影响?各国应该如何应对?本文探究和剖析以上诸问题,冀能对于中国积极参与国际投资法的制定,准确判断其定位,把握机遇和规避风险,妥善处理本国公共利益与跨境投资保护之间的关系,提出科学的、可行的应对之策。

>> 目　次

一、身份混同非均衡化的表现
　　(一) 身份混同现象的非普遍化
　　(二) 经济身份混同与法律身份混同的非对称性
二、身份混同非均衡化的成因
　　(一) 客观原因:国际经济发展的不平衡
　　(二) 主观原因:国家的战略性回避
三、身份混同非均衡化引发的问题
　　(一) 立法模式:双边化
　　(二) 实体规则:遵循财产保护逻辑

---

* 本文由陈安与李庆灵合作撰写。李庆灵是国家重点学科厦门大学国际法学科 2014 届博士,现任广西师范大学法学院副教授。

(三) 争端解决机制:商事化
四、身份混同非均衡化的国家应对——中国视角
　　(一) 中国的身份混同难题
　　(二) 中国的因应之策

　　当前的国际投资法制主要体现为数千个双边或者区域投资条约交叠而成的条约网络。国际投资条约(International Investment Agreement，IIA)[1]建立在这样的双边关系上,互惠也因此构成双边主义的基本方面。从内容上看,这些条约虽然是双向的条约,但却仅针对其中的一方(东道国)的义务和责任作出规定。[2] 因此,国际投资条约的有效运行是以缔约国双方身份的可逆性[3]与重复交往为前提条件的,换言之,缔约国身份存在混同的情况下,条约所规定的义务与责任才可能公平地适用于缔约各方。因为在此种情况下,每一个缔约国均可能成为交易的任一方,既可能是承担条约责任与义务的东道国,也可能是为本国海外投资寻求保护的投资者母国。

　　可以说,身份混同是国际投资法律体制得以正常、有效运转的前提条件。然而,实践却表明,身份混同的现象在国际投资领域并非是一种常态,相当部分的国家不存在身份混同的情况。这种现象,笔者称为"身份混同的非均衡化"。那么,在国际投资领域,身份混同的非均衡化现象究竟是怎样的?它是如何产生的?对国际投资法制与缔约国产生何种影响?各国应该如何应对?以上问题的研究,对于中国积极参与国际投资法的制定,准确判断其定位,把握机遇和规避风险,妥善处理本国公共利益与跨境投资保护之间的关系,具有重要的理论与现实意义。

一、身份混同非均衡化的表现

　　在国际投资领域中,对应国家的身份有许多类型,如发达国家、转型国家、发展中国家、资本输出国、资本输入国、引资东道国、投资者母国等。这些身份是依据不

---

　　[1] 本文论及之国际投资条约并不限于双边投资条约(Bilateral Investment Treaty，BIT),也涵盖包含投资内容的自由贸易协定(Free Trade Agreement，FTA)。
　　[2] Patrick Juillard, Bilateral Investment Treaties in The Context of Investment Law, http://www.oecd.org/investment/internationalinvestmentagreements/1894794.pdf; Tarcisio Gazzini, *Interpretation of International Investment Treaties*, Hart Publishing, 2016.
　　[3] 身份的可逆性是指相互对应的身份可以相互对换的情况。比如,两国之间存在国际资本的相互流动,一国作为引资东道国时,另一国便是投资者母国的身份,而其作为投资者母国时,对方则是引资东道国。

同的标准划分的,例如依据经济或法律标准可以分为经济身份和法律身份两种类型。经济身份指的是国家基于一定经济事实关系而形成的身份,如发达国家、转型国家、发展中国家;资本输出国和资本输入国等。法律身份也是基于一定事实关系产生的,只不过法律对其作出了相应规定,享有这一身份的主体在法律上享有相应的权利与承担相应义务,如 IIA 缔约方的身份——引资东道国与投资者母国;国际投资争端仲裁被申请方与申请方投资者的母国等。此外,不同身份之间的性质也有所差别,可能是兼容的,也可能是相互不兼容的。通常情况下,不同类型的身份比较容易兼容。比如说,一个发达国家可能又是一个资本输出国和投资母国。而同一类型身份的兼容性则需要具体考察。例如,发达国家、转型国家和发展中国家主要是依据国家的经济实力划分,这一类型的国家身份是单一的,即发达国家不可能同时是转型国家或发展中国家。而资本输出国和资本输入国则可能是兼容的,因为其是依据资本的流向划分的,各国之间的资本可能是单向的,也可能是双向的。因此,一个国家可能只是单一的资本输入国或资本输出国,也可能既是资本输出国同时又是资本输入国。

因此,缔约国的身份混同只能在相互兼容的身份类型当中出现。一般说来,具有可逆性的身份主要表现为:资本输出国与资本输入国、IIA 缔约方中的引资东道国与投资母国、国际投资争端仲裁被申请方与申请方投资者的母国等。从实践来看,国际投资中身份混同的非均衡化主要体现为两个方面:

(一) 身份混同现象的非普遍化

通常来说,资本输入国的身份较为普遍,相关数据表明,大多数国家都有吸收外国投资的情况。[4] 而与之相对应的资本输出国的身份则相对稀缺。一些国家虽然有吸收外国投资的情况,但其对外投资额一直为零。例如,根据联合国贸发会(UNCTAD)的统计,坦桑尼亚 2005 年、2010 年、2013 年、2014 年的资本输入额分别为 9.36 亿美元、18.13 亿美元、21.31 亿美元、21.42 亿美元,而这几年间的对外投资流量均为 0。[5] 中非共和国、科摩罗伊斯兰、乍得、佛得角圭亚那、海地等国的情况类似。[6] 因而,这些国家只能以资本输入国的身份行事。还有一些国家尽管有对外投

---

[4] See UNCTAD, Country Profile, http://unctadstat.unctad.org/CountryProfile/en-GB/index.html.
[5] See UNCTAD, General Profile: United Republic Of Tanzania, http://unctadstat.unctad.org/CountryProfile/GeneralProfile/en-GB/834/index.html.
[6] See UNCTAD, Country Profile, http://unctadstat.unctad.org/CountryProfile/GeneralProfile/en-GB/834/index.html.

资的活动,但规模比较小,几乎可以忽略不计。例如,几内亚 2005 年和 2010 年的对外投资为 0,2013 年为－10 万美元,2014 年也只有 90 万美元。[7] 即便是资本输入量与资本输出量持平的国家,资本输入与输出分布地区也不会完全一致,在针对具体国家时,也可能只以单个身份行事。以马来西亚为例,根据国际货币基金(IMF)提供的数据,2014 年该国资本输入量为 1356.85 亿美元,输出量则是 1337.67 亿美元。其中,马来西亚对柬埔寨、印度、印度尼西亚、毛里求斯、菲律宾、阿联酋和越南只有资本输出而无资本输入;马来西亚对丹麦、法国、日本、韩国、卢森堡和瑞士则只有资本输入而无资本输出。因而,在与上述国家之间的投资关系当中,马来西亚也只能以单一身份出现。[8]

这种情况在国际投资争端仲裁中也非常明显。UNCTAD 的统计数据表明,在目前涉及国际投资争端仲裁案件的 129 个国家当中,共有 79 个国家只以单一身份出现。其中,57 个国家是作为案件的被申请方,22 个国家仅作为案件申请方投资者的母国身份。[9]

(二) 经济身份混同与法律身份混同的非对称性

依据身份的性质,身份混同的情况可以分为经济身份的混同和法律身份的混同这两大类。一般来说,经济身份的混同与法律身份的混同应该是相对应的。例如,资本输出国缔结 IIAs 的目的在于保护本国海外投资,因而,其 IIA 缔约相对方的分布原则上应该与其海外投资的流向所在地一致。但事实上,不少国家的缔约实践并非如此。投资大国美国便是其中的一个典型。

首先,美国对外缔结 IIA 数量较少,迄今生效的 BIT 只有 41 个,包含投资章节的 FTA 也只有 21 个,这与其投资大国的身份并不相符。其次,从其官方公布的 IIA 缔结情况来看,美国所缔结 IIA 的缔约相对方无一例外地是美国处于资本净输出国的地位。此外,虽然不少国家有资本输入到美国,但规模很小,几乎可以忽略不计(见表 3-8-1)。[10] 此种情况下,就 IIA 缔约国的身份而言,美国几乎是处于投资者母

---

[7] See UNCTAD, General Profile: Guinea, http://unctadstat.unctad.org/CountryProfile/GeneralProfile/en-GB/324/index.html.

[8] http://data.imf.org/? sk=40313609-F037-48C1-84B1-E1F1CE54D6D5.

[9] See UNCTAD, Investor-State Dispute Settlement: Review of Developments in 2015, http://investmentpolicyhub.unctad.org/Upload/ISDS%20Issues%20Note%202016.pdf.

[10] 此表格是作者结合美国贸易委员会和 IMF 官方提供的数据整理而成,国家排序按照其英文名字的排列。http://tcc.export.gov/Trade_Agreements/All_Trade_Agreements/index.asp; IMF, Coordinated Direct Investment Survey Guide, http://data.imf.org/? sk=40313609-F037-48C1-84B1-E1F1CE54D6D5&sid=1390030109571&ss=1424365654133.

国的身份,而少有作为引资东道国。而在另一方面,2009—2014年,美国主要的对外投资目的地共有11个,包括荷兰、英国、卢森堡、加拿大、爱尔兰、澳大利亚、智利、德国、瑞士、日本和新加坡等。[11] 这些国家所承接的资本流入量合计占到当年美国资本输出总量的72%以上。它们也是美国的主要资本输入来源地。从美国与这11个国家之间资本流动的情况来看,美国与它们相互间缔结IIA的可能性应该是比较高的,也因此,双方身兼引资东道国和投资者母国的身份的概率会相当大。但事实并非如此,在前述的11个国家当中,仅有加拿大、澳大利亚和新加坡与美国缔结了包含投资章节在内的FTA,其他国家并未与美国缔结IIA。

表 3-8-1　2009—2014年美国IIA缔约相对国资本流动量统计表(百万/美元)

缔约相对国	IIA 类型	输入量	输出量
阿尔巴尼亚	BIT	0	−10
阿根廷	BIT	1,246	66,008
亚美尼亚	BIT	4	5
阿塞拜疆	BIT	−79	−22
澳大利亚	FTA	276,340	810,519
巴林	BIT/FTA	1,489	2,522
孟加拉	BIT	9	1,870
玻利维亚	BIT	−1	2,791
保加利亚	BIT	−3	1,782
喀麦隆	BIT	−30	599
加拿大	FTA	1,302,947	1,957,192
智利	FTA	2,883	148,027
哥伦比亚	FTA	3,956	34,382
刚果民主共和国	BIT	−1	0
刚果共和国	BIT	33	−185
克罗地亚	BIT	−66	228
捷克	BIT	113	31,361
多米尼加—中美洲	FTA	0	−12
厄瓜多尔	BIT	221	3,907

---

[11] See IMF, Coordinated Direct Investment Survey Guide, http://data.imf.org/?sk=40313609-F037-48C1-84B1-E1F1CE54D6D5&sid=1390030109571&ss=1424365654133.

(续表)

缔约相对国	IIA 类型	输入量	输出量
埃及	BIT	−661	85,483
爱沙尼亚	BIT	−27	456
格鲁吉亚	BIT	0	5
格林纳达	BIT	40	43
洪都拉斯	BIT/FTA	−92	3,983
牙买加	BIT	21	2,159
约旦	BIT/FTA	−303	972
哈萨克斯坦	BIT	−90	49,141
韩国	FTA	141,625	167,508
吉尔吉斯斯坦	BIT	0	60
拉脱维亚	BIT	−1	−2
立陶宛	BIT	−18	−9
墨西哥	FTA	82,945	497,092
摩尔多瓦	BIT	0	15
蒙古	BIT	−17	57
摩洛哥	BIT/FTA	−35	2,497
莫桑比克	BIT	−3	1,399
尼加拉瓜	FTA	21	1,305
阿曼	FTA	−156	3,025
巴拿马	BIT/FTA	6,757	26,138
秘鲁	FTA	939	32,025
波兰	BIT	11,594	63,089
罗马尼亚	BIT	132	9,496
卢旺达	BIT	0	0
塞内加尔	BIT	0	−278
新加坡	FTA	118,943	727,689
斯洛伐克	BIT	58	2,469
斯里兰卡	BIT	135	425
特立尼达和多巴哥	BIT	1,176	33,245
突尼斯	BIT	−41	1,528
土耳其	BIT	2,554	21,877
乌克兰	BIT	−19	3,980
乌拉圭	BIT	2,520	7,541

除了美国之外,IMF 官方公布出来的 2009—2014 年资本输出量在世界排名前十的荷兰、卢森堡、英国、法国、德国、瑞士、日本等国的情况与美国类似。[12] UNCTAD 提供的数据表明,在 2007 年全球缔结的 2608 个 BITs 中,发达国家之间缔结的 BIT 只占 9%,而发展中国家参与签订的 BIT 则占总数的 91% 左右。其中,最不发达国家对外投资不到世界投资总额的 1%,但签订的 BIT 占总数的 16%。[13]

除了缔约实践之外,美国在国际投资争端仲裁实践中同样出现了经济身份混同与法律身份混同不匹配的情况。在国际投资争端仲裁中,其法律身份呈现出一种明显的单一性,这同样与其经济身份的混同情况不相符。[14] 依照 UNCTAD 的数据,截至 2015 年年底,美国是涉入已知国际投资争端仲裁案件最多的国家,一共 153 个案件。其中,在 15 个案件当中,美国是以被申请方的身份出现的;而在其余 138 个案件中,美国则以申请方(投资者)母国的身份出现,其频率是前者的 9 倍。美国也因此成为迄今为止以这一身份出现频率最多的国家,远远超出排名第二的荷兰。[15] 特别需要注意的是,所有美国作为被申请方的案件均是在北美自由贸易协定(NAFTA)框架下提起的,且在这 15 个案件中,只有一个案件是由墨西哥投资者提起的,其余 14 个案件均为加拿大投资者提起。[16] 换言之,在其对外缔结的非 NAFTA 的其他投资条约框架下,美国都是以申请方投资者母国的身份出现的。

二、身份混同非均衡化的成因

纵观各国的缔约与国际投资争端仲裁实践,不难看出,国际投资领域当中,身份混同并不是一种普遍现象,更多的情况下,它处于一种非均衡化的状态。究竟是什么原因导致这样的情况发生呢?笔者认为有两个方面的原因:

(一) 客观原因:国际经济发展的不平衡

前述提及,国家的一些身份是基于一些事实关系而形成的,如经济身份。这种

---

[12] 值得注意的是,这一排名仅以向 IMF 提交国际资本流动数据的经济体为限,与各国实际的国际资本流动排名有一定的偏差。

[13] See World Bank, Development at the International Level 2008, http://siteresources.worldbank.org/INTWDRS/Resources/477365-1327599046334/8394679-1327614067045/WDROver2008-ENG.pdf.

[14] See UNCTAD, Investor-State Dispute Settlement: Review of Developments in 2015, http://investmentpolicyhub.unctad.org/Upload/ISDS%20Issues%20Note%202016.pdf.

[15] See UNCTAD, World Investment Report 2008: Transnational Corporations, and the Infrastructure Challenge, http://unctad.org/en/Docs/wir2008_en.pdf.

[16] See UNCTAD, United States of America- As Respondent State, http://investmentpolicyhub.unctad.org/ISDS/CountryCases/223?partyRole=2.

身份是由既定的社会结构决定,如一国在全球投资架构中的身份只能由其经济实力决定。因为,大规模的资本输出需要以强大的经济实力为基础,国家只有在国内资金相对充裕的情况下才会大规模地输出资金。在国内资金匮乏、外汇短缺的情况下,即便对外投资,其规模也是很有限的,故这种国家更多地处于资本输入国的身份。国际经济发展长期处于不平衡的状态,无论在经济总量上,还是在人均GDP上,发达国家与发展中国家之间处于一种失衡的状态。根据IMF的数据统计,2013年发展中国家和发达国家的经济总量分别为29.4万亿美元和46.1万亿美元;二者占世界经济的比重分别为38.9%和61.1%。从GDP来看,发达国家人均值为40186美元,几乎是发展中国家的8.2倍。[17] 两者的差别可谓悬殊。

国际经济发展的南北失衡同样体现在国际投资领域。第二次世界大战以前,国际资本的流动主要呈现出一种从发达国家向落后的殖民地、附属国的单向流动。二战后,其流向则转为发达国家之间的双向流动。依据UNCTAD的统计,1978年到1980年这三年期间,发达国家对外投资占国际直接投资输出总额的平均比例为97%,吸收外资占国际直接投资输入总额的平均比例是79.70%。直到2003—2005年,这两个比例才有所下降,吸收外资的平均比例下降为59.40%,但资本输出的比例仍高达85.80%。[18]

表 3-8-2　1978—2005年国际直接投资的分布比例

地区	输出				输入			
	1978—1980	1988—1990	1998—2000	2003—2005	1978—1980	1988—1990	1998—2000	2003—2005
发达国家	97.00%	93.10%	90.40%	85.80%	79.70%	82.50%	77.30%	59.40%
发展中国家	3.00%	6.90%	9.40%	12.30%	20.30%	17.50%	21.70%	12.60%

二战以后,国际资本流动的重心也在向发展中国家转移。在对外投资方面,发展中国家虽然早有实践,但对外投资规模小。例如,1985年对外投资的发展中国家就有65个,对外投资总额均未超过10亿美元。[19] 而且这些投资流向发达国家的数量很少,更多的是流向其他发展中国家。依照UNCTAD提供的数据,在1985年到2004年这20年间,发展中国家总量超过1000亿美元的仅有2000年和2004年。除

---

[17] See IMF, 2014 World Economic Outlook: Legacies, Clouds, Uncertainties, http://www.imf.org/~/media/Websites/IMF/imported-flagship-issues/external/pubs/ft/weo/2014/02/pdf/_text.ashx.

[18] See UNCTAD, World Investment Report 2006, http://unctad.org/en/pages/PublicationArchive.aspx?publicationid=709.

[19] See Karl P. Sauvant, New Sources of FDI: the BRICs, Outward FDI from Brazil, Russia, India and China, *Journal of World Investment and Trade*, Vol. 6, 2005, pp. 639-709.

了个别年份之外,发展中国家流向发达国家的对外投资比例超过 50% 的仅有 1985 年到 1988 年这 4 年,在 50%—30% 之间的也只有 4 年。虽然参加对外投资实践的国家不少,但具备足够规模的对外投资能力的发展中国家并不多。例如,2003 年对外投资的发展中国家共有 116 个,但超过 10 亿美元的国家只有 9 个。

美国资深学者卡尔·索旺(Karl P. Sauvant)教授的相关研究也指出,截至 2005 年底,83% 发展中国家对外投资存量集中在 10 个发展中国家。[20] 因此,少数发展中国家才可能出现身份混同的情况。

(二)主观原因:国家的战略性回避

为避免身份冲突的问题,国家通常会根据自身的利益选择激活相应的身份而冻结另一些身份,这主要体现在法律身份上。对于 IIA 的缔约方来说,缔结条约需要承担成本与风险,尤其是东道国。除了交易成本之外,东道国还面临极大的主权风险。[21] 因为 IIA 要求引资东道国一方给予外资及其投资者高标准的保护,这无疑是把东道国双手紧紧绑住(tying the hands),使其动弹不得![22] 是以,尽可能地回避东道国的身份,而保留投资者母国的身份,是不少国家的企望。

对于发达国家而言,其经济实力使得其更容易在经济身份上出现混同的情况。因而,在缔约实践中,它们常常会采用差别化缔约的方式来回避不利的法律身份。在缔约相对方的选择上,它们会尽可能考虑以下几种情况:一是,对本国资本输入量为零的海外投资地;二是,对本国资本输入量较少,自身处于资本净输出国地位的海外投资地。

UNCTAD 曾有研究表明,在 1959—1999 年这四十多年的 IIA 缔约实践中,各国 IIA 的主要缔约模式都是"发达国家—发展中国家"模式。"发达国家—发达国家"与"发展中国家—发展中国家"模式比较少见。[23] "发展中国家—发展中国家"模式鲜有实践的原因是,发展中国家之间投资未成规模,因而缺乏相互间缔结 IIA 的经济动力。在 2000 年以后发展中国家对外投资在不断增加,其相互间缔结的 IIA 也在增

---

[20] Ibid.
[21] See Allee, Todd and Clint Peinhardt, Delegating Differences: Bilateral Investment Treaties and Bargaining Over Dispute Resolution Provisions, *International Studies Quarterly*, Vol. 54, 2010, pp. 1-26; Poulsen, Lauge Skovgaard, The Importance of BITs for Foreign Direct Investment and Political Risk Insurance: Revisiting the Evidence, in Karl P. Sauvant(ed.), *Yearbook on International Investment Law and Policy*, 2009-2010, Oxford University Press, 2010, pp. 539-573.
[22] See Andrew Kerner, Why should I believe you? The Costs and Consequences of Bilateral Investment Treaties, *International Studies Quarterly*, Vol. 53, 2009, p. 74.
[23] See UNCTAD, Bilateral Investment Treaties 1959-1999, United Nations, 2000, p. 5.

加,2007 年的缔结数量达到全部 BITs 数量的 38%。

与之不同的是,发达国家之间的相互投资规模巨大,但它们之间缔结的 BIT 只占 9%。[24] 以荷兰和美国这两个国家为例,依照 IMF 提供的数据,它们在 2009—2014 年资本输出量和资本输入量均排名世界前两位。到目前为止,美国对外缔结 BIT 的相对方清一色的都是发展中国家,[25] 荷兰则无论是 FTA 还是 BIT 都是选择与发展中国家缔结。[26] 发达国家之所以只选择发展中国家作为缔约相对方的原因,与其说是其所宣称的出于"**教育**"发展中国家之目的,以使其知悉外国投资者所需要的投资环境,[27] 还不如说它们是为了避开引资东道国这一身份而独享投资者母国的利益。M. Sornarajah 教授便指出,不少 BIT 是在不平等的合作伙伴之间缔结的。这些条约虽然是以资本在缔约国之间双向流动为预期的,但由于缔约各方在财力和技术上实力悬殊,最终仅表现为资本的单向流动。而这些条约并未明确地规定资本输出国承担必须确保资本流入缔约相对方的义务,却要求东道国仅在基于外国投资可能流入的信赖而拱手交出自己的主权。[28]

三、身份混同非均衡化引发的问题

身份混同的非均衡化不可避免地影响国际投资法律体系的发展。这主要体现在它使得国际投资法律体系呈现出一种私法化的特征。

(一) 立法模式:双边化

在立法模式方面,国际投资立法目前呈现出明显的双边化特征。迄今为止,国际投资法体系是由 3000 多个双边和区域投资条约交织而成的复杂网络。根据联合国贸易与发展会议提供的数据,截至 2017 年 12 月 31 日,各国缔结的投资条约已经

---

[24] See World Bank, Development at the International Level 2008, http://siteresources.worldbank.org/INTWDRS/Resources/477365-1327599046334/8394679-1327614067045/WDROver2008-ENG.pdf.

[25] See TCC, Bilateral Investment Treaties, http://tcc.export.gov/Trade_Agreements/Bilateral_Investment_Treaties/index.asp.

[26] See Dutch Government Websites, Treaty Database, https://treatydatabase.overheid.nl/en/Verdrag/ZoekUitgebreid.

[27] See Kenneth J. Vandevelde, *U.S. International Investment Agreements*, Oxford University Press, 2009, p. 26.

[28] See M. Sornarajah, *The International Law on Foreign Investment*, Cambridge University Press, 2004, pp. 207-208.

达到了 3324 个投资条约,其中包含 2951 个双边投资条约(BIT)和 373 个其他包含投资条款的条约(TIP)。[29] 可以说,BIT 是当前 IIA 的主要模式。与多边条约相比,双边条约带有明显的契约特征。其目的不在于创设普遍适用的一般性国际法规则,而在于对缔约双方实质利益进行互易型的调整,以实现双方权利义务的交换和平衡。[30] 虽然双边条约也为当事国创设国际法规则,但其所创设的规则通常是两个缔约国用以制定个别国际法规则以便相互遵守的条约。[31] 因而,双边条约的内容更多地体现缔约国自身的利益需求,而非普世的价值。[32] 不少学者的研究也表明,缔约国缔结 IIA 的动机是为了实现自身的经济或政治方面的利益。例如,促进和保护外资[33]、促进缔结其他经济条约的可能性[34]、影响国际投资法的发展[35]、锁住国内改革成果[36]等。有学者甚至指出,美国决定是否以及选择哪些国家缔结 IIA 时,经济方面的考量不会对其决策产生明显影响,政治方面的考量可能影响更大。[37]

前述分析表明,当前国际经济发展的不平衡,使得发达国家从与发展中国家缔约中获得很大的觅利空间:回避东道国的身份,由缔约相对方承担高标准的 IIA 条约义务,为本国投资者提供最大可能的国际法保护。双边策略可以更容易达成这个目标。一方面,在多边层面下,缔约方众多,缔约国很难保持投资者母国的单一身份。另一方面,在多边决策中,利益相同或相近的国家容易形成集体的力量,即便是实力弱小的国家也可以借此对抗强国。一国范本的可接受度会下降,其预期的缔约利益不能最大化。对于经济、政治和谈判技术等方面占优的缔约国而言,缔约相对方越

---

[29] See UNCTAD, International Investment Agreements Navigator, http://investmentpolicyhub.unctad.org/IIA.

[30] S. Rosenne. *Developments in the Law of Treaties 1945-1986*, Cambridge University Press, 1989, p. 25.

[31] 参见李浩培:《条约法概论》,法律出版社 2003 年版,第 34 页。

[32] 参见陈安、谷婀娜:《"南北矛盾视角"应当"摒弃"吗?》,载《现代法学》2013 年第 2 期,第 138—139 页。

[33] See Jeswald W. Salacuse, BIT by BIT: The Growth of Bilateral Investment Treaties and Their Impact on Foreign Investment in Developing Countries, *The International Lawyer*, Vol. 24, 1990, pp. 655-675.

[34] See Jennifer L. Tobin and Marc L. Busch, A Bit is Better than a Lot: Bilateral Investment Treaties and Preferential Trade Agreements, *World Politics*, Vol. 62, 2010, pp. 1-42.

[35] See Kenneth J. Vandevelde, U. S. Bilateral Investment Treaties: The Second Wave, *Michigan Journal of International Law*, Vol. 14, 1993, pp. 621-702.

[36] See Andrew T. Guzman, Why LDCs Sign Treaties That Hurt Them: Explaining the Popularity of Bilateral Investment Treaties, *Virginia Journal of International Law*, Vol. 38, 1998, p. 639.

[37] See Adam S. Chilton, The Politics of the United States' Bilateral Investment Treaty Program. (Coase-Sandor Working Paper Series in Law and Economics No. 722, 2015). 美国在 20 世纪 70 年代末启动 BIT 战略的直接目的就是为了回应发展中国家的国家化行为和发展中国家在联合国关于国家主权的集体行动。See K. J. Vandevelde, *U. S. international Investment Agreements*, Oxford University Press, 2009, p. 1; K. J. Vandevelde, The BIT Program: A Fifteenth Year Appraisal, *American Society of International Law Proceedings*, Vol. 86, 1992, p. 532.

少,掌握谈判话语权的可能性以及程度也更高。[38] 以美国为例,其所有 BITs 都是以根据美国的条约范本缔结的,虽然该范本历经数次修订,但其核心条款基本保持一致。[39]

是以,尽管在国际投资规则统一化的问题上,发达国家早有尝试,但在 1998 年经济合作与发展组织(Organization for Economic Co-operation and Development, OECD)主导的"多边投资协定"(Multilateral Agreement on Investment, MAI)及其"移师"WTO 多哈回合的尝试陷入困境之后,发达国家在多边投资条约的努力并没有像西方学者最初预见的那样积极和顺利。[40] 多边投资协定早期谈判陷入僵局的主因固然与发展中国家与发达国家在多边投资议题上的分歧严重密切相关,但后期发达国家冷落多边投资条约谈判则是其利益使然。毕竟,在现有规则呈现出片面保护资本输出国利益特征的情况下,该议题对于身兼资本输出国与资本输入国的发达国家来说,IIA 的主权成本与风险将大大增加,这基本上是一种无益之举。

(二) 实体规则:遵循财产保护逻辑

相比较于在 WTO 框架下打造所谓的"宪政体制",发达国家在国际投资领域选择的却是另一种模式,整个国际投资法体系更像一部侵权责任法——由国际条约规范界定东道国政府的侵权行为,投资者依其损害主张救济。[41]

如前所述,身份混同的非均衡化使得缔约国分化为两个阵营,资本输出国更多地处于规则制定者的身份,而资本输入国更多地作为规则的承担者。这种分化的一个直接后果便是,IIA 的缔结更多地体现资本输出国的利益,这种利益偏向体现在 IIA 的实体规则上就是片面地强调投资者利益的保护,即遵循财产保护逻辑。其中的一个特点便是其内容仅包含外国投资所享有的权利。[42]

---

[38] See Arie Reich, Bilateralism Versus Multilateralism in International Economic Law Applying the Principle of Subsidiarity, *University of Toronto Law Journal*, Vol. 60, 2010, pp. 273-279.

[39] See Akhtar, Shhayerah Ilias and Martin A. Weiss, U.S. International Investment Agreements:Issues for Congress. Congressional Research Service R43052, http://www.fas.org/sgp/crs/row/R43052.pdf.

[40] 当时,不少学者对多边投资条约的达成持乐观的态度。See J. H. Jackson, *Sovereignty, the WTO and Changing Fundamentals of International law*, Cambridge University Press, 2006; R. Dolzer, Main Substantive Issues Arising from Investment Disputes, National Treatment: New Developments, paper for Symposium on Making the Most of International Investment Agreements: A Common Agenda. Paris,2005-12-12.

[41] See Herfried Wöss, Legitimacy in WTO Law and Investment Arbitration: The Role of The Contracting Parties, *Columbia FDI Perspectives*, No. 144, 2015; Hersch Lauterpach, *Private Law Sources and Analogies of Law*, Longmans, 1927, p.6; Borzu Sabahi, *Compensation and Restitution in Investor-State Arbitration*, OUP, 2011, pp.15-42; Pablo T. Spiller and Santiago Dellepiane, *Damages in International Arbitration under Complex Long-term Contracts*, OUP, 2014, pp.13-6, 18-9, 223-233, 236-244.

[42] See Jeswald W. Salacuse, Is There a Better Way? Alternative Methods of Treaty-based, Investor-state Dispute Resolution, *Fordham International Law*, Vol. 31, 2007, p.140.

IIA 的标题通常以"关于促进和相互保护投资的协定"为名。在具体内容方面，IIA 往往包含宽泛的定义和实体待遇条款，直接赋予外国投资者诸如国民待遇、最惠国待遇和公平公正待遇等等。这些实体待遇条款构成了外国投资者直接享有和行使的国际法权利。除此之外，IIA 还就违反相关义务的损害赔偿作出具体规定。[43] 例如，NAFTA 的征收条款就规定，补偿应以征收发生时（征收日）被征收投资的公平市场价值计算……估价标准应包括持续盈利企业价值（going concern value），以及包括有形资产的纳税申报价值在内的财产价值，或者参照其他适当的标准来确定公平市场价值。可以说，东道国一旦对投资者的权利造成损害，很可能被认定为违反 IIA，承担国际法上的国家损害赔偿责任。在赋予外国投资者权利的同时，IIA 却有意识地回避提及投资者的责任与义务。[44]

不仅如此，在东道国政府对外资监管权方面，IIA 也鲜有为其预留相应的政策空间，绝大多数 IIAs 都没有纳入例外条款，包括国际收支平衡例外、税收例外、根本安全例外、一般例外以及发展例外等。这些条款都是与东道国的监管主权甚至主权安全息息相关，大部分条款在 WTO 框架下也得到各国的认可。IIA 这种过于强调投资者权利而忽视东道国公共权力的做法，实际上剥夺了东道国通过国内立法要求外国投资者承担社会责任的主权权利，即便这些社会责任是其母国国内法和国际条约所规定的。在 NAFTA 框架下，正是由于 NAFTA 当中仅规定了东道国需承担高标准的保护外国投资义务，而没有为其预留公共利益保护和外资规制等权力的施政空间，墨西哥、加拿大和美国这三个缔约国都曾在 Tecmed v. Mexico 案、Metalclad v. Mexico 案、Ethyl Corp. v. Canada 案、S. D. Myers v. Canada 案、Methanex v. United States 案、Glamis Gold Ltd. v. United States 案中，[45] 被外国投资者援引 NAFTA 第 1110 条等条款，以东道国的环境措施影响其权益为由，提起巨额赔偿。

---

[43] See Campbell McLachlan, Laurence Shore, Matthew Weiniger, *International Investment Arbitration: Substantive Principles*, Oxford University Press, 2008, p. 334; Sergey Ripinsky, Kevin Williams, *Damages in International Investment Law*, British Institute of International and Comparative Law, 2008, p. 89.

[44] 以多边投资协定（Multilateral Agreement on Investment, MAI）的谈判中为例，在其谈判之前，OECD 已经注意到了外国投资者社会责任这一议题，并着手起草相关的规则，即《国际投资与多国企业的宣言》，但在 MAI 谈判之时却只字不提与《国际投资与多国企业的宣言》有关的跨国公司社会责任，反而极力倡导高标准的投资保护与自由化义务。See OECD, Multilateral Agreement on Investment, http://www.oecd.org/investment/internationalinvestmentagreements/multilateralagreementoninvestment.htm.

[45] Tecnicas Medioambientales Tecmed S. A. v. Mexico, ICISD Case No. ARB(AF)/00/2, Final Award of 29 May 2003; Metalclad v. Mexico, ICSID Case No. ARB(AF)/97/1, Award of 30 August 2000. UNCITRAL, First Partial Award, 13 November 2000; Ethyl Corporation v. Government of Canada (Jurisdiction), Award of June 24, 1998; Metalclad v. Mexico, ICSID Case No. ARB(AF)/97/1, Award on the Merits, 16 December 2002; Methanex Corp. v. United States of America, UNCITRAL, Final Award of the Tribunal on Jurisdiction and Merits, at August 3, 2005; Glamis Gold Ltd. v. United States of America, NAFTA/UNCITRAL, Award of June 8, 2009.

(三)争端解决机制:商事化

在程序法上创造性地规定投资者直诉东道国的权利是国际投资法的第三大特征。在 WTO 框架下,私人只能借助母国的力量保护其投资。IIA 则不同,直接对私人赋予可执行的国际权利,规定外国投资者可以以东道国损害其财产权为由,提出国际求偿。在投资者与国家的争端解决这一机制当中,东道国事先放弃了其管辖豁免权,私人投资者可以在与东道国就投资问题产生争议之时直接启动仲裁程序而无须经过其母国的同意。一旦投资者胜诉,他们甚至可以向东道国的国内法院或者任何败诉东道国拥有财产的第三方缔约国国内法院(如果选择的是 ICSID 仲裁的话)申请执行。在这个机制当中,国家的主权者身份被淡化,私人当事方被提升到与东道国同等的地位。例如,对于争端解决方式的选择、仲裁庭组成、法律适用、仲裁程序进行等问题都是由国家与私人争端当事方协商确定。这种将东道国与外国投资者管理与被管理的公法关系异化为权利义务对等的商事关系的做法,不仅改变了东道国的权利和责任的性质,还否定其为维护公共利益而享有的特权。前述的 Tecmed v. Mexico 案、Metalclad v. Mexico 案、Ethyl Corp. v. Canada 案、S. D. Myers v. Canada 案中,墨西哥和加拿大政府的环境规制措施便是被争端机构裁定为违反征收、国民待遇等 IIA 条约义务。

可以说,与 IIA 的实体规则一起,投资仲裁机制创设了一种特殊的国家责任体制,即东道国只要存在侵权行为必然导致赔偿责任。这显然与国内法当中的国家损害补偿责任制度的宗旨相违背,即该制度的目的是在于阻止政府的不法行为而非惩罚政府。无疑,IIA 对投资自由化的践行走得实在太远了,但对于发达资本输出国而言,只要能确保自己远离投资争议,那么这种高标准的 IIA 将会产生以下两种收益:

第一,给予本国海外投资者最大限度的保护。这种带有"保险"性质的投资保护无疑会鼓励外国投资者利用投资摩擦,从中牟取不正当利益。例如,在企业即将丧失经营能力的情况下,或者面临东道国经济不景气的情况下,故意制造与东道国政府的投资纠纷,从而获得高额赔偿。由于东道国承担了外国投资者所有的投资风险,本国海外投资可以通过诉讼获得比在公开市场上更高的财产利益,也即是"灰姑娘效应"[46]。

第二,有效遏制东道国的发展。实践表明,东道国合法的管理行为可能会因影

---

[46] 灰姑娘一般指的是"麻雀变凤凰"的姑娘,Stauffer 教授将其借用来形容过分高估被征收财产的价值的情形。See Thomas R. Stauffer, Valuation of Assets in International Takings, *Energy Law Journal*, Vol. 17, 1996, pp. 476-485.

响外资的权益而引发争议,甚至最后被仲裁庭认定为违反条约义务并支付巨额的赔偿,所以,由此会产生一种"寒噤效应",减损东道国的监管动力和信心,从而有利于投资者母国通过国际经济合作、国际投资等途径,将一些高能耗、高社会成本的产业转移到发展中国家。研究已表明,发达国家可以利用其强大的全球国际投资和生产网络,将高耗能、重污染的产业转移至发展中国家。通过这种方式,它们的投资不仅获得巨额利润还可以将对本国的环境污染影响降低到最小。[47]

四、身份混同非均衡化的国家应对——中国视角

无疑,国家对国际社会的态度与行为是基于其国家身份作出的,在不同身份的背景下,国家会存在不同的观念及由此产生的政策,因此,即便是同一个国家,若其身份发生重要变化,它对国际社会的观念和政策也会因此而发生变化。[48] 前述研究亦表明,国际投资领域中的身份将影响一国在国际投资立法当中的利益并进而影响其决策,国家会尽可能地选择对自身有利的身份而回避对自己不利的身份。这种趋利避害的做法对国际投资法制产生重要影响。对于中国来说,早年在国际投资领域的身份选择受制于其经济发展的水平而呈现出单一的身份选择,也因此在国际投资立法当中的决策立场相对明晰。然而,随着中国综合实力的迅速增强,中国在国际投资领域的经济身份出现了混同,从资本输入大国发展成为资本输入与输出大国,由此便带来了其法律身份混同的问题。经济身份的转变既带来了机遇也带来了挑战。一方面,中国在缔约谈判时可以借此制衡相对方达成互利互惠的国际投资条约,而在另一方面,由于既有法律实践的影响,中国法律身份也出现了混同,限制和缩小了中国的投资政策选择空间。是以,中国需要根据这种身份的转换,借鉴他国的实践经验,应对这一挑战,重新调整其国际投资法的实践。

(一)中国的身份混同难题

与很多发达国家不同,作为转型国家的中国所面临的身份混同问题要复杂得多。这可以从其经济身份与法律身份两个层面来考察。

---

[47] See Yuping Deng & Helian Xu, International Direct Investment and Transboundary Pollution: An Empirical Analysis of Complex Networks, *Sustainability*, Vol. 7, 2015, p. 3944.
[48] 参见秦亚青:《国家身份、战略文化和安全利益——关于中国语国际关系社会的三个假设》,载《世界经济与政治》2003年第1期,第11页。

1. 经济身份的混同

自从实施改革开放政策以来,中国一直在国际投资领域当中扮演重要角色。长期以来,中国一直是排名世界前列的资本输入大国。2000年,中国提出实施"走出去"战略,鼓励国内有条件的企业"走出去"参与国际经济合作与竞争。此后的十多年,中国对外投资规模保持了较快的增长态势。中国也因此成为资本输出大国。

在资本输入方面,从1979年开始,中国每年利用外资金额逐年攀升。从1979年的数亿美元到1984年的14.19亿美元,再到1992年的110.08亿美元,2008年更是开始突破千亿美元。2010—2016年每年利用外资的金额均在千亿元以上。[49] 2013年到2016年,中国累计新增外商投资企业10.1万家,实际引进外资5217亿美元,也因此,自1992年起,中国引进外资已连续25年位居发展中国家的首位,[50]也高于绝大多数发达国家和地区,近年来长期位居世界第二,仅次于美国。从利用外商直接投资的来源地分布来看,中国利用外商直接投资广泛来自全球各个国家和地区。2016年,对华投资前十位国家/地区依次为:中国香港(871.8亿美元)、新加坡(61.8亿美元)、韩国(47.5亿美元)、美国(38.3亿美元)、中国台湾(36.2亿美元)、中国澳门(34.8亿美元)、日本(31.1亿美元)、德国(27.1亿美元)、英国(22.1亿美元)和卢森堡(13.9亿美元)。[51]

在资本输出方面,中国近十多年来对外投资发展势头迅猛。1991年以前,中国对外投资以在对外贸易基础上发展起来的窗口公司、贸易公司或少量初级加工业为主,投资规模较小,年度总投资额不超过10亿美元。进入21世纪以来,经过十多年的发展,中国对外投资规模不断攀升。2005年中国对外投资流量突破百亿美元,2013年超越千亿美元,2015年对外投资额首次超过利用外资额,2016年达到1961.5亿美元,由2002年的全球第26位跃升至2016年的第2位,同期占全球比重也由0.5%提升至13.5%,首次突破两位数。2002—2016年,对外投资流量年均增长率35.8%。在投资存量方面,2007年首次突破千亿美元,2015年突破万亿美元,2016年攀升至13573.9亿美元,对外投资存量由2002年的全球第25位上升至2016年的第6位。截至2016年末,中国对外直接投资分布在全球190个国家和地区,境内投资者设立对外投资企业3.72万家,覆盖全球超过80%的国家和地区,境外企业资产

---

[49] 参见《2017年中国外资统计》,http://img.project.fdi.gov.cn//21/1800000121/File/201710/20171013091259069796l.pdf。

[50] 参见《中国引进外资已连续25年居发展中国家首位》,http://news.163.com/17/1012/14/D0I8TOU900018AOQ.html。

[51] See UNCTAD,World Investment Report 2017:Investment and the Digital Economy,http://unctad.org/en/PublicationsLibrary/wir2017_en.pdf。

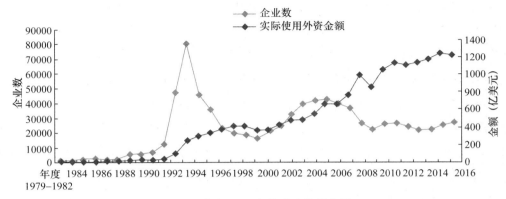

图 3-8-1　截至 2016 年外商直接投资情况

数据来源：《2017 年中国外资统计》，http://img.project.fdi.gov.cn//21/1800000121/File/201710/201710130912590697961.pdf。

总额达 5 万亿美元。[52]

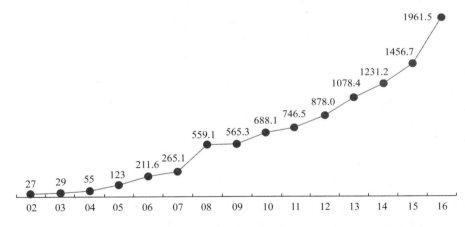

图 3-8-2　中国对外直接投资流量（2002—2016 年）（单位：亿美元）

数据来源：国家发展改革委统计。

可以说，无论是总体上还是从具体国家之间的资本流动来看，中国在与世界主要国家之间发生资本跨境流动时，都存在身兼资本输出国和资本输入国双重身份的可能。

2. 法律身份的混同

如前所述，法律身份混同的情况并不普遍，发展中国家因受经济水平的限制通常在 IIA 缔约方和国际投资争端仲裁中处于单一身份。而发达国家则会利用缔约技

---

[52] 参见国家发展改革委：《中国对外投资报告》，http://www.ndrc.gov.cn/gzdt/201711/W020171130400470019984.pdf。

术回避对其不利的法律身份——IIA 缔约方中的引资东道国与国际投资争端仲裁中的被申请方。然而,在中国的缔约与仲裁实践当中,法律身份混同的情况却是一种常态。原因在于,早期中国作为世界主要的资本输入国,多与发达国家缔结投资条约,以便吸引更多的外资;晚近中国对外投资也在不断增多,作为后进生,中国只能选择亚洲、拉美、非洲等发展中国家作为主要的对外投资目的地,[53]是以,出于保护本国海外投资的考虑,中国也在与发展中国家缔结投资条约。

在缔约实践方面,中国迄今已经与全球 130 多个国家和地区签订了投资条约,[54]数量达到 155 个[55],包括 146 个 BIT,9 个包含投资章节的 FTA。[56] 从投资条约缔约相对方的类型来看,中国已与 34 个发达国家、16 个经济转型国家和 77 个发展中国家缔结了投资条约,覆盖了全球 94.44% 的发达国家、94.11% 的经济转型国家和 73.33% 的发展中国家。可见,中国 IIA 的缔约相对方涵盖发达国家、经济转型国家和发展中国家等所有国家类型,[57]其范围基本涵盖在中国的外国投资来源地与对外投资目的地。虽然,中国与不少国家和地区相互间的资本流动规模并不大,

---

[53] 截至 2016 年末,中国对外直接投资分布在全球 190 个国家(地区)。各大洲分布上,对亚洲投资最多,存量 9094.50 亿美元,占比 67%,其次是拉丁美洲 2071.5 亿美元,占比 15.3%;欧洲 872 亿美元,占比 6.4%;北美洲 754.7 亿美元,占比 5.6%;非洲 398.8 亿美元,占比 2.9%;大洋洲 382.4 亿美元,占比 2.8%。接受中国对外投资较多的国家(地区)包括中国香港、开曼群岛、英属维尔京群岛、美国、新加坡、澳大利亚、荷兰、英国、俄罗斯和加拿大等。参见国家发展改革委:《中国对外投资报告》,http://www.ndrc.gov.cn/gzdt/201711/W020171130400470019984.pdf。

[54] 参见《中国已与 130 多个国家和地区签订投资协定》,http://world.huanqiu.com/hot/2016-03/8724770.html。

[55] 需要注意的是,由于中国与部分国家或地区存在有重新缔结条约或者既签订 BIT 又签署 FTA 的情况,所以,中国的缔约相对方国家和地区的数量与中国对外缔结条约数量并不一致。

[56] 这一数据是以商务部条法司网站公布的《我国对外签订双边投资协定一览表》为基础,结合联合国贸发会官方网站公布的条约文本统计而得。

[57] 需要注意的是,有关国家类型划分方面,目前暂时没有统一的划分方法,联合国、世界银行、国际货币基金组织都有各自的划分标准。本部分的国家类型的划分是沿用"联合国发展和政策分析部"(Development Policy and Analysis Division of United Nations, DPAD)的分类标准。这一标准区分了发达国家、转型经济体和发展中国家三类。其中,发达国家有 36 个,包括:美国、加拿大、日本、澳大利亚、新西兰、奥地利、比利时、丹麦、芬兰、法国、德国、希腊、爱尔兰、意大利、卢森堡、荷兰、葡萄牙、西班牙、瑞典、英国、保加利亚、克罗地亚、塞浦路斯、捷克、爱沙尼亚、匈牙利、拉脱维亚、立陶宛、马耳他、波兰、罗马尼亚、斯洛伐克、斯洛文尼亚、冰岛、挪威、瑞士;转型经济体有 17 个,包括:阿尔巴尼亚、波斯尼亚和黑塞哥维那、黑山、塞尔维亚、马其顿、阿塞拜疆、哈萨克斯坦、俄罗斯、土库曼斯坦、乌兹别克斯坦、亚美尼亚、白俄罗斯、格鲁吉亚、吉尔吉斯斯坦、摩尔多瓦、塔吉克斯坦、乌克兰;余下的便是发展中国家和地区,主要包括:阿尔及利亚、安哥拉、贝宁、博茨瓦纳、布基纳法索、布隆迪、喀麦隆、中非共和国、乍得、刚果、刚果民主共和国、佛得角、科特迪瓦、吉布提、埃及、赤道几内亚、埃塞俄比亚、厄立特里亚、加蓬、圣多美和普林西比、冈比亚、加纳、几内亚、几内亚比绍、利比亚、毛里塔尼亚、摩洛哥、突尼斯、利比里亚肯尼亚、马达加斯加、卢旺达、索马里、乌干达、坦桑尼亚、毛里求斯、莱索托、马拉维、毛里求斯、莫桑比克、纳米比亚、南非、赞比亚、津巴布韦、利比里亚、马里、尼日尔、尼日利亚、塞内加尔、塞拉利昂、多哥、文莱、中国、中国香港、印度尼西亚、马来西亚、缅甸、巴布亚新几内亚、菲律宾、韩国、新加坡、中国台湾、泰国、越南、孟加拉国、印度、伊朗、尼泊尔、巴基斯坦、斯里兰卡、巴林、拉克、以色列、约旦、科威特、黎巴嫩、阿曼、卡塔尔、沙特阿拉伯、叙利亚、土耳其、阿联酋、也门、巴巴多斯、古巴、多米尼加、圭亚那、海地、牙买加、特立尼达和多巴哥、哥斯达黎加、萨尔瓦多、危地马拉、洪都拉斯、墨西哥、尼加拉瓜、巴拿马、阿根廷、玻利维亚、巴西、智利、哥伦比亚、厄瓜多尔、巴拉圭、秘鲁、乌拉圭、委内瑞拉。详见 DPAD, World Economic Situation and Prospects 2016, http://www.un.org/en/development/desa/policy/wesp/wesp_archive/2016wesp_full_en.pdf。

但只要有双方存在投资条约,中国仍会面临身份混同问题。这意味着,即便在双边投资的框架下,中国身兼 IIA 缔约方中的引资东道国与投资母国双重身份的可能性还是会很高。更为重要的是,在中国对外缔结的 IIA 中有绝大多数条约中的争端解决条款包含了国际仲裁这一争端解决方式。[58] 这提升了中国涉入国际投资仲裁的可能性。

在仲裁实践方面,中国起步较晚,现有的实践比较有限。但近年来有不断上升的趋势,自 2010 年来几乎平均每年都有涉及中国的仲裁案件提起。目前涉及中国的已知仲裁案件一共 9 件。其中,中国投资者提起的仲裁案件有 6 件,[59] 中国政府作为国际投资争端仲裁被申请方的案件有 3 件。[60] 换言之,中国在国际投资争端仲裁案件中同样存在以国际投资争端仲裁被申请方和申请方投资者的母国两种身份出现的情况。

可以说,中国几乎在所有的领域都出现了身份混同的情况,无论是经济身份还是法律身份。也因此,这意味着中国在吸引外资和保护海外投资这两方面均具有重大利益。在国际投资法律实践中,中国需要平衡各种身份利益,而不只是简单地站在某一个身份的立场来决定其国际投资法律决策。这就要求中国政府在 IIA 实践方面必须展现出高超的法律智慧乃至政治智慧。

(二) 中国的因应之策

随着参与国际投资活动的广度与深度在不断提升,中国对外缔结国际投资条约的难度在不断增大,其缔约相对方日益多样化,在应对不同的缔约相对方时,中国需要慎重对待因身份混同而带来的各种问题。

1. 因应之策一

当前的国际投资法制呈现出私法化的特征,这种先天的缺陷片面地强调外国投

---

[58] 参见李庆灵:《中国 IIA 中国际投资仲裁庭的权力约束机制研究》,载《西部法学评论》2016 年第 1 期,第 121—122 页。

[59] 这些案件为:Sanum Investments Limited v. Lao People's Democratic Republic(ICSID Case No. ADHOC/17/1);Standard Chartered Bank (Hong Kong) Limited v. United Republic of Tanzania(ICSID Case No. ARB/15/41);Beijing Urban Construction Group Co. Ltd. v. Republic of Yemen(ICSID Case No. ARB/14/30);Ping An Life Insurance Company of China, Limited and Ping An Insurance (Group) Company of China, Limited v. Kingdom of Belgium(ICSID Case No. ARB/12/29);Standard Chartered Bank (Hong Kong) Limited v. Tanzania Electric Supply Company Limite(ICSID Case No. ARB/10/20);Tza Yap Shum v. Republic of Peru(ICSID Case No. ARB/07/6). see https://icsid.worldbank.org/en/Pages/cases/searchcases.aspx.

[60] 这三个案件为:Hela Schwarz GmbH v. People's Republic of China(ICSID Case No. ARB/17/19);nsung Housing Co., Ltd. v. People's Republic of China(ICSID Case No. ARB/14/25);Ekran Berhad v. People's Republic of China (ICSID Case No. ARB/11/15)。资料来源:https://icsid.worldbank.org/en/Pages/cases/searchcases.aspx.

资者的保护,对于身兼多重身份的中国而言,其所面临的国际法收益和风险是并存的。是以,面对身份混同带来的挑战,中国政府可以考虑从以下两个方面加以应对:

(1) 双边路径

当前的国际投资立法仍主要以双边条约为主,前述分析表明,在双边或区域的层面上,由于各国经济发展水平有所差异,国家可以通过挑选缔约方等方式回避不利的身份。对于中国而言,尽管双边谈判的交易成本较大,但现行国际投资仲裁机制正处于一种试错[61]的过程当中,在改革尚未成功之时,特别是各国对国际投资条约法制改革并未达成共识的情况下,坚持双边或区域层面缔结IIA是一个比较务实可行的方法。然而,前述的研究亦表明,即便在双边的层面上,中国由于没有区分缔约相对方,导致其在法律身份上出现了混同,使其战略选择的空间被限制。为了达成这一目的,中国需要对现有的缔约实践作相应的调整。简言之便是,在**尊重各国主权的情况下,区分不同国家,实施差别化缔约的战略**。反言之,不宜在不尊重各国主权的情况下,不区分不同国家,实施"一刀切"缔约的战略。

一方面,在与哪些国家缔结BIT,中国应区分不同类型的国家,不必刻意追求与某个发达国家缔结BIT。换言之,在对美国、加拿大等发达国家缔约时,不宜无条件地贸然接受它们所推行的BIT争端解决条款。[62] 因为,中国与发达国家之间存在资本双向流动的可能性很大,若缔结BIT,则双方的身份互换情况便成为常态,增加双方缔约谈判的难度。诚然,中国与发达国家之间的攻防互换成为可能之后,作为缔约相对方的发达国家很难沿用一贯做法,简单地区别对待中国等新兴国家与其他发展中国家来消除身份混同带来的影响,只能在条约规则上做文章,这有助于条约规则的进一步完善。但是,当前国际投资法制无论在实体法上还是在程序法上都存在结构性失衡的问题,积重难返,简单地依靠少数国家在局部范围协调,难度较大,即便是BIT缔约双方的国家影响力巨大。中国与美国政府的BIT谈判便是如此,两国

---

[61] 所谓试错是指在对问题的根源在没有弄清楚的情况下,通过尝试性或有选择的试探来验证决策是否正确。在国际投资领域,它主要指的是国际投资法律制度的现有演进状态,即由于国际投资法体系仍然处于发展的初期,国际社会仍在探索其应有功能的定位,因此也无法提供一个有效完备的规则,此时,强行要求构建一个面面俱到、一体化的多边投资体制是不明智的,甚至还可能因此使国际投资法律体制崩盘从而退回主权国家各自为营的状态。是以,现有的这些尚在探索期的投资规则只能作为一个可能的法律方案在局部领域、小范围内的双边层面去适用,通过各国的缔约和仲裁实践来检验这些法律规则是否符合各国的预期。如果经过实践验证后,现有规则并非正确方案,允许国家通过对国际投资条约进行修改或退出的方式选择另一个可能的法律方案接着尝试下去。

[62] 参见陈安:《区分两类国家,实行差别互惠:再论ICSID体制赋予中国的四大"安全阀"不宜贸然全面拆除》,载陈安主编:《国际经济法学刊》2007年第14卷第3期,第57—98页;陈安、谷婀娜:《"南北矛盾视角"应当"摒弃"吗?——聚焦"中—加2012 BIT"》,载《现代法学》2013年第2期,第135—139页。

2008年正式启动BIT谈判以来,经过34轮谈判过后,目前双方仍未达成一致。[63]因此,对于中国来说,效仿发达国家的做法,回避相互冲突的身份,保持相对单一的身份,可能更好保持本国在国际投资法律政策上的一致性。当前,中国对外缔结的不少条约已经快到期或已经进入存续期,**中国有必要考虑系统梳理现有BIT,修改、废止部分BIT**。

然而,这一做法并不意味着,中国政府照搬发达国家的做法,一味回避对自己不利的身份,推行片面保护自己单方利益的投资规则。中国政府尽量保持相对单一身份只是一种权宜的策略,其目的不仅是降低被诉风险,而更多的是尽可能保持中国缔约实践的一致性。是以,在条约的实体与程序规则的价值取向上,中国仍应在相互尊重国家主权的基础上,综合考量本国在国际投资法上的国家利益、价值观念和实力地位等,审慎平衡保护母国及其投资者权益与东道国及其公共利益。

(2)多边路径

在双边层面上,投资立法固然有决策灵活、促成共识、试错演进的优势,[64]但也给予了部分国家战略性回避的空间,容易造成国际投资法制碎片化的问题。此外,身份混同并非一无是处,恰恰相反,正是在身份可以随机互换,缔约各方可以均衡获得条约收益的情况下,投资条约才能得以公平地适用。而此种情形,只有在多边层面上才能实现。是以,中国政府应该适时考虑推动国际投资立法的多边化。

在多边层面上,一方面,虽然发达国家仍然具有主导的地位,但发展中国家可以通过集体协作的方式增加自身的谈判交易实力加以抗衡。另一方面,也是更为重要的是,在多边层面上,可以将双边条约的特定的互惠扩散成为一般的、普遍的互惠。前述提及,在双边层面上,国际投资立法更具有契约性,缔约双方会根据各自的特定情形、利益和需求而作出特定的互惠协议。然而,前述分析已经表明,现有BIT模式下,双方身份攻防互换的可能会受制于具体国家的经济发展水平,而在多边层面上就可以避免此种情况发生。因为,缔约方的身份开始多样化,一国面对的多种身份的国家,很难保持身份的单一化,是以,在规则的制定上,只能寻求兼顾多种身份,权

---

[63] 参见《商务法治建设日臻完善》,http://www.mofcom.gov.cn/article/zt_dlfj19/fbdt/201710/20171002657439.shtml. 事实上,中美双边投资条约的谈判从20世纪80年代已经开始酝酿,2006年在布什政府的推动下,于2008年6月第4次中美战略经济对话过程中正式启动。早在1980年10月,中国与美国政府签订了《中华人民共和国政府和美利坚合众国政府关于投资保险和投资保证的鼓励投资的协议》,这份双边条约总共只有8条,内容仅是确认美国海外私人投资公司的投资保险和保证制度适用于在华美国企业投资。无疑,这完全无法满足规范和保护中美两国相互投资的需求。因此,1982年5月间,美国政府向中国政府提交了一份关于"保护投资"的双边条约草案,以提升在华美资的法律保护规格。参见陈安:《国际经济法学刍言》,北京大学出版社2005年版,第454页。

[64] See Francisco Orrego Vicuña, Foreign Investment Law: How Customary is Custom? *American Society of International Law Proceedings*, Vol. 99, 2005, pp. 100-101.

衡各方利益的一个方案。

晚近国际投资法制改革的实践表明,最早作出上述反应的并不是深受其害的发展中国家,而是发达资本输出国,其中又以美国和加拿大最具代表。这是与美加两国在 NAFTA 框架下的互诉经历密切相关的。但真正迫使这些既得利益者主动"让利"的关键原因在于,国际经贸格局在变化,新兴国家在迅速崛起,力量对比的变化增加了发达资本输出国出现身份混同现象的概率。一旦对方"请君入瓮",作为资本输入国的发达国家,很可能自食苦果。是以,国家间经济实力的重大变化和既有规则体系内在缺陷的显露是晚近发达国家调整 IIA 缔约实践的内在原因。

正是新兴国家的崛起使得发达国家不得不面对身份混同的问题,从而给予双方"换位思考"的机会。对于发展中国家输出国而言,之前为吸引发达国家的投资,不得不接受对方提出的自由化的 BIT 方案,其中包含的投资自由化规则虽然使得本国政府的监管手段受到严格的限制和削弱,但这种"反映市场逻辑"的规则强调了投资准入上的开放性和竞争上的平等性,可为本国海外投资的保护与促进提供巨大空间。因此,当发展中国家频繁参与对外投资活动,与发达国家资本输出国相竞争时,它们越来越多地接受和纳入这些遵循自由竞争的"反映市场逻辑之规则"。[65] 晚近的实践表明,发展中国家缔结的 IIA 趋于自由化,这种自由化不仅仅体现在与发达国家缔结的 IIA 当中,也体现在发展中国家之间缔结的 IIA 当中。这以征收补偿标准最为典型。尽管在 20 世纪 70—80 年代,就征收的补偿标准,南北国家上演了有关"适当"补偿标准与"充分"补偿标准的激烈辩论。但 20 世纪 90 年代以后,"充分"补偿标准普遍为各国的 IIA 实践所采纳。[66] 印度 2016 年开始适用的 BIT 范本的征收条款采用的便是"充分"标准。[67] 对于发达资本输出国而言,这种"换位思考"并非其所愿,为减少发展中国家输出国利用既有的高度自由化的 IIA 规则获取"超额利益",它们开始修订条约中的有关条款,回调自己的缔约实践。例如,美国在 2004 年和 2012 年先后出台的 BIT 范本,无论在程序方面,还是在实体方面,都可以看到其已经从极力保护外资利益的传统立场上回退。正是在身份互易情况下,发展中国家与发达国家相互回调立场,使得晚近各国的外资政策无论在国内还是在国际法层面上都呈现出一种趋同化的趋势。[68] 这为国际投资立法共识的凝聚提供了机会,也为

---

[65] 参见徐崇利:《新兴国家崛起与构建国际经济新秩序》,载《中国社会科学》2012 年第 10 期,第 203 页。
[66] See UNCTAD, Taking of Property, http://unctad.org/en/Docs/psiteiitd15.en.pdf.
[67] See UNCTAD, India Model BIT 2015, http://investmentpolicyhub.unctad.org/IIA/CountryIris/96#iiaInnerMenu.
[68] See Karen Halverson Cross, Converging Trends in Investment Treaty Practice, *North Carolina Journal of International Law and Commercial Regulation*, Vol. 38, 2012, p. 152.

国际投资立法的多边化提供可能。

中国的因应之策,**除双边途径和多边途径**之外,还应当**进一步具体化**。因为中国的缔约对象,是一个个独立自主、享有主权的**具体**国家。所以,必须牢牢记住一条"放之四海而皆准"普遍哲理的客观真理:马克思主义的最本质的东西,马克思主义的活的灵魂,就在于**具体**地分析**具体**的情况。[69] 在中国对外缔约实践中,只有针对前述两类不同国家各异的具体情况以及现阶段中国的具体情况,进行**具体的综合分析**之后,才能得出符合国内外客观现实的科学结论和可行途径。反之,如果不进行具体的、综合的分析,不实行**区别对待**,却采取统一的标准、统一的模式,实行"一刀切",则是不科学、不明智、不可行的。通俗地说,就是**"因材施教"——"因头理发"——"因国缔约"**路径。

2. 因应之策二

孔子历来提倡"因材施教"[70]。其核心思想是强调针对不同的受教者的具体情况施以不同的教育,反对死守教条,主张随时变通。其中**饱含哲理**,可以推而广之。这一光辉思想不仅对我国古代和当代教育的发展产生深远的影响,而且对我们当今的**治国、施政、外交、缔约**等各方面实践也具有十分重要的启示意义。

孔子提倡和实践的**"因材施教"**原则,与中外理发师**"因头理发"**的规则惯例也是相同的。理发师理发,通常必看来客是男是女,区别对待;若是男客,必问顾客的个人愿望:"您想理什么发型?留发长些,短些?两鬓高些,低些?"若是女客,那就复杂细致和"苛求"多了!理发师还可以出示各种图样让顾客自选,顾客选定后,理发师才动手操作。如果理发师既不分男女两大类,又不细心询问来客愿望,既不尊重来客对自己发型的自主之权("主权"),又不细心观察来客头颅之大小圆方平尖,拿起工具就实行"一刀剃",势必引起各种纠纷,最后此理发馆势必"关门大吉"!

同理,当今中国在与任何种类国家(特别是众多发展中国家)缔约时,当然必须**"因国缔约"**,即充分尊重对方国家的主权,细心、平等地征求对方国家的意见,反复磋商谈判,耐心地求得"最大公约数",才能真正做到互利互惠和合作共赢。为此,**至少应当做到"五忌"和"五宜"**:

第一,忌自大地"恃强凌弱",宜平等地"尊重主权"。

1840 年鸦片战争后百余年间,旧中国饱尝列强不断侵华、强迫签订丧权辱国不平等条约的痛苦。经过长期苦斗,现在中国正在阔步快速迈向富强。秉持"己所不

---

[69] 参见《列宁全集》第 39 卷,人民出版社 1986 年版;《毛泽东选集》第 1 卷,人民出版社 1969 年版,第 287、311 页。

[70] 《论语·先进篇》。"因材施教"是孔子在两千多年前最先提出并践行的一个经典教育原则。

欲勿施于人"的传统,如今在对外国(特别是众多发展中国家)商订投资条约过程中,当然必须平起平坐,充分地尊重对方的国家主权。

前文提到,中国对外输出资本的国家,主要是亚非拉美国家,它们虽均属"发展中国家"大范畴,但各自的具体国情却又各有不同和差异,导致它们在国际投资缔约实践上的立场各异,更遑论中国对外缔结的国家还涵盖转型国家和发达国家。比如,在把境内涉外投资争端管辖权交给国际仲裁机构问题上,这些国家或一律拒绝(如巴西[71]),或先选后拒(如厄瓜多尔[72]),或拒后又选(如澳大利亚[73])。遇此情况,中国在与对方谈判签约时除必须区分两大类国家之外,还必须将对方国家的"个性"要求,结合我方的利弊得失,全面综合平衡,取得双方"最大公约数",达成共识,签订双赢协定。

第二,忌绝对地"一视同仁",宜普遍地"区别对待"。

当代世界存在南北两大类型的国家,即少数发达国家和大量发展中国家,中国对外签订双边投资协定时,可否和应否"男女有别""量体裁衣"?——这是争议多年的理论问题和现实问题。本文作者早在11年前即2007年就已撰写长篇专论,[74]通过查历史、排事实、讲道理,力排"众议",论证对于南北两大类型的国家,即少数发达国家和大量发展中国家,中国对外签订双边投资协定时,可以而且应当理直气壮地主张和践行在ISDS条款问题和MFN条款问题上认真实施"区别对待""男女有别""量体裁衣"。篇幅所限,兹不细赘。

事实上,这种做法早有实践。比如,澳大利亚在国际投资仲裁方面的缔约实践

---

[71] 依据UNCTAD公布的数据,巴西迄今为止对外缔结了20个BIT,但没有任何一个BIT是生效的。See UNCTAD, International Investment Agreements Navigator, Brazil, http://investmentpolicyhub.unctad.org/IIA/CountryBits/27#iiaInnerMenu.

[72] 继2008年终止8个国家(包括分别与古巴、多米尼加、萨尔瓦多、危地马拉、洪都拉斯、尼加拉瓜、巴拉圭、罗马尼亚和乌拉圭)缔结的BIT和2010年终止1个国家(芬兰)缔结的BIT之后,厄瓜多尔在2017年5月16日又终止了剩余的16个BIT。这些BIT的缔约相对方包括:阿根廷、玻利维亚、加拿大、智利、中国、法国、德国、意大利、荷兰、秘鲁、西班牙、瑞典、瑞士、英国、美国和委内瑞拉。See Ecuador Denounces Its Remaining 16 BITs and Publishes CAITISA Audit Report, https://www.iisd.org/itn/2017/06/12/ecuador-denounces-its-remaining-16-bits-and-publishes-caitisa-audit-report/.

[73] 2011年之前,澳大利亚对外缔结的BITs均普遍接受国际投资仲裁机制,在Philip Morris Asia v. Australia案中被诉诸国际仲裁之后,澳大利亚对国际投资仲裁机制的态度变得谨慎起来。2011年4月,澳大利亚发布《贸易政策声明》,宣布未来签订IIA时,将排除投资者—东道国争端解决条款。其后,澳大利亚在2011年与新西兰和2014年与日本缔结的FTA都放弃了这一机制。但值得注意的是,澳大利亚在之后的实践中又出现反复,其在2014年与韩国、2015年与中国缔结的FTA中,却又纳入了国际仲裁机制。See Australian Govrnment, Department of Foreign Affairs and Trade, Australia's Bilateral Investment Treaties, http://dfat.gov.au/trade/topics/investment/Pages/australias-bilateral--investment-treaties.aspx; Australian Govrnment, Department of Foreign Affairs and Trade, Status of FTA negotiations, http://dfat.gov.au/trade/agreements/Pages/status-of-fta-negotiations.aspx.

[74] 参见陈安:《区分两类国家,实行差别互惠:再论ICSID体制赋予中国的四大"安全阀"不宜贸然全面拆除》,载陈安主编:《国际经济法学刊》2007年第14卷第3期,第57—98页。

就是一个典例。在与不同国家缔约时,澳大利亚的立场存在明显的差别。依据其官方发布的信息,澳大利亚对外缔结的 IIAs 共有 32 个。其中纳入国际仲裁机制的有 28 个,均是与转型国家与发展中国家或地区缔结的,而在没有纳入国际仲裁的 IIAs 中,除了 2012 年澳大利亚—马来西亚 FTA 之外,其余都是与发达国家缔结的。2012 年澳大利亚—马来西亚 FTA 虽然没有纳入国际仲裁机制,但因为 2009 年东盟—澳大利亚—新西兰 FTA 已包含该仲裁机制,因此,两国之间仍然可以适用国际投资仲裁。[75] 此外,有些国家虽然在条约的内容上没有明显的区别对待,但在缔约对象的选择上,却作了区分。比如,美国便是区分不同国家实施不同的投资缔约实践,放弃与一些国家缔结国际投资条约。

第三,忌机械地"执行军令",宜勇敢地"有所不受"。

2008 年 9 月在中国某地举行的一场学术性国策探讨会上,与会实务部门政府官员与专业学者济济一堂,为国家对外谈判缔结 BIT 献策建言。在谈到当时正在紧锣密鼓地谈判的"中美 BIT"这一热点问题时,谈判第一线官员与专业学者之间出现了"各执一词,激烈争辩"的场面。兹录其对立观点和说辞如下:[76]

官员:根据国务院主管对美 BIT 谈判的副总理的指示,中美 BIT 缔约谈判必须抓紧进行,在今年年底以前谈判成功,尽快缔约。

学者:中国对外谈判缔约,特别是对美谈判缔约,上级设定时限,指示限时完成,这显然是不妥的。众所周知,美国是个强霸国家,经常恃强凌弱,在缔结 BIT 过程中要价很高,苛求不少。从 1984 年起,美方就提出范本,要求按其范本逐条谈判,谈到 2008 年,谈了 24 年延宕多时,由于美方要求过高过苛,涉及中方司法主权、国家安全等底线问题,中方不肯迁就屈服,因此始终谈不拢。现在不分青红皂白,指示中方谈判代表要在 2008 年年底以前谈判成功,尽快缔约,无异于要求中国单方迁就屈服。这难道符合中国利益?

官员:国务院副总理的指示,可谓"军令如山",必须认真贯彻执行!

学者:常言道:"军令如山",必须认真贯彻执行,这是常态下的常理,诚然不错。但是,也有另一种常言道:"将在外,君命有所不受!"在美方无理要求中国单方迁就屈服情况下,我方一线谈判代表对上级指示就不宜机械理解,僵硬执行。恰恰相反,我方一线谈判代表理应坚持中方底线立场继续说服对方,同时,应当排除"个人政绩"之类的各种杂念,**敢于**向上级反映,设定固定时限,要求限

---

[75] 参见李庆灵:《中国—澳大利亚 FTA 中投资仲裁庭的权力约束机制述评》,载《国际经贸探索》2016 年第 5 期,第 61—62 页。
[76] 参见陈安:《对美谈判学术研讨会的两种对立观点》(2007 年 9 月 12 日记录)。

期完成,后果极其不利于坚决维护我国主权和核心权益,**敢于**建议应当撤销谈判缔约期限或无限期延长谈判缔约时限。

如今,时光荏苒,中美 BIT 的"马拉松"谈判,从 1982 年起算,已经历了 36 年数十轮,[77] 迄今为止,双方虽逐渐相向而行,慢慢靠拢,但仍远未达成共识。上述官员与学者之间的激烈争辩、对立观点和相反说辞,仍然不失其重大现实意义。孰是孰非,仍然有待智者思考、判断和践行。但十年前学者们提出的关于撤销谈判缔约期限或无限期延长谈判缔约时限的建言,实际上已被明智的上级官员采纳,而且十年来的实践已经证明:不设谈判缔约期限或无限期延长谈判缔约时限,并未影响中美双方相互投资和经贸交往与时俱进、不断发展的大局。

另外,尤其值得警惕的是,美国新任总统特朗普(民间赐予的谐音"美称"是"特离谱总统")上台执政以来,极尽反复"变脸"之能事:一意孤行,退出已达成的《伊朗核协议》《巴黎气候协定》以及《跨太平洋伙伴关系协定》;忽而宣称举行美朝峰会,忽而又宣布取消,忽而又宣布如期举行。最让各国难以适应的是其反复无常,四处挑起贸易战,中国更是深受其害——前脚刚与中国达成贸易框架协议,双方发表了联合声明,美方宣布搁置对中国产品加征关税的计划,后脚又变卦,声称将对中国产品加征高额关税。[78] 面对这样一个极不稳定、特不靠谱的美国政府,中美双方原已"逐渐相向而行,慢慢靠拢"的良好局面,迅速转化为"逐渐背道而驰,渐行渐远"的局面;中美谈判前途可谓风云突变,布满急流险滩,吉凶未卜。[79] 面临此种最新局面,当然更加有待中国智者坚守主权底线,深入思考,准确判断,灵活应对,坚决践行。总之,切忌设定时限,自绑手脚,尤忌不分青红皂白,实行"一刀切"!

第四,忌糊涂地"高枕无忧",宜清醒地"居安思危"。

进入 21 世纪以来,中国加速和平崛起,经济实力大幅增长和加强,引起举世瞩目和艳羡,也增长和加强了中国人的自豪和自信。这是毋庸置疑的。但是,中国面对全球性金融危机的急性蔓延和慢性拖累,其"免疫力"或"抵抗力"却是并不强大或比较脆弱的;中国自身经济发展,也存在各种泡沫(诸如股市泡沫、楼市泡沫)以及由此

---

[77] 早在 1982 年 5 月间,美国政府就向中国政府提交了一份关于"保护投资"的双边条约草案,以提升在华美资的法律保护规格。参见陈安:《国际经济法学刍言》,北京大学出版社 2005 年版,第 454 页。

[78] 参见《社评:美方出尔反尔,中国不会随之起舞》,http://opinion.huanqiu.com/editorial/2018-05/12117760.html。

[79] 针对美国现任总统特朗普对华实行威胁、恐吓、讹诈的种种行径,中国外交部发言人陆慷、耿爽等人最近不断给予揭露和批判。参见《外交部发言人陆慷就美方公布对华贸易措施答记者问》,http://www.mfa.gov.cn/web/fyrbt_673021/dhdw_673027/t1569330.shtml;《2018 年 8 月 1 日外交部发言人耿爽主持例行记者会》,http://www.fmprc.gov.cn/web/fyrbt_673021/jzhsl_673025/t1582200.shtml。

引起的经济动荡。这些情况,都是众所周知,毋庸讳言的。况且,**中国现在正处于深层次结构性的政策调整期**:不能不预估调整政策对外商权益可能带来的现实影响及其对中国可能带来的风险。

习近平同志在 2014 年 2 月 7 日俄罗斯索契接受俄罗斯电视台专访时便曾明确指出,"在中国这样一个拥有 13 亿多人口的国家深化改革,绝非易事。中国改革经过 30 多年,已进入深水区,可以说,容易的、皆大欢喜的改革已经完成了,好吃的肉都吃掉了,剩下的都是难啃的硬骨头。"[80] 全面深化改革系统性强、风险性大,遇到的复杂矛盾和尖锐问题可能是前所未有的。[81] 作为正处于向完善的市场经济全面转型过程的发展中国家,面对今后一个时期内势必不断出现的许多新问题,中国还需要制定一系列新的法律和规则,或改革旧有的法律和规则,以有效地调整宏观国民经济,因而不能排除发生为维护国家安全和公共利益而违反有关对外特许协议的情况。

例如,中国政府近年来不断强调实现可持续发展,不断加强对**环境保护**的力度。[82] 但是,如果进一步对各类有关企业全面提高保护环境的要求,则可能会大规模地影响到外资的利益。

又如,中国多年来的经济发展,一直建立在**劳工保护**制度严重欠缺基础之上;尤其在许多外资企业中,对农民工的保护几乎是空白状态,所谓"工会"往往也是有名无实。而且,中国的两极分化正在造成越来越多的社会问题。为了应对此类问题,中国提出了建立"和谐社会"的目标,正在着手提高劳工保护标准,[83] 而这也可能会影响到外资的既得利益。

又如,中国深化涉及投资、贸易体制改革,完善法律法规,为各国在华企业创造公平经营的法治环境的同时,[84] 也可能会取消之前给予外资的一些特殊优惠。针对外资的"超国民待遇"问题,我国正在进行内、外资有关税收统一等方面的改革。而这一系列的改革也难免会在颇大程度上影响到外资的既得利益,从而引发龃龉、矛

---

[80] 国务院新闻办公室会同中央文献研究室、中国外文局:《习近平谈治国理政》,中国外文出版社 2014 年版,第 101 页。

[81] 参见习近平:《习近平关于全面深化改革论述摘编》,中央文献出版社 2014 年版,第 30 页。

[82] 十八届中央委员会第三次全体会议便是把生态文明体制改革作为全面深化改革的若干重大问题。参见《中共中央关于全面深化改革若干重大问题的决定》,http://www.gov.cn/jrzg/2013-11/15/content_2528179.htm。

[83] 十八届中央委员会第三次全体会议强调要深化行政执法体制改革,其中便提到要加强劳动保障等重点领域基层执法力量。参见《中共中央关于全面深化改革若干重大问题的决定》,http://www.gov.cn/jrzg/2013-11/15/content_2528179.htm。

[84] 参见习近平:《共同维护和发展开放型世界经济——在二十国集团领导人峰会第一阶段会议上关于世界经济形势的发言》,载《光明日报》2013 年 09 月 06 日第 2 版。

盾和争讼。

又如,作为发展中国家,中国的**金融体制**和经济运行还不是很完善、很稳健,抵御各种金融风险和经济危机的能力不是很强,[85]受到重大风险或危机的冲击时,必然会采取**加强外汇管制**、**强化海关监控**等措施,以保护国家的经济安全,这也势必会在颇大程度上影响到外资的既得利益和潜在利益。

以上这些环境政策、劳工政策、对外商的"超国民待遇"政策等等,都势在必改;日后一旦经济运行失调、遭遇金融风险或发生经济危机时,中国就会像其他主权国家一样,也**势必在特定时期内采取各种加强经济管制和宏观监控的必要措施**。凡此种种,都不可能不在特定的时期内和一定的程度上损害到外商的既得利益或潜在利润。一旦因紧急需要而不得不触犯投资合同或者 BIT 中的高标准保护规定,外商就会动辄以投资合同或者 BIT 为依据,申请国际仲裁,并且可能产生"多米诺"骨牌的"连锁效应",从而造成中国大量被诉于国际仲裁庭的后果。在这方面,有的发展中国家在缔结高保护标准 BIT 的实践中,已经有了沉痛的教训,中国不可不引以为戒。具体说来,中国如不增强忧患意识,居安思危,未雨绸缪,预先有所防范,则有朝一日,不排除可能会变成**第二个阿根廷**!这样说,绝非"危言耸听",更非"哗众取宠"。

看来,中华人民共和国成立近七十年以来,几代中国国家领导人在不同时期不同场合反复多次一再提醒国人务必加强忧患意识,反复多次一再强调务必"居安思危","治不忘乱",确实都是有的放矢、切中时弊的,值得全国上下牢牢铭记,全面践行。

第五,忌麻痹地"重蹈覆辙",宜警惕地"汲取教训"。

在国际投资法律实践当中,不少发展中国家出于吸引外资的目的争相接受高标准的国际投资条约,然而,这种轻率的行为也让这些国家付出了惨重的代价。阿根廷便是其中的一个典例。阿根廷是卡尔沃主义的首倡者,但它在国际投资缔约当中却放弃了卡尔沃主义。20 世纪 80 年代后期,阿根廷深陷债务危机、恶性通货膨胀及经济持续萧条的困境,投资者已对阿根廷货币失去了信心。为有效控制政府赤字、吸引外资,阿根廷政府采取了包括国有企业私有化、贸易自由化、金融自由化、削减政府开支、税制改革等一系列"新自由主义"举措,在对外缔结国际投资条约时,也不加区分,无论是在实体方面还是在程序方面,全盘接受给予外国投资者高标准保护的 BIT 条款,[86]也因此,阿根廷屡屡被外国投资者诉诸国际投资仲裁,深陷诉事。

自 1997 年 3 月至 2017 年 12 月,阿根廷作为国际投资仲裁被申请方的案件高达

---

[85] 参见《习近平:深化金融改革 促进经济和金融良性循环健康发展》,http://cpc.people.com.cn/n1/2017/0716/c64094-29407694.html,http://www.gov.cn/jrzg/2013-11/15/content_2528179.htm。

[86] 阿根廷的 BIT 实践,参见陈安:《中外双边投资协定中的四大"安全阀"不宜贸然拆除——美、加型谈判范本关键性"争端解决"条款剖析》,载陈安主编:《国际经济法学刊》2006 年第 13 卷第 1 期。

60个,[87]是国际投资仲裁实践迄今为止作为被申请方涉案最多的国家。[88] 这些案件涉及的争端一部分源于阿根廷20世纪90年代初对其核心工业部门所实施的私有化运动,另一部分则是阿根廷为了应对20世纪90年代末到21世纪初的金融危机而采取的紧急措施所引发的。在这些案件中,目前已经审结的案件共有46个。[89] 除了没有对外公开数据的3个案件之外,[90]已审结的案件中有9个已经终止,[91]14个是通过和解的方式解决的,[92]而由仲裁庭作出裁决方式审结的案件则有25个。[93] 在仲裁庭审结的25个案件中,除了1个案件双方各有输赢之外,[94]仲裁庭作出对阿根廷有利裁决的案件仅有5个,[95]占其中的20%,余下的19个案件均是作出对外国投资者有利的裁决。[96] 从这些案件所涉金额来看,外国投资者普遍提出高达数千

---

[87] 其中有54个案件是在ICSID框架下进行,6个案件则是在UNCITRAL体制下进行的。See UNCTAD, Investment Dispute Settlement Navigator, Argentina—As Respondent State, http://investmentpolicyhub. unctad. org/ISDS/CountryCases/8? partyRole=2.

[88] 排名第一和第二的两个国家均为拉美国家,排名第二的是委内瑞拉,其涉案数量也高达42个。See UNCTAD, Special Update on Investor-State Dispute Settlement: Facts and Figures, http://unctad.org/en/PublicationsLibrary/diaepcb2017d7_en. pdf.

[89] See UNCTAD, Investment Dispute Settlement Navigator, Argentina—As Respondent State, http://investmentpolicyhub. unctad. org/ISDS/CountryCases/8? partyRole=2.

[90] 这3个案件分别是:Mobil v. Argentina案、Suez and Interagua v. Argentina案和Houston Industries v. Argentina案。See UNCTAD, Investment Dispute Settlement Navigator, Argentina—As Respondent State, http://investmentpolicyhub. unctad. org/ISDS/CountryCases/8? partyRole=2.

[91] 这些案件分别为:Ambiente Ufficio and others v. Argentina案、Alemanni and others v. Argentina案、Asset Recovery v. Argentina案、Azurix v. Argentina(II)案、Chilectra and others v. Argentina案、Electricidad Argentina and EDF International v. Argentina案、Empresa Nacional de Electricidad v. Argentina案、Mobil Argentina v. Argentina案、Lanco v. Argentina案。See UNCTAD, Investment Dispute Settlement Navigator, Argentina—As Respondent State, http://investmentpolicyhub. unctad. org/ISDS/CountryCases/8? partyRole=2.

[92] 这些案件分别是:Repsol v. Argentina案、Impregilo v. Argentina(II)案、Abaclat and others v. Argentina案、CGE v. Argentina案、Scotiabank v. Argentina案、BP v. Argentina案、CIT Group v. Argentina案、France Telecom v. Argentina案、RGA v. Argentina案、Aguas Cordobesas v. Argentina案、Camuzzi v. Argentina(II)案、Pan American v. Argentina案、Pioneer v. Argentina案、Telefónica v. Argentina案。See UNCTAD, Investment Dispute Settlement Navigator, Argentina—As Respondent State, http://investmentpolicyhub. unctad. org/ISDS/CountryCases/8? partyRole=2.

[93] See UNCTAD, Investment Dispute Settlement Navigator, Argentina—As Respondent State, http://investmentpolicyhub. unctad. org/ISDS/CountryCases/8? partyRole=2.

[94] 这一案件便是Urbaser and CABB v. Argentina案。See UNCTAD, Investment Dispute Settlement Navigator, Argentina—As Respondent State, http://investmentpolicyhub. unctad. org/ISDS/CountryCases/8? partyRole=2.

[95] 这5个案件包括:ICS v. Argentina(I)案、Daimler v. Argentina案、TSA Spectrum v. Argentina案、Wintershall v. Argentina案、Metalpar v. Argentina案。See UNCTAD, Investment Dispute Settlement Navigator, Argentina—As Respondent State, http://investmentpolicyhub. unctad. org/ISDS/CountryCases/8? partyRole=2.

[96] 这19个案件为Teinver v. Argentina案、HOCHTIEF v. Argentina案、Impregilo v. Argentina(I)案、SAUR v. Argentina案、Total v. Argentina案、AWG v. Argentina案、BG v. Argentina案、Continental Casualty v. Argentina案、EDF and others v. Argentina案、El Paso v. Argentina案、National Grid v. Argentina案、Vivendi v. Argentina(II)案、LG&E v. Argentina案、Sempra v. Argentina案、Siemens v. Argentina案、Azurix v. Argentina(I)案、CMS v. Argentina案、Enron v. Argentina案、Vivendi v. Argentina(I)案。See UNCTAD, Investment Dispute Settlement Navigator, Argentina—As Respondent State, http://investmentpolicyhub. unctad. org/ISDS/CountryCases/8? partyRole=2.

万,甚至数亿美元的巨额索赔(详见表 3-8-3)。比如,在已决的案件中,Teinver v. Argentina 案投资者索赔金额高达 15.9 亿美元,仲裁庭虽然并没有完全支持这一主张,但其最终裁决的金额也高达 3.2 亿美元。也因此,当前最终裁决的案件,阿根廷的全部赔偿金额高达 24.23 亿美元。对于疲于应对金融危机的阿根廷来说,这无疑是雪上加霜。

表 3-8-3 部分阿根廷案件的涉案金额统计[97]

案件申请年份	案件名称	涉案金额(百万/美元)	
		申请方主张金额	最终裁定金额
2009	Teinver v. Argentina	1590.00	320.80
2007	HOCHTIEF v. Argentina	157.20	13.40
2007	Impregilo v. Argentina (I)	119.00	21.29
2004	SAUR v. Argentina	143.90	39.90
2004	Total v. Argentina	940.00	269.90
2003	AWG v. Argentina	34.10	21.00
2003	BG v. Argentina	238.10	185.20
2003	Continental Casualty v. Argentina	114.00	2.80
2003	EDF and others v. Argentina	270.00	136.00
2003	El Paso v. Argentina	28.20	43.00
2003	National Grid v. Argentina	59.00	53.50
2003	Vivendi v. Argentina (II)	834.10	383.60
2002	LG&E v. Argentina	268.00	57.40
2002	Sempra v. Argentina	209.00	128.00
2002	Siemens v. Argentina	462.50	237.80
2001	Azurix v. Argentina (I)	685.00	165.20
2001	CMS v. Argentina	261.10	133.20
2001	Enron v. Argentina	582.00	106.20
1997	Vivendi v. Argentina (I)	317.00	105.00

面对如此严峻的法律挑战,虽然阿根廷采用包括启动仲裁撤销程序和国内法院审查等方式来应对,但这些措施收效甚微。例如,阿根廷一共就 17 个案件启动了 ICSID 仲裁裁决撤销程序,除了目前仍有 2 个案件尚未审理,有 2 个案件程序已经终止,其余的案件当中,阿根廷仅在 Sempra v. Argentina 案等 3 个案件获得 ICSID 专

---

[97] 这一部分案件为仲裁庭作出裁决有利于外国投资者的 19 个案件。See UNCTAD, Investment Dispute Settlement Navigator, Argentina—As Respondent State, http://investmentpolicyhub.unctad.org/ISDS/CountryCases/8?partyRole=2.

门委员会的支持。[98] 而在启动国内法院审查的案件方面,投资仲裁庭的裁决全部获得承认。[99] 也正因如此,阿根廷开始反思自己的国际投资法律实践存在的问题,并尝试作出相应的调整。继玻利维亚、厄瓜多尔和委内瑞拉三个国家之后,[100] 阿根廷也表示可能退出《华盛顿公约》。[101] 尽管迄今为止,阿根廷并未正式宣布退出《华盛顿公约》,但阿根廷与玻利维亚、哥伦比亚、厄瓜多尔、秘鲁、巴西、乌拉圭、巴拉圭和委内瑞拉、智利、圭亚那和苏里南等 12 个国家正在建立一个替代《华盛顿公约》的区域性投资争议解决机制。[102] 2016 年 1 月,南美洲国家联盟成员国的专家在乌拉圭首都蒙得维的亚最终敲定投资争议解决区域中心的协定文本,接下来将交由 12 位成员国依照国内程序讨论和批准。[103]

中国古谚说:"前车之覆,后车可鉴。"[104] 阿根廷的惨痛教训应该引起中国的反思和警示,从中吸取教训和经验,力求避免重蹈覆辙,误陷讼累。当代中国在未来的缔结条约或修改条约的过程中,切宜根据国内外实情,区分两类国家,实行差别互惠。详言之,即中国在与实力悬殊的经济强国进行 BITs 谈判中,若一时达不成协议或暂时没有协定,暂时搁置比迅速达成对中国不利的协定要好得多。权衡国内外的现实形势,我国完全没有必要全面地放权过快、弃权过多,更不宜仅为了制造政治气氛、"友好"氛围而贸然行事,从而不知不觉地导致"门户洞开,毫不设防"。反之,立足中国,放眼世界,则在当前条件下,显然仍宜保留清醒的头脑,增强必要的忧患意识,经常居安思危,坚持有关国际公约的授权规定,善于掌握四大"安全阀",趋利避害,在

---

[98] 在这三个案件当中,阿根廷的全部主张获得支持的只有一个案件,即 Sempra v. Argentina 案,而在 CMS v. Argentina 案和 Enron v. Argentina 案中,阿根廷的主张只有部分获得支持。See UNCTAD, Investment Dispute Settlement Navigator, Argentina—as respondent State, http://investmentpolicyhub.unctad.org/ISDS/CountryCases/8?partyRole=2.

[99] 启动国内法院审查程序的案件共有 3 个,包括 AWG v. Argentina 案、BG v. Argentina 案和 National Grid v. Argentina 案。

[100] 玻利维亚于 2007 年 5 月 2 日正式书面通知退出《华盛顿公约》,该通知于同年 9 月 3 日正式生效;厄瓜多尔于 2009 年 7 月 6 日正式书面通知退出《华盛顿公约》,该通知于 2010 年 1 月 7 日正式生效;委内瑞拉于 2012 年 1 月 24 日正式书面通知退出《华盛顿公约》,该通知于同年 7 月 25 日起生效。

[101] See MERCOPRESS, Argentina in the Process of Quitting From World Bank Investment Disputes Centre, http://en.mercopress.com/2013/01/31/argentina-in-the-process-of-quitting-from-world-bank-investment-disputes-centre.

[102] 这一建议是由 2009 年 6 月由厄瓜多尔提出的,2010 年年底南美洲国家联盟(Union of South American Nation, UNASUR)成员组成一个由厄瓜多尔主持的工作组,负责该区域争端解决机制协定的文本起草以及相关的谈判工作。2014 年协定草案已经完成,交由各成员国讨论及批准。See IISD, UNASUR Centre for the Settlement of Investment Disputes: Comments on the Draft Constitutive Agreement, https://www.iisd.org/itn/2016/08/10/unasur-centre-for-the-settlement-of-investment-disputes-comments-on-the-draft-constitutive-agreement-katia-fach-gomez-catharine-titi/.

[103] See IISD, UNASUR Arbitration Centre One Step Closer to Being Established, https://www.iisd.org/itn/2016/02/29/unasur-arbitration-centre-one-step-closer-to-being-established/.

[104] 参见《荀子·成相》:"前车已覆,后未知更何觉时!"(汉)刘向:《说苑·善说》:"前车覆,后车戒。"

"引进来"与"走出去"之间,在保护外资合法权益和维护中国主权权力之间,保持正确的、恰如其分的综合平衡。

这样,今后中国才能更好地通过签订或修订 BITs,达到名副其实的互利互惠、持续促进经济发展;进而在确立跨国投资合理规范和建立国际经济新秩序的过程中,发挥应有的示范作用。中国的和平崛起要求我们这么做,中国在国际上的地位也要求我们这么做。只有这样,才有利于中国,有利于广大发展中国家,有利于南北两大类国家的互利合作,有利于和谐世界的共同繁荣与发展,有利于构建富强康乐的全球人类利益共同体。

第9章 全球治理背景下有关"国际投资法庭"提议臧否之中国观[*]

>> 内容提要

当代 IIAs[1] 的投资争端仲裁模式取得了巨大成绩,但也面临着"正当性危机"这一严重缺陷,其根源在于"公权私裁"的架构。欧盟设计的"投资法庭体制(ICS)"[2],其是否臧否,众议不一。本文认为,结合中国国情,适当借鉴和引进欧盟的设计,将有助于中国政府在全球治理背景下建立一个真正"公平、开放、透明的争端解决程序"。例如,欧盟设计的具有常设性质的"上诉法庭",有助于解决由于"国际投资仲裁庭的临时性"且"一裁终局"而引发的弊端,包括"在相似案情下的相似条款面临不同解释结论"等等。欧盟设计的 ICS 中仲裁员的特殊形成机制,[3]将有助于解决当前国际投资争端仲裁模式中的诸多"不公平"问题。ICS 中较高的"透明度""第三方参与"等制度有助于解决当前国际投资争端仲裁模式中的"不开放""不透明"问题。目前,国际社会对 ICS 的一些疑虑,其实并不会真正构成对 ICS 的阻碍。

>> 目 次

一、全球治理背景下国际投资法庭模式的浮现

---

[*] 本文由陈安与王海浪合作撰写。王海浪是国家重点学科厦门大学国际法学科 2006 届博士,现任厦门大学法学院助理教授。

[1] IIAs 是各种"国际投资协定"(International Investment Agreements)的简称。

[2] 该"投资法庭体制"的英文全称是:Investment Court System,简称 ICS。

[3] 欧盟对 ICS 体制的表述,用语并不一致。2014 年欧盟与加拿大缔结了《全面经济与贸易协定》(Comprehensive Economic and Trade Agreement,CETA);2015 年欧盟向美国提交了《跨大西洋贸易与投资伙伴协议》(Transatlantic Trade and Investment Partnership,TTIP)。从这两份文件来看,欧盟对"法庭",用"Tribunal"或"Court",对"裁判员",用"Judges"或"Members of the Tribunal"。由于该 ICS 体制的核心问题是在现行投资争端仲裁体制原有基础上加以改革,且该体制尚处于形成过程当中,为便于读者理解,本文暂把其中的"Judges"或"Members of the Tribunal",统一沿用原有名称,称为"仲裁员"。

(一) 当前投资争端仲裁模式的严重缺陷:正当性危机
(二) 国际投资法庭的浮现

二、欧盟版国际投资法庭体制的关键内容
(一) CETA 的框架及其协商程序
(二) 缔约双方共同指定初审法庭成员
(三) 缔约双方共同指定上诉法庭成员
(四) 裁决程序中的透明度及其非争端缔约方的参与规则
(五) 在《华盛顿公约》框架下予以承认与执行

三、中国关于国际投资法庭模式的应对
(一) 全球治理背景下中国的 ISDS 目标:建立公平、开放、透明的争端解决程序
(二) 国际投资法庭符合中国建立"公平、开放、透明的争端解决程序"之政策目标
(三) 关于 ICS 的疑虑之一:仲裁员的指定方式、适格条件问题
(四) 关于 ICS 的疑虑之二:承认与执行问题
(五) 关于 ICS 的疑虑之三:ICS 的多边化难题

四、几点结论

一、全球治理背景下国际投资法庭模式的浮现

全球治理体制变革正处在历史转折点上。习近平同志认为,应当推动变革全球治理体制中不公正不合理的安排,推动各国在国际经济合作中权利平等、机会平等、规则平等,推进全球治理规则民主化、法治化,努力使全球治理体制更加平衡地反映大多数国家意愿和利益。[4] 具体到国际投资法领域,就涉及对当前保护外资而言最为重要又颇具分歧的争端解决机制——国际投资争端仲裁模式,究竟应当如何变革?

通常,缔约方预先在各种国际投资协定(International Investment Agreements,IIAs)中同意国际仲裁庭的管辖权。在发生争端之后,由投资者依据各类 IIAs,包括"双边投资保护协定"(Bilateral Investment Treaty,BIT)或"自由贸易协定"(Free

---

[4] 参见习近平:《推动全球治理体制更加公正更加合理》,http://news.xinhuanet.com/politics/2015-10/13/c_1116812159.htm。

Trade Agreement)中的投资章节,申请设立临时国际投资仲裁庭以便解决其与东道国之间的投资争端。至2017年底,国际社会已缔结各种IIAs大约3000项。[5] 依据此类IIAs设立的投资者—国家争端解决模式(Investor-State Dispute Settlement, ISDS)被大量运用。至2017年底,基于IIAs的国际投资争端仲裁案件已达817件。[6]

在某种程度上可以说,当前的投资争端仲裁模式取得了巨大成绩。然而,近年来国际社会发现此种投资争端仲裁模式存在着严重缺陷,给争端当事方尤其是属于发展中国家的东道国带来了严重不公的结果。值此全球治理体制变革的重要转折点上,我们应该对投资争端仲裁模式的严重缺陷予以纠正并不断完善相关规则。

(一) 当前投资争端仲裁模式的严重缺陷:正当性危机

晚近,国际投资仲裁的最大缺陷是其面临的"正当性危机"(legitimacy crisis)。[7] 关于"正当性危机",是指接受"一套规则或者创制规则的机制,而这套规则或机制本身能够推动那些受规则约束的对象,更好地遵守规则。因为那些受约束对象相信,这些规则或机制是按照普遍接受的正当程序原则来制定或运作的。"[8] 具体到国际投资争端仲裁中的正当性危机,有学者认为:"所谓国际投资争端仲裁正当性危机,基本含义是指国际投资仲裁由于在解决国际投资争端方面不胜任而引发的信任危机"[9]。

总体上,国际投资争端仲裁模式的正当性危机之根源在于其"公权私裁"的架构。

一方面,国际投资争端仲裁庭审查的措施通常是东道国的公权力。仲裁庭在仲裁程序中的主要任务在于:确定东道国某项影响外国投资者的措施是否以及在多大程度上违反了其在双边或多边投资协定下的义务。东道国的相关措施,多数着眼于对国内宏观经济、环境保护、劳工,甚至是经济危机的规制与应对,涉及国家公权力的行使。国际投资争端仲裁庭对东道国相关措施的审查,必将影响到东道国规制国民经济的意愿与效果,事实上使得国际投资争端仲裁庭本身成为东道国的"政策审

---

[5] 相关统计参见 UNCTAD 网站,http://investmentpolicyhub.unctad.org/IIA。
[6] 相关统计参见 UNCTAD 网站,http://investmentpolicyhub.unctad.org/ISDS。
[7] See Susan D. Franck, The Legitimacy Crisis in Investment Treaty Arbitration: Privatizing Public International Law through Inconsistent Decisions, 73 *Fordham L. Rev.* 1521-1625 (2005).
[8] See Thomas M. Franck, *The Power of Legitimacy among Nations*, Oxford University Press, 1990, p. 24.
[9] 陈安主编:《国际投资法的新发展与中国双边投资条约的新实践》,复旦大学出版社 2007 年版,第 165 页。

查机构"。

另一方面,国际投资争端仲裁庭对东道国公权力的审查,是通过"私裁"方式来实施的。晚近的国际投资争端仲裁模式最早来源于商事仲裁,带有大量的"私裁"特点,例如争端当事双方对仲裁员的共同指定、仲裁庭的临时性、仲裁程序运行中的秘密性等等。国际投资争端仲裁模式的这些"私裁"特点,引发了东道国的不信任与怀疑。例如,由于仲裁庭的临时性,加之各案仲裁员不同的教育背景与生活经验,实践中大量存在着各案仲裁庭对相似案情下的相似条款解释不一甚至完全相反的情况。这将严重破坏法律的可预见性,并让东道国在将来运用公权力规制国民经济时感到无所适从。让争端当事双方指定仲裁员,逻辑上就会让当事方在选择仲裁员时,把"仲裁员意见是否有利于自己"作为首要的考虑因素,而不是仲裁员的专业能力。尤其是不少仲裁员同时从事律师业务,其背后的利益冲突可能引发当事方对其公正性的怀疑。又由于国际投资仲裁中缺乏有效的监督机制,使得一些不公行为无法得到进一步的有效救济。再加之国际投资仲裁中缺乏透明度这一"私裁"特点,难以消除东道国的怀疑与不信任,以至于许多国家正采取措施摆脱国际投资争端仲裁的约束。

例如,玻利维亚与厄瓜多尔分别于 2007 年与 2009 年发出通知退出《华盛顿公约》[10],委内瑞拉于 2012 年宣布退出《华盛顿公约》。[11] 继 2014 年在 Churchill Mining plc v. Indonesia 案的管辖权问题上失利后,印尼官方表示将终止其缔结的所有 67 项 BIT。[12] 2015 年,印尼对 8 项 BIT 的终止正式生效。[13] 2014 年 12 月,意大利发出通知退出《能源宪章条约》,该退出自 2016 年 1 月生效。[14] 综上,移植于国际商事仲裁的国际投资争端仲裁模式,其"私裁"特点使得其无法应对审查对象——东道国"公权"行为实行审查的正当需要,引发了东道国的不信任与反感,最终形成了所谓的"正当性危机"。

---

[10] 即签订于 1965 年的《关于解决国家和他国国民之间投资争端公约》(Convention on the Settlement of Investment Disputes Between States and Nationals of Other States of 1965),简称《华盛顿公约》。

[11] See Venezuela's Withdrawal From ICSID: What it Does and Does Not Achieve, http://www.iisd.org/itn/2012/04/13/venezuelas-withdrawal-from-icsid-what-it-does-and-does-not-achieve/#_ftn1.

[12] See Indonesia Signals Intention to Terminate More Than 60 Bilateral Investment Treaties, http://www.nortonrosefulbright.com/knowledge/publications/116101/indonesia-signals-intention-to-terminate-more-than-60-bilateral-investment-treaties.

[13] See BITs with Bulgaria, China, France, Italy, the Lao People's Democratic Republic, Malaysia, the Netherlands and Slovakia. UNCTAD, World Investment Report 2016 Investor Nationality: Policy Challenges, Geneva, *United Nations Publication*, 2016, p. 102.

[14] 关于意大利退出《能源宪章条约》的信息,请参见《能源宪章条约》官方网站的公告:http://www.energycharter.org/who-we-are/members-observers/countries/italy/。

(二) 国际投资法庭的浮现

国际社会提出了诸多建议来应对国际投资仲裁的"正当性危机"。有观点提出其他可替代方案。例如,所谓的"Osgoode 计划"(Osgoode Plan),主张回到 ISDS 之前的争端解决模式当中,用东道国国内法庭代替当前的投资者—国家仲裁模式。这是由加拿大格斯·范·哈滕(Gus Van Harten)主导的 50 多位教授与研究人员团队提出的主张。他们认为,当前的国际投资争端仲裁模式"妨碍了政府为了其人民,为了应对人类与环境可持续发展之关注而采取行动的能力"[15]。但有反对者认为,该计划提供的解决方案与全球化及国际投资的目标是相冲突的。任何全球经济一体化的支持者都是不会认同的。因此,该计划只会在没有其他体制被证明属于合适以及/或者在政治上更具灵活性之前,才会作为欧盟向美国提交的《跨大西洋贸易与投资伙伴协议》(Transatlantic Trade and Investment Partnership,TTIP)建议稿中 ISDS 的可能替代品而被加以考虑。[16]

阿联酋资深律师约翰·加夫尼(John Gaffney)建议运用"法治评分体系"(A Rule-of-Law Ratings Mechanism)来解决 ISDS 中的困难。现代主权评分体系主张由第三方机构根据一个国家的"完全并及时支付商业债务的能力与意愿",来评估该国的信誉度。与此类似,"法治评分体系"将表明,如果东道国法院涉及一项投资争端,是否"存在着东道国国内法院不会支持法治的实质风险"。该观点建议各国把这一评分体系纳入到将来的 IIAs 中并要求投资者把将来争端提交给其可获得的、排名最佳的法庭。相对于 ISDS,东道国国内法院的法治质量是变动的,投资者据此确定是否把投资者—国家争端提交给东道国国内法院或 ISDS 来解决。[17] 但批评者认为,这种"法治评分体系"只是部分地解决了 ISDS 的困难。把这种方法纳入 TTIP 势必将让投资者在评分较差的国家继续运用 ISDS 去挑战公共健康、环境保护等规则。[18]

---

[15] Public Statement on the International Investment Regime, Osgoode Hall L. Sch. (Aug. 31, 2010), http://www.osgoode.yorku.ca/public-statement-international-investment-regime-31-august-2010.

[16] See Robert W. Schwieder, TTIP and the Investment Court System: A New (And Improved?) Paradigm For Investor-State Adjudication, *Columbia Journal of Transnational Law*, Vol. 55, 2016, p. 213.

[17] See John P. Gaffney, When Is Investor-State Dispute Settlement Appropriate to Resolve Investment Disputes? An Idea for a Rule-of-Law Ratings Mechanism, Columbia FDI Perspectives, http://ccsi.columbia.edu/files/2013/10/No-149-Gaffney-FINAL.pdf.

[18] See Robert W. Schwieder, TTIP and the Investment Court System: A New (And Improved?) Paradigm For Investor-State Adjudication, *Columbia Journal of Transnational Law*, Vol. 55, 2016, p. 216.

美国曾在 2004 年 BIT 范本以及 2012 年 BIT 范本中提出设立上诉机制,[19] ICSID 秘书处也曾于 2004 年提出过设立上诉机构的构想,[20]但都没有实质进展。更多的研究人员则是采取修正与渐进改革的态度,针对各项 IIAs 中的具体条款包括合并仲裁、透明度、第三方参与、例外条款以及上诉机构等方面提出完善建议,以期解决国际投资争端仲裁机制中的正当性危机问题。[21]

不过,本文认为,由于欧盟提出的 ICS 直接从投资法庭的常设性入手,属于迄今为止最有希望较为全面地解决前述问题的国际投资争端解决模式。欧盟于 2009 年《里斯本条约》生效后获得对外缔结投资条约的专属权利,积极与多国进行投资条约的谈判。2014 年,欧盟与加拿大缔结了《全面经济与贸易协定》(Comprehensive Economic and Trade Agreement, CETA)。但由于欧盟内部对其中的争端解决机制争论非常大,尤其是德国作为国际投资仲裁机制的创始者持强烈反对意见,故决定把其中的投资章节留待后续谈判。CETA 于 2017 年 9 月临时适用,但其中投资保护与投资法庭系统的内容暂时不适用。[22] CETA 第 8 章第 F 节规定了投资法庭的内容。[23]

2015 年,欧盟向美国提交 TTIP 投资章节建议稿并公布,其中采用了投资法庭的争端解决模式。[24] 2016 年,欧盟与越南完成 FTA 的谈判并予以公布,其中同样采纳了投资法庭的争端解决模式。[25] 2017 年,欧盟持续讨论设立多边投资法庭的可行性。[26]

可见,晚近,欧盟一直在大力推动国际社会对国际投资法庭的接受,致力于率先在 IIAs 中纳入国际投资法庭规则。虽然迄今还没有一项 IIAs 中的国际投资法庭体制在实践中已经发生法律约束力,但其持续多年的努力已吸引了国际社会的关注与讨论。

---

[19] 美国的这两项范本都在第 28 条第 10 款规定了关于上诉机制的内容,2004 年 BIT 范本全文下载网址: https://www.state.gov/documents/organization/117601.pdf,2012 年 BIT 范本全文下载网址: https://www.state.gov/documents/organization/188371.pdf。

[20] See ICSID Secretariat Discussion Paper, Possible Improvements of the Framework for ICSID Arbitration, October 22, 2004, http://pge.gob.ec/images/documentos/2016/Biblioteca/NOTA%20175/NOTA%20175%20INGLES.pdf.

[21] 关于正当性危机的讨论,请参见陈安主编:《国际投资法的新发展与中国双边投资条约的新实践》,复旦大学出版社 2007 年版,第 165—182 页。

[22] 关于暂时不适用的条款列表请参见欧盟官方网站的介绍:http://ec.europa.eu/trade/policy/in-focus/ceta/ceta-explained/。

[23] 关于 CETA 的全部内容,请参见 http://ec.europa.eu/trade/policy/in-focus/ceta/ceta-chapter-by-chapter/。

[24] 关于 TTIP 建议的文件介绍,请参见 http://ec.europa.eu/trade/policy/in-focus/ttip/。

[25] 关于欧盟与越南 FTA 内容的介绍,请参见 http://ec.europa.eu/trade/policy/countries-and-regions/countries/vietnam/。

[26] 关于欧盟讨论设立多边投资法庭的详细内容,请参见 http://trade.ec.europa.eu/doclib/events/index.cfm?id=1746。

二、欧盟版国际投资法庭体制的关键内容

如前所述,国际投资争端仲裁模式的"正当性危机"之根源在于其"公权私裁"这一特点。故为克服"正当性危机",欧盟在设计国际投资法庭各项规则之时,其指导精神无不着重于如何把"私裁"转化为"公裁"。本文拟以欧盟与加拿大之间的CETA为例,阐述欧盟提出的ICS的关键内容。[27]

(一) CETA 的框架及其协商程序

CETA 中规定投资的内容位于第 8 章。该章包括 A—F 共 6 节,分别介绍"定义与范围""投资的设立""非歧视待遇""投资保护""保留与例外""投资者与东道国间投资争端的解决"6 个方面的内容。第 F 节"投资者与东道国间投资争端的解决"从第 8.18 条到第 8.45 条,共 28 条。

第 8.18 条规定投资者可把哪些争端提交给法庭来加以解决。第 8.23 条规定了争端双方的协商程序。关于协商的要求必须在投资者一方首次获知相关权利被侵犯以及遭受损失之日起 3 年内提出,或者是投资者一方在东道国境内法庭停止进行指控程序或此种程序已经终止之后的两年内提出,但不得晚于投资者一方首次获知相关权利被侵犯以及遭受损失之后 10 年。如果投资者一方在提交协商要求之后的 18 个月期间,并没有根据第 8.23 条提交指控,则被视为撤回协商要求。

第 8.20 条规定争端各方任何时候都可以同意诉之于调解程序。第 8.21 条规定如何确定争端的被申请方,其实主要是规定当被申请方属于欧盟或欧盟成员方时的情况。

(二) 缔约双方共同指定初审法庭成员

CETA 第 8.27 条规定了初审法庭的组成。在该协议生效后,CETA 联合委员会应该指定 15 名法庭成员,其中 5 名成员是欧盟成员国国民,5 名成员是加拿大国民,5 名成员是第三国国民。委员会可按此规则以 3 的倍数增加或减少法庭成员。每一成员任期 5 年,可续期一次。

在审查具体案件时,由分庭(divisions)负责。在投资者根据第 8.23 条提起指控

---

[27] CETA 全文下载网址:http://ec.europa.eu/trade/policy/in-focus/ceta/ceta-chapter-by-chapter/。

后的 90 天内,初审法庭主席应从法庭成员中指定 3 名成员组成分庭并听取案件,即一名成员是欧盟成员国国民,一名成员是加拿大国民,一名成员是第三国国民并主持(chaired)分庭工作。该指定方式的依据是轮换,确保分庭的组成随机并不可预测,给法庭所有成员提供同等服务机会。初审法庭主席与副主席应从法庭内的第三国成员之中抽签产生。

CETA 第 8.27 条规定,为确保法庭成员履行职责,应按月向法庭成员支付由 CETA 联合委员会确定的聘用费(retainer fee)。此项费用由缔约双方平均分摊,支付给由 ICSID 秘书处管理的账户内。法庭成员在担任分庭成员具体审查案件时,则在聘用费之外,还应按照 ICSID 各项规则获得相关费用与开支的补偿。CETA 联合委员会可决定把聘用费与上述各项其他费用,转换成固定薪俸(regular salary)并决定相应的条件。

(三) 缔约双方共同指定上诉法庭成员

根据 CETA 第 8.28 条的规定,上诉法庭中审查具体上诉案件的分庭应由上诉法庭成员中随机指定的 3 名成员组成。上诉法庭有权依据以下理由支持、修改或撤销(uphold, modify or reverse)法庭的裁决:(1) 在可适用法律的适用或解释方面发生错误;(2) 在事实(包括相关国内法)认定方面发生明显错误;(3) 具备了《华盛顿公约》第 52 条第 1—5 项中规定的裁决撤销理由。

由于欧盟内部对上诉机构仍存在相当大的争论,故 CETA 本身没有就上诉机构的设立规定更为完善的规则。为完善该上诉机制,CETA 授权联合委员会尽快规定上诉法庭的各项行政与组织事项,例如上诉法庭成员的数量、上诉成本问题、成员的空缺与填补等等。在委员会通过此类决定之后,争端方可在初审法庭作出裁决书的 90 天内提出上诉,争端方不得另外寻求审查、撤销、修改或发起任何其他类似程序。

(四) 裁决程序中的透明度及其非争端缔约方的参与规则

CETA 第 8.36 条规定了程度较高的透明度规则,明确规定《UNCITRAL[28] 透明度规则》(The UNCITRAL Transparency Rules)应该按照本章的修改,在裁决程序中予以适用。首先,下列材料都应依据《UNCITRAL 透明度规则》第 3(1) 条纳入到向公众公开的材料清单中:协商申请书、要求确定被申请方的通知、关于调解的同

---

[28] UNCITRAL 的英文全称为:United Nations Commission on International Trade Law,中文名称为:联合国国际贸易法委员会。

意书、质疑某位法庭成员的意向通知、关于质疑法庭成员的决定书以及合并裁决的申请书。其次,证据(exhibits)应包括在依据《UNCITRAL 透明度规则》第 3(2)条纳入到向公众公开的材料清单中。再次,听证会应向公众公开。法庭应与当事方协商相关机密信息的保护并作出妥当安排。另外,在法庭设立之前,加拿大与欧盟应根据《UNCITRAL 透明度规则》第 2 条在作好受保护信息或机密信息的保护之后,定期公开相关文件。

CETA 第 8.38 条规定了非争端缔约方的参与规则。被申请方应在收到相关信息的 30 天内,把相关材料提交给非争端缔约方。非争端缔约方有权参加法庭主持的听证会。如果非争端缔约方向法庭发表或提交关于 CETA 解释的口头或书面意见,法庭应予以接受。法庭还可以在与争端缔约方进行协商之后主动邀请非争端缔约方向法庭发表或提交关于 CETA 解释的口头或书面意见。当然,在非争端缔约方发表意见之后,法庭应确保争端当事缔约方获得机会就非争端缔约方的意见提出评论。

(五)在《华盛顿公约》框架下予以承认与执行

在把争端提交 ICS 予以解决之初,CETA 就明确规定相关争端应根据包括《华盛顿公约》在内的仲裁规则提交 ICS。这就给后续的承认与执行定下了基调。根据 CETA 第 8.23 条第 2 款的规定,如果一项争端无法经由协商程序解决,则投资者一方可根据以下规则把争端提交法庭解决:(1)《华盛顿公约》及其仲裁程序规则;(2)如果前项中程序不适用,则按照《ICSID 附加便利规则》;(3)《UNCITRAL 仲裁规则》;(4)争端各方同意的任何其他仲裁规则。可见,CETA 意图让争端解决程序符合已有仲裁模式。尤其是第 4 款明确规定,为确定起见,根据第 1 款 b 项提交的指控应该满足《华盛顿公约》第 25 条第 1 款的要求。[29]

CETA 第 8.25 条进一步规定,被申请方同意由法庭解决争端,该同意以及把指控提交法庭应该满足以下要求:(1)《华盛顿公约》第 25 条以及《ICSID 附加便利规则》附件 C 第二章中关于争端当事方书面同意;(2)《纽约公约》第 2 条中的书面协议。

CETA 第 8.41 条规定了裁决的执行。法庭作出的裁决对争端各方有约束力。裁决书的执行应受执行所在地法律所规制。法庭作出的最终裁决属于一项仲裁裁

---

[29] 《华盛顿公约》第 25 条第 1 款规定:"中心的管辖适用于缔约国(或缔约国指派到中心的该国的任何组成部分或 机构)和另一缔约国国民之间直接因投资而产生的任何法律争端,而该项争端经双方书面同意提交给中心。当双方表示同意后,任何一方不得单方面撤销其同意。"

决,该项裁决被视为符合《纽约公约》第1条下的源于商事关系或商事交易的指控。为确定起见,如果一项指控根据第8.23.2(a)条提交,则法庭作出的最终裁决应符合《华盛顿公约》第4章第6节下裁决的条件。

三、中国关于国际投资法庭模式的应对

(一) 全球治理背景下中国的 ISDS 目标:建立公平、开放、透明的争端解决程序

为了营造开放、透明和有益的全球投资政策环境,二十国集团成员于2016年9月5日在《二十国集团领导人杭州峰会公报》中提出了9项非约束性原则,为投资政策的制定提供总体指导。[30] 其中第3项是关于争端解决机制的要求:"投资政策应为投资者和投资提供有形、无形的法律确定性和强有力的保护,包括可使用有效的预防机制、争端解决机制和实施程序。争端解决程序应公平、开放、透明,有适当的保障措施防止滥用权力。"可见,全球治理背景下,中国政府关于国际投资争端解决机制的目标是,建立一个真正"公平、开放、透明的争端解决程序"。

建立一个真正"公平、开放、透明的争端解决程序",符合中国当前兼具资本输出国与资本输入国双重投资身份的具体国情与政策选择。近年来,中国的海外投资情况发生了巨大变化。根据中国商务部统计,2016年,我国境内投资者共对全球164个国家/地区的7961家境外企业进行了非金融类直接投资,累计实现对外投资11299.2亿元人民币(折合1701.1亿美元),同比增长53.7%。[31] 2016年,全国实际使用外资金额8132.2亿元人民币(折合1260亿美元),同比增长4.1%。[32] 可见,中

---

[30] 这9项非约束性原则是:(1)认识到全球投资作为经济增长引擎的关键作用,东道国政府应避免与跨境投资有关的保护主义。(2)投资政策应设置开放、非歧视、透明和可预见的投资条件。(3)投资政策应为投资者和投资提供有形、无形的法律确定性和强有力的保护,包括可使用有效的预防机制、争端解决机制和实施程序。争端解决程序应公平、开放、透明,有适当的保障措施防止滥用权力。(4)投资相关规定的制定应保证透明及所有利益相关方有机会参与,并将其纳入以法律为基础的机制性框架。(5)投资及对投资产生影响的政策应在国际、国内层面保持协调,以促进投资为宗旨,与可持续发展和包容性增长的目标相一致。(6)东道国政府应有权为合法公共政策目的而管制投资。(7)投资促进政策应使经济效益最大化,具备效用和效率,以吸引、维持投资为目标,同时与促进透明的便利化举措相配合,有助于投资者开创、经营并扩大业务。(8)投资政策应促进和便利投资者遵循负责任企业行为和公司治理方面的国际最佳范例。(9)国际社会应继续合作,开展对话,以维护开放、有益的投资政策环境,解决共同面临的投资政策挑战。

[31] 参见《2016年我国对外非金融类直接投资简明统计》,http://hzs.mofcom.gov.cn/article/date/201701/20170102504421.shtml.

[32] 参见《2016年1—12月全国吸收外商直接投资情况》,http://www.mofcom.gov.cn/article/tongjiziliao/v/201702/20170202509836.shtml.

国海外投资流量已超过同期吸收外资规模,实现资本净输出。在这种背景下,中国既有强烈的利用投资协定中争端解决机制保护海外投资的需求,也同样有着应对境内外资利用投资协定中争端解决机制指控中国政府的现实压力。在两者都应予以兼顾的前提下,建立一个真正"公平、开放、透明的争端解决程序",就成了中国政府的应然目标与政策选择。

建立一个真正"公平、开放、透明的争端解决程序",符合中国兼具投资争端仲裁案件被申请方、申请方母国双重身份情况下的政策应对。至 2017 年底,中国中央政府已成为 3 项案件的被申请方。[33] 同期中国内地的海外投资者发起的投资仲裁案件也有 3 件,[34] 香港与澳门的海外投资者发起的投资仲裁案件为 2 件。[35] 可见,从案例实践来看,无论是大陆海外投资者发起投资仲裁的概率,还是境内外资针对中国政府发起投资仲裁的概率,都大体相近。因此,为在这两者之间取得平衡,最佳政策选择是建立真正"公平、开放、透明的争端解决程序"。

(二)国际投资法庭符合中国建立"公平、开放、透明的争端解决程序"之政策目标

从缔结 BIT 的数量来看,中国已成为仅次于德国的 BIT 积极实践者。商务部网站信息显示,中国到 2017 年 6 月止已缔结 104 项 BITs(这一统计数据包括与同一国家先后缔结的新旧投资保护协定在内)。根据 UNCTAD 网页的统计数据,中国到 2017 年 6 月止已缔结 145 项 BITs(这一统计数据包括已缔结但未生效或已终止的投资协定)。可见,中国促进与保护国际投资的决心相当大。

然而,从本文第一部分关于现有投资仲裁模式的"正当性危机"问题之讨论过程可以看出,中国 BIT 大量采纳的投资争端仲裁模式同样存在严重缺陷。国际投资争端仲裁模式的"正当性危机"之根源在于其"公权私裁"的架构。例如不透明、仲裁庭的临时性、仲裁员明显的偏向性、缺乏真正有效的监督机制等等。有学者认为,近年来有些仲裁庭片面强调并强化了投资者权益的保护,甚至将投资者的保护推至极

---

[33] 这三项案件是:2011 年的 Ekran v. China(ICSID Case No. ARB/11/15)、2014 年的 Ansung Housing Co., Ltd. v. People's Republic of China(ICSID Case No. ARB/14/25)以及 2017 年的 Hela Schwarz GmbH v. People's Republic of China(ICSID Case No. ARB/17/19)。

[34] 这三项案件是:2010 年的 Beijing Shougang Mining Investment Company Ltd., China Heilongjiang International Economic & Technical Cooperative Corp., and Qinhuangdaoshi Qinlong International Industrial Co. Ltd. v. Mongolia(PCA Case No. 2010-20),2012 年的 Ping An Life Insurance Company of China, Limited and Ping An Insurance(Group)Company of China, Limited v. Kingdom of Belgium(ICSID Case No. ARB/12/29),以及 2014 年的 Beijing Urban Construction Group Co. Ltd. v. Republic of Yemen(ICSID Case No. ARB/14/30)。

[35] 这两项案件是:2007 年的 Tza Yap Shum v. Republic of Peru(ICSID Case No. ARB/07/6)与 2017 年的 Sanum Investments Limited v. Lao People's Democratic Republic(II)(ICSID Case No. ADHOC/17/1)。

端,其裁决纯粹以维护投资者权益为使命和目的,从而导致东道国权益与投资者保护二者间的严重失衡,甚至引发了有关国家对国际仲裁的信任危机。[36] 从一定程度上,甚至可以说当前国际投资争端仲裁模式体现出"不公平、不开放、不透明"的特点,这明显不符合全球治理背景下中国设立真正"公平、开放、透明的争端解决程序"的政策目标。

从上述欧盟版国际投资法庭的设计来看,在很大程度上能够解决当前国际投资争端仲裁模式由于"公权私裁"而引发的"正当性危机"问题,有助于中国建立"公平、开放、透明的争端解决程序"的政策目标。理由有:

首先,具有常设性质的上诉法庭,有助于解决由于目前"国际投资仲裁庭的临时性"且"一裁终局"而引发的"相似案情下的相似条款面临不同解释结论"这一"不公平"且严重破坏法律可预见性的问题。欧盟在向美国提出的 TTIP 投资章节建议稿中,在解释何谓上诉法庭时的用语是"常设上诉法庭(A Permanent Appeal Tribunal)"。[37] 虽然在欧盟与加拿大的 CETA 中没有明确提及上诉法庭是否属于"常设"机构,但 CETA 明确规定联合委员会将不断对上诉法庭规则进行完善。从欧盟在 TTIP 中的态度来看,CETA 联合委员会在将来明确把上诉法庭界定为常设机构,是大概率事件。显而易见,一个常设的上诉法庭将在很大程度上解决当前国际投资争端仲裁模式中"相似案情下的相似条款面临不同解释结论"这一致命缺陷。有论者经过分析欧盟 TTIP 建议稿中初审法庭与上诉法庭的组成,认为:"鉴于初审法院和上诉法院在组成和运行模式方面极为相似,如果将上诉法院称为'常设',则初审法院虽无其名,也实为常设。易言之,整个投资法院制度具有常设性质。"[38] 如果初审法庭与上诉法庭均具常设性质,则更有助于上述问题的解决。

其次,国际投资法庭中仲裁员的特殊形成机制有助于解决当前国际投资争端仲裁模式中的诸多"不公平"问题。当前国际投资争端仲裁模式中,仲裁员系争端双方共同指定。这就有可能由于仲裁员的特殊身份而引发仲裁程序中的利益冲突问题。例如,在 SSA & Vivendi v. Argentina 案中,瑞士籍仲裁员科勒(Kohler)是申请方指定的仲裁员。但科勒同时又是申请方 Vivendi 的最大单一股东 UBS 公司的董事。科勒在仲裁程序中从来没有披露过此事,理由是其本人对 UBS 属于申请方最大单一

---

[36] 参见魏艳茹:《论国际投资仲裁的合法性危机及中国的对策》,载《河南社会科学》2008 年第 4 期,第 140—141 页;刘笋:《国际投资仲裁裁决的不一致性问题及其解决》,载《法商研究》2008 年第 6 期,第 143 页;徐崇利:《晚近国际投资争端解决实践之评判:"全球治理"理论的引入》,载《法学家》2010 年第 3 期,第 143—144 页;余劲松:《国际投资条约仲裁中投资者与东道国权益保护平衡问题研究》,载《中国法学》2011 年第 2 期,第 132—133 页。

[37] 参见第 10 条(Article 10 Appeal Tribunal),http://trade.ec.europa.eu/doclib/docs/2015/september/tradoc_153807.pdf.

[38] 肖军:《欧盟 TTIP 建议中的常设投资法院制度评析》,载《武大国际法评论》第 19 卷第 2 期,第 457 页。

股东之事并不知情。撤销委员会接受了科勒的这一理由,没有撤销裁决。[39] 类似于此种疑似"不公平"的仲裁员利益冲突案件,还有很多。[40] 如前所述,欧盟版国际投资法庭规则采取缔约双方预先指定仲裁员,并以"轮换""确保分庭的组成随机并不可预测""给法庭所有成员提供同等服务机会"等这些条件来确定具体审查案件的仲裁员。而且,还拟规定法庭仲裁员不得同时从事律师业务之类的限制条件。这些规则有助于建立更为"公平"的争端解决规则。

最后,国际投资法庭机制中较高的"透明度""第三方参与"等制度有助于解决当前国际投资争端仲裁模式中的"不开放""不透明"问题。如前所述,当前国际投资争端仲裁模式通过"秘密"的仲裁程序来裁决涉及东道国公众利益的案件,并可能让东道国公众承担数亿美元的赔偿金,这极易引发东道国的反感与怀疑。CETA 明确规定,国际投资法庭的裁决程序中应适用《UNCITRAL 透明度规则》,证据、听证会都应向公众公开。尤其是,CETA 规定非争端缔约方有权向法庭发表或提交关于 CETA 解释的口头或书面意见,法庭应予以接受。这些规则有助于建立"开放""透明"的争端解决机制。

(三)关于 ICS 的疑虑之一:仲裁员的指定方式、适格条件问题

有论者认为,欧盟版国际投资法庭并不是个理想的解决方案。其主要理由是,ICS 建议条款理所当然地把指定仲裁员的权力单方面赋予国家一方,而在当前的 ISDS 系统下,该权力由投资者与东道国共同享有。[41]

还有论者进一步认为,ICS 体制把今天的"管理者"变成了明天的"被管理者",剥夺投资者对仲裁员的指定权力将影响仲裁员的独立性。[42] 该架构完全排除了投资者指定仲裁员的权力。当然,国家会以一种在大多数国内法律体系中指定国内法官的同样方式来指定仲裁员。由于投资法庭面临的争端将涉及针对东道国政府的重大指控,欧盟、美国与加拿大在指定仲裁员行使控制权时会更为谨慎,并且不出所料地选择那些"具有被国家所了解并信任的品质与资格"的仲裁员。剥夺投资者指定

---

[39] See Suez, Sociedad General de Aguas de Barcelona, S. A. and Vivendi Universal, S. A. (formerly Aguas Argentinas, S. A., Suez, Sociedad General de Aguas de Barcelona, S. A. and Vivendi Universal, S. A.) v. Argentine Republic (II) (ICSID Case No. ARB/03/19).

[40] 更多关于仲裁员利益冲突方面的研究,请参见于湛旻:《论国际投资仲裁中仲裁员的身份冲突及克服》,载《河北法学》2014 年第 32 卷第 7 期;刘京莲:《国际投资仲裁正当性危机之仲裁员独立性研究》,载《河北法学》2011 年第 29 卷第 9 期。

[41] See Robert W. Schwieder, TTIP and the Investment Court System: A New (And Improved?) Paradigm for Investor-State Adjudication, *Columbia Journal of Transnational Law* Vol. 55, 2016, p. 208.

[42] 由于 TTIP 与 CETA 中的国际投资法庭规则相近,故该批评意见同样适用于 TTIP 与 CETA。

仲裁员的权力将导致对倾向于东道国的仲裁员独立性的怀疑。另外,国家(甚至可以在争端进行中)对协定规则施加有约束力的解释,[43]增加了这种风险:仲裁员将偏好那些东道国政府更熟悉或对东道国政府更为有利的法律原则。这一权力给仲裁员施加的压力将极大地影响其公正性。[44]

本文认为,上述关于"剥夺投资者对仲裁员的指定权力将影响仲裁员的独立性"这一观点过于武断,难以成立。理由如下:

首先,欧盟、美国加上将来可能接受ICS的中国,都是兼具资本输出与资本输入的双重身份国家。这些国家在相互缔结IIAs并纳入ICS之时,必然会全面考虑对本国海外投资者的保护以及本国政府面对境内外资指控压力这两种情况。即便如同该观点"选择那些具有被国家所了解并信任的品质与资格的仲裁员",也是选择那些具有被国家所了解并信任的"能在保护海外投资者与维护东道国利益之间取得平衡"的仲裁员。如果这些国家只从有利于维护东道国利益角度来选择仲裁员,则其海外投资者的受保护标准无法让其满意,因为它们还同时具有资本输出国的身份。

其次,国家(甚至可以在争端进行中)在对协定规则进行有约束力的解释之时,由于其兼具资本输出国与资本输入国的双重身份,故同样需要考虑如何解释相关规则才"能在保护海外投资者与维护东道国利益之间取得平衡"。在此背景下,合乎逻辑的推论应该是:仲裁员将偏好那些"能在保护海外投资者与维护东道国利益之间取得平衡"的法律原则,而不是偏好那些"单方面对东道国政府更为有利或者对投资者更为有利"的法律原则。

最后,即便在某些情况下,例如某缔约一方在与缔约另一方相较而言属于净资本输入国,由该缔约一方指定仲裁员可能确实会存在以上批评意见所说的"将导致对仲裁员独立性的怀疑"。不过,此时缔约另一方由于相较而言属于净资本输出国身份,其指定的仲裁员又可能会倾向于外国投资者。故两类国家指定的仲裁员在总体上又会构成平衡。而且,如上所述,由争端当事双方共同确定仲裁员的当前投资仲裁模式当中,照样引发了大量对仲裁员独立性的质疑意见。ICS当中由缔约双方指定仲裁员,并不一定会让情况更坏。尤其是,ICS中关于国际投资法庭具常设性质的规则,会让仲裁员基于自身的荣誉更为"爱惜羽毛"从而保持"公正"形象。ICS中

---

[43] See CETA, art. 8.31(3) ("An interpretation adopted by the CETA Joint Committee shall be binding on the Tribunal established under this Section."). See also TTIP Working Draft, §3(5) art. 13(5) (stating the Committee may adopt decisions interpreting the related provisions of the Agreement, and such interpretation is binding on the Tribunal and Appeal Tribunal).

[44] See James Crawford, The Ideal Arbitrator: Does One Size Fit All? *American University International Law Review*, Vol. 32, 2017, pp. 1019-1011.

规定仲裁员不得同时从事律师服务的限制,也会有助于消除大量利益冲突的情况。

另外,将来 ICS 体制的多边化有助于在很大程度上解决这一担忧。例如,有论者虽然认为,如果法官选择程序被国家利益所掌控的话,建立在双边基础上的上诉机制会非常危险。不过,该观点同时认为,设立一个类似于《国际刑事法院罗马规约》(the Rome Statute of the International Criminal Court)这样的多边投资上诉法院,就能解决这一问题。通过把投资法院建立在多边协议基础上并扩大其成员方,将使得法官选择程序更加民主化。虽然法官仍然由国家指定,但法官选择程序中涉及的国家数量众多将弱化法官的倾向,并有助于鼓励投资者在东道国指定法官时进行游说。这样的投资上诉法院将促进裁决的一致性与可预见性。[45]

因此,欧盟版 ICS 关于仲裁员的指定方式以及适格条件,都有助于设立真正的"公平、开放、透明的争端解决程序",而不是相反。

(四)关于 ICS 的疑虑之二:承认与执行问题

如前所述,欧盟的 ICS 建议把法庭裁决放置于《华盛顿公约》框架下予以承认与执行。对此,有论者提出,由于《华盛顿公约》第 37 条第 2 款第 2 项规定,争端双方都有指定仲裁员的权利,故欧盟的投资法庭剥夺投资者一方指定仲裁员的权利,很可能构成对仲裁基本程序规则的背离。[46]

这一疑虑似乎颇有道理,不过仍然不会构成对 ICS 裁决在承认与执行方面的阻碍。主要理由如下:

首先,《华盛顿公约》下的投资仲裁已在传统商事仲裁的基础上有较大改进。例如,传统商事仲裁都是"一裁终局",而《华盛顿公约》下的投资仲裁设计有一个撤销机制。如前所述,美国曾在 2004 年、2012 年 BIT 范本中明确规定拟继续协商投资仲裁的上诉机制问题。因此,不能完全用传统商事仲裁中的理论来否定改进后的投资仲裁规则。

其次,ICS 规则是在投资仲裁基础上的再次改进。其中明确设立常设上诉法庭,这是传统商事仲裁中并不存在的事物。同样,关于仲裁员全部由缔约双方预先指定,也是 ICS 的主要创新之一。这一创新规则已在协定中规定得明明白白,完全不同于传统商事仲裁背景下,"争端当事双方在程序规则中明确享有仲裁员指定权但在个案中却没有机会指定仲裁员"的情况。投资者在依据 ICS 规则把相关争端提交

---

[45] See Robert W. Schwieder, TTIP and the Investment Court System: A New (And Improved?) Paradigm For Investor-State Adjudication, *Columbia Journal of Transnational Law*, Vol. 55, 2016, pp. 218-224.

[46] 参见肖军:《欧盟 TTIP 建议中的常设投资法院制度评析》,载《武大国际法评论》第 19 卷第 2 期,第 458 页。

ICS 解决之时,就对此种情事心知肚明并仍然把争端据此提交法庭解决,当然不得此后再以此为由主张拒绝对裁决的承认与执行。

再次,《华盛顿公约》框架下的撤销程序中,撤销委员会的成员均不是由争端当事方指定的。根据《华盛顿公约》第52条第3款的规定,ICSID 的"主席在接到要求时,应立即从仲裁人小组中任命一个由三人组成的专门委员会。"由主席任命的撤销委员会有权撤销由争端双方指定的仲裁员(仲裁庭)之裁决书。换言之,依预先制定的规则"剥夺"争端当事方指定仲裁员权力的情况早已有之,并在实践中运作了多年。

最后,为了让 ICS 裁决顺利得到承认与执行,CETA 第8.41条明确规定"法庭作出的最终裁决属于一项仲裁裁决,该项裁决被视为符合《纽约公约》第1条下的源于商事关系或商事交易的指控",而且"法庭作出的最终裁决应符合《华盛顿公约》第4章第6节下裁决的条件"。《华盛顿公约》第4章第6节规定:"裁决对双方有约束力。不得进行任何上诉或采取任何其他除本公约规定外的补救办法。""每一缔约国应承认本公约作出的裁决具有约束力,并在其领土内履行该裁决所加的财政义务,正如该裁决是该国法院的最后判决一样。"加之考虑到 CETA 已经明确规定只能由缔约双方预先指定仲裁员,被要求承认与执行裁决的国家法院在实践中并不太可能基于"投资者没得到机会指定仲裁员"这一理由而拒绝承认与执行 ICS 裁决。

(五) 关于 ICS 的疑虑之三:ICS 的多边化难题

欧盟版国际投资法庭明显试图由双边向多边化过渡。CETA 第8.29条规定了多边投资法庭与上诉机制的设立问题。该条规定,缔约方应与其他贸易伙伴协商设立多边投资法庭与上诉机制来解决投资争端。在此类程序设立之后,CETA 联合委员会应决定把相关投资争端提交多边机制解决并作出妥当的过渡安排。

有论者怀疑按照欧盟建议在"轮换""确保分庭的组成随机并不可预测"之基础上推动 ICS 制度多边化的可行性。该观点认为:假设每个缔约方只提名若干本国国民,被提名者也将有数百位。即使把100多个缔约方中每一缔约方任命的法官限制为一名或数名,法官人数仍然过多。由他们组成的常设初审法院将会是一个庞然大物。需要巨额经费来支撑,实际上是不可行的。尤其是,审判分庭组成方面的轮转设计无法实现。就每个涉案缔约方而言,只有一位法官可选,根本不存在轮转。[47]

有论者认为,可以借鉴 WTO 争端解决机制的成功经验来设立投资法庭,让

---

[47] 参见肖军:《欧盟 TTIP 建议中的常设投资法院制度评析》,载《武大国际法评论》第19卷第2期,第461页。

3000 多项 IIAs 构成的错综复杂的条约架构有所缓和并转化成单一的条约。[48] 当然,如果能缔结多边化程度非常高的 ICS 条约,无疑极有利于国际社会在投资争端解决方面的一致行动。但这肯定是一个非常长期的过程。在此之前,国际社会需要在 3000 多项 IIAs 框架下设立并运作 ICS,其实也是可行的。例如,各国可在 IIAs 中采纳相似的 ICS 规则,同时指定相同人员构成法庭的组成人员。

当然,每个缔约方选择多名仲裁员,确实会是个"庞然大物"。因此,有观点建议把 WTO 争端解决机制中的临时专家组与常设上诉机构移植到投资争端解决机制中,欧盟建议所面临的困扰将不再产生。只有上诉机构是常设的,便只需向为数不多的上诉法官支付聘用费或薪酬。[49]

不过,本文认为,其实 ICS 中大量仲裁员的存在并不会成为难题。理由如下:

第一,致力于解决投资者—国家间争端的 ICS 天然就应该是一个"庞然大物"。投资者—国家间发生的投资争端数量会是个非常庞大的数字。例如,自 1995 年到 2017 年年底,WTO 一共受理了 534 项案件。[50] 而自 1987 年到 2017 年年底,各个国际投资仲裁庭一共受理了 817 项投资仲裁案件。如果去掉 1995 年之前的 4 项案件,则从 1995 年到 2017 年年底一共有 813 项投资仲裁案件,远远超过 WTO 受理的案件数量。[51] 其原因主要是,投资仲裁的申请人通常是私人投资者。一个东道国通常会面临数量成千上万的外国投资者发起仲裁之压力。而 WTO 框架下一个成员方面临的其他国家指控数量则相对少得多。因此,从概率上来看,ICS 中的仲裁员数量天然地就应该是"庞然大物"。

第二,虽然 ICS 中的仲裁员数量会非常庞大,但其聘用费或薪酬最后主要由案件当事方承担。换言之,并不会全部由缔约方自己承担。案件越多,则申请方越多,意味着承担费用的当事方越多,故不会有承担不起 ICS 仲裁员聘用费或薪酬的事情出现。

第三,缔约方可以随着案件的增多,陆续扩大对仲裁员的指定。这样就可让仲裁员数量随着案件数量的增加而相应持续增加。并不是说,在设立 ICS 的第一年就把所有仲裁员一次性地指定完毕。

---

[48] See Rebecca Lee Katz, Modeling an International Investment Court After the World Trade Organization Dispute Settlement Body, *Harvard Negotiation Law Review*, Vol. 22, Fall, 2016, pp. 181-182.

[49] 参见肖军:《欧盟 TTIP 建议中的常设投资法院制度评析》,载《武大国际法评论》第 19 卷第 2 期,第 459—461 页。

[50] 关于 WTO 受理案件的列表,请参见 WTO 官方网站:https://www.wto.org/english/tratop_e/dispu_e/dispu_status_e.htm。

[51] 关于过去二十多年间的投资仲裁案件列表,请参见 UNCTAD 的统计:http://investmentpolicyhub.unctad.org/ISDS/FilterByYear。

第四，让仲裁员"轮换"与"确保分庭的组成随机并不可预测"是 ICS 的重大创新。如果由于费用问题而取消这两大创新，则属于典型的"因噎废食"。何况，如上所述，费用的承担不是问题。

四、几点结论

回顾和梳理本文所述，可概括为以下几点结论：

第一，至 2017 年底，国际社会已缔结大约 3000 项 IIAs，现有的投资争端仲裁模式取得了巨大成绩，但它同时存在着"正当性危机"这一严重缺陷。其根源在于"公权私裁"这一特点。中国缔结的 100 多项 BITs 所采纳的"公权私裁"投资仲裁模式同样会引发"正当性危机"。例如不透明、仲裁庭的临时性、仲裁员明显的偏向性、缺乏真正有效的监督机制等"不公平、不开放、不透明"的缺点。

第二，国际社会提出了诸多建议来应对国际投资仲裁的"正当性危机"。欧盟在 2014 年与加拿大缔结的《全面经济与贸易协定》(CETA)、欧盟 2015 年向美国提交的 TTIP 投资章节建议稿、欧盟 2016 年与越南完成的 FTA 这些法律文件中，都设计了"投资法庭体制"，是迄今为止最有希望解决"正当性危机"的国际投资争端解决模式。该国际投资法庭的制度设计，有助于中国政府在全球治理背景下建立一个真正"公平、开放、透明的争端解决程序"之政策目标。这一政策目标符合中国当前兼具资本输出国与资本输入国双重身份的具体国情与政策选择，符合中国在实践中已经兼具投资仲裁案件被申请方、申请方母国双重身份情况下的政策应对。

第三，对于国际社会对 ICS 的一些疑虑，本文认为这些疑虑理由并不会真正构成 ICS 的严重阻碍。欧盟版 ICS 关于仲裁员的指定方式以及适格条件，都有助于设立真正的"公平、开放、透明的争端解决程序"，而不是相反。它也不会构成对 ICS 裁决在承认与执行方面的阻碍。按照欧盟建议在"轮换""确保分庭的组成随机并不可预测"之基础上推动 ICS 制度多边化，具较大可行性。在 ICS 中指定大量仲裁员这一情事并不会成为 ICS 多边化的难题。

第四，让仲裁员"轮换"与"确保分庭的组成随机并不可预测"是 ICS 的重大创新。如果由于费用问题而取消这两大创新，则属于典型的"因噎废食"。

综上所述，本文认为，结合中国国情，适当借鉴和引进欧盟的设计，将有助于推动中国政府在全球治理背景下提出的政策：建立一个真正"公平、开放、透明的争端解决程序"。

第 10 章 中国—秘鲁 1994 年双边投资协定可否适用于"一国两制"下的中国香港特别行政区?

——香港居民谢业深 v. 秘鲁政府征收投资案件的法理剖析

▶▶ 内容提要

媒体报道：香港的一位投资人谢业深先生（Mr. Tza Yap Shum）以秘鲁共和国政府为"被申请人"，向"解决投资争端国际中心"（ICSID）投诉，申请仲裁，声称：秘鲁政府对他在秘鲁境内设立的一家鱼粉公司采取了征收措施。ICSID 秘书处已于 2007 年 2 月 12 日正式立案受理。当前双方争议聚焦于 ICSID 仲裁庭是否对本案具有管辖权。这个问题的答案，主要取决于中国—秘鲁于 1994 年签订的双边投资协定（以下简称"中—秘 BIT 1994"）可否直接适用于中国香港特别行政区。本文从法理学角度，探讨在香港特别行政区享有居留权的中国国民可否援引中—秘 BIT 1994，不经投资所在东道国秘鲁政府同意，径自单方向 ICSID 投诉，要求 ICSID 针对本案有关争端实行国际仲裁。笔者认为：依据中国法律、香港基本法以及相关的国际法，针对上述问题的初步答案是否定的。

▶▶ 目 次

一、本案案情梗概
二、主要争议和初步看法
　　（一）主要争议
　　（二）初步看法
三、关于申请人之中国国籍问题
　　（一）中国国籍的获得

(二)中国国籍的丧失

(三)《国籍法》对香港特别行政区的适用

(四)中国国籍的证明

(五)香港特别行政区护照对中国国籍的证明

四、关于中—秘 BIT 1994 适用于在香港享有居留权的中国公民问题

(一)香港回归中国前后的历史回顾

(二)《中英联合声明》

(三)联合联络小组

(四)《香港特别行政区基本法》

(五)中—秘 BIT 1994 对拥有香港居留权的中国公民的适用

五、关于中—秘 BIT 1994 中仲裁条款的适用范围问题

(一)中国加入《华盛顿公约》的历史回顾

(二)中国对待投资条约争端解决的政策

(三)中—秘 BIT 1994 中仲裁条款的范围与性质

六、关于中—秘 BIT 1994 中最惠国条款的适用范围问题

(一)中国在 MFN 待遇方面的历史教训

(二)中—秘 BIT 1994 当中的 MFN 条款

(三)关于运用 MFN 条款创设出新的 ICSID 管辖权

(四)对 MFN 条款在当代国际法社会中性质的认同:MFN 待遇只是国家主权派生物

(五)在《维也纳条约法公约》下对中—秘 BIT 1994 中 MFN 条款的解释

(六)进一步运用《华盛顿公约》、中—秘 BIT 1994 来科学解释中—秘 BIT 1994 中的 MFN 条款

(七)联合国官方文件的反复警示以及当今世界对 MFN 条款的严格解释

(八)目前缔约实践中对 MFN 条款的限制与排除

(九)ICSID 实践对 MFN 待遇的限制与排除(前案裁决)

(十)中—秘 BIT 1994 中的 MFN 问题

七、结论

一、本案案情梗概

据解决投资争端国际中心（ICSID）官方网站公布的信息[1]以及国际媒体的相关报道[2]，香港居民谢业深先生以其个人名义向总部设在美国首都华盛顿特区的 ICSID 提交了一份仲裁申请书，声称：吸收外资的东道国——秘鲁共和国当局征收了他在秘鲁境内开设的一家鱼粉公司——TSG（秘鲁）有限公司（以下简称"TSG 公司"）。为此，谢先生向秘鲁政府索赔 2000 万美元。

谢先生向 ICSID 提出申请国际仲裁的法律根据是 1994 年中国和秘鲁签订的双边投资保护协定[3]。

秘鲁是全球首屈一指的鱼粉生产国。鱼粉含有高比率蛋白和易吸收脂肪，是动物的良好饲料。据申请人聘请的律师称：TSG 公司专门从事鱼粉的制造和有关进出口业务，向亚洲市场批发销售。谢业深先生拥有该鱼粉公司股权的 90%。2003—2004 年，TSG 公司是秘鲁六家最大鱼粉出口商之一。2005 年其鱼粉产量占全秘鲁总产量的 70%。投资人与秘鲁政府之间的争端肇始于 2004 年 12 月。当时，秘鲁的国家税收管理总局（National Tax Administration Office）指责 TSG 公司欠税高达 1200 万元秘鲁新币（约相当于现今的 400 万美元）。发出欠税通知之后仅仅一个月，正当 TSG 公司正在法定期限内提出异议之际，秘鲁当局就取消了（confiscate）TSG 公司的银行账户，致使 TSG 公司陷于瘫痪，谢先生认为秘鲁政府采取的这种措施构成了征收行为，而又迄未对 TSG 公司给予赔偿。ICSID 秘书处对于谢先生提出的仲裁申请，经反复审议，已于 2007 年 2 月 12 日正式立案受理，案号为"ICSID Case No. ARB 07/6"，并于同年 10 月 1 日组成了以凯斯勒（J. L. Kessler）为首的三人仲裁庭。

据秘鲁驻美大使馆的一名官员告诉《投资条约新闻》杂志（*Investment Treaty News*，ITN）：秘鲁政府已经收到有关的仲裁通知书，正在审阅有关的索赔申请，并将在近期内作出答辩。

众所周知，中国实行改革开放基本国策二十多年以来，先后曾与 120 多个国家分

---

[1] 资料来源：http://icsid.worldbank.org/ICSID/FrontServlet? requestType=CasesRH&actionVal=ListPending。

[2] 资料来源：http://www.iisd.org/investment/itn。

[3] 其全称是《中华人民共和国政府和秘鲁共和国政府关于鼓励和相互保护投资协定》（Agreement Between the Government of the People's Republic of China and the Government of the Republic of Peru Concerning the Encouragement and Reciprocal Protection of Investments），1994 年 6 月 9 日签订于中国北京。国际法学界通常把此类协定简称为"双边投资条约"（Bilateral Investment Treaty，BIT）。

别签订了双边投资条约,有条件地接受了 ICSID 仲裁体制。但是,直到 2007 年 2 月以前,无论是中国政府,或者是中国的企业和个人,都未曾在 ICSID 国际仲裁庭正式涉案,成为仲裁案件的申请人或被申请人。如今,本案争端涉及中国投资人(Chinese investor)直接向 ICSID 仲裁庭投诉,申请国际仲裁,要求其投资所在的东道国给予征收赔偿。据媒体报道:此举尚属首例,因而引起国际社会,特别是国际投资界和仲裁界的广泛关注和瞩目。

从表面上看,此案案情并不复杂,实则并不简单。它的核心和关键问题是:在"一国两制"的条件下,中国香港特别行政区具有居留权的中国国民,是否有权援引中—秘 BIT 1994 这一国际协定,以其投资所在的东道国作为被申请人,不经东道国政府同意,单方径自向 ICSID 申请国际仲裁,索取征用赔偿。这个核心和关键,在当今中国"一国两制"的特定条件下,涉及和派生出一系列相当复杂的法理问题,有待澄清和解决。对此,国内外学人迄今是仁者见仁,智者见智,歧议颇多。笔者及青年同仁一直从事国际投资法、ICSID 体制和双边投资协定的研究。面对与本案有关的新鲜问题和前沿学术争议,认为很有必要进行深入探讨,以明究竟。谨此提出管见,就教于国内外同行,欢迎惠予批评指正。

二、主要争议和初步看法

(一) 主要争议

本案现阶段的主要争议在于以下几个方面:

第一,本案申请人具有中国香港特别行政区居留权,持有香港特别行政区签发的护照,其中载明他具有中国国籍,因此他应当是一般意义上的中国国民。但是,他是否是中—秘 BIT 1994 这一特定国际协定中规定的中国国民?

第二,本案申请人作为中国香港特别行政区居民,是否有权援引中—秘 BIT 1994 这一特定的国际协定,以其投资所在的东道国——秘鲁作为被申请人,不经东道国政府同意,单方径自向 ICSID 申请对有关的投资争端加以国际仲裁?

第三,中—秘 BIT 1994 中的争端解决条款,是否允许双方缔约国境内的外国投资人把任何投资争端都提交 ICSID,申请实行国际仲裁?

第四,中—秘 BIT 1994 中的最惠国条款,是否允许双方缔约国境内的外国投资人有权援引东道国与第三国缔结的 BITs 中的争端解决条款规定,借以扩大和创设

ICSID 的管辖权?

针对上述四个方面的主要争议问题,笔者作了认真的探讨研究,形成了以下几点看法。

(二) 初步看法

第一,本案申请人是中国香港特别行政区的居民,持有该地区政府签发的护照,其中载明持证人具有中国国籍,因此,如果护照真实无伪,他应当是一般意义上的中国国民。但是,他却不是中—秘 BIT 1994 这一特定国际协定中规定的中国国民。

第二,本案申请人作为中国香港特别行政区居民,依法无权援引中—秘 BIT 1994 这一特定的国际协定,以其投资所在的东道国——秘鲁作为被申请人,不经东道国政府同意,单方径自向 ICSID 申请对有关的投资争端加以国际仲裁。

第三,中—秘 BIT 1994 中的争端解决条款,只允许双方缔约国境内的外国投资人在一定条件下把有关**征收补偿款额**的争端,单方径自提交 ICSID 仲裁。不允许双方缔约国境内的外国投资人,未经东道国同意,单方径自把有关征收补偿款额以外的任何投资争端都提交 ICSID,申请实行国际仲裁。

第四,中—秘 BIT 1994 中的最惠国条款,不允许双方缔约国境内的外国投资人援引东道国与第三国缔结的 BITs 中的争端解决条款规定,借以扩大和创设 ICSID 的管辖权。

以上四个方面的初步看法和基本见解,是根据中国法律、香港地区基本法以及相关的国际法的具体规定,根据其中蕴含的基本法理原则,作出的综合判断。兹逐一分别阐述如下。

三、关于申请人之中国国籍问题

本部分解释中国法律中关于中国国籍的获得、丧失、证明的基本原则以及本案申请方的国籍问题。

众所周知,香港是著名的国际性大城市之一,在港居民的国籍构成相当复杂多样。

在英国管治的百余年中,港英当局出于种种政治经济目的,采取了比较繁杂的国籍认定措施。香港居民所持护照就有"英国属土公民护照""英国国民(海外)护照"之分,在香港的中国公民可以依英国政府实施的"居英权计划"而获得英国公民的身份。此外,还有不少香港居民在英国以外的其他外国享有居民权。香港正式回归祖国后,以上这些人的国籍如何分别正确认定所持各类"护照",在法律上有什么效力,就必须逐一作出明确规定,才能有章可循,有条不紊。

(一) 中国国籍的获得

对中国国籍加以调整的法律是《中华人民共和国国籍法》,该法由中华人民共和国第五届全国人民代表大会在第三次会议上通过,由全国人民代表大会常务委员会委员长令(五届第8号)于1980年9月10日公布,并于公布之日生效。根据该法第1条的规定,中华人民共和国国籍的取得、丧失和恢复,都适用本法。

根据《国籍法》第4条,父母双方或一方为中国公民,本人出生在中国,具有中国国籍。根据这一规则,要成为中国公民,某个人必须:(1)出生于中国;(2)父母双方或一方为中国公民。

《国籍法》第5条规定:"父母双方或一方为中国公民,本人出生在外国,具有中国国籍"。不过,该条接着规定:"但父母双方或一方为中国公民并定居在外国,本人出生时即具有外国国籍的,不具有中国国籍。"根据这一规则,如果本人出生于外国,而且父母双方或一方为中国公民,这时本人具有中国国籍,只要没有由于父母双方或一方定居在外国而使得本人出生时即具有外国国籍。

虽然《国籍法》采用血统主义与出生地主义相结合的方式来确定是否可以获得中国国籍,但它总是要求父母双方或至少一方为中国公民。

除了以上规则之外,本人可以通过归化的方式获得中国国籍。《国籍法》第8条规定:"申请加入中国国籍获得批准的,即取得中国国籍"。

(二) 中国国籍的丧失

《国籍法》第3条规定:"中华人民共和国不承认中国公民具有双重国籍。"

与这一原则相对应,《国籍法》第9条规定:"定居外国的中国公民,自愿加入或取得外国国籍的,即自动丧失中国国籍。"根据这一规则,中国公民如果符合以下条件则自动丧失中国国籍:(1)已经定居外国;(2)自愿加入或取得外国国籍;(3)已经自愿获得外国国籍。

同理,外国人或无国籍人被批准加入中国国籍的,不得再保留外国国籍。在这方面,《国籍法》第8条规定:"被批准加入中国国籍的,不得再保留外国国籍。"

另外,《国籍法》第10条规定:"中国公民具有下列条件之一的,可以经申请批准退出中国国籍:一、外国人的近亲属;二、定居在外国的;三、有其它正当理由。"与第

9 条不同,这一规则规定中国国籍的丧失,要求该中国公民申请退出中国国籍且此一申请被中国相关机构批准。

(三)《国籍法》对香港特别行政区的适用

《国籍法》从 1997 年 7 月 1 日开始就已在香港地区适用。[4] 1996 年 5 月 15 日,第八届全国人民代表大会常务委员会第十九次会议通过《关于〈中华人民共和国国籍法〉在香港特别行政区实施的几个问题的解释》(以下简称《解释》)。

《解释》第 1 条规定:"凡具有中国血统的香港居民,本人出生在中国领土(含香港)者,以及其他符合《中华人民共和国国籍法》规定的具有中国国籍的条件者,都是中国公民。"为了获得中国国籍,香港居民必须:(1)具有中国血统;[5] (2)出生在中国领土(含香港);或者(3)符合《国籍法》规定的具有中国国籍的条件。

同样,《解释》第 5 条规定:"香港特别行政区的中国公民的国籍发生变更,可凭有效证件向香港特别行政区受理国籍申请的机关申报。"这一权力已被授予香港特别行政区入境事务处。

(四)中国国籍的证明

根据以上原则,为了证明具有中国法下的中国国籍,本人可被要求表明:(1)父母双方或一方为中国公民,本人出生在中国,或者如果本人是香港居民,则证明他出生在中国且是中国人的后代;[6] (2)父母双方或一方为中国公民但没有定居在外国,本人出生在外国但没有由于出生而获得外国国籍;或者(3)本人通过申请而获得中国国籍。这些事实通过经公证的个人出生证或者经公证的批准个人申请归化之证书来证明。

另外,本人必须宣称他没有:(1)定居外国且自愿获得外国国籍;(2)有效退出中国国籍;(3)向香港特别行政区入境事务处声明其属于外国公民或者申请对国籍作出更改。

(五)香港特别行政区护照对中国国籍的证明

本文作者曾获得谢业深先生的护照复印件。该护照是由中华人民共和国香港

---

[4] 根据《香港特别行政区基本法》,《国籍法》是适用于香港地区的少数几部中国法律之一。
[5] 注意此处的"中国血统",其范围比父母更加宽泛。
[6] 在香港居民的情况下,中国"后代"的证明就已足够。

特别行政区入境事务处于 2003 年 7 月 23 日颁发。这一文件表明,谢业深先生于 1948 年 9 月 10 日出生于福建省。该护照表明谢业深先生具有中国国籍。

本文作者被要求考虑:以上所述护照是否构成谢业深先生根据中国法律拥有中国国籍的最终证明。严格来说,谢业深先生的香港护照似乎构成表面证据但不构成中国法律下拥有中国国籍的最终证据。

根据《中英联合声明》第 XIV 章,香港特别行政区政府有权对持有香港特别行政区永久居民身份证的中国公民颁发护照。[7]

如上所述,为了提供中国国籍的最终证明,谢业深先生可被要求证明以下之一:(1) 父母双方或至少一方为中国公民,他出生在中国,或者如果他是香港居民,则他具有中国血统,这一点可通过提交经公证的出生证明来加以证明;或者(2) 他通过申请而获得中国国籍,这一点可以通过提交经公证的对个人申请归化的批准证书来加以证明。另外,谢业深先生可被要求来声明并没有:(1) 定居外国且自愿获得外国国籍;(2) 有效退出中国国籍;(3) 向香港特别行政区入境事务处声明其属于外国公民或者申请对国籍作出更改。

即使谢业深先生能够证明他根据中国法拥有中国国籍,但是,如同本文作者在下文所述,由于对拥有香港居留权的中国公民所赋予的特别待遇与优惠,他也不能引用中—秘 BIT 1994 下的保护。

四、关于中—秘 BIT 1994 适用于在香港享有居留权的中国公民问题

本部分讨论以下问题:(1) 香港回归中国前后的历史回顾;(2)《中英联合声明》确立的原则与规则;(3) 联合联络小组的工作;(4)《香港特别行政区基本法》以及中国法、中外协定(条约)对香港的适用;[8](5) 中—秘 BIT 1994 对拥有香港居留权的中国公民的适用。

(一)香港回归中国前后的历史回顾

香港自古以来就是中国领土不可分割的一部分。1840 年,由于清政府禁止鸦片

---

[7] 参见《中英联合声明》附件 1 第 XIV 章和《香港特别行政区基本法》第 154 条。后文接着讨论这两条。
[8] 中外 BIT 被称为"协定"或者"条约",在意义上并没有大的区别。

贸易,英国发动了侵华战争,即臭名昭著的"鸦片战争"。清政府战败后,被迫于1842年与英国签订了丧权辱国的不平等条约——《南京条约》,把香港割让给英国;随后又被迫陆续签订了一系列不平等条约,[9]把香港周边的中国领土(九龙等地)长期"租借"给英国,形成了长期被英国占领的香港地区。

在英国占领期间,香港岛、九龙和新界地区(统称"香港")排他性地由英国国内法管辖。另外,英国与第三国签订的大量国际条约也被适用于香港。大卫·爱德华(David Edwards)解释道:"英国还把其在以下众多领域签订的双边国际协定扩展适用于香港:空运服务,引渡,投资促进与保护,民商事裁决的互惠执行,互免签证。"[10]同样,英国还把200多项多边国际协定适用于香港。[11]

由于在英国占领期间,香港并不为中国主权管辖,中国法律并不适用于香港。同样,中国与第三国签订的国际协定与条约对香港也没有效力。

(二)《中英联合声明》

直到1972年,中国与英国才确立正式的外交关系。两国对香港回归中国这一问题进行了冗长且艰难的谈判。最终于1984年12月达成了协议,并且签订了《中华人民共和国政府和大不列颠及北爱尔兰联合王国政府关于香港问题的联合声明》(即《中英联合声明》)。

在《中英联合声明》中,中国政府声明,中华人民共和国政府决定于1997年7月1日对香港(包括香港岛、九龙和新界地区)恢复行使主权。同时,英国政府声明,于同一天将香港交还给中华人民共和国。

在《中英联合声明》中,中国进一步声明对香港的基本方针政策如下:

(1)为了维护国家的统一和领土完整,并考虑到香港的历史和现实情况,中华人民共和国决定在对香港恢复行使主权时,根据《中华人民共和国宪法》第31条的规定,设立香港特别行政区。[12]

(2)香港特别行政区直辖于中华人民共和国中央人民政府。除外交和国防事务属中央人民政府管理外,香港特别行政区享有高度的自治权。

---

[9] 本文将在第五部分讨论这些不平等条约。
[10] David M. Edwards [Law Officer (International Law) of the Hong Kong Government and Legal Adviser to the United Kingdom in the Joint Liaison Group], China & Hong Kong: The Legal Arrangements After 1997, *Hong Kong Lawyer*, February 1995, p.35.
[11] Ibid., p.34.
[12] 《中华人民共和国宪法》第31条规定:"国家在必要时得设立特别行政区。在特别行政区内实行的制度按照具体情况由全国人民代表大会以法律规定。"

(3) 香港特别行政区享有行政管理权、立法权、独立的司法权和终审权。现行的法律基本不变。

(4) 香港特别行政区政府由当地人组成。行政长官在当地通过选举或协商产生，由中央人民政府任命。主要官员由香港特别行政区行政长官提名，报中央人民政府任命。原在香港各政府部门任职的中外籍公务、警务人员可以留用。香港特别行政区各政府部门可以聘请英籍人士或其他外籍人士担任顾问或某些公职。

(5) 香港的现行社会、经济制度不变；生活方式不变。香港特别行政区依法保障人身、言论、出版、集会、结社、旅行、迁徙、通信、罢工、选择职业和学术研究以及宗教信仰等各项权利和自由。私人财产、企业所有权、合法继承权以及外来投资均受法律保护。

(6) 香港特别行政区将保持自由港和独立关税地区的地位。

(7) 香港特别行政区将保持国际金融中心的地位，继续开放外汇、黄金、证券、期货等市场，资金进出自由。港币继续流通，自由兑换。

(8) 香港特别行政区将保持财政独立。中央人民政府不向香港特别行政区征税。

(9) 香港特别行政区可同联合王国和其他国家建立互利的经济关系。联合王国和其他国家在香港的经济利益将得到照顾。

(10) 香港特别行政区可以"中国香港"的名义单独地同各国、各地区及有关国际组织保持和发展经济、文化关系，并签订有关协定。

香港特别行政区拥有高度自治权以及有权以自己名义缔结国际协议，这一原则在《中英联合声明》附件1当中得到了更加详细的发挥。

《中英联合声明》附件1第XI章规定香港有权与其他国家、地区以及国际组织协商与缔结国际协议。

《中英联合声明》特别指出，香港在回归中国之前所缔结的国际协议仍然继续有效。

对于中国缔结的国际协议，《中英联合声明》第XI章规定其对香港的适用是："中央人民政府可根据香港特别行政区的情况和需要，在征询香港特别行政区政府的意见后，决定是否适用于香港特别行政区。"换言之，《中英联合声明》规定中国与第三国签订的国际协定在1997年后并不会自动适用于香港。相反，这些协定只有在中国政府征询香港特别行政区政府的意见并决定适用于香港特别行政区后，才能适用于香港特别行政区。

(三) 联合联络小组

在预计香港于 1997 年回归中国之时,为了使《中英联合声明》得以有效执行并保证 1997 年政权的顺利交接,中国与英国设立了联合联络小组"Joint Liaison Group" (JLG)。[13]

自联合联络小组成立到 1997 年 7 月 1 日的前半段时期中,该小组审议的事项包括:

(1) 两国政府为使香港特别行政区作为独立关税地区保持其经济关系,特别是为确保香港特别行政区继续参加关税及贸易总协定、多种纤维协定及其他国际性安排所需采取的行动;

(2) 两国政府为确保同香港有关的国际权利与义务继续适用所需采取的行动。

两国政府同意,自联合联络小组成立到 1997 年 7 月 1 日的后半段时期中,有必要进行更密切的合作,因此届时将加强合作。在此第二阶段时期中审议的事项包括:

(1) 为 1997 年顺利过渡所要采取的措施;

(2) 为协助香港特别行政区同各国、各地区及有关国际组织保持和发展经济、文化关系并就此类事项签订协议所需采取的行动。[14]

英国签订的国际协议(双边或多边)从 1997 年 7 月 1 日开始停止在香港适用。由于此类协议在香港与国际社会的法律与经济关系中扮演了非常重要的角色,联合联络小组强调香港在非常重要的领域(例如投资保护等)签订国际协议。其结果是,在 20 世纪 90 年代,在回归中国之前,经英国授权,香港与以下国家签订了 BITs:澳大利亚、奥地利、卢森堡经济联盟、丹麦、法国、德国、意大利、日本、韩国、荷兰、新西兰、瑞典与瑞士。[15]

JLG 还同意,香港在回归中国之前与其他国家签订的双边投资协议将在 1997 年 6 月 30 日之后继续适用。[16]

(四)《香港特别行政区基本法》

中华人民共和国第七届全国人民代表大会第三次会议于 1990 年 4 月 4 日通过

---

[13] 参见《中英联合声明》附件 2。
[14] 同上。
[15] 资料来源:http://www.legislation.gov.hk/table2ti.htm。
[16] 对于香港签订的、将在 1997 年 6 月 30 日之后继续适用的其他国际协议,请参见 http://www.info.gov.hk/cab/topical/right4_1_1.htm#3。

了《中华人民共和国香港特别行政区基本法》(以下简称《基本法》)。该基本法构成管理香港特别行政区的宪法性文件,包含了中华人民共和国对香港的基本政策。[17]

《基本法》自 1997 年 7 月 1 日中华人民共和国对香港恢复主权之日起实施。虽然国家领土是统一的,但是全国人民代表大会确立了"一个国家,两种制度"这一原则。为了保持香港的繁荣和稳定,中央政府决定,中华人民共和国实施的社会主义制度和政策不在香港实行。相反,香港将继续保持原有的资本主义制度和生活方式,从 1997 年起 50 年不变。

"一国"原则强调中国的国家统一以及领土完整。香港属于中国领土的一部分,中国中央政府负责防卫与外交事务。"两制"原则强调香港的高度自治权,允许其继续实施资本主义制度并维持其法律、经济、社会与文化体制。[18]

1. 香港的法律地位

如下所述,《基本法》反映了《中英联合声明》中勾勒出来的原则。[19]

回归中国之后,香港享有高度的自治权力。《基本法》第 2 条规定:"全国人民代表大会授权香港特别行政区依照本法的规定实行高度自治,享有行政管理权、立法权、独立的司法权和终审权。"[20]

对于其内部立法,香港回归之前有效的法律,例如普通法、衡平法、条例、附属立法和习惯法,在 1997 年之后继续有效(《基本法》第 8 条)。[21] Yash Ghai 解释道,这样规定的原因是:"原先法律体制下的普通法与大部分其他规定受到《基本法》的保护。保留香港已有的法律与司法体系可以提供一个发展良好的、私有化市场导向的法律体系,这一法律体系与安全交易、风险最小、可预测性紧密相关。(例如,第 8 条、第 18 条)"[22]

从国际视角来看,香港可加入相关的国际组织与国际贸易协定(《基本法》第 116

---

[17] 《基本法》第 11 条规定:"根据中华人民共和国宪法第三十一条,香港特别行政区的制度和政策,包括社会、经济制度,有关保障居民的基本权利和自由的制度,行政管理、立法和司法方面的制度,以及有关政策,均以本法的规定为依据。香港特别行政区立法机关制定的任何法律,均不得同本法相抵触。"

[18] 参见姬鹏飞:《关于〈中华人民共和国香港特别行政区基本法(草案)〉及其有关文件的说明》,1990 年 3 月 28 日提交第七届全国人民代表大会第三次会议文件。姬鹏飞先生曾任《香港特别行政区基本法》起草委员会主任委员、中共中央对外联络部部长、国务院副总理兼秘书长。

[19] 参见徐崇利、赵德铭:《1997 年后国际投资协定对香港特别行政区的适用》,载《中国法与比较法论丛》1996 年第一期第二卷,第 139—154 页。

[20] 同样,《基本法》第 12 条规定:"香港特别行政区是中华人民共和国的一个享有高度自治权的地方行政区域,直辖于中央人民政府。"

[21] 《基本法》第 18 条第 1 款规定:"在香港特别行政区实行的法律为本法以及本法第八条规定的香港原有法律和香港特别行政区立法机关制定的法律。"

[22] Yash Ghai, *Hong Kong's New Constitutional Order: The Resumption of Chinese Sovereignty and the Basic Law*, Hongkong University Press, 1999, p. 241.

条)。在这方面,姚壮教授解释道:

> 不同的社会制度必然会使香港与内地在经济、贸易、金融、劳工、医疗卫生等方面的制度和政策有所差异,而且两者参加国际组织的情况也因各自的社会背景而有所不同。……这种不同的情况就要求给予香港在国际组织中单独表示自己的要求的机会,所以,不能把将来香港参与国际组织的活动统统安排在我国代表团之内,必要时应让它以单独的身份参加活动,以便更好地保持它原有的权益。[23]

香港在国际组织与国际贸易协议方面拥有自治权的最佳例子是其属于WTO的单独成员方。曾华群教授解释道,中国政府与英国政府决定香港可成为GATT的单独缔约方,这一决定通过1986年英国的声明而得以实现。在WTO生效之后,香港由于其作为GATT成员方的权利而成为WTO的创始成员方。在分析WTO的主张与责任体系时,曾教授解释说,作为WTO的成员方,香港能够提出单独的诉求并且承担责任:"如果中国香港……认为其权利与利益遭到第三方的损害,它将诉之于WTO的争端解决机制……而不用通过中华人民共和国。"同样,"在法律意义上……中华人民共和国作为申请方或者被申请方的WTO案件完全与中国香港无关。"[24]

另外,根据《基本法》第151条,"香港特别行政区可在经济、贸易、金融、航运、通讯、旅游、文化、体育等领域以'中国香港'的名义,单独地同世界各国、各地区及有关国际组织保持和发展关系,签订和履行有关协议。"

在讨论香港对外的自治权时,Mushkat教授认为:"香港特别行政区是与60多个国家之间130多项双边协定的缔约方,这些协定涉及经济活动、航空服务、防止双重征税以及投资促进与保护这些战略领域。"[25]确实,在投资促进与保护领域,香港在回归前后都与第三国签订了双边投资协定。

在1997年7月之前,香港签订了十多个双边投资协定,这些协定在1997年7月之后继续生效。[26]在回归之后,香港于1998年7月与英国、2005年11月与泰国签订了双边投资条约。在这方面,《基本法》第118条特别规定:"香港特别行政区政府

---

[23] 姚壮:《香港与国际组织》,载《中国国国际法年刊》(1989年卷),法律出版社1990年版,第327页。姚壮曾任中英谈判联合联络小组(Sino-British Joint Liaison Group)的中方法律专家,是中国外交学院的著名资深教授。

[24] Zeng Huaqun, One China, Four WTO Memberships: Legal Grounds, Relations and Significance, *Journal of World Investment & Trade*, 2007, p. 680.

[25] Roda Mushkat, Hong Kong's Exercise of External Autonomy: A Multi-Faceted Appraisal, *International & Comparative Law Quarterly*, 2006, p. 947.

[26] 《基本法》第153条第2款规定:"中华人民共和国尚未参加但已适用于香港的国际协议仍可继续适用。中央人民政府根据需要授权或协助香港特别行政区政府作出适当安排,使其他有关国际协议适用于香港特别行政区。"

提供经济和法律环境,鼓励各项投资、技术进步并开发新兴产业。"

2. 中国法、中外协定(条约)对香港的适用

(1) 中国法。根据《基本法》,中华人民共和国的法律或者"全国性法律"除列于《基本法》附件3者外,不在香港特别行政区实施。凡列于《基本法》附件3之法律,由香港特别行政区在当地公布或立法实施(《基本法》第18条第2款)。根据这一规则,中华人民共和国法律不适用于香港特别行政区,除非包括在《基本法》附件3当中,或者在此后征询香港意见后添加到附件3当中。[27] 另外,为了在香港地区生效,这些法律必须通过公布或立法的方式纳入香港法律当中。[28] 对此,Yash Ghai 认为:"大部分中国法律被排除适用于香港,在中国法律适用于香港之前,必须满足严格的要求。(它们必须限于有关国防、外交和其他按本法规定不属于香港特别行政区自治范围的法律;并且征询香港特别行政区基本法委员会。)"[29]

根据肖蔚云教授(《基本法》起草委员会成员)的观点,香港长期实行普通法,普通法适应于香港社会经济的发展。在他看来,不能将内地实行的社会主义法律推行于香港,否则将不利于香港的稳定与繁荣。肖教授解释说,只有极少数全国性法律适用于香港特别行政区,这一事实反映了中国与香港法律体系之间的明显区别:内地适用社会主义法系的法律,香港适用英美法系即普通法系的法律。[30]

在《基本法》中可以发现中国法律不适用于香港的例外之处,其第18条规定:"全国人民代表大会常务委员会决定宣布战争状态或因香港特别行政区内发生香港特别行政区政府不能控制的危及国家统一或安全的动乱而决定香港特别行政区进入紧急状态,中央人民政府可发布命令将有关全国性法律在香港特别行政区实施。"

(2) 中外协定与条约。《基本法》第153条第1款规定:"中华人民共和国缔结的国际协议,中央人民政府可根据香港特别行政区的情况和需要,在征询香港特别行政区政府的意见后,决定是否适用于香港特别行政区。"换言之,中华人民共和国与其他国家缔结的国际协议与条约并不适用于香港特别行政区,除非中国政府认为条

---

[27] 下列全国性法律,自1997年7月1日起由香港特别行政区在当地公布或立法实施:(1)《关于中华人民共和国国都、纪年、国歌、国旗的决议》;(2)《关于中华人民共和国国庆日的决议》;(3)《中央人民政府公布中华人民共和国国徽的命令》,附:国徽图案、说明、使用办法;(4)《中华人民共和国政府关于领海的声明》;(5)《中华人民共和国国籍法》;(6)《中华人民共和国外交特权与豁免条例》(《基本法》附件3)。

[28] 资料来源:http://www.legislation.gov.hk/choice.htm#bf。

[29] Yash Ghai, *Hong Kong's New Constitutional Order: The Resumption of Chinese Sovereignty and the Basic Law*, Hongkong University Press, 1999, p. 241.

[30] 参见肖蔚云:《九七后香港与中央及内地的司法关系》,载《中外法学》1996年第2期,第56页。肖蔚云:《论香港基本法对香港特别行政区法治的保障》,载《中外法学》1999年第2期,第2页。

约应该扩展适用于香港,才可在征询香港特别行政区政府的意见后,决定适用于香港特别行政区。

如果某项中外协定或者条约要适用于香港特别行政区,必须满足以下要求:

(1) 中华人民共和国中央人民政府可根据香港特别行政区的情况和需要,决定相关协定或者条约适用于香港特别行政区。

(2) 中央人民政府必须就此类协定或者条约对香港的可能适用征询香港特别行政区政府的意见。

(3) 如果中国政府与香港同意此类协定或者条约扩展适用于香港,中国必须与缔约另一方换文或者以议定书形式修改协定或者条约,以便协定或者条约适用于香港,并且把此种修改通知协定或者条约的保存机构。由于投资促进与保护条约不需要通过当地立法的形式就可以在香港实施,其通常做法是在生效时在政府公报上加以公布。[31]

在准备本文之时,中国在 1997 年之前签订的双边投资条约都没有适用于香港特别行政区。因此,中—秘 BIT 签订于 1994 年,生效于 1995 年,并不适用于香港。从 1997 年起,这种情况没有任何改变。

同样,中国在 1997 年之后签订的双边投资条约也都没有适用于香港特别行政区。

这并不奇怪,中国内地与香港特别行政区是两个独立的法律、经济与社会体系,它们关于外国投资的政策也明显不同。Yash Ghai 认为:

> 除非香港有其自己的条约体系,否则,香港特别行政区的自治性得不到充分的行使。如上所述,香港的经济体系并不仅仅独立于中国其他部分,它还要求一系列的国际协议来加以维持。[32]

为了表明中国与香港 BIT 之间的区别,以下列举分别由中国、香港与同一第三方签订的两组 BIT:

---

[31] 资料来源:http://www.legislation.gov.hk/choice.htm#bf。
[32] Yash Ghai, *Hong Kong's New Constitutional Order: The Resumption of Chinese Sovereignty and the Basic Law*, Hongkong University Press, 1999, p.483.

表 3-10-1　中国—韩国 BIT 1992 v. 香港—韩国 BIT 1997

	中国—韩国 BIT 1992	香港—韩国 BIT 1997
投资者 & 公民	"投资者"一词,系指在另一国领土内投资的一国的国民或公司; "国民"一词,在缔约一方系指具有该国国籍的自然人[33]	"投资者":(甲)在香港方面:(i)系指在其地区内有居留权的自然人;……(乙)在大韩民国方面(i)系指是其国民的自然人[34]
争端解决	任何一国政府与另一国投资者之间关于征收补偿额的争端,如果自当事任何一方要求友好解决之日起6个月未能解决,则根据该投资者的要求,可提交参考1965年3月18日在华盛顿签订的《关于解决国家和他国国民之间投资争端公约》而组成的调解委员会或仲裁委员会。一国政府和另一国投资者之间关于其他事项的争端,可根据双方的同意,提交如上所述的仲裁委员会[35]	缔约一方与缔约另一方的投资者之间有关后者在前者地区内投资的争端,在缔约任何一方以书面提出之日后的6个月内仍未解决,则应按照争议双方同意的程序解决。如在该6个月期间内没有就此种程序达成协议,争议双方有义务依照当时有效的联合国国际贸易法委员会仲裁规则将争端提交仲裁[36]

表 3-10-2　中国—日本 BIT 1998 v. 香港—日本 BIT 1997

	中国—日本 BIT 1988	香港—日本 BIT 1997
投资者 & 公民	"国民",对缔约一方系指具有该缔约一方国籍的自然人[37]	"投资者"一词系指:(a)在日本国方面,(i)拥有日本国国籍的自然人;……(b)在香港方面,(i)在其地区内有居留权的自然人[38]
争端解决	任何一国政府与另一国投资者之间关于征收补偿额的争端,如果当事任何一方提出为解决争端进行协商的6个月内未能解决,则根据该国民或公司的要求,可提交参考1965年3月18日在华盛顿签订的《关于解决国家和他国国民之间投资争端公约》而组成的调解委员会或仲裁委员会; 缔约任何一方和缔约另一方国民或公司关于其他事项的争端,可根据当事双方的同意,提交如上所述的调解委员会或仲裁委员会[39]	缔约一方的投资者与缔约另一方之间有关前者在后者地区内投资的任何争端,如未能友好解决,可在提出要求的书面通知6个月后,按照争议双方同意的程序解决。如在该6个月期间内没有就此种程序达成协议,便须应有关投资者的要求,依照当时有效的联合国国际贸易法委员会仲裁规则,将争端提交仲裁[40]

---

[33] 中国—韩国 BIT 1992,Art.1(3)。
[34] 香港—韩国 BIT 1997,Art.1(5)。
[35] 中国—韩国 BIT 1992,Art.9(3)。
[36] 香港—韩国 BIT 1997,Art.9(3)。
[37] 中国—日本 BIT 1988,Art.1(3)。
[38] 香港—日本 BIT 1997,Art.1(4)。
[39] 中国—日本 BIT 1988,Art.11(2)。
[40] 香港—日本 BIT 1997,Art.9(2)。

因此，虽然《基本法》赋予了中国签订的双边投资协定扩展适用于香港的可能性，但此种可能性并不太可能成为现实。意识到这种区别，中国学者徐崇利与赵德铭认为："1997年之后，中国与其他国家间的双边投资保护协定不应该适用于香港特别行政区。"[41]他们还认为："在中国与其他国家间有效的、不同的双边投资保护协定并不适合香港当前的情况，并不能完全反映香港自身的利益。因此，让中国与其他国家签订的双边投资保护协定适用于香港实在是不明智。"[42]

中国与其他国家签订的双边投资保护协定不适用于香港这一事实意味着，虽然有香港居留权的中国公民拥有中国国籍，但是对于在此类条约之缔约相对方境内所作投资，并不能引用此类条约下的保护。同样，外国投资者对于其在香港特别行政区的投资，不能引用中国条约下的保护。

《中英联合声明》解释了什么样的人应该"在香港特别行政区拥有居留权"（《中英联合声明》附件1第XIV条），即：

（1）在香港特别行政区成立以前或以后在当地出生或通常居住连续7年以上的中国公民及其在香港以外所生的中国籍子女；

（2）在香港特别行政区成立以前或以后在当地通常居住连续7年以上并以香港为永久居住地的其他人及其在香港特别行政区成立以前或以后在当地出生的未满21岁的子女；

（3）香港特别行政区成立前只在香港有居留权的其他人。

在香港特别行政区有居留权的人有权在香港签订的双边投资协定或者条约下获得保护。确实，香港签订的双边投资协定或者条约（1997年之前以及之后），针对在香港有"居留权的自然人"。[43]

在这一方面，必须在持有中华人民共和国护照的中国公民以及持有香港特别行政区护照的中国公民之间加以区别。前者可寻求中国签订的BIT项下的保护，而后者寻求香港签订的BIT项下的保护。因此，像澳大利亚、奥地利、卢森堡经济联盟、丹麦、法国、德国、意大利、日本、韩国、荷兰、新西兰、瑞典与瑞士这些国家同时与中国中央政府以及香港政府签订了双边投资条约。

在中国恢复对香港特别行政区行使主权之后，此种区别并没有消失。此一事实的最新证据是，1997年后，香港与英国（1998年）、泰国（2005年）签订了BIT，虽然中

---

[41] 徐崇利、赵德铭：《1997年后国际投资协定对香港特别行政区的适用》，载《中国法与比较法论丛》1996年第1期第2卷，第149页。

[42] 同上。

[43] 香港特别行政区签订的大部分双边投资协定或者条约把"投资者"一词定义为"在其地区内有居留权的自然人"，即香港特别行政区。其他香港BIT把"投资者"一词定义为"在香港地区内有居留权的自然人"。

国已经与这些国家签订了 BIT。

这一同样的区别可适用于法律实体。确实,根据中华人民共和国法律组建的法律实体只能引用中国签订的 BIT 项下的保护,而不能引用香港签订的 BIT 项下的保护。同样,根据香港特别行政区法律组建的法律实体只能引用香港特别行政区签订的 BIT 下的保护,而不能引用中华人民共和国签订的 BIT 项下的保护。[44]

进一步而言,此种区别并不仅仅反映在 BIT 中。它还适用于其他国际协议,例如避免双重征税协议。中国与香港已签订了此类协议。对此,Yash Ghai 认为:

> 大陆与香港被作为不同经济加以看待的显著例子是,1998 年 2 月,大陆与香港之间签订了避免双重征税协议。这一协议由香港特别行政区财政局与中华人民共和国国务院签订。[45]

中华人民共和国与香港特别行政区之间区别的另一例子是"CEPA",即中华人民共和国与香港特别行政区于 2003 年签订的自由贸易协议。

(五) 中—秘 BIT 1994 对拥有香港居留权的中国公民的适用

中—秘 BIT 签订于 1994 年,生效于 1995 年。

中—秘 BIT 签订于 1994 年,处于香港回归中国之前。1997 年后,中—秘 BIT 1994 继续只适用于中国大陆,而不适用于香港居民。

对于中—秘 BIT 1994 而言,《中英联合声明》以及《基本法》当中关于中外协定或者条约适用于香港的要求都没有得到满足。其结果就是,中—秘 BIT 1994 并不适用于香港,香港居民不能引用该 BIT 下的保护。

这就意味着,在香港有居留权的个人对于其在秘鲁的投资,不能引用中—秘 BIT 1994 的保护。同样,秘鲁公民对于其在香港特别行政区的投资也不能引用中—秘 BIT 1994 下的保护。

在准备本文之时,作者征询了香港特别行政区对这一问题的意见。本文作者的研究助理王海浪博士,于 2008 年 1 月 2 日给香港特别行政区律政司国际法律科行政书记梁肖铃发了电子邮件,请教中—秘 BIT 1994 是否可适用于香港。以下是梁女士给王博士的回复:

> 中央政府和秘鲁共和国政府于 1994 年 6 月 9 日签订的鼓励和相互保护投

---

[44] 参见香港 BIT 对"投资者"或者"公司"的定义。
[45] Yash Ghai, *Hong Kong's New Constitutional Order: The Resumption of Chinese Sovereignty and the Basic Law*, Hongkong University Press, 1999, p. 235.

资协议,并不适用于香港特区。香港的促进和保护投资协议,由香港特区政府经中央政府授权后与外国政府直接签订。

本文作者被咨询这一问题:谢业深先生是否能引用中—秘 BIT 1994 下的保护?谢业深先生持有香港特别行政区的护照,这意味着他在香港特别行政区拥有居留权。即使他满足本文第三部分所提及的要求,提出了其拥有中国国籍的决定性证据,但是,由于他拥有香港居留权这一身份,他仍然无权享有中—秘 BIT 1994 项下的保护。

五、关于中—秘 BIT 1994 中仲裁条款的适用范围问题

本部分拟讨论以下事项:(1) 中国加入《华盛顿公约》的历史回顾;(2) 中国关于投资条约争端解决的政策;(3) 中—秘 BIT 1994 中仲裁条款的范围与性质。

(一) 中国加入《华盛顿公约》的历史回顾

中国加入《华盛顿公约》背后的历史是理解中国签订的 BIT 争端解决条款之范围与性质的关键。[46] 中国签订《华盛顿公约》的过程充满了争论并且花了几乎三十年的时间。

1. 在"开放"政策之前

在 1840 年"鸦片战争"中战败后,中国变成了半殖民地国家,渐渐失去了其政治、司法与经济主权。中国被迫签订一系列的规定所谓"领事裁判权"制度的不平等条约。在这一强加的以及单边的体系下,中国失去了发生于中国但涉及海外因素的争端的管辖权。[47]

毛泽东这样描述这些不平等条约以及"领事裁判权"制度:

> 帝国主义列强强迫中国订立了许多不平等条约,根据这些不平等条约,取得了在中国驻扎海军和陆军的权利,取得了领事裁判权,并把全中国划分为几

---

[46] 关于中国对外国投资态度的分析,请参见 Kong Qingjiang, Bilateral Investment Treaties: The Chinese Approach and Practice, *Asian Yearbook of International Law*, Vol.8, 1998/1999.

[47] "领事裁判权"制度首先规定于 1843 年中英《虎门条约》中,然后规定于 1844 年中美《望厦条约》中。此后,"领事裁判权"制度规定于 1949 年前中国签订的众多条约中,例如 1858 年中英天津条约以及 1858 年中法天津条约。

个帝国主义国家的势力范围。[48]

领事裁判权,是帝国主义国家强迫旧中国政府缔结的不平等条约中所规定的特权之一,开始于1843年的中英《虎门条约》和1844年的中美《望厦条约》。凡是享有这种特权的国家在中国的侨民,如果成为民刑诉讼的被告时,中国法庭无权裁判,只能由各该国的领事或者法庭裁判。[49]

由此,在一个多世纪的时期里,中国被剥夺了在其自己境内行使司法管辖权的权力。1949年中华人民共和国成立之后,这些不平等条约以及领事裁判权都被取消了。不过,一百多年的殖民压迫以及外国干涉所带来的痛苦教训让中国人民非常警惕。就如同中国谚语所云:"惊弓之鸟,望月而飞"。因此,中国进入了一个自我孤立于外部世界并对外国投资采用敌视态度的阶段。[50] 中国害怕历史会重演,关注签订国际条约会侵蚀其来之不易的独立。

这一自我孤立期间一直持续到1978年底,中国决定向外部世界开放。在这三十年中,没有外国直接投资进入中国,没有正式考虑加入任何涉及国际仲裁(无论是商业或者投资)的国际条约的可能性。

2. 开放政策与《华盛顿公约》的签订

从1979年开始,中国采取开放政策,开始吸引外国投资。为了从自我孤立转向融入世界经济,中国不得不改变其对外国投资的态度。然而,它的改变仍然非常谨慎和小心。[51] 中国政府希望避免领事裁判权的再现,因此,它在同意加入把可能涉及中国国家自身的争端提交国际仲裁的国际条约时,显得犹豫不决。

当时,中国还没有参加两个涉及国际仲裁的最重要的国际公约中的任何一个——1958年《纽约公约》与1965年《华盛顿公约》。

直到1987年1月22日,中国才签订了《纽约公约》。虽然《纽约公约》涉及与中国司法管辖权与主权有关的历史敏感问题,但它只直接影响私人当事方。基于这一考虑,中国政府官员与法律专家认为,中国可以加入该公约。

至于中国是否可以加入《华盛顿公约》,问题并不相同。加入《华盛顿公约》之后,中国将会同意成为仲裁程序当事方并且受制于由外国仲裁员所作有约束力裁决的可能性。在当时的中国人眼中,此种妥协不但会限制中国的司法管辖权,而且会

---

[48] 毛泽东:《中国革命与中国共产党》,载《毛泽东选集》第2卷,人民出版社1991年版,第628页。
[49] 同上书,第630页。
[50] 孔庆江认为,在这一时期,中华人民共和国根据传统马克思主义理论抵制私有财产,中国当时的宪法也并不明确认可私有财产的合法性。See Kong Qingjiang, Bilateral Investment Treaties: The Chinese Approach and Practice, *Asian Yearbook of International Law*, Vol.8, 1998/1999, pp.107-108.
[51] Ibid., p.110.

潜在地损害中国的政治主权。[52]

由此带来的结果就是,从 1980 年中期到 1990 年初,中国官方与学者对中国是否应该加入《华盛顿公约》这一问题展开了热烈的讨论。[53] 1992 年 2 月,在听取了各界意见并且权衡利弊之后,中国决定加入《华盛顿公约》。1992 年 7 月 1 日,全国人民代表大会批准了该公约。《华盛顿公约》正式于 1993 年 2 月 6 日在中国生效。

(二) 中国对待投资条约争端解决的政策

中国在加入《华盛顿公约》之后,对主权的关注仍然是中国对于外国投资以及投资争端解决政策的焦点。这一政策在以下方面得到反映:中国根据《华盛顿公约》第 25(4) 条作出的通知;中国 BIT 范本;中国签订的 BIT 中的争端解决条款。

1. 中国根据《华盛顿公约》第 25(4) 条作出的通知

加入《华盛顿公约》之后,中国把拟考虑提交给 ICSID 管辖的争端种类通知了 ICSID。[54] 根据《华盛顿公约》第 25(4) 条,任何缔约国可以在批准、接受或认可本公约时,或在此后任何时候,把它将考虑或不考虑提交给 ICSID 管辖的一类或几类争端通知 ICSID。

1993 年 1 月 7 日,中国在把对《华盛顿公约》的批准文书交给世界银行时,还根据第 25(4) 条作出以下通知:根据第 25(4) 条,中国政府仅仅考虑把由于征收与国有化导致的补偿争端提交 ICSID。

通过这份通知,中国清楚地表明,它只同意把由于征收与国有化导致的补偿额争端提交 ICSID。任何其他争端必须提交接受投资的国家的主管法院。

如下所述,这一政策在中国与其他国家拟定争端解决条款的用语中得到了反映。

2. 中外 BIT 争端解决条款的范围

与开放政策相对应,1982 年,中国开始同几个国家谈判与签订双边投资条约。从争端解决的角度,中国 BIT 的历史可以分为以下三个阶段:

---

[52] 参见徐崇利、赵德铭:《1997 年后国际投资协定对香港特别行政区的适用》,载《中国法与比较法论丛》1996 年第 1 期第 2 卷,第 140 页。

[53] 有关这方面的讨论,参见陈安:《关于中国应否参加"华盛顿公约"、可否接受"解决投资争端国际中心"仲裁体制的分歧意见》,载《国际投资争端仲裁——"解决投资争端国际中心"机制研究》,复旦大学出版社 2001 年版,第 25—41 页。See also, An Chen, Distinguishing Two Types of Countries and Properly Granting Differential Reciprocity Treatment: Re-comments on the Four Safeguards in Sino-Foreign BITs Not to be Hastily and Completely Dismantled, *The Journal of International Economic Law* (Chinese version), Vol. 14, No. 3, 2007 (Part II). Its updated English version was published in *The Journal of World Investment & Trade*, Vol. 8, No. 6, 2007.

[54] 这份通知于 1993 年 1 月 7 日发出,到今日为止并没有改变。

第一阶段:从 1982 年 3 月到 1993 年 1 月。1982 年,中国第一次签订 BIT 的相对方是瑞典。该第一项 BIT——与中国在此期间签订的其他 BIT[55]一样——没有规定投资者—国家争端解决条款。这些条约只规定了缔约方之间关于条约本身解释方面的争端解决条款。

中国在 1982 年到 1993 年之间签订的其他条约规定了投资者—国家争端解决条款。[56] 缔约方在这些条约中首次直接就投资者—国家争端问题展开协商。[57] 如果投资者与东道国无法达成协议,该争端就必须提交给吸收投资的国家的主管法院。[58] 如果当地法庭判定存在征收或者国有化,投资者——在某些情况下可以是东道国,可求助于临时仲裁程序以挑战该当地法庭裁决的征收或者国有化补偿额。[59] 有的条约规定,如果投资者已经就涉及征收或者国有化补偿额的争端诉诸当地法庭,他不得就同一争端寻求仲裁。[60]

投资者与东道国可以就征收补偿额之外的其他争端提交仲裁的唯一情况是:一致同意。

在协商这些条约时,中国极力主张范围狭窄的投资者—国家争端解决条款。这些协商的结果是,缔约方签订的仲裁条款被限制于涉及"征收补偿额"的争端。[61] 这就意味着,所有其他的争端——包括涉及东道国是否征收或者国有化相关投资的争端,必须提交东道国国内法庭。

仲裁条款的用语经过仔细推敲,以便反映这一政策。例如,中国—芬兰 BIT 1984 第 2 条规定:

(1) 如投资者认为本协定第 5 条的征收措施不符合采取措施的缔约一方的法律,应投资者的请求,该缔约一方有管辖权的法院应审查上述措施。

(2) 如投资者对其被征收的投资财产的补偿款额有异议,投资者和采取征收措施的缔约一方应为在 6 个月内达成补偿款额协议进行协商。

(3) 如在上款规定的期限内,协商的双方未获一致,应投资者的请求,由采

---

[55] 例如,中国—泰国 BIT 1985 和中国—土库曼斯坦 BIT 1992。
[56] 例如,中国—澳大利亚 BIT 1988 和中国—玻利维亚 BIT 1992。
[57] 这些涉及投资者—国家争端和国家—国家争端的解决条款反映了中国避免诉争的传统,这些条款要求在给定的期间(6—12 个月)展开协商。不过,也有 BIT 没有强制性的协商期间要求。
[58] 有时,条约规定投资者应该诉之于东道国的行政法庭与司法法庭。有的条约没有明确提及东道国的主管法院。
[59] 由于那时中国还没有加入《华盛顿公约》,中国在 1993 年以前所签订的 BIT 规定了临时仲裁。
[60] 例如,中国与韩国、新西兰、新加坡的 BIT。
[61] 徐崇利和赵德铭认为,中国不同意让国际仲裁庭来决定征收或者国有化本身的合法性。参见徐崇利、赵德铭:《1997 年后国际投资协定对香港特别行政区的适用》,载《中国法与比较法论丛》1996 年第 1 期第 2 卷,第 149 页。

取征收措施的缔约一方有管辖权的法院或国际仲裁庭对补偿款额予以审查。

这一规定的唯一例外就是,如果当事双方明确同意可以把其他种类的争端提交仲裁。中国—芬兰 BIT 1984 第 3 条规定:

> 除非另有协议,投资者和接受投资的缔约一方之间的其他投资争议,应依照接受投资的缔约一方的法律和法规通过当地救济手段解决。

对此,孔庆江认为:

> 中国早期 BIT 把源于征收的争端与其他争端加以区别。例如中国—芬兰 BIT 1984。它要求所有的国家—投资者争端(源于征收的争端除外),除非另有协议,得通过当地救济根据东道国法律规则加以解决。对于源于征收的争端,它进一步区分合法性问题与补偿问题。如果争端涉及征收的合法性问题,BIT 规定地方主管法庭是唯一负责解决争端的机构。如果争端涉及补偿,则当地法庭或者临时仲裁庭都可以解决争端。[62]

中国在此期间所签订的其他条约争端解决条款中的措辞极为相似。

第二阶段:从 1993 年 2 月到 1998 年 6 月。1993 年 2 月,《华盛顿公约》对中国生效。《华盛顿公约》对中国生效之后不久,中国拟定了"中国 BIT 范本",以便与其他国家开展 BIT 谈判。[63] 与 1993 年前期的 BIT 相似,该中国 BIT 范本把可以提交仲裁的争端种类限制为涉及"征收补偿额"的争端。任何其他争端都必须提交东道国主管法庭。中国 BIT 范本第 9 条规定:

> (1) 缔约一方投资者与缔约另一方之间涉及在后者境内之投资的任何争端,应该尽可能由争端当事方协商友好解决。
>
> (2) 如果在 6 个月内争端不能协商解决,任一当事方有权把争端提交接受投资之缔约方主管法庭。
>
> (3) 如果关于征收补偿额的争端在根据本条第 1 款加以协商后的 6 个月内没有解决,则经任一当事方要求,可提交临时仲裁庭。如果投资者已诉之于本条第 2 款规定的程序,则本款规定不适用。

---

[62] Kong Qingjiang, Bilateral Investment Treaties: The Chinese Approach and Practice, *Asian Yearbook of International Law*, Vol. 8, 1998/1999, pp. 130-131.

[63] Agreement Between the Government of the People's Republic of China and the Government of _____ Concerning the Encouragement and Reciprocal Protection of Investments, in Bilateral Investment Treaties in the Mid-1990s, United Nations Conference on Trade and Development (UNCTAD), UNCTAD/ITE/IIT/7, United Nations Publication, Printed at United Nations, Geneva, Switzerland, 1998.

与之前的 BIT 一样——这些 BIT 依据中国 BIT 范本拟定——中国在 1993 年 2 月和 1998 年 6 月间签订的 BIT 只规定把源于征收补偿额的争端提交仲裁。[64]

例如,中国—智利 BIT 1994 第 9 条规定:

(1) 缔约一方的投资者与缔约另一方之间就在缔约另一方领土内的投资产生的任何争议应尽量由当事方友好协商解决。

(2) 如争议在 6 个月内未能协商解决,当事任何一方有权将争议提交接受投资的缔约一方有管辖权的法院。

(3) 如涉及征收补偿款额的争议,在诉诸本条第 1 款的程序后 6 个月内仍未能解决,可应任何一方的要求,将争议提交根据 1956 年 3 月 18 日在华盛顿签署的《关于解决国家与他国国民间投资争端公约》设立的"解决投资争端国际中心"进行仲裁。缔约一方的投资者和缔约另一方之间有关其他事项的争议,经双方同意,可提交该中心。如有关投资者诉诸了本条第 2 款所规定的程序,本款规定不应适用。

该条款与中国在 1993 年之前签订的 BIT 是一致的。它要求投资者与东道国在一定期间内协商。如果不成功,它要求双方通过东道国国内法院来解决争端。如果当地法院认为东道国政府征收了投资者的投资,就产生了由于征收产生的补偿额争端,任一当事方有权发起仲裁程序。

1993 年 2 月—1998 年 6 月期间签订的 BIT 都同样规定,如果任一当事方就征收补偿额争端向当地法院寻求救济,则不得再就此类争端发起仲裁。[65]

1993 年 2 月之后,中国接受的争端解决机制中的新因素在于加入了由 ICSID 仲裁庭来解决征收补偿额争端。[66] 与中国缔结 BIT 的某些国家并不是《华盛顿公约》成员方,[67] 有的国家还没有批准《华盛顿公约》。[68] 另外,在某些情况下,中国与缔约相对方都是《华盛顿公约》成员方,双方在 BIT 中就征收补偿额争端提供了临时仲裁。[69] 就此,孔庆江认为:"早期某些 BIT 没有接受 ICSID 规则,反映了中国关注保护主权的一贯立场。"[70]

---

[64] 例如,中国—阿尔巴尼亚 BIT 1993、中国—柬埔寨 BIT 1996、中国—爱沙尼亚 BIT 1993。
[65] 与波兰(1998)、塔吉克斯坦(1993)以及阿拉伯联合酋长国(1993)之间的 BIT 没有规定此种限制。
[66] 例如,与喀麦隆(1997)、智利(1994)、立陶宛(1993)、摩洛哥(1995)以及秘鲁(1994)签订的 BIT 都规定了可把征收补偿额争端提交 ICSID 仲裁。
[67] 这些国家包括古巴、老挝、波兰与塔吉克斯坦。
[68] 例如,克罗地亚、黎巴嫩、阿曼、斯洛文尼亚。
[69] 例如,阿尔巴尼亚、阿塞拜疆、厄瓜多尔、埃及、爱沙尼亚、印尼、牙买加。
[70] Kong Qingjiang, Bilateral Investment Treaties: The Chinese Approach and Practice, *Asian Yearbook of International Law*, Vol. 8, 1998/1999, p. 131.

第三阶段:从 1998 年 7 月到现在。1998 年 7 月,中国与巴巴多斯缔结了 BIT。在该条约中,中国首次同意把源于条约的所有争端提交仲裁。

中国—巴巴多斯 BIT 中的投资者—东道国仲裁条款规定如下:

一、缔约一方的投资者与缔约另一方之间任何投资争议,应尽可能由投资者与缔约另一方友好协商解决。

二、如本条第 1 款的争议在争议一方自另一方收到有关争议的书面通知之日后 6 个月内不能协商解决,投资者有权选择将争议提交下述两个仲裁庭中的任意一个,通过国际仲裁的方式解决:

（一）依据 1965 年 3 月 18 日在华盛顿签署的《关于解决国家与他国国民间投资争端公约》设立的"解决投资争端国际中心";

（二）根据《联合国国际贸易法委员会仲裁规则》设立的仲裁庭。该规则中负责指定仲裁员的机构将为"解决投资争端国际中心"秘书长。

三、尽管有第 2 款的规定,缔约一方仍可要求投资者在将争议提交国际仲裁前,用尽其国内行政复议程序。但是,如投资者已诉诸本条第 10 款规定的程序,则本款规定不应适用。

与巴巴多斯缔结 BIT 之后,中国在其他 BIT 中也采用了同样范围广泛的仲裁条款。[71] 不过,这并不构成中国从 1998 年 7 月以来的统一实践。例如,中国 1999 年与巴林缔结的 BIT 只规定就征收补偿额争端提供仲裁(中国—巴林 BIT 第 9 条)。同样,1999 年与卡塔尔的 BIT 第 9 条规定:

一、缔约一方的投资者与缔约另一方之间任何投资争议,应尽可能由投资者与缔约另一方友好协商解决。

二、如果争端在发生之日起的 6 个月内不能协商解决,经任一当事方请求,该争端应该提交接受投资之缔约方主管法庭。

三、如果争端涉及征收补偿额争端且在发生之日起的 6 个月内不能协商解决,当事方没有选择第 2 款规定的主管法庭来解决争端,则任一当事方有权把争端提交仲裁……

虽然中国在 1998 年之后并没有统一的 BIT 实践,中国 1998 年后缔结的 BIT 必须根据单个 BIT 中的具体措辞逐案加以解释与适用。

---

[71] 中国还与以下国家缔结了规定有范围广泛仲裁条款的 BIT:巴巴多斯、刚果(布)、博茨瓦纳、塞浦路斯、塞拉利昂、莫桑比克、肯尼亚、荷兰、缅甸、波黑、特立尼达和多巴哥、科特迪瓦、圭亚那、德国、贝宁、拉脱维亚和乌干达。

自从 1982 年与瑞典缔结第一项 BIT 以来,中国已经与 100 多个国家缔结了 BIT,这意味着中国有着第二大的 BIT 网络,仅次于德国。在这些 BIT 中,超过 80 余项 BIT 规定了范围狭窄的仲裁条款,缔约方在这些条款中把提交仲裁的争端限制为征收补偿额争端。这反映了中国反对把投资争端提交国际仲裁的长期立场。

如同本文第五部分所述,中国缔结的某些 BIT 在近几年被加以修订,包括了范围广泛的仲裁条款。例如,与芬兰、德国、荷兰、葡萄牙缔结的 BIT。不过,这不算什么,因为有 80 余项 BIT 规定了范围狭窄的仲裁条款,只有 15 项 BIT 投资者—东道国仲裁条款同意把源于条约的所有争端提交仲裁。因此,中国缔结的 BIT 中的投资者—东道国仲裁条款必须在逐案的基础上加以考察。

(三) 中—秘 BIT 1994 中仲裁条款的范围与性质

中国签订的中—秘 BIT 1994 的时间点位于中国批准《华盛顿公约》一年后,位于中国签订中国—巴巴多斯 BIT 的四年之前。很明显,中—秘 BIT 1994 是以中国 BIT 范本为原型的。

对于投资者—东道国争端,中—秘 BIT 1994 第 8 条规定:

1. 缔约一方的投资者与缔约另一方之间就在缔约另一方领土内的投资产生的任何争议应尽量由当事方友好协商解决。

2. 如争议在六个月内未能协商解决,当事任何一方有权将争议提交接受投资的缔约一方有管辖权的法院。

3. 如涉及征收补偿款额的争议,在诉诸本条第 1 款的程序后 6 个月内仍未能解决,可应任何一方的要求,将争议提交根据 1965 年 3 月 18 日在华盛顿签署的《关于解决国家与他国国民间投资争端公约》设立的"解决投资争端国际中心"进行仲裁。缔约一方的投资者和缔约另一方之间有关其他事项的争议,经双方同意,可提交该中心。如有关投资者诉诸了本条第 2 款所规定的程序,本款规定不应适用。

与中国于 1993 年—1998 年 6 月签订的典型条约相似,中—秘 BIT 1994 要求投资者与东道国至少协商 6 个月,以便解决涉及在缔约方境内投资的任何争端。如果不能友好解决,投资者或者东道国都可以把该争端提交接受投资国的主管法院。在相关法院判定对某项投资存在征收之后,如果对因投资被征收之价值而补偿给投资者的额度方面,在投资者与东道国间存在争端,任一当事方可把此种争端提交给 ICSID 仲裁。不过,条约规定,如果当事方已经把涉及征收补偿额的争端提交当地法院,则不得寻求国际仲裁。

根据中—秘BIT 1994第8条,任何涉及条约下东道国义务的争端,例如:(1)公正与公平的待遇(第3条);(2)东道国境内的保护(第3条);(3)资金的汇回(第6条);(4)征收或者国有化,必须提交接受投资国的主管法院。在条约下,把涉及这些义务的任何争端提交国际仲裁都是不允许的。可把涉及缔约方在条约下的这些义务的争端提交ICSID仲裁的唯一例外是:争端当事双方是否明确同意如此行事(中—秘BIT 1994第8(3)条)。

因此,在中—秘BIT 1994下,缔约方同意提交仲裁的争端只有征收补偿额争端。在这方面,它明白无误地规定并明确强调关于东道国是否构成征收或者国有化投资者之投资的问题属于接受投资国法院的排他管辖范围,并因此不能提交给ICSID仲裁。这是毫无争议的。

单文华教授把以下问题区别开来:(1)国家—国家争端;(2)普通的投资者—东道国争端;(3)投资者—东道国间关于征收补偿额的争端。根据单教授的观点,"投资者—东道国间的普通争端应该由东道国的管辖权加以解决,例如根据东道国法律,通过调解或者主管行政机构或法庭"。对于"投资者—东道国间关于征收补偿额的争端",他认为,"作为国内管辖解决方法的变通,征收补偿额争端可提交给国际仲裁庭。"[72]

徐崇利与赵德铭认为,中国"没有把征收与国有化的定义与合法性问题纳入ICSID仲裁的管辖范围之内。"[73] Pat K. Chew认为,这正是中国—美国BIT谈判失败的原因之一:"争端解决机制也被证实存在问题。中国倾向于让国际仲裁只解决征收补偿额争端,把其他问题留给中国法庭解决。"[74]在关于中国—日本BIT谈判的文章中,他认为,"条约的措辞符合中国反对把征收问题——征收补偿额争端除外——在没有得到中国同意的情况下提交国际仲裁的立场。"[75]

作者被咨询这一问题:谢业深先生对秘鲁提起的指控是否可根据中—秘BIT 1994提交ICSID仲裁?根据本文开头提及的《投资条约新闻》杂志的报道,对这一问题的回答是:申请方不得提交ICSID仲裁,除非秘鲁政府现在就此作出同意。

---

[72] Shan Wenhua, The International Law of EU Investment in China, *Chinese Journal of International Law*, 2002, p. 609.

[73] 徐崇利、赵德铭:《1997年后国际投资协定对香港特别行政区的适用》,载《中国法与比较法论丛》1996年第1期第2卷,第140页。

[74] Pat K. Chew, Political Risk and U. S. Investment in China: Chimera of Protection and Predictability, 34 *Virginia Journal of International Law*, Vol. 34, 1994, p. 661.

[75] Ibid., p. 668, ft. 250.

六、关于中—秘 BIT 1994 中最惠国条款的适用范围问题

本部分讨论以下问题:(1) 中国在 MFN 待遇方面的历史教训;(2) 中—秘 BIT 1994 当中的 MFN 条款;(3) 运用中—秘 BIT 1994 中的 MFN 条款从第三方条约中引入仲裁条款并且创设出新的 ICSID 管辖权的可能性。

(一) 中国在 MFN 待遇方面的历史教训

1939 年,中国时任领导人毛泽东在其名著《中国革命与中国共产党》中,描述了中国在 19、20 世纪遭受的外国侵略以及此种侵略对中国主权的冲击:

> 向中国举行多次的侵略战争,例如一八四〇年的英国鸦片战争,一八五七年的英法联军战争,一八八四年的中法战争,一八九四年的中日战争,一九〇〇年的八国联军战争。用战争打败了中国之后,帝国主义列强不但占领了中国周围的许多原由中国保护的国家,而且抢去了或"租借"去了中国的一部分领土。例如日本占领了台湾和澎湖列岛,"租借"了旅顺,英国占领了香港,法国"租借"了广州湾。割地之外,又索去了巨大的赔款。这样,就大大地打击了中国这个庞大的封建帝国。……上述这些情形,就是帝国主义侵入中国以后的新的变化的又一个方面,就是把一个封建的中国变为一个半封建、半殖民地和殖民地的中国的血迹斑斑的图画。[76]

控制中国领土的帝国主义势力强迫中国签订一系列的不平等条约。除了"领事裁判权"之外,这些条约最突出的特征之一就是赋予外国强权的 MFN 待遇。中国最权威的国际法学者王铁崖教授,阐述了在这期间赋予外国的 MFN 待遇的本质:

> 在 19 世纪到 20 世纪的一百余年,帝国主义列强在与旧中国和其他一些东方国家所订的不平等条约中规定了普遍性的、无条件的、单方面的最惠国待遇,使最惠国待遇成了帝国主义在旧中国和其他东方国家享受的一种特权。这种片面的、不平等的条款是**在根本上违反国际法的平等互惠原则的**。[77]
>
> 不平等条约制度的主要特色是武力和不平等。条约是武力所迫订的或是

---

[76] 毛泽东:《中国革命与中国共产党》,载《毛泽东选集》第 2 卷,人民出版社 1991 年版,第 628、630 页。
[77] 王铁崖主编:《国际法》,法律出版社 1981 年版,第 256 页。

在武力威胁下所订立的,目的在于为外国人及其国家勒索权利和特权,公然侵犯中国的主权和独立,而完全否定了国际法中的平等概念。[78]

至少有两个要素构成不平等条约这个概念的主要特征:一个是不平等条约含有不平等和非互惠性质的内容;另一个是不平等条约是使用武力或武力威胁所强加的。[79]

片面的、无条件的、范围广泛的最惠国条款,把所有特殊权利和特权扩展到与中国有条约关系的国家。[80]

前述理论分析完全符合发生在中国的历史事实。

例如,中国与英国于1843年10月签订了《虎门条约》,作为对《南京条约》的增补,该条约赋予英国治外法权与MFN地位,这就意味着英国可以享有中国赋予其他强权的任何优惠。《虎门条约》第8条规定:"**设将来大皇帝有新恩施及各国,亦应准英人一体均沾,用示平允**"。

与《虎门条约》相似,中国—法国1858年《天津条约》第40条也规定:"……至别国所定章程,不在大法国此次所定条款内者,大法国领事等官与民人不能限以遵守;惟中国将来如有特恩、旷典、优免、保佑,别国得之,大法国亦与焉。"中国—美国1858年《天津条约》第30条同样规定:"现经两国议定,嗣后大清朝有何惠政、恩典、利益施及他国或其商民,无论关涉船只海面、通商贸易、政事交往等事情,为该国并其商民从来未沾,抑为此条约所无者,亦当立准大合众国官民一体均沾。"[81]

数量繁多的此类历史事实被客观地记录下来并且教授给中国学生。因此,这已成为十多亿中国人民广泛熟知的常识。

一个多世纪的强迫"领事裁决权"以及MFN待遇已在中国人民心中激起了怨恨。在中华人民共和国成立之后,中国站起来了并且逐步确立独立自主的地位。但是中国遭受的痛苦教训并不会轻易忘记。强加于中国的不平等条约以及强加的有利于外国的MFN待遇,仍然停留在中国人民的记忆当中。因此,中国在相当长的时间之后,才同意赋予外国人以MFN待遇。[82]

---

[78] 王铁崖:《中国与国际法——历史与当代》,载邓正来主编:《王铁崖文选》,中国政法大学出版社1993年版,第316页。
[79] 同上书,第392页。
[80] 同上书,第319页。
[81] 田涛主编:《清朝条约全集》(第一卷),黑龙江人民出版社1999年版,第227页。
[82] 值得注意的是,中国在赋予投资者以国民待遇保护时显得非常犹豫不决。非常少的中国BIT规定了国民待遇条款。这是因为中国政府认为需要在竞争中保护国家工业,需要维护国有企业的垄断地位。第一个国民待遇条款规定于中国与英国于1986年签订的BIT中。参见刘凯湘、任颂:《**论我国外资立法中国民待遇原则之确立**》,载《北京社会科学》2001年第1期,第5页。

(二) 中—秘 BIT 1994 当中的 MFN 条款

中—秘 BIT 1994 中的 MFN 条款与中国 BIT 范本中的 MFN 条款相同。中国 BIT 范本与中—秘 BIT 1994 第 3 条规定如下：

> 1. 缔约任何一方的投资者在缔约另一方领土内的投资和与投资有关的活动应受到公正与公平的待遇和保护。
>
> 2. 本条第 1 款所述的待遇和保护，应不低于给予任何第三国投资者的投资和与投资有关的活动的待遇和保护。
>
> 3. 本条第 1 款和第 2 款所述的待遇和保护，不应包括缔约另一方依照关税同盟、自由贸易区、经济联盟、避免双重征税协定和为了方便边境贸易而给予第三国投资者的投资的任何优惠待遇。

中—秘 BIT 1994 赋予的 MFN 待遇限于第 3(1) 条中的"待遇与保护"，规定："缔约任何一方的投资者在缔约另一方领土内的投资和与投资有关的活动应受到公正与公平的待遇和保护。"因此，中国与秘鲁承诺赋予外国投资者以不低于赋予其他外国投资者的待遇和保护："公正与公平的待遇"以及"缔约另一方领土内的保护"。

中国在 90 年代签订的绝大多数条约中都采用了此种 MFN 措辞。中国与阿尔巴尼亚、阿塞拜疆、巴林、玻利维亚、保加利亚、柬埔寨、智利、克罗地亚、古巴、厄瓜多尔、埃及、爱沙尼亚、埃塞俄比亚、格鲁吉亚、匈牙利、牙买加、老挝、黎巴嫩、立陶宛、蒙古、菲律宾、罗马尼亚、斯洛文尼亚、乌拉圭、越南等国家签订的 BIT 都对"公正与公平的待遇"以及"缔约另一方领土内的保护"规定了 MFN 待遇。[83]

(三) 关于运用 MFN 条款创设出新的 ICSID 管辖权

本文作者被询及投资者是否可通过中—秘 BIT 1994 中的 MFN 条款从第三方条约中"引入"争端解决规定，以便把涉及征收补偿额之外的其他争端提交 ICSID 仲裁。对这一问题的回答是：不能为此一目的而引用中—秘 BIT 1994 中的 MFN 条款。

这一回答基于以下理由：(1) 中国对投资争端国际仲裁的政策，这反映于中国根据《华盛顿公约》第 25(4) 条对 ICSID 的通知以及中国在 1998 年 6 月以前与其他国家签订的 BIT 中规定的狭窄的仲裁条款；(2) 中国对外国投资者与投资的实体以及

---

[83] 参见中国于 1993—1998 年签订的 BIT。

程序性保护的态度;(3)中国对投资争端国际仲裁的最近实践。

1. 中国对投资争端国际仲裁的政策

由于前述历史原因,中国在赋予外国投资者以 MFN 待遇时非常谨慎。就如同中国 BIT 范本以及中国在签订中—秘 BIT 1994 期间所签订的非常多的 BIT 所反映的,此种待遇限于"公正与公平的待遇"以及"缔约另一方领土内的保护"的实体标准。

在签订中—秘 BIT 1994 之时,中国对待投资争端国际仲裁的政策是清楚且一致的。中国只同意把"征收补偿额争端"提交国际仲裁庭管辖。所有其他争端都属于接受投资国国内法院的排他管辖。对这一规则的唯一例外就是争端当事双方的明确同意。

这一政策在中国根据《华盛顿公约》第 25(4)条向 ICSID 发出的通知中得到了反映,通知表明中国政府只考虑把源于征收或者国有化的补偿额争端提交 ICSID 管辖,到目前为止,这一通知仍然没有得到改变。中国的这一政策进一步在中国与其他国家签订的 80 多项 BIT 争端解决条款中得到了反映。

在与其他国家展开 BIT 协商时,中国强烈主张反对投资争端的国际仲裁。其结果是,超过 80 项 BIT 的缔约方只同意把涉及征收补偿额的争端提交国际仲裁。在这些条约下,仲裁庭的管辖权仅仅限于在国内法院判定投资被东道国征收后应该支付给投资者补偿额度的争端解决事项。

这些条约的缔约方倾向于限制性地把征收补偿额争端提交仲裁。同时,它们不太可能有意让投资者有权通过 MFN 条款以规避此种限制并且从一个不同的条约中引入范围更宽泛的仲裁条款。否则,此种争论不符合任何逻辑。

如果投资者能够运用中国 BIT 中的 MFN 条款来从第三方条约中引入争端解决条款,缔约方在基础条约中对仲裁的限制性协议将会变得毫无意义。

2. 中国对外国投资的实体以及程序性保护的态度

在解释中国签订的 BIT 中的 MFN 条款时,必须考虑中国对外国投资者及其投资所采取的实体与程序性保护的态度。根据中国法律,实体与程序性保护被分开处理并且加以明显的区分。

规定在中国境内对外国投资者及其投资加以实体性保护的中国法中,宪法具有最高的法律地位。中国 2004 年《宪法》第 18 条第 2 款规定:"在中国境内的外国企业和其他外国经济组织以及中外合资经营的企业,都必须遵守中华人民共和国的法律。它们的**合法的权利和利益受中华人民共和国法律的保护。**"

与《宪法》确立的原则相一致,中国《**外资企业法**》第 **1** 条规定:"为了扩大对外经济合作和技术交流,促进中国国民经济的发展,中华人民共和国允许外国的企业和其他经济组织或者个人(以下简称外国投资者)在中国境内举办外资企业,**保护外资企业的合法权益。**"[84]

中国《**外资企业法**》第 **4** 条进一步规定:"外国投资者在中国境内的投资、获得的利润和其他合法权益,**受中国法律保护。**"

中国现行的《**中外合资经营企业法**》《**中外合作经营企业法**》对于在华外国投资者享有的实体性权利保护,也作出了类似的规定。

上述给予外国投资者的实体性保护必须与中国法律赋予候车投资者的程序性保护区别开来。

中国给予在华外国投资者的**程序性权利**,也有关于给予**公平待遇和保护**的明文规定。但是,如前所述,这些**程序性权利**,另在各种程序法——诉讼法中作出明文规定,不与实体法的规定相混。在法条的措辞用语上,也十分明确易懂,毫不含糊模棱,使公众一看便能辨识它是属于**程序性权利**。试以中国现行的《**民事诉讼法**》为例:[85]

  第 4 条 凡在中华人民共和国领域内进行**民事诉讼**,必须遵守本法。

  第 5 条 **外国人、无国籍人、外国企业和组织在人民法院起诉、应诉,同中华人民共和国公民、法人和其他组织有同等的诉讼权利义务。**

  外国法院对中华人民共和国公民、法人和其他组织的民事诉讼权利加以限制的,中华人民共和国人民法院对该国公民、企业和组织的民事诉讼权利,实行对等原则。

  第 8 条 民事诉讼当事人有**平等的诉讼权利**。人民法院审理民事案件,应当保障和便利当事人行使诉讼权利,对当事人在适用法律上一律平等。

  第 237 条 在中华人民共和国领域内进行**涉外民事诉讼**,适用本编规定。本编没有规定的,适用本法其他有关规定。

  第 238 条 中华人民共和国缔结或者参加的国际条约同本法有不同规定的,适用该**国际条约**的规定,但中华人民共和国声明保留的条款除外。

  第 244 条 涉外合同或者涉外财产权益纠纷的当事人,可以用书面协议选择与争议有实际联系的地点的法院管辖。选择中华人民共和国人民法院管辖

---

[84] 该法第 2 条规定:"本法所称的外资企业是指依照中国有关法律在中国境内设立的全部资本由外国投资者投资的企业,不包括外国的企业和其他经济组织在中国境内的分支机构。"

[85] 该法经修订后已于 2008 年 4 月生效。以下引用条款的顺序已从第 237、238、244、246 条分别调整为第 235、236、242、244 条。

的,不得违反本法关于级别管辖和专属管辖的规定。

第246条 因在中华人民共和国履行中外合资经营企业合同、中外合作经营企业合同、中外合作勘探开发自然资源合同发生纠纷提起的诉讼,由中华人民共和国人民法院管辖。

从以上的举例中可以明显地看到:

第一,在中国的现行国内立法中,实体法与程序法,实体权利与程序权利的区分,是相当严格、界限分明、一目了然的。因此,可以推断:

第二,中国在对外缔结 BITs 之际,不可能故意地或过失地混淆实体权利与程序权利,在事关国家主权权益的关键问题上掉以轻心,马马虎虎地以含混不清的文字,把足以损害本国司法主权的国际义务载入国际条约。

第三,前文一再提到,中国在历史上长期饱尝帝国主义列强强加 MFN 条款的苦痛,如今虽已完全独立自主,但仍如惊弓之鸟,心有余悸,不可能不在对外缔约之际,特别在 MFN 条款的适用范围上,如临深渊,兢兢业业,慎之又慎,严密设防,杜绝历史惨痛教训的重演。

第四,在 1998 年 6 月以前签订的大量(80 多个)中—外 BITs 之中,中国把允许境内外商提交 ICSID 仲裁管辖的投资争端,严格限制为有关"征收补偿额"的争端;在同一时期缔结的秘鲁—中国 BIT 1995 之中,不可能一方面通过其第 8(3)条的明文规定,把允许提交 ICSID 仲裁管辖的争端**严格限制**在"征收补偿额"的范围,另一方面,却通过其第 3(2)条的含糊规定,同意通过 MFN 条款的错误解释,**无限扩大**ICSID 国际仲裁管辖的范围,**完全放弃**对 ICSID 国际仲裁管辖权的**严格限制**,从而陷入自相矛盾、逻辑混乱、荒谬可笑的境地。

总之,根据中国法律,程序性权利很明显地不同于实体性权利。在缔结 BIT 时,中国并没有忽视这种区别。因此,在就对"公正与公平待遇"以及"缔约另一方领土内的保护"的实体标准提供 MFN 待遇的 MFN 条款加以协商时,中国并不欲使得这种待遇扩展到投资者的程序性权利上。

3. 中国 BIT 中 MFN 条款总述

中国曾经于 1994 年把中国拟定的 BIT 范本提交给 UNCTAD,该范本 MFN 条款规定如下:

1. 缔约任何一方的投资者在缔约另一方领土内的投资和与投资有关的活动应受到公正与公平的待遇和保护。

2. 本条第 1 款所述的待遇和保护,应不低于给予任何第三国投资者的投资和与投资有关的活动的待遇和保护。

  3. 本条第 1 款和第 2 款所述的待遇和保护,不应包括缔约另一方依照关税同盟、自由贸易区、经济联盟、避免双重征税协定和为了方便边境贸易而给予第三国投资者的投资的任何优惠待遇。[86]

一般而言,中国在 1994 年前后签订的大部分 BIT 中的 MFN 条款几乎都是从该范本中复制下来的。对于中—秘 BIT 1994 来说,它是直接从该范本中逐字逐句地复制下来的。

4. 中国对投资争端国际仲裁的最新实践

观察中国最近 BIT 的实践,是寻找缔约方表明于中—秘 BIT 1994 中 MFN 条款范围的意图的最佳方式。例如,第一部中国—荷兰 BIT 签订于 1985 年,规定了范围狭窄的仲裁条款,只规定把"源于征收、国有化或其他类似措施之后的补偿额"争端提交仲裁。第 9 条规定:

  1. 缔约一方与缔约另一方投资者间涉及投资者在前者境内投资的争端,应该尽可能友好解决。

  2. 如果根据本条前款,争议自其被争议一方提出之日 6 个月内,未能解决,并且当事双方没有就任何其他争端解决程序达成一致意见,则投资者可选择以下一种或两种解决方法:向接受投资的缔约方主管行政机构提出指控并且寻求救济;向接受投资的缔约方主管法院提出起诉。

  3. 如果争端涉及源于征收、国有化或其他类似措施之后的补偿额事项,且不能根据本条第 1 款在被争议一方提出友好解决之日起的 6 个月内解决,如果投资者同意,应该根据接受投资缔约方法律提交该国主管法院,或者提交国际仲裁。[87]

中国—荷兰 BIT 1985 中的 MFN 条款规定:

  1. 缔约任何一方的投资者在缔约另一方领土内的投资和与投资有关的活动应受到公正与公平的待遇和保护。

  2. 本条第 1 款所述的待遇,应不低于给予任何第三国投资者的待遇。

---

[86] Agreement Between the Government of the People's Republic of China and the Government of _____ Concerning the Encouragement and Reciprocal Protection of Investments, in 'Bilateral Investment Treaties in the Mid-1990s', United Nations Conference on Trade and Development (UNCTAD), UNCTAD/ITE/IIT/7, United Nations Publication, Printed at United Nations, Geneva, Switzerland, 1998.

[87] 中国—荷兰 BIT 1985 第 9 条。

2001年,中国与荷兰签订了一项新的BIT,该BIT于2004年生效。[88] 与1985年BIT不同,该新BIT规定了范围更加广泛的仲裁条款。中国—荷兰BIT 2001第10条(第1款到第3款)规定如下:

1. 缔约一方与缔约另一方投资者之间就该投资者在前一缔约方境内之投资可能产生的任何争议,应尽可能由争议双方当事人友好解决。

2. 经投资者选择,该争议可提交当地有管辖权的法院。如果涉及中华人民共和国境内投资的某法律争端已被提交给当地主管法院,该项争端可提交国际争端解决程序,条件是该投资者已经从国内法院撤回案件。如果争端涉及荷兰境内的投资,则投资者可在任何时间选择提交国际争端解决程序。

3. 如争议自任一争端当事方要求友好解决之日起的6个月内未能解决,经投资者申请,缔约双方无条件同意把争端提交:

(1) 依据1965年3月18日在华盛顿签署的《解决国家与他国国民间投资争端公约》设立的"解决投资争端国际中心"仲裁;或

(2) 根据联合国国际贸易法委员会仲裁规则设立的专设仲裁庭,除非争议当事双方另有其他一致同意。

很明显,中国与荷兰都明白,中国—荷兰BIT 1985当中的MFN条款不得用来从第三方条约中引入范围更加宽泛的仲裁条款,并由此忽视缔约方对仲裁的限制性协议。因此,如果中国与荷兰认为中国—荷兰BIT 1985第3条中的MFN条款能够被投资者用来把"征收补偿额"之外的其他争端提交国际仲裁,那么,它们就没有必要在2001年签订范围更加宽泛的新BIT。该争端解决条款被特意加以修改,以便对涉及缔约另一方境内投资者的投资的任何争端提供仲裁。

另一个例子是中国—德国BIT 1983,与中国—荷兰BIT 1985相似,该BIT规定了只把征收补偿额争端提交仲裁的条款(议定书第4(c)条):"如开始协商后6个月内意见未获一致,应投资者的请求,由采取征收措施一方有管辖权的法院或国际仲裁庭,对补偿金额予以审查。"[89]

另外,缔约方在条约议定书中明确约定(议定书第4(b)条):"本协定第4条第1款所指的'征收',如果投资者认为不符合采取征收措施的缔约一方的法律,应投资者的请求,由采取征收措施的缔约一方有管辖权的法院审查该项征收的合法性。"

在该条约中,中国与德国不只是约定把征收补偿额争端提交仲裁,还明确约定

---

[88] 资料来源:http://www.unctad.org/sections/dite/iia/docs/bits/china_netherlands.pdf。
[89] 资料来源:http://tfs.mofcom.gov.cn/aarticle/h/au/200212/20021200058419.html。

接受投资国法院有排他的管辖权来判定征收的合法性。

对于 MFN 待遇,中国—德国 BIT 1983 第 3 条规定:"1. 缔约一方投资者在缔约另一方境内的投资所享受的待遇,不应低于同缔约另一方订有同类协定的第三国投资者的投资所享受的待遇。2. 缔约一方投资者在缔约另一方境内与投资有关的活动所享受的待遇,不应低于同缔约另一方订有同类协定的第三国投资者与投资有关的活动所享受的待遇。"

2003 年 12 月,中国与德国签订了一项新的 BIT,该 BIT 于 2005 年 11 月生效。[90] 该中国—德国 BIT 规定了范围宽泛的投资者—东道国争端解决条款,其第 9 条规定:"一、缔约一方与缔约另一方投资者之间就投资产生的任何争议,应尽可能由争议双方当事人友好解决。二、如争议自其被争议一方提出之日 6 个月内未能解决,应缔约另一方的投资者的请求,可以将争议提交仲裁。三、争议应依据 1965 年 3 月 18 日《解决国家与他国国民间投资争端公约》提交仲裁,除非争议双方同意依据《联合国国际贸易法委员会仲裁规则》或其他仲裁规则设立专设仲裁庭。"

如果中国与德国都同意投资者可以利用 1983 年 BIT 中的 MFN 条款把条约规定之外的争端——包括涉及征收合法性的争端——提交国际仲裁,它们将不会协商并最终缔结一项新的可把此类争端提交仲裁的 BIT。

其他例子还有中国—葡萄牙 BIT 1992 和中国—芬兰 BIT 1984,这两项都相应被中国—葡萄牙 BIT 2005 和中国—芬兰 BIT 2004 修订。前两项 BIT 中的投资者—东道国争端解决条款都被规定了范围更加宽泛的仲裁条款的 BIT 所修订。[91]

在写作本文时,中—秘 BIT 1994 并没有得到修改。中国与秘鲁约定可仲裁的争端是仅仅涉及征收补偿额的争端。谢业深先生不能引用 MFN 条款以规避此一约定。如同徐崇利教授认为:"在东道国对外缔结国际投资条约越来越多的情况下,倘若将其中的最惠国待遇适用于争端解决程序,允许外国投资者从众多的第三方条约中选择对自己最有利的条款加以适用,将会置东道国于更为不对称的境地。对最惠国待遇条款作这样的解释不符合东道国接受此类条款的真实意图,也有失公平。"[92]

(四)对 MFN 条款在当代国际法社会中性质的认同:MFN 待遇只是国家主权派生物

MFN 待遇没有也不会成为强行法规则,也不会成为国际习惯法规则,这已成为

---

[90] 资料来源:http://tfs.mofcom.gov.cn/aarticle/h/au/200405/20040500218063.html。
[91] 资料来源:http://tfs.mofcom.gov.cn/static/column/h/au.html/1。
[92] 徐崇利:《从实体到程序:最惠国待遇适用范围之争》,载《法商研究》2007 年第 2 期,第 46 页。

国际法学界的主流共识。国家主权仍然是国际法规范体系以及理论体系中的主要规则并且占据最高的位阶。事实上，MFN 待遇通常建立在主权国家基于互惠并单个缔结的条约之上。在考虑国内国外因素以及权衡利弊之后，所有的国家都有完全的自由裁量权决定是否以及在何种条件下赋予他国以 MFN 待遇；或者是否撤回其赋予其他国家的同样待遇。另外，所有的主权国家有权决定 MFN 待遇的详细种类、范围或者限制。当然，这些关于 MFN 待遇的规定都应该在相应条约中加以清楚与适当的规定。

例如，国际法委员会在其 1978 年《最惠国条款草案》中认为，过去 30 年来在国际条约的实践中已经确立了这一法律确信：MFN 待遇的给予及其范围依赖于缔约方的合意。中国的一流国际法教授如王铁崖、赵维田也提出，MFN 待遇并没有成为习惯国际法规则，而是依赖于平等国家间基于互利互惠的合意。[93]

因此，可以认为，MFN 待遇只是国家主权的派生物，只是次要的原则，应该从属于并且服务于国家主权这一首要原则。这样就可以非常自然而然地推导出，通过缔约方的自由意志的行使并且友好平等协商，MFN 待遇应该从属于由实际的时间、场所或者条件所要求的必要限制或者撤回。

（五）在《维也纳条约法公约》下对中—秘 BIT 1994 中 MFN 条款的解释

1.《维也纳条约法公约》关于条约解释的规定

为了科学解释相关规定之目的，需要引用《维也纳条约法公约》第 31、32 条规定的规定。

《维也纳条约法公约》第 31 条　解释之通则：

　　一、条约应依其用语按其上下文并参照条约之目的及宗旨所具有之通常意义，善意解释之。

　　二、就解释条约而言上下文除指连同前言及附件在内之约文等外，并应包括：

　　（甲）全体当事国间因缔结条约所订与条约有关之任何协定；

　　（乙）一个以上当事国因缔结条约所订并经其他当事国接受为条约有关文

---

[93] See United Nations International Law Commission, Draft Articles on Most-Favoured Nation Clauses (UN Draft on MFN Clause), 1978, Arts. 1, 4, 8, 21, http://untreaty.un.org/ilc/texts/instruments/english/draft%20articles/1_3_1978.pdf. 另参见王铁崖：《国际法资料选编》，法律出版社 1982 年版，第 761—767 页；王铁崖：《国际法》，法律出版社 1995 年版，第 180—182 页；赵维田：《MFN 与多边贸易体制》，中国社会科学出版社 1996 年版，第 36、57 页。

书之任何文书。

三、应与上下文一并考虑者尚有：

（甲）当事国嗣后所订关于条约之解释或其规定之适用之任何协定；

（乙）嗣后在条约适用方面确定各当事国对条约解释之协定之任何惯例；

（丙）适用于当事国间关系之任何有关国际法规则。

四、倘经确定当事国有此原意，条约用语应使其具有特殊意义。

第 32 条　解释之补充资料：

为证实由适用第 31 条所得之意义起见，或遇依第 31 条作解释而：

（甲）意义仍属不明或难解；或

（乙）所获结果显属荒谬或不合理时，为确定其意义起见，得使用解释之补充资料，包括条约之准备工作及缔约之情况在内。

2. 根据《维也纳条约法公约》对中—秘 BIT 1994 中 MFN 条款的解释

根据前述《维也纳条约法公约》中关于条约解释的规定，中—秘 BIT 1994 中 MFN 条款应该解释如下：

（1）中—秘 BIT 1994 中的措辞按其上下文并参照条约之目的及宗旨所具有之通常意义。对此，必须对中—秘 BIT 1994 规定的对 ICSID 管辖权的明确保留与严格限制予以注意。如上所述，秘鲁与中国只同意，经任一争端当事方申请，外国投资者与东道国间的征收补偿额争端可提交 ICSID 仲裁。任何其他争端不得提交 ICSID 仲裁，除非当事方就此达成新的仲裁协议。结合这一上下文以及条约之目的及宗旨加以考虑，中—秘 BIT 1994 中 MFN 条款的通常含义不得孤立地解释与推断为具有非常宽泛的含义，以至包括了把外国投资者与东道国间的"涉及其他事项的任何争端"提交给 ICSID 仲裁而不用当事双方达成新的仲裁协议。这样理解，是符合逻辑的，是不言而喻的。

（2）与中—秘 BIT 1994 有关的主要公约——《华盛顿公约》。中国与秘鲁都已加入该公约，而且该公约与中—秘 BIT 1994 的签订是不可分割的。

（3）最重要的文件：中国在 1993 年 1 月批准《华盛顿公约》时发出过一份通知，这份通知对 ICSID 管辖权作出了明确的保留与严格的限制，而且被秘鲁接受为与《华盛顿公约》、中—秘 BIT 1994 相关的文件。因此，让我们重申，中国严格限制并且只接受 ICSID 仲裁庭对源于征收与国有化而产生的补偿额争端拥有管辖权。

（4）一系列的其他重要文件：中国提交给 UNCTAD 的 BIT 范本，以及中国从 1982 年 3 月到 1998 年 6 月期间连续分别签订的 80 余项 BIT，该范本与 80 余项 BIT

都对国际仲裁机制与 ICSID 管辖权作出了相似的明确保留与限制。所有这些 BIT 都可以合理地认为是中—秘 BIT 1994 的"姊妹 BIT",都已被秘鲁"接受"为与中—秘 BIT 1994 相关的文件。今天,所有这些"姊妹 BIT"对 ICSID 管辖权的明确保留与限制仍然是有效的。因此,与这些文件——"姊妹 BIT"——相结合,中—秘 BIT 1994 中 MFN 条款的措辞不得孤立地解释与推断为具有非常宽泛的含义,以至包括了把外国投资者与东道国间的"涉及其他事项的任何争端"提交给 ICSID 仲裁而不用当事双方达成新的仲裁协议。这样理解,是符合逻辑的,是不言而喻的。

(5) 随着时间的流逝,联合国国际法委员会准备的 1978 年《最惠国条款草案》,以及可适用于中国与秘鲁关系的相关国际法规则这些背景,应该纳入考虑范围。如上所述,MFN 待遇从来都没有形成为强行法或者习惯国际法规则。因此,所有主权国家,也只有主权国家,有权在相关 BIT 中自由决定 MFN 待遇的具体种类、范围与限制。如果在类似于中—秘 BIT 1994 的 BIT 中没有对 MFN 条款作出具体、清楚、准确的定义,很明显,只有相关缔约方自己才有权进一步讨论和确定 MFN 条款的定义。换言之,任何缔约方自己之外的第三方,没有法律权利给某项不明确的或者含糊的 MFN 条款施加任何武断的、不正确的含义,并因此违背缔约方的本来意图。

(6) 为了进一步确认 BIT 中含糊不清 MFN 条款的准确含义,有必要考察其签订时的背景资料。[94] 就中—秘 BIT 1994 MFN 条款而言,它必须结合签订该 BIT 时的历史背景与特定环境来加以解释。事实上,需要注意中国以下历史背景与特定环境:

1) 中国在 1840—1949 年遭受的由不平等条约强加领事裁判权的痛苦教训。[95]

2) 中国在 1840—1949 年遭受的由不平等条约强加 MFN 条款的痛苦教训。[96]

3) 在 1949—1993 年对强加的领事裁判权以及 MFN 条款以某种不确定的形式再次复现的长期担忧,其结果就是在加入《华盛顿公约》时的长期犹豫:中国人民的感觉和情感是:"一朝被蛇咬,十年怕井绳"。[97]

4) 1993 年关于对 ICSID 管辖权加以保留和限制的"通知",以及于 1982 年 3 月到 1998 年 6 月期间签订的、对 ICSID 管辖权作出类似明确保留与严格限制的 80 余项 BIT。[98]

5) 中—秘 BIT 1994 属于 80 余项"姊妹 BIT"中的一项,有着类似的 DNA 与相

---

[94] See UN Draft on MFN Clause, Art. 32.
[95] 参见前文第五部分。
[96] 参见前文第六部分。
[97] 参见前文第五部分。
[98] 参见前文第五部分。

似的面孔。另外,中—秘 BIT 1994 刚好签订于 1994 年,即中国向世界银行(ICSID 总部)发出对 ICSID 管辖权加以保留的"通知"的第二年。[99] 因此,秘鲁在签订中—秘 BIT 1994 时必定理解、认可与接受了中国方面关于严格限制 ICSID 管辖权的主张。

(7)结合前述签订中—秘 BIT 1994 时的历史背景与特定环境,中—秘 BIT 1994 中 MFN 条款的范围不得被武断地和孤立地解释或推断为允许把外国投资者与东道国间的"涉及其他事项的任何争端"提交给 ICSID 仲裁而不用当事双方达成新的仲裁协议。这样理解,是符合逻辑与不言而喻的。

(六)进一步运用《华盛顿公约》、中—秘 BIT 1994 来科学解释中—秘 BIT 1994 中的 MFN 条款

1. 运用《华盛顿公约》

《华盛顿公约》第 42(1)条规定:"仲裁庭应依照双方可能同意的法律规则对争端作出裁决。如无此种协议,仲裁庭应适用作为争端一方的缔约国的法律(包括其冲突法规则)以及可能适用的国际法规则。"

2. 运用中—秘 BIT 1994

中—秘 BIT 1994 第 8(4)条规定,ICSID 应该根据接受投资国成员方法律(包括其冲突法)、本条约的规定、缔约双方接受并且普遍认可的国际法原则作出裁决。这种规定反映了缔约国成员方国内法得到尊重并且优先适用。因此,在解释中—秘 BIT 1994 条款时,缔约成员方(即中国与秘鲁)国内法,应该到尊重并且优先适用。

中国与秘鲁都是《华盛顿公约》的成员方。由于它们对中—秘 BIT 1994 第 3 条第 1、2 款的准确含义并没有形成明确的协议,所以,根据《华盛顿公约》第 42(1)条,为解释之目的,还应该参考它们各自的国内法。由于秘鲁国内法不属于本文讨论范围之内,下文只讨论中国相关法律。

根据中国法体系,程序法与实体法相互配合但总是各自独立。例如,《民法》与《民事诉讼法》,《刑法》与《刑事诉讼法》,《行政法》与《行政诉讼法》都符合这一规则。

另外,中国法文化总是提倡运用明白与准确的措辞,以便反映真实的立法意图,反对采用含糊不清的措辞,强调保持立法的连贯并避免词语的冲突,强调全面理解并反对片面解释。

因此,从中国法律传统出发,为了全面地、科学地理解与判断中—秘 BIT 1994 第

---

[99] 参见前文第五部分。

3 条第 1、2 款的准确含义,必须考虑以下因素:中国立法的普遍规则与法律措辞;中—秘 BIT 1994 第 3 条第 1、2 款的实际用语;这些条款在中—秘 BIT 1994 中的位置、前后文以及逻辑关系;中国在签订该 BIT 时的立法背景与公共政策。事实上,中国法文化的解释规则在本质上与《维也纳条约法公约》的规则相同,后文会对此继续讨论。

第一,从中—秘 BIT 1994 第 3 条第 1、2 款的实际用语来看,它们本身**并没有明确规定**"protection"以及"fair and equitable treatment"包含了或可以推广适用于该 BIT 中规定的争端解决程序。

第二,把中—秘 BIT 1994 第 3 条的前后文作为整体来看,由于第 2 条与第 4、5、6 条都排他性地只涉及实体待遇,所以,第 3 条应该也只提及实体待遇。换言之,缔约方把第 3 条,特别是第 3(2)条下的 MFN 条款,视为实体待遇。另外,第 3(2)条只不过是对第 3(1)条的补充,而第 8 条则是一项专门处理争端解决的独立的特别条款。而且第 3(2)条与第 8 条针对争端解决的程序性规定,相隔甚远,语意"中断",毫无逻辑联系。显而易见,该第 3 条第 1 款规定的"**protection**"以及"**fair and equitable treatment**"当然只是专指实体性待遇,而不是程序性待遇。

第三,从中—秘 BIT 1994 第 8 条的前后文、措辞以及逻辑安排来看,可以很容易地发现:(1) 根据第 8(3)条第一句,经任一当事方申请,只有涉及征收补偿额争端可以提交给 ICSID 的国际仲裁庭。(2) 根据第 8(3)条第二句,缔约一方的投资者和缔约另一方之间有关其他事项的争议,不得单方面提交 ICSID 的国际仲裁庭。(3) 根据第 8(2)条,当事任何一方有权将后一种争议提交接受投资的缔约一方有管辖权的法院。

第四,把中—秘 BIT 1994 第 8 条与第 3 条结合起来看,可以很容易地进一步发现:BIT 第 3(2)条(MFN 条款)并没有包括任何规定把其适用范围扩展到争端解决事项。它并没有采用"协议下的所有权利或者所有事项"这类措辞。相反,如同中—秘 BIT 1994 第 8(3)条所表明的,缔约双方的意图在于明明白白地排除 ICSID 对"缔约一方的投资者和缔约另一方之间有关其他事项的争议"的管辖,这类争端不得单方面提交 ICSID 国际仲裁。因为,此类涉及其他事项的争端(不涉及征收补偿额的争端)应该根据第 8(2)条规定的程序加以解决:"当事任何一方有权将争议提交接受投资的缔约一方有管辖权的法院"。

第五,从中国缔约时的公共政策来看,中国采取非常保守的、尽量留权在手的政策,对于缔结 BIT 同意接受 ICSID 仲裁管辖一事,持非常谨慎的态度。在 1998 年 6 月以前签订的大量(80 多项)中—外 BITs 表明,中国把允许境内外商提交 ICSID 仲裁管辖的投资争端,严格限制为有关"征收补偿额"的争端,不可能会在1994—1995年突然单单在与秘鲁缔结的BIT中,同意通过MFN条款扩大ICSID仲裁管辖的范围,从而完全放弃对ICSID仲裁管辖权的严格限制。更不可能在同一个正式生效的秘鲁—中国BIT 1995之中,一方面通过其第8(3)条的明文规定,把允许提交ICSID仲裁管辖的争端**严格限制**为"征收补偿额",另一方面,却通过其第3(2)条的含糊规定,同意通过MFN条款的错误解释,**无限扩大**ICSID国际仲裁管辖的范围,**完全放弃**对ICSID国际仲裁管辖权的**严格限制**,从而陷入前后自相矛盾、逻辑严重混乱、十分荒谬可笑的境地。

第六,中—秘BIT 1994赋予外国投资者以"保护"与"公平与公正待遇"。然而,缔约方并没有对这些待遇加以任何解释。应该指出,就中国而言,中国实体法中存在许多类似的用语,这些用语与中外BIT中规定的实体性权利是一致的。

(七) 联合国官方文件的反复警示以及当今世界对MFN条款的严格解释

以上各段是从双边的角度来剖析中—秘BIT 1994中的MFN条款。为了对这个问题有更深入的理解,似乎还需要扩大视野,从全球的角度来观察当代MFN问题的发展趋向。

在当代的国际缔约实践中,在经济实力悬殊的国家之间实行绝对的MFN待遇原则,势必造成严重的事实上的不公平和不平等,由此引发了众多发展中国家的强烈反对和联合抗争。在数十年来南北矛盾冲突和南北合作共事的历史进程中,可以看到,数量众多的发展中国家有着强烈的不满与联合斗争。其结果是,在这期间,MFN条款的"绝对性"一直都被通过设立一系列的"例外"来加以"修改"与"修订",这反过来又极大地弱化了这一条款的效果,并且演化成一种"非绝对性"的条款。

最明显的例证是在GATT/WTO体系中,MFN待遇规则数十年来不断地"与时俱进",修订频频。具体说,GATT 1947第1条规定的普遍MFN待遇原则,在其后修订和增补的第18条中,就开了"先河",允许众多积贫积弱的发展中国家有权在一定条件下"暂时偏离"本协定其他条款(含MFN条款)的规定。第21条关于"安全例外"的规定,第24条关于"关税同盟和自由贸易区"的规定,第24条和第25条关于"豁免义务"的规定,以及其后增补的整个第四部分(贸易与发展,即第36—48条),也都从各种不同的领域、在不同的程度上允许发展中成员"偏离"MFN条款的规定。

在GATT发展成为WTO之后,经过众多发展中成员的据理力争,与普遍MFN待遇原则相左的各种"特殊与差别待遇"条款(S&D),在更多的领域、更大的范围,以更高的频率,出现在WTO的各种"游戏规则"之中。尤其是,由于其中还存在许多

"口惠而实不至"之处,2001年11月发表的 WTO《多哈宣言》,更进一步把落实各类 S&D 条款作为新一轮多边谈判的主题之一。[100]

简言之,上述"与时俱进"的发展,已导致普遍 MFN 待遇原则中原有的"普遍性",逐渐地、不断地被惠及发展中国家的"特殊性"和"差别性"所补充和取代。[101]

由此可见,中国今后在对外缔结和修订 BITs 的实践中,依据双方经济发展水平、经济实力对比、吸收外资与对外投资规模对比、外资法律保护环境对比以及确保国家安全需要等具体情况,在境内涉外投资争端管辖权问题上,采取**"区分两类国家,厘定差别标准,实行区别对待"**的做法,从而在真正公平互惠的基础上,做到"放权适度,宽严有别",这是完全符合于当代 MFN 待遇原则的发展进程的。

在 2003—2006 年发布的一系列研究报告中,[102] 世界银行与联合国贸发会(UNCTAD)反复提醒弱国充分注意 BIT 的双刃剑效果。一方面,发展中国家需要引入 FDI 以服务于它们的国家发展,另一方面,它们必须在主权的行使方面保留必要的灵活性与自由裁量权,以便保护国家利益与重大安全。总之,需要在两者之间作出平衡。

特别是题为《在国际投资条约中留权在手:善用保留权》的研究报告,尤其值得注意。它专门探讨和指导处在弱势地位的众多发展中国家,在对外缔结投资条约中,如何善用《维也纳条约法公约》第 2 条赋予的"保留"权,设定必要的例外,尽可能地把自主权、管辖权、灵活处理权保留在自己手中。现任 UNCTAD 秘书长素帕差在该报告的前言指出:包括本项文献在内的系列研究报告旨在为各国决策者、政府官

---

[100] 《多哈宣言》强调:"各种特殊与差别待遇条款乃是 WTO 各种协定不可分割的组成部分,……对所有的特殊与差别待遇条款,都应重新审议,予以加强,使它们更加明确,更加切实有效,更加便于操作。""给予发展中国家的特殊与差别待遇应当作为一切磋商谈判中不可分割的内容,列入有待谈判的各种减让清单和承诺清单,并且纳入相关的规则和规章,做到切实可行,以便发展中国家能够切实有效地用以满足其各种发展需要。"Doha Ministerial Declaration(14 November 2001),paras. 44,13,WT/MIN(01)/DEC/1,http://www.wto.org/english/thewto_e/minist_e/min01_e/mindecl_e.htm.

[101] 参见曾华群:《论"特殊与差别待遇"条款的发展及其法理基础》,载《厦门大学学报》2003 年第 6 期。

[102] See World Bank, Global Economy Prospects 2003, http://www.worldbank.org/prospects/gep2003/summarycantonese.doc; World Bank, *World Development Report 2005—A Better Investment Climate for Everyone*, World Bank and Oxford University Press, 2004, p. 177; UNCTAD, World Investment Report 2003—FDI Policies for Development: National and International Perspectives (Overview), 2003, pp. 18-19; The São Paulo Consensus, paragraph 8, adopted at the UNCTAD XI Conference, http://www.unctad.org/en/docs//td410_en.pdf; UNCTAD, World Investment Report 2006—FDI from Developing and Transition Economies: Implications for Development (Overview), 2006, pp. 9-11; http://www.unctad.org/wir. See also An Chen, Should the Four Great Safeguards in Sino-Foreign BITs Be Hastily Dismantled? *Journal of World Investment & Trade*, Geneva, Vol. 7, No. 6, December 2006, pp. 917-919.

员、国际组织官员、公司主管人员和非政府组织代表人士们提供咨询意见和合理建议。[103]

该报告反复强调的观点主要有以下几点：

（1）"**各种国际协定的真实本质**（very nature），**都是要限制有关国家自己的政策选择**。就国际投资条约而言，其中所设定的各种义务就限制了各国决策者在设计本国投资政策时原本可以自由选择的范围。……虽然国际投资条约可以改善东道国的投资环境，但这些条约不应过分地限制东道国决策者为追求本国发展或其他政策目标所享有的灵活性。"[104]

（2）处于所有发展阶段的国家都明显地寻求同样的不一致措施，在国民待遇上加以限制以便形成有利于本国投资者的竞争环境，在 MFN 待遇上规定例外以便保留各种协议的优惠或互惠特点，这两类措施是在保留列表上发现的最普遍的不一致措施。[105]

（3）无论其发展程度何如，许多国家感到需要从国际义务中保留一定的经济活动能力。这种倾向在发展中国家中表现得更加显著，它们需要面对更严重的社会与经济问题，需要以更加少的资源与专业人员来面对新调整的挑战。[106]

（4）所研究的投资条约样本涵盖的发展中国家比发达国家更多地倾向于采用保留以及维持不一致措施。[107]

（5）在国际投资协议中保留权力是在投资领域平衡国家机构的灵活性与国际义务的关键技术，尤其是对于发展中国家而言。[108]

这些建议，实质上乃是 UNCTAD 麾下专家们在充分调查发展中国家有关国际投资条约实践的经验教训之后，作出的**科学总结和恳切诤言**，切合中国的现实需要，值得中国认真研究，择善而从。

而及时采取**"区分两类国家，实行差别互惠"**并规定相关 **MFN 例外**的做法，包括必要性地排除或者限制把 MFN 适用于争端解决程序，显然完全符合 UNCTAD 关于"善用保留权"建议的基本精神。这些建议确实对任何主权国家都是有帮助的，从而在真正公平互惠的基础上，做到"放权适度，宽严有别"。

---

[103] See UNCTAD, Preserving Flexibility in IIAs: The Use of Reservations, UNCTAD Series on International Investment Policies for Development, New York and Geneva, 2006, p. iv, http://www.unctad.org/templates/webflyer.asp?docid=7145&intItemID=2310&lang=1&mode=downloads.

[104] UNCTAD, Preserving Flexibility in IIAs: The Use of Reservations, supra note 24, p. 6.

[105] Ibid., p. 2.

[106] Ibid., p. 2.

[107] Ibid., p. 2.

[108] Ibid., p. 1.

(八) 目前缔约实践中对 MFN 条款的限制与排除

MFN 条款的通常适用范围是实体性待遇。鉴于 ICSID 仲裁庭在其实践中具有通过自由裁量扩大管辖权的倾向,任何主权国家如果极为不愿意把 MFN 条款适用于例如 FDI 争端解决程序之类的程序性事项中,都有权在将来 BIT 协商或修订时明确排除或限制 ICSID 管辖权的范围。

这样做,是有先例可援的。例如,2003 年《美洲自由贸易协定(草案)》针对其中的 MFN 条款附加了这样的注解:

> 缔约各方注意到 ICSID 仲裁庭最近针对阿根廷墨菲兹尼公司诉西班牙案作出的决定,其中确认在阿根廷与西班牙的一份协定中具有含义非常广泛的 MFN 条款。相形之下,《美洲自由贸易协定(草案)》中的 MFN 条款明文限定仅仅适用于"有关投资的立项、并购、扩充、经营、活动、运作、出售以及其他处置事宜"。鉴此,缔约各方现在达成共识,确认本协定中的 MFN 条款并不适用于本节第 C 节所包含的国际争端解决机制[即缔约一方与缔约另一方的投资者之间的争端解决]的有关事宜。[109]

另外,在缔结 BIT 的范本中,也有以"不溯及既往"的规定对 MFN 条款的适用加以限制的做法,可供参考。例如,如果国家情况需要,任何主权国家都不妨借鉴加拿大 2004 年 BIT 范本附录Ⅲ(MFN 例外)中的下述规定,该附录规定:"第 4 条关于 MFN 待遇的条款不应该适用于在本协定生效日以前已经生效或者已经签订的所有双边或多边国际协定所赋予的待遇"。

如果任何主权国家对加拿大 BIT 范本这一内容加以师法和移植,则今后外国投资者不太可能根据 MFN 条款规定,要求援例享受该国以前曾经赋予第三方的同等待遇。

(九) ICSID 实践对 MFN 待遇的限制与排除(前案裁决)

对于 FDI 争端管辖权问题,应该在 BIT 中采用明确的措辞限制或排除 MFN 条款对程序性事项的适用。即,如果某项 BIT 规定了 MFN 条款,缺少任何明确限制或排除 MFN 条款适用于程序性事项的用语,或者没有采用明白的措辞指出 MFN 条款适用于争端解决程序,就不得推断出 BIT 缔约方已经同意让 MFN 条款适用于程

---

[109] Chapter XXIII Dispute Settlement of FTAA(Draft Agreement), footnote 13, http://www.ftaaalca.org/FTAADraft03/ChapterXXIII_ e. asp. See also OECD, International Investment Law: A Changing Landscape, Chapter 4, Most-Favoured-Nation Treatment in International Investment Law, OECD Publishing, 2005, pp. 127, 132.

序性事项。

因为,涉讼各方当事人之间必须具有**明确表示的**、**具体的**仲裁协议,乃是举世公认的提交仲裁的必要前提和首要准则。缺乏这个必要前提,则任何单方提交仲裁的申请,都是无源之水,无根之木;不但严重违背仲裁体制的本旨;而且严重破坏"当事人意思自治"这一基本法理原则。这一意见已在近年来国际仲裁的实践中逐渐形成**主流共识**。[110]

这一主流共识已在一些有名的 ICSID 前案中得到反复而持续的运用。例如:

(1)意大利赛利尼(Salini)公司诉约旦案;

(2)塞浦路斯普拉玛(Plama)公司诉保加利亚案;

(3)挪威 Telenor 公司诉匈牙利案。

这三个关于 ICSID 管辖权的决定书连续发布于 2004 年、2005 年、2006 年。如下所述,这些案件就 MFN 条款提供了类似的争论、理由与结论。这些案件的实践很可能逐步发展成为有关 MFN 问题的新的"习惯法",很引人瞩目。

1. 意大利赛利尼(Salini)公司诉约旦案当中的 MFN 问题

在该案中,意大利投资者赛利尼认为其有权根据意大利—约旦 BIT 中的 MFN 条款把争端提交 ICSID 仲裁。不过,ICSID 仲裁庭仔细审查后认为:

> 意大利—约旦 BIT 第 3 条没有包括把其适用范围扩展适用于争端解决的任何规定。它没有规定"本协议下的所有权利或所有事项"。另外,申请方没有提交证据以证明:缔约方的共同意图在于把 MFN 条款适用于争端解决……相反,根据该 BIT 第 9(2)条,缔约方把合同性争端排除于 ICSID 管辖权范围之外的共同意图非常明显。最后,申请方没有引用约旦或意大利的任何实践来支持其主张。[111]

基于此,仲裁庭的结论是:目前对于争端解决条款而言,意大利—约旦 BIT 当中的 MFN 条款不适用。因此,意大利与约旦签订的 BIT 第 9(1)条所规定的争端必须根据该条规定加以解决。如果争端存在于外国投资者与约旦国的实体之间——如同本案,则他们之间的合同性争端必须根据第 9(2)条规定的程序加以解决。本仲裁庭对这些问题没有管辖权。[112]

---

[110] 参见王海浪:《ICSID 管辖权新问题与中国新对策研究》,厦门大学 2006 年博士学位论文,第四章"最惠国条款对'同意'范围的扩展"。

[111] Salini Costruttori S. p. A. and Italstrade S. p. A. versus The Hashemite Kingdom of Jordan (ICSID Case No. ARB/02/13) Decision on Jurisdiction of November 15, 2004, paras. 118-119.

[112] Ibid.

2. 塞浦路斯普拉玛(Plama)公司诉保加利亚案当中的 MFN 问题

在该案中,普拉玛公司主张有权根据保加利亚—塞浦路斯 BIT 中的 MFN 条款引用保加利亚—芬兰 BIT 的规定从而把争端提交 ICSID 仲裁。在管辖权决定书中,ICSID 仲裁庭明确认定**某一 BIT** 中的 MFN 条款不能扩大适用于**另一 BIT** 中规定的争端解决程序。[113]

在该案所涉保加利亚—塞浦路斯 BIT 中,争端解决条款规定仅仅限于与**征收补偿金额**有关的争端可提交国际特设仲裁庭仲裁。[114] 讼争过程中,当事人双方对于可否通过其中 MFN 条款,依据保加利亚—芬兰 BIT 等其他 BITs 中有关争端解决的规定,把征收补偿金额以外的争端也提交国际仲裁的问题,坚持相反的主张。

在仔细分析与权衡之后,ICSID 仲裁庭认为,在缔结条约时,保—塞双方把特定的投资者与东道国之间的争端适用相关国际仲裁解决程序限定于 BIT 规定的(与征收补偿金额有关的争端)范围,并且没有通过 MFN 条款扩展这些规定的意图。[115] 该仲裁庭反复强调:"把争端解决纳入到 MFN 条款适用范围之内的意图必须是明确的并且毫无疑义的表述"。[116]

现在,仲裁是普遍接受的、用来解决投资者与国家间争端的方式。然而,这一现象并没有消除仲裁的基本前提:当事方的仲裁协议。这是一条已经确立的原则,无论是各国国内法还是国际法都要求仲裁协议必须清清楚楚、毫不含糊。[117]

如果仲裁协议可以通过引入其他条约加以参照的方式达成,则会引发对当事方清清楚楚、毫不含糊之意图的怀疑。[118] 这种怀疑会由于其他 BIT 中争端解决规定的范围而得到进一步的加深。许多争端解决条款只涉及源于 BIT 下的争端。把其他 BIT 中的具体用语引入特定 BIT 当中,会显得很难解释 MFN 条款。[119]

相反,某一具体条约中的争端解决规定是针对解决该条约下争端而加以协商拟

---

[113] See Plama Consortium Limited v. Republic of Bulgaria (ICSID Case No. ARB/03/24), Decision on Jurisdiction of February 8, 2005, paras. 216-224, http://www.worldband.org/ICSID/cases/plama-decision.pdf.

[114] 其第 4 条规定:"征收的合法性应该经相关投资者的请求,通过采取征收措施缔约方的普通行政和法律程序加以审查。对于行政裁定中没有解决的**补偿金额争端**,相关投资者和另一缔约当事方的法律代表应该协商解决。如果在开始协商后的三个月内没有达成协议,经投资者申请,补偿金额应该由采取征收措施的缔约一方的法律程序或者是**国际特别仲裁庭**加以审查。"

"第 4 条第 4.1 款所述国际仲裁庭应该逐案设立。每一缔约方应该指定一名仲裁员,再由这两名仲裁员同意一个第三国国民作为主席……"Ibid., para. 26.

[115] Ibid., paras. 195-197.

[116] Ibid., para. 204.

[117] See Plama Consortium Limited v. Republic of Bulgaria (ICSID Case No. ARB/03/24), Decision on Jurisdiction, para. 198.

[118] Ibid., para. 200.

[119] Ibid., para. 206.

定的。不得假定缔约方已同意这些条款可通过从在完全不同环境下协商达成的其他条约中引入争端解决条款而得到扩大。[120]

基于上述考虑,仲裁庭对 MFN 问题作出决定如下:

即使把保加利亚—塞浦路斯 BIT 中的 MFN 条款与保加利亚和其他国家签订的 BITs(特别是保加利亚—芬兰 BIT)联系起来解读,也不能任意解释为保加利亚已经同意把东道国与普拉玛公司之间的争端(征收补偿额争端以及其他争端)都提交 ICSID 管辖,或者任意解释为普拉玛公司有权援引其他 BITs 中有关争端解决的规定,把本案争端提交 ICSID 管辖。[121]

3. 挪威 Telenor 公司诉匈牙利案当中的 MFN 问题

在该案中,挪威 Telenor 公司主张有权根据匈牙利—挪威 BIT 中的 MFN 条款引用匈牙利与其他国家签订的 BIT 的规定从而把争端提交 ICSID 仲裁。

Telenor 公司认为,根据匈牙利—挪威 BIT 第 4 条中的 MFN 条款确立的"程序性连接",申请方有权引用匈牙利与其他国家缔结的 BIT 中范围最广泛的争端解决条款,并使得仲裁庭对基于匈牙利—挪威 BIT 第 3 条的指控拥有管辖权。被申请方匈牙利对此提出反对,匈牙利认为 MFN 条款仅限于实体性待遇,不得用来扩展仲裁庭的管辖权并且超越于匈牙利—挪威 BIT 第 11 条的范围之外。[122]

在仔细听取双方意见并且权衡利弊之后,ICSID 仲裁庭认为仲裁庭自身"完全认可普拉玛案仲裁庭的分析与意见"[123]。

Telenor 案仲裁庭认为,在没有明明白白的措辞表明缔约方意图的情况下,BIT 的 MFN 条款不得被解释为把仲裁庭的管辖权扩展到超越于 BIT 本身的范围,其理由至少有以下四点:[124]

首先,《维也纳条约法公约》第 31 条要求解释条约应该"依其用语按其上下文并参照条约之目的及宗旨所具有之通常意义,善意解释之"。在没有表示相反意思的语言和文本的情形下,"投资得到的待遇应不低于给予任何第三国投资者投资的待遇"之通常意义是指对待投资者与投资有关的实体权利不低于东道国与一个第三国间双边投资条约的规定,而没有保证对上述用语的解释也将引入程序权利。规定投资者可从最惠国投资待遇获益是一回事,然而,使用一个双边投资体条约中的最惠

---

[120] See Plama Consortium Limited v. Republic of Bulgaria (ICSID Case No. ARB/03/24), Decision on Jurisdiction, para. 207.
[121] Ibid., para. 240.
[122] See Telenor Mobile Communications A. S. v. The Republic of Hungary (ICSID Case No. ARB/04/15), Award, para. 19.
[123] Ibid., para. 90.
[124] Ibid., para. 91.

国条款来规避该同一双边投资条约的某项限制,而缔约双方在为最惠国条款选定的语言中又无此意的(有些双边投资条约有此意),乃完全是另一回事。[125]

其次,正如普拉玛案仲裁庭指出的那样,对最惠国条款作宽泛解释的效果是,将使东道国暴露在投资者的选购条约之下,就此,投资者可在无法确定数量的条约中寻得一个足够宽泛的争端解决条款,以管辖在基础条约争端解决条款之外的争端,且甚至将会有这样的问题,投资者可能只选择该更宽争端解决机制中符合其要求的那些要素,而舍弃那些不符合其要求的要素。[126]

再次,宽泛的解释也会同时产生不确定和不稳定——基础双边投资条约中的限制有时候会起作用,而另一时候却被东道国对外签订的一个新的双边投资条约中更宽泛的争端解决机制所取代。[127]

最后,BIT缔约国当事方在与其他国家拟定BIT争端解决条款时的实践具有重要的参照作用……国家在某些BIT中规定把所有争端提交仲裁,同一国家在某些BIT中又把可提交仲裁的争端限制为特定种类的争端,例如征收。很明显,这些国家在拟定后一种类别的争端解决条款时,倾向于把仲裁庭的管辖权限制于特定种类的争端并且不会由于MFN条款得到扩展……在这一情况下,通过MFN条款引入争端解决的方法就是违背了缔约方在基础条约中的意图,缔约方已经清楚表明这并不是它们希望的。[128]

因此,仲裁庭的结论是:在本案中,不得运用MFN条款把仲裁庭的管辖权扩展到征收以外的争端种类,因为这将违背匈牙利与挪威在签订BIT时的合意。[129]

4. 从上述三个ICSID案件推出的结论

简而言之,从上述三个ICSID案中,可以归纳出以下结论:

(1) 任何提交给ICSID的仲裁申请都必须建立在外国投资者与东道国间清清楚楚、毫不含糊的仲裁协议之上。

(2) 当代BIT中规定的MFN待遇通常限制于实体性待遇,除非有清清楚楚、毫不含糊的用语把MFN待遇扩展到某些程序性待遇之上。

(3) BIT规定的MFN条款不得被武断地解释为可援引程序性待遇,并因此规避同一BIT中的限制并且扩展外国投资者单方把争端提交ICSID管辖的权利。

---

[125] See Telenor Mobile Communications A. S. v. The Republic of Hungary(ICSID Case No. ARB/04/15), Award, para. 92.
[126] Ibid., para. 93.
[127] Ibid., para. 94.
[128] Ibid., para. 95.
[129] Ibid., para. 100.

(4) BIT 规定的 MFN 条款不得被武断地解释为可引入缔约方在不同情况下所签订的任何其他 BIT 中规定的程序性待遇。

(5) 无论如何,任一 BIT 规定的 MFN 条款不得被滥用来违反缔约方的司法主权,这将违背缔约方的本来意图。

(十) 中—秘 BIT 1994 中的 MFN 问题

现在,让我们一起考虑中国—秘鲁 BIT 1994 中的 MFN 问题。根据前述法律文件及其案例中的科学分析,再来比较本案,可以可靠地推断出:

(1) 中—秘 BIT 1994 第 3(2)条中的 MFN 条款只限于实体待遇。

(2) 中—秘 BIT 1994 第 3(1)(2)条中的"待遇与保护"并没有涵盖程序性待遇在内,例如投资者用来指控东道国的争端解决机制。

(3) 进一步而言,投资者不得运用中—秘 BIT 1994 中的 MFN 条款来引用秘鲁缔结的其他 BIT 中范围更广泛的争端解决规定。

(4) 同样,投资者不得运用中—秘 BIT 1994 中的 MFN 条款来引用中国缔结的其他 BIT 中范围更广泛的争端解决规定。

(5) 中—秘 BIT 1994 中的 MFN 条款必须符合中国对《华盛顿公约》作出的保留。

(6) 对于中国"老一代"BIT,中国无意让投资者利用 MFN 条款扩展 ICSID 的管辖权。没有证据表明中国具有此种意图。

小结:中—秘 BIT 1994 第 3(2)条中的 MFN 条款以及"待遇与保护"并没有涵盖投资者用来指控东道国的争端解决机制在内。

七、结 论

总之,基于上述分析,笔者认为:ICSID 仲裁庭对本案争端没有管辖权,因为:

(1) 中—秘 BIT 1994 不能适用于香港特别行政区,不能适用于香港特别行政区的公司和个人,因此,本案申请方无权引用这一 BIT。

(2) 即使仲裁庭认为中—秘 BIT 1994 可以适用于本案,但是,由于中国和秘鲁双方在上述 BIT 中明确规定,中国在提交《华盛顿公约》批准书时又明确通知:ICSID 管辖权局限于征收补偿款额争端,所以,本案仲裁庭对本案没有管辖权。

(3) 中—秘 BIT 1994 中 MFN 条款只能适用于实体性待遇,在没有秘鲁政府的同意时,不得扩大解释为可以扩展适用于程序性事项。

第 11 章　我国涉外经济立法中可否规定对外资绝不实行国有化*

>> 内容提要

中国实行对外开放基本国策之初,于 1979 年颁行了中华人民共和国成立之后的第一部外资法,即《中华人民共和国中外合资经营企业法》,其中规定中国政府依法保护在华外资及其合法权益,但并未明言中国政府是否对在华外资绝对不实行国有化和征收,因而引起国际法学界和舆论界的种种揣测和议论。相应地,在中国国内,对于我国在涉外经济立法中,可否规定对外资绝不实行国有化问题,存在两种对立的学术见解。一种意见认为:有关我国经济特区和沿海开放城市的涉外经济立法中,除一般规定外资的合法权益受中国法律保护以外,还应专门明文规定对这些地区的外资绝对不实行国有化。这才能鼓励外商更加放心地向这些地区投资兴业。另一种完全相反的意见认为:在上述涉外经济立法中,只要明文规定对外资的合法权益实行法律保护就已足够;没有必要另外专门规定对这些地区的外资绝对不实行国有化。笔者认为,从中国国情与当代国际立法惯例的结合上、从南北矛盾的历史与现实的结合上、从新旧两种国际经济秩序的更迭兴替上考虑问题,中国作为在世界上具有举足轻重地位的社会主义国家和发展中国家,作为第三世界的一个中坚成员,它在本国关于经济特区和沿海开放城市的涉外经济立法中,不宜、不必、不应、不容明文规定对外资绝对不实行征收或国有化。东道国在必要时有权依法征收境内外资并给予补偿,乃是当代国家经济主权权利之一,而且已是国际通行的立法惯例,中国不应通过立法自行"弃权"。相反,务必留权在手,但决不任意滥用。

---

* 本文的基本内容,原发表于《厦门大学学报》(哲学社会科学版)1986 年第 1 期。其后,应香港学术界要求译成英文,题为 Should An Immunity from Nationalization for Foreign Investment Be Enacted in China's Economic Law? 辑入 *Legal Aspects of Foreign Investment in the People's Republic of China*, China Trade Translation Co. Ltd. 1988。为便于读者对照参考,此英文本也收辑于复旦大学出版社 2008 年版《陈安论国际经济法学》,列为第七编之 XV。

本文原发表于1986年。事隔四年之后,1990年4月全国人大对上述法律加以修订,在第2条中增补了第3款:"国家对合营企业不实行国有化和征收;在特殊情况下,根据社会公共利益的需要,对合营企业可以依照法律程序实行征收,并给予相应的补偿。"此项新规定,在国有化和征收问题上,区分一般情况与特殊情况,分别对待。这完全符合当代发展中国家外资立法的通例,也与1986年笔者提出的看法和论证即"务必留权在手,但决不任意滥用"相一致。

目　次

一、问题缘起

二、两种歧议

　　(一)事关维护经济主权,不可立法规定绝不征收外资

　　(二)事关大量吸收外资,不妨立法规定绝不征收外资

三、四点管见

　　(一)从外资国有化问题的论战史来看,不适宜作此规定

　　(二)从中外签订的双边投资保护协定来看,不必要作此规定

　　(三)从西方国家对"国有化"的理解来看,不应当作此规定

　　(四)从中国的宪法精神和现有政策来看,不容许作此规定

四、结论:务必留权在手,但决不任意滥用

一、问　题　缘　起

在中国,谈论外资的国有化,乍看起来,这是一个很遥远的问题,实际却是一个迫切的问题。

其所以说"很遥远",是因为目前存在的现实问题乃是如何更多、更快地吸收外资,以促进中国的社会主义四化建设,而不是对外资企业实行国有化。自从中国实行对外开放政策以来,投入中国境内的外资虽已达到一定数量,但它在整个国民经济中所占的比重,甚为微小,远非外资在某些发展中国家所处的那种地位:操纵了东道国的经济命脉,影响了东道国的国计民生;此外,在中国,也并未出现某些属于不可抗力的自然因素或社会因素,造成需要征用外资的局面。因此,在可以预见的相当时期内,不存在征用外资或把外资收归国有的问题。

其所以说"很迫切",是因为现在我国经济特区和沿海开放城市的经济立法已遇到了这个问题。这主要是由于要更多更快更好地吸收外资,很有必要通过比较完备的涉外经济立法,其中包括明文规定对外资应采取什么态度以及如何实行法律保护,才能使外来的投资家避免"捉摸不定",做到"心中有数",从而在全面权衡后,积极前来投资。

有一种意见(以下简称"乙派")认为:有关我国经济特区和沿海开放城市的涉外经济立法中,除一般规定外资的合法权益受中华人民共和国的法律保护以外,还应专门明文规定对这些地区的外资绝对不实行国有化。这才能鼓励和吸引中国境外的客商更加放心地向这些地区投资兴业。[1] 但是,也有一种完全相反的意见(以下简称"甲派"),认为在有关我国上述地区的涉外经济立法中,只要明文规定对外资的合法权益实行法律保护就已足够;没有必要,也不应该另外专门规定对这些地区的外资决不实行国有化。

本文拟对上述甲、乙两种针锋相对的学术见解及其所持论据,作简要介绍,并且谈谈笔者个人对这个问题的看法,以就教于同行与读者。

二、两 种 歧 议

(一) 事关维护经济主权,不可立法规定绝不征收外资

甲派认为:一个国家为了本国的公共利益,在必要时可以对在本国境内的外资实行国有化(或者称为"征用""征收")。首先,这是一国主权所在,是国家行使主权的正当行动。所谓主权,顾名思义,就是独立自主地处理国内外一切事务的最高权力。要维护国家的独立,就决不能把这种独立自主地处事的最高权力随便加以限制、转让或放弃。如果在有关经济特区和沿海开放城市的涉外经济立法条文里规定:对一切外资企业都绝对不实行国有化,那就无异于作茧自缚,必然留下隐患,甚至后患无穷。

其次,就我国的现实情况而言,目前虽然不存在对外资企业实行国有化的问题,即并不存在行使这种主权的问题,但是,权力之保留与否与权力之行使与否并不是一回事,不能混为一谈。有"权"不等于马上用它,把"权"掌握在自己的手里,这样才

---

[1] 例如,《厦门经济特区条例(草案)》(1984年6月25日修改送审稿)第4条第2款规定:"投资者在(厦门经济)特区的资产、应得利润和其他合法权益受中华人民共和国法律的保护。对特区的(外资)企业不实行国有化。"

能留有余地,以免日后情况变更时,陷于被动境地。例如,谁能保证某些跨国公司势力日后绝对不可能发展到控制我国某些部门经济命脉的地步?再则,"天有不测风云",谁能断言在未来的某个时候中国绝对不会遇到大规模的侵略战争呢?一旦遇到这种战争,对于像石油那样重要的战略物资以及从事有关经营的外资该怎么办呢?遇到以上两种情况,难道也不应该在给予合理赔偿的条件下对外资加以征用或国有化吗?可见,在有关经济特区和沿海开放城市涉外经济立法中,不应该一般地规定在任何情况下都不对外资实行征用或国有化,把问题说"死"。

最后,我们是社会主义国家,又是发展中国家。中国属于第三世界。在国际事务中,在处理重要问题时,中国应当跟第三世界国家步调基本上保持一致。第三世界国家目前对国有化问题所持的态度,绝大多数是把在必要时征用外资企业的权力保留在自己的手里。这是有其重要的历史原因的。自第二次世界大战以来,许多殖民地和半殖民地纷纷宣布独立,但往往只是政治上的独立;国家的经济命脉,往往在相当大的程度上还掌握在外国资本家手里。对于这些国家来说,当务之急就是进一步争得经济上的独立,以巩固和加强政治上的独立;而将影响国计民生的外资企业收归国有,则是争得经济独立的一项重要措施。所以,目前在它们的涉外经济立法中,一般都规定在必要时有权对外资实行国有化,同时给予适当的补偿。反过来看,中国如果在自己的涉外经济立法中,把必要时可以征用外资这个主权权利放弃了,就显得和第三世界的基本立场和一般做法相悖,这当然是欠妥的,不能这样做。

(二) 事关大量吸收外资,不妨立法规定绝不征收外资

乙派反对甲派的上述主张。其主要论据如下:

第一,国家的主权虽然是独立自主地处理国内外事务的最高权力,但主权的行使并不是绝对不受任何约束限制的。在国际社会中,只要开展国家之间的交往和合作,各国就都有必要在平等、互利和自愿的基础上,对自己的主权行使作一些自我限制。享有某种权利,往往要相应地承担某种义务,权利和义务往往是对等的。任何一个平等互利的国际协议或条约,无不体现了这一原则,主权国家一旦在平等自愿的基础上承担了某种义务,就必须信守诺言,依约办事,这就意味着在处理与此有关的国内外事务时,在主权行使上受到一定的约束或限制。例如,1984 年 9 月中国和英国达成关于香港问题的协议,其中规定中国政府于 1997 年 7 月 1 日对香港恢复行使主权。这一点是丝毫不含糊的。在这一天以后,在香港实行何种社会、经济制度,本来纯属中国主权行使范围,他人无权过问。但是,从国家的根本利益和长远利益出发,考虑到国内外的各种因素,于全面权衡之后,中国政府同意在这一天以后的 50

年内,保持香港现行的社会、经济制度,不予变更。可以说,这是在自愿基础上对主权的行使实行一定程度上的自我约束。再如,作为社会主义国家,吸收资本主义性质的外资,同时开放国内部分市场,允许外来资本家在一定时期内和一定程度上实行资本主义性质的剥削(从马克思主义的观点看来,这是毋庸讳言的),从而加速发展社会生产力,促进社会主义四化事业,这种正确决策也具有类似的性质。在主权行使上诸如此类的自我限制或自我约束,归根结底,是为了谋求更大的自我发展,促使国家更加富强独立。从这个意义上说,主权行使上的此类自我限制,正是坚持主权和加强主权的一种手段。依此类推,在涉外经济立法中明文规定绝不对外资实行国有化,是合理的、可行的,甚至是必要的。

第二,中国《宪法》第 18 条载明:外资的合法的权利和利益受中华人民共和国法律的保护。显而易见,在外资的种种合法权利和利益中,居于首要地位、属于核心内容的,就是财产的所有权或私有权。因此,对外商合法权益所施加的法律保护,也应首先体现在保障他们在华合法财产的私有权不受侵害。外来客商在投资抉择中,除了利润的高低这一因素之外,首要考虑的也是其在华财产私有权是否有切实的保障和保证。因此,在有关我国经济特区和沿海开放城市的涉外经济立法中,明文规定对这些地区的外资不实行国有化,不仅具有"安民告示"的作用,有利于解除外来客商的主要顾虑,鼓励他们积极来华投资,而且也完全符合于我国《宪法》第 18 条所规定的基本精神。

第三,实事求是,从中国的实际情况出发,这是我们一切工作的指南。诚然,中国是第三世界国家,但又不是一般的第三世界国家。一般说来,有相当数量的第三世界国家政治上虽已取得独立,然而经济上尚未取得独立。由于历史的原因,某些经济命脉至今仍然操控在外资手中,因此,逐步对外资实行国有化,自然是一项根本性的任务。中国已独立三十多年,经过长期的艰苦奋斗,自力更生,在经济上已经清除了殖民主义这一心腹大患,建立了独立自主的、相当强大的社会主义经济体系;有中国共产党正确领导下的强大的人民政权和人民军队作为后盾。在这个基础上,根据自己的现实国情和加速社会主义四化建设的需要,有控制、有选择、有步骤地吸收一定数量的外资,这就不会导致外资操纵国民经济命脉,影响国计民生。针对目前外来投资不够多不够快的现实情况,中国人应当有胆略、有魄力在有关经济特区和沿海开放城市的涉外经济立法中,明文规定不对外资实行国有化,从而更加有效地吸收外资。

三、四点管见

上述甲、乙两派的观点,究竟孰是孰非?

笔者认为,分析问题,判断是非,在思想方法上应当坚持两条:第一,应当用全面的观点来看待问题,即从中国现实的具体国情与当今世界的一般舆情的结合上,来分析问题;第二,应当用历史的眼光来看待问题,即从历史发展和现实斗争的结合上来分析问题。只有这样,才不致执其一端,流于片面。笔者认为,在有关我国经济特区和沿海开放城市的涉外经济立法中,不应明文规定在任何情况下都不对外资实行征用或国有化。其理由有以下四点:

(一)从外资国有化问题的论战史来看,不适宜作此规定

东道国政府在必要时是否有权把境内的外国人资产收归国有?这个问题在相当长的历史时期内存在着激烈的争论。在殖民主义盛行的年代,按照西方殖民强国的传统观点,落后地区的东道国政府对于境内外国投资家的财产,只有保护的义务,没有侵害的权利。一旦予以侵害(包括征用或国有化),就构成所谓"国际不法行为",投资家的本国政府就"有权"追究东道国的"国家责任",甚至可以以"护侨"为名,大动干戈,兴兵索债。面对这种横暴的武装入侵,东道国"有忍受干涉的法律义务"。[2] 这种观点,在西方国际法学界中曾经长期占有统治地位。至20世纪初,南美著名法学家、阿根廷外交部部长德拉果率先向这种占统治地位的传统观点挑战,谴责殖民强国向弱国兴兵索债乃是侵略他国领土、干涉他国内政之举,这才是一种真正的国际违法行为。对于这种来自弱小民族的正义呼声,直到20世纪50年代,西方国际法学界仍有一些"权威"学者(如劳特派特)公然表示反对,扬言"德拉果主义"是"没有根据的,并且未得到一般的承认"。[3]

但是,随着弱小民族的进一步觉醒,从20世纪30年代末起,上述这种根本否认东道国政府有权征用外资的传统观点,由于其不符合时代潮流,毕竟已经难以坚守原来的阵地,不得不开始有所后退。这一迹象,比较典型地体现在1938年墨西哥实行土改、征用境内的美资地产和石油企业时美国所采取的态度上。当时美国的外交

---

[2] 参见〔英〕劳特派特修订:《奥本海国际法》(上卷第一分册)第134目、第135目、第151目、第155目,石蒂、陈健译,商务印书馆1981年版,第230—233、235、257页。

[3] 同上书,第233页,注释〔2〕。另参见周鲠生:《国际法》(上册),商务印书馆1983年版,第237—238页。

照会提出:"依据法律和公平合理的一切准则,不论为了何种目的,如果不针对征用提供迅速及时、充分足够以及切实有效的赔偿,任何政府都无权征用(外国人的)私有财产"[4]。这些措辞尽管气势汹汹,十分强硬,但在逻辑上却可以推导出这样的结论:如果给予"迅速及时、充分足够以及切实有效的赔偿",东道国政府就有权征用境内的外国人私有财产。后来,在美国法学界具有一定"权威性"的《美国涉外法律综合诠解(第二版)》[5]一书,以更加明确的语言,阐述了美国的上述观点。它认为:国家征用境内的外国人财产,如果不是为了公益目的,或不按上述标准给予赔偿,才是国际法上的不法行为。反之,就不视为国际法上的不法行为。在为了公益目的而征用外国私人财产的场合,就此种征用本身而论,并非国际法上的不法行为,只有在征用时不按上述标准给予赔偿,这种"拒赔"才构成国际法上的不法行为,从而引起"国际责任"问题。[6]

从表面上看,此时外资国有化问题争执的焦点,似已转移到赔偿标准上,但按照美国所主张的赔偿原则,即所谓"国际法上的公平标准",往往索价极高,甚至几近敲诈勒索[7],实际上大大限制、削弱,甚至无异于取消了贫弱的发展中国家征用外资的基本权利。美国的此种主张得到西方发达国家(多是原先的殖民强国)的支持。与此相反,鉴于许多外资在殖民主义统治时期或在被征用前业已攫取了巨额利润,鉴于本国财力薄弱的现实情况,发展中国家(均是原先的殖民地或半殖民地)一贯主张在征用时只按照东道国国内法的规定给予赔偿,从而维护自己的政治主权和经济主权。可见,关于征用赔偿标准问题之争,究其实质,依然是贫弱国家对外资是否充分享有征用权之争,或者说,它是历史上长期存在的征用权之争的延长和继续。

经过激烈论战,1962年联合国第17届大会通过了《关于自然资源永久主权的决议》,它意味着国际社会开始普遍承认各国有权把外资控制的自然资源及其有关企业收归国有或加以征用,但它同时规定:"采取上述措施以行使其主权的国家,应当

---

[4] 《美国国务卿赫尔致墨西哥驻美大使纳耶拉信件》(1938年8月22日),载《美国外交文件汇编》(1938年)(第5卷),1956年英文版,第677页。

[5] Restatement of the Law(Second), Foreign Relations Law of the United States,由"美国法学研究会"(American Law Institute)主编和审定。内容是对美国的各种涉外法律、法令加以全面综合整理,作出简明扼要的解释说明,并提出改进立法的建议。由于其具体编写人员多是美国法学界"权威人士",故美国法官和律师们在法律文书中论证自己的见解时,往往对书中论点加以引用。书名中的"Restatement"一词,有人译为"重述",似不尽符合该书原意。

[6] *Restatement of the Law (second)*, *Foreign Relations Law of the United States*, American Law Institute Publishers, 1965, pp. 553, 562.

[7] 参见陈安:《美国对海外投资的法律保护及典型案例分析》,鹭江出版社1985年版,第四章:雷诺尔德斯公司索赔案、阿纳康达公司索赔案、美国国际电话电报公司索赔案。

按照本国现行法规以及国际法的规定,对原业主给予适当的赔偿。"[8]这种妥协性的措辞,实际上就是上述两种对立主张的简单相加,是非并未判明,分歧并未解决。直到 1974 年,联合国第 29 届大会以压倒性大多数投票通过了《各国经济权利和义务宪章》,明文规定:"每个国家都有权将外国财产收归国有、征收或转移其所有权。在收归国有、征收或转移时,应由采取这些措施的国家,考虑本国有关法律和条例的规定以及本国认为有关的一切情况,给予适当的补偿。"[9]对比 1962 年的上述决议,在征用赔偿标准上,删除了"以及国际法的规定"等字样。至此,终于在一项具有相当权威性的国际经济法的基本文献中,不但以毫不含糊的语言肯定了每个国家必要时可以征用境内外资的主权权利,而且排除了西方发达国家按照它们的传统观念在征用赔偿问题上对发展中国家所施加的所谓"国际法上的公平标准"的约束。[10]

由此可见,世界上弱小民族对于境内外资必要时实行国有化或加以征用的合法权利,是经过长期的奋斗才获得国际社会普遍承认和充分肯定的。这是一种得来十分不易的主权权利。迄今为止,它一直是新、旧两种国际经济秩序矛盾斗争的焦点之一。[11]特别是上述《各国经济权利和义务宪章》这一体现了国际经济新秩序原则的基本文献的通过,正是中国恢复了在联合国中的合法席位之后,作为一个具有十亿人口的安理会常任理事国,作为第三世界的一员,与广大发展中国家联合斗争所取得的重大成果;而当前国际上继续存在着改造国际经济旧秩序和建立国际经济新秩序的艰苦斗争,需要中国继续与第三世界各国保持共同的立场。因此,从中国国情与世界南北矛盾全局的结合上来考虑,中国当然不宜在有关本国经济特区和沿海开放城市的涉外经济立法中,轻易放弃第三世界弱小民族经过长期共同斗争、得来不易的上述主权权利,以免在国际上造成不良的政治影响。

(二) 从中外签订的双边投资保护协定来看,不必要作此规定

到 1985 年 4 月底为止,我国已先后同瑞典、罗马尼亚、联邦德国、法国、比利时、卢森堡、芬兰、挪威、意大利、泰国以及丹麦等国签订了双边保护投资协定。在这些双边协定中,无一例外地共同承认东道国在必要时有权征用境内的外资。其具体措

---

[8] 《关于自然资源永久主权的决议》第一部分第 4 条,载《第十七届联合国大会决议集》1963 年英文版,第 15 页。

[9] 《各国经济权利和义务宪章》第 2 条第 2 款第 3 项,载《1974 年联合国年鉴》(第 28 卷)1977 年英文版,第 404 页。

[10] 参见陈安:《从海外私人投资公司的由来看美国对海外投资的法律保护》一文的有关部分,载《中国国际法年刊》,中国对外翻译出版公司 1984 年版,第 94—109 页。

[11] 参见〔日〕曾我雄:《新国际经济秩序中的国际法问题》,载《亚非研究》1979 年 9 月号。中译文见陈安编译:《国际经济立法的历史和现状》,法律出版社 1982 年版,第 40—72 页。

辞不一，但基本精神相同。例如，1982年签订的中国—瑞典"相互保护投资协定"第3条第1款规定："缔约国任何一方对缔约另一方投资者在其境内的投资，只有为了公共利益，按照适当的法律程序，并给予补偿，方可实行征收或国有化，或采取任何类似的其他措施"[12]。1985年签订的中国—丹麦"相互保护投资协定"第4条第1款规定："缔约任何一方的国民或公司在缔约另一方领土内的投资或收益，只有为了与国内需要有关的公共目的，在非歧视的基础上，并给予赔偿，方可加以国有化、征收，或采取与国有化或征收有相同效果的措施。"[13]

至于中美关于投资保护协定的谈判，进展较为缓慢。据报道[14]：早在1982年5月，美国驻华大使馆即已将一份"双边保护投资条约"的样本，提交中国有关当局。但迄本文写作时为止，双方尚未达成协议。据接近美国官方的《华尔街日报》记者本内特提供的消息，主要分歧之一，不在于东道国的征用权，而在于征用赔偿标准：美国承认各国有权征用（外资）企业，问题在于如何给予赔偿和何时给予赔偿。[15] 在美国提交对方的条约样本中，仍然规定"除非为了公益目的，采取一视同仁态度，给予迅速及时、充分足够以及切实有效的赔偿，……不得采取相当于征用或国有化的措施，直接地或间接地对于投资加以征用或国有化"[16]。在赔偿标准问题上的这种陈旧观念，早在前述1938年美国致墨西哥的有关照会中就已经提出，它显然是不符合当前时代潮流的。中国政府的有关官员曾经对此类赔偿主张作如下评论："在我国所签订的保护投资协定中，一律没有采纳发达国家坚持的'及时、充分、有效'的补偿原则，这一原则不够合理，因为征收和国有化是一个国家的主权行为，联合国1974年的《各国经济权利和义务宪章》已经明确提出'给予适当的补偿'，作为签字国的中国，不能违背这一宪章的合理原则。"[17]

根据以上所述，既然已经同中国签有双边协定的十几个国家都已经毫无例外地公开承认中国享有必要时征用外资的主权权利，正在谈判中的国家也愿意遵循此项已获世界公认的国际法基本原则，那么，各该有关国家以及世界其他国家和地区的投资家对此种常规规定应当是早就有了思想准备的。因此，中国在有关经济特区和

---

[12]《中国国际法年刊》，中国对外翻译出版公司1983年版，第596—597页。
[13] 参见本协定单行本，第3—4页。
[14] 参见《中国经济新闻》（香港版）1982年6月21日第23期，第4页。
[15]〔美〕阿曼达·本内特：《里根访华使若干问题打破了僵局，但某些问题仍然相持不下》，载《华尔街日报》1984年4月20日。
[16]《美利坚合众国提交对方缔约国的"双边保护投资条约"（供谈判用的样本）》，载《美国出口周刊》1984年5月15日第20卷，第960—963页。中译文见陈安：《美国对海外投资的法律保护及典型案例分析》，鹭江出版社1985年版，附录一之（十四）。
[17]《中华人民共和国对外经济贸易部条法局局长袁振民作关于保护投资协定的解答》，载《中国市场》1984年第11期。

沿海开放城市的涉外经济立法中,显然没有必要自动放弃这种权利。

(三) 从西方国家对"国有化"的理解来看,不应当作此规定

征用外资或加以国有化,按原有的意义和一般的理解,指的是东道国政府指派专人接管境内的外资企业或财产,取消原投资人对这些企业或财产的所有权和经营管理权。但是,西方国家对"征用"或"国有化"的理解,远远不只限于上述这种派人接管的简单形式。他们提出一种概念叫"creeping expropriation",可以意译为"渐进式征用"或"蚕食式征用",以区别上述那种急骤的或一次性的征用。这种"蚕食式征用"的认定,并不以直接派人接管或直接取消原业主的所有权和经营管理权为必备条件。其典型表述之一,见于美国国营保险公司所签发的海外私人投资保险合同。[18] 该合同第1条第13款第1项所列举的五种情况,均未必具备被东道国政府直接接管的条件,但均可被认定为"征用"或"国有化",从而据以对东道国进行国际索赔。其中最经常被引用的"蚕食式征用",指的是东道国政府以任何形式"阻碍海外美资企业对本企业重要财产的使用和处置实行切实有效的控制,阻碍建设或经营该投资项目"。在国际索赔的实践中,美国有关机构又对此项规定作尽量广义的解释。以1967年瓦伦泰因石油化工公司索赔案以及1978年列维尔铜矿及铜器公司索赔案为例,尽管发案当时东道国海地政府及牙买加政府都丝毫没有直接触动这两家美资公司的财产所有权,甚至也没有直接干预或取消经营管理权,全部企业资产依然完整无损地归由原业主全权拥有和直接控制,并进行正常的经营,然而,主要是由于东道国政府因美国资方有违约行为而取消了一项垄断性的特许合同,或者主要是由于东道国政府颁行了合理的增税法令,并适当提高矿区土地使用费,从而导致美资企业产品成本增加,营业利润减少。连这种情况,也被设在华盛顿的"美国仲裁委员会"解释为"阻碍美国资方对本企业重要财产的使用和处置实行切实有效的控制";或"尽管名义上仍然拥有并控制着本企业的重要财产和生产设施,但这种控制已不是切实有效的了"云云,从而确认为"征用"或"国有化"的风险事故业已发生,并有权据以实行索赔和国际代位索赔。[19] 美国所强调的"蚕食式征用"观念和据此索赔的法律主张,为西方发达国家所支持和师法。其共同目的,显然在于对本国国民在海外的投资尽量扩大法律保护的范围,尽量扩大国际索赔的"法理根据"和求偿权

---

[18] 参见《海外私人投资公司234KGT12—70型合同》(修订版),载陈安:《美国对海外投资的法律保护及典型案例分析》,鹭江出版社1985年版,附录二之(三)。

[19] 参见陈安:《从海外私人投资公司的体制和案例看美国对海外投资的法律保护》第二部分之(三),载《中国国际法年刊》,中国对外翻译出版公司1985年版。

能。作为吸收外资的第三世界国家,对于西方发达国家尽量扩大"征用"或"国有化"一词含义的理论和实践,自然不能不有所了解和有所防范。中国如果在有关经济特区和沿海开放城市的涉外经济立法中,轻率地规定在任何情况下都不对外资采取征用或国有化措施,则按照上述"广义"理解,有朝一日,连根据新情况适当提高税率,适当增收地价等合理措施,也可以被对方解释为"违反"国内法的"违法行为",并据以实行国际索赔,这岂不是授人以柄,后患无穷么？可见,有关上述地区的涉外经济法中绝对不应当作出此种规定。

（四）从中国的宪法精神和现有政策来看,不容许作此规定

我国《宪法》第 18 条明确规定:外资外商的合法权益受中国法律的保护。这种"法律的保护",当然包括而且首先应当是切实保障外商对其在中国境内合法财产的所有权,不受非法侵害。但是,从宪法规定的整体来看,此种法律保护显然不应当孤立和片面地理解为在任何情况下绝对不得征用外资或收归国有。因为宪法同时规定:我国的各种自然资源以及城市土地,均属国家所有;对属于集体所有或归个人使用的市郊和农村土地,国家为了公共利益的需要,可以依照法律规定实行征用(第 9 条、第 10 条)。国家保护公民各种合法财产的所有权(第 13 条);但是,同时要求公民在行使权利(包括合法财产所有权)时,不得损害国家的、社会的、集体的利益,即不得损害公共利益(第 51 条)。在中国境内,任何组织或个人都不得享有超越宪法的特权(第 5 条第 4 款)。根据上述规定的基本精神,结合一般的法理原则,自然应当推导出下述几点结论：

(1) 公共利益高于私人利益；两者有矛盾时,私益必须服从公益。因公益需要而损及私人利益时,国家应依法对私人予以合理的补偿。给予合理补偿本身就是对私人的合法权利实行切实法律保护的措施之一。

(2) 为了公益需要,中国政府有权对涉及原属国家所有、暂由外商经营的自然资源的外资企业或合资企业,加以征用或收归国有,同时给以适当的补偿；也有权在必要时对设在中国土地上的上述企业,采取同样的措施。

(3) 按照国际法原理和国际惯例,外国人在东道国一般只能依照国际条约,在互惠的基础上享有"最惠国待遇"；在许多场合,尚难享有"国民待遇"。即使依照双边协定享受了"国民待遇",那么,中国公民的私人权益尚且必须服从国家与社会的公共利益,外商在中国境内的私人权益也不能不服从中国的公共利益,否则就是享受了超越于"国民待遇"、超越于中国宪法的特权了。而此种特权,如上所述,是中国宪法所不能允许的。

(4) 即使在西方发达国家,无论从历史上还是从现实中看,私人财产也不是在任何情况下绝对不得征用或收归国有的。即以被西方资产者奉为圣典的法国大革命时期的《人权宣言》而论,它在宣告私有财产"神圣不可侵犯"的同时,也肯定了一种例外,即依据法律认定,显属公益所必需时,则在预先给予公平赔偿的条件下,可以征用私人财产。[20] 而在现实生活中,为了铺设铁路、兴修水利等公益事业,或出于国防军事需要,因而拆迁大量私人住房或私营工厂企业并依法予以合理补偿的事例,在西方各发达国家里也是屡见不鲜的。可见,中国在有关经济特区和沿海开放城市的涉外经济立法中,完全无须让外商享有在他们本国也无法享有的绝对特权。

再者,中国的现行政策也不允许在上述立法中作此规定。

1982年6月,我国对外经贸部与"联合国工业发展组织"在广州联合召开了一个规模空前的"中国投资促进会"。配合政策宣传的需要,中国对外经贸部在会议前夕发表了一份关于外商来华投资政策的综合性材料,称为《投资问答》,针对近年来外国投资家提出的44类现实问题,一一作了简明的解答。其中第四类问题是:在中国投资的安全有没有保证?在什么情况下会征收外商在华投资的产业?如果征收,中国政府是否给予补偿?文件是这样回答的:"在正常情况下,中国政府不会对外商投资的产业采取征收的做法。如因某些人力不可抗拒的因素或公共利益的需要,不得不对外商在华投资的某些产业实行征收时,中国方面将依照法律程序办理,并给予合理的补偿。"[21] 在这里,"公共利益"一词的含义是比较明确的:何谓"人力不可抗拒"?按通常的理解,主要有"人祸"和"天灾"两种情况:一种是中国遇到大规模的侵略战争,出于自卫反击的国防需要,可能征用外资经营的涉及重要战略物资(如石油之类)的企业;另一种是中国遇到严重自然灾害,出于救灾的紧急需要,可能征用与救灾密切相关的外资企业。关于中国政府在这方面的基本政策,对外经贸部副部长魏玉明曾在上述"投资促进会"上作了进一步的阐明。他指出:只要外国投资者不违反中国政府的法律,所举办的投资事业不损害中国的公共利益和公共秩序,对他们的投资,我们不会没收。即使是发生大规模的战争以及严重的自然灾害等不可抗力事故,不得不对外国投资实行征用时,中国政府也要依照法律程序办理,并本着公平合理的原则给予补偿。[22] 从以上的政策性文件和政策性声明中可以看出:中国政府不但在保护外商合法权益的同时要求外商严格守法,而且一向把必要时可以征用外

---

[20] 参见《人权宣言》(1789年8月)第17条,载周一良等主编:《世界通史资料选辑》(近代部分上册),商务印书馆1972年版,第125页。

[21] 《中国对外经济贸易部全面解释外商来华投资问题》,载《中国经济新闻》(香港版)1982年5月12日增刊第3期,第12页。

[22] 参见魏玉明:《关于我国吸收外国直接投资的政策》,载《文汇报》(香港版)1982年6月8日。

资这个主权权利,牢牢地掌握和保留在自己手中,以便随时处在主动的地位上。同时,在正常情况下,又绝不随便轻率使用这种权利,以切实保护外商利益,提高外商来华投资的积极性。

四、结论:务必留权在手,但决不任意滥用

综上所述,可以看出:从中国国情与国际舆情的结合上来考虑问题,从南北矛盾的历史与现实的结合上来考虑问题,从新、旧两种国际经济秩序的更迭兴替上来考虑问题,作为在世界上具有举足轻重地位的社会主义国家和发展中国家,作为第三世界的一个中坚成员,中国在本国关于经济特区和沿海开放城市的涉外经济立法中,显然不宜、不必、不应、不容明文规定对外资绝对不实行征用或国有化。诚然,如果在上述立法中明文作此规定,确实可以在一定时期和一定程度上进一步打消外商的疑虑,增强他们来华投资的积极性;但是,鉴于东道国在必要时有权依法征收境内外资,并且给予适当补偿,乃是当代国家经济主权权利之一,而且已经成为国际通行的立法惯例,中国不应通过立法自行"弃权"。从长远和全局考虑,作出这种"弃权"的立法规定流弊甚多,弊大于利;反之,不作此种立法规定,则利大于弊。我们在全面权衡利弊得失之后,针对这个事关国家主权、南北长期论战、政治上十分敏感的问题,无论在理论观点上,还是在立法上,在执法实践上,似都应信守这样的原则:务必留权在手,但决不任意滥用!

第12章 是重新闭关自守，还是扩大对外开放？

——论中美两国经济上的互相依存以及"1989年政治风波"后在华外资的法律环境*

>> 内容提要

　　毋庸讳言，"1989年政治风波"的确已经并且仍然对中美两国之间的经济关系产生负面影响。尽管如此，两国之间在经济上却一直是互相依存的，拒绝给予中国最惠国待遇势必会使美国同等受害。事实上，中国一直在坚持对外开放政策，不断扩大对外开放幅度。深谙国际投资气候冷暖的各国投资者，包括美国投资者，在"1989年政治风波"后不久仍蜂拥而入中国市场，便是一大明证。具体说来，"1989年政治风波"后，中国改善外商投资法律环境的努力及成果体现在六个方面，对外资具有新的更大的磁吸效应。这集中体现了中国扩大对外开放的坚定决心。尽管对外开放政策也产生一些副作用，但中国人素知"别把娃娃与洗澡水一起泼掉"的浅显道理，

---

　　* "1989年政治风波"发生后，美国当局随即伙同西方其他经济大国对中国实施"经济制裁"，并在国际舆论中掀起阵阵反华叫嚣，中美交恶。1990年7月间，笔者应聘在美国俄勒冈州西北法学院担任客座教授。受该院院长斯蒂芬·康德教授（Professor Stephen Kanter）之托，为当地"律师继续教育课程班"（The Program of Continuing Education for Lawyers）作了专题演讲，针对当时美国流行的种种对华误解、疑虑、曲解和抨击（诸如"中国即将重新闭关自守"；"中国吸收外资的法律环境急剧恶化"；"对华投资，风险太大"；"应当继续对华制裁，不应给予最惠国待遇"等等），通过摆事实，讲道理，逐一澄清是非，以正视听，并即席回答了听众提出的若干问题。
　　本文依据当时的演讲内容整理补充而成，题为 To Close Again, Or To Open Wider: The Sino-U. S. Economic Interdependence and the Legal Environment for Foreign Investment in China After Tiananmen，原文发表于俄勒冈州《律师》(The Advocate)杂志1991年第10卷第2期。
　　1991年5月23日，中国驻美国旧金山总领馆负责人朱文德先生收读上述论文后，致函陈安教授称："很欣赏你的智慧、才干和勇气。此举很有意义。由此，使我联想到，如果我们的学者和学生中能有一批像你这样的民间大使，对反驳美政坛对我国的非难以及消除一些美国友人的疑虑和误解，无疑将起到非同一般的影响和作用。谢谢你利用讲学、研究之余，抽时间、寻机会为宣传中国所做的工作。"（见本书第七编"来函选辑"B部分之（九））
　　文中所摘引的条约、法律、法规以及有关数据，均以1991年当时现行有效者为准。阅读时请注意查对1991年以来的有关发展情况。
　　本文由厦门大学国际经济法研究所博士、广西大学副教授魏艳茹译成中文，谨此致谢。

故中国仍在扩大开放。

>> 目　次

一、华盛顿：最惠国≠最喜欢的国家
二、北京：最惠国——中美同舟
三、燕子悄无声，天暖翩然来
四、有利于外国投资者的中国法律多面体上又新增六面
　　（一）修订了《中外合资经营企业法》
　　（二）颁布了《外商投资开发经营成片土地暂行管理办法》
　　（三）广阔开放了"经济心脏"的周边地区——上海浦东
　　（四）统一了针对外国投资者的税法并给予了更多优惠
　　（五）实施了《行政诉讼法》
　　（六）接受了 ICSID 体制
五、娃娃与洗澡水

"1989年政治风波"及其反响，一直是中美两国政治与经济协奏曲中的杂音，迁延时日，挥之不去。尽管从总趋向说来，这种反响正在逐渐弱化，但是，它仍然持续不断地对中美两国的国际贸易和跨国投资发生负面影响。

众所周知，美国是世界上最大的发达国家，中国则是最大的发展中国家。两国各有其不同的经济优势。雄厚的资金、卓越的技术、科学的管理，是前者的优势所在；丰富的廉价劳动力、低价位的原材料，由十一亿六千多万人口［这是1990年当时的数字］组成的世界上最广阔的市场，则是后者的优势所在。两国在经济上互相补益、互相依存。

自从中国推行对外开放这一新国策以来，美中贸易及美国对中国的私人投资迅猛增长。并且，在与欧洲及日本商人的激烈角逐中，美国商人已在中外经济关系的诸多领域中占据了优势地位。虽然当前中美两国之间的局面看起来要比"1989年政治风波"发生前复杂，但这只不过是暂时现象。无论如何，为了互利，中美两国都需要继续合作。

一、华盛顿：最惠国≠最喜欢的国家

1990年6月初，正当美国国会就是否应延长中国在美国的最惠国待遇问题进行

认真严肃的辩论之际,美国负责美中事务的高级官员理查德·H.所罗门先生(Mr. Richard H. Solomon)向美国参议院提交了一份声明。[1] 他在这份声明中简要描述了中美两国在经济上互相依存的大致情况,并且认为,甚至就在"1989年政治风波"发生及对华"经济制裁"开始的1989年间,中美两国之间在经济上仍然是互相依存的。他的部分看法可以概述如下:

> 在1979—1989年这十年间,美中双边贸易额已由1979年的23亿美元增至1989年的178亿美元,几乎增长了700%。1989年,美国对中国的出口额总计达58亿美元。美国公司也正在中国投资兴建合资企业。已有一千余家美国公司承诺投资40多亿美元建立美中联合企业,以便在中国国内外市场销售货物及提供服务。美国目前已成为仅次于中国的香港地区和澳门地区的第三大对华投资方。
>
> 近年来,中国对美国的出口额迅速攀升,1989年达120亿美元,比1988年增长了29%。现在,中国的出口产品主要是制造性的消费品。在某些领域,中国目前已是整个美国市场的重要供应商。
>
> 如果拒绝给予中国最惠国待遇,由中国进口的产品需在美国缴纳的关税将急剧增高,美国消费者所需支付的购买价格也将因此显著增高。考虑到中国出口产品在低价位制造品上的集中程度,可想而知,由于这类产品价格上涨及供应短缺而势必产生的沉重负担,将主要落在美国低收入消费者的身上。
>
> 如果美国拒绝给予中国最惠国待遇,中国将进行贸易报复,这几乎是必然的,中国也有一个单独的非最惠国关税结构。美国可以预测到,中国会立即行动起来,撤销对美国产品的最惠国待遇,从而把与其他外国商行进行销售竞争的美国出口商置于不利的竞争地位。美国出口商势必损失惨重。1988—1989年间,中国是美国小麦的最大外国买主,购买量多达美国小麦全部出口量的20%。然而,美国小麦供应商面临着来自加拿大、澳大利亚、阿根廷和欧洲的竞争。随着时间的推移,中国可以转而向这些国家或地区的小麦供应商购买小麦。中国也是美国化肥的最大消费者之一,中国同样可以在北非找到足以取而代之的化肥供应商。迄今为止,美国制造商已控制了价值数十亿美元的航空器及航天设备市场。事实上,该市场还在不断扩展。除了其他公司外,波音公司、

---

[1] See China and MFN: Engagement, Not Isolation, Is Catalyst for Change, a statement by Richard H. Solomon, Assistant Secretary for East Asian and Pacific Affairs, before the Subcommittee on East Asian and Pacific Affairs of the Senate Foreign Relations Committee, 6 June 1990, Current Policy No. 1282, published by the U. S. Department of State.

麦克唐纳·道格拉斯公司、通用电器公司以及普拉特·惠特尼公司也都接到了巨额订单。拒绝给予中国最惠国待遇将会导致中国重新考虑其在航空器采购上的长期策略，从而转向美国在亚洲地区的野心勃勃的竞争对手：欧洲供应商。

那些曾经在过去的十年中惨淡经营以在中国发展商业纽带关系、占有市场份额的美国公司，势必会前功尽弃，一败涂地，甚至永难挽回，而从中渔利的，则是主要来自欧洲和日本的其他供应商。

除了美国出口商以外，那些向中国企业投资的美国公司也会因美国撤销中国的最惠国待遇而面临严重困难。

作为一位精通此方面知识的高级官员，R. H. 所罗门先生就"**最惠国**"这一特殊术语的内容实质向国会参议员作了解释。他说："'最惠国'（most-favored-nation）这个术语可谓是一种误称。它并不意味着被美国给予最惠国待遇的国家就是美国**最喜欢的国家（most-favorite-nation）**，而是仅指可以适用正常的非歧视性的关税税率。除了寥寥几个国家外，美国当前几乎对其所有的贸易伙伴都适用这种关税税率。纵览美国在西方的所有友邦及盟国，尚无任何一个国家在考虑采取严酷措施，撤销中国最惠国待遇。"[2]

在作出专门分析之后，R. H. 所罗门先生得出了如下结论："拒绝给予中国最惠国待遇也会给美国出口商、投资者和消费者带来极端有害的经济后果。"[3]布什总统"已经决定延长中国最惠国待遇，因为这显然有利于美国的利益"；美国"必须摆脱诱惑，避免采取有害于我们自身利益的惩罚性措施"；美国任何不谨慎的单边行动都可能破坏自己至关重要的长期利益。真正受到损害的，不仅仅是中国方面，而且包括美国经济及战略优势。[4]

显而易见，这份提交美国参议院的颇有说服力的声明强调了两个要点：第一，尽管经济制度不同，美中这两个世界上最大的发达国家和发展中国家在经济上却是互相补充、互相依存的，合则两利，离则两伤。第二，尽管"1989年政治风波"后，中美两国之间出现了很大的政治分歧，尽管在一些美国政客的眼中，中国现已不再是美国

---

［2］ See China and MFN: Engagement, Not Isolation, Is Catalyst for Change, a statement by Richard H. Solomon, Assistant Secretary for East Asian and Pacific Affairs, before the Subcommittee on East Asian and Pacific Affairs of the Senate Foreign Relations Committee, 6 June 1990, Current Policy No. 1282, published by the U. S. Department of State, p. 2.
［3］ Ibid., p. 5.
［4］ Ibid., p. 7.

"最喜欢的国家",但是,作为对其本国利益负责的美国政治家,他们理应高瞻远瞩,竭力促进而非损害中美贸易和美国对华投资。

二、北京:最惠国——中美同舟

美国有关中国最惠国待遇的辩论已在中国国内引起了很大关注,尤以政界及商界人士为甚。曾有中国媒体对一些专业评论予以浓缩性的报道,并冠以下述总标题:**最惠国待遇:中美同舟**。[5]

多年以来,中美两国的经济关系起起落落,其发展轨迹,犹如一条蜿蜒曲折的羊肠小道。对此,中国工商开发协会副董事长、总裁兼中国工商信托公司的董事长邹思义(Zou Siyi,音译)先生有亲身体会。作为历史见证人,他向我们讲述了中美两国贸易门户的如下发展历程:开放—关闭—重新扩大开放—可能被美方再次关闭。邹先生曾是一家总部设在美国的贸易公司的经理,该公司在1946—1951年,与中国贸易往来活跃。据他回忆,在1949年前,美国是中国最大的贸易伙伴,当时中国市场上的绝大部分进口货物皆来自美国。但是,在美国政府对华施加贸易禁运之后,上述良好的贸易关系就在1950年底破裂了。这一中断整整持续了22年。

直到两国于1972年签署《上海公报》后,中美之间的商业及贸易往来才开始恢复。经过7年步履维艰的发展,中美贸易额已由零增长至10亿美元。这无疑是一个进步。然而在两个大国之间,这个数字毕竟还是太小了。

20世纪80年代期间,中美两国商业及贸易往来激增。1979年两国建交,紧接着又签署了一份贸易协定,该协定于1980年2月正式生效。通过互相给予对方最惠国待遇,两国经济关系实现了正常化。

由于中美之间相互交流的商品种类繁多,所以,最惠国待遇问题不仅仅关乎商界人士,还关乎社会各阶层的消费者。

邹先生强调指出:"美国一些政客正试图用最惠国待遇问题来惩罚中国";"他们彻底错了。他们不明白最惠国待遇协议是个双向的条约。当该协议终止时,美国在中国也将失去最惠国待遇。因此,当他们对中国进行惩罚时,他们所惩罚的将不单单是中国,美国自己也包括在内。"

邹先生说:"当今世界已非二战刚结束后的情形。美国并没有在任何种类的生

---

[5] See Most-Favored-Nation Status: China, U.S. in the Same Boat, *Beijing Review*, 4-10 June 1990, p. 32.

产上都拥有垄断地位。如果美国再次对中国施加贸易禁运,它就将在激烈的世界竞争中丧失优势。"[6]

在以上第一流专业人士的评论及所罗门先生针对美国国会的声明作出之前,中国驻美大使朱启桢先生于 1990 年 5 月 16 日在洛杉矶向美国公众发表了一次演讲[7],他雄辩地强调指出,中美两国自 1980 年起便相互给予对方的最惠国待遇极大地刺激了两国经贸关系的迅速发展,假若终止这种最惠国待遇,则中美两国同等受害。

此外,这位大使还作了如下深刻分析,指出:中美两国的政治制度和文化背景不同,两国在意识形态和价值观念上迥异,这是不可避免的,我们必须要面对这一事实。但是,我们也不应忽略另一重要事实,即意识形态上的差异既没有妨碍两国在 18 年前[指 1972 年]**再次打开大门相互接触**,也没有妨碍两国在 1979 年建立外交关系。同样,中美两国虽然从来未曾以共同的社会制度或价值观念作为基础,然而,由于两国拥有重要的共同利益,中美关系却能够产生并一直发展。因此,只要双方齐心协力,就一定能够在保留彼此间在价值观念、意识形态及社会制度上的差异的同时,维护共同利益。另一方面,对中国施加压力或制裁,绝非处理国与国间关系的正当途径。这种做法过去行不通,现在仍然行不通。作为国际社会中的一个重要成员,中国是无法被孤立的。孤立中国的企图过去从未得逞,现在,任何此类新企图也注定要失败。[8]

倘若将中国大使朱启桢及其他人的评论作为一方,将美国助理国务卿所罗门的声明作为另一方,两相比较,便会产生有趣的"发现"。显而易见,至少有以下三处值得注意:

第一,虽然双方的基本政治立场和意识形态体系截然不同,但从根本上说,双方在论及最惠国待遇这一相同问题时,所表达的呼声相似,所依据的理由相仿,所得出的推论相像,甚至所使用的语言也极度相近。因此,双方最终都得出了如下相同的基本结论:中美之间在经济上相互依存,这使得中美两个贸易伙伴同舟相处,如不互助"共济",就会两败俱伤!

第二,正如一句著名的谚语所言,"条条大路通罗马"。该谚语的合理前提是,循着不同路径、来自四面八方的所有行人,都得有一个共同的目的地:罗马。就当前所

---

[6] Most-Favored-Nation Status: China, U.S. in the Same Boat, *Beijing Review*, 4-10 June 1990, pp. 33-34.

[7] Zhu Qizhen, Most-Favored-Nation Status: Cornerstone of China-U.S. Relations, a speech delivered at a dinner meeting sponsored by the World Affair Council, *Beijing Review*, 28 May-3 June 1990, pp. 29-33.

[8] Ibid., p. 32.

讨论的最惠国待遇而言,是中美两国的共同利益使得双方不约而同地表达了类似的呼声,使用了类似的语言。

第三,前述类似呼声和语言并不意味着这是一方仿效或抄袭另一方,也不意味着谁从属于谁,唯谁马首是瞻,它只不过是**对事实的共同承认,对真理的共同尊重**而已。

三、燕子悄无声,天暖翩然来

如前所述,从本质上看,当前针对是否应延长中国的最惠国待遇的辩论,其要点可以总结为:**美国的贸易门户**自 1979 年起就已经对中国重新开启了,而且幅度很大,现在是否应再次关闭?

但是,"1989 年政治风波"后,许多外国朋友提出的主要问题却着眼于:中国用以吸引外资的门户开放政策是否会在将来的某个时候发生改变?这扇敞开的大门是否将会再次关闭?

在分析这一问题时,有必要列举一下中国国家统计局最新发布的一系列数据:

> 利用外资工作已取得稳步进展。1990 年中国签署的利用外资的新协议总额达 123 亿美元,比 1989 年增长 7.4%。1990 年实际利用外资额为 101 亿美元,其中外商**直接**投资为 34 亿美元;与 1989 年相比,这两个数字都有所增大(强调是引者所加)。[9]

根据另一份统计资料,1990 年间中国签署的外商直接投资合同总额达 65.7 亿美元。[10] 比这更早的一份报道则是,自 1979 年 7 月 1 日中国第一部外资法颁布至 1989 年 9 月末,中国境内各类外商直接投资企业已由零增长至 20175 家,其所签订的外商投资企业合同总额达 311.9 亿多美元,同一时期实际到位的外商投资达 133.5 亿多美元。[11] 如果我们将 1990 年度的外商投资额与前述 1979—1989 年的累计外商投资额作一比较,就可以**大致**发现,在 1990 年的 12 个月间,中国所吸收的外

---

[9] Statistical communiqué of the State Statistical Bureau of the People's Republic of China on National Economic and Social Development in 1990 (Feb. 22, 1991), *Beijing Review*, 11-17, Mar. 1991, p. Ⅵ.

[10] See Li Ming, 1990: Foreign Investment Grows, *Beijing Review*, 4-10 Feb. 1991, p. 42.

[11] See Report: China's Enterprises with Foreign Investment Exceed 20,000 Unit, revealed by Zheng Tuobin, Minister of Foreign Economic Relations & Trade, *People's Daily* (overseas ed.) 31 Oct. 1989; Chu Baotai: The Past and the Future of Absorbing Foreign Investment in China, *International Trade* (monthly, an organ of the MOFERT, PRC) Ⅸ, 1989, p. 7.

资额与此前 123 个月间中国所吸收的外资额之间,存在如下比例关系:

表 3-12-1　1979—1989 年与 1990 年度外商投资额之比

期间	外商投资企业合同中规定的投资总额	实际到位的外商投资总额
1979 年 7 月 1 日—1989 年 9 月 30 日	311.9 亿美元	133.5 亿美元(123 个月)
1990 年 1 月 1 日—1990 年 12 月 30 日	65.7 亿美元	34 亿美元(12 个月)
百分比 (12 个月:123 个月)	21.06%	25.47%

在 1990 年这一年间,中国所签订的吸收外资合同总额及其中已到位的外资总额就已分别占了过去十年多时间相应总额的 21% 和 25%,这种成就着实令人瞩目。

正如有关报道所指出,中国 1990 年所吸收的外资总量大幅增加,这其中当然也包括来自美国的若干重大投资。

例如:(1) 美资熊猫汽车制造公司是中国目前最大的外资企业,现在,该公司已在广东省惠州市成立,建设工作也在顺利进行中。该公司第一期投资额为 2.5 亿美元。在未来的几年中,其计划投资额将达到 10 亿美元。[12]

(2) 美国麦克唐纳·道格拉斯公司与中国上海航空工业公司签订了一份价值约 2.6 亿美元的新合同,约定在上海组装 20 架 MD-80 型巨型喷气式飞机。该合同已于 1990 年 3 月正式生效。[13] 据报道,麦克唐纳·道格拉斯航空器公司(麦道公司)董事长兼首席执行官约翰·麦克唐纳先生曾于 1991 年 2 月 2 日对北京进行了专访。他建议麦道公司与中国进一步组建一个合资企业,中国有关机关回应说,这是一个"不错的建议",中国方面将会予以支持。[14]

(3) 1990 年 5 月,美资阳明(意为阳光照耀)造纸公司,在山东省青岛市与中方当事人签订了一份土地开发合同,其第一期投资额为 3000 万美元,而其在未来几年中的计划投资额将很快达到 6 亿美元。[15]

(4) 1991 年 1 月 24 日,美国阿莫科东方石油公司与中国海洋石油总公司在得克萨斯州的休斯敦签订了一份特别补充协议,约定共同开采流花 11-1 油田。该油田是

---

〔12〕 See The Panda Auto Project Proceeding, *The World Journal* (an American daily news in Chinese, published in California), Jun. 6 1990, p. 11. See also The Panda Auto Factory, *Beijing Review*, 2-8 Jul. 1990, p. 42.

〔13〕 See Sino-U. S. Aviation Ties Continue, *Beijing Review*, 30 Apr. -6 May 1990, p. 30.

〔14〕 See Li Peng Meets McDonnell Douglas Chairman, FBIS, China, 4 Feb. 1991, p. 12. See also Li Seeks Links in Aircraft Production, *China Daily*, 4 Feb. 1991, p. 1.

〔15〕 See China's First Export-Processing Zone Invites Investors, *People's Daily* (overseas ed.), 24 Aug. 1990, p. 3. See also *Beijing Review*, 10-16 Sept. 1990, p. 40.

迄今为止在南中国海所发现的最大油田。依据该协议,这项工程总投资额可达 5 亿美元,其中,中方参股 51%,美方参股 49%。[16]

此外,另有报道指出,在"1989 年政治风波"后的 1990 年间,其他一些巨额投资也正集中在中国的近海石油、汽车、核电设施、地铁建设等方面。这些巨额投资分别来自英国、法国、联邦德国及日本等。例如,1990 年 6 月中旬,中国与英国一家公司签订了一份建立南海联合石化公司的意向书。其总投资额将超过 20 亿美元,双方各持 50% 股份。[17] 1990 年 12 月 9 日,中国第二汽车制造厂与法国雪铁龙公司在巴黎签订了一份生产轿车的合资经营企业协议。其总投资额约为 46 亿元人民币(8.83 亿美元),法国政府将对该工程提供巨额混合贷款。[18]

1990 年 11 月 20 日,德国大众公司又与长春第一汽车制造厂签订了一份更大规模的合资协议。该项目总投资额为 42 亿元人民币(8.06 亿美元),中德双方持股比例为 6∶4。[19] 在此之前,1990 年 3 月 7 日,为上海地铁建设提供 3 亿美元政府贷款的特别协议也最终达成。这笔信贷主要由德国提供。[20]

1990 年 7 月,在西方七国休斯敦峰会上,日本首相海部俊树首先宣布,终止自 1989 年 6 月起施行的对华"经济制裁"。根据日本政府两年前的承诺,日本计划在 1990—1995 年为中国 42 项建设工程提供 8100 亿日元(相当于 61.2 亿美元)贷款。目前,这个巨额贷款计划业已解冻并付诸实施。[21]

紧步日本后尘,1990 年 10 月 22 日,欧共体 12 个成员国外长在一次于卢森堡举行的会议上决定,立即取消对华政治、经济及文化制裁。西方各国争先恐后,正在开展新一轮的对华巨额贷款谋利的竞逐。[22]

同时,近几个月来,许多西方发达国家的部长相继访问北京,讨论和安排下一步中外经济合作问题。

根据以上统计数字和相关现象,我们应当从中得出什么样的推论呢?事实上,这至少表明了以下四点:

---

[16] See Sino-U. S. Cooperation in Exploiting Biggest Oil Field in South China Sea, *People's Daily* (ov. ed.) 28 Jan. 1991, p. 1. See also Sino-U. S. Pact signed to Develop Offshore Oil, *China Daily*, 26 Jan. 1991, p. 2.

[17] See Sino-British Petrochemical Project, *Beijing Review*, 25 Jun. -1 Jul. 1990, p. 44.

[18] See Largest Sino-French Joint Venture, *Beijing Review*, 7-13 Jan. 1991, p. 42.

[19] See Sino-Germany Establish Biggest Auto Joint Venture in China, *People's Daily* (ov. ed.) 21 Nov. 1990, p. 1. See also Sino-Foreign Auto Enterprises Grow, *Beijing Review*, 14-20 Jan. 1991, p. 40.

[20] See Foreign Credit for Shanghai Subway, *Beijing Review*, 9-15 Apr. 1990, p. 38.

[21] See Japan Loans 36.5 Billion Yuan to China, *People's Daily* (ov. ed.), 3 Nov. 1990, p. 1. See also New Japanese Loans to China, *Beijing Review*, 26 Nov. -2 Dec. 1990, p. 40.

[22] See France, Britain, Germany to Resume Financial Cooperation with China, *China Economic News* (Weekly, Hong Kong), 21 Jan. 1991, p. 3.

第一,在"1989年政治风波"后的一年多期间内,当政客及外交家们还在就是否应对中国继续施加经济制裁一事争论得不可开交、聒噪不已的时候,商人和投资家们却已经不动声色地继续自行其是了:在中国更多地投资,更多地赚钱。

第二,"1989年政治风波"发生后,西方政客立即决定,中断与中国的政府间高层接触,对华施加经济制裁,包括中止国际贷款。然而,通常说来,政客们最终还是要听命于百万富翁和亿万富翁们的。一旦百万富翁尤其是亿万富翁们对是否应继续对华开放贸易门户、给予中国最惠国待遇断然说"是",奉行实用主义路线的政客们往往就得忙不迭地见风使舵,离开其原先的称"否"立场而改弦更张。

第三,在"1989年政治风波"之后的这段时间里,尽管中外经济协奏曲的音响时高时低,抑扬顿挫,协奏曲的主旋律却一直相当强大清晰,优美动听。

第四,这些现象表明,"1989年政治风波"后,中国国内形势日益平静、稳定,同时,政治、经济政策和外商投资法律环境也日益改善。因为,若那里的"当地气候"正值"严寒刺骨"的话,如燕子般敏感于天气冷暖的国际投资者们就不会络绎不绝地翩然而至。

四、有利于外国投资者的中国法律多面体上又新增六面

现在,让我们简要评述一下"1989年政治风波"后中国进一步吸引外资的政策制定及相关立法的主要发展。

(一) 修订了《中外合资经营企业法》

1990年4月4日,第七届全国人大第三次会议对中国第一部外商投资立法——1979年《中外合资经营企业法》进行了若干修改。[23] 这次修改主要包括以下几点:

对合营企业不实行国有化或征用。该法第2条新增了一个第3款,内容是:"国家对合营企业不实行国有化和征收,在特殊情况下,根据社会公共利益的需要,对合营企业可依照法律程序实行征收,并给予相应的补偿。"[24] 这一修正,不仅符合国际通行做法,而且符合中国政府与外国政府间签订的投资保护协定中所规定的

---

[23] The Law of the People's Republic of China on Joint Ventures Using Chinese and Foreign Investment (amended on Apr. 4, 1990), *People's Daily* (ov. ed.), 7 Apr. 1990, pp. 1-2; *Beijing Review*, 7-13 May, pp. 31-32.

[24] Ibid.

原则。[25] 它显示了中国继续坚持改革开放政策的决心,有助于增强海外投资者在中国投资兴业的信心。

选任合营企业董事长。该法原第6条第1款规定:"董事会设董事长一人,由中国合营者担任;副董事长一人或两人,由外国合营者担任。"[26]

根据本条,外国合营者无论其在合营企业中的投资额是多少,都不能担任董事长一职。这显然既不合情理,也不符合国际惯例。现改为:"董事长和副董事长由合营者协商确定,或者由董事会选举产生。"[27]

合营企业的合营期限。该法原第12条规定:"合营企业合同期限,可按不同行业、不同情况,由合营各方商定。"[28]根据该法几年来的施行实践以及从社会各界中征求来的意见,第12条现已被修改为:"合营企业的合营期限,按不同行业、不同情况,作不同的约定。有的行业的合营企业,应当约定合营期限;有的行业的合营企业,可以约定合营期限,也可以不约定合营期限。"[29]

此项修改事实上为合营企业无限期存续提供了可能,符合西方商业实践中"合资企业"的标准概念。它将有助于鼓励海外商人更关心企业的长期发展、技术转型

---

[25] For example, Article 4 (2) of The Agreement Between the Government of The People's Republic of China and the Government of the Republic of France on the Reciprocal Promotion and Protection of Investments provides:

 Neither Contracting party shall take any expropriation and nationalization measures of any other measures that have the same effect in its territory of sea areas against investments made by investors of the other Contracting Party, except those measures carried out for public purpose, on the basis of non-discrimination nature, in line with relevant legal procedures and with compensation. In case an expropriation measure is adopted, appropriate compensation shall be given. The principle and rules for calculating the amount of compensation and governing the form of payment shall be determined not later than the date on which the expropriation is implemented. The compensation shall be actually realizable, be paid without undue delay and be freely transferable. The formula for calculating the compensation payment and the specific methods shall be formulated in the Annex which shall be constituted as part of this Agreement.

And, the related Annex provides: "The amount of compensation mentioned in Article 4 (2) shall be equivalent to the actual value of the relevant investment." See Owen D. Nee, Jr. ed., Commercial, Business and Trade Law, People's Republic of China, V. Ⅲ., booklet 26, Oceana Publications, 1989, pp. 4, 11.

There was a debate on the legislation of nationalization in China during 1985-1988. See An Chen: Should an Immunity from Nationalization for Foreign Investment Be Enacted in China's Economic Law? in Legal Aspects of Foreign Investment in the People's Republic of China, (Hong Kong), 1988, pp. 39-53.

[26] See Owen D. Nee, Jr. ed., Commercial, Business and Trade Law, People's Republic of China, V. I., booklet 3, Oceana Publications, 1989, p. 53.

[27] The Law of the People's Republic of China on Joint Ventures Using Chinese and Foreign Investment (amended on Apr. 4, 1990), *People's Daily* (ov. ed.), 7 Apr. 1990, pp. 1-2; *Beijing Review*, 7-13 May, pp. 31-32.

[28] See Owen D. Nee, Jr. ed., Commercial, Business and Trade Law, People's Republic of China, V. I., booklet 3, Oceana Publications, 1989, pp. 56-57.

[29] The Law of the People's Republic of China on Joint Ventures Using Chinese and Foreign Investment (amended on 4 Apr. 1990), *People's Daily* (ov. ed.), 7 Apr. 1990, pp. 1-2; *Beijing Review*, 7-13 May, pp. 31-32.

及拓展国际市场,从而有助于增加海外投资、避免短期行为。[30]

社会公众,尤其是海外商人相信,合资经营企业法的上述各项修正符合国际惯例,将有利于消除海外投资者的疑虑。

(二)颁布了《外商投资开发经营成片土地暂行管理办法》

在社会主义制度下,中国的一切土地只能由国家或集体所有。中国的1982年《宪法》规定:"任何组织或者个人不得侵占、买卖、出租或者以其他形式非法转让土地。"[31]根据该法,土地只能划拨给组织或个人使用,土地租赁在当时是被禁止的。

自1982年以来,中国经济改革及开放政策迅速发展,这就为人们重新考虑土地租赁及转让问题,提供了一股持续不断的强劲动力。中国的一些官员开始深入思考改革旧的、僵化的、苏联模式的土地所有制问题。1988年4月12日,上述宪法条文修改为:"任何组织或者个人不得侵占、买卖或者以其他形式非法转让土地。土地使用权可以依照法律的规定转让。"[32]

1990年5月9日,国务院制定了《中华人民共和国城镇国有土地使用权出让和转让暂行条例》(以下简称《暂行条例》)及《外商投资开发经营成片土地暂行管理办法》(以下简称《暂行办法》)。[33]

根据《暂行条例》,国家可以将土地使用权出让给境内外土地使用者使用,使用期限自40年至70年不等。土地使用者可以将其使用权转让、出租、抵押、出卖、交换或赠与他人。

《暂行办法》规定了经济特区、沿海开放城市和沿海经济开发区内的外国企业开发使用成片土地的问题。[34] 其主要目的在于吸引外资开发经营成片土地,从而开发

---

[30] See Report: China's NPC Examines JV Law Amendments, *People's Daily* (ov. ed.), 30 May 1990, p. 1; Pan Gang: Favorable Environment Created for Foreign Businessmen, *People's Daily*, 31 Mar. 1990, p. 3; Liu Xiao & Pan Gang: A New Landmark of Opening Outward, *People's Daily*, 5 Apr. 1990, p. 3; Li Ping: A Major Step to Improve Investment Climate, *Beijing Review*, 7-13 May, 1990; Amended Chinese-Foreign Equity Joint Venture Law, *China Current Laws* (Hong Kong), 12 June 1990. pp. 1-5.

[31] Art. 10, § 3-4, The Constitution of the People's Republic of China (adopted by the 5th Session of the 5th National People's Congress on December 4, 1982), Complete Collection of the Laws of the People's Republic of China (1989), p. 3. See also Owen D. Nee, Jr. ed., Commercial, Business and Trade Law, People's Republic of China, V. Ⅲ, booklet 16, Oceana Publications, 1989, p. 10.

[32] Amendments to the Constitution of the PRC (adopted by the 1st Session of the 7th NPC on April 12, 1988), Complete Collection of the Laws of the People's Republic of China (1989), p. 17.

[33] See *People's Daily* (ov. ed.), 26 May 1990, p. 3. See also *China Economic News* (Hong Kong) 18 June 1990, pp. 8-10; *China Current Laws* (Hong Kong), Sept. 1990, pp. 1-4.

[34] See Art. 18, Interim Administrative Measures for Foreign Investment in the Development and Management of Tracts of Land, *People's Daily* (ov. ed.), 26 May 1990, p. 3. See also *China Economic News* (Hong Kong), 18 June 1990, pp. 8-10; *China Current Laws* (Hong Kong) Sept. 1990, pp. 1-4.

中国的基础设施。

依《暂行办法》开发成片土地的外国投资者可以享有以下合法"特权":将已开发土地的使用权转让给其他企业或/和个人;对地面建筑物从事转让或出租的经营活动。开发企业可以吸引投资者受让国有土地使用权,兴办企业,[35]但是,开发企业在其开发区域内没有行政管理权,其与其他企业的关系是商务关系而非行政关系。[36]

这些有关土地租赁及土地使用权出让、转让的新立法,甚至还包括了中国宪法的一项修正案。中国自1949年以来便没有地产市场了,但这些新立法却在事实上创造着一个崭新、巨大的地产市场。正如有关报道所指出,这个新创的地产市场蒸蒸日上,前景无限,它对那些雄心勃勃、志在赢得巨利的外商说来,其吸引力更是与日俱增。一些专家预测,在接下去的几年中,将会有数十亿美元注入中国的地产租赁市场。[37]

(三) 广阔开放了"经济心脏"的周边地区——上海浦东

1990年4月15日,国务院批准了上海市提出的一项计划,运用一系列特殊政策开放其350平方公里的浦东郊区,以促进外商投资和对外贸易,人们认为,这是扩大对外开放的一项崭新的重要战略措施。

上海位于太平洋西岸,是一个具有相当影响力的国际大都市。它在中国经济发展中起着举足轻重的作用,号称中国的"经济心脏"。从世界范围上看,许多江河沿岸的城市皆地跨相关江河的两岸。然而,由于黄浦江两岸间跨江交通不便,上海的经济发展重心一直偏安于黄浦江西岸,也即上海市中心,上海的市政、金融、贸易中心皆云集于此。相形之下,位于黄浦江东岸的浦东地区发展缓慢,相当落后。

现在,有关开发及发展浦东新区的9项新立法已于1990年9月10日出台,[38]这便为浦东提供了方便、利好的外商投资环境。

上述新规定之一是,将浦东外高桥保税区指定为开放性多功能区。在该保税区

---

[35] Art. 10, § 1, id.

[36] Art. 4, § 3, id.

[37] As reported by Xiang Wei, for example, The city of Tianjin first grabbed world media attention last year when it clinched the biggest deal with the American MGM Development Co. which agreed to pay U.S. $17.2 million for a 70-year-lease on 5.36 square kilometers of land— $3.20 a square meter. Shanghai also leased three tracts of land to Hong Kong and Japanese developers, racking up an income of U.S. $47 million in the transfer rents.

The boom has doubled and doubled the rent of land in the past two yeas. Government statistics show that the average rent for a square meter of land soared to 429.5 yuan last year from 107 yuan in 1988. From the viewpoint of international real-estate market, it is, of course, still very cheap.

[38] See Premier Li Meets the Press, *People's Daily* (ov. ed.), 5 Apr. 1990, p. 1. See also *Beijing Review*, 16-22 Apr. 1990. See also Xiang Wei: Land Leasing Gains Much Momentum, *China Daily*, 17 Dec. 1990, p. 3.

内,外商可以从事贮存、出口货物加工、销售、运输贸易和金融服务。它将成为中国最大的开放性保税区,而最终将发展成为自由港。

《上海市外高桥保税区管理办法》规定,从境外进口运入保税区的供保税区使用的机器、设备、基建物资等,为加工出口产品进口的原材料、零部件、元器件等,供储存的转口货物,以及在保税区内加工运输出境的产品,都免领进出口许可证,免征关税和工商统一税。[39]

这些新出台的规定为潜在的外商投资提供了更广阔的活动天地,包括建立外国银行及其分支机构,建立中外合资银行、中外合资财务公司、房地产公司,从事零售和咨询服务。

《关于上海浦东新区鼓励外商投资减征、免征企业所得税和工商统一税的规定》将适用于经济技术开发区和经济特区的税收优惠引入了浦东新区,并且另外增加了一些优惠待遇。例如,从事机场、港口、铁路、公路、电站等能源、交通建设项目的外商投资企业,减按15%的税率征收企业所得税。其中,经营期在15年以上的,从开始获利年度起,第1年至第5年免征企业所得税,第6年至第10年减半征收企业所得税。[40]

根据总规划,已扩大了的上海市区连同当前正在开发的浦东新区,合计起来总面积将为610平方公里,大致相当于新加坡那么大。曾有人把中国的海岸线比作一张弓,把中国长江(扬子江)比作一支箭,而坐落于该海岸线中心点及长江入海口的上海,则是箭头利镞。上海具有得天独厚的优越地理位置,工业基础雄厚,科技力量坚实,各行各业精英荟萃,国际联系十分广泛。我们完全可以相信并期待:通过贯彻实施扩大对外开放的新政策及相关立法,上海必将成为"第二个香港"。[41]

(四)统一了针对外国投资者的税法并给予了更多优惠

1990年12月20日,中国立法机关审议了一份针对中国境内的中外合资经营企业、中外合作经营企业和外资企业的统一企业所得税法草案。[42]

---

[39] See Art. 10,13, Customs Measures, id., pp. 8, 9.
[40] See Art. 4, id.
[41] See Jin Bian, Pudong—An Open Policy Showcase, *Beijing Review*, 16-22 Jul. 1990, pp. 23-25; Ge Mu, Rules Add to Pudong's Appeal to Investors, *Beijing Review*, 22-28 Oct. 1990, pp. 16-19; Dai Gang, Shanghai's Pudong Project in Full Swing, *Beijing Review*, pp. 20-24; Fei Xiaotong, Turning Shanghai into a Mainland Hong Kong, *Beijing Review*, pp. 25-27.
[42] See China's New Tax Law for Foreign-Invested Enterprises Being Examined, *People's Daily* (ov. ed.), 21 Dec. 1990, p. 4. See also Adoption of Unified Tax Law Set, *China Daily*, 21 Dec. 1990, p. 1; Wang Bingqian Explains Draft Tax Law, FBIS, China, 20 Dec. 1990, p. 23.

目前,中国内地对不同类型的合资企业分别征税:对中外合资经营企业依照1980年的一部特别法征税,适用33%的比例税率;[43]对中外合作经营企业和外资企业则依据另一部1981年的特别法征税,适用30%—50%(包括地方税)的累进税率。[44]新草案废除了适用于外资企业和中外合作经营企业的累进税率体系,引入了对各类外商投资企业一视同仁的低档税率体系,建议的统一税率为33%,也即当前适用于中外合资经营企业的税率。实际上,这将意味着中外合作经营企业和外资企业可以交更少的所得税。

1980年《中外合资经营企业所得税法》规定,合营企业外方合营者将利润汇往国外的,须缴纳10%的代扣代缴所得税。新草案取消了这一规定。[45]

据报道,这个对外国投资者更为优惠的新的统一企业所得税法正处于立法的最后阶段,不日即将出台。[46]

(五) 实施了《行政诉讼法》

1989年4月4日,全国人民代表大会通过了《行政诉讼法》。1990年10月1日,该法正式开始实施。[47]该法在中华人民共和国成立41周年这一天开始实施,这其中有着非同寻常的意义。

根据该法规定,无论是中国公民、法人、其他组织,还是外国人、外国组织,认为任何行政机关或其工作人员的具体行政行为侵害了自己的合法权益的,都可以向人民法院提起诉讼,并且诉权相同。他们有权请求撤销具体行政行为,有权请求赔偿。[48]人民法院应依法行使对行政案件的审判权,不受行政机关、社会团体或个人

---

[43] According to Art. 3 of China's Income Tax Law Concerning Sino-Foreign Joint Ventures, the income tax rate on joint ventures shall be 30%. In addition, a local income tax of 10% of the assessed income tax shall be levied. See Owen D. Nee, Jr. ed., Commercial, Business and Trade Law, People's Republic of China, V. I. booklet 5, Oceana Publications 1989, p. 15.

[44] Arts. 3 and 4 of China's Income Tax Law Concerning Foreign Enterprises stipulate that the income tax of foreign enterprises shall be computed at progressive rate of 20% to 40%. On the basis of their taxable income, and in addition, foreign enterprises shall pay a local income tax of 10% of the same taxable income. See Owen D. Nee, Jr. ed., Commercial, Business and Trade Law, People's Republic of China, V. I. booklet 5, Oceana Publications 1989, pp. 75-76.

[45] Art. 4, see Owen D. Nee, Jr. ed., Commercial, Business and Trade Law, People's Republic of China, V. I. booklet 5, Oceana Publications 1989, p. 16.

[46] Later on April 9, 1991, the Income Tax Law of the PRC for Enterprises with Foreign Investment and Foreign Enterprises was formally promulgated, and then effective as of July 1, 1991.

[47] See Arts. 2, 71, The Administrative Procedure Law of the People's Republic of China, Complete Collection of the Laws of the People's Republic of China (1989), pp. 2125, 2130. See also *China Current Laws* (*Hong Kong*), Oct. 1989, pp. 7, 15.

[48] Ibid.

的干涉。[49]

任何人都拥有对政府提起诉讼的宪法权利,这对西方发达国家的公民说来,是最浅显不过的常识。然而,考虑到中国历史上长期存在的封建制度及排外情绪的影响,人们对该法的这些条款给予了很高评价,认为这是民主道路上的重要进展,是对中国普通大众及外国人的有效法律保护。

该法第 11 条列举了受该法调整的各种具体行政行为,[50]其中一些与在华外国投资者的利益尤为息息相关。比如,行政机关侵犯法律规定的经营自主权;符合法定条件申请行政机关颁发许可证和执照,行政机关拒绝颁发或不予答复;申请行政机关履行保护人身权、财产权的法定职责,行政机关拒绝履行或不予答复;行政机关违法要求履行义务;对诸如拘留、罚款、吊销许可证和执照、责令停产停业、没收财产等行政处罚不服;对限制人身自由、查封、扣押、冻结财产等行政强制措施不服;行政机关侵犯其他人身权、财产权。

除此之外,人民法院还应对依法律、法规和规章提起行政诉讼的其他案件予以受理和审判。例如,外商投资企业如与税务机关就税款缴纳发生争议,可在按规定先缴纳税款后向上一级税务机关申请复议;对复议决定不服的,可向当地法院起诉。[51]

(六) 接受了 ICSID 体制

经过长达十年的犹豫和争论,中国终于签署了 1965 年《华盛顿公约》,并于 1990 年 2 月 9 日予以批准,这着实令人瞩目。它意味着中国现在基本上同意,将中国政府与外国投资者之间的一些投资争端提交设在美国华盛顿特区的"解决投资争端国际中心"解决,接受该中心的管辖与仲裁。在华盛顿特区举行的签字仪式上,世界银行副总裁兼 ICSID 秘书长希哈塔(I. Shihata)先生特别指出:"在 80 年代末,中国所吸引的外资数量比任何其他发展中国家都要多。"他还希望,"中国取得《华盛顿公约》成员国资格将有助于中国进一步大力改善投资环境,吸引更多的外商投资"[52]。

中国是否应参加 1965 年《华盛顿公约》并接受 ICSID 体制,这一问题曾在中国法学界的著名学者中广为讨论过,并引起了很大争议。人们看待这一问题的视角各不

---

[49] See Art. 3, id., Collection, p. 2125. See also *China Current Laws* (Hong Kong), Oct. 1989, p. 7.
[50] See Art. 11, id., Collection, pp. 425-426. See also *China Current Laws* (Hong Kong), Oct. 1989, pp. 7-8.
[51] See Art. 15, China's Income Tax Law Concerning Sino-Foreign Joint Ventures Art. 16, China Income Tax Law Concerning Foreign Enterprises, in Owen D. Nee, Jr. ed., Commercial, Business and Trade Law, People's Republic of China, V. I. booklet 5, Oceana Publications, 1989, pp. 119, 80.
[52] See China signs the ICSID Convention, *News from ICSID*, Vol. 7, No. 1, Winter 1990, p. 2.

相同。大体说来,主要有三种观点:(1)从速缔约,促进开放;(2)珍惜主权,不宜缔约;(3)加强研究,审慎缔约。[53]

只有紧密联系中国国内在过去十年间对此曾长期讨论和争论这一背景,人们才能深刻体会出,中国最终签署1965年《华盛顿公约》并于1990年2月接受ICSID体制这一事实的确表明,中国政府已经作了一个艰难、审慎,然而又坚定的扩大对外开放的决定。

五、娃娃与洗澡水

"1989年政治风波"发生后,主要是1990年,中国修正了《中外合资经营企业法》,制定了《外商投资开发经营成片土地暂行管理办法》,进行了开放上海周边地区的立法,统一了外商投资企业所得税法并使之更为优惠,实施了《行政诉讼法》,接受了ICSID体制。这六项新举措犹如六个崭新的面,它们共同构成了中国境内优待外国投资者的法律多面体的新特征。此新增六面与该法律多面体的其他面共有这样一个核心:有利于进一步吸引外资。

上述六大举措通过实体法或程序法,通过国内法或国际条约,使中国的外商投资法律环境得到了持续性的改善,这昭示了中国扩大对外开放的坚定决心。

最近,这种坚定决心又在中国基本文献中一再地予以宣布和强调。其中一种典型的权威表述出现在1990年12月30日通过的《中国共产党第十三届中央委员会第七次全体会议公报》上。

这次全体会议通过了中共中央关于制定国民经济和社会发展十年规划(1991—2000)和"八五"计划的建议。在制定和实施该十年规划和八五计划时,有五项必须恪遵的基本原则,其中之一内容如下:

> 坚定不移地推进改革开放……要在总结80年代改革开放经验的基础上,依据生产力发展的要求,使改革不断深化,开放进一步扩大……要保持对外开放政策的稳定性和连续性,把经济特区办得更好,巩固和发展现有的经济技术开发区、开放城市和开放地带。[54]

---

[53] See Jin Kesheng, The 1986 Annual Academic Discussion of Chinese Society of International Law, *China's Yearbook of International Law*, 1987, pp. 462-471. See also An Chen, Some Comments on ICSID (1989), Substitute Preface, pp. 27-46.

[54] Communiqué of the 7th Plenary Session of the 13th Central Committee of the Communist Party of China, 7-13 Jan. 1991, p. 32. See also "Full Text" of CPC Plenum Communiqué, FBIS, China, 31 Dec. 1990, pp. 12-13.

公报中着重强调要保持"对外开放政策的稳定性和连续性",这是因为,人们已经承认,对外开放政策并非纯属主观愿望,而是客观急需的反映,故这一政策将保持长期不变。换言之,从总体上说,这一基本国策已深深地、稳稳地植根于其本身所带给中国的巨大物质利益之中了。虽然对外开放政策产生了一些副作用,也给中国有关机关带来了一些麻烦,但事实上,在华外资一直在推动中国国民经济增长,提高企业的技术和管理水平,创造越来越多的就业机会,扩大外贸出口,刺激乡镇企业发展。

正如一句广为人知的箴言所说,"别把娃娃与洗澡水一起泼掉"。中国人懂得如何依据上述箴言行事,懂得他们必须先把娃娃抱起来,然后才泼掉洗澡水。这就是"1989年政治风波"后,中国对外开放的大门比过去更加敞开的原因所在。

第13章　中国对欧洲在华直接投资的法律保护及其与国际惯例的接轨*

>> 内容提要

迄 1996 年 4 月为止，在中国已经基本形成比较完备的、既具有中国特色又与国际惯例大体上接轨的外商投资法律体系，为切实保护在华外商投资奠定了坚实的基础。当前，中国的经济体制正在从传统的计划经济体制积极地向社会主义市场经济体制实行根本性的转变，相应地，中国给予在华外商投资的法律保护，也正在从国内立法和国际缔约这两大方面，继续作出努力，并逐步实行必要的调整和加强，使这种法律保护，更加有力、周密和完善，并进一步与国际上通行的做法，互相衔接。

>> 目　次

一、中国国内法对在华外资的保护

　　（一）宪法给予的保护

　　（二）基本民商法、经济法和诉讼法给予的保护

　　（三）涉外投资立法给予的保护

　　（四）东道国给予外资法律保护的约束力问题

二、中国吸收外资政策新近的重要发展及其相应的法律措施

　　（一）逐步统一内外资企业政策

　　（二）公布《外商投资产业指导目录》

　　（三）做好外商投资特许权项目（BOT）等新投资方式的试点

---

* 1996 年 5 月间，作者应"澳门欧洲研究所"（Institute of European Studies of Macao）邀请，前往参加"国际商法与比较商法研讨会"（Symposium of International and Comparative Business Law）。本文是作者在研讨会上的演讲稿。

本文所摘引的条约、法律、法规以及有关数据，均以 1996 年当时现行有效者为准。阅读时请注意查对 1996 年以来的有关发展情况。

（四）大幅降低进口关税，取消进口关税的某些优惠

（五）实施新修订的《外汇管理条例》

三、中国参加缔结的国际条约对在华外资的保护

（一）双边协定给予的保护

（二）国际公约给予的保护

欧洲各国在华直接投资（以下简称"欧洲在华投资"），是外国在华直接投资（以下简称"外国在华投资"）的一个重要组成部分。

中国对外国在华投资实行法律保护的基本原则和具体规定，从整体上说，同样适用于欧洲在华投资。但由于欧洲各国有关保护海外投资的法制各有不同，它们与中国分别签订的有关相互保护投资的双边协定，在具体条款内容上也略有差异，所以，欧洲各国在华投资所受到的法律保护又有各自的某些特点。

1979年中国实行改革开放基本国策以来，迄今已经制定和实施了一系列、多层次的国内法律规范，用以保护、鼓励和管理外商在华投资。同时，已经参加缔结了一系列、多种类的国际条约（包括双边国际协定、国际公约等），以加强对在华外资实行国际法上的保护。因此，可以说，到1996年4月为止，在中国已经基本上形成比较完备的、既具有中国特色又与国际惯例大体上接轨的外商投资法律体系，为切实保护在华外商投资奠定了坚实的基础。当前，中国的经济体制正在积极地实现从传统的计划经济体制向社会主义市场经济体制的根本性转变，相应地，中国给予在华外商投资的法律保护，也正在从国内立法和国际缔约这两大方面，继续作出努力，并逐步实行必要的调整和加强，使这种法律保护更加有力、周密和完善，并进一步与国际上通行的做法互相衔接。

一、中国国内法对在华外资的保护

（一）宪法给予的保护

《中华人民共和国宪法》第18条第2款规定："在中国境内的外国企业和其他外国经济组织以及中外合资经营的企业，都必须遵守中华人民共和国的法律。它们的合法的权利和利益受中华人民共和国法律的保护。"宪法是国家的根本大法。在宪法中载明保护外国投资的基本原则，具有两个意义：第一，体现了中国政府保护在华

外资的诚意和决心及对外资高度的重视;第二,为中国的涉外投资立法确定了根本性的指导原则,奠定了主要基础。在中国涉外投资立法体系中,无论是制定中国国内的各种单行法规,还是中国参加签订的各类国际条约(包括双边、多边条约以及国际公约),都必须以中国宪法所确立的保护外商在华投资的原则作为最高的准则和指南。

(二)基本民商法、经济法和诉讼法给予的保护

在中国的民商法、经济法系列中,有一类基本性的法律规范,普遍适用于中国境内的一切自然人和法人,而并不问其国籍所属,诸如《中华人民共和国民法通则》《中华人民共和国公司法》《中华人民共和国商标法》《中华人民共和国专利法》《中华人民共和国著作权法》《中华人民共和国票据法》《中华人民共和国担保法》《中华人民共和国保险法》《中华人民共和国海商法》等等,均属此类。这些法律规范对于中国境内的一切自然人和法人的一切合法权益,包括财产所有权和与财产所有权有关的财产权、债权、知识产权(含著作权、专利权、商标权)、人身权、企业经营管理自主权等等,都本着"法律面前人人平等"的原则,给予一视同仁的切实保护。在华的外商投资企业和外商个人,在上述各项民、商事基本权利方面所享有的法律保护,其范围、程度和力度,都与中国法人和自然人无异。换言之,在华外商投资企业和外商个人的上述民商事基本权利遭到任何非法侵害,都可以与中国的内资企业和中国公民一样,寻求相应的法律保护,排除侵害,并获得赔偿。

《中华人民共和国民法通则》第41条第2款明文规定:"在中华人民共和国领域内设立的中外合资经营企业、中外合作经营企业和外资企业,具备法人条件的,依法经工商行政管理机关核准登记,取得中国法人资格。"这就为中国境内外商投资企业在民商事基本权利和权益方面享有与内资企业完全同等的法律保护提供了最基本的法律依据。

《中华人民共和国民事诉讼法》规定:外商在中国法院起诉、应诉,享有与中国公民、法人同等的诉讼权利,承担同等的诉讼义务(第5条)。《中华人民共和国行政诉讼法》也有同样的规定(第71条)。

值得注意的是,中国的上述这些基本民商法、经济法和诉讼法,都是自20世纪80年代中期以来逐步制定的。在立法过程中,既立足于中国国情,又充分借鉴和适当移植了当代世界各国同类立法的通行做法,在切实保护民事主体自然人与法人的基本民事权利方面,其内容、广度、深度和力度,都是符合当代世界立法先进水平,因而也是与国际先进惯例互相衔接和基本一致的。

(三) 涉外投资立法给予的保护

各类涉外投资立法以类似的文字,重申和贯彻宪法规定的上述保护外资原则,而又分别加以**具体化**:

《中华人民共和国中外合资经营企业法》(1979年7月公布施行,1990年修正,以下简称《合资企业法》)第2条第1款规定:"中国政府依法保护外国合营者按照经中国政府批准的协议、合同、章程在合营企业的投资、应分得的利润和其他合法权益。"

《中华人民共和国外资企业法》(1986年4月公布施行,以下简称《外资企业法》)第4条第1款规定:"外国投资者在中国境内的投资,获得的利润和其他合法权益,受中国法律保护"。

《中华人民共和国中外合作经营企业法》(1988年4月公布施行,以下简称《合作企业法》)第3条第1款规定:"国家依法保护合作企业和中外合作者的合法权益。"

《中华人民共和国对外合作开采海洋石油资源条例》(1982年1月公布施行,以下简称《合作开采海上石油条例》)第3条第1款规定:"中国政府依法保护参与合作开采海洋石油资源的外国企业的投资,应得利润和其他合法权益,依法保护外国企业的合作开采活动。"

《中华人民共和国对外合作开采陆上石油资源条例》(1993年10月公布施行,以下简称《合作开采陆上石油条例》)第4条规定:"中国政府依法保护参加合作开采陆上石油资源的外国企业的合作开采活动及其投资、利润和其他合法权益。"

各类涉外投资立法给予在华外资的具体保护或**法律保证**,主要体现在有关严格限制征收外资、方便投资外商的本利汇兑、给予投资外商优惠待遇、对投资外商"有约必守"以及公平解决涉外投资争端等五个基本方面。

1. 从法律上保证严格限制征收外资

《合资企业法》第2条第3款明文规定:"国家对合营企业不实行国有化和征收;在特殊情况下,根据社会公共利益的需要,对合营企业可以依照法律程序实行征收,并给予相应的补偿。"

《外资企业法》第5条有相同的明文规定。

《合作开采陆上石油条例》第5条则规定:"国家对参加合作开采陆上石油资源的外国企业的投资和收益不实行征收。在特殊情况下,根据社会公共利益的需要,可以对外国企业在合作开采中应得石油的一部分或者全部,依照法律程序实行征收,并给予相应的补偿。"

上述规定表明,中国对外商投资的征用问题持十分慎重和严格限制的态度。在一般情况下,作为一项基本原则,中国对外商在华投资的企业不实行国有化和征收;同时,作为一种例外规定,保留在特殊情况下可依法行使的征收权。简言之,即"留权在手,但决不滥用"。

所谓"特殊情况",主要指发生战争、战争危险、其他紧急状态以及严重自然灾害等不可抗力事故。关于征收的补偿标准,上述规定采用的"相应的补偿"的概念并非新的补偿标准,而是1974年联合国大会通过的《各国经济权利和义务宪章》确立的"适当补偿"原则的体现。"相应的补偿"对于其所属国同中国订有双边投资保护协定的外国投资者而言,是根据"适当补偿"原则和有关协定条款给予的补偿;对于其他外国投资者而言,是根据"适当补偿"原则给予的补偿。

2. 从法律上保证方便投资外商本利汇兑

《合资企业法》第10条规定:"外国合营者在履行法律和协议、合同规定的义务后分得的净利润,在合营企业期满或者中止时所分得的资金以及其他资金,可按合营企业合同规定的货币,按外汇管理条例汇往国外。"

《外资企业法》第19条第1款规定:"外国投资者从外资企业获得的合法利润、其他合法收入和清算后的资金,可以汇往国外。"

《合作企业法》第23条规定:"外国合作者在履行法律规定和合作企业合同约定的义务后分得的利润、其他合法收入和合作企业终止时分得的资金,可以依法汇往国外。"

《合作开采海上石油条例》第8条规定:"外国合同者可以将其应得的石油和购买的石油运往国外,也可以依法将其回收的投资、利润和其他正当收益汇往国外。"(《合作开采陆上石油条例》第13条也有同样的规定。)

1996年4月1日起,中国废止了16年前颁行的《中华人民共和国外汇管理暂行条例》,代之以《中华人民共和国外汇管理条例》,这是中国外汇管理体制改革的又一项重大举措,体现了在外汇管理方面从计划经济向社会主义市场经济积极过渡的精神。它的立法基点是适应建立社会主义市场经济体制的需要,对"经常项目外汇"实行有条件的可兑换,体现了对外汇由直接管理为主向间接管理为主的转变。在华投资外商所获得的利润、股息、红利汇出中国境外,均属"经常项目"的外汇支出,无须外汇管理局审批,只要持董事会利润分配协议书及有关证明材料,即可从其外汇账户中对外支付,或到外汇指定银行购汇支付。

至于"资本项目外汇"收支(包括直接投资的资本、借用国外贷款、在境外发行外币债券、提供对外担保等)的出入境,立足于当前的中国国情,暂仍实行严格管理,待条件进一步成熟,再酌情逐步放宽。按照国际通例,一般都是先放松"经常项目外汇"的管理,再逐步放松"资本项目外汇"的管理。从中国目前情况看,如不严格管理"资本项目外汇",有可能造成资本项下外汇混入经常项下的外汇收支,导致资本大量流进流出,冲击国内市场,影响经济稳健发展。故在近期内仍需实行必要的国家行政调控。[1]

3. 从法律上保证给予投资外商优惠待遇

《中华人民共和国中外合资经营企业法实施条例》(以下简称《合资企业法实施条例》)第2条规定,依照《中外合资经营企业法》批准在中国境内设立的中外合资经营企业是中国的法人,受中国法律的管辖和保护。根据《合作企业法》第2条第2款和《外资企业法》第8条,中外合作经营企业和外资企业符合中国法律关于法人条件的规定的,依法取得中国法人资格。

原则上,外商投资企业(通常统称为"三资企业")在其经营活动中享受与中国其他企业同等的待遇,即享有同等的权利和承担同等的义务。《合资企业法实施条例》第65条和《中华人民共和国外资企业法实施细则》第44条还特别规定,中外合资经营企业或外资企业在中国购买物资(包括各类一般物资,燃料用煤,车辆用油,供应水、电、气、热,货物运输,劳务、工程、设计、咨询、服务、广告等)享受与国有企业或中国企业同等的待遇。

事实上,在经济特区、沿海开放城市的外商投资企业,或被确认为先进技术企业或产品出口企业的外商投资企业,在税收减免(详见《中华人民共和国外商投资企业和外国企业所得税法》及其实施细则等)、物资进出口、经营自主权、资金和利润汇兑等方面,享有比中国其他企业更为优惠的待遇。

与此同时,在投资部门、经营范围、审批手续等方面,外商投资企业比中国其他企业受到较多的规范或限制。

因此,学术界有人认为:当前外商在华投资企业享受的待遇是国民待遇、"超国民待遇""次国民待遇"以及"最惠国待遇"的综合,并正在逐步过渡到完整意义上的国民待遇,俾与这方面的国际惯例完全接轨。对于此点,本文第二、第三部分将作补充。

4. 从法律上保证对投资外商"有约必守"

为了保持政策和法律的稳定性和连续性,体现"重合同、守信用"和维护外国投资者既得利益的精神,根据"法律不溯及既往"的原则,《中华人民共和国涉外经济合同法》(以下简称《涉外经济合同法》)第40条规定:"在中华人民共和国境内履行、经

---

[1] 参见《外汇管理局答记者问》,载《人民日报》(海外版)1996年2月7日。

国家批准成立的中外合资经营企业合同、中外合作经营企业合同、中外合作勘探开发自然资源合同,在法律有新的规定时,可以仍然按照合同的规定执行。"

中国还根据"从新从优"的原则,处理外商投资企业所得税法的衔接问题。1991年颁行的《中华人民共和国外商投资企业和外国企业所得税法》第27条规定:"本法公布前已设立的外商投资企业,依照本法规定,其所得税税率比本法施行前有所提高或者所享受的所得税减征、免征优惠待遇比本法施行前有所减少的,在批准的经营期限内,依照本法施行前法律和国务院有关规定执行,没有经营期限的,在国务院规定的期间,依照本法施行前法律和国务院有关规定执行。"此项规定显然亦属稳定性和连续性的保证,保障了外国投资者的既得利益。

5. 从法律上保证公平解决涉外投资争端

中国的《涉外经济合同法》第37、38条规定:发生合同争议时,当事人应当尽可能通过协商或者通过第三者调解解决。当事人不愿协商、调解的,或者协商、调解不成的,可以依据合同中的仲裁条款或者事后达成的书面仲裁协议,提交中国仲裁机构或者其他仲裁机构仲裁。当事人没有在合同中订立仲裁条款,事后又没有达成书面仲裁协议的,可以向人民法院起诉。《合资企业法实施条例》第109、110条以及《合作企业法》第26条也有相同的规定。

值得注意的是:这些法律赋予当事人自主选择的权利,可以事先或事后约定将争议提交中国境外的"其他仲裁机构仲裁",这就为消除某些外商对在中国司法解决或仲裁解决的某些担心或疑虑,提供了法律上的保证(尽管这些担心或疑虑是没有根据的和不必要的)。

(四) 东道国给予外资法律保护的约束力问题

东道国通过国内立法对外国资本给予法律保护,它对东道国本身究竟具有多大、多强的约束力? 换言之,这些国内立法对于外国投资究竟能有多大、多久的保护作用?

对于这个问题,历来有两种不同的见解。

1. 政权更迭可变说。一国政府通过国内立法给予境内外资法律保护,当然是它对外国投资者作出了道义上甚至法律上的保证。但是,其在道义上或法律上的约束力,毕竟只存在于特定的政府和政党执政期间。一旦政权更迭甚至政治理念变更,上述法律保证就可能随之变更,甚至荡然无存。这是合理的;或虽不合理,却是现实的。简言之,东道国给予外资的法律保护,存在着若干变数,因而从总体上说,它是不稳定的、不持久的。

2. 绝对"禁止反悔"说。东道国对于获准进入境内的外国资本,必须给予法律保护,并承担相应的法律责任。如果以单方行为发表政策声明或修改法律,侵害了外国投资者既得权益,则根据国际公认的"有约必守"原则(pacta sunt servanda)和"禁止反悔"原则(the principle of estoppel),应当追究东道国侵权行为的法律责任。即使发生政权更迭甚至国家继承,其后续政府或后继国家仍应继续承担法律责任。因此,东道国给予外资的法律保护,乃是稳定的、持久的。它对东道国具有绝对的、不可改变的约束力和强制力。

中国学者一般认为:对上述两种见解都不能加以抽象化和绝对化。鉴别、衡量和取舍的标准应当是:第一,东道国(主要是发展中国家)当初给予外资的法律保护,是基于国家主权的充分运用和自主决策,还是屈从于不平等条约、强权政治、经济霸权或军事压力,或蒙受诈欺而受骗上当?第二,这种法律保护的内容,是合乎公平互利原则还是显失公平?第三,是否出现了民商法或国际法上所公认的"情势根本变迁"(vital, essential or fundamental change of circumstances)的局面?[2]

根据上述标准,结合中国的现实国情(独立自主、经济发展、政局稳定、民族团结、社会进步)来衡量和判断,应当说,中国自 1979 年实行改革开放的基本国策以来通过国内立法给予境内外资的法律保护,是稳定、持久和相当可靠的。

二、中国吸收外资政策新近的重要发展及其相应的法律措施

在总结改革开放基本国策十七年工作经验的基础上,全国人民代表大会于 1996 年 3 月通过了《中华人民共和国国民经济和社会发展"九五"计划和 2010 年远景目标纲要》,这是今后十五年中国经济建设的行动纲领。它强调今后在发展经济中要努力实现两个具有全局意义的根本性转变,一是经济体制从传统的计划经济体制向社会主义市场经济体制转变;二是经济增长方式从粗放型向集约型转变。经济体制的转变既要坚持社会主义方向,又要遵循市场经济的一般规律。经济增长方式的转变要求改善生产要素配置,注意结构优化效益等。

在这种宏观背景下,中国吸收外资的政策和措施,一方面必须按市场经济一般规律的要求,进一步向国际上通行的做法(国际惯例)靠拢、接轨;另一方面,又必须按照中国的现行产业政策引导外商直接投资方向,拓宽外商投资领域,优化外商投

---

[2] 参见 1969 年《维也纳条约法公约》第 62 条。另参见陈安:《国际经济法总论》,法律出版社 1995 年版,第 198—211 页。

资结构和产业结构。为此,采取了一系列重大的法律措施。诸如:

(一)逐步统一内外资企业政策

对外商投资企业逐步实行国际通行的、比较全面的国民待遇(包括在华外商的投资部门、税收优惠、审批条件和手续等诸多方面),使中国境内的外商投资企业与其他企业在市场经济的基础上实行公平竞争。

(二)公布《外商投资产业指导目录》

1995年6月,国家计委、国家经贸委、外经贸部联合颁行《指导外商投资方向暂行规定》和《外商投资产业指导目录》。它将外商投资项目按其具体内容分为鼓励、允许、限制和禁止四大类。由国务院主管部门定期编制和适时修订公布。它们的颁行,改变了此前十几年有关立法零散无序、标准不一的状态,避免使外商无所适从或进入误区。其主要目的和效应在于:第一,增加中国经济发展各阶段产业政策的统一性和透明度,把外商引导到中国急需发展的产业上来,促使外商投资结构的优化,使外商投资与中国国民经济的发展和产业结构的调整更好地衔接。第二,缩小了外商投资原有的"禁区",拓宽了投资的部门和领域,有利于充分发挥和大力增强外商来华投资效益。从《外商投资产业指导目录》中可以看出:中国正在逐步扩大开放国内的投资市场。特别是扩大能源、交通等基础设施的对外开放,有步骤地开放金融、保险、商业、外贸等服务领域。第三,外商投资在中国"投其所好"的结果,也从客观上增强了对有关外资的法律保护的"安全系数"。[3]

(三)做好外商投资特许权项目(BOT)等新投资方式的试点

国家计委于1995年8月间即已发出有关试办外商投资特许权项目审批管理问题的通知,并抓紧草拟有关的行政法规,即《外商投资特许权项目暂行规定》,经国务院批准后发布实施。[4]

(四)大幅降低进口关税,取消进口关税的某些优惠

自1996年4月1日起,中国将进口关税的算术平均税率从原有的35.9%下调为23%,这次降低幅度达35.9%,超过了中国在国际上许诺的关税降低30%的幅

---

[3] 参见《国家计委负责人答记者问》,载《人民日报》(海外版)1995年7月1日。
[4] 参见《人民日报》(海外版)1996年3月30日。

度。与此同时,原则上取消了对外商投资企业进口自用生产设备和原材料的关税减免优惠。对于在 1996 年 4 月 1 日以前依法批准设立的外商投资企业,可根据其投资额度分别给予 1—2 年的宽限期,在宽限期内,可以继续享受减免关税和进口环节税的优惠。对于 4 月 1 日以后批准成立的外商投资企业在投资总额内进口的自用设备和原材料,海关一律按法定税率征收关税和进口环节税。[5]

在进口关税方面的这种改革,取消了对外商投资企业的特殊优惠,对内、外资企业一视同仁,在投资部门和领域方面逐步地、大幅度地拓宽外商投资企业的"用武之地",使它们享有的投资市场和机遇逐步接近于内资企业,这些措施标志着中国在吸收外资政策方面一个新的、重大的发展趋向:采取积极措施,对外资企业逐步实行国际通行的、比较全面的国民待遇。换言之,前面提到的各种"超国民待遇"和"次国民待遇"都逐渐消除或废止,从而向国际通行的"国民待遇"全面靠拢、接轨。

(五)实施新修订的《外汇管理条例》

自 1996 年 4 月 1 日起,实施《外汇管理条例》,这是促进和方便在华投资外商经营活动的又一重大举措,特别是其中有关"经常项目"外汇收支实行有条件可兑换的规定对于外商的合法既得权益提供了新的法律保障。这也是中国的外汇管理体制向国际市场经济通常做法靠拢、接轨迈出的一大步伐。

三、中国参加缔结的国际条约对在华外资的保护

中国参加缔结了一系列的双边协定和国际公约,对在华外资提供了国际法层次上的法律保护。

(一)双边协定给予的保护

1979 年以来,迄 1996 年 2 月底为止,中国已与外国签订了 73 个"双边相互促进和保护投资协定"(Bilateral Investment on Reciprocal Promotion and Protection of Agreements,BIPA)。就欧洲国家而言,最早与中国签订此种双边协定的国家是瑞典(1982 年 3 月),其后依次为罗马尼亚(1983 年 2 月)、德国(1983 年 10 月)、法国(1984 年 5 月)、比利时和卢森堡(1984 年 6 月)、芬兰(1984 年 9 月)、挪威(1984 年 11

---

[5] 参见《国务院发出通知:加快改革和调整进口税收政策》,载《人民日报》(海外版)1995 年 12 月 29 日。

月)、意大利(1985年1月)、丹麦(1985年4月)、荷兰(1985年6月)、英国(1986年5月)、瑞士(1986年11月)、波兰(1988年6月)、保加利亚(1989年6月)、匈牙利(1991年5月)、捷克(1991年12月)、葡萄牙(1992年2月)、西班牙(1992年2月)、希腊(1992年6月)、乌克兰(1992年10月)、摩尔多瓦(1992年11月)、白俄罗斯(1993年1月)、阿尔巴尼亚(1993年2月)、格鲁吉亚(1993年6月)、克罗地亚(1993年6月)、爱沙尼亚(1993年9月)、斯洛文尼亚(1993年9月)、立陶宛(1993年11月)、冰岛(1994年3月)、罗马尼亚(1994年7月,新协定)、南斯拉夫(1995年12月)等等。

这类双边协定所涉及的关键性要点是:

1. 从国际法上保证在华投资外商享有最惠国待遇和适度的法定国民待遇

1982年中国与瑞典签订的BIPA第2条规定:缔约各方应始终保证公平合理地对待缔约另一方投资者的投资。缔约任何一方投资者在缔约另一方境内的投资所享受的待遇,不应低于第三国投资者的投资所享受的待遇。但缔约双方各自与第三国缔结有关关税同盟或自由贸易区协议之类所规定的特惠待遇,不在此限。

在中国与外国签订的几十个BIPA中,一般都以大同小异的文字设有上述条款。值得注意的是,在少数几个BIPA中,除上述最惠国待遇条款外,还设有给予在华投资外商适度的法定国民待遇的条款。例如,1986年5月订立的中英BIPA第3条第3款规定:"缔约任何一方应尽量根据其法律和法规的规定给予缔约另一方的国民或公司与其给予本国国民或公司相同的待遇。"

1988年中日BIPA第3条第2款关于国民待遇的规定又前进了一步,它删除了"尽量给予"之类的弹性字眼,明文要求:"缔约任何一方在其境内给予缔约另一方国民和公司就投资财产、收益及与投资有关的业务活动的待遇,不应低于给予该缔约一方国民和公司的待遇。"但是,中日协定后面附加的《议定书》第3条对该协定有关国民待遇的上述规定又作了如下的限制,即"缔约任何一方,根据其有关法律和法规,为了公共秩序、国家安全或国民经济的正常发展,在实际需要时,给予缔约另一方国民和公司的差别待遇,不应视为低于该缔约一方国民和公司所享受的待遇"。《议定书》的这一段文字,实质上是针对中日协定第3条第2款上述正文的一种"但书"规定或"保留条款"。它与前述中英协定中关于"尽量给予"的弹性措辞相比较,可谓"殊途同归",其法律效应不分伯仲。

对于中英、中日上述双边协定中有关国民待遇规定的实际含义和效力范围,中国法学界的看法并不一致。有些学者认为:上述规定只分别适用于中英之间、中日之间的投资法律关系,不会影响到或不应扩大适用于中国对其他外国在华投资者的待遇。另一些学者则认为:在中国与其他国家签订的BIPA中,都订有最惠国待遇条款,按最惠国条款的公认含义及由此产生的"多边自动传导效应",则中英、中日双边协定中有关适度的法定国民待遇条款的效力,将自动扩大和普及于与中国签订了同类双边协定的其他一切国家的在华投资者。

从当前中国保护外资政策的现实发展势头来看,上述中英、中日BIPA中载明的适度法定国民待遇正在逐步实现;无论是它的实际内涵还是它的适用范围,都确实有日益扩大和普及于所有各国在华投资外商的明显倾向。例如,中国的国内商业的零售和批发、对外贸易以及服务等投资部门,原先长期不允许外商涉足。但自1992年初以来,对本来属于"禁止"之列的行业开始以下达"红头文件"的方式,试行"开禁"。至1995年6月,则进一步正式公布了《外商投资产业指导目录》这一行政法规,将许多以前属于禁止外商投资的部门和行业正式开放,允许甚至鼓励外商投资,或将完全禁止改为适当限制。而1995年9月中共中央提出《关于制定国民经济和社会发展"九五"计划和2010年远景目标的建议》以及1996年3月全国人大作出的相应决议,更将这种发展势头正式确定为今后十五年的努力方向,提出要"对外商投资企业逐步实行国民待遇","逐步统一内外资企业政策,实行国民待遇"。可以预期,随着社会主义市场经济体制在中国的进一步确立和中国经济的进一步发展,今后在华投资外商所享有的法定国民待遇的内涵和范围必将有更大幅度、更快速的拓宽,直至与当代各国通行的、更全面的国民待遇完全衔接。

2. 从国际法上严格限制征收外资

在中国与众多国家签订的BIPA中,无一例外地含有严格限制征收外资的条款。具体限制条件有三:必须是出于公共利益的需要;必须按照适度的法律程序;必须给予补偿。其基本文字与中国国内法的有关规定互相呼应,大体一致。

但是,就给予补偿的计算标准而言,则上述BIPA的措辞远比中国国内法的规定复杂、具体,而且各国的要求"宽严不一"。

1982年中国—瑞典BIPA第3条关于征收补偿的规定,可以分解为四点,即:(1)给予补偿的目的和程度,应使因征收受损的该外国投资者处于未被征收或国有化时相同的财政地位;(2)征收或国有化不应是歧视性的;(3)补偿不应无故迟延;(4)补偿应是可兑换的货币,并可在缔约国领土间自由转移。

这四点补偿规定开了先河,为此后相继签订的几十个中外BIPA所仿效和吸收。但若论上述第(1)点关于补偿程度的要求,则各自颇有发展和"翻新",显有宽严之分。诸如:有的要求东道国给予的补偿"应符合宣布征收前一刻被征收的投资的价值"(中德BIPA《议定书》第4条第3款),或"应相当于宣布征收时该投资的价值"(中意BIPA第4条第2款);有的要求"应相当于有关投资的实际价值"(中法BIPA《附件》第 2 条);等等。其中多数中外协定还规定补偿额应包括从采取国有化或征收措施之日到支付之日这段时间的"利息"(中芬 BIPA 第 5 条第 2 款);"按适当利率计算的利息"(中丹 BIPA 第 4 条第 1 款);"按正常利率计算的利息"(中英 BIPA 第 5 条第 1 款);等等。对补偿标准规定得最具体而又"别具一格"的,当推中澳 BIPA 第 8 条第 2 款。它要求:征收补偿应按征收措施"为公众所知前一刻的投资的市场价值为基础计算。若市场价值不易确定,补偿应根据公认的估价原则和公平的原则确定,应把投入的资本、折旧、已汇回资本、更新价值和其他有关因素考虑在内。补偿应包括从采取措施之日到支付之日按合理利率计算的利息"。

有的学者认为,中国与几十个国家分别签订的 BIPA 中针对征收补偿的上述规定,实际上已经完全接受了美国国务卿赫尔(Hull)在 1938 年提出的三项原则,即补偿应当是"充分""及时"和"有效"的(adequate,prompt and effective),只是具体措辞上略有不同而已。

这种观点是有待商榷的。因为按照在美国广为流行并被推崇为具有"权威性"的观点,所谓"充分"(adequate),指的是按"公平的市场价格"(fair market value)计算,而所谓"公平的市场价格",就应当把被征收企业作为"营业兴旺发达的企业"的全部价值(the "going concern" value of the enterprise),包括它在未来时日内所可能赚取的一切潜在利润和一切预期暴利全部计算在内(to calculate the present value of the future earnings of the enterprise)。[6] 这种计算方法,几近于对贫弱的发展中国家进行敲诈勒索,无疑是彻底地剥夺了它们在社会公益急需时行使经济主权和征收外资的任何权利。众所周知,中美之间有关双边保护投资协定的谈判,自 1982 年起,断断续续,迄今已历时十几年却仍未达成协议、正式签订,其主要障碍之一,应在于美国始终坚持其所谓"adequate"标准并对它作出这样的解释。

显而易见,从前面引述的中外 BIPA 有关补偿标准的各种规定中可推导出以下结论:认为中国已经接受美国所鼓吹和坚持的"赫尔公式",这是没有根据的。

3. 从国际法上保证方便投资外商的本利汇兑

中瑞(典)、中德、中法以及随后中国与其他国家分别签订的 BIPA 中,无一例外地设有此类专门条款,要求投资项目所在的东道国保证投资外商可以依法自由地、不迟延地转移与投资有关的各种款项,包括资本和追加投资,利润、股息、提成费、技术援助费、技术服务费以及其他各种合法收益,资本还贷款项,投资清算款项,外籍雇员收入,等等。

---

[6] See *Restatement of the Law (Third)*, *The Foreign Relations Law of the United States*, Vol. 2, The American Law Institute, 1987, pp. 198, 203, 208.

4. 从国际法上保证外商母国保险机构的代位索赔权

1983年的中德BIPA第6条规定：缔约一方（投资者母国）对在缔约另一方（接受投资的东道国）境内的某项投资作了担保（保险），并向其投资者支付了款项（理赔），则缔约另一方（东道国）承认，投资者的全部权利或请求权（索赔权）依法转让给了缔约一方（投资者母国），并承认后者对这些转让的权利或请求权的代位。众所周知，外国投资者与其本国保险机构签订的投资保险合同本属其国内民商法上的普通合同，由此产生的代位索赔权本身并不具备任何国际法上的效力。但是，通过双边国际协定上述条款的约定，这种代位索赔权就对投资项目所在的东道国产生了国际公法上的约束力。继中德BIPA之后，在中国与其他国家分别签订的几十个BIPA中，一般都含有此类条款。这表明：中国为了切实保障在华投资外商的合法权益，已经接受了国际法上的这种约束。

5. 从国际法上保证公正解决投资争端

这里所说的争端，主要是指投资外商与东道国政府之间产生的投资争端，包括因东道国征收外资而导致的赔偿问题等。这类争端，无论按国际公法上公认的"属地管辖优先原则"，还是按国际私法上公认的"最紧密联系原则"，本来都应由东道国的行政、司法或仲裁机构予以解决或裁断。但是，为了有效地消除在华外商的某些顾虑和切实保障公正、公平地解决这些争端，中国已在与外国分别签订的几十个BIPA中，原则上同意可将上述争端提交国际仲裁。

仍以1983年10月签订的中德BIPA为例，其附件《议定书》第4条就明文作了此种规定。而在同日双方全权代表的外交换文公函中又共同确认："缔约双方同意，在缔约双方都成为1965年3月18日在华盛顿签订的《解决国家与他国国民间投资争端公约》缔约国时，双方将举行谈判，就缔约一方的投资者和缔约另一方之间的何种争议如何按该公约的规定提请'解决投资争端国际中心'进行调解或仲裁，作出补充协议，并作为本协定的组成部分。"

1993年1月中国成为上述公约缔约国之后，在中国与外国签订的BIPA中已正式同意外国投资者可以选择将有关征收补偿款额的争议提交"解决投资争端国际中心"仲裁。[7]

（二）国际公约给予的保护

1979年以来，中国参加缔结的有关保护外国投资的各种国际公约，可分为两类：

---

[7] 参见《中国—摩洛哥王国相互保护投资协定》第10条第2款。

一类国际公约是对投资外商的财产所有权、实体权加以国际法上的保护,另一类国际公约则是对投资外商的请求权(索赔权)、程序权加以国际法上的保护。

1. 参加了多项保护外商财产权的国际公约

中国先后签署和参加了《建立世界知识产权组织公约》(1980年)、《保护工业产权巴黎公约》(1984年)、《商标国际注册马德里协定》(1989年)、《关于集成电路知识产权保护公约》(1989年签署)、《保护文学和艺术作品伯尔尼公约》(即《国际版权保护公约》)(1992年)、《保护录音制品制作者防止未经许可复制其录音制品公约》(1993年)、《专利合作公约》(1993年)、《与贸易有关的知识产权协议》(1994年签署,GATT乌拉圭回合最后文件协议之一),等等,从总体上参与了对外商知识产权的国际保护,从而对在华投资外商所拥有的专利权、商标权、著作权等具体财产权益,都承担了国际法上的保护义务。这些公约的规定与中国国内法(《民法通则》《专利法》《商标法》《著作权法》《计算机软件保护条例》等)的规定互相呼应和互相配合,大大强化了对在华外商财产权益的法律保护。

2. 参加了多项保护外商请求权的国际公约

中国先后参加了1958年在纽约订立的《承认及执行外国仲裁裁决公约》(以下简称《1958年纽约公约》)、1965年在华盛顿订立的《解决国家与他国国民间投资争端公约》(以下简称《1965年华盛顿公约》)以及1985年在汉城订立的《多边投资担保机构公约》(以下简称《1985年汉城公约》)。中国参加这些公约,在享受某些权利的同时,主要是对于保护在华外商投资承担了新的国际法上的义务。兹分别简述如下:

(1) 1986年参加《1958年纽约公约》,接受了承认和执行外国仲裁裁决的义务

对于缔约外国的仲裁机构作出的有利于外商的裁决,只要它符合公约规定的执行条件,纵使对中国一方的当事人相当不利,中国的管辖法院也有义务认真予以执行。为此,中国的最高人民法院专门在1987年4月10日向下属各级法院发出《关于执行我国加入的〈承认及执行外国仲裁裁决公约〉的通知》,要求一切有关人员"认真学习这一重要的国际公约,并且切实依照执行"。

(2) 1988年参加《1985年汉城公约》,接受了多边投资担保机构体制(以下简称"MIGA体制")

自20世纪50年代起,美国率先建立了海外投资保险制度,专为其在发展中国家的海外投资承保各种政治风险(又称"非商业性风险"),使海外美资尽量避免或减轻由于当地发生战争、内乱、国有化、征收、外汇禁兑、政府违约等政治风险事故所造成的损失。鉴于此制行之有效,其他发达国家纷纷效尤。其共同特点是:以国家为后盾,以发达国家的国内立法为依据,以与发展中国家缔结的双边投资协定为先行,由

政府专门机构或国家指定的专业公司为本国海外投资者提供政治风险的保险或担保(insurance 或 guarantee,二者名称不同,内容一致)。诸如美国的"海外私人投资公司"(Overseas Private Investment Corporation,OPIC)、德国的"信托股份公司"(Treuarbeit A. G.)和"黑姆斯信贷担保股份公司"(Herms Kreditversicherungs A. G.),日本政府通商产业省所属的出口保险部(Export Insurance Division, Ministry of International Trade and Industry)等,均属此类专业公司或专门机构。

美、日、德模式的海外投资保险体制在许多发达国家中相继建立以后,数十年来,在促进世界游资跨国流动和扩大国际经济合作方面发挥了积极的作用。但是随着时间的推移和世界经济的进一步发展,这类模式就逐渐显现出自身所固有的狭隘性和局限性,不能适应世界经济发展新形势的要求。换言之,由于各国政府专门机构直接主办或国家指定专业公司承办的此类投资保险业务往往有着这样那样的限制性要求,使得许多跨国投资无法获得担保。其中常见的障碍是:第一,各国官办的投资保险机构或公司既受本国政府的控制,又受本国法律的约束,还要受当局现实政治需要的消极影响。其典型事例之一是:美国政府自1989年下半年以来奉行"对华经济制裁"政策,美国官办的海外投资保险机构("海外私人投资公司")随即紧密地配合美国当局的政治需要,停止向美商对华的新投资提供保险,至今尚未"解禁"。第二,各国官办的投资保险机构或公司对于投保人或投保公司股东的国籍往往设有限制性规定,以致许多跨国设立的子公司往往四处"碰壁",投保无门;而且在不同国家的投资者共同参加同一项目投资的场合,就会产生"投保人不适格"的问题。第三,各国官办投资保险机构或公司的承保额一般都有上限,因此,当投资者申请投保大型项目时,就会因单一国家官办的投资保险机构或公司无法提供足额的保险而产生承保能力不足的问题。

于是,国际经济界和法律界的人们开始设想并进而设计出一种能够打破国家界限、在跨国投资保险方面进行国际协作的体制,借以摆脱上述狭隘性和局限性,从而更有效地促进世界资本的跨国流动。在世界银行的主持下,《1985年汉城公约》以及据此组建的"多边投资担保机构"(Multilateral Investment Guarantee Agency, MIGA)终于"应运而生"。

MIGA 机制的诞生,是发展中国家与发达国家"南北矛盾"与"南北合作"的产物。截至1995年6月30日止,《1985年汉城公约》和MIGA的正式成员国已经达到128个国家,其中19个为发达国家,109个为发展中国家。此外,还有24个国家已签署本公约而有待完成缔约手续。

MIGA 机制不同于任何国家官办保险机制的突出特点是,前者对吸收外资的每一个发展中国家成员国同时赋予"双重身份":一方面,它是外资所在的东道国,另一方面,它同时又是 MIGA 的股东,从而部分地承担了外资风险承保人的责任。这种"双重身份"的法律后果是:一旦在东道国境内发生 MIGA 承保的风险事故,使有关外资遭受损失,则作为"侵权行为人"的东道国,不但在 MIGA 行使代位求偿权之后间接地向外国投资者提供了赔偿;而且作为 MIGA 的股东,它又必须在 MIGA 行使代位求偿权以前,即在 MIGA 对投保人理赔之际,就直接向投资者部分地提供赔偿。此外,它作为"侵权行为人"还要面临 MIGA 其他成员国(包括众多发展中国家)股东们国际性的责备和集体性的压力。可见,MIGA 机制在实践中加强了对东道国的约束力,对外资在东道国所可能遇到的各种非商业性风险起了多重的预防作用。

中国是 MIGA 的创始成员国之一,尽管财力有限,却认购了 MIGA 的大量股份(3138 股),在全体成员国中居第 6 位。此举显见中国对这个全球性多边投资担保机构的重视和支持,也足证中国对于通过 MIGA 的保险机制从国际法上加强对在华外资实行法律保护的诚意。

(3) 1993 年参加《1965 年华盛顿公约》,接受了 ICSID 体制的约束

根据《1965 年华盛顿公约》而组建的"解决投资争端国际中心"(International Centre for Settlement of Investment Disputes, ICSID),可以受理缔约国政府(东道国)与另一缔约国国民(外国投资者)直接因投资而引起的法律争端。

细读《1965 年华盛顿公约》的主要条款,不难看出:缔结该公约和设置 ICSID 的实际宗旨,说到底,就是为了切实保障资本输出国(绝大部分是发达国家)海外投资家的利益。《1965 年华盛顿公约》明显地体现了发达国家的基本立场:尽可能把本来属于东道国(绝大部分是发展中国家)的对境内投资涉外行政诉争的管辖权转移给国际组织。可以说,《1965 年华盛顿公约》的签订,为外国的"民"以申诉人身份到东道国国境以外去指控东道国的"官"提供了"国际立法"上的根据。事实上,ICSID 成立以来受理的投资争端案件中,除极个别案例外,东道国政府都是直接处在被诉人的地位,且这些东道国绝大部分为发展中国家。

尽管如此,许多发展中国家出于吸收外资的现实需要,在全面权衡利弊得失之后,原则上还是同意了对本国境内有关投资的涉外行政诉争的管辖权和法律适用权作出局部的自我限制,在一定范围内和一定条件下将本国政府与外国投资者之间的投资争端交由 ICSID 管辖。

自从 1966 年 10 月《1965 年华盛顿公约》正式生效、ICSID 开始运作以来,一方面,这种体制在实践中出现了种种问题和不足;另一方面,它在解决国际投资争端方面,特别是在创设良好的国际投资气候以及促进国际经济互利合作方面,确实起到

了一定的积极作用。近三十年来,随着国际社会各类成员之间经济上的互相依存关系的加深和加强,参加缔约的国家逐渐增加。截至1995年10月,《1965年华盛顿公约》的正式缔约国已达122个,另有12个国家已经签署,尚待批准。

中国经过慎重考虑,1990年2月9日签署了《1965年华盛顿公约》,进而在1993年1月7日递交了批准文件,并通知ICSID:中国仅考虑把由征收和国有化而产生的有关补偿的争议提交ICSID管辖。这表明了中国坚持并进一步扩大改革开放的决心。诚如世界银行副总裁、ICSID秘书长希哈塔先生(Ibrahim F. I. Shihata)在中国加入《1965年华盛顿公约》的签字仪式上所说,"中国取得ICSID成员国资格将有助于中国进一步大力改善投资环境,吸引更多的外国投资"。

综上所述,可以看出:当前中国对在华外国投资(包括欧洲在华投资)的法律保护,是多层次、多方面和系列性的,并且已经基本上形成了比较周密的法律保护体系。它的具体内容和多种措施,都是立足于中国国情,又借鉴和移植了当代世界各国的通行做法,因而是与国际先进惯例基本一致的。可以预期,在今后5—15年中,随着社会主义市场经济体制在中国的进一步确立和发展,中国对外商在华投资的法律保护也必将按照市场经济一般规律的要求,通过国内立法和国际缔约这两个基本方面,进一步提高、加强、周密化和健全化,从而更全面地与先进的国际惯例互相衔接。

第14章　外商在华投资中金融票据诈骗问题剖析*

——香港东方公司 v. 香港泰益公司案件述评

>> 内容提要

1986—1988年，香港东方公司法定代表人邱××在厦门中院诉香港泰益公司法定代表人简×，声称被告欠债320余万港币，要求偿还。被告求助于兼职律师陈安、曾华群。经律师配合法院，向香港当地开出上述涉讼本票的两家银行以及有关单位深入调查取证，收集到确凿证据。另一方面，又仔细研究原告邱××向法院呈交的伪造证据，逐一剖析其中存在的矛盾和漏洞，终于澄清了邱××弄虚作假、实施诈骗的事实，使真相大白。邱××在厦门中院一审败诉后不服，提起上诉。福建省高级人民法院二审判决：驳回上诉，维持原判。值得注意的是：在本案两审过程中，有某位省级领导人受邱××"请托"，数度向法院经办人员打电话"了解进展情况"，表示"关切"，并提醒"要注意贯彻华侨政策"。律师根据事实和确凿证据，依法据理力争，顶住了来自某位省级领导人的变相干预和无形压力，配合法院，维护了司法公正。

>> 目　次

一、本案案情梗概
二、本案讼争主要问题剖析
　　（一）关于第0163号收款收据的真伪问题
　　（二）关于第0168号收款收据的真伪问题
　　（三）关于所谓1985年9月15日原告与被告的密约

---

*　① 本文根据1986—1988年本案一审和二审中被告一方律师（陈安、曾华群）的代理词以及1988年二审法院的终审判决书整理写成。② 本文曾经相继收辑于北京大学出版社2005年版《国际经济法学刍言》和复旦大学出版社2008年版《陈安论国际经济法学》。

（四）原告在其发表的一系列文件中对被告"赖账"

（五）原告曾书面和口头承认只付给被告50万港币

（六）关于原告骗取被告第0163号和第0168号收款收据的动机

（七）被告因原告诬告所遭受的损失及其索赔要求

附录　福建省高级人民法院民事判决书

一、本案案情梗概

港商邱××,以香港东方进出口贸易公司名义,于1984年4月3日与厦门J公司订立《合作改造经营绿岛饭店合同》,约定由厦门J公司提供绿岛饭店作为经营场所,由邱××投资500万—800万港币作为装修饭店、引进设备的资金,成立内地与香港合作企业绿岛大酒楼。1984年10月3日,在邱××的推荐下,以绿岛大酒楼名义与香港泰益建筑装饰工程有限公司法定代表人简×签订"绿岛大酒楼装饰工程合同",约定:装修工程造价为562.02万港币;分期付款。工程款实际上均由邱××负责支付,作为邱××向上述合作企业的投资。事后,邱××违约拖欠工程款,致使装修工程陷于停顿。邱××遂想方设法在香港两家银行虚开本票、涂改简×开具的两张本票收款收据,然后以这些本票收款收据作为"凭证",制造"已经"交付工程欠款的假象,骗取中方合作者的信任,从而以这些实际上并未真正支付的工程款作为邱××已经实际投入绿岛大酒楼的出资;接着,又以绿岛大酒楼的名义,先后向中国银行厦门分行申请并获得贷款50万元人民币和150万港币。

1985年夏秋之间,邱××要求分享简×从承包绿岛大酒楼装修工程中获得的利润,索取50万港币,简×坚决不同意。邱××遂以前述两张由简×出具、邱××擅自涂改的本票收款收据作为"证据",于1985年10月4日向厦门市中级人民法院起诉,诬称简×全盘吞没邱××为绿岛大酒楼装修工程支付的专款,却拒不认账,要求法院判决确认简×已经取得装修工程专款324.02万港币,并追究其不法行为,赔偿全部损失。同时,申请法院采取"诉讼保全"措施,获得批准,冻结了简×本可提取的装修工程余款100余万港币,并扣留了简×的"三证"即身份证、回乡证和回港证,使简×陷入进退两难绝境,公司濒临倒闭。简×求助于兼职律师陈安、曾华群。经律师配合法院,向香港当地开出上述涉讼本票的两家银行以及有关单位深入调查取证,收集到确凿证据。另一方面,又仔细研究邱××向法院呈交的伪造证据,逐一剖析其中存在的矛盾和漏洞,终于澄清了邱××弄虚作假、实施诈骗的事实,使真相大白。邱××于一审败诉后不服,提起上诉。福建省高级人民法院二审判决:驳回上诉,维持原判。在本案两审过程中,有某位省级领导人数度向法院经办人员打电话"了解进展情况",表示"关切",并提醒"要注意贯彻华侨政策"。律师根据确凿事实,依法据理力争,配合法院,维护了司法公正。

二、本案讼争主要问题剖析

本案原告邱××于1985年10月4日以香港东方进出口贸易公司的名义向厦门市中级人民法院提起诉讼,请求法院确认本案被告香港泰益装饰工程有限公司经理简×提取324.02万港币,作为原告向厦门绿岛大酒楼投入的出资资金和专为该酒店装修工程支付的专款;同时,请求法院追究被告的不法行为,责令其赔偿原告的损失。其理由有二:(1)原告于1984年10月8日至9日曾在香港向被告开具现金本票3张,合计162.02万港币(含10月8日南洋商业银行本票D27-001932、D27-001933,每张本票的面额为50万港币;10月9日香港中国银行旺角支行本票MK014185,面额为62.02万港币),但因被告提出在香港用本票收款要多纳税25万港币,同时还要4天以后才能收到款,因此不要本票要现金,于是原告旋即向被告支付价值相当于162.02万港币现金的30万新加坡元、8万美元和100两黄金,有被告出具的第0163号收款收据为凭。(2)同年11月9日,原告支付现金162万港币给被告,有被告出具的第0168号收款收据为凭。原告同时还向法院提出对被告采取"诉讼保全"措施的申请,法院接受原告申请后,一方面扣留简×的"三证"(即身份证、回乡证和回港证),另一方面通知绿岛大酒楼暂时停止支付简×的装修工程款。被告于1985年10月28日作出答辩,坚称自己根本没有收到原告的工程款324.02万港币,原告所提供的本票复印件和本票收款收据的复印件均属弄虚作假,妄图诈骗钱财。因此,请求法院追究原告的违法责任,赔偿被告的经济损失和名誉损失。

本案原、被告双方讼争的焦点就在于上述本票和本票收款收据复印件究竟是真实的还是伪造的,或是亦真亦假、半真半假的。因此,必须逐一予以澄清。

(一)关于第0163号收款收据的真伪问题

经调查核实,第0163号收款收据不能作为原告已经付款和被告已经收款的凭

据,应当根据下列事实予以否定:

1. 第 0163 号收款收据是指收取本票的收款收据。该收款收据上端和下端空白处附加有原告一方人员手写的三张本票的号码。据中国银行厦门分行向香港当地出票银行进行深入调查,已经证明原告根本没有真正开出上述本票。其具体经过是:原告曾于 1984 年 10 月 8 日到香港南洋商业银行先开出以"简×"为抬头的本票第 D27-001932 号,金额为 50 万港币;随即原告又以"简×指定要写明公司抬头的本票"为由,要求银行取消原票,再开出以"泰益装饰公司"为抬头人的本票第 D27-001933 号,金额为 50 万港币。其后不久,原告又再以"做不成生意"为由将本票金额回存入原账户,从而再次取消了该 D27-001933 号新开本票。10 月 9 日,上诉人到香港中国银行旺角支行以同样的方式先开了以"简×"为抬头人的本票第 MK014185 号,金额为 62.02 万港币,而后又以"简×指定要写明公司抬头的本票"为由,要求银行取消原票,另行开出以"泰益装饰公司"为抬头人的本票第 MK014186 号,金额为 50 万港币。上述四张本票在银行开票当天出票后极短的时间内被原告复印,并由原告作为"已替厦门绿岛大酒楼在香港支付装修工程款项"和"已向合作企业投资"的凭证,向中方出示,企图以此证明原告已依约向厦门合作企业履行了投资的义务,并以这几张本票和本票收据复印件骗取中方信任,先后两度申请并获得厦门有关银行同意给予 50 万元人民币和 150 万港币的两笔巨额贷款。但是,事实上,上述第 D27-001932 号、第 D27-001933 号以及第 MK014185 号三张本票(合计 162.02 万港币)均已在当日作废;只有第 MK014186 号本票有效。这些事实已经确凿地证明:原告所称已经支付被告三张总金额合计 162.02 万港币的本票,纯属子虚乌有、凭空捏造。从而也说明被告反复申明从未见到第 0163 号收款收据上下端空白处手写附加文字所列出的三张本票,完全属实。

2. 原告起初声称是以上述几张本票支付了装修工程款,其后,鉴于此种主张漏洞和破绽太多,难以自圆其说,于是在后来的庭审中又改口翻腔,说是开票之后又应被告简×要求,以现金代替本票支付,于 1984 年 10 月 9 日开票当天改为付给被告 30 万新加坡元、8 万美元、100 两黄金,折合 162.02 万港币。对于这一情节,原告邱××在庭审中提到当初在场的证人是其嫂龚××,然而其嫂叫别人代写的一份证明却说是 10 月 11 日(即 1984 年 10 月 9 日开出本票之后两天)看到原告从家中"运走一包一包首饰",与原告陈述的情节严重不符,亦即从家中"运走"的,是"一包一包首饰",并非原告所说的"100 两黄金,一块一两,共 100 块"。至于原告声称的对于这批货币和黄金的折算办法,一经认真查核,更是令人哑然失笑!查原告所称付款日期即 1984 年 10 月 9 日香港《华侨日报》刊载的香港金融行情情况表,当日新加坡元、美元和黄金（每两）与港币的比率分别是：1∶3.595、1∶7.805、1∶3184。按此比率折算，30万新加坡元、8万美元、100两黄金分别折合107.85万港币、62.44万港币、31.84万港币，三项合计202.13万港币。这个数字，与原告折算的数字相比较，竟然超出40.11万港币，从而再一次与原告陈述的上述情节严重不符。原告混迹香港商场多年，历来爱财如命，锱铢必较，何以在1984年10月9日支付巨额美元、新加坡币和黄金用以折抵港币之际，竟会如此愚蠢，或如此"慷慨"，不顾、不查当天香港金融折算的比率行情，白白地超额支付40余万港币给被告？十分明显，原告所谓以美元、新加坡元、黄金折抵港币之说，纯属信口开河，任意编造，根本不能采信！

3. 原告所称被告曾以"本票要等四天才能取到款，同时还要纳税25万港币"为由，提出不要本票要现金。经查，被告1984年10月9日凭原告提供的本票MK014186号（即第0164号收款收据所针对的本票），就是当天到银行取到的款，既无须"等四天"，也不要"纳税"，因此，原告的这种说法也是胡编乱造。

4. 被告多次催促原告依约支付装修工程专款，原告推诿说是款在厦门难以调出，须被告预开本票收据，才能凭以向厦门有关方面索取装修款或向银行贷款。被告因不了解内地情况，对原告的说法半信半疑，故一方面按原告一再提出的要求，预开了第0163号收款收据，同时在该收款收据中注明"候收妥作实"，其本意是指出具该收款收据时，被告尚未收到该款项，因此该收据是没有最终约束力的。不料原告后来竟大胆妄为，擅自把附注的"候收妥作实"篡改为"已收妥作实"，又在发票的上下端添加文字，制造已经代付装修款作为对绿岛大酒楼投资的假象。先是用以骗取中方信任，骗取银行贷款，继又用以坑害被告，讹诈钱财，其居心和手段，都是十分卑劣的。

综上所述，原告实际上并未支付被告出具的第0163号收款收据所标明的款项。

（二）关于第0168号收款收据的真伪问题

原告声称在1984年11月9日将另一笔162万港币现金付给被上诉人，但没有其他任何直接证据能证明原告确曾付出或被告确曾收到这笔现金的事实。原告唯一能提供分析的证据，是被告于11月9日出具的有关另一笔162万港币的第0168号收款收据。但被告也提供了一份针锋相对、互相抵消的证据，即在同一天由原告签名出具的、标明162万港币同样金额的一张借据，交由被告收存，用以交换被告出具的第0168号收款收据。当时双方即已明确约定：该收款收据是仅供原告对外向中方出示时使用的，该同等金额的借款借据则是专供原告与被告之间一旦内部结算时互相抵消之用的。如今原告竟单凭该收款收据转而向被告讹诈钱财，实在是被告始料所不及的。幸亏被告当初还略有防备戒心,同时向原告索得和收存了同等金额的借据。否则就真是"哑巴吃黄连"了。此外,还应当指出:在庭审中,原告曾一度企图抵赖,说是该借据上她的签字"可能"不是她的亲笔字。但经厦门法院送交厦门公安局鉴定,已经确认:该借据中的"邱××"三字,确系原告亲笔所写。

(三)关于所谓1985年9月15日原告与被告的密约

这是原告伪造的许多"证据"中最为拙劣的一份,也是其代表作(附件三)(略)。

凭此假证据,原告编造了被告与她密约承认欠她500多万港币并签字的一段离奇故事。但由于通篇编排结构零乱、字体大小悬殊,不难看出这是利用原告手中的一张经被告签名的收款白条,由原告塞入大量私货的假证据。经仔细辨认和分析,这张经被告签名的白条原有文字内容应是:"1984年9/2号泰益装修公司支往厦师文费共12000港币现金正,1984年9月2号邱××手付给简×。东方进出口贸易公司,简×(签字)。"其他内容都是原告事后添加的。

(四)原告在其发表的一系列文件中对被告"赖账"

金额的表述信口雌黄,自相矛盾

仅举以下几例:

1. 1985年5月23日起草、同年6月28日发出的对绿岛大酒楼更改新合同的几点声明:162万港币;
2. 1985年6月27日通告:44万元人民币;
3. 1985年7月4日给绿岛大酒楼董事会的一封公开信:162万港币;
4. 1985年7月5日关于付款给简×的经过情况:324.02万港币;
5. 1985年7月10日绿岛大酒楼改造前后过程的回顾:162万港币;
6. 1985年10月4日起诉书:324.02万港币。

从以上白纸黑字中,足见原告出尔反尔,信口雌黄。如果真有付款其事,一是一,二是二,就不会如此颠三倒四。

在1986年1月24日法庭调查中,原告甚至声称除了324.02万港币之外,被告还欠她100多万港币、100两黄金。如此毫无根据地加码,爱财心之切,胃口之大,令人叹为观止。

(五)原告曾书面和口头承认只付给被告 50 万港币

1985 年 3 月 3 日,被告接厦门商业局通知,来厦落实有关装修工程和款项事宜。当晚 12 时左右,原告赶到被告住的鹭江宾馆房间,送来亲笔签署的一张有关装修工程款项清单,其中写明"经过简×经手实际本票 50 万港币",并要求被告对中方不要讲什么,一切由她安排。原告的用意是先在原、被告双方之间分清责任,稳住被告,不让被告向中方讲出实情,以避免在三方会谈中露出马脚。

1985 年 3 月 5 日在虞朝巷原绿岛饭店会议室召开的绿岛大酒楼董事会会议上,原告在被告未到会的情况下,一再声称已付给被告 370 多万港币,但在被告到会之后,曾四次承认被告只收到 50 万港币(详见绿岛大酒楼董事会 1985 年 3 月 5 日记录)。

(六)关于原告骗取被告第 0163 号和第 0168 号收款收据的动机

原告于 1984 年 4 月 3 日与厦门 J 公司、厦门 K 公司签订合作改造经营绿岛饭店合同之后,并不依约投资,而是挖空心思骗取了被告的第 0163 号和第 0168 号两张收款收据,并要求中方认账,然后,以"投资超出预算"为名要求中方贷款,以便用中方所贷的款项支付被告并上下其手,从中牟利。这就是原告"无本"投资和攫取利润的如意算盘。

由于被告只在 1984 年 10 月 9 日收到原告支付的 50 万港币,无法全面如期开工,致使绿岛大酒楼装修工程中途搁浅,原告一方面推卸工程延误的责任,写了 1984 年 11 月 2 日致简×函(原告这封信是写给中方看的,直至 1985 年 3 月 3 日才由原告亲手交给被告。此函是邱××笔迹),捏造了被告提出"土建工程必须推迟三个月的要求"(附件四)(略);另一方面,原告不择手段地向中方施加压力,逼迫中方贷款:

(1) 1984 年 12 月 10 日,原告致简×函中以绿岛大酒楼"破烂不堪,连牙签也无"为理由要求被告配合,不要上工,企图要挟中方贷款 300 万港币;

(2) 1984 年 12 月间,原告伪造了简×致邱××函,冒称"现已收到东方进出口贸易公司付出装修绿岛大酒楼的金额十一次,合计叁佰柒拾肆万港币左右","若要赶在春节之前完工开业,需再付壹佰伍拾万港币,请于元月中旬以前付清"(附件五)(略);

(3) 1984 年 12 月间,原告亲笔伪造简×致绿岛大酒楼邱××女士函,称"想赶春节前开业,必须在本月 28 号再付我公司 150 万港币;以及 1985 年 1 月 5 号左右又付我 150 万港币"(附件六)(略)。

由上可见，原告骗取被告第0163号和第0168号收据起先是为了欺骗中方，作为向中方骗取贷款的"本钱"，只是在无法达到此目的的情况下，才掉转矛头针对被告。原、被告间所谓付款纠纷的表面化开始于1985年3月。1985年6月至7月间，原告通过发表一系列文件，向被告发起了凌厉的心理攻势。与此同时，还同被告多次谈判。在1986年1月26日法庭调查中，证人杨××说，原告方曾表示：如果被告付给原告工程费50万港币、其他费用20万港币，原告可能接受而不再告状。这从另一个侧面证实了被告并没有收到第0163号和第0168号两张收据所列的款项。

事实证明，原告骗取被告第0163号和第0168号两张收据只是其**假投资、真诈骗**这幕丑剧的序幕。

（七）被告因原告诬告所遭受的损失及其索赔要求

原告诬告，导致被告"三证"被扣，无法及时回港进行正当营业，造成严重的经济损失，此外，被告精神痛苦，寝食不安，身心遭受严重摧残，在香港商界的信誉亦受到严重损害。因此，被告要求：

（1）赔偿经济损失，并支付个人健康受害和名誉受损的赔偿金；

（2）立即发还被告因原告诬告而被扣留的"三证"；

（3）立即按《中华人民共和国民事诉讼法》第92条及第93条第2款的规定采取诉讼保全措施，扣留原告的"三证"，并冻结原告在厦门和在中国内地其他地方的财产。

至于本案原告伪造有价证券、诈骗钱财及诬告陷害等行为，业已触犯《中华人民共和国刑法》第123条及第138条[1]，构成犯罪，被告将根据以上事实，衡之于中国有关的法律和法规，请求向法院提起刑事诉讼，要求对原告依法惩办，给予应得的刑事制裁，以维护中国法律的尊严和人民的合法权益。

1986年1月26日

附录　福建省高级人民法院民事判决书

[(1986)闽法经民上字第49号]

上诉人（原审原告）：香港东方进出口贸易公司。地址：（略）

---

〔1〕　按：这是1987年当时有效的《刑法》条文序号，其内容分别相当于1997年修订的《刑法》第177条、193条、243条。

法定代表人:邱××,香港东方进出口贸易公司总经理。

委托代理人:(略)

被上诉人(原审被告):香港泰益建筑装饰工程有限公司。地址:(略)

法定代表人:简×,香港泰益建筑装饰工程有限公司经理。

委托代理人:(略)

上诉人香港东方进出口贸易公司因厦门绿岛大酒楼装饰工程款纠纷一案,不服厦门市中级人民法院(1985)厦中法经民字第44号民事判决,向本院提起上诉。

本院依法组成合议庭,公开审理了本案。现已审理终结,查明:1984年4月3日,以厦门J公司、厦门K公司为甲方,香港东方进出口贸易公司为乙方(投资方)在厦门签订了关于合作改造经营绿岛饭店合同。同年5月5日,该合同经厦门经济特区管理委员会批准,成立合作企业绿岛大酒楼。1984年10月3日,绿岛大酒楼与香港泰益建筑装饰工程有限公司签订绿岛大酒楼装饰工程合同。该合同规定的装饰工程造价为5620200港币。后因工程延期,绿岛大酒楼在追究延误责任时,发现上诉人与被上诉人之间的经济纠纷:被上诉人说因尚未收到应支付的工程款项而无法动工;上诉人说已在香港支付给被上诉人3240200港币的工程款。双方纠纷经调解无结果,遂提起诉讼。上诉人以第0163号和第0168号收款收据为凭,请求法院确认被上诉人已提取3240200港币工程款。

原审法院审理认为,上诉人诉讼请求证据不足,不予确认,并判决上诉人偿付被上诉人的直接经济损失29000港币。判决后,上诉人不服,认为原审法院认定事实不清,判决不公。被上诉人辩称,上诉人的行为纯属欺诈,要求对其依法处理。本院再次查明:1984年10月8日、9日,上诉人在香港南洋商业银行、香港中国银行旺角支行分别开出第D27-001932、第D27-001933号和第MK014185号三张本票之后,又以"做不成生意"为由,将上述本票作废。同年10月8日,上诉人以支付装饰绿岛大酒楼工程款为名,取得被上诉人的第0163号收据,该收据上注明为支付上述三张本票金额为1620200港币的凭据;1984年11月9日,上诉人取得被上诉人金额为162万港币的第0168号收据,同时被上诉人也从上诉人处取得同样金额的借据一张。

本庭合议并经本院审判委员会讨论认为:本案系支付绿岛大酒楼工程款债务纠纷。原审认定"经董事会认可,工程款可由原告方在香港向被告方支付"一节,查无实据,不予认定。上诉人以第0163号、第0168号收款收据为依据诉被上诉人负有3240200港币债务,但第0163号收据无效;第0168号收据的金额与借据的金额相等,且上诉人无其他证据证明其债权。原审判决基本事实清楚,适用法律正确,根据

《中华人民共和国民事诉讼法(试行)》第 151 条第 1 款第 1 项之规定,判决如下:

驳回上诉,维持原判。

本案诉讼费 10000 港币,由上诉人负担。原审诉讼费按原审判决收取。

本判决为终审判决。

审判长、审判员、书记员(略)

福建省高级人民法院

(盖章)

1987 年 11 月 15 日

[**本文作者附言**]

本文所列诸多附件和确凿证据,因限于本书篇幅,均从略。有心对本案进行追踪深入研究的读者,可到厦门市中级人民法院和福建省高级人民法院查索原始案卷。

第15章 外商在华投资中的担保与反担保问题剖析*

——香港上海汇丰银行有限公司 v. 厦门建设发展公司案件述评

>> 内容提要

在香港上海汇丰银行（原告）诉厦门建设发展公司（被告）一案中，原告曾经作为中间人，积极引荐美国恩特肯公司，并大力撮合了厦门瓷器厂、厦门建筑发展公司与美国恩特肯公司三方签订中外合资经营合同。应中方咨询，原告曾经专为恩特肯公司出具了资信证明，评价过高，虚假失实，从而误导了中方。同时，原告又自荐由其一家子公司向上述中外合资公司提供贷款，再通过"担保"与"反担保"，将全部风险转移给被告，原告自己牟取了巨额利润。合营公司成立后，中方发现外商恩特肯公司及其总裁是唯利是图、欺诈成性、肆意违约的不法商人，致使合营公司负债累累，濒临崩溃。原告在此种情况下，不但不肯承担任何责任，反而步步紧逼，向中方主张债权人和"被反担保人"的权利。笔者当时受聘担任中方被告的代理律师，在诉讼中据理力争，针锋相对，揭露英商原告的欺骗行为，迫使英商原告作出退让，从而为中方挽回了或减轻了595.14万美元的巨额损失。

>> 目　次

一、本案案情梗概
二、厦门建发公司答辩状
　（一）甲案
　（二）乙案

---

* 本文依据1993年本案第二被告厦门建发公司的代理律师的代理词等文档整理写成。

（三）丙案
　　（四）责任分析
三、本案讼争主要问题剖析
　　（一）关于原告汇丰银行的欺诈行为问题
　　（二）本案的"反担保书"等依法应属无效
　　（三）关于造成"反担保书"等无效的责任分析
　　（四）建发公司的请求
四、本案中方代理律师致香港汇丰银行中国业务部总经理罗素先生函

一、本案案情梗概

　　1984年7月,经香港上海汇丰银行有限公司(简称"汇丰银行")厦门代表处积极引荐和撮合,由厦门瓷器厂(简称"厦门瓷厂")、厦门经济特区建设发展公司(简称"建发公司")以及美国恩特肯工程有限公司(简称"恩特肯公司")三方签订了中外合资经营企业合同,组建了中华瓷器有限公司(简称"中瓷公司"),三方出资比例为40%∶20%∶40%。在此之前,汇丰银行驻厦门代表处应中方咨询,专为恩特肯公司出具了资信证明,评价很高,使中方对恩特肯公司的资信、能力深信不疑。与此同时,经恩特肯公司和汇丰银行的预先筹划,作了如下安排:(1)新成立的中外合资"中瓷公司"与汇丰银行的一家英国子公司"获多利财务有限公司"(其后改称"米特兰公司")于1984年12月14日签订买方信贷协议,由前者以高利向后者贷得巨款1500万英镑,用以从英国购买和进口生产瓷器的先进设备。(2)同时,由汇丰银行向其子公司米特兰公司出具担保书,保证中瓷公司依约如期还清贷款本息;中瓷公司向汇丰银行交付"担保费"(即办理担保手续和承担担保责任的酬金)。(3)同时,由建发公司向汇丰银行免费出具反担保书,保证对汇丰银行为履行其担保书而支出的一切费用承担赔偿责任。对以上安排,中瓷公司的两家中方股东缺乏深入了解和研究,按照当时厦门市某位领导的"指示",贸然全盘接受,照办不误。此后,由于进口"先进设备"的需要和按时还贷困难,又基本上按上述安排的"三部曲"模式,在1985年至1989年间相继由各方当事人分别签订了数项新的贷款协议,出具了相应的担保书和反担保书。就中方而言,后期的几笔新借款实质上是"借债还债",即向老债主借新

债还旧债,债台愈筑愈高,共贷入2512.68万英镑;就汇丰银行及其子公司而言,则是本利"驴打滚",愈"滚"愈多!

中美合资的中瓷公司正式营业后,事实很快证明:汇丰银行所积极引荐的恩特肯公司及其总裁沙尔哥(E. T. Salgo)原来是唯利是图、肆意违约的不法外商。按照1984年7月签订的合资经营合同,中瓷公司需从国外进口的生产设备必须具有国际第一流质量,且需经合资双方共同考察和统一选型后购买;恩特肯公司方面应当向中瓷公司提供欧美的先进技术和工艺诀窍,提供合格的外籍技术专家和管理人员,对中瓷公司主要人员实行技术培训,并负责将中瓷公司产品全部出口外销。但是,在合同履行过程中,担任中瓷公司总经理的美商沙尔哥全面背离和背弃了上述规定,严重违约,并且利用中瓷公司管理制度不健全、进口商品检验制度不严格的各种漏洞,一手包揽进口设备采购,并从中牟取暴利。由于进口设备时以劣充好、以少报多,生产中以外行充内行,造成合营产品成本太高,质量低劣,大量积压;在出口销售中,又大幅度"杀价",或以高报低,致使中瓷公司亏损累累,债务日益加重,导致合资公司内部矛盾重重、争端频频,并使中瓷公司逐渐陷入资不抵债、濒临崩溃的境地。接着,恩特肯公司总裁沙尔哥又下令从1989年2月起分批撤走其驻中瓷公司的全部人员,使中瓷公司的生产几乎陷于瘫痪。

在中瓷公司已经陷入此种危境的情况下,汇丰银行及其子公司却不断逼债。中瓷公司作为还贷债务人,建发公司作为还贷担保人,鉴于汇丰银行在引荐美商恩特肯公司和造成中瓷公司危境方面负有不可推卸的责任,曾经多次商请债权人汇丰银行及其子公司进行债务重组,酌情减免,但香港汇丰银行中国业务部总经理罗素先生始终坚持本利相滚,寸步不让,而且步步进逼:不但利用中国地方官员考虑自身"政绩"评估所产生的心态弱点,扬言要"向国务院中央领导反映"厦门市纵容国企"赖债",不断施加"精神压力",而且在1992年8月7日向福建省高级人民法院正式起诉,把厦门瓷器厂和建发公司推上了被告席。福建省高院鉴于本案涉讼金额巨大,且案情复杂,影响颇大,同意以省高院作为第一审法院受理。此时,建发公司不但面对省人民法院的正式传讯,而且面临市里某领导的"压力",嘱咐对汇丰银行的无情逼债"不要硬顶","不要图一时痛快",以免事态扩大,惊动中央。建发公司遂委托兼职律师陈安教授代理应诉事务。代理律师经仔细研究大量中、英文资料,发现当初汇丰银行厦门代表处杨××先生极力引荐美商恩特肯公司和出具的资信证明资料中,显然利用中方人员不懂英文和草率轻信的失误,任意拔高和夸大美商资信,弄虚作假,对中方实行误导,诱使中方受骗上当;而且,建发公司在"上级指示"下所出具的"反担保书"中,内容直接违反了中国有关法规的禁止规定,属于依法"自始无效"之列,根本没有法律约束力。于是,中方代理律师一方面在诉讼中列举事实和证据,依法据理力争,另一方面又针对对方施加的"精神压力",以其人之道还治其人之身,致函香港汇丰银行中国业务部总经理,严正要求其追究汇丰银行厦门代表处杨××先生在提供外商资信证明资料中的弄虚作假行为及其造成的后果,并由汇丰银行自身承担应有的法律责任和经济责任。否则,将向汇丰银行伦敦总部"反映"其姑息、袒护和包庇行为。通过激烈庭辩和庭外谈判努力,终于迫使原告汇丰银行从原先的"寸步不让"转变为作出较大让步,在福建省高院主持下由原、被告三方达成和解协议,其主要内容是:据核算,截至1993年12月31日止,中瓷公司积欠汇丰银行债款本息总额本来已达3314.71万美元,经过重新调整,汇丰银行同意免除中方债务595.14万美元,免除额约占债务总额的18%。其余债款,由建发公司负责在12年内分期还清;同时,以建发公司取得的中瓷公司厂房原用地80%的使用权和开发收益,作为还清欠款的抵押和保证。根据双方达成的和解协议,福建省高院于1993年12月24日作出(1992)闽经初字第02号民事调解书,正式结案。至于中瓷公司内部恩特肯公司与中方股东之间债权债务的清算问题,则至今悬而未决。综观本案全局,中方被告公司在草率引资、受骗吃大亏之后,经过针锋相对,奋力抗争,虽然挽回了或减轻了巨额损失,但仍使有关国企元气大伤,长期受累。这对于引资不慎导致严重损失的中方国企以及未能严格依法施政的地方领导人而言,教训至深,有待进一步认真总结,避免重蹈覆辙。

以下收辑的是本案第二被告建发公司的答辩状、代理律师的代理词及其三项重要附件、代理律师致香港汇丰银行中国业务部总经理罗素先生函。

二、厦门建发公司答辩状

香港上海汇丰银行有限公司诉中华瓷器有限公司、厦门经济特区建设发展公司违反贷款协议和还贷保证书案

福建省高级人民法院经济审判庭:

贵院(1992)经初字第02号"应诉通知书"收悉。

兹就香港上海汇丰银行有限公司(以下简称"汇丰银行")诉中华瓷器有限公司(以下简称"中瓷公司")、厦门经济特区建设发展公司(以下简称"建发公司")"违反贷款协议、保证书"一案,代表建发公司,提出答辩。

事实和理由:

（一）甲案

1. 中瓷公司向汇丰银行借款的缘由

中瓷公司是1984年组建的一家中外合资经营公司，中方股东分别为原厦门瓷器厂（占注册资本40%）、厦门建发公司（占注册资本20%），外商股东为美国恩特肯工程有限公司（占注册资本40%，以下简称"恩特肯公司"，其法定代表人为该公司的总裁沙尔哥）。

1984年2月，恩特肯公司总裁沙尔哥首次来厦洽谈引进项目和组建合资公司（即后来的中瓷公司）。当时据他自称：早在来华之前，他已与汇丰银行就项目贷款事宜预先作了"安排"。"从谈判的第一天（起），沙尔哥就交代说，将来项目谈成，我们合资公司所需的贷款就靠汇丰银行提供。"

当时，作为拟议中的中瓷合资公司的中方出资人，厦门瓷厂以及建发公司对于外方出资人美国恩特肯公司的资信情况毫无所知。为慎重计，要求汇丰银行提供有关恩特肯公司的资信证明。汇丰银行厦门代表处负责人杨××先生旋即"免费"出具了两份盖有该代表处公章的资信证明文件，证明该外商"没有任何负债"，"账户的处理是十分之令人满意的""平常业务往来是可信任的"（见附件一、二）。鉴于汇丰银行是国际上知名的银行，厦门瓷厂和建发公司认为汇丰银行厦门代表处盖上公章出具的资信证明是具有权威性的，完全信以为真，遂决心与恩特肯公司实行合资经营。

在本合资项目谈判逐渐明朗化之际，中国银行厦门分行有关人员主动表示愿为本项目提供一切贷款。汇丰银行驻厦门代表杨××得悉这笔巨额贷款业务中出现了强大竞争对手，深感不安和不满。他一再强调：这个项目的客户（即恩特肯公司及其总裁沙尔哥）是汇丰银行牵头引进的，如今中国银行也想介入，"汇丰银行绝不放手"。他甚至公开扬言：如此项巨额外汇贷款业务竟落入中国银行之手，则汇丰银行不惜将驻厦代表处撤销，迁往其他地方。当时的厦门市主要领导人在汇丰银行驻厦代表杨××的"压力"和"要挟"下，便决定将此项高达1500万英镑（后来增加为1800万英镑）的巨额外汇贷款业务交由汇丰银行下属的一家公司即"获多利公司"承接、赢利。其贷款年利率竟比当时中国银行以及一般国际银行的外汇贷款的年利率高出一成多。在成交过程中，由汇丰银行向"获多利公司"提供"还贷担保"；同时，应汇丰银行要求，由建发公司向汇丰银行提供"还贷反担保"。

由上可见：汇丰银行及其驻厦门代表处在促使中瓷合资项目向汇丰银行子公司借贷巨款的过程中，表现出极大的积极主动和异乎寻常的高度热情。它们不仅是中瓷合资企业外商的引进者、介绍人和资信证明人,而且是上述合资谈判和签约的撮合人、协调人和见证人,同时又是中瓷公司向汇丰银行借贷巨款的极力促成者。

2. 建发公司出具担保书后发现受骗上当的经过

建发公司当时认为汇丰银行在国际上享有很高商誉,由汇丰银行积极引进并由其驻厦代表杨××先生一再赞扬吹捧的外商恩特肯公司及其总裁沙尔哥谅必是诚实可靠的;特别是对于汇丰银行驻厦代表处盖上公章郑重出具的极力肯定该外商资信的正式证明文件,更是深信不疑。既然汇丰银行认为"十分之令人满意的"和"可信任的"恩特肯公司及其总裁沙尔哥已在中瓷公司的合资合同中承担了提供第一流先进技术及技术专家、负责全部产品出口外销等义务,中瓷公司谅必"前途无量",因此,当汇丰银行要求**建发公司为中瓷公司所借外债向汇丰银行提供"反担保书"**时,建发公司无条件地满足了汇丰银行的要求。

但事实很快证明:汇丰银行所积极引进和大力吹捧的恩特肯公司及其总裁沙尔哥原来是唯利是图、欺诈成性、肆意违约的外商。按照1984年7月签订的中外合资中华瓷器有限公司合同书(以下简称"合同书"),中瓷公司需从国外进口的生产设备必须具有国际第一流质量,且需经合资双方共同考察和统一选型后购买;恩特肯公司方面应当向中瓷公司提供欧美先进技术和工艺诀窍;提供合格的外籍技术专家和管理人员;对中瓷公司主要人员实行技术培训,并负责将中瓷公司产品全部出口外销(见附件三:合同书第17、20、21、23、25条)。但是,在合同履行过程中,沙尔哥全面背离和背弃了上述规定,严重违约,并且利用中瓷公司管理制度不健全、进口商品检验制度不严格的各种漏洞,一手包揽进口设备采购,并从中牟取暴利,之后,于1989年2月起撤走其驻中瓷公司的全部人员,使中瓷公司生产几乎陷于瘫痪。据初步估算,沙尔哥的以上这些违约行为,造成中瓷公司严重经济损失高达3257万余元人民币(见附件四、五、六)。

沙尔哥的严重违约和汇丰银行的无情"逼债",迫使作为中瓷公司股东和中瓷公司**外债担保人的建发公司**对这两个关键问题进行认真的回顾和必要的反思:(1)沙尔哥究竟是如何骗取了厦门瓷器厂和建发公司的信任的?(2)汇丰银行及其驻厦代表处在沙尔哥骗取中方信任过程中,究竟起了什么作用?

经过认真查证,我们终于发现:汇丰银行厦门代表处盖公章出具的上述正式资信证明与我们所掌握的原始英文资料严重不符。凡是英文原始资料中不利于该外商的文字,上述资信证明均任意篡改和删除,凡是有利于该外商但英文原始资料中并无踪影的文字,上述资信证明却任意杜撰和添加。正是通过这种**"化有为无"**和**"无中生有"**的手法,汇丰银行成十倍地夸大了该外商的银行账户结余金额和注册资本金额,大大地拔高了该外商的资信,弄虚作假,对中方实行误导,诱使中方受骗上当。就建发公司而言,则处在双重受骗和双重受害的境地:既受骗同意与该外商合资经营,导致亏损累累,损失严重;又受骗同意向汇丰银行提供前述"反担保",导致巨债缠身,难以自拔。

更有甚者,通过全面回顾和全程观察,不难发现:在形成上述巨额外债的全过程中,存在着一个**环环相扣的"连环套"**;其中的每一个环节,都离不开汇丰银行及其驻厦代表处的精心设计、巧妙安排和全力贯彻:

• 由汇丰银行积极引进和极力推荐沙尔哥及其公司,甚至胆敢出具内容虚假的资信证明;

• 由汇丰银行极力怂恿和撮合中方公司与沙尔哥的公司组建合资经营的中瓷公司;

• 由汇丰银行极力把向中瓷公司发放巨额高利贷的"肥差"争夺到手,并把它转授给汇丰银行的全资子公司即获多利公司;

• 由汇丰银行向自己的子公司即获多利公司提供上述巨额高利贷的还款"担保",并"顺便"向中瓷公司索取了一笔高达10.3万美元的"担保费";

• 由汇丰银行要求建发公司就上述巨额高利贷向汇丰银行提供还贷的"反担保",在不支付分文"反担保费"的条件下,就如愿以偿,从而把偿还巨额高利贷的重担轻而易举地**转嫁到**建发公司身上了。

据我们所知,像这样的"连环套",在国际信贷业务中,是很不正常、很不正当和十分罕见的。它的形成,充分表明汇丰银行及其驻厦代表处与外商沙尔哥之间存在某种串通和共谋,他们充分利用当时厦门市有关中方人员缺少必要经验和缺乏应有知识的弱点,对中方实行误导和诱骗,通过坑害中方,特别是坑害建发公司,为他们各自牟取暴利。

3. 建发公司出具的两份"反担保书"依法自始无效

《中华人民共和国涉外经济合同法》(以下简称《涉外经济合同法》)第10条明文规定:"采取欺诈或者胁迫手段订立的合同无效。"对照本案以上事实,我们认为:汇丰银行以虚报外商资信等欺骗手段诱使建发公司同意达成"反担保协议"并在1984年12月22日和1985年12月11日先后相继出具的两份还贷"反担保书",应属自始无效,因而对建发公司不具备法律约束力。

不但如此,上述两份"反担保书"还因其内容直接违反中国有关特别法规的禁止规定,应属自始无效。

1981年3月开始施行的《中华人民共和国外汇管理暂行条例》(以下简称《外汇

管理暂行条例》）第 3 条规定，中国对外汇实行由国家集中管理、统一经营的方针。统一经营外汇业务的专业银行是中国银行。非经国家外汇管理总局批准，其他任何金融机构都不得经营外汇业务，更不必说其他任何非金融机构了。建发公司从来就不是一家金融机构，也从未获得国家外汇管理总局的批准或授权，显然根本无权从事任何外汇反担保业务，根本无权向外国金融机构提供上述相当于数千万美元巨额外汇债务的还贷"反担保书"。换言之，建发公司在 1984 年和 1985 年向汇丰银行出具的两份巨额外债还贷"反担保书"，无论在实质内容上抑或在审批程序上，都严重违反了上述特别法规的禁止规定，不能发生任何法律效力，这是不言而喻的。

（二）乙案

1989 年 7 月间，汇丰银行向中瓷公司提供 765 万英镑新贷款，供中瓷公司偿还所欠英国出口信贷保证局的债款。应汇丰银行要求，建发公司于 1989 年 9 月 29 日为中瓷公司上述新借款向汇丰银行出具了还款担保书。

这份担保书的内容直接违反中国人民银行 1987 年 2 月 20 日颁行的《境内机构提供外汇担保的暂行管理办法》（以下简称《暂行管理办法》）中的禁止规定，因此在法律上是自始无效的。

根据《暂行管理办法》第 1 条和第 4 条的规定，中国境内的非金融机构对外提供外汇担保的总额，不得超过其自有的外汇资金。按国家外汇管理局所作的解释："非金融机构的自有外汇资金，是指上级部门拨给企业可以自主营运的外汇资金或企业经营所分得的外汇。自有外汇资金数额以签订担保合同时为基准。"对照本案事实：在汇丰银行与建发公司达成担保协议并由后者向前者出具外汇还贷担保书的当天，即 1989 年 9 月 29 日，建发公司自有的外汇资金只有 40 万美元（见附件七），按当时英镑对美元的兑换率 1：1.617 计算，约折合 24.737 万英镑（见附件八）。此数只及上述新贷款总额的 3.2%，换言之，单就这笔新的外汇债款而言，建发公司当时对汇丰银行提供的外汇还贷担保总额就超过法定限额的 30 倍以上，因而不可能依法获得国家外汇管理局的正式批准。更何况，在 1989 年 9 月 29 日以前，建发公司对外资银行（包括汇丰银行以及其他外资银行）业已提供的多笔外汇担保，其积欠的外汇债款担保总额也早已超过建发公司自有外汇资金的数十倍甚至百余倍。按照上述法规的禁止规定，当时建发公司早就没有任何权利或能力再对外提供甚至提供英镑的外汇担保了。

可见，乙案中的上述担保书（1989 年 9 月 29 日）在法律上从一开始就是无效的，对建发公司不发生任何法律约束力。

(三) 丙案

1985年3月间和1986年1月间,汇丰银行向中瓷公司提供两笔新贷款共145万英镑(其后折合为186.9万余美元),用以向中瓷公司合资外商股东沙尔哥本人经营的"恩特肯工程公司"和"沙尔哥工程(恩特肯)有限公司"所供应的设备支付现金价款。应汇丰银行要求,建发公司先后于1985年4月10日和1986年1月10日为中瓷公司上述两笔新借款向汇丰银行出具了两份还款担保书。

这两份担保书与甲案中1984年12月以及1985年12月那两份"反担保书"一样,基于两方面的理由(即汇丰银行驻厦代表处为沙尔哥出具内容虚假不实的资信证明诱使建发公司上当,担保书的内容直接违反中国有关特别法规的禁止规定),在法律上应属自始无效。相应地,尽管建发公司在1988年1月14日和1989年9月15日在当地政府首长某种"压力"下先后向汇丰银行具函表示上述贷款的还贷担保"仍然有效"或"继续有效",也丝毫不能改变这些还贷担保自始无效和继续无效的法定性质和法定后果。

(四) 责任分析

如前所述,根据《涉外经济合同法》第10条的明文规定,一切采取欺诈手段订立的合同,应属自始无效。另外,该法第9条明文规定,一切违反中华人民共和国法律的合同,也是自始无效的。

《中华人民共和国民法通则》(以下简称《民法通则》)第58条对上述这两项基本法理原则和基本法律规定,予以概括和重申,并且更加明确地强调:"无效的民事行为,从行为开始起就没有法律约束力。"

在本案中,建发公司依据与汇丰银行达成的协议,为中瓷公司所借外汇债款,先后向汇丰银行出具的几份还贷"反担保书"和"担保书",均因其违反上述两项基本法律规定,属于自始无效,即从行为开始起就没有法律约束力。

尽管如此,建发公司为照顾汇丰银行的利益,对于并无法律约束力的上述还贷担保诺言仍然认真履行。在中瓷公司因汇丰银行引进的外商沙尔哥严重违约而亏损累累、无力清还汇丰银行债款的情况下,建发公司代人受过,逐期垫款替中瓷公司还债,自1990年5月23日至1992年7月7日,先后共向汇丰银行垫还的到期债款本息总金额已达833.9926万美元,建发公司受到重大经济损失,且使建发公司自身业务的正常经营和拓展受到严重影响。

如前所述,在总结经验教训过程中,建发公司发觉受骗上当,致使自己无端受到双重连累：既因受骗同意与沙尔哥合资经营中瓷公司而亏损严重，又因受骗同意向汇丰银行提供外债还贷反担保而巨债缠身。追本溯源而论，对于今日中瓷公司资不抵债的危境以及建发公司巨债缠身的困境，汇丰银行均负有严重的责任。而且，汇丰银行当初贷款的过高利率以及后来英镑折算美元的过高汇率也都极不合理。有鉴于此，建发公司再三要求汇丰银行对建发公司所承担的反担保债务，通过友好协商，加以重整，从而略为减轻建发公司过于沉重的不合理负担。汇丰银行对于建发公司反复提出的此种公平合理要求置若罔闻。它不但毫不承担它自己造成上述危境和困境的重大责任，反而对处在上述危境和困境之中的受害者中瓷公司和建发公司无情逼债；而且层层升级，最终采取法律行动，起诉讨债，并把无辜受害者建发公司也推上了"被告"席。

显然，汇丰银行是把建发公司此前长期垫款还债的忍让和克制认定为软弱可欺。既然如此，建发公司现在忍无可忍，不得不根据以上事实，郑重地综合声明如下：

第一，建发公司先后向汇丰银行出具的几份外汇债款还贷"反担保书"或"担保书"，是由于受汇丰银行及其驻厦门代表处诱骗的结果，而且其实质内容和程序手续均属直接违法，因此，这些"反担保书"或"担保书"都是无效的。从出具这些"反担保书"或"担保书"的第一天起，就没有任何法律约束力。

第二，建发公司决定：今后不再接受这些"反担保书"或"担保书"的任何约束；因此，今后不再为中瓷公司积欠汇丰银行的外汇债务承担任何连带责任，即不再垫款还债。

第三，《涉外经济合同法》第11条规定："当事人一方对合同无效负有责任的，应当对另一方因合同无效而遭受的损失负赔偿责任。"如上所述，建发公司出具的还贷"反担保书"或"担保书"，乃是出于汇丰银行诱骗的结果，因而造成这些"反担保书"或"担保书"在法律上归于无效。另外，汇丰银行在中国厦门开展外汇贷款业务，理应尊重和遵守中国的有关法律，尽力避免触犯或违反其中的禁止规定。但事实上汇丰银行及其驻厦代表处却无视这些禁止规定，多次要求厦门建发公司出具在实质内容上与程序手续上均属违法因而无效的"反担保书"或"担保书"。由此可见，上述反担保协议以及有关"反担保书"或"担保书"归于无效，应由汇丰银行承担全部法律责任。建发公司早先因受"反担保书"或"担保书"的影响而垫付了833.9926万美元，无端代中瓷公司还债，从而蒙受了重大的经济损失。对于这笔损失，建发公司保留向汇丰银行索取赔偿的一切法定权利。

答辩请求：

基于以上事实和理由，厦门建发公司谨此请求贵院：

1. 判决宣告：厦门建发公司历次向汇丰银行出具的外债还贷"反担保书"或"担保书"，概属自始无效。

2. 判决宣告：厦门建发公司对中瓷公司积欠汇丰银行的一切外汇债务，从一开始就不承担任何连带责任。

3. 判令汇丰银行应对上述"反担保书"或"担保书"归于无效承担全部责任，赔偿厦门建发公司因此"垫款还债"蒙受的经济损失 833.9926 万美元，并支付应有的利息。

4. 如果汇丰银行不愿对建发公司给予上述损害赔偿，则依《民法通则》第 92 条关于"不当得利"的规定，判令汇丰银行将其已经取得的上述不当利益 833.9926 万美元全部返还建发公司，并支付应有的利息。

5. 判令汇丰银行承担本案的全部诉讼费用。

6. 判令汇丰银行赔偿建发公司被迫应诉而支出的律师代理费及其他各项开支。

答辩人：第二被告厦门经济特区建设发展公司
（签盖）
1993 年 2 月 25 日

附件目录

附件一　汇丰银行厦门代表处关于美国恩特肯公司的资信证明

附件二　汇丰银行厦门代表处关于英国沙尔哥国际工程公司的资信证明

附件三　中华瓷器有限公司合同书（1984 年 7 月 18 日）

附件四　厦门建发公司、厦门瓷厂向中国国际经贸仲裁委员会呈交的"仲裁申请书"（1991 年 8 月 30 日）

附件五　厦门市第二律师事务所律师向同上仲裁委员会仲裁庭呈交的"代理词"（1992 年 8 月 26 日）

附件六　厦门建发公司、厦门瓷厂向上述仲裁委员会仲裁庭呈交的"关于要求追究被诉人违约责任的补充说明"（1992 年 12 月 11 日）

附件七　厦门建发公司出具还贷"担保书"当日的"自有外汇资金"总额（含 1989 年 9 月 29 日）

附件八　1989 年 9 月 29 日美元对英镑的兑换比率［载《人民日报》（海外版）1989 年 9 月 29 日］

［为节省本书篇幅，本书选辑案例文档时，其有关附件，除少数以外，大多从略，

仅列出附件目录,以供参考。至于各项附件本身,则均收存于厦门大学国际经济法研究所资料室,以备查索对照。有心进一步深入研究者,还可向各案受理机关单位查阅涉案的其他法律文书、附件、证据等等]

三、本案讼争主要问题剖析

福建省高级人民法院经济审判庭:

本人受厦门经济特区建设发展公司(以下简称"建发公司")委托,就香港上海汇丰银行有限公司(以下简称"汇丰银行")诉中华瓷器有限公司(以下简称"中瓷公司")、建发公司"违反贷款协议、保证书"一案,提出以下代理意见:

(一) 关于原告汇丰银行的欺诈行为问题

1. *原告出具的资信证明,虚假失实,实行误导*

原告的诉讼代理人邢、王两位律师在"代理词"(以下简称邢、王'代理词'")中强调:汇丰银行驻厦代表处为美商恩特肯公司出具的盖上公章的正式资信证明,并无虚假失实,甚至断言:"原告出具的资信证明书中说明:'来往支票户口结存平均有五个位数字。账户的处理是十分之令人满意的,目前该公司在我分行并没有任何负债。'并无任何虚报或夸大,更无欺诈可言。"(见邢、王"代理词"第4页)

原告"法定代表人"伍××、薛××两位先生呈交的"原告的陈述"(以下简称"伍、薛'陈述'"),也极力强调汇丰银行驻厦代表处提供的"资信报告中没有任何夸大"。但是,却附呈了一份有关资信报告原始英文资料的"电传译文",其中的相关译文是:"来往支票账户结存平均有低位的五位数。账户的处理是令人满意的。"

应当肯定:伍、薛"陈述"附件中这段中译文是符合英文原意的。但是,把上述这两段不同文本的中译文加以比较,邢、王"代理词"所引证的汇丰银行驻厦代表处出具的资信证明,其虚报与夸大之处,就昭然若揭了。请看:

(1)"结存平均有低位的五位数"被篡改为:"结存平均有五个位数字"。

(2)"账户的处理是令人满意的"被篡改为:"账户的处理是十分之令人满意的"。

从逻辑含义上说,"低位的五位数"可以理解为10000,而"五个位数字"则可以理解为99999。把英文原始资料中"低位的"(low)这一关键词任意删除,实值可以膨胀近十倍,试问,这难道不是对美商资信的极力夸大吗? 其次,从语法常识上说,"令人满意"与"十分之令人满意"相比,后者任意添加了"十分之"三字最高级状语,这难道不又是对美商资信的极力夸大吗?

仅此二例就足以说明:伍、薛"陈述"附件中的"电传译文"本身就否定了同一"陈述"正文中所强调的"没有任何夸大"这一论断,即论据否定了论点,陷入了逻辑上的自相矛盾;与此同时,伍、薛提供的这份"电传译文"也给邢、王"代理词"中关于"并无任何虚报或夸大"的论断极其沉重的一击,彻底摧毁了这种"斩钉截铁"式的武断结论。

何况,例证还远不止于此。试将汇丰银行休斯敦分行以及伦敦联行分别提供的有关英文原始资料与汇丰银行驻厦代表处盖公章出具的正式资信证明加以对照,就不难发现后者多处篡改了前者的原意(见附件一及其三份附录)。请看:

(3)"近期该公司未向我分行借款"被篡改为:"目前该公司在我行并没有任何负债"。

(4)"名义上的资本为 50000 英镑,其中实付资本为 5000 英镑"被篡改为:"注册资本:英镑 50000……是实付资本"。

(5)"一个正规的私人有限公司"被篡改为:"一个正规的私人公司"。

(6)"通常业务来往据认为是好的"被篡改为:"一般平常业务来往是可信任的"。

所有以上多处篡改,其客观意义和实际后果都归结到一点:大大拔高了该美商的资信,制造了假象,对中瓷公司和建发公司实行误导,诱使中方受骗上当,造成了这两家公司今日的危境和困难(见附件一之附录)。汇丰银行面对上述白纸黑字,面对其驻厦代表处盖公章出具的正式资信证明所作的虚假陈述、夸大吹嘘及所起的欺骗作用,岂能以"并无任何虚报或夸大"云云的武断结论,轻描淡写,搪塞过关,逃脱欺诈行为的法律责任?

2. 该失实的资信证明与建发受骗出具"反担保书"之间存在直接因果关系

邢、王"代理词"辩称:"被告为之出具反担保书的债务人并不是该外商(指美商恩特肯公司及其总裁沙尔哥),而是中瓷公司,该外商只是中瓷公司的有限责任股东,该外商的资信并不保证中瓷公司的还款能力,第二被告何致仅凭该外商的资信就出具了反担保书?"

这种辩解是站不住脚的。因为:第一,在中瓷合资三方中,建发公司对自己以及厦门瓷厂的资信是一清二楚的和无可怀疑的,但对汇丰介绍、推荐、引进的美商,则"素昧平生",全然陌生,因而对其资信情况难免心存疑虑,正是汇丰银行出具的证明才打消了建发公司的上述疑虑;第二,汇丰银行享有很高的国际商誉,既然汇丰银行驻厦代表处盖章证明该美商是"十分之令人满意的""可信任的",这就不能不使建发公司对它深信不疑;第三,该美商在中瓷公司中虽然只占注册资本的40%,但在汇丰银行驻厦代表杨××先生的极力吹嘘捧场之下,"身价十倍",加以在汇丰银行撮合的中瓷合资项目中,该美商担任总经理一职,大权在握,把持了购买设备、聘请技术专家、外销全部产品等关键性环节的全部权力,因此,他实际上已成为中资公司的"灵魂",其实际影响,远非"40%"这个数字所能衡量!既然汇丰银行极力赞扬他的商誉,中瓷公司在他主持经营之下谅必"前途无量",中瓷公司向汇丰银行借债的还款能力也势必有足够的保证,这难道不是逻辑上的必然结论吗?因此,当汇丰银行要求建发公司为中瓷所借外债向汇丰银行提供"反担保书"时,建发公司就无条件地满足了汇丰银行的要求。

由此可见,原告汇丰银行的驻厦代表处出具虚假失实的资信证明与建发公司受骗出具"反担保书"之间,确实存在着骗人与受骗之间的内在的、必然的、直接的因果关系,换言之,汇丰银行出具的吹捧作为中瓷"灵魂"的美商"十分之令人满意""可信任"的资信证明,乃是建发公司愿意为中瓷公司外债承担"反担保"义务的直接原因和主要原因之一。如今事实已证明该美商是个大奸商,则当初极力美化该奸商的汇丰银行,怎能把自己的欺诈责任赖得一干二净?!

(二) 本案的"反担保书"等依法应属无效

邢、王"代理词"中极力强调:"本案甲案中第二被告于1984年12月12日(按:应为22日)出具的反担保书,经过了厦门市计划委员会和国家外汇管理局厦门分局的批准,因此是一份有效的反担保书。"(见该"代理词"第5页)

建发公司认为:这份"反担保书"无论是在实质内容上抑或审批程序上,都严重违反了有关外汇、外债管理的特别法规的禁止规定,因而在法律上是绝对无效的。其基本理由已在《答辩状》(第6页等处)作了说明,这里再作补充阐述。

在汇丰银行驻厦代表处的要挟和诱骗下(见附件二、三),当时确有厦门市个别政府领导人或政府机构指令或"同意"建发公司承担上述巨额外汇债务反担保业务,但此种指令或同意显然是越俎代庖的行为,毫无法律效力。因为,《中华人民共和国宪法》第5条明文规定:"一切国家机关……都必须遵守宪法和法律。一切违反宪法和法律的行为,必须予以追究。任何组织或者个人都不得有超越宪法和法律的特权。"

诚然,厦门市计划委员会曾于1984年8月16日向汇丰银行出具一份"证明书",证明厦门建发公司具有对中瓷公司引进设备所需贷款的"担保资格",而且,在这份

"证明书"的右下方有两行国家外汇管理局厦门分局(以下简称"厦门分局")签注的"同意"批语(以下简称"批语"),但这份"证明书"及其有关批语,在法律上都是自始无效的。理由如下:

第一,按照《外汇管理暂行条例》第3条的规定,批准经营外汇业务的权力,仅仅专属于"国家外汇管理总局",厦门市计委哪有权力"批准"厦门建发公司具有对外汇债款的"担保资格"?况且政府主管机关的"批准",是以当事人的"申请"为前提的,但在这份"证明书"中,丝毫未表明当事人建发公司有任何申请,也丝毫未表明厦门市计委对厦门分局有任何申请,这么一来,则厦门分局签注的"同意"等语就是针对"无人申请"的一种"批准",这岂不是无根之本、无源之水、无的放矢?换言之,厦门分局在厦门市计委上述"证明书"上签注的文字,不伦不类,不可能是对任何正式申请的正式批准。既不是正式批准,就不可能产生主管部门业已正式批准的法律效力。

第二,1984年12月22日建发公司向汇丰银行出具的外汇还贷"反担保书",所担保的金额为1500万英镑,而上述"批语"所列外汇贷款金额则为1800万英镑,两者数字严重不符,相差300万英镑之巨,可谓"牛头不对马嘴",显见上述"批语"并非针对1984年12月的这笔贷款的"反担保"表示"同意",则这份"反担保书"焉能生效?!

第三,上述"批语"中的"贷款英镑壹仟捌佰万元有效"一语,从文字的固有含义看,显然只是确认中瓷公司借来的这笔"贷款"本身有效,而并非确认针对这笔贷款提供的还贷反担保有效。邢、王"代理词"中一再强调建发公司1984年12月22日出具的"反担保书"经过"厦门分局的批准",请问:这究竟有何文字根据?

第四,上述"批语"未注明签注的具体日期,这是任何法律文书的大忌。事实上,建发公司直到1985年12月11日才为中瓷公司补充借来的外债贷款300万英镑出具第二份还贷"反担保书"。这笔反担保金额,连同建发公司在1984年12月22日出具的第一份还贷"反担保书"中的反担保金额,才达到1800万英镑之数。由此可以推断,上述"批语"签注的时间显然是1985年12月11日以后才"补签"或"倒签"的。厦门分局对于1984年12月间发生的非法外债事实(1500万英镑),竟在1985年12月以后采取这种事后"补签"或"倒签"的办法予以"追认",却又不如实标明"补签"或"倒签"的实际日期,这种做法是没有合法根据的,因而是无效的。经过认真调查,现已核实:"补签"或"倒签"的具体时间是在1987年3月底至9月底之间。当时有人以"市长项目"名义对厦门分局"施压",分局有关负责人既不敢违逆"领导意见",却又不愿承担法律责任,遂命一个根本无权审批的一般会计人员含糊其辞地写上两行模棱两可的"批语",既不签名以示负责,又不署明日期以免被追究"倒签"责任,然后盖上一公章,搪塞敷衍了事(见附件四、五、六)。由此可见,这两行不伦不类的"批语",直接违反了1987年2月20日开始生效的《境内机构提供外汇担保的暂行管理办法》第3条和第4条的禁止规定,属于直接违法。关于这一点,已在建发公司1993年2月25日呈交的答辩状第三部分(第7—8页)中作了法理上的分析,不再赘述。

第五,如前所述,《外汇管理暂行条例》第3条明文规定:除中国银行以外,"非经国家外汇管理总局批准,其他任何金融机构都不得经营外汇业务",更不用说其他非金融机构了。值得特别注意的是:这里强调的国家"**总局**"的批准,而不是任何地方"**分局**"的批准。如果原告一方认为厦门分局当时对于作为**非金融机构**的建发公司所从事的外债还贷"反担保"这一外汇业务有权给予批准,则依据《中华人民共和国民事诉讼法》第64条第1款的规定,原告负有**举证责任**,应当迅即向福建省高级人民法院提供有关的法律依据、总局对分局的书面授权依据等等,以供审议。

一言以蔽之,以上五点理由足以说明厦门市计委出具的这份"证明书"的内容及其中厦门分局添加的"批语"不伦不类,漏洞百出,因而是毫无法律效力的。

邢、王"代理词"强调:上述《境内机构提供外汇担保的暂行管理办法》只是**行政法规**,其中并"没有违反该办法将导致担保无效的规定"。从而据以推论违反该办法的违法担保仍然具有法律效力。这显然是无视《民法通则》第58条第5款以及《涉外经济合同法》第9条关于违反中国法律的一切民事行为和经济合同概属无效的**原则性**明文规定。众所周知,行政法规向来就是法律的一种,企图把行政法规排除在"法律"这一概念之外,硬说违反行政法规禁止规定的合同仍然具有法律效力,这显然是对法律常识的不尊重。

同理,建发公司于1984年12月22日以后接受"长官命令"相继向汇丰银行出具的有关巨额外债的几份"反担保书""担保书"和"保证书",也因其实质内容和审批程序上都违反了有关外债管理的特别法规的禁止规定,因而在法律上也是自始无效的。其理甚明,且已在建发公司的答辩状中逐一作了论证,不再赘述。

(三)关于造成"反担保书"等无效的责任分析

建发公司的答辩状中已经指出:汇丰银行驻厦代表处出具虚假失实的美商"资信证明",诱使建发公司上当,使建发公司处在双重受骗和双重受害的境地:既受骗同意与该美商合资经营,导致亏损严重;又受骗同意向汇丰银行出具"反担保书"等,导致巨债缠身。现在"反担保书"等因违法而无效,其全部责任或绝大部分责任显应由汇丰银行承担。具体而言,主要理由有三:

1. 建发公司因受汇丰银行欺骗误信美商资信,而又应汇丰银行要求,为该美商主持经营并以该美商为"灵魂"的中瓷公司的外债提供反担保,在达成反担保协议以及出具"反担保书"的全过程中,汇丰银行始终处在主动地位,建发公司则一直处在被动状态。现在"反担保书"因违法而无效,其责任显应由主动索要和积极施压的汇丰银行全盘承担。

2. 汇丰银行在中国开展外汇贷款业务并从中获得丰厚利润,理应"入乡随俗,入境问禁",即理应充分了解、尊重和遵守中国的有关法律,尽力避免触犯或违反其中的禁止性规定。但汇丰银行及其驻厦代表处却无视这些禁止性规定,多次要求建发公司出具在实质内容上与程序手续上均属违法因而无效的"反担保书"或"担保书",这显然是有意蔑视中国的法律尊严,明知故犯,以身试法,怎能逃脱相应的法律责任?

3. 汇丰银行是全球知名的金融信贷专业户,具有百余年的经营历史,聘有成群的金融信贷专家和法律专家,备有成套现成的专家们精心设计的信贷格式合同;反观建发公司,1984年底当时只是组建不过三年的"稚龄童",对于国际信贷业务以及其中潜存的沟、坎、陷阱,可谓天真幼稚,懵然无知,它对于由汇丰银行交来的早就拟定的"反担保合同"等格式合同,只有"画押"的份儿,而毫无剖析的能力。试问:一位老谋深算的金融专家与一位烂漫无知的稚童共同达成的担保协议,一旦因违法而无效,则应当承担全部责任(或绝大部分责任)的,难道不是专家,反而是稚童吗?

4. 汇丰银行驻厦代表杨××先生对中国的特有"国情",特别是对当时厦门市主要领导人的心态是很了解的。他以"撤走汇丰银行驻厦代表处"相要挟,"压"市领导出面,终于排除了来自中国国内的强劲竞争对手,把出贷巨额英镑从中谋利的"美差肥缺"接到手,尝到了"甜头"。以后,杨××以及汇丰银行来厦的其他代表,凡对建发公司强有所求,多千方百计地通过市府"长官渠道",下达"指示"或进行"说服"。可以说,汇丰银行正是充分地、蓄意地利用中国现行体制的这种弱点和缺点,来实现其牟利的目的,其居心和手段皆不良。而建发公司出具的上述"反担保书"之类,除了前述受骗因素之外,也是受命或受压提供的。而这种命令或压力的本源归根结底又是来自汇丰银行。作为出具违法—无效"反担保书"的原始动力,作为形成无效"反担保书"的始作俑者,汇丰银行岂能无咎而逍遥?

(四) 建发公司的请求

基于以上事实和理由,建发公司谨此重申:请贵院全面考虑和准许本公司在本案答辩状中提出的六点请求,依法尽早作出公正的判决。不胜感激!

厦门经济特区建设发展公司

诉讼代理人

厦门市第二律师事务所律师

陈　安

1993 年 4 月 17 日

附　件

附件一　关于汇丰银行提供外商资信证明的法律意见(含其附录三份)

附件二　关于与美国恩特肯工程公司最初接触情况(现任中华瓷器有限公司总经理谢××等提供)

附件三　关于1984年中华瓷器公司贷款情况(原厦门中华瓷器有限公司董事长卢××提供)

附件四　对许××同志的调查笔录(许原任国家外汇管理局厦门分局会计)(从略)

附件五　对黄××同志的调查笔录(黄原任国家外汇管理局厦门分局干部)(从略)

附件六　对张××同志的调查笔录(张原任国家外汇管理局厦门分局某处副处长)(从略)

附件一　关于汇丰银行提供外商资信证明的法律意见

汇丰银行作为中瓷外资项目的介绍人、见证人和担保人,提供了对外商资信的调查证明。由汇丰银行驻厦办事处盖上公章所提供的中文资信证明,与有关的英文原始资料有重大不一致之处,显然是有意欺骗中方、对中方实行误导。针对此点,我们应当与汇丰银行认真理论和追究对方的法律责任。

汇丰银行驻厦办事处提供了不符合客观事实的中文资信证明(见附录一),对照英文原始资料(见附录二),已经查出:在中文资信证明中,凡是有利于外商的文字,都随意添加,无中生有;凡是不利于外商的文字,却任意删除,化有为无,从而在中文资信证明中大大地拔高了外方的资信(详见附录三)。更有甚者,上述英文原始资料只是未盖任何公章的电传件,而中文证明书却是正式打印原件,并加盖了"香港上海汇丰银行厦门代表处"的公章,使中方有关人员对这一中文证明书的法律效力和可靠程度更加深信不疑。据此,我们可以得出这样的初步结论:汇丰银行厦门代表处提供的上述中文资信证明**制造了假象,实行了误导,造成错觉**,使中方合作者误认为外方投资人沙尔哥及其公司是可信赖的,因此**导致中方受骗上当**。由此可见,对于中瓷公司以及建发公司目前因此而陷入的困境,汇丰银行本身应当承担重大的责任;结合其他有关迹象,我们也不能完全排除汇丰银行某些人员与沙尔哥之间实行某种串通共谋的可能性。

《涉外经济合同法》第10条明文规定:"采取欺诈或者胁迫手段订立的合同无效。"第11条进一步规定:"当事人一方对合同无效负有责任的,应当对另一方因合同无效而遭受的损失负赔偿责任。"据此,如果汇丰银行无视以上事实,一再断然拒绝中方关于重整债务的建议,并且执意要采取法律行动,则中方理应采取相应的法律步骤,认真奉陪到底,以保护自己的合法权益。

厦门大学法律系教授
厦门市第二律师事务所兼职律师
陈 安
1991 年 11 月 15 日
(邮寄香港汇丰银行)
(1992 年 4 月 17 日作为《代理词》附件一,呈交福建省高级人民法院)

附录三

汇丰银行厦门代表处就外商资信提供中文证明篡改英文原意的具体情况*

(A)汇丰银行美国休斯敦分行的报告

1. 英文资料第 5 行原文:Checking account balances average in low five figures。

英文原意:"来往支票账户结存平均是**低位的五位数**。"

中文译文:"来往支票账户结存平均有**五个位数字**。"

后果:汇丰厦门代表处任意删除上述英文中的关键词"**low**",化有为无,从而拔高了外方的资信:把"低位的五位数"英文原意篡改为中文的"五个位数字",一字之删,实值可以膨胀近十倍("低位的五位数"可以理解为 10000;"五个位数字"则可以理解为 99999)。

---

* 《法律意见》共有三项附录。为节省本书篇幅,此处仅选辑其中的附录三。附录一、附录二则收存于厦门大学国际经济法研究所资料室,以备查案对照。

2. 英文资料第5—6行原文：The account has been handled **satisfactorily**。

英文原意："账户的处理令人满意。"

中文译文："账户的处理是十分之**令人满意**（或符合要求）。"

后果：汇丰厦门代表处随意添加"**十分之**"三字最高级状语，无中生有，任意拔高外方的可信赖程度，造成中方错觉。

3. 英文资料第7—9行原文：We have had no recent loan experience... All of our experience has been satisfactory。

英文原意："近期（该公司）未向我分行**借款**……我们对（该公司）所有的经验都满意。"

中文译文："目前该公司在我分行并没有任何**负债**……我们对此公司所有的经验都很满意。"

后果：汇丰厦门代表处将外商沙尔哥的公司近期未向汇丰银行借款（日常业务往来），有意译成"目前在我分行并**没有任何负债**"，将一般的满意译成"很满意"，随意篡改、添加，其实际意义是告诉中方，沙尔哥的公司资金充裕，没有欠债，中方尽可放心与之合作。

(B) 汇丰银行英国伦敦联行的报告

1. 英文资料倒数第13—12行原文：Norminal capital GBP 50000 of which GBP 5,000 issued and fully paid。

英文原意："**名义上**的资本为5万英镑，其中实付资本为5000英镑。"

中文译文："**注册资本**：英镑50000——其中英镑5000——是实付资本。"

后果：英文"nominal"一词，有"**名义上的**"或"**有名无实的**"两种含义。把**名义上的资本**或**有名无实**的资本译为"**注册资本**"，又在其后加上两个"**破折号**"，按中文语法和标点符号用法，应理解为"**注册资本：英镑50000是实付资本**"。在这里，实际上又把该有关公司（即恩特肯公司的子公司沙尔哥国际工程有限公司）的资信**夸大了十倍**。

2. 英文资料倒数第8—6行原文：Bankers report：A properly constituted private limited company considered good for its normal business engagements。

英文原意："银行报告：一个正规的**私人有限公司**，通常业务来往据认为是好的。"

中文译文："银行报告：一个正规的**私人公司**，一般平常业务来往是**可信任的**。"

后果：在"私人**有限**公司"中，公司股东对于公司债务承担的责任，仅以其出资金额为限。而"私人公司"则可以理解为私人**无限**公司，其股东对公司债务承担无限清偿责任,直至个人在该公司以外的全部财产也完全破产。汇丰银行厦门代表处将"**有限公司**"中的"**有限**"两字任意删除,用模棱两可的名词,诱使中方对外商沙尔哥的信任无限增大,误认为股东沙尔哥对此私人公司负有**无限**责任,从而诱使中方对沙尔哥的资力抱有更大信心。此外,上述英文中的"good"相当于中文中的"好"字,它只是一般用词,而汇丰厦门代表处却有意翻译成"**可信任的**",这是汇丰银行厦门代表处无中生有、任意拔高外商资信的又一例证。

1993 年 3 月 18 日

附件二　关于与美国恩特肯工程公司最初接触情况(书面证词)

1983 年,厦门瓷厂通过主管局向市有关部门申请引进外资、改造老企业。市计委、经委于当年 7 月 15 日就厦门瓷厂的要求,批准了年产 15 万件卫生瓷、50 万平方米墙地砖的项目,列入市引进项目建议书。同年 12 月 9 日,英国 T 工程公司董事菲利斯爵士,应厦门特区政府有关部门的邀请访问厦门,同时受美国恩特肯工程公司总裁沙尔哥先生之托,拟在厦门寻找一家陶瓷工业方面的合作伙伴,在原市建设发展公司副总经理应××先生的引荐下,与厦门瓷厂进行了接触,参观了厦门瓷厂,并带走了一部分工厂使用的原料到英国进行化验,临行之前,菲利斯爵士与厦门瓷厂就双方兴办合资瓷厂签订了意向书。

1984 年 2 月 29 日早上,从建发公司得到通知,美国恩特肯工程公司总裁沙尔哥先生来厦。我们先在厦门宾馆见到了沙尔哥先生独自一人。但沙尔哥先生了解到汇丰银行厦门代表处的办公地点不在厦门宾馆,故坚持不肯在厦门宾馆下榻,而改到华侨大厦。因此我们正式见面是在华侨大厦 1202 室——汇丰银行厦门代表处的办公室。沙尔哥先生与厦门代表处的代表杨××先生相见,据杨先生说,香港总行已将此事告知他,所以从一开始,谈判工作均在汇丰银行代表处办公室进行,汇丰银行的代表杨××先生从头至尾都参加项目的谈判工作并帮助翻译,谈判的文件、电传、打字、复印也均在汇丰银行的代表处进行,汇丰银行给项目的谈判提供许多方便,起到了见证人的作用。在一些文件中,代表处的代表也与双方代表一起签字。从谈判的第一天,沙尔哥先生就交代说,将来项目谈成,我们的贷款就靠汇丰银行,英国出口信贷局、获多利银行均是老朋友。来华之前,所有这些都有安排,所以我们对汇丰银行的代表要好好招待。

当项目谈判越来越明朗化时,中国银行厦门分行的有关人员也十分关心项目的进展,他们对此项目较感兴趣,表示愿意为项目提供所有贷款。当这一信息被汇丰银行厦门代表处得知后,他们很感不安,代表处杨××先生一再强调,此项目客户是汇丰牵头带来的,而且项目进展中汇丰银行始终参与,并出了不少力。(汇丰银行)厦门代表处开办一年来,第一次牵头谈上这个项目确实不容易,如果中国银行也想介入,汇丰银行绝不放手,不管中国银行贷款利率多少,汇丰银行也跟他们一样,汇丰银行要与中行竞争。在这种情况下,市里有关方面领导深知汇丰的意向,便向中行做了工作,将此贷款由汇丰银行来解决。

为了使谈判和合资项目顺利进行,我方对恩特肯工程公司的资信不清楚,便委托汇丰银行代为调查。不久,汇丰银行厦门代表处便接到(汇丰银行)美国休斯敦分行发来的英文电传(不是正式文本),汇丰银行厦门代表处知道我们看不懂英文,便由该厦门代表处翻译成中文,并加盖该行代表处公章。我们就以这一份盖有公章的中文本作为正式文本,从他们的书面和口头介绍得知,这是一家资信相当好的公司,平常业务往来是"可信任的",银行账户往来是"十分令人满意的"。因此我们当时相信了汇丰银行厦门代表处作出的此种资信评价和证明。我们认为他们所出具的资信证明应当是具有一定权威性的,这就增强了我们与美国恩特肯工程公司合资的决心。

从2月29日沙尔哥先生第一次到厦门之后,恩特肯工程公司有关人员先后几次来到厦门,均住在华侨大厦,所有项目谈判地点也均在汇丰银行厦门代表处,一直到1984年7月18日签订正式合同之后,沙尔哥先生才交代说,汇丰银行帮了我们很大的忙,现在我们项目已签订了合同,今后不好太多在他们代表处开会。实际上,在汇丰银行开会也是很经常的事。

从最初的接触情况来看,我们认为在整个项目谈判中,客户是汇丰银行牵头来的,汇丰银行在谈判中起了不少协调作用,促使项目早日成功。

(谢××先生原任厦门瓷器厂厂长;中美合资的"中瓷公司"组建后担任该合资公司的副总经理;1989年美商违约撤走后接任该公司总经理。陈××是当时参加中、美合资谈判的主要人员之一。)

谢×× 陈××
1992年6月23日

附件三 关于1984年中华瓷器公司贷款情况(书面证词)

1983—1984年美国恩特肯公司与厦门瓷厂经过几轮谈判,双方愿意合资经营"中华瓷器有限公司"。当研究所需要贷款时,我方曾与中国银行厦门分行参与此项谈判的代表——该行当时信贷部秦×同志商讨由中国银行贷款的可能性,秦×态度很积极并且表示愿意以优惠条件提供贷款。当时汇丰银行厦门代表处负责人杨×

×先生多次强调此项目客商是汇丰银行介绍来的,此项贷款业务应由汇丰银行提供。厦门中国银行分行得知汇丰银行与其竞争此项贷款业务后,秦×表示可以低于汇丰银行的利率而与汇丰银行竞争此项贷款业务。而汇丰银行厦门代表处负责人杨××先生得知中国银行与其竞争时,就扬言:"中国银行是中国国家银行,我们无法与其竞争;我们如不能争到此项贷款业务,**我们就把代表处撤走**。"

鉴于厦门中行与汇丰银行两家对此项贷款互相竞争,各不相让,最后我们请示市领导×××同志,市领导根据当时汇丰银行是第一家在厦门设代表处的金融机构,而恩特肯公司又确由该银行介绍来厦门投资,为鼓励外资金融机构在厦门开展业务,决定此项贷款由汇丰银行提供。

记得当时香港金融市场,贷款利率只有年利**八厘六**,而汇丰银行强调伦敦市场标准及币种是英镑而利率**高达九厘五**。而担保费也偏高,这在当时长期贷款行情上**条件是苛刻的**。

原厦门中华瓷器有限公司董事长
卢××
1992 年 9 月 25 日

四、本案中方代理律师致香港汇丰银行中国业务部总经理罗素先生函

香港上海汇丰银行有限公司
中国业务部
罗素总经理:
尊敬的罗素先生阁下:

事由:关于汇丰诉中瓷、建发案件

在香港上海汇丰银行(以下简称"汇丰银行")诉厦门中华瓷器有限公司(以下简称"中瓷公司")及厦门建设发展公司(以下简称"建发公司")一案中,本人接受建发公司委托,担任诉讼代理人。现在代表建发公司,以法律文书方式,正式通知您以下有关事项:

1. 汇丰银行诉中瓷公司、建发公司一案,业经福建省高级人民法院在 1993 年 4

月 7 日开庭审理。我方已向本案合议审判庭当场出示并呈交确凿的物证和证词,证实贵行厦门代表处主管人员杨××先生与美国恩特肯公司总裁 E. 沙尔哥先生互相串通,弄虚作假,诱骗我方完全信赖贵行厦门办事处出具的有关该外商的虚假资信证明,从而促使我方同意与该外商合资经营中瓷公司,并且同意为中瓷公司向贵行偿还贷款的债务实行反担保和担保,致使我方蒙受了严重的经济损失。

2. 我们记得:您曾于 1992 年 1 月 10 日致函建发公司董事长王××女士,声称:"贵方指控我行串通合资企业外方,作为一家享有国际声誉的银行,我行对此深表重视。贵方在来函中似乎提到有其他证据,能够支持贵方的指控。如果确有证据,我方乐于获得这种证据。"(As a bank of international stature, we take a very serious view of your allegation of collusion between the foreign joint venture party and ourselves. You seem to have suggested in your letter that there is other evidence to support your allegation and we will be pleased to receive this if the same exists.)

3. 基于您的上述要求,鉴于目前时机已经成熟,我们特此附函寄去一部分主要的物证和证人的证词,同时寄去厦门建发公司的"答辩状"和我方诉讼代理人陈安律师的"代理词"各一份。我们希望而且相信:您在认真阅读和仔细研究上述证据以及有关的分析论证以后,会对您属下的高级职员杨××先生的有关行为,作出公正的、不偏袒错误、不包庇纵容的判断,并且采取相应的措施。

4. 作为一个整体,汇丰银行一向享有良好的国际商誉。近年来,它在促进中国的经济建设中发挥着有益的作用,而汇丰银行本身也从中获得了丰厚的收益。对于这点,贵行谅必与我方有共同的认识。但是,**贵行的良好国际商誉并不能掩盖或抹杀贵行厦门代表处**杨××先生的**欺骗行为**以及贵行和杨先生本人由此应当承担的**法律责任**。恰恰相反,如果贵行,特别是贵行的"中国业务总部",不认真地查清事实,严肃地追究杨先生的个人责任,并勇敢地、实事求是地承担起贵行中国业务总部所理应承担的相应法律责任,则势必严重损害贵行在中国已经树立起来的良好形象和良好商誉,从而严重阻碍贵行在中国进一步拓展业务。这显然是贵我双方都不希望看到的局面。

5. 建发公司诚恳地期待着您的公正答复。如果自本信寄发贵处 30 天以后,我们的诚恳期待仍无回音或全然落空,那么,为了保护贵行整体的良好国际商誉,也为了维护我方的合法权益,建发公司准备在必要时通过自己的律师,以正式法律文书的形式,向贵行分别设在香港和伦敦的**最高一级总部领导人**以及董事会,**通告杨**先生在厦门期间以贵行"厦门代表处"名义的所作所为,并要求贵行严肃处理和承担相应的法律责任;也准备在必要时把贵行高级职员在提供外商资信中**弄虚作假**以及这种行为**受到包庇**袒护的实况,诉诸媒体公正舆论。我们相信:贵行最高一级领导机构对杨先生败坏贵行商誉的行为,谅必不至于置若罔闻,继续姑息、纵容、偏袒、包庇。

厦门市第二律师事务所律师

陈　安

1993 年 6 月 2 日

附件:

一、关于汇丰银行提供外商资信证明的法律意见,含附录三份:

(一)汇丰银行厦门代表处盖公章出具的关于美国恩特肯公司(Interkiln Corp. of America 以及 Salgo Engineering Int'l Ltd.)的两份资信证明

(二)有关上述两家外商资信的电传英文原始资料

(三)汇丰银行厦门代表处就外商资信提供中文证明篡改英文原意的具体情况

二、书面证词:关于与美国恩特肯工程公司最初接触情况(原厦门瓷厂主管人员谢××、陈××提供)

三、书面证词:关于 1984 年中瓷公司贷款情况(原厦门中瓷公司董事长卢××提供)

四、厦门建发公司的答辩状(1993 年 2 月 25 日呈交福建省高院)

五、厦门建发公司诉讼代理律师的代理词(1993 年 4 月 17 日呈交福建省高院)

六、现行的《香港法律》第 284 章"**虚假失真陈述条例**"

第 16 章 外商在华投资"征收"索赔迷雾中的庐山面目

——英商 X 投资公司 v. 英商 Y 保险公司案件述评(一)

▶▶ 内容提要

本文及下一篇文章是互相配合和互为补充的姊妹篇,两文逐层剖析一宗外商在华投资"征收"索赔案件的来龙去脉、表面现象及其真实面目。本案涉及三十年来中国吸收外商投资政策和相关法律体制发展过程中出现的一系列立法和执法问题;有关外商投资的法律、法规、法令、规章、政令、施政通知等相互之间的配合协调和矛盾冲突问题。本姊妹篇结合本案的具体案情,运用当代国际公认的基本法理准则以及已经吸收和体现这些法理准则的中国法律原则,诸如:(1)"法无明禁即自由";(2)"充分尊重当事人意思自治";(3)"法律不溯及既往";(4)"下位法不得违反上位法";(5)"特别法优先于一般法"等。透过表象,廓清迷雾,揭示出本案涉讼的历次"国务院通知"并非"征收"法令,外商 Y 保险公司所承保的"征收"风险事故并未发生,投保人外商 X 投资公司索赔的理由不能成立。同时,综观整体案情,不排除有这样的可能:投保人外商 X 投资公司对有关争端问题,采取了"脚踩两条船"和"左右逢源"的做法,力图"鱼与熊掌兼得":既从中方合作者手中取得额外的"权",又从外商保险商手中取得额外的"利"。此种要求,无论依争端发生地的中国法或依仲裁所在地的英国法,均不能获得支持。

▶▶ 目　次

一、本案案情梗概
二、咨询的问题
三、专家的看法和意见
　　(Ⅰ)1996 年签订的中外合作合同(以下简称《争端合同》)第 15 条关于利润分配

的规定在当时是合法的,至今仍是合法的

（Ⅱ）1998年9月《国务院关于加强外汇外债管理开展外汇外债检查的通知》（以下简称"国发〔1998〕31号通知"），其法律效力是不完备的

（Ⅲ）"国发〔1998〕31号通知"不具备溯及既往的法律效力

（Ⅳ）"国发〔1998〕31号通知"中的禁止性规定实质上已经在2002年和2004年一再被修改

（Ⅴ）"国办发〔2002〕43号通知"不是"征收法令"；2003年中外双方《新协议》不是"征收行为"

（Ⅵ）中国涉外投资法律以及中英双边投资协定中有关征收外国投资的规定

四、结论

附录

（Ⅰ）国务院《关于加强外汇外债管理开展外汇外债检查的通知》

（Ⅱ）国务院办公厅《关于妥善处理现有保证外方投资固定回报项目有关问题的通知》

（Ⅲ）国务院《关于投资体制改革的决定》

一、本案案情梗概

1. 1996年12月25日，英属开曼群岛A公司与中国某市B公司订立书面协议，组建中外合作经营的C电力公司（以下简称**争端合同**）。双方约定：(1) 外方A公司向C电力公司投资1200万美元；其预期年利润率为投资金额的18%，由中方合作者加以保证；(2) 外方A公司在C电力公司的7人董事会中，有权指派4名董事，从而享有多数表决权；(3) C电力公司属下电厂的日常经营管理，由中外合作经营的C电力公司董事会委托中方B公司负责。

2. 1997年10月13日，C电力公司合作双方议定：修订和补充了原中外合作经营协议，外方合作者由A公司改为英商X投资公司。

3. 1998年9月14日，中国国务院发布《关于加强外汇外债管理开展外汇外债检查的通知》（以下简称"国发〔1998〕31号通知"），其中规定：各地机关或企业对外达成协议或订立合同时，"不得保证外商投资企业的外方获得固定回报"；已在协议或合同中定有此类条款者，应予变更。

4. 2002年9月10日由国务院办公厅发布的《关于妥善处理现有保证外方投资固定回报项目有关问题的通知》（以下简称"国办发〔2002〕43号通知"），对1998年发布的"国发〔1998〕31号通知"中原先的禁止性规定，从文字上和实质上作了修改。该通知规定：应当从有利于项目正常经营和地方经济发展出发，经各方充分协商，由有关地方政府及项目主管部门根据项目的具体情况，分别采取"改""购""转""撤"的有效方式，改变现有的保证外商投资企业的外方获得固定回报的分配方式。

5. 2003年3月11日，根据"国办发〔2002〕43号通知"的上述有关规定，C电力公司合作双方达成两项补充协议，改变了原有的保证外方获得固定回报的分配方式，代之以外方有权分享C公司税后纯利60%的分配方式。

6. 在此之前，C电力公司的外方合作者即英商X投资公司曾向英商Y保险公司投保，购买了一份为期3年的承保投资"征收"（expropriation）风险事故保险单，具体保险期定为2001年2月20日至2004年2月19日。

7. 2003年3月11日，C电力公司合作双方议定改变了原有的保证外方获得固定回报的分配方式之后，C电力公司的外方合作者即英商X投资公司即向英商Y保险公司提出索赔要求，理由是：上述"国办发〔2002〕43号通知"乃是中国政府发布的"征收"外商财产的法令，导致英商X投资公司投入中国C电力公司的资产，无法获得原先约定的有保证的固定回报，因而受到"征收"风险事故造成的损失。

8. 英商Y保险公司认为：C电力公司合作双方议定改变原有的保证外方获得固定回报的分配方式，此种改变，并不属于上述保险单所承保的"征收"风险事故，因此拒绝对投保人英商X投资公司给予赔偿。双方磋商未能达成协议，英商X投资公司遂把有关争端提交双方约定的仲裁机构，请求仲裁。英商Y保险公司通过其代理律师，向陈安教授咨询有关中国法律的若干关键问题，要求出具"专家意见书"。

二、咨询的问题

9.《中华人民共和国合作经营企业法》规定的利润分配原则与《中华人民共和国合资经营企业法》规定的利润分配原则，有何重大区别？

10. 1998年9月14日中国国务院发布的《关于加强外汇外债管理开展外汇外债检查的通知》（即"国发〔1998〕31号通知"）与1988年4月13日中国全国人民代表大会公布施行的《中华人民共和国合作经营企业法》，两者对利润分配原则的规定有所不同，应如何理解？

11. 1998 年 9 月 14 日中国国务院发布的《关于加强外汇外债管理开展外汇外债检查的通知》(即"国发〔1998〕31 号通知")与 1985 年 3 月 21 日公布施行的《中华人民共和国涉外经济合同法》,这两者对有关问题的规定有所不同,应如何理解?

12. 1998 年 9 月 14 日中国国务院发布的"国发〔1998〕31 号通知"与 2002 年 9 月 10 日中国国务院发布的"国办发〔2002〕43 号通知",这两者对有关问题的规定有所不同,应如何理解?

13. 2002 年 9 月 10 日中国国务院发布的"国办发〔2002〕43 号通知"是否具有"溯及既往"的法律效力?

14. 2002 年 9 月 10 日中国国务院发布的"国办发〔2002〕43 号通知"是否一种强行法(jus cogens),具有强制性法律效力?

15. 2002 年 9 月 10 日中国国务院发布的"国办发〔2002〕43 号通知"是否构成一种"征收法"(act of expropriation)?

16. 2003 年 3 月 11 日,根据"国办发〔2002〕43 号通知"的上述有关规定,C 电力公司合作双方达成两项补充协议(见前文第 5 段),是否实际上构成了上述保险单(见前文第 6 段)所承保的"征收"风险事故?

三、专家的看法和意见

(Ⅰ) 1996 年签订的中外合作合同(以下简称《争端合同》)第 15 条关于利润分配的规定在当时是合法的,至今仍是合法的

17. 1988 年 4 月公布施行、2000 年 10 月修订的《中华人民共和国中外合作经营企业法》(以下简称《中外合作企业法》)第 2 条规定:中外合作者"应当依照本法的规定,**在合作企业合同中**约定投资或者合作条件,**收益**或者产品的**分配**、风险和亏损的分担……等事项。"[1]

同法第 21 条进一步明文规定:"中外合作者**依照**合作企业合同的规定,**分配收益**或者产品,承担风险和亏损。"

18. 1995 年 9 月公布施行的《中华人民共和国中外合作经营企业法实施细则》(以下简称《中外合作企业法实施细则》)第 43 条又进一步对投资回报或利润收益的分配方式,作了更加宽松、更加灵活的规定:"中外合作者可以采用分配利润、分配产

---

[1] 本《法律意见书》摘引文字中的强调均是作者所加,下同。

品或者合作各方共同商定的其他方式分配收益。"

19. 上述三条条文,均明确规定和一再重申投资收益或利润回报的分配方式,应当由合同当事人自行在**合同中自愿约定**。这完全符合于国际通行的"**当事人意思自治**"这一最基本的法理原则。

20.《中华人民共和国中外合资经营企业法》(以下简称《中外合资企业法》)第4条第3款规定:"合营各方**按注册资本比例分享利润和分担风险和亏损**。"

据此,中外合资企业双方当事人的投资回报或利润分享等,必须"**按注册资本比例**"(或股权比例)实行分配,不能由双方当事人自行在**合同中**随意另行约定。这是中外合资企业与中外合作企业最主要的区别之一。

21. 在《中外合作企业法》及其实施细则中,对中外双方当事人在合同中如何具体**约定利润分配和风险分担,并无明确的强制性要求或禁止性规定**,悉听双方当事人自愿、平等地磋商和决定。迄今为止,在现行有效的上述这部法律及其实施细则中,对于中外合作双方在合同中约定采取何种方式分配投资收益,仍然没有任何具体的强制性要求或禁止性规定。

22. 众所周知,"**法无明禁即自由**"或"**法无明禁即合法**"这一原则,在现代法治社会中已经成为普遍共识。一般说来,法律所不禁止的,就属于合法范围,不属于非法或违法范围;就是可以允许的,可行的;当事人就有权自主地、自由地决定取舍。中国现行的大学法律专业核心教材和普遍认同的有关学术著作,都对上述原则作了简扼的阐述和介绍。

23. 根据以上两点,应当认定:1996年12月25日订立的某市C电力公司合作合同第15条关于利润分配的规定是合法的、有效的。

(Ⅱ) 1998年9月《国务院关于加强外汇外债管理开展外汇外债检查的通知》(以下简称"国发〔1998〕31号通知"),其法律效力是不完备的

24.《中华人民共和国宪法》对中国各类法律规范的制定权和修改权加以区分。第62、67条规定:**法律**的制定权和修改权属于全国人民代表大会及其常务委员会。第89条规定:国务院有权"根据宪法和法律,规定行政措施,制定**行政法规**,发布**决定和命令**"。

2000年7月实施的《中华人民共和国立法法》(以下简称《立法法》)第7条规定:"**法律**的制定权和修改权,由全国人民代表大会及其常务委员会行使。"第56条规定:"国务院根据宪法和法律,制定**行政法规**。"

25.《立法法》第79条针对法律和各类行政法规的**位阶层次**或效力高低作了专

门规定,明确指出:"**法律的效力高于行政法规**"。第 87 条进一步规定,法律、行政法规等在制定或修改过程中,如有"**超越权限的**""**下位法违反上位法**规定的"或"违背法律程序的",应通过特定的法律程序予以变更或撤销。

26. 上述"国发〔1998〕31 号通知",充其量只是国务院向下级行政机关传达的内部行政指示(internal administration instruction),其位阶和效力,甚至还低于国务院颁行的"行政法规"或发布的"命令";而上述《中外合作经营企业法》则属于全国人民代表大会制定的"基本法律"之一。**后者的位阶层次和法律效力均大大高于前者,前者的规定不得违反后者。**

27. 上述"国发〔1998〕31 号通知",是在 1988 年《中外合作企业法》正式实施**十年之后**,才作出了"不得保证外商投资企业外方获得固定回报"的新规定,这种**新添加、新设立的强制性要求或禁止性规定**,从实质上说,乃是针对《中外合作企业法》第 2 条和第 21 条规定,即原有的相当宽松和相当灵活的投资回报分配方式,加以修改、限制和部分废止。这种新添加或新设立的强制性要求或禁止性规定,在程序上和实体上都不符合于现行的《中华人民共和国宪法》以及《中华人民共和国立法法》的有关规定。因为,第一,《中外合作企业法》是全国人民代表大会制定的法律,其修改权亦属于全国人民代表大会及其常务委员会。国务院无权对全国人大代表大会制定的法律加以修改、限制、部分废止或全部废止。第二,上述"国发〔1998〕31 号通知"之中新设立的强制性要求或禁止性规定,乃是以"**下位法规定**"修改、限制、变更"**上位法规定**",亦即违反了"上位法"的原有规定。因此,这些新设定的强制性要求或禁止性规定,其法律效力至少是有瑕疵的、不完备的。

(Ⅲ)"国发〔1998〕31 号通知"不具备溯及既往的法律效力

28."法律不溯及既往"——这是当今国际社会和法治国家公认的法理原则。中国的《立法法》第 84 条也吸收了这一原则,并对此作出了明确的规定:"法律、行政法规、地方性法规……**不溯及既往**,但为了更好地保护公民、法人和其他组织的权利和利益而作出的特别规定除外。"

29."国发〔1998〕31 号通知"中新设立的关于"不得保证外商投资企业外方获得固定回报"的禁止性规定,发布和施行于 **1998 年 9 月 14 日**。其中并无"可以溯及既往"的明文特别规定。因此,按"法律不溯及既往"这一公认原则和《立法法》第 84 条的上述明文规定,该通知及其后续的类似通知均**不能溯及既往地**适用于在 **1996 年 12 月 25 日**订立并经政府主管部门依法批准生效的前述《争端合同》(见前文第 1 段、第 5 段),**不能强制要求依法成立的某市 C 电力公司中外双方当事人**,修改或废止该合同中第 15 条有关投资收益分配的原有规定。

30.《中华人民共和国涉外经济合同法》(以下简称《涉外经济合同法》)第 40 条明文规定:"在中华人民共和国境内履行、经国家批准成立的中外合资经营企业合同、中外合作经营企业合同、中外合作勘探开发自然资源合同,**在法律有新的规定时,可以仍然按照合同的规定执行。**"这种具体规定,再一次吸收了和突出地体现了当今举世公认的"当事人意思自治"和"法律不溯及既往"这两大法理原则。

尤其值得注意的是:**这部法律**由全国人民代表大会制定于 1985 年 3 月并自当年 7 月 1 日起施行,直至 1999 年 10 月 1 日,其有关规定才由《中华人民共和国合同法》所吸收和取代。而**这部法律**又正是上述《争端合同》于 1996 年底订立和生效当时所依据的"现行法"和"特别法"之一,故当时经过中国国家主管部门依法审查和正式批准的该《争端合同》第 15 条的收益分配方式,是**受中国法律保护的**,不能任意修改或废止。即使后来的法律或法规有新的规定,该《争端合同》双方当事人其中任何一方,都仍然有权依据上述《涉外经济合同法》第 40 条授予的法定权利,要求"**仍然按照**"《争端合同》第 15 条的原有规定执行。任何部门或个人均不得随意剥夺或强制取消此种法定权利。

据此,"国发〔1998〕31 号通知"中有关"不得保证外方获得固定回报"的禁止性规定,不但是"下位法"的规定,而且是"后继法"或"prospective statute"的规定,它显然不能修改或废止其"上位法"——《涉外经济合同法》第 40 条的规定,也不能溯及既往地适用于 1996 年底订立的上述《争端合同》。

31. 1999 年 12 月 29 日起施行的《最高人民法院关于适用〈中华人民共和国合同法〉若干问题的解释(一)》(以下简称《解释》)特别值得注意。其中第 1 条规定:"合同法实施以后成立的合同发生纠纷起诉到人民法院的,适用合同法的规定;合同法实施以前成立的合同发生纠纷起诉到人民法院的,除本解释另有规定的以外,**适用当时的法律规定**,当时没有法律规定的,可以适用合同法的有关规定。"

32. 据此,要判断《争端合同》第 15 条原定分配方式之是否合法或是否违法,应当以 1996 年该合同签订和生效当时有效、至今仍然有效的《中外合作经营企业法》第 2 条、第 21 条、《中外合作企业法实施细则》第 43 条(见前文第 17—19 段)以及当时有效的《涉外经济合同法》第 40 条(见前文第 30 段)中相当宽松和相当灵活的规定,作为标准;而不应当以 1998 年 9 月发布的"国发〔1998〕31 号通知"之中**新设**的强制性要求或**禁止性规定**,作为标准。换言之,依据上述"上位法的规定",该《争端合同》第 15 条由当事人依法自愿约定的原有分配方式,始终是于法有据的、合法的,是受中国法律保护的,不得任意修改、废止或取消。

(Ⅳ)"国发〔1998〕31号通知"中的禁止性规定实质上已经在2002年和2004年一再被修改

33. 中国在2001年12月正式加入"世界贸易组织"(WTO)。《WTO协定》第16条第4款规定:"每一成员方应保证其境内法律、法规和行政程序与所附各协定对其规定的义务相一致。"

这意味着:凡是加入WTO的每一成员,都承担了条约规定的义务并作出承诺:确保其境内的一切法律、法规和规章,都与WTO协定的规则完全一致。凡有不一致者,均应按有关条约规定对本国的相关法律、法规和规章加以修改或废除。

早在2001年9月中国政府领导人就公开表示:"加入世贸组织后,中国将认真履行对外承诺,根据经济体制的要求和国际通行规则,进一步完善涉外经济环境,创造完备的法制环境"。据《人民日报》报道:中国有关部门当时就开始加紧准备**废除或修订一大批违反世贸组织规则的法律、法规和规章**。

正是在这一背景下,"国发〔1998〕31号通知"中的上述禁止性规定实质上已经在2002年9月被修改。

34. 2002年9月10日由国务院办公厅发布的《关于**妥善处理**现有保证外方投资固定回报项目有关问题的通知》(以下简称"**国办发〔2002〕43号通知**"),对1998年发布的"国发〔1998〕31号通知"中原先的强制性要求或禁止性规定,已经从文字上和实质上作了必要的修改,体现了从"相当严格"开始走向"比较宽松"。该通知规定:

> 现有固定回报项目处理的基本原则是:按照《中外合资经营企业法》《中外合作经营企业法》及其他相关政策规定,坚持中外各方**平等互利**、利益共享、风险共担,从有利于项目正常经营和地方经济发展出发,**各方充分协商**,由有关地方政府及项目主管部门根据项目具体情况,采取有效方式予以纠正,维护我国吸收外资的良好环境。

特别值得注意的是,本段文字中把"从有利于项目正常经营和地方经济发展的**出发,各方充分协商**",作为改变现有固定回报分配方式的原则和必经途径。紧接着的后续几段文字提出了"改"(即"提前回收投资"或"外方优先获得投资收益")、"购"(即"中方收购外方全部股权")或"转"(即"将外方投资转为中方外债")、"撤"(即按合同规定条件和法定程序终止合作合同、实行解散清算)等几种处理方式,其中除依法依约已经符合解散条件的合作企业可予解散外,"改""购""转"三种处理方式,都分别规定了"**中外各方**应在**充分协商的基础上**""通过**中外各方协商谈判**",中外"**各方协商一致后**""**经各方协商同意**",作为改变现有固定回报分配形式的必要条件、必经途径和必备前提。换言之,不经原合同**中外双方当事人**的**协商**和**一致同意**,就不得由任何行政主管部门以强制手段要求外方当事人,或由中方当事人以强制手段要求外方当事人,放弃现有的固定回报分配方式和被迫接受"改""购""转"的处理方式。

除此之外,在该"国办发〔2002〕43号通知"的倒数第三段中又作出了概括性的重申:"各级地方政府应做好对外解释工作,**与外方充分协商**,避免由于工作方式**简单**而引发纠纷,如出现谈判解决不了的特殊情况和问题,要及时报国家计委、外经贸部。"这样的文字表述和条件设置,显然已从原先的"没有商量余地""无须征得外方当事人自愿同意""必须无条件服从"等简单行政命令和相当僵硬呆板的强制性禁止规定,修改和转变为留有平等协商余地、尊重外方当事人意愿和选择、非单纯行政命令和较为宽松灵活的方式。简言之,原先的**强制性、禁止性规定**实质上已经改变为**协商性、建议性规定**。换言之,"国发〔1998〕31号通知"中的规定已被"国办发〔2002〕43号通知"中的规定所取代。

35. 中国《立法法》第83条规定:"同一机关制定的法律、行政法规……,新的规定与旧的规定不一致的,适用新的规定。"据此,某市C电力公司所在的当地行政主管部门,或者该公司中的中方合作者,显然不得再援引"国发〔1998〕31号通知"的**旧规定**,以任何强制手段迫使外方放弃《争端合同》第15条原先约定的获得固定回报的合法权利。

36. 随着中国体制改革和对外开放形势的进一步发展,国务院于2004年7月1日又发布了新的行政决定,即《国务院关于投资体制改革的决定》("国发〔2004〕20号决定"以下简称《国务院新决定》)。该新决定实事求是地向国内外坦诚承认:

中国"现行的投资体制还**存在不少问题,特别是企业的投资决策权没有完全落实**,……为此,国务院决定进一步深化投资体制改革。"强调:"深化投资体制改革的目标是:改革政府对企业投资的管理制度,按照'**谁投资、谁决策、谁收益、谁承担风险**'的原则,**落实企业投资自主权**";强调"**企业自主决策**";强调"**进一步拓宽项目融资渠道,发展多种融资方式**"。

显而易见,这些新规定都贯穿着进一步强化企业自主经营、自主决策、**扩大融资**的基本精神,因而深受外商和内商的一致欢迎。中国各级政府的有关主管部门也正在认真贯彻这项新决定,以利于通过**多种渠道和多种方式吸引更多的国内外投资**,促进中国的现代化建设。

显而易见,这些新规定又再一次和进一步**修改了和取代了**8年以前[1]"国发〔1998〕31号通知"中的上述禁止性规定。

37. 据此,我们认为,有关中外合作企业中外商投资固定回报的问题,各级政府主管部门和执法机关都应当根据国务院2004年7月1日的上述新决定中强调的新原则,即**谁投资、谁决策、谁收益、谁承担风险**,充分尊重企业投资自主权、充分尊重企业自主决策、**进一步拓宽融资渠道、发展多种融资方式的基本精神**,加以慎重考虑和正确处理;不应再僵硬地拘泥于"国发〔1998〕31号通知"之中原有的强制性要求或禁止性规定,即那些本来就不能溯及既往的、8年以前发布的、现在显然已经不合时宜的强制性要求或禁止性规定,强制外方投资者被弃原先已由中外合作双方自主约定、企业自主决定,并经主管行政机关依法正式批准的获得固定回报的合法权利。

38. 反之,如果时至今日,某市C电力公司所在的当地行政主管部门,或者该公司中的中方合作者,仍然拒不遵守"国办发〔2002〕43号通知"中反复强调的必须与外方合作者**充分协商并取得外方同意**的原则,拒不遵守上述《国务院新决定》中反复强调的"**谁投资、谁决策、谁收益、谁承担风险**"、充分尊重企业自主决策、落实企业投资自主权的原则,擅自以强制方式迫使或以欺诈手段诱骗外方放弃《争端合同》第15条原先约定的获得固定回报的合法权利,则外方合作者完全有权分别根据中国的现行法律采取以下各种"救济方式",讨回公道:

39. 如果是当地行政主管部门不经过与外方充分协商并征得外方自愿同意,就片面决定和采取行政强制措施迫使,或以欺诈手段诱骗外方合作者放弃原先约定的上述合法权利,则外方合作者有权根据《中华人民共和国行政复议法》向当地政府主管部门及其上级机关申请行政复议。

40. 与此同时,在上述情况下,外方合作者也有权根据《中华人民共和国行政诉讼法》直接以当地政府主管部门作为被告,向有管辖权的中国人民法院提起行政诉讼。

41. 如果合作企业的中方不经过与外方充分平等协商并征得外方自愿同意,就单方决定和采取扣押、冻结利润等手段,迫使外方放弃原先约定的上述合法权利,或以欺诈手段诱骗外方合作者放弃原先约定的上述合法权利,则外方有权根据《争端合同》第21条的规定,将合同双方当事人之间的争端提交约定的仲裁机构进行仲裁。

42. 此外,合作企业的外方还有权根据"国办发〔2002〕43号通知",向国务院部所属国家计委和中国商务部提出报告,要求处断。

---

[1] 本《专家意见书》撰写于2006年4月,距"国发〔1998〕31号通知"发布约8年,故此处称"8年以前"。下同。

(Ⅴ)"国办发〔2002〕43号通知"不是"征收法令";2003年中外双方《新协议》不是"征收行为"

43. 根据有关文档所述:在某市C电力公司中方合作者(某市B公司)的强烈要求下,中外双方于2003年3月11日签订了两份新的协议(以下简称《新协议》),用以修订和补充1996年12月25日签订的《合作合同》和《公司章程》。《新协议》的核心内容是:(1)删除了原合同和原章程中关于给予外方固定投资回报的规定,改变为把税后净利的60%分配给外方;(2)合作公司的总经理原定应由中方(即甲方)推荐并由董事会委派,《新协议》改为:合作公司的总经理由外方(即乙方)推荐并由董事会委派。〔详见 File(2), Contractual Documents, Tab 12, Tab 13〕

与此同时,中方负责经营的实业公司("运营方")与某市C电力公司("合作公司")也在2003年3月11日签订了一份新的协议,用以修订和补充1996年12月25日签订的《运营和维护合同》,其核心内容是:(1)强化了合作公司董事会的自主经营权,包含有权以董事会简单多数决议将合作公司掌握大权和实权的总经理解职,并任命新的总经理;有权在一定条件下终止《运营和维护合同》,并另行委托新的运营方,或自行运营电厂;(2)加重了运营方的违约责任。〔详见 File(2), Contractual Documents, Tab 14〕

44. 如果以上 Documents,中的 Tabs 12,13,14,均属真实文件,则其法律效力和法律后果依以下条件不同而有差异。

45. 根据本案《仲裁申请书》(Request for Arbitration, 12 January 2006)所称,上述三种《新协议》对1996年原合同和原章程作出修改和补充的主要法律依据,乃是"国办发〔2002〕43号通知"。因此,有必要对此项通知各项规定的法律特点再次加以概括和归纳:

第一,在法律位阶上,"国办发〔2002〕43号通知"充其量只是国务院向下级行政机关传达的内部行政指示,其位阶和效力,甚至还低于国务院颁行的"行政法规"或发布的"命令";而上述《中外合作经营企业法》和《涉外经济合同法》则都属于全国人民代表大会制定的"基本法律"。根据中国《宪法》和《立法法》的相关规定,**后两者的位阶层次和法律效力均大大高于前者,前者的规定不得违反后者**。按《立法法》第79条的规定,"国办发〔2002〕43号通知"显然无权修改、限制或变更上述两部"上位法"中相当宽松的有关外商投资回报的灵活性规定(详见前文第24—27段)。

第二,在法律时效上,"国办发〔2002〕43号通知"对于2002年9月10日以前发生的投资事务(含本案《争端合同》)而言,它只是"后继法",不具有溯及既往的法律约束力(详见前文第28—32段)。

第三，在法律强制性上，"国办发〔2002〕43号通知"已经把先前"国办发〔1998〕31号通知"中有关禁止外方投资固定回报的原有的**强制性**规定，改变为**协商性**和**建议性**的规定。面对这种协商性建议，外方投资者可以采纳，同意修改原有的固定回报方式；也可以不采纳，不同意修改原有的固定回报方式（详见前文第28—32段）。

第四，在法律选择性上，根据"国办发〔2002〕43号通知"的协商性和建议性规定，如果外方采纳上述协商性建议，同意修改原先的固定回报方式，则外方还可进一步就该通知所列举的"改""购""转""撤"四种方式之中任选其一，享有充分的选择自由（详见前文第28—32段）。

46. 简言之，"国办发〔2002〕43号通知"之中，针对改变投资固定回报问题，实质上**已经取消了强制性要求，恢复了和强调了与有关外国投资人平等协商**的原则和尊重"**当事人意思自治**"的原则。

因此，"**国办发〔2002〕43号通知**"本身显然不是所谓"**强制征收外商资产的行政法规或行政命令**"。换言之，本案仲裁申请人（即某市C电力公司之外方合作者——英商X公司）关于"国办发〔2002〕43号通知构成了征收外商资产的法规"（The promulgation of Circular No. 43 constitutes an Act of Expropriation）的主张或说法，是没有法律根据的。

47. 如果某市当地的政府主管部门（行政机关和行政机关工作人员）以"国办发〔2002〕43号通知"为依据或作为借口，采取非平等协商的任何强制手段或欺诈手段，迫使或诱骗某市C电力公司外方合作者英商X投资公司，在上述《新协议》中违心地签字"同意"放弃原定的投资固定回报分配方式，改为获得税后净利的60%，则该行政机关及其工作人员的此种行政行为本身就是**对上述43号通知的曲解和滥用**，本身就是违法的。这种行为的性质，属于"**违法施政**"，而不能构成"**依法征收**"。

针对这种违法施政行为，外方合作者英商X投资公司有权依中国《行政诉讼法》第2条和第11条的规定，向中国的人民法院提起行政诉讼，请求撤销违法施政行为，并索取赔偿。

从本案仲裁申请人英商X投资公司提交的现有文档（Documents）看，未见有这方面的确凿证据。外方合作者英商X投资公司如作以上主张，应负举证责任。

48. 如果只是某市B公司（即合作合同的中方、甲方），以"国办发〔2002〕43号通知"作为依据，或作为借口，采取非平等协商的任何强制手段、要挟手段或欺诈手段，迫使或诱骗某市C电力公司外方合作者英商X投资公司，在上述《新协议》中违心地签字"同意"放弃原定的投资固定回报分配方式，改为获得税后净利的60%，则该中方合作者的此种行为乃属于**违法侵权**和**违约侵权**行为，**也不能构成"依法征收"**。因为:(1)该中方合作者的法律身份仅仅是一家企业法人,并非政府主管部门或行政机关,不具备"公权力",无权采取任何"征收"行动;(2)对于上述违法侵权和违约侵权行为,受害的外方合作者不能以"征收"作为诉因,向中国的人民法院提起行政诉讼。

但是,受害的外方合作者英商 X 投资公司有权依中国的《民法通则》《合同法》等民事法律以及《合作合同》第 20.02 条关于争议解决约定,提交中国北京的 CIETAC 仲裁机构,申请仲裁,要求撤销新协议和索取赔偿。

从本案仲裁申请人英商 X 投资公司提交的现有文档(Documents)看,也未见有某市 B 公司(即合作合同的中方、甲方)实施了上述违法侵权和违约侵权行为的确凿证据。外方合作者英商 X 投资公司如作以上主张,应负举证责任。

49. 根据"国办发〔2002〕43 号通知"的协商性和建议性规定,如果本案外方英商 X 投资公司**自主自愿地**采纳上述协商性建议,同意修改原先的固定回报方式,则英商 X 投资公司除了可以选择改为收取 60％税后净利这一分配方式之外,**本来还有权**就该通知所列举的其他四种方式,即"改"("提前回收投资")、"购"("中方收购外方全部股权")或"转"("将外方投资转为中方外债")、"撤"(即按合同规定条件和法定程序终止合作合同、实行解散清算)等几种处理方式之中,任选其一,享有充分的选择自由(详见前文第 34—38 段)。

如果只是某市 B 公司(即合作合同的中方、甲方),以"国办发〔2002〕43 号通知"作为依据,或作为借口,采取非平等协商的任何强制手段、要挟手段或欺骗手段,迫使或骗使某市 C 电力公司外方合作者英商 X 投资公司,在上述《新协议》中只能违心地签字"同意"放弃原定的投资固定回报分配方式,改为获得税后净利的 60％,而不能自主自愿地选择其他各种可能更加有利的转变方式,则某市 B 公司的该行为仍然属于违法侵权和违约侵权行为,**仍然不能构成"依法征收"。理由同上,兹不另赘。**

从本案仲裁申请人英商 X 投资公司提交的现有文档(Documents)看,也未见有某市 B 公司(即合作合同的中方、甲方)实施了上述强制、要挟或欺诈等违法侵权和违约侵权行为的确凿证据。外方合作者英商 X 投资公司如作以上主张,应负举证责任。

50. 根据前文第 45 段引述的三项《新协议》所示:(1)中方合作者某市 B 公司与外方合作者英商 X 投资公司同意删除原定给予外方固定投资回报,改为给予税后净利 60％,其重大的**交换条件**是掌握合作公司运作实权和大权的总经理一职,从原由中方推荐和董事会指派,改为由外方推荐和董事会指派;(2)掌握电厂运营实权和大权的"运营方"企业及其掌握实权和大权的总经理,也改由外方英商 X 投资公司自主选择决定,等等。显而易见,这种新的"**权力分配**",或"**权力重新分配**",是**十分有利**

于外方英商 X 投资公司的。如果英商 X 投资公司推荐并由董事会以简单多数决定（实质上就是由占董事会多数的英商 X 投资公司**单方指派**）的总经理,大权在握,经营得当,运营有方,则英商 X 投资公司所**可能获得的税后净利的 60%,其实数就有可能超过原先的按投资金额固定回报率 18% 计算的实数**。

因此,从这三份《新协议》的核心内容综合分析,并不排除这样的可能:本案某市 C 电力公司的中、外双方合作者是经过充分平等磋商、反复讨价还价之后,各自全面权衡利弊,"各有所取"和"各有所予",在各自自主和自愿的基础上,互相妥协让步,达成了新协议。这种在平等磋商、自主自愿基础上达成的新协议,就其实质而言,**乃是双方根据一般市场规则进行一次新的重大交易。这种自主自愿的交易**,显然不能被任意定性为"外国政府的征收行为",或已经"发生了"承保范围内的"外国政府征收风险事故"。

51. 综上各点,可以看出,在上述第 47—50 段这四种情况下,都不可能定性为中国政府对外商英商 X 投资公司在华资产及其有关合法权益,采取了任何"依法征收"的措施,也不能认定为英商 X 投资公司在华资产及其合法权益发生了承保范围内的"征收"风险事故。因此,英商 X 投资公司对有关保险公司即英商 Y 保险公司的风险索赔,是缺乏必要的法律根据和事实根据的。

(Ⅵ) 中国涉外投资法律以及中英双边投资协定中有关征收外国投资的规定

52. 经细察本案仲裁申请人英商 X 投资公司提供的有关保险公司签发"征收保险"的保险单资料,有必要提醒该保险公司注意,中国涉外投资法律以及中英双边投资协定中有关征收外国投资的规定。

53.《中外合资经营企业法》第 2 条第 3 款规定:"国家对合营企业不实行国有化和征收;在特殊情况下,根据社会公共利益的需要,对合营企业可以实行征收,并给予相应的补偿。"

54.《中外合作经营企业法》中,没有同样内容或类似内容的具体规定。

55. 但是,1986 年 5 月签订的《中华人民共和国政府和大不列颠及北爱尔兰联合王国政府关于促进和相互保护投资协定》(以下简称《中英 BIT》)第 5 条作出了比较宽泛的关于"征收"的规定:

一、只有为了与国内需要相关的公共目的,并给予合理的补偿,缔约任何一方国民或公司在缔约另一方领土内的投资方可被**征收、国有化或采取与此种征收或国有化效果相同的措施**(以下称"征收")。此种补偿应等于投资在征收或即将进行的征收已为公众所知前一刻的真正价值,应包括直至付款之日按正常利率计算的利息,支付不应不适当地迟延,并应有效地兑换和自由转移。受影响的国民或公司应有权依照**采取征收的缔约一方的法律,要求该一方的司法或其他独立机构根据本款规定的原则迅速审理其案件和其投资的价值。**

二、缔约一方依照有效法律对在其领土内任何地方设立或组成的并由缔约另一方国民或公司持有股份的公司之资产进行征收时,应保证适用本条第一款的规定,从而保证拥有此种股份的缔约另一方国民或公司就其投资得到合理的补偿。

从法律逻辑上推论,上述《中英 BIT》中有关保护英国国民或公司在华投资的规定,理应同时适用于保护投入中国**中外合作**经营企业之中的英方投资,并且保护英国保险公司在向被保险人理赔之后从被保险人处转移取得的"代位索赔权"。

56. 但是,《中英 BIT》中所规定的"征收"或"效果相同的措施",均指确实**已经发生**,因此英方国民或公司在华投资确实**已经蒙受**的损失而言,而不包括未来**可能发生**的风险事故或被保险人**可能蒙受**的损失在内。因此,如果英国的保险公司在其承保的保险事故尚未确实发生并导致被保险人确实已经蒙受损失之前,就擅自提前预先向被保险人理赔付款,则日后该保险公司就很难或根本不可能援引《中英 BIT》中的相关规定向中国的司法机关或其他独立机构起诉或申请"代位索赔"。

57. 据此,承保某市 C 电力公司外方合作人英商 X 投资公司在华投资"征用"风险的英国 Y 保险公司,应当在依保险合同理赔付款之前,务必根据被保险人提供的各种确凿可信的证据,认真澄清和核实中国的有关行政机关以及中方的合作人是否曲解、滥用"国办发〔2002〕43 号通知",将其作为依据,或作为借口,是否确实已经采取强制措施或欺诈手段,迫使或诱骗被保险人放弃取得固定回报的权利,被保险人是否因此而确实已经蒙受了损失。

四、结　　论

综上所述,可以得出以下五点结论:

58. 从提供的现有 Documents(3 Files,587 pages)看,未发现有确凿的、足以证明英商 X 投资公司在华资产及其合法权益已被中国政府"依法征收"。"国办发〔2002〕43 号通知"不是"征收法令";2003 年 3 月 11 日中外合作者达成的两份《新协议》不构成"征收行为"。

59. 根据当代国际社会和法治国家公认的"当事人意思自治""法无明禁即自由"以及"法律不溯及既往"的法理原则,根据已经吸收了和体现了这些法理原则的中国法律的有关规定,《争端合同》第 15 条关于利润分配的约定在立约当时是合法的,至今仍是合法的;因此应当受到中国法律的保护。中国当地的行政主管机关或某市 C 电力公司的中方合作人,都无权采取任何强制措施或诱骗手段,擅自修改、废止该合同原定的利润分配方式,都无权强迫或诱骗该公司的外方合作人放弃其依法、依约取得的投资固定回报权利。

60. 中国当地的行政主管机关或某市 C 电力公司的中方合作人出于现实情况的需要,可以向外方投资合作人英商 X 投资公司提出建议,要求修改合作合同中原定的投资固定回报的分配方式,另行采取"提前回收投资""外方优先获得投资收益""中方收购外方全部股权"或"将外方投资转为中方外债"等**新的**分配方式,但是,所有这些建议,都必须切实遵照和贯彻"国发〔2004〕20 号决定"以及"国办发〔2002〕43 号通知"所强调的原则和方式,即"谁投资、谁决策、谁收益"、充分尊重"企业投资自主权"和"企业自主决策"、"与外方充分协商并取得外方同意",方可实施。而不得违背上述国务院行政决定和行政命令规定的原则和方式,采取任何强制手段或欺诈手段,强迫或诱骗外方合作者接受任何此类"建议"。

61. 如果中国当地的行政主管机关或某市 C 电力公司的中方合作者不遵守中国法律关于保护外商投资的规定,不遵守中国国务院发布的上述行政决定和行政命令,则外方合作者有权采取申请行政复议,提起行政诉讼或提交仲裁等方式,要求有管辖权的行政机关、司法机关或仲裁机构作出决定、判决或裁决,切实保护外方合作者英商 X 投资公司(投资人)的合法权益,使英商 X 投资公司取得应有的损害赔偿。

62. 为外方合作者英商 X 投资公司(投资人)在华投资提供"征收保险"的外国(英国)保险公司,在依照保险合同理赔付款之前,务必认真澄清和核实承保的"征收风险事故"确已发生,并确已导致被保险人遭受损失。否则,日后保险公司就极难或不可能向中方有关主管部门或中方有关当事人实行"代位索赔"。

附录

（Ⅰ）国务院《关于加强外汇外债管理开展外汇外债检查的通知》

（国发〔1998〕31号通知，1998年9月14日）[2]

各省、自治区、直辖市人民政府，国务院各部委、各直属机构：

随着经济改革不断深入和对外开放日益扩大，近年来我国进出口贸易和利用外资持续快速发展，国际收支状况良好，人民币汇率稳定，外债规模得到较好控制，国家外汇储备有了较大幅度的增长，有力地促进了国民经济持续、快速、健康发展。但是，最近一个时期以来，以多种手段非法逃套国家外汇的案件增多，一些地方和单位未经批准擅自到境外发债和对外提供担保，或以保证外方固定回报等形式变相对外举债。为了保持我国国际收支平衡和人民币汇率的稳定，有效防范涉外金融风险，确保经济增长目标的实现，国务院决定，进一步加强外汇外债管理，并开展全国外汇外债检查。现就有关问题通知如下：

一、严厉打击逃套汇行为和外汇黑市，加强反骗汇工作

1. 加强对金融机构外汇业务的监管，防止骗汇行为发生。人民银行、外汇局要加强对外汇指定银行和其他金融机构经营外汇业务的监管。外汇指定银行要严格执行国家有关结汇、售汇、付汇和开户等管理规定，认真审查购汇单据的真实性，对大额、高频等异常购汇、付汇和二次核对发现假单证的，要及时向外汇局报告，并由外汇局根据有关规定进行处理；严禁无单证或单证不符、单证不齐售汇以及超过规定比例和金额售汇；总行不得对分支机构结售汇业务下达数量考核指标。对严重违反规定的外汇指定银行，由人民银行停止其结汇、售汇业务；并对其主要负责人和直接责任人给予纪律处分直至撤职，情节严重，构成犯罪的，移送司法机关依法追究刑事责任。

2. 规范外贸代理业务，严格加工贸易管理，加强出口收汇工作。外经贸部门要加强对外贸公司代理业务的规范管理。代理进口业务，必须由代理单位签订进口合同，办理制单、购汇、付汇及报关手续，并对所办单证的真实性负责。严禁外贸公司"四自三不见"（即自带客户、自带货源、自带汇票、自行报关；不见进口产品、不见供货货主、不见外商）的代理进口和外商投资企业违规的代理进口。对无证购汇或者以假单证向外汇指定银行骗购外汇等非法套汇行为，由外汇局依照国家有关规定予以处罚；有进出口经营权的企事业单位从事、参与违规购汇，累计金额超过100万美

---

[2] 资料来源：http://www.chinalawedu.com/news/2003_10%5C5％5C2103171559.htm。

元的,由外经贸主管部门撤销其对外贸易经营许可,并追究直接责任人和有关负责人的责任;情节严重,构成犯罪的,移送司法机关依法追究刑事责任。外经贸部门要将出口与收汇结合起来考核企业的经营业绩,敦促和监督企业按时足额收汇,纠正重出口、轻收汇的倾向,防止外汇流失和将外汇滞留境外。

3. 加快计算机联网,加强对报关单和进出口核销工作的管理。海关总署和国家外汇管理局要密切配合,在今年内,建立海关与外汇局之间的双向快速反应数据通信网络,做到及时传送收、付汇核销单签发和核销数据,以及进出口报关单收、付汇核销证明数据,并以此作为双方审核进出口企业申报单证真实性的依据。海关要加强对报关行和报关人员的管理,加强对进出口货物的查验和估价工作,打击进出口货物中的伪报、瞒骗等违法活动。在海关与外汇局建立数据通讯网络之前,要加强对报关单的二次核对工作,对已验明的假报关单,要立即反馈给送验单位,并抄报海关总署和国家外汇管理局。

4. 清理"三无"企业,严防逃套外汇行为。工商行政管理部门要加强对公司登记注册的审核管理,对"三无"企业(即无资金、无场地、无机构的企业),无正当理由超过6个月未开业或开业后自行停止6个月以上的企业,要依法吊销其营业执照。杜绝不法分子利用临时成立的"空壳"公司从事逃套外汇等非法活动。

5. 严肃查处制假行为,打击犯罪活动。公安部门对海关、外汇局和外汇指定银行在查处骗汇案件中发现的制造假单证等犯罪线索,要及时依法予以立案侦查。

6. 坚决取缔外汇黑市,从严惩治违法犯罪活动。由外汇局牵头,公安、工商行政管理、海关、银行等部门紧密配合,对专门从事外汇黑市交易的不法分子从严查处。近期要在少数外汇黑市活动比较猖獗的沿海城市,组织一次专项斗争,严惩从事非法外汇交易活动的贩汇团伙。

二、从严控制外债规模,加强资本项目外汇管理

1. 严格控制外债规模,加强外债统一管理。国家对全国外债总量和结构实行统一监管,保持外债的合理规模和结构。国家发展计划委员会要根据经济发展需要和国际收支状况,按照外债借、用、还和责、权、利相统一的原则,合理确定借用国外贷款的规模,并将主要外债指标控制在安全线以内。中国人民银行和国家外汇管理局要严格控制短期外债的规模,使短期外债在外债总量中保持合理比重。对国有商业银行实行中长期外债余额管理,合理安排外债投向,提高外债使用效益,改善商业银行的资产负债结构,具体管理办法由国家发展计划委员会会同中国人民银行等部门另行制定。外汇局要加强和完善外债统计监测,提供及时、全面、准确的外债信息。有关政府部门应充分认识外债统计工作的重要性,及时、准确地报送本部门管理的外债数据,以提高我国外债分析、预测的时效性和准确性,为领导决策提供科学依据。任何单位以任何形式对外借款都必须到外汇局进行外债登记,对隐匿不报的,由外汇局依照国家有关规定给予处罚。

2. 强化对外借款的管理,严禁非法对外融资。国家对各种形式的对外借款实行全口径管理,除国务院授权的政府部门有权筹借国际金融组织和外国政府优惠贷款外,其他政府部门对外借款必须经国务院批准;国内中资金融机构对外借款,必须有中国人民银行批准的对外借款业务许可;符合条件的国内大型企业集团,按照规定经国家主管部门批准后方可直接对外借款。以上单位对外借款,必须纳入国家借用国外贷款规模,其中短期外债必须严格按照国家外汇管理局核定的余额对外筹借。外商投资企业可依法自主对外借款,但所筹借的中长期外债数额,不得超过合同或章程规定的投资总额与注册资本之间的差额。对于超出部分的借款,属于投资所需要的,外商投资企业各方须修改合同或章程,报经原审批部门批准后,向外汇局办理外债登记手续。其他任何单位无权直接对外借款。

严格规范境外融资担保。政府机关和事业单位不得对外提供担保或变相担保,其他机构对外担保必须经外汇局批准或登记备案。任何地方、部门和单位违反规定擅自对外举债或对外担保,其借款或担保协议(合同)一律无效,银行不得为其开立外汇账户,外债本息不得擅自汇出,由此造成的损失由债权人自行负责。对非法对外融资和违规对外担保的有关责任人和领导者给予行政或者纪律处分,直至撤职或开除公职;情节严重,构成渎职罪的,移送司法机关依法追究刑事责任。

加强对远期信用证开证的审查力度。对超过3个月(含3个月)的远期信用证纳入外债统计监测范围;对超过1年(含1年)的远期信用证实行逐笔报批制度,未经批准,任何机构不得对外开具。禁止对外开具无贸易背景的远期信用证。金融机构要尽快建立健全统一授信等管理制度,防范和化解金融风险。

3. 认真清理对外借款机构,切实保证偿还外债。人民银行要严格审查和清理现有对外借款机构,对不合格的金融机构要取消其对外借款资格,对新的对外借款机构要从严审查。国家发展计划委员会和中国人民银行对境外发债窗口,要根据其资产负债比例、债务质量、经营业绩等进行重新审核,从严控制发债窗口的数量。人民银行要严格管理信托投资公司对外借款和债务,禁止举借外债偿还国内债务。各信托投资公司要在地方政府的直接领导下,认真清理现有外债,制定具体方案,切实保证偿还外债。对外借款单位要严格贯彻谁借谁还的原则,承担偿债责任,不得以任何理由拖欠或拒付到期债务;要认真清理本单位的外债,制定有效的还款措施,落实还款资金,确保偿还对外债务。各地区、各部门要高度重视外债管理,明确对外借款偿还责任,建立相应的偿债准备基金,积极防范外债风险。

4. 要加强对提前偿还外债的管理。当前要严格控制提前偿还外债。坚决禁止用人民币购汇提前偿还外债。同时,加强本外币政策的协调,商业银行要注意资金投向,不得为提前偿还外债发放人民币贷款。

5. 严格规范吸收外资行为,坚决纠正和防止变相对外举债,包括违反风险共担原则保证外商投资企业外方固定回报的做法。吸收外商投资,要贯彻中外投资者共担风险、共享收益、共负亏损的原则。中方不顾投资项目的经营效益和市场承受能力,承诺其产品的价格或收费水平,或以项目以外的收入等保证外方固定投资收益,其实质都是变相举债,要坚决防止和纠正。国家发展计划委员会要会同国家外汇管理局、对外贸易经济合作部等有关部门,对变相举债情况进行一次清理,并分别不同情况提出处理意见,于1998年年底之前报国务院审批。对此项清理工作,地方政府要积极配合。

今后,任何单位不得违反国家规定保证外方投资固定回报。在审批外商投资项目及合同时,有关部门要严格把关。对保证外方投资固定回报的错误做法,一经发现要坚决予以纠正,物价管理部门不得批准其产品价格和收费标准,外汇局不得批准有关购汇申请。对有关责任人要严肃查处,并追究领导人的责任。

6. 严格执行资本项目结汇备案登记和审批制度,及时把握资本项目结汇走势。凡需要结汇的利用外资项目,必须按规定报外汇局备案,未备案登记的项目,外汇局不予批准结汇。项目审批机关在审批项目可行性研究报告时,要将项目需结汇的金额抄送外汇局。

7. 加强对上市公司的外汇管理。中国证券监督管理委员会要将批准境外上市外资股的有关文件抄送国家外汇管理局,由国家外汇管理局对上市公司所筹外汇资金进行监控,并限期调回境内。中国证券监督管理委员会在审批境内机构发行外资股时,要优先选择有直接用汇需求的企业。

8. 加强对境外债权投资管理,控制外汇流出。外汇局要对境内机构境外债权进行一次清查,有境外债权的机构要在1998年年底之前向外汇局如实报送有关数据和情况,对隐匿不报或虚报瞒报的,一经发现,要追究有关责任人和领导者的责任。各主管部门应加强对境外债权的管理,按规定及时将应调回的资金调回境内,外贸公司要及时催收出口货款。

三、开展外汇外债检查,纠正各类违规违法行为

1. 开展自查,及时纠正。各地区、各部门首先要在本地区、本系统内开展外汇外债的全面自查工作,地方政府自查的重点是本地区的变相举债情况,要及时纠正发现的问题,并于 10 月 30 日前将自查及纠正情况报告国务院。

中国人民银行、国家外汇管理局、对外贸易经济合作部、海关总署、国家工商行政管理局、公安部等部门要重点检查去年六部委联合发布的《关于加强反骗汇工作的通知》执行情况,尤其是基层和沿海地区的落实情况,核实已发现的问题,评估改进措施的效果。

2. 联合检查,严肃处理。在各地区、各部门自查的基础上,由国家发展计划委员会和中国人民银行分别牵头,会同有关部门组成联合检查组,在今年 10 月上旬开始对重点地区和重点问题进行检查,并将检查情况报告国务院。

(1) 中国人民银行会同国家外汇管理局、对外贸易经济合作部、海关总署、公安部、国家工商行政管理局组成联合检查组,重点打击逃套汇和外汇黑市。主要检查结售汇出现逆差和结售汇顺差大幅下降的地区。检查的内容主要有:① 企业通过银行的异常购付汇情况;② 外贸公司在代理进口中严禁"四自三不见"的执行情况,以及外经贸部门对外贸公司代理业务的规范管理情况;③ 海关对送验报关单的鉴定情况;④ 工商行政管理部门清理"三无企业"情况;⑤ 公安部门对海关、外汇局、外汇指定银行移交的制假骗汇案件的调查处理情况;⑥ 外汇局打击外汇黑市的情况和对骗汇案件的处罚情况。

(2) 国家发展计划委员会会同中国人民银行、对外贸易经济合作部组成联合检查组,重点检查和清理的内容是:① 企业和地方政府违规进行对外借款和对外担保情况;② 吸收外商投资中保证外方投资固定回报情况;③ 信托投资公司的对外债务。

各地区、各部门要认真贯彻落实党中央、国务院关于加强外汇管理、从严控制外债规模、规范吸收外商投资的各项政策措施,依法打击逃套汇和外汇黑市以及非法对外融资和变相举债等活动,积极防范涉外金融风险,维护国际收支平衡和人民币汇率稳定,促进国民经济持续、快速、健康发展。

(Ⅱ) 国务院办公厅《关于妥善处理现有保证外方投资固定回报项目有关问题的通知》

(国办发〔2002〕43 号通知,2002 年 9 月 10 日)[3]

各省、自治区、直辖市人民政府,国务院各部委、各直属机构:

1998 年 9 月《国务院关于加强外汇外债管理开展外汇外债检查的通知》(国发

---

[3] 资料来源:http://www.cc.ln.gov.cn/lncj/shownews.asp? newsid=307。

[1998] 31号)下发后,各地相继开展了清理和纠正保证外方投资固定回报项目(以下简称固定回报项目)的工作。几年来,有相当一批固定回报项目得到纠正,基本上未出现新的固定回报项目,有效维护了国家利益和投资各方的合法权益;但还有一些固定回报项目未能妥善处理。2001年4月《国务院关于进一步加强和改进外汇收支管理的通知》(国发[2001]10号)下发后,各地根据要求对现有固定回报项目进行了清查并提出了处理意见。

为进一步规范吸引外资行为,妥善解决历史遗留问题,促进我国吸引外资工作健康发展,经国务院批准,现就处理固定回报项目有关问题通知如下:

一、现有固定回报项目处理的基本原则

保证外方投资固定回报不符合中外投资者利益共享、风险共担的原则,违反了中外合资、合作经营有关法律和法规的规定。在当前国内资金相对充裕、融资成本较低、吸引外资总体形势良好的有利条件下,各级地方政府应采取有力措施,妥善处理现有固定回报项目。

现有固定回报项目处理的基本原则是:按照《中外合资经营企业法》《中外合作经营企业法》及其他相关政策规定,坚持中外各方平等互利、利益共享、风险共担,从有利于项目正常经营和地方经济发展出发,各方充分协商,由有关地方政府及项目主管部门根据项目具体情况,采取有效方式予以纠正,维护我国吸引外资的良好环境。

二、采取多种方式,妥善处理不同类型的固定回报项目

根据以上原则,对不同类型的固定回报项目,可以采取以下方式进行处理:

(一)对于以项目自身收益支付外方投资固定回报的项目,中外各方应在充分协商的基础上修改合同或协议,以提前回收投资等合法的收益分配形式取代固定回报方式。

(二)对于项目亏损或收益不足,以项目外资金支付外方部分或大部分投资回报,或者未向外方支付原承诺的投资回报的项目,可以根据项目情况,分别采取"改""购""转""撤"等方式进行处理:

1."改"。通过中外各方协商谈判,取消或者修改合同中固定回报的条款,重新确定中外各方合理的收益分配方式和比例。对于外方提前回收投资或外方优先获得投资收益的,应明确其来源只能是项目可分配的经营性收入和其他合法收入。对于以合同外协议形式保证外方固定回报的,以及地方政府、地方财政部门、其他行政机关和单位为外方提供固定回报承诺或担保的,有关协议和担保文件应予撤销。

2. "购"。各方协商一致后,经有关部门批准,可以由中方按照合理价格收购外方全部股权,终止执行有关合同及协议,根据相关规定妥善处理善后事宜,有关企业改按内资企业管理。涉及购汇事宜,由外汇局按规定办理。

3. "转"。对于具备外债偿还能力或已落实外债偿还实体的项目,经各方协商同意,可以申请将原外商投资按照合理的条件转为中方外债。经国家计委会同外经贸部、外汇局批准后,办理外债登记,以后按照外债还本付息购汇及支付。有关项目改按内资企业管理。

4. "撤"。对于亏损严重或不具备继续经营条件的企业,以及符合合同、章程规定解散条件的企业,经有关主管部门批准,可按照法定程序终止合营合同的执行,根据有关法律和规定予以清算。

(三) 对于仅通过购电协议形式实现外方投资预期回报的项目,不纳入此次固定回报项目处理范围,今后结合电力体制改革总体方案及相关配套政策逐步妥善处理。

三、密切配合,严格执法,维护我国吸引外资的良好环境

凡固定回报项目尚未得到妥善处理的地区,项目所在省(自治区、直辖市)人民政府应根据上述原则和意见,采取有效方式处理现有固定回报项目,并于 2002 年底之前完成整改工作。各级计划、外经贸、外汇、财税、工商管理等部门及外汇指定银行要积极配合此项工作,按照国家有关法规和政策规定,办理相关手续,妥善解决项目处理过程中涉及的各项具体问题。各级地方政府应做好对外解释工作,与外方充分协商,避免由于工作方式简单而引发纠纷,如出现谈判解决不了的特殊情况和问题,要及时报国家计委、外经贸部。

从 2003 年 1 月 1 日起,凡外方所得收益超过项目可分配的经营性收入和其他合法收入的固定回报项目,未经国家外汇局批准,外汇指定银行不得为其办理外汇的购买和对外支付事宜。

各级地方政府在积极吸引外商投资促进经济发展的同时,要严格执行国家各项法律、法规和政策规定,维护我国利用外资的良好环境。今后任何单位不得违反国家规定保证外方投资固定回报,也不得以吸引外资的名义变相对外借款。违者一经发现将从严处理,所签订合同或协议一律无效,同时追究有关领导和责任人的责任。

国务院办公厅
二〇〇二年九月十日

(Ⅲ) 国务院《关于投资体制改革的决定》

(国发〔2004〕20号决定，2004年7月16日)[4]

各省、自治区、直辖市人民政府，国务院各部委、各直属机构：

改革开放以来，国家对原有的投资体制进行了一系列改革，打破了传统计划经济体制下高度集中的投资管理模式，初步形成了投资主体多元化、资金来源多渠道、投资方式多样化、项目建设市场化的新格局。但是，现行的投资体制还存在不少问题，特别是企业的投资决策权没有完全落实，市场配置资源的基础性作用尚未得到充分发挥，政府投资决策的科学化、民主化水平需要进一步提高，投资宏观调控和监管的有效性需要增强。为此，国务院决定进一步深化投资体制改革。

一、深化投资体制改革的指导思想和目标

(一)深化投资体制改革的指导思想是：按照完善社会主义市场经济体制的要求，在国家宏观调控下充分发挥市场配置资源的基础性作用，确立企业在投资活动中的主体地位，规范政府投资行为，保护投资者的合法权益，营造有利于各类投资主体公平、有序竞争的市场环境，促进生产要素的合理流动和有效配置，优化投资结构，提高投资效益，推动经济协调发展和社会全面进步。

(二)深化投资体制改革的目标是：改革政府对企业投资的管理制度，按照"谁投资、谁决策、谁收益、谁承担风险"的原则，落实企业投资自主权；合理界定政府投资职能，提高投资决策的科学化、民主化水平，建立投资决策责任追究制度；进一步拓宽项目融资渠道，发展多种融资方式；培育规范的投资中介服务组织，加强行业自律，促进公平竞争；健全投资宏观调控体系，改进调控方式，完善调控手段；加快投资领域的立法进程；加强投资监管，维护规范的投资和建设市场秩序。通过深化改革和扩大开放，最终建立起市场引导投资、企业自主决策、银行独立审贷、融资方式多样、中介服务规范、宏观调控有效的新型投资体制。

二、转变政府管理职能，确立企业的投资主体地位

(一)改革项目审批制度，落实企业投资自主权。彻底改革现行不分投资主体、不分资金来源、不分项目性质，一律按投资规模大小分别由各级政府及有关部门审批的企业投资管理办法。对于企业不使用政府投资建设的项目，一律不再实行审批制，区别不同情况实行核准制和备案制。其中，政府仅对重大项目和限制类项目从维护社会公共利益角度进行核准，其他项目无论规模大小，均改为备案制，项目的市

---

[4] 资料来源：http://www.moc.gov.cn/zizhan/siju/gonglusi/falvfagui_ZH/200710/t20071023_439936.html。

场前景、经济效益、资金来源和产品技术方案等均由企业自主决策、自担风险,并依法办理环境保护、土地使用、资源利用、安全生产、城市规划等许可手续和减免税确认手续。对于企业使用政府补助、转贷、贴息投资建设的项目,政府只审批资金申请报告。各地区、各部门要相应改进管理办法,规范管理行为,不得以任何名义截留下放给企业的投资决策权利。

(二)规范政府核准制。要严格限定实行政府核准制的范围,并根据变化的情况适时调整。《政府核准的投资项目目录》(以下简称《目录》)由国务院投资主管部门会同有关部门研究提出,报国务院批准后实施。未经国务院批准,各地区、各部门不得擅自增减《目录》规定的范围。

企业投资建设实行核准制的项目,仅需向政府提交项目申请报告,不再经过批准项目建议书、可行性研究报告和开工报告的程序。政府对企业提交的项目申请报告,主要从维护经济安全、合理开发利用资源、保护生态环境、优化重大布局、保障公共利益、防止出现垄断等方面进行核准。对于外商投资项目,政府还要从市场准入、资本项目管理等方面进行核准。政府有关部门要制定严格规范的核准制度,明确核准的范围、内容、申报程序和办理时限,并向社会公布,提高办事效率,增强透明度。

(三)健全备案制。对于《目录》以外的企业投资项目,实行备案制,除国家另有规定外,由企业按照属地原则向地方政府投资主管部门备案。备案制的具体实施办法由省级人民政府自行制定。国务院投资主管部门要对备案工作加强指导和监督,防止以备案的名义变相审批。

(四)扩大大型企业集团的投资决策权。基本建立现代企业制度的特大型企业集团,投资建设《目录》内的项目,可以按项目单独申报核准,也可编制中长期发展建设规划,规划经国务院或国务院投资主管部门批准后,规划中属于《目录》内的项目不再另行申报核准,只须办理备案手续。企业集团要及时向国务院有关部门报告规划执行和项目建设情况。

(五)鼓励社会投资。放宽社会资本的投资领域,允许社会资本进入法律法规未禁入的基础设施、公用事业及其他行业和领域。逐步理顺公共产品价格,通过注入资本金、贷款贴息、税收优惠等措施,鼓励和引导社会资本以独资、合资、合作、联营、项目融资等方式,参与经营性的公益事业、基础设施项目建设。对于涉及国家垄断资源开发利用、需要统一规划布局的项目,政府在确定建设规划后,可向社会公开招标选定项目业主。鼓励和支持有条件的各种所有制企业进行境外投资。

(六)进一步拓宽企业投资项目的融资渠道。允许各类企业以股权融资方式筹集投资资金,逐步建立起多种募集方式相互补充的多层次资本市场。经国务院投资主管部门和证券监管机构批准,选择一些收益稳定的基础设施项目进行试点,通过公开发行股票、可转换债券等方式筹集建设资金。在严格防范风险的前提下,改革企业债券发行管理制度,扩大企业债券发行规模,增加企业债券品种。按照市场化原则改进和完善银行的固定资产贷款审批和相应的风险管理制度,运用银团贷款、融资租赁、项目融资、财务顾问等多种业务方式,支持项目建设。允许各种所有制企业按照有关规定申请使用国外贷款。制定相关法规,组织建立中小企业融资和信用担保体系,鼓励银行和各类合格担保机构对项目融资的担保方式进行研究创新,采取多种形式增强担保机构资本实力,推动设立中小企业投资公司,建立和完善创业投资机制。规范发展各类投资基金。鼓励和促进保险资金间接投资基础设施和重点建设工程项目。

（七）规范企业投资行为。各类企业都应严格遵守国土资源、环境保护、安全生产、城市规划等法律法规,严格执行产业政策和行业准入标准,不得投资建设国家禁止发展的项目;应诚信守法,维护公共利益,确保工程质量,提高投资效益。国有和国有控股企业应按照国有资产管理体制改革和现代企业制度的要求,建立和完善国有资产出资人制度、投资风险约束机制、科学民主的投资决策制度和重大投资责任追究制度。严格执行投资项目的法人责任制、资本金制、招标投标制、工程监理制和合同管理制。

三、完善政府投资体制,规范政府投资行为

（一）合理界定政府投资范围。政府投资主要用于关系国家安全和市场不能有效配置资源的经济和社会领域,包括加强公益性和公共基础设施建设,保护和改善生态环境,促进欠发达地区的经济和社会发展,推进科技进步和高新技术产业化。能够由社会投资建设的项目,尽可能利用社会资金建设。合理划分中央政府与地方政府的投资事权。中央政府投资除本级政权等建设外,主要安排跨地区、跨流域以及对经济和社会发展全局有重大影响的项目。

（二）健全政府投资项目决策机制。进一步完善和坚持科学的决策规则和程序,提高政府投资项目决策的科学化、民主化水平;政府投资项目一般都要经过符合资质要求的咨询中介机构的评估论证,咨询评估要引入竞争机制,并制定合理的竞争规则;特别重大的项目还应实行专家评议制度;逐步实行政府投资项目公示制度,广泛听取各方面的意见和建议。

（三）规范政府投资资金管理。编制政府投资的中长期规划和年度计划,统筹安排、合理使用各类政府投资资金,包括预算内投资、各类专项建设基金、统借国外贷款等。政府投资资金按项目安排,根据资金来源、项目性质和调控需要,可分别采取直接投资、资本金注入、投资补助、转贷和贷款贴息等方式。以资本金注入方式投入的,要确定出资人代表。要针对不同的资金类型和资金运用方式,确定相应的管理办法,逐步实现政府投资的决策程序和资金管理的科学化、制度化和规范化。

(四)简化和规范政府投资项目审批程序,合理划分审批权限。按照项目性质、资金来源和事权划分,合理确定中央政府与地方政府之间、国务院投资主管部门与有关部门之间的项目审批权限。对于政府投资项目,采用直接投资和资本金注入方式的,从投资决策角度只审批项目建议书和可行性研究报告,除特殊情况外不再审批开工报告,同时应严格政府投资项目的初步设计、概算审批工作;采用投资补助、转贷和贷款贴息方式的,只审批资金申请报告。具体的权限划分和审批程序由国务院投资主管部门会同有关方面研究制定,报国务院批准后颁布实施。

(五)加强政府投资项目管理,改进建设实施方式。规范政府投资项目的建设标准,并根据情况变化及时修订完善。按项目建设进度下达投资资金计划。加强政府投资项目的中介服务管理,对咨询评估、招标代理等中介机构实行资质管理,提高中介服务质量。对非经营性政府投资项目加快推行"代建制",即通过招标等方式,选择专业化的项目管理单位负责建设实施,严格控制项目投资、质量和工期,竣工验收后移交给使用单位。增强投资风险意识,建立和完善政府投资项目的风险管理机制。

(六)引入市场机制,充分发挥政府投资的效益。各级政府要创造条件,利用特许经营、投资补助等多种方式,吸引社会资本参与有合理回报和一定投资回收能力的公益事业和公共基础设施项目建设。对于具有垄断性的项目,试行特许经营,通过业主招标制度,开展公平竞争,保护公众利益。已经建成的政府投资项目,具备条件的经过批准可以依法转让产权或经营权,以回收的资金滚动投资于社会公益等各类基础设施建设。

四、加强和改善投资的宏观调控

(一)完善投资宏观调控体系。国家发展和改革委员会要在国务院领导下会同有关部门,按照职责分工,密切配合、相互协作、有效运转、依法监督,调控全社会的投资活动,保持合理投资规模,优化投资结构,提高投资效益,促进国民经济持续快速协调健康发展和社会全面进步。

(二)改进投资宏观调控方式。综合运用经济的、法律的和必要的行政手段,对全社会投资进行以间接调控方式为主的有效调控。国务院有关部门要依据国民经济和社会发展中长期规划,编制教育、科技、卫生、交通、能源、农业、林业、水利、生态建设、环境保护、战略资源开发等重要领域的发展建设规划,包括必要的专项发展建设规划,明确发展的指导思想、战略目标、总体布局和主要建设项目等。按照规定程序批准的发展建设规划是投资决策的重要依据。各级政府及其有关部门要努力提高政府投资效益,引导社会投资。制定并适时调整国家固定资产投资指导目录、外商投资产业指导目录,明确国家鼓励、限制和禁止投资的项目。建立投资信息发布制度,及时发布政府对投资的调控目标、主要调控政策、重点行业投资状况和发展趋势等信息,引导全社会投资活动。建立科学的行业准入制度,规范重点行业的环保标准、安全标准、能耗水耗标准和产品技术、质量标准,防止低水平重复建设。

（三）协调投资宏观调控手段。根据国民经济和社会发展要求以及宏观调控需要,合理确定政府投资规模,保持国家对全社会投资的积极引导和有效调控。灵活运用投资补助、贴息、价格、利率、税收等多种手段,引导社会投资,优化投资的产业结构和地区结构。适时制定和调整信贷政策,引导中长期贷款的总量和投向。严格和规范土地使用制度,充分发挥土地供应对社会投资的调控和引导作用。

（四）加强和改进投资信息、统计工作。加强投资统计工作,改革和完善投资统计制度,进一步及时、准确、全面地反映全社会固定资产存量和投资的运行态势,并建立各类信息共享机制,为投资宏观调控提供科学依据。建立投资风险预警和防范体系,加强对宏观经济和投资运行的监测分析。

五、加强和改进投资的监督管理

（一）建立和完善政府投资监管体系。建立政府投资责任追究制度,工程咨询、投资项目决策、设计、施工、监理等部门和单位,都应有相应的责任约束,对不遵守法律法规给国家造成重大损失的,要依法追究有关责任人的行政和法律责任。完善政府投资制衡机制,投资主管部门、财政主管部门以及有关部门,要依据职能分工,对政府投资的管理进行相互监督。审计机关要依法全面履行职责,进一步加强对政府投资项目的审计监督,提高政府投资管理水平和投资效益。完善重大项目稽查制度,建立政府投资项目后评价制度,对政府投资项目进行全过程监管。建立政府投资项目的社会监督机制,鼓励公众和新闻媒体对政府投资项目进行监督。

（二）建立健全协同配合的企业投资监管体系。国土资源、环境保护、城市规划、质量监督、银行监管、证券监管、外汇管理、工商管理、安全生产监管等部门,要依法加强对企业投资活动的监管,凡不符合法律法规和国家政策规定的,不得办理相关许可手续。在建设过程中不遵守有关法律法规的,有关部门要责令其及时改正,并依法严肃处理。各级政府投资主管部门要加强对企业投资项目的事中和事后监督检查,对于不符合产业政策和行业准入标准的项目,以及不按规定履行相应核准或许可手续而擅自开工建设的项目,要责令其停止建设,并依法追究有关企业和人员的责任。审计机关依法对国有企业的投资进行审计监督,促进国有资产保值增值。建立企业投资诚信制度,对于在项目申报和建设过程中提供虚假信息、违反法律法规的,要予以惩处,并公开披露,在一定时间内限制其投资建设活动。

（三）加强对投资中介服务机构的监管。各类投资中介服务机构均须与政府部门脱钩,坚持诚信原则,加强自我约束,为投资者提供高质量、多样化的中介服务。鼓励各种投资中介服务机构采取合伙制、股份制等多种形式改组改造。健全和完善投资中介服务机构的行业协会,确立法律规范、政府监督、行业自律的行业管理体制。打破地区封锁和行业垄断,建立公开、公平、公正的投资中介服务市场,强化投资中介服务机构的法律责任。

（四）完善法律法规,依法监督管理。建立健全与投资有关的法律法规,依法保护投资者的合法权益,维护投资主体公平、有序竞争,投资要素合理流动、市场发挥配置资源的基础性作用的市场环境,规范各类投资主体的投资行为和政府的投资管理活动。认真贯彻实施有关法律法规,严格财经纪律,堵塞管理漏洞,降低建设成本,提高投资效益。加强执法检查,培育和维护规范的建设市场秩序。

附件:政府核准的投资项目目录(2016年本)

国务院
二〇〇四年七月十六日

第 17 章 外商在华投资"征收"索赔中的"脚踩两船"与"左右逢源"

——英商 X 投资公司 v. 英商 Y 保险公司案件述评(二)

>> **内容提要**

本文及上一篇文章是互相配合和互为补充的姊妹篇,两文逐层剖析一宗外商在华投资"征收"索赔案件的来龙去脉、表面现象及其真实面目。本案涉及三十年来中国吸收外商投资政策和相关法律体制发展过程中出现的一系列立法和执法问题;有关外商投资的法律、法规、法令、规章、政令、施政通知等相互之间的配合协调和矛盾冲突问题。本姊妹篇结合本案的具体案情,运用当代国际公认的基本法理准则以及已经吸收和体现这些法理准则的中国法律原则,诸如:(1)"法无明禁即自由";(2)"充分尊重当事人意思自治";(3)"法律不溯及既往";(4)"下位法不得违反上位法";(5)"特别法优先于一般法"等。透过表象,廓清迷雾,揭示出本案涉讼的历次"国务院通知"并非"征收"法令,外商 Y 保险公司所承保的"征收"风险事故并未发生,投保人外商 X 投资公司索赔的理由不能成立。同时,综观整体案情,不排除有这样的可能:投保人外商 X 投资公司对有关争端问题,采取了"脚踩两条船"和"左右逢源"的做法,力图"鱼与熊掌兼得":既从中方合作者手中取得额外的"权",又从外商保险商手中取得额外的"利"。此种要求,无论依争端发生地的中国法或依仲裁所在地的英国法,均不能获得支持。

2006 年 4 月 30 日,英商 Y 保险公司通过其代理律师向陈安教授提供了一份问题清单,开列了 14 个具体问题,请求进一步提供法律意见。现在按清单所列顺序,逐一简答如下。为节省篇幅和阅读方便,凡需参阅 4 月 25 日原《专家意见书》[1][以下

---

[1] 即前文《外商在华投资"征收"索赔迷雾中的庐山面目——英商 X 投资公司 v. 英商 Y 保险公司案件述评(一)》。

简称"《庐山面目》(一)"]相关段落的,均予逐一注明。以下"Q"代表"问题"(Question),"A"代表"解答"(Answer)。

【Q1】是否肯定"国发〔1998〕31号通知""国办发〔2001〕10号通知"以及"国办发〔2002〕43号通知"都属于中国政府(国务院)对于中国有关中外合作企业法律的合法解释,而且这些解释表明对外国投资者实行固定回报的约定不符合中国法律?(这里有两个问题需要讨论:(1)狭义上,国务院作为行政机关当然是无权对全国人大通过的法律进行解释,但作为行政机关,上述通知可否理解为中国政府对其理解、执行《中外合作经营企业法》过程中有关问题的解释,特别是在法律没有明确规定是否允许固定回报条款的前提下对法律加以解释?(2)国际法上,对外代表国家的一般是中央政府,因此,对外国而言,是否中央政府的文件都可以对该国法律加以解释或者改变,而无论在国内法中,政府是否有权作这样的解释或者改变?)

【A1】 所列以上三项国务院通知,都不能理解为中国政府对于中国有关《中外合作经营企业法》(以下简称"CJVL")的合法解释。主要理由如下:

1. 中国国务院是中国的行政机关,依据中国《宪法》第67条和中国《立法法》第42条的规定,任何行政机关均无权对全国人大代表大会通过的法律进行解释,更无权对上述上位法加以任何修改或废止。否则就是违法,甚至就是违宪。因此,以中国现行立法体制为准,无论故意地或疏忽地以国务院通知的方式来解释、修改或废止CJVL中的有关规定,其通知本身就不符合中国法律规定,因而是没有法律拘束力的。

2. 国务院当然有权以中国最高行政机关的身份发布通知,要求所属各下级机关办理或执行有关中外合作企业的具体事项,或设立一定的行政规范,但以"通知"方式下达的这些要求和设立的有关行政规范,并不是以国务院**命令**正式发布的**行政法规**,也不是正式**决定**,也不是正式**公告**,也不是正式**通告**,而只是内部**通知**。根据国务院2000年8月发布的《国家行政机关公文处理办法》第5条,国务院上述通知只属于国务院各种行政措施的第五个层次,因而不能认为它具有**法律**上的强制力或约束力。充其量,它只具有低层次**行政措施**上的强制力或约束力。

3. 如果国务院有意在中外合作经营企业中正式禁止给予外商投资固定回报,并使这种禁止规定具有**法律**上的强制性和约束力,它应当依据《立法法》第56条第3款规定的程序,及时提请全国人民代表大会及其常务委员会制定法律,明文禁止给予外商投资固定回报。但即使已经按此程序制定了新的法律,一般说来,此项新的法律禁止规定仍然只能自实施之日起生效,并不具有溯及既往的法律效力。(除非另有明文规定可以溯及既往)

4. 在一般外国人的观感上和印象中,中国国务院代表中国的中央政府;其施政行为一般体现了中国法律法规的相关规定。但是,其前提是国务院也必须严格依法施政,做到"有法必依"。国务院的施政行为如不符合中国宪法或法律的规定,则同样应予纠正,即违法必纠,或"违法必究"。中国的《行政诉讼法》就是专为监督和纠正各级行政机关(含国务院)及其工作人员不依法施政的行为或违法施政的行为而制定的。这说明中国正在逐步发展成为当代成熟的"法治国家"。

5. 关于这个问题的全面理解,还涉及:(1)"法无明禁即自由";(2)"充分尊重当事人意思自治";(3)"法律不溯及既往";(4)"下位法不得违反上位法"等基本法理原则。[2]

【Q2】对方主张:在"国办发〔2002〕43号通知"发布之前,政府所采取的措施(或者说前两个"通知")只对此后新建的中外合作项目有效,从而对本案所涉项目(1996年订立合作合同)无效或者说没有影响;但是"国办发〔2002〕43号通知"却对本案所涉项目具有溯即既往的强制效力。(请参看对方的《仲裁申请书》(Request for Arbitration)第22段,以及中国科技部1999年9月10日通报与对方相同的解释)这种主张能否成立?

【A2】 不能同意对方所主张的这种两类区分。理由如下:

1. 根据当代国际社会和法治国家公认的上述四项基本法理原则,中国国务院所有上述三项通知,不但是"国发〔1998〕31号通知"和"国办发〔2001〕10号通知",而且包括"国办发〔2002〕43号通知"在内,**全部都不具有溯及既往的法律效力**,即都是只能针对在发出通知之后新建的中外合作项目,才能实行行政措施上的有效约束。对方把三者分为"不溯及既往"和"溯及既往"两类,硬说"**国办发〔2002〕43号通知**"具有"溯及既往"的效力,此种主张既没有具体的法律根据,也没有公认的法理根据。

2. 中国科技部1999年9月10日的通报写道:中国政府是值得信赖的,不会违背经过政府依法批准的协议和合同。如有违反,就应坚决纠正。(Chinese Government is trust worthy and will not breach the agreements and contracts approved by the government in the legal framework. If the violation occurs, it should be corrected in a firm manner.) 其中并没有片言只字提到应当修改在此之前已经签订、已经依法批准,并正在执行的给予外方固定回报的有关合同。恰恰相反,该通报第1段强调的正是对于在此之前已经签订、已经依法批准,并正在执行的给予外方固定回报的有关合同,应当切实遵守,继续执行,而不得任意违约,以免损害中

---

[2] 参见2006年4月25日提供的《专家意见书》,即本书《庐山面目》(一),第21—37段。

国政府一贯守信的声誉。如有违约,即应坚决地予以纠正。

3. 另一方面,该通报又写道:由于中国市场的发展变化,有些政策应作相应的修改。除了已经签订的合同应予继续履行之外,不要再签订给予投资固定回报的新合同。(As a result, some policies shall undergo some corresponding changes. Apart from the continuous enforcement of **signed contracts**, **no more new contracts** promising fixed returns shall be signed.) 这分明只是提醒外商们应及时注意中国有关政策的某些相应改变,**今后不得**再在中外合作合同中规定给予外商固定回报。

4. 该通报的上述内容也从一个侧面有力地反证了《专家意见书》(一)中论证的有关三个国务院通知**一律不具备溯及既往效力**的见解。[3]

【Q3】"国发〔1998〕31号通知"中使用的"纠正""清理"(固定回报)等措辞,是否意味着在政府的解释下或者说就该通知本身的立场来看,在此之前已经签订的固定回报合同也是违法的?

【A3】不能这样理解。因为:

1. "国发〔1998〕31号通知"的正式名称是《关于加强外汇外债管理和开展外汇外债检查的通知》,其中所列举的应予检查和加强管理的行为,未必全部都是违法行为。其中针对各种明显的**违法**行为(如逃汇、套汇、骗汇、外汇黑市买卖等),其用词是"**严厉打击**";对于并非违法只是**违规**的行为,对于公民或法人因法律和法规或部门规章规定不严密、有疏漏、不明确、有含糊之处而实行的行为("灰色地带"——未明文禁止的行为),或因形势发生变化,对于过去允许可行但今后可能不利于行政管理因而有待改正的行为,则一般使用"清理"或"纠正"。对于原先法律、法规或规章规定不够严密、有疏漏、有含糊之处,只是事后出现的不利于加强管理,因而应予澄清、清理和纠正的各种行为,**显然不能不分青红皂白,一概称之为"违法行为"**。

2. 关于在中外合作合同中规定给予外方固定回报的企业行为,一般地说,在1988年颁行CJVL至1998年上述31号通知下发之前,在中国可谓"比比皆是,屡见不鲜";而且这种规定并不违反CJVL第2条、第21条的宽松和灵活规定。[4] 因而不应轻率地一概称之为"违法行为"。国务院于1998年9月发出31号通知当时,意欲予以"清理"或"纠正",目的在于**今后加强管理**。其用语是"分别不同情况提出处理意见,于1998年年底之前报国务院审批"。这种措辞显见留有不同的斟酌余地和灵活处理空间,不是僵硬地"一刀切",更不是一律贬之为"违法行为"。

【Q4】CJVL允许双方自由约定分享收益,是否意味着中国法律允许外方获得比

---

[3] 参见《庐山面目》(一),第28—32段。
[4] 参见《庐山面目》(一),第21—37段。

他的投资比率更高的比率的合作企业利润？如果允许，是否仅在中方享有其他一些利益作为平衡的前提下才允许？比如说：在合作期满时，中方可以保留固定资产。

【A4】针对这个问题，应作三层分析：

1. CJVL 第 2 条和第 21 条以及该法实施细则第 43 条，均允许中外双方自由约定分享利益的形式，这毫无疑义意味着中国法律允许外方获得比其投资比率更高的合作企业利润。

2. CJVL 作出上述允许，意味着不设僵死限制和禁止规定，听凭中外双方在合作合同中**自由约定**，再经政府**主管部门审批**即可生效执行。并**不一定要求**中方享有其他某些利益作为平衡的前提。

3. CJVL 第 21 条第 2 款所规定的"合作期满时合作企业的全部固定资产归中国合作者所有"这一前提条件，**仅仅**适用于在合作企业"合同中约定外国合作者在合作期限内**先行收回投资**"这一特定情况。CJVL 并不要求把这一特定的前提条件推广适用于任何其他约定情况（包括约定给予外方固定收益，或给予外方高于其投资比率的合作企业利润）。

【Q5】"国办发〔2002〕43 号通知"第二之（三）段所提的以购电协议形式实现外方投资预期回报的项目，是否与本案项目有关，或者说是否可能适用于本案项目？

【A5】针对这个问题，可作四个层次的分析：

1. 前文已经一再说明"国办发〔2002〕43 号通知"**整体**上不具备溯及既往的效力。其中各项规定，原则上均不能溯及既往地适用于本案项目。

2. 但是，其中第二之（三）段的**特别规定**，即有关"对于**仅**通过以购电协议形式实现外方投资预期回报的项目，不纳入此次固定回报项目处理范围"的规定，其精神显然是专门针对在华中外合资和合作**电力企业**而规定的特殊宽松政策和优惠关照。鉴于《立法法》第 84 条虽然规定了法律"不溯及既往"的一般原则；但又含有一项"**但书**"，即"为了更好地保护公民、法人和其他组织的权利和利益而作的**特别规定**除外"。因此，从"特别规定"这个意义上说，"国办发〔2002〕43 号通知"第二之（三）段的特别规定，应当适用于符合其前提条件的一切中外合作**电力企业**，可以**推迟到今后再行处理**，即"今后结合电力体制改革总体方案及相关配套政策逐步妥善处理"。

3. 应当指出，该通知第二之（三）段文字中有个"**仅**"字，显然是**专指仅仅依靠购电协议**实现外方投资预期回报的项目。而本案项目并非**仅仅**依靠购电协议；而且主要是依靠《争端合同》**主合同**本身规定的固定回报条款（第 15 条、第 18 条等），来实现外方投资固定回报。因此，如果仅仅**从文字上**解释，该段规定似乎难以适用于本案项目。

4. 但是,2006年5月12日英商Y保险公司通过其代理律师向本专家提供了第四个卷宗,含192页文档。如属真实文档,其中第一部分App.E,有一份长达41页的《供购电协议》(Power Purchase Agreement)特别值得注意。它是整个《争端合同》不可分割的主要组成部分,也是最后落实投资固定回报的主要手段,没有这份《供购电协议》,整个《争端合同》就全盘落空,因此,从**实质上和整体上作综合解释**,该段规定应当适用于本案项目。

【Q6】最高人民法院1990年关于联营问题的司法解释是否适用于中外合作企业?(中外合作企业在性质上似也属于《民法通则》规定的联营)

【A6】最高人民法院1990年《关于审理联营合同纠纷案件若干问题的解答》不能一概适用于中外合作企业。特别是其中第四部分"关于联营合同中的保底条款问题"的解释,不能取代CJVL第2条和第21条及其实施细则第43条的规定。[5]理由如下:

1. 中国《宪法》第67条第4款以及《立法法》第42条都明确规定:法律解释权属于全国人民代表大会常务委员会。最高人民法院等机构只"可以向全国人民代表大会常务委员会提出法律解释要求",但不能越出法定权限,擅自取代人大常委会任意对有关法律(含CJVL)作出解释。最高人民法院的上述解答,顾名思义,仅仅是为了审理联营合同纠纷案件的方便而定出的**司法操作规章**,它本身并不是法律,也不是行政法规,不能直接具有法律约束力,更不能越权作出不符合上位法律原意的任何法律解释。[6]

2. 诚然,中国《法院组织法》第33条规定:"最高人民法院对于在审判过程中**如何具体应用**法律、法令问题,进行解释"。这种解释只是限于"如何具体应用",而不是对法律条文本身的内容、含义、内涵、外延作出界定,进行诠解。换言之,最高人民法院的上述"解答",只具有司法操作(审理工作)上的指导意义,而不能离开法律有关规定自行设立另外一套合法、非法的标准。

3.《民法通则》中有关"联营"只有第51—53条寥寥三条规定,十分简略,其中根本未涉及任何"固定回报"或"保底条款"问题。任何司法操作解答都无权把"保底条款"认定为"违法",并把这种"认定"作为《民法通则》的**新增内容**添加到其第51—53条之中去,擅自"赋予"或"提高"其法律约束力。通读最高人民法院的上述解答全文,显然可以看出它具有明确的针对性,即针对**国内各种内资公司、企业、事业单位**之间,巧立名目,投机图利,因而引起种种纠纷的现象,指导如何处理。看来显然并

---

[5] 参见《庐山面目》(一),第17—19段。
[6] 参见《庐山面目》(一),第24—26段。

未把"中外合作经营企业"这一特定类型的外商投资企业包含在内。

4. CJVL 在中国的立法体系中,属于"特别法",具有优先适用的法律地位。按中国《立法法》第 83 条的规定:同一机关制定的法律中"特别规定与一般规定不一致的,适用特别规定"。本案项目属于中外合作企业,自应优先适用 CJVL 的相关规定。只有在 CJVL 及其实施细则中未作任何规定的场合,才适用包括中国《民法通则》等一般法律的一般规定。

【Q7】国家工商局、外经贸部联合下达的 1994 年（305）号文件,是否可以证明在本案中外合作协议 1996 年成立以前,固定回报条款已经被认为非法?

【A7】不能如此理解。因为:

1. 该文件只是国务院下属国家工商管理局和对外经贸部下达的一种"部门规范性文件"(见该文件的明文标示)。它既不是法律,也不是行政法规,也不是以国务院名义下达的任何行政决定、行政措施、国务院公告、国务院通告、国务院通知。这种层次的部门规范性文件,其强制力和约束力都是较弱的,不能与法律、法规的强制性和约束力相提并论,更不能使前者的效力凌驾于后者之上。

2. 此项通知,顾名思义,只是为加强外商投资企业的**审批和管理**工作而予以**行政指导**,规定准不准设立、准不准登记而已,并非自立"合法与非法"或"合法与违法"的标准。自然人或法人的行为如只是不符合部门规章,而并未违反国家的法律或行政法规,有关行政主管部门固然可以以适当的方式,要求加以改正,或予以修改,但不能任意定性为"违法""非法"。

何况,此项通知已于 2004 年 6 月 30 日被国家工商行政管理局加以废止。这说明其中的有关规定已因中国加入 WTO 之后新形势的发展,显得过时或"不合时宜。"[7] 不能援引它作为区分"合法与非法"的判断标准。

3. 就在上述通知被废止的第二天,即 2004 年 7 月 1 日,国务院专门发布了《关于投资体制改革的决定》,明文规定今后要按照"**谁投资、谁决策、谁收益、谁承担风险**"的原则,落实企业**投资自主权**,强调企业**自主决策**,强调进一步拓宽项目投资渠道,**发展各种融资方式**。从这些措辞上看,给予外商投资预期**固定回报**,理应也是尊重企业投资自主权、尊重企业自主决策以及**可以采用**的**多种融资渠道、多种融资方式之一**。[8]

4. 国务院的上述新**决定**还有以下特别值得注意之处:

5. 它虽然还不是正式的以国务院命令正式颁行的"行政法规",但在前述国务院

---

[7] 参见《庐山面目》(一),第 33—35 段。
[8] 参见《庐山面目》(一),第 36 段。

发布的《国家行政机关公文处理办法》[9]中,其位阶和层次却仅次于行政法规而居于第二位。它在国务院各种行政措施体系中的地位,不但大大高于国务院下属各部委自行下达的部门规范性文件,而且还高于国务院以自身名义或国务部办公厅名义先后下达的"国发〔1998〕31号通知""国办发〔2001〕10号通知"以及"国办发〔2002〕43号通知"。具体说来:

(A)它实质上已经取代了在2004年7月1日以前原有投资体制中不合时宜的各种僵死规定,即取代了原有的、不符合"谁投资、谁决策"原则以及不尊重企业投资自主权的规定。

(B)它实质上已经修改了或取代了"国发〔1998〕31号通知""国办发〔2001〕10号通知"关于不得在中外合作合同中给予外方投资固定回报的禁止规定。

【Q8】"国办发〔2002〕43号通知"在中国法制下是否构成法律、法规、法令、命令或政府指示?是否可以认为此项通知是中国法律的一种渊源并对中国自然人或公司具有法律约束力?"国办发〔2002〕43号通知"在结构上并非是针对个人或者公司的法律规定,而是国务院办公厅给各省政府、国务院各部委的通知,因此,它似乎是内部的提醒或者说是内部通知。但是,国家外汇管理局的〔2002〕105号通知也下达各外汇业务银行,这是否可以赋予该通知一种法令的性质,而不仅仅是一种内部的行政指令?

【A8】在中国的法律体系中,"国办发〔2002〕43号通知"显然不能达到法律、法规、法令、命令的位阶或层次。充其量可以视为国务院对其下属各级机构传达要求它们办理或执行某些具体事项的内部行政指示(internal administrative instruction)[10],其位阶低于国务院发布的行政法规、决定、公告、通告。一般而论,"通知"中的许多规定或意见尚属不完全成熟,有待实践进一步认真检验,随时可以修改或变更。它缺乏法律、法规具备的相对稳定性和明确规范性;其制作和下达程序也并不十分严格严密;加上它并非立即无条件地及时向全国公众公告周知,因此,它并不能直接地对自然人或公司产生法律约束力,而必须通过国务院所属下级行政机关办理、执行具体事项的行政行为,间接地对自然人或公司产生行政行为的约束力或影响。因此,**从严格和科学的意义上说,不能广泛地把此类通知推崇为中国的法律渊源**。至于外汇管理局的〔2002〕105号通知,如果未经国务院正式批转和下达,则也只能视为国务院各部委自行下达的部门规章或部门规范性文件。

【Q9】在中国法制下,英商X投资公司作为合作企业的一方(持股方),对合作企

---

[9] 参见本文【A1】第1—5段。
[10] 参见国务院《国家行政机关公文处理办法》第5条。

业享有什么权益？

【A9】在中国法律体制下，英商 X 投资公司作为合作企业的一方，对合作企业享有 CJVL 和其他相关法律法规规定的一切权益，以及经过中国政府主管部门依法批准的本项目《争端合同》中约定的一切合法权益。

【Q10】"国办发〔2002〕43 号通知"是否剥夺了或者妨碍了英商 X 投资公司在合作企业中的什么权益？英商 X 投资公司主张其由于"国办发〔2002〕43 号通知"而丧失的权益是来源于其作为合作企业股东的地位，还是来源于合作企业合同的附属合同——运营和维护合同、担保合同？

【A10】针对这个问题，应作以下几点分析：

1. "国办发〔2002〕43 号通知"本身并没有剥夺或妨碍，也无权剥夺或妨碍英商 X 投资公司在合作企业中的任何合法权益。换言之，"国办发〔2002〕43 号通知"从来就不是中国政府发布的对外商在华资产实行征收的"征收令"，英商 X 投资公司在有关保险单承保范围内的"征收"风险事故，也从来未曾发生过。[11]

2. 英商 X 投资公司作为本项目的外方合作者，其权益已充分体现在本项目**主合同**即 1996 年合同有关外方投资资产优先受益、参加企业重大决策、优先选择企业总经理等三大方面的各种规定之中。运营和维护合同以及担保合同都是上述主合同的附件即附属合同。既然对于主合同规定的属于英商 X 投资公司的法定权益和约定权益，"国办发〔2002〕43 号通知"本身从来没有加以剥夺或阻碍，也从来无权加以剥夺或阻碍，那么，再纠缠什么是"主合同权益受损"还是"附属合同权益受损"，就没有任何实际意义了。

3. 根据《中华人民共和国公司法》第 4 条，中外投资者均对其投资的企业享有三大权利，即其投入资产的受益权、参与企业重大决策权以及企业经营管理者的选择权。同时，根据《公司法》第 18 条，本项目中外合作经营企业作为有限责任公司，一般应适用《公司法》。但是，CJVL 等法律另有规定的，适用其规定。因此，CJVL 第 2 条、第 21 条及其实施细则第 43 至 46 条等有关收益分配、先行回收投资等特别规定，应当优先适用。[12]

4. 根据《公司法》的这些一般规定和特别规定，对照本案中外双方发生争端以及其后达成《新协议》的实际情况，可以推定：英商 X 投资公司在《新协议》中的得失相比较而言，应当是"得大于失"。关于此种推定，详见下文【A12】中第 6—11 点的具体分析。

---

[11] 参见《庐山面目》(一)，第 43—51 段。
[12] 参见《庐山面目》(一)，第 17—23 段。

【Q11】英商 X 投资公司主张:本案中外合作经营企业已经经过有关当局批准,这证明固定回报条款当时是合法的。英商 X 投资公司提供的当地两家律师所的法律意见,是否可以证明该项目及其固定回报条款当时是合法的?

【A11】针对这个问题,可以分析如下:

1. 本项目《争端合同》中规定的固定回报条款,如果立约当时确已按照法定程序经过行政主管部门正式审查批准并已经生效,则该项目《争端合同》中规定的外方投资固定回报条款在立约当时应是合法、有效的。[13]

2. 题述的两家律师事务所提供的法律意见,一般可以作为"初步证据"(prima facie evidence),证明该项目中的固定回报条款在立约当时是合法的。除非另有其他**更为确凿可信**的相反证据,足以证明该项目中的固定回报条款在立约当时(1996 年)就是违法的。

3. 2006 年 5 月 12 日英商 Y 保险公司通过其代理律师向本专家提供了第 4 个卷宗,含 192 页文档。其中第二部分有 5 份原始文档复印件特别值得注意:

（1）某市 C 电力公司所在地市政府对外经济贸易委员会文件"D 外经贸准字〔1996〕94 号",表示同意成立中外合作 C 电力公司;

（2）该市对外经济贸易委员会文件"D 外经贸外资字〔1997〕88 号"批复,表示同意修订原中外合作合同的若干条款;

（3）中华人民共和国外商投资企业批准证书"外经贸 N 府资字〔1996〕1311 号";

（4）中华人民共和国企业法人营业执照(副本),注册号:"企作 ND 总副字第 001405 号",其中载明某市 C 电力公司的企业法人地位及其营业范围等;

（5）中华人民共和国企业法人营业执照(副本),注册号:"企作 ND 总副字第 001405 号",其中载明该企业名称略有变更。

4. 如果这些文档复印件,经当庭**核对原件**,均属确凿和**真实可信**,则应当认定:本项目《争端合同》在立约当时确已按照**法定程序**经过行政主管部门**正式审查批准**并已经生效。根据 CJVL 第 2 条、第 21 条及其实施细则第 43 条,根据立约当时现行有效的《涉外经济合同法》第 40 条,该合同中有关**固定回报**的条款一直是合法和有效的,而且事实上已被本案某市 C 电力公司中外双方切实遵守和执行了 6 年多(1996.6.12—2003.3.11,即从原《争端合同》生效起至《新协议》生效止)。

由此可见,英商 X 投资公司的题述主张是正确的。

【Q12】根据英商 X 投资公司仲裁申请书所述的与中方的重新谈判过程,似乎固

---

[13] 参见《庐山面目》(一),第 17—23 段。

定回报条款的取消并非直接由于"国办发〔2002〕43号通知"的发布,后者的影响只是间接的,因此,下列问题需要讨论:

(1) 英商X投资公司在仲裁申请书第25—38段描述的重新谈判原因显示:除了"国办发〔2002〕43号通知"以外,还有"其他因素"也共同促进了重新谈判的发生。比如,在"国办发〔2002〕43号通知"发布以前,合作企业实际上已经面临财务困难。而且,第36段显示,即使按照"国办发〔2002〕43号通知",它明确允许合作企业的外方提前收回投资,英商X投资公司本来可以作此有利选择,无须作更大的让步;但该X投资公司不选择此途,却选择了收取60%税后净利的回报。请问:这些"其他因素"在多大程度上发生了作用和影响?

(2) 对于中国的F律师事务所在重新谈判前后给予英商X投资公司的意见称,固定回报条款是"有问题的",您对此有何评述?

【A12】这是一个极其关键的问题,确实很有必要进行深入的分析。

1. 关于这个问题,本专家在2006年4月25日提供的《法律意见书》中已经作了初步的分析。[14] 现在根据以上提出的新说法,再进一步加以补充分析。

2. 假定英商X投资公司在其仲裁申请书第25—38段描述的重新谈判原因全部属实可靠,则除了对方强调"国办发〔2002〕43号通知"必须遵守执行之外,看来确实还有其他因素促成重新谈判,并且终于达成《新协议》,改变了原有的固定回报分配方式。

3. 早在2002年9月"国办发〔2002〕43号通知"发布以前大约半年,即2002年3月间,本项目合作企业的中方代表L先生即已多次抱怨"燃煤涨价,热汽销量下降",导致利润减少,并宣称原定的18%固定回报率太高,要求与外方重新谈判。但当时他只是要求降低原定18%的比率,根本未提到原定固定回报本身是所谓"违法"的(illegal)。可以推定:他对于原先经过政府主管部门依法审批并且已经实际执行6年之久的18%固定回报方式,直到2002年3月为止,始终认为是合法的,对中方有约束力的。

4. 值得注意的事实是:国务院"国办发〔2002〕43号通知"之中,关于修改中外合作企业合同中给予外方固定回报条款的**协商性建议**,实际上早在1998年下达的"国发〔1998〕31号通知"以及2001年下达的"国办发〔2001〕10号通知"之中,就已以强制性和禁止性规定的措辞,明确表达。而在1998—2000年3月之间,中方代表L先生却从未提出要求依据这两份含禁止性规定的"通知",改变本项目合作企业中给予外

---

[14] 参见《庐山面目》(一),第43—51段。

商固定回报的条款。因此,可以有理由推定:中方代表之所以在 2002 年 3 月才开始要求重新谈判和改变原定的 18% 固定回报方式,**主要是**由于仲裁申请书中所称"燃煤涨价"和"热汽销量下降"等**市场原因**或**经济原因**引起的,即并非由于贯彻政府通知等**行政原因**或**政治原因**引起的。

5. 据仲裁申请书第 36 段所称:原先英商 X 投资公司方曾要求以"国办发〔2002〕43 号通知"本身所主动建议和完全可行的"提前回收投资"方式,取代原定的固定回报方式,但因中方代表 L 先生拒不让步,(Mr. L would not concede this points)英商 X 投资公司的代表便放弃了提前回收投资的合理合法要求。从字面上,看不出英商 X 投资公司代表是面临中方代表的强迫、要挟或欺诈,因而被迫或被骗同意放弃上述合理合法的要求。因此,有理由推定:英商 X 投资公司是全面权衡**其他**各种利弊因素后,才放弃了选择"国办发〔2002〕43 号通知"本身所主动建议和完全可行的替代方式,即放弃了提前回收投资的方式。

6. 在仲裁申请书第 36 段的叙述中,也未能看出英商 X 投资公司的代表是面临中方代表的强迫、要挟或欺诈,因而被迫或受骗放弃"国办发〔2002〕43 号通知"所主动建议的"改""购""转""撤"等其他有利方式,却**自愿同意**接受 2003 年 3 月 11 日签订的三份《新协议》,用以取代原先的固定回报方式。因此,有理由推定:英商 X 投资公司是在全面权衡**其他**各种利弊因素后,才放弃了选择"国办发〔2002〕43 号通知"所主动建议和完全可行的"改""购""转""撤"等其他有利方式,却**自愿地同意**接受 2003 年 3 月 11 日签订的三份《新协议》,用以取代原先的固定回报方式。

7. 众所周知,作为任何公司的投资者,享有三大权利:(1)所投资产的受益权;(2)参与企业重大决策权;(3)企业经营管理者选择权。这三大权利是互相有机联系并融为一体的,而第(2)(3)两大权利归根结底又都是为了保证第(1)项权利即资产受益权得以实现。关于投资者享有的这三大权利,中国《公司法》第 4 条也作了明确规定。

8. 就本项目合作经营企业而言,有一项十分突出的人事安排,即中外双方对于本公司主要经营管理者(总经理)选择权的行使,相当特别,值得认真注意。本项目合作公司的总经理 L 先生,同时具有三种重要身份,同时握有三家利害紧密关联公司的决策大权和经营管理大权:(1) L 先生是参加本项目合作公司的中方合作者"某市 B 公司"掌握决策大权的**董事长**;(2) L 先生同时又是本合作公司与之签订"运营与维护合同"的相对方即"某市 C 电力公司下属实业公司"的掌握决策大权的**董事长**;(3) L 先生同时还是本项目合作公司中的分享决策大权的**副董事长**和独掌经营大权的**总经理**。

9. 根据 1996 年《争端合同》第 9 条规定,本合作企业的总经理应由**中方推荐**并由董事会委派。董事会虽有权随时撤换总经理,但撤换之后的新总经理人选,依约**仍必须由中方推荐**(而不得改由外方推荐)。这样的人事安排体制,由于 L 先生同时是与本合作公司有极其密切利益关系的其他两家关联公司的主要决策人,这就使 L 先生在本合作公司中掌握的经营管理大权,如虎添翼,左右逢源,得心应手。这对于外方合作者英商 X 投资公司而言,未必是有利的;在中外双方利益发生矛盾冲突时,这种人事安排体制可能是对外方十分不利的甚至可能是相当有害的。

10. 现在,在 2003 年 3 月 11 日签订的三项《新协议》中有了相当重要的新变化:

(1)《新协议》实质上取消了对中方合作者显然有利、对外方合作者英商 X 投资公司相当不利的上述原有人事安排体制,把中方对总经理的推荐权(选择权)取消了,代之以由外方即英商 X 投资公司行使总经理推荐和选择的关键权利;这种修改,实质上形成了由英商 X 投资公司依仗其在董事会中拥有 **4∶3** 简单多数的决定权,实行**单方指派**本合作企业**总经理**的局面;人事安排体制中的这种重大修改或"改革",实质上打破了、取消了中方对本合作**企业日常经营管理大权的垄断**,把公司主要经营管理者掌握的大权完全转到英商 X 投资公司手中。

(2)《新协议》实质上**取消了由中方合作者**包揽电厂"运营业务"的**承揽权**或**垄断权**,代之以外方英商 X 投资公司在一定条件下可以终止《运营与维护合同》,另行选择和委托新的运营业务承揽人,或自行运营电厂。这种新的改变和"改革",实质上形成了由**英商 X 投资公司**依仗其在董事会中 **4∶3** 的简单多数,**单方自主选择**运营业务新的承揽人的局面。除此之外,还另外加重了中国运营方的违约责任,强化了英商 X 投资公司中途"**换马**"的选择权。

(3) 由此可见,贯穿于上述《新协议》之中的新的权力分配或**公司权力的重新分配,是十分有利于外方英商 X 投资公司,而相当不利于中方的**,它们在相当大的程度上改变了、削弱了,甚至实质上完全取消了原先一向掌握在中方合作者手中的经营管理大权和电厂运营业务的承揽大权。

(4) 即使单就本项目合作企业而言,经过《新协议》的权力重新分配,中国《公司法》第 4 条所明文规定的出资者在该企业中享有三大权利,即投资资产受益权、公司业务重大决策权以及主要经营管理者(总经理)选择权,均已**完全落入外方合作者英商 X 投资公司手中**,使英商 X 投资公司实质上可以全盘控制该合作企业的三大权力,形成了"大权独揽"和"一统天下"的局面。这对于只占投资注册资金 60% 的英商 X 投资公司来说,应该是相当理想和相当惬意的**崭新局面**。从**市场交易规则**来看,可以说这是一笔"以小本换大利"的"赚钱生意",至少也正是商人们乐意接受的"利大于本"的正常交易行为。

（5）根据以上《新协议》中的核心内容进行综合分析，显然不能排除这样的可能：中外双方合作者是经过充分平等磋商、反复讨价还价之后，各自全面权衡利弊，"各有所取"和"各有所予"，在各方自主和自愿的基础上，互相妥协让步，达成了新协议。这种在平等磋商、自主自愿基础上达成的新协议，当然更不能被任意定性为"外国政府的征收行为"，或已经"发生了"承保范围内的"外国政府征收风险事故"。

11. 中国 F 律师事务所 2003 年 12 月 3 日致英商 X 投资公司的 E-mail，其原文是"So as a conclusion, I am of the opinion that the present return arrangement of the disputed CJV project is **problematic** under the Notice."[15] 据《牛津高阶英汉双解词典》（商务印书馆 2002 年版）释义，"Problematic"一词只是"difficult to deal with or to understand that cannot be foreseen; doubtful or questionable"，而绝对**不是"illegal——非法、违法"**。"illegal"才会导致无效，不能实行，而"Problematic"所指，则可以完全是合法的，只是双方有争议，意见不一，一时难以顺利解决而已。

12. 中国 F 律师事务所上述 E-mail 中根本没有提到英商 X 投资公司一方不可能援引《争端合同》第 18 条的规定，要求采取"buy up"即由中方购买外方股权的办法，作出新的安排。可见，仲裁申请书第 38 段的说法，并不符合 F 律师事务所上述 E-mail 措辞的原意。英商 X 投资公司一方之所以不要求中方收购（buy up）其原有股权，看来是由于另有所图，即经全面权衡利弊之后，**自愿放弃**此种替代办法。显然，英商 X 投资公司更没有理由把此种弃权归咎于"国办发〔2002〕43 号通知"本身，因为"国办发〔2002〕43 号通知"本身就主动建议可以采取这种由中方购买外方股权（buy up）的办法来取代原定的固定回报办法。[16]

13. 和任何其他律师事务所提供的咨询意见一样，中国 F 律师事务所提供的见解，固然可供外方客户当事人参考，但不能作为解释中国法律、法规、政令真实含义的凭据或证据。更不能在**曲解或夸大其原意**之后，作为诉讼或仲裁程序中的用以判断是非的标准、凭据或证据。

【Q13】如果英商 X 投资公司当时提起诉讼或者仲裁，诉称英商 X 投资公司已经提出足以符合"国办发〔2002〕43 号通知"规定的有关本案固定回报条款的修订方案，但中方错误地拒绝，会有什么后果？法院或仲裁庭是否会予以支持？

【A13】针对这个问题，可作以下两点分析：

---

[15] 大意是："因此，我得出结论是，根据'国办发〔2002〕43 号通知'对本合作项目作出现有的投资回报安排，是悬而未决和有争议的。"
[16] 参见《庐山面目》（一），第 34 段。

1. 如果英商 X 投资公司当时确实已经提出符合"国办发〔2002〕43 号通知"规定的有关本案固定回报条款的修订方案,但中方错误地予以拒绝,则英商 X 投资公司有权依据本项目《争端合同》第 21.02 条仲裁条款(修订),将争端提交"中国国际贸易促进委员会仲裁委员会"(现名"中国国际经济贸易仲裁委员会",简称"CIETAC")申请裁决。由于合同中已定有仲裁条款,依中国的《仲裁法》第 5 条规定,任何一方都无权向中国人民法院提起诉讼。除非双方另行达成新的协议,同意改为向法院提起诉讼。

2. 根据英商 Y 保险公司通过其代理律师向陈安教授先后提供的四个 Files 将近 800 页文档资料中所显示的现有的事实和现有的双方举证,对照现行的中国法律和法规,包括其实体法和程序法,本案争端如交由 CIETAC 仲裁员公正裁断,则英商 X 投资公司在仲裁中取得胜诉显然是很有把握的;反之,败诉则是没有事实根据和法律根据的。

【Q14】 根据当时现行有效的《涉外经济合同法》第 40 条,即使法律有新的规定,中外合作双方也可以按原有的约定履行合同,因此,如果像英商 X 投资公司所主张的固定回报条款原本是合法的,在"国办发〔2002〕43 号通知"发布后才使它不合法,那它为何不提起诉讼或者仲裁,主张仍按照原合作合同约定履行?如果它胜诉,就不会有现在所主张的损失了。您对此有何评论?

【A14】 这是本案争端中另一个**极其关键**而又十分有趣的问题,值得认真剖析:

1. 根据 1996 年本案《争端合同》立约当时现行有效的《涉外经济合同法》第 40 条,该合同中有关固定回报的条款原本一直是合法的,而且事实上已被本案某市 C 电力公司中外双方切实遵守和执行了 6 年之久(1996.12—2003.3.11,即从《争端合同》生效起至《新协议》生效止)。**仅仅就此点而言,英商 X 投资公司的主张是正确的**。[17]

2. 英商 Y 保险公司通过其代理律师向陈安教授提供的第四本 Files 文档资料(4th File Documents)第 1 部分 App. E 载明的《供购电协议》,如经查核属实,则其中第 1.06 条以及 5.14 条关于**"法律变更"(Change of Law)**的明文规定特别值得注意:

(1)《供购电协议》第 1.06 条规定:"法律变更"一词,指中国国家、本省、本市以及其他当地各种法律、条例或政策,发生变更,涉及税收、环境等事项,以致影响到电力的生产和传输,或直接、间接地影响到本合作经营企业合同规定的经济利益。

(2)《供购电协议》第 5.14 条进一步规定:一旦由于"法律变更",导致本合作经

---

[17] 参见本文【Q11】和【A11】。

营企业所办电力工厂的生产成本增加或利润收入减少,本合作经营企业有权经由当地物价局批准,提高电力收费,或向当地电力局索取相应补偿,以恢复本合作经营企业在法律发生变更以前依据本协议原先享有的地位。依据本协议第12条规定,如果双方发生有关增收电费的争端而提交仲裁,不论仲裁结论如何,当地电力局均应立即先行补偿增收电费的金额……

可以说,**根据立约当时的《涉外经济合同法》第 40 条**,再加上《供购电协议》上述两条款的明文规定,为本案合作公司(含外方英商 X 投资公司)在仲裁程序中获得胜诉,奠定了法定的和约定的坚实基础。

因此,在一般正常情况下,英商 X 投资公司看来没有理由不好好援引以上预先设定的"自卫"条款,抵制中方合作者以"法律变更"为借口而提出任何无理要求,保护自己的一切合法权益。

3.《供购电协议》第 12.7 条关于"放弃以主权国家豁免权为理由的辩护"(Waiver of Sovereign Immunity Defence)明文规定,双方明确表示:在依据本协议而提交的仲裁程序中,在执行仲裁裁决的法定过程中,双方均放弃以主权国家豁免权作为理由的辩护,不得主张本单位是主权国家的一个机构或设施而享受主权豁免。

可以说,上述明文规定,更进一步为本案合作公司(含外方英商 X 投资公司)在仲裁过程中获得胜诉奠定了法定的和约定的坚实基础。

因此,在一般正常情况下,英商 X 投资公司看来更加没有理由不好好援引以上预先设定的"自卫"条款,抵制中方合作者以"法律变更"为借口而提出任何无理要求,保护自己的一切合法权益。

4.《中华人民共和国仲裁法》第 19 条规定:"仲裁协议独立存在,合同的变更、解除、终止或者无效,不影响仲裁协议的效力。"这一规定,切实有效地保证了英商 X 投资公司在任何情况下**都有权**依据本案《争端合同》(即主合同)以及上述《供购电协议》中的仲裁条款(即仲裁协议),将本案的有关争端提交约定的仲裁机构裁断,依法讨回公道。

5. 英商 Y 保险公司向陈安教授提供的第三本 Files 文档资料(3rd File Documents)含有一宗案例,即吉林省"长春汇津污水处理公司"诉长春市人民政府一案的过程和结局,如经查核属实,则具有重大的参考价值和借鉴意义。

汇津中国(长春)污水处理有限公司(以下简称"汇津中国公司"),是 1997 年 10 月 30 日在英属维尔京群岛登记的一家国际商业公司。2000 年 3 月,长春市排水公司作为甲方与乙方汇津中国公司签订了《中外合作经营企业合同》,合同约定:长春市排水公司将长春市北郊污水处理设施的在建工程和项目所需的全部土地使用权,以 5000 万元人民币作为出资额,**汇津中国公司出资 2.7 亿元人民币**,双方同意以 3.2 亿元人民币总投资建立并经营中外合作经营企业——长春汇津污水处理有限公司。

2003 年 2 月 28 日,长春市政府为**贯彻落实国务院"国办发〔2002〕43 号文件"精神**,作出了《关于废止〈长春汇津污水处理专营管理办法〉的决定》(以下简称"废止《办法》的决定")。2003 年 8 月,长春汇津公司以长春市政府为被告,向长春市中级人民法院提起行政诉讼,索取损害赔偿。

法院审判庭经开庭审理后,综合评议认为:被告长春市政府**依据国务院"国办发〔2002〕43 号文件"规定**,所作出的"废止《办法》的决定",属于正确合法。原告长春汇津公司主张被告长春市政府作出"废止《办法》的决定"属于违法行为、因而应予撤销的理由,不能成立,该审判庭不予采纳。

2003 年 12 月 24 日该审判庭判决如下:驳回原告长春汇津污水处理有限公司要求被告长春市人民政府承担行政赔偿责任的诉讼请求。

原告不服,于 2004 年 1 月 8 日上诉至吉林省人民法院。

2005 年 8 月,原告、被告双方达成和解。这场历时两年的法律纠纷,终于以**长春市政府付款回购外方出资股权**而结束。据报道,**长春市政府支付的回购金额为 2.8 亿元人民币**。这个数字,比外方**原有投入中外合作企业的出资额 2.7 亿元人民币**,多出约 **1000 万元人民币**。

从以上结局可以看出:

(1) 这实质上乃是在华投资外商**通过法律手段迫使中国当地地方政府因自己的违法施政行为依法对受到损害的外商作出应有经济赔偿的典型案件**;

(2) 这个案例从实质上和实践上有力地证明:国务院办公厅下达的"国办发〔2002〕43 号通知",不具有溯及既往效力;

(3) 同时,也有力地说明:**一切在华投资外商,只要敢于和善于依靠和运用中国现行法律保护外商投资的有关规定,采取法律手段(含诉讼和仲裁),向法院起诉,或向约定的仲裁机构申请仲裁,就能够充分保障自己的一切合法权益,包括过去已经经过政府主管部门依法审批生效的合同中所规定的取得投资固定回报的合法权益。**

6. 根据中国有关法律法规的有关规定,根据对"国办发〔2002〕43 号通知"本身的法定位阶以及本身文字含义的正确理解,根据上述典型案例的实践验证,即使在"国办发〔2002〕43 号通知"发布之后,上述《争端合同》中的固定回报条款仍然是合法、有效和应予继续执行的。所谓英商 X 投资公司"argues that the fixed return

arrangements had originally been legal but were rendered illegal by Circular No. 43, 2002"[18]都是没有事实根据和法律根据的。因此,英商 X 投资公司的上述主张是不正确的。[19]

7. 因此,英商 X 投资公司在仲裁申请书第 46 段标题中所主张和强调的"**The promulgation of Circular No. 43 constitutes an Act of Expropriation**"[20],显然更是没有任何法律根据和事实根据的一种武断,它只是为另有所图而虚构的一种借口。

8. 综上所述,**根据**英商 Y 保险公司代理律师提供的**现有法律**文档和资料,如经查核属实,则英商 X 投资公司本来有足够的正当理由,依法和依约向中国北京的 CIETAC 申请仲裁,以解决英商 X 投资公司与中方合作者之间的合同争端,而且显然有很大的把握在仲裁程序中取得**胜诉**。但英商 X 投资公司不作此种合情、合理、合法的选择。看来显然是另有考虑和另有所图。

换句话说,依据现有文档所显示的事实,不能排除有这样的可能:英商 X 投资公司对本案遇到的争端问题采取了**"脚踩两条船""左右逢源"**(to win advantage from both sides)的策略:**一方面**,与中方合作者进行反复的谈判,迫使中方作出重大让步,即交出了合作公司总经理人选的推荐权和垄断权,交出了电厂运营业务的承揽权和垄断权,在此前提下,英商 X 投资公司自愿同意放弃原先的固定回报方式。它与中方做成了一笔"以小本求大利"的赚钱生意,或做成了一笔至少是"利大于本"的一般商务交易,因而**完全自愿地放弃了中国法律所给予的各种法律保护,也完全自愿地放弃了**"国办发〔2002〕43 号通知"本身所给予的各种合法选择权。[21] 与此同时,**另一方面**,英商 X 投资公司又以"国办发〔2002〕43 号通知"乃是"征收法令"这一虚构借口,向英国 Y 保险公司索取纯属虚构的所谓风险事故已经"发生"的赔偿。换言之,英商 X 投资公司力图做到"鱼与熊掌兼得":既从中方合作者手中取得额外的"权",又从外商保险商手中取得额外的"利"。

这种"脚踩两条船""左右逢源"的做法和诉求,如经进一步查核属实,则按中国的法律(含保险法),是不可能获得支持的。不难想见,按英国的法律,这种做法,看来也是很难或不可能获得支持的。

---

　　[18]　大意是:英商 X 投资公司主张,关于给予投资固定回报的安排原先是合法的,但"国办发〔2002〕43 号通知"却使这种安排变成了违法。
　　[19]　参见《庐山面目》(一),第 45—51 段。
　　[20]　大意是:"国办发〔2002〕43 号通知"构成了一种征收法令。
　　[21]　参见《庐山面目》(一),第 45—51 段。

第18章　外商在华投资中的"空手道"融资："一女两婿"与"两裁六审"*

——中国深圳市中方四公司 v. 泰国贤成两合公司案件述评

▷▷ 内容提要

改革开放以来,外商在华投资对于中国经济发展起了重大的促进作用。但是,其中也有一小部分外商实力严重不足胃口却相当不小,力图以小本钱揽大生意,甚至千方百计、不择手段地搞"无本经营",商界形象地称之为"空手套狼"或施展"空手道"[1]功夫。这种现象在房地产开发经营中尤为突出。其基本运作方法是:以"中外合资经营"或"中外合作经营"为名,用低廉的代价,从中国政府方面获得大片地块的土地使用权,然后以该地块的使用权作为抵押物,向中国的银行以及外国的银行和其他公司贷款融资,以供周转使用。在这个过程中,由于此类外商本身实力的严重不足和商业诚信的严重缺乏,往往引发中外公司之间的重大争端,并且"冤冤相报",连锁反应,迁延时日,相持不下,以致对有关合营企业或合作企业造成严重损失,也对中国的经济建设产生相应的负面影响。本文所评述、剖析的案件,就是这样一个发生在中国南方城市的、由某外商在房地产开发经营中搞"空手道"融资所引发的典型案例。其中有许多经验教训,值得认真总结。

▷▷ 目　次

一、本案案情梗概
二、本案各方当事人的主张和仲裁庭对事实的认定

---

* 本文系以本案有关司法文档和2000年终局仲裁裁决为基础,结合其后续事态的发展,综合整理而成。文末附录相关的最高人民法院判决书以及2004年媒体公开报道,供读者对照参考。
[1] "空手道"是日本的一种拳术,源于中国少林寺武功。其特点是不借助任何武器,只徒手(空手)格斗,克敌制胜。参见《现代汉语词典》(增补本),商务印书馆2002年版,第721页,"空手道"词条。

(一) 本案各方当事人的主张及其交锋
(二) 本案仲裁庭对事实的认定
三、本案仲裁庭的合议评析和终局裁断
(一) 本案仲裁庭的合议评析
(二) 本案仲裁庭的终局裁断

附录
一、中华人民共和国最高人民法院行政判决书
二、《深圳特区报》新闻报道：深圳贤成大厦事件始末
三、《深圳商报》新闻报道：贤成两合公司净欠深贤公司3211万元

一、本案案情梗概

中国深圳市的四家公司，即深圳市华乐实业股份有限公司、深圳上海时装公司、深圳市工艺服装工业公司以及深圳市开隆投资开发有限公司（以下简称"中方四公司"），与泰国贤成两合公司于1988年12月签订了中外合作经营企业合同，在深圳市依法登记成立"深圳贤成大厦有限公司"，合作建造贤成大厦。泰国贤成两合公司原法定代表人吴贤成先生同时兼任"深圳市贤成大厦有限公司"的董事长和法定代表人。中方四公司的主要投资是12000多平方米地块的使用权，泰方贤成两合公司的主要投资是建造大厦地面房屋所需的巨额资金。各方约定大厦建成之后按一定比例分享大厦房产权益。贤成两合公司因资金实力薄弱，无法筹足建造贤成大厦所需资金，遂未经中方合作公司同意，擅自以"深圳贤成大厦有限公司"所取得的土地使用权及其地面房产的未来权益作为抵押物，或作为"股权转让"的标的物，先后向香港鸿昌公司等多家公司和中国银行取得多笔贷款、价款或借款，周转使用。因资金周转不灵，负债累累，工程延误、停顿，各方权益分配失衡等问题，导致合作各方矛盾不断激化。1993年12月泰国贤成两合公司（申请人）与香港鸿昌公司（被诉人）将双方有关纠纷提交中国国际经济贸易仲裁委员会（CIETAC）深圳分会仲裁，仲裁庭于1994年8月1日作出第40号裁决，认定被诉人香港鸿昌公司在"深圳贤成大厦有限公司"中具有实际投资。

接着，经中方四公司申请，深圳市工商行政管理局于1994年11月发出通知，将"深圳贤成大厦有限公司"予以注销。在这前后，中方四家公司又与香港的鸿昌公司

签订了"合作经营'深圳鸿昌广场有限公司'合同",约定中方合作者即以原"深圳贤成大厦有限公司"所拥有的地块使用权作为投资,港方合作者则负责注入建造鸿昌广场房地产所需资金。1994年12月,深圳市政府主管部门批准了这份新的中外合作经营企业合同,并于1995年8月决定对"深圳贤成大厦有限公司"进行结业清算。

泰国贤成两合公司和中国"深圳贤成大厦有限公司"不服上述行政行为,遂以深圳市工商行政管理局等作为被告,于1995年1月向广东省高级人民法院提起行政诉讼和附带民事诉讼。1997年广东省高院作出行政判决,撤销深圳市政府主管部门的上述行政决定。被告不服,上诉于最高人民法院,最高院于1998年7月就该上诉案作出终审行政判决,维持广东省高院原判,并要求深圳市政府主管部门对"深圳贤成大厦有限公司"涉讼有关事宜"重新处理。"

1999年2月,中方四公司联合向中国国际经济贸易仲裁委员会(CIETAC)深圳分会提出仲裁申请,要求裁决终止1988年签订的中外(泰)合作经营企业合同,解散"深圳贤成大厦有限公司"。本案的被申请人即泰国贤成两合公司随即提出了索赔的反请求。在这前后的一段期间里,又有两家外省的中国银行以贷款债权人身份起诉于当地人民法院,向"深圳贤成大厦有限公司"索偿,并由法院作出了终审判决,查封和拍卖了"贤成大厦"的部分已建房产。

本仲裁案案情错综复杂,案中有案,先后经历了1994年第一次仲裁以及相继而来的两审行政诉讼,还涉及多起民事诉讼,纠纷缠讼长达十几年。在缠讼后期,泰国贤成两合公司甚至通过泰国外交部向中国外交部发函,要求后者出面"过问"此案的仲裁事宜。直至2000年7月底,才由CIETAC深圳分会(现改称为"CIETAC华南分会")仲裁庭排除内外一切行政干扰,以事实为根据、以法律为准绳,抓住全案主要矛盾和关键问题,作出公正、公平的终局裁决。据媒体报道,在执行2000年第二次仲裁裁决过程中,又因行政索赔和清算问题再经历了两宗四审行政诉讼,直到2004年3月,以泰国贤成两合公司的最后败诉告终。

本文系以本案有关司法文档以及2000年终局仲裁裁决[2]为基础,结合其后续事态的发展,综合整理而成。文末附录相关的最高人民法院判决书以及2004年媒体公开报道,供读者对照参考。

---

[2] 这份编号为(2000)深国仲结字第67号的终局裁决,全文长达59页,约43000字。其中的事实认定部分由CIETAC深圳分会业务处曾银燕处长执笔;笔者作为本案首席仲裁员,综合三位仲裁员见解拟就"仲裁庭的意见",并将裁决全文统稿后,交由本案合议庭审定签发。

鉴于新近多篇媒体报道中对本案各方当事人的真实姓名和商家名称均已公开,近乎"家喻户晓",故本文转述中亦比照办理,未予隐去,俾便读者对照参考。

二、本案各方当事人的主张和仲裁庭对事实的认定

(一) 本案各方当事人的主张及其交锋

本案申请人有四：

第一申请人：深圳市华乐实业股份有限公司

第二申请人：深圳上海时装公司

第三申请人：深圳市工艺服装工业公司

第四申请人：深圳市开隆投资开发有限公司

本案被申请人是：

泰国贤成两合公司（Chareon Kij Calendar Ltd., Part.）

中国国际经济贸易仲裁委员会深圳分会（下称"深圳分会"）根据上述申请人和被申请人于1988年12月5日在中国深圳签订的"合作经营深圳贤成大厦有限公司合同书"（下称"合作合同"）中的仲裁条款以及申请人的书面仲裁申请，受理了双方当事人关于合作合同及补充合同书的争议案，并于1999年2月12日向申请人和被申请人发出了SHEN V99014号仲裁通知。

本案适用1998年5月10日起施行的《中国国际经济贸易仲裁委员会仲裁规则》（以下简称《仲裁规则》）。

1. 各方当事人的程序主张及其交锋

1999年3月2日，申请人选定张灵汉先生为本案的仲裁员。

1999年4月29日，深圳分会收到了被申请人对本案的"受理、管辖异议书"，并表明其选定仲裁员的行为不得被认为是被申请人已接受深圳分会对仲裁申请的管辖和受理。深圳分会秘书处将上述异议书转给了申请人。1999年5月11日，申请人向深圳分会提交了对被申请人异议书的答辩意见书。5月12日，深圳分会秘书处将答辩意见书转给了被申请人。

1999年5月24日，深圳分会收到了被申请人选定姚壮先生为本案仲裁员的函件。同日，被申请人按照仲裁规则规定的期限就本案向申请人提出了反请求，并提交了证据材料，被申请人同时声称其提出反请求的行为是为了保留其在可能进行的仲裁程序中的一切权利，而不得被认为已接受深圳分会的管辖。1999年5月24日，深圳分会秘书处向被申请人发出"预缴反诉费用通知单"。被申请人在1999年6月

15日的"延迟缴纳反诉仲裁费申请书"中提出,其将在收到对仲裁管辖异议书的处理通知后再缴纳反诉仲裁费。1999年5月31日,深圳分会秘书处将被申请人的反请求申请书转给了申请人。

1999年6月10日,针对被申请人提出的管辖异议,中国国际经济贸易仲裁委员会(以下简称"仲裁委员会")根据《仲裁规则》第64条的规定,作出了"(99)贸仲字第3325号管辖权决定",决定如下:合作合同的仲裁条款有效;本案争议属于仲裁委员会受理范围;深圳分会对本案具有管辖权,仲裁程序应继续进行。该决定已寄送给双方当事人。

1999年6月10日,由仲裁委员会主任指定的首席仲裁员陈安先生、张灵汉先生、姚壮先生共同组成审理本案的仲裁庭。仲裁庭组成通知已寄送给双方当事人。

1999年7月26日,深圳分会收到申请人来函,声称合作企业的经营期限将于1999年8月1日届满,依据有关法律的规定,合作企业已经因经营期限届满而终止,自行解散。因而申请撤销该案,并要求办理撤案的有关手续。次日,深圳分会秘书处向被申请人发出了"关于反请求事宜的通知",告知被申请人,申请人已提出了撤回其全部仲裁请求的申请,如被申请人仍坚持提出反请求,务必于原定的1999年8月11日前缴纳反请求仲裁费,否则深圳分会不受理反请求。

1999年8月12日,深圳分会收到申请人来函,称鉴于1999年8月9日合作企业董事会会议因董事长吴贤成不到会,无法研究合作企业的有关事宜,鉴于本案涉及问题复杂,为了避免双方产生新的争议,申请人请求仲裁庭继续开庭审理该案。

1999年8月13日,深圳分会秘书处通知被申请人,申请人已请求撤回其撤销案件的申请,因此仲裁庭决定继续进行仲裁程序。鉴于原定的开庭安排因申请人先前的撤诉请求受到影响,因此取消8月17日的开庭安排,新的开庭时间另行通知。此函已于同日抄送给申请人。

1999年8月18日,深圳分会秘书处通知双方当事人,定于1999年9月22日至24日在深圳开庭,并要求双方在9月3日前提交证据材料。

1999年9月3日,深圳分会收到了被申请人来函,函称:(1)被申请人根据申请人撤诉的事实,决定不提出反请求,被申请人未在规定的时间内缴费,以此表明不进行反请求。(2)深圳分会在将申请人的撤销仲裁申请通知被申请人时,实际上已表明深圳分会同意了该撤案申请。(3)该案连同反请求在内,由于以上原因,在1999年8月11日工作日结束后实质上已经撤销。(4)申请人是在该案实质上已经撤销之后的第二天,即1999年8月12日才向深圳分会提出恢复原仲裁请求的,因此被申请人认为该恢复申请是在该案已经撤销的情况下提出的,因而是无效的。

1999年9月6日,深圳分会秘书处给被申请人去函,答复如下:(1)依照《仲裁规则》的规定,在仲裁庭组成后撤销案件的,由仲裁庭决定。因此,本案申请人申请撤回其全部仲裁请求并不意味着本案必然撤销,在被申请人提出了反请求的情况下,仲裁庭还应视反请求的情况才能考虑本案是否撤销的问题。因此仲裁庭给予了被申请人办理反请求受理手续的充分机会。(2)被申请人在1999年8月11日之前从未以书面形式或其他任何通讯方式告知深圳分会其不再坚持反请求,实际上直至1999年9月3日之前深圳分会都未收到被申请人的类似声明。被申请人在8月11日前不缴纳反请求仲裁费的行为,应被视为其放弃主张反请求的权利,但并不意味着本案已被撤销。在仲裁庭尚未对本案作出撤案决定书的情况下,本案并没有被撤销。(3)申请人在1999年8月12日提出恢复原仲裁请求,仲裁庭认为申请人有权处分其诉权,恢复请求是可被接受的,并不违反《中华人民共和国仲裁法》和《仲裁规则》。(4)基于以上所述,仲裁庭决定1999年9月22日的开庭照常进行。

1999年9月10日,深圳分会收到被申请人"关于延期开庭的申请函",称:吴贤成先生最了解本项目和本案情况,将出席庭审,但由于申请人撤诉,吴先生已安排一系列的商务公干,因此要求仲裁庭将庭审延期到1999年10月31日以后进行。

1999年9月14日,深圳分会秘书处给被申请人去函,称仲裁庭认为被申请人要求延期开庭的理由不充分,深圳分会已给予当事人足够的时间准备开庭,因而不接受被申请人的延期开庭申请。

1999年9月22日至23日,仲裁庭在深圳开庭审理本案。第二、第三申请人的法定代表人孔祥茂先生、甘平先生和申请人的代理人卢全章先生、肖峋先生、黄敬忠先生、张文华女士、王侠先生、刘一宪先生、李娟女士出席了庭审,被申请人的代理人李方先生、吴冠雄先生、段继红女士、周健先生、李元君先生、翁婵珍女士、Supin Jitkarnngarn女士出席了庭审。被申请人的代理人在开庭时提交了仲裁答辩书,并提出,申请人对仲裁请求的撤销和恢复影响了其反请求的提出。仲裁庭明确表示被申请人有提出反请求的权利,但在没有履行受理手续之前,只能就申请人的请求发表意见。被申请人明确表示要提出反请求,仲裁庭要求其在10月8日前将反请求的手续办理完毕。此后,双方就仲裁请求及证据材料进行了辩论和质证,仲裁庭也就有关问题进行了调查,并要求双方在10月8日前提交补充材料,并强调双方若有和解的可能,就不要错失良机。

1999年9月30日,深圳分会秘书处向被申请人发出了"预缴反诉费用通知单"。被申请人按时办理了反请求手续。1999年10月15日,被申请人向深圳分会提交了对反请求的变更说明。深圳分会将该说明转给了申请人。

1999年11月9日,深圳分会通知双方当事人,定于1999年12月20日至22日在深圳进行第二次开庭,并要求双方在11月30日前提交证据材料。

1999年12月20日,仲裁庭在深圳第二次开庭审理本案,申请人的代理人卢全章先生、肖峋先生、黄敬忠先生、李娟女士、张文华女士、张志良先生、刘一宪先生、王侠先生出席了庭审,被申请人的代理人李方先生、吴冠雄先生、周健先生、翁婵珍女士、Pinpong Suwanichkul先生、林敏熙先生出席了庭审。本次开庭将仲裁请求和仲裁反请求合并审理。申请人在开庭时提交"关于对本案作出中间裁决的请求",称鉴于深圳贤成大厦(现深圳鸿昌广场)已投入巨额资金,每日都在发生数十万元的经济损失,而申请人申请合作合同应予解除的事实和法律依据都是充分的,因而申请人请仲裁庭先就申请人的仲裁请求作出中间裁决,待深圳贤成大厦有限公司的清算结果出来后,再裁决本案的反请求。在庭上,双方当事人对仲裁请求和反请求进行了陈述和辩论,仲裁庭也就有关的问题进行了调查。仲裁庭经合议,认为作中间裁决的时机还不成熟。鉴于双方当事人在庭上提出了调解的要求,仲裁庭决定次日主持调解。12月21日和22日,仲裁庭主持了本案的调解,但未调解成功。

双方当事人在庭后补充了证据材料。2000年1月14日,深圳分会秘书处收到了被申请人传真来的"中止审理申请书",1月17日收到该申请书的原件,18日又收到被申请人代理人段继红女士的"请求仲裁庭对贤成大厦一案暂时中止审理的报告"。被申请人要求中止审理的理由有两点:一是由于最高人民法院的行政判决书没有得到有效执行,合作企业并未得到有效恢复,合作企业的财产仍被他人非法占有,根本谈不上对合作企业内部纠纷进行仲裁;二是合作企业的会计账目和部分档案于1995年5月被深圳市人民检察院扣押,后该院又将上述材料移交到深圳市工商行政管理局破产清盘处,至今尚未归还合作企业,缺少完整准确的会计账目和企业档案,已经严重妨碍被申请人进行反请求并有效举证,因此,被申请人在未得到上述资料之前难以继续参加反请求审理。2000年3月13日,深圳分会秘书处经商仲裁庭对被申请人作出答复,认为被申请人提出的第一个问题不是仲裁庭对本案进行审理的障碍;至于第二个问题,说明会计账册在本案中已被申请人申请证据保全,仲裁庭考虑到查封的情况,要求被申请人对所需的会计账册列出证据清单,深圳分会秘书处将就清单内容协助被申请人进行查询和复印。因此仲裁庭不同意被申请人要求中止审理的请求。

由于本案案情较为复杂,仲裁庭难以在规定的期限内作出裁决,仲裁庭要求将作出裁决的期限延长至2000年6月10日,深圳分会秘书长予以同意。2000年3月10日,深圳分会秘书处给双方发出了延期作出裁决的决定。

2000年3月29日,深圳分会秘书处收到了被申请人提交的财务账册清单。4月26日至27日,在双方当事人在场的情况下,深圳分会秘书处协助被申请人代表查询、复印了合作企业的有关账册、凭证资料。

2000年4月29日,深圳分会秘书处通知双方当事人,定于2000年5月29日至31日在深圳第三次开庭,并要求被申请人在5月16日之前提交其对反请求的补充意见和证据材料。

2000年5月29日,仲裁庭在深圳第三次开庭审理本案,第二申请人的法定代表人孔祥茂先生、申请人的代理人卢全章先生、张文华女士、黄敬忠先生、刘一宪先生、王侠先生、张志良先生出席了庭审,被申请人的代理人李方先生、吴冠雄先生、张正乾先生、周健先生、林敏煦先生、董俊绒女士出席了庭审。双方当事人对各自的主张和对方的观点进行了陈述和评论,并提出了愿在仲裁庭的主持下进行调解的要求。当日下午,仲裁庭即对双方当事人进行了调解,但未获成功。次日,仲裁庭继续审理本案,并在下午5时结束了庭审。

仲裁庭仍难以在2000年6月10日前对本案作出裁决,仲裁庭要求将作出裁决的期限再次延长到2000年8月10日,深圳分会秘书长予以同意。2000年6月9日,深圳分会秘书处向双方当事人发出了延期作出裁决的决定。

本案于2000年7月审理终结,仲裁庭根据事实和法律在2000年7月31日作出裁决。

2. 各方当事人的实体主张及其交锋

申请人诉称:

1988年12月5日,申请人与被申请人订立了"合作经营深圳贤成大厦有限公司合同书"(以下简称"合作合同")。1989年3月28日,深圳市审批机关以深府经复(1989)第180号文批准该合同生效。1989年4月13日,合作企业办理了工商注册手续。1990年10月23日,双方又订立了"合作经营深圳贤成大厦有限公司补充合同书"(以下简称"补充合同书")。1990年11月19日,深圳市政府以深府经复(1990)第875号文批准补充合同书生效。

合作合同第7条、第8条、第9条约定:合作企业的投资总额为9620万元人民币(2600万美元),注册资本为3848万元人民币。合作各方提供下列合作条件:(1)申请人提供12581.81平方米的土地使用权,承担12581.81平方米的征地费、报建费为1780万元人民币。(2)被申请人承担大厦建造的全部资金2600万美元。(3)由于地价上升,被申请人愿意为申请人提供1500万元人民币作为土地补偿费。大厦的建造费用,在合作合同登记注册后半年内被申请人以备用信用证现金或汇票将资金汇入合作企业在深圳银行开立的账户内,由被申请人按工程合同支付。补充合同书第3条约定:被申请人承担大厦建造的全部资金。同时承担在建房过程中、房产经营中的全部经济风险责任。

但是,合作企业批准设立之后,被申请人全面违反出资义务,应投入建设大厦的资金始终不能到位,申请人多次敦促被申请人出资,但被申请人置之不理。由于建设资金不能到位,大厦建设不能开工,从而严重侵害了申请人的合作权益。

1991年11月29日,贤成大厦终于奠基。然而在大厦兴建过程中,被申请人由于资金不能及时到位,大厦建设进度缓慢,1993年9月20日,由于被申请人没有资金投入,贤成大厦在建工程被迫全面停工。

根据《中华人民共和国中外合作经营企业法》第9条关于出资的规定,《中华人民共和国中外合作经营企业法实施细则》第21条关于违约的规定、第48条关于解散的规定,以及合作合同第37条关于违约的约定,申请人请求仲裁庭裁决终止双方订立的合作合同和补充合同书,解散合作企业,并由被申请人承担本案仲裁费。

被申请人答辩如下:

(1) 被申请人没有违约,申请人要求终止合作合同的理由没有事实和法律依据

1) 关于大厦工程的延期开工

申请人指控被申请人建设大厦的资金不能到位,造成工程延期开工。但事实上,被申请人已经履行了自己的出资义务,实际向合作企业投入资金10777万港币及146万美元。造成大厦延期开工的真正原因是:

(a) 申请人未能依照合作合同的规定取得大厦工程建设要点的批准,导致合作企业的建设规模发生重大变更,合同双方进入合同的修改、变更和完善过程。

合作合同第6条规定:合作企业的规模,综合大厦的建筑面积为18万平方米。第10条关于申请人的责任中规定:"4. 负责将大厦建设要点报规划局批准;5. 负责办理大厦的建设方案报批手续;6. 负责办理报建手续。"但是合作合同经签署并批准后,申请人未能依合同取得建设规模18万平方米的建设规划批准,相反,由于大厦的容积率发生变化,大厦的建设规模从18万平方米的建筑面积剧降到10万平方米。显然,双方在合同项下的根本利益已经受到了重大影响,双方不得不对合同条件重新进行谈判。

1990年10月23日,双方经过长时间的谈判,终于签署了补充合同书,对合作合同作了重大修改,将建筑规模由18万平方米减少为10万平方米左右。补充合同书得到了深圳市人民政府的批准。因此,从1989年初到1990年10月,双方实际上是处于对合作合同进行修改、补充和完善的协商过程。在补充合同书达成之前,被申

请人显然不可能履行合作合同规定的出资义务,申请人都承认自己曾为面积分配无法达成新的协议而提出终止合同,又如何要求被申请人在此情况下履行出资义务呢?

而合作合同第 9 条约定在申请人取得建设要点和设计方案批准之后由被申请人分批向申请人支付土地补偿费。由于申请人未能取得建设要点和设计方案的批准,加之建设规模的变化使得合作合同、建设要点和设计方案等均需要进行修改,在申请人满足被申请人支付土地补偿费的前提条件之前,被申请人自然没有支付的义务。

(b) 大厦工程的建设规模发生重大变更,导致大厦工程建设的规划设计方案不得不进行修改。

根据合作合同第 11 条的约定,被申请人根据大厦原建设规模进行了大厦建设方案的设计,而在建设规模发生重大变更后,被申请人不得不依据新的建设规模对该设计方案重新进行修改。这些客观的技术性问题同样也导致了大厦开工的延误。

(c) 补充合同书签订后,被申请人按时支付地价款,大厦工程在符合法律规定的时间内如期开工。

补充合同书对被申请人的出资义务没有作具体的时间规定,只是根据"关于由合作企业直接与深圳市建设局签订购买土地使用权合同"的修改要求,被申请人在 1990 年 11 月 20 日将 1400 万元人民币土地补偿费作为土地价款汇入合作企业。截至 1990 年 11 月 28 日,被申请人向合作企业投入 1500 万元人民币(不包括原先支付的 100 万元人民币),使得合作企业有能力在 1990 年 11 月 28 日付清了全部地价款,并于 1990 年 12 月 15 日取得了房地产证,合作企业的土地使用权得到了确认。

1991 年 11 月 11 日,深圳市建设局批准合作企业于 1991 年 11 月 29 日奠基开工。从时间上看,尽管前期大厦出现了建设规模和规划设计方案的重大调整,贤成大厦的开工时间仍然没有违反合作企业与深圳市建设局签署的"深圳经济特区土地使用合同书"〔深地合字(88)127 号(修改)〕的有关规定。

2) 关于大厦工程的停工

依据补充合同书第 5 条,合作企业的合作经营期限为 5 年,即合作企业应自补充合同书被批准之日 1990 年 11 月 19 日起 5 年内完成贤成大厦的建设。大厦实际在 1991 年 11 月 29 日开工,至 1993 年年底完全停工。申请人指控停工的原因是被申请人没有资金投入,但事实上被申请人完全按照大厦工程的建设进度履行了出资义务。

(a) 合作企业未能支付工程款不是因为被申请人出资不到位。

由于补充合同书对于大厦建设资金的投入时间未作具体规定,因而合理的投入时间应是按照大厦工程的进度投入。被申请人在大厦开工后到停工时,一直根据大厦工程的进度以满足建设需要为标准向合作企业投入资金,由于资金充足,建设进展顺利,完成了地面以下结构工程、地下室和主体结构四层的施工。中建三局深圳一公司(下称"工程公司")提前了 71 天完成工程,并屡次申请提前工期奖。由此可见,被申请人向合作企业提供了足够的建设资金,完全足以满足大厦工程建设需要。

(b) 合作企业未向工程公司支付的部分工程款并不能导致大厦建设的停工。

截至 1993 年 6 月,合作企业未付的工程款共计 1794 万元人民币,但其中还包括数百万元未获工程监理单位认定的材差和价差款项。但同时,合作企业在工程公司还存有工程预付款 1580 万元人民币。即使按照工程公司的单方主张,其当时垫付的工程款也仅为 214 万元人民币,并不能导致大厦工程的停工。而合作企业 1993 年 5 月到 10 月集中向工程公司支付了 1790.65 万元人民币和 25 万美元的工程款,即使算上 1993 年 6 月以后的工程量,合作企业实际上并不欠工程款。项目工程的停工实际上另有原因。

(2) 申请人多次违反合作合同和补充合同书,并误导当地政府作出违法行政行为,才是导致合作企业经营停止和被注销的真正原因

1) 申请人未能依照合作合同的约定为合作企业取得项目建设所需的土地使用权

合作合同第 4 条约定申请人以土地使用权为投资,第 8 条约定申请人提供 12581.81 平方米的土地使用权,第 9 条约定购买土地使用权的费用,由申请人负责同国土局签订合作企业的土地使用合同并交付土地使用费。

显然,为合作企业取得项目地块的土地使用权是申请人在合作合同项下的最主要和最根本的义务。但申请人却只在 1989 年 1 月 26 日(仲裁庭注,实为 1989 年 6 月 26 日)由第三、第四申请人与深圳市政府签订了"深圳经济特区土地使用合同书",约定将 8625 平方米土地划拨给上述两公司使用。此后,申请人迟迟未能缴纳土地使用费并将土地使用权转入合作企业,其行为已构成违约。此后,双方经协商签订补充合同书后,才改由合作企业直接以出让方式获得土地使用权。

2) 违反合同程序,单方要求终止合作合同

根据合作合同第 35 条的约定,对合同作重大变更必须经合作各方签署书面协议并报原审批机关批准。但就在双方正在对设计方案、面积分配及出资等重要问题进行协商的过程中,申请人却歪曲事实,未与被申请人协商,单方于 1990 年 8 月 10 日致函深圳市经济发展局要求提前终止合同。申请人实际上从此时起就有意违反或单方终止合作合同,但其并未按照合同约定的方式解除合同,而是采取了错误的方

法,这种方法不但误导深圳市政府作出错误的决定并导致后来的一系列违法行政行为,而且明确表示申请人根本没有诚意履行合同,从开始就违反了诚实信用原则。

3)申请人没有合同和法律依据单方要求增加合同之外的利益

补充合同书第2条约定,……建设规模为10万平方米左右。由于大厦面积减少,申请人同意将原合同约定的无偿分得建筑面积25000平方米改为11000平方米,即贤成大厦建成后(总建筑面积不管低于或高于10万平方米),申请人无偿分得建筑面积11000平方米的相对集中的楼房的产权,……各方自行出售,转让房产,其增值税由各方自行分担。

申请人却无视补充合同书的上述约定,于1992年12月10日向深圳市政府提出要求增加其无偿分得建筑面积的要求,并根据个别领导没有法律依据的批复进一步进行违约活动。

4)申请人单方向深圳市有关部门申请禁止合作企业预售楼房

在履行完自己的出资义务后,为解决项目进一步的资金需求,被申请人在1993年8月18日(仲裁庭注,实为1993年8月21日)向深圳市规划国土局递交了"商品房预售申请书",期望通过预售进行融资,以完成大厦工程的建设。但申请人却于1993年10月28日以其分得大厦面积过少为由,向深圳市有关部门申请禁止合作企业预售楼房。此违约行为直接导致了合作企业未能获得进一步的资金来源并导致大厦工程的最终停工。

5)违反合作合同,擅自申请注销合作企业,导致被申请人的合法权益基本丧失

1994年11月15日,申请人违反合作企业章程和法律,擅自以自己的名义非法向深圳市工商局提出注销合作企业,并直接导致了深圳市工商局注销合作企业的违法行政行为,使合作企业丧失了全部合法财产,严重侵害了合作企业和被申请人的利益。

6)申请人擅自以合作企业的资产与第三人订立新的合同,成立新的项目公司

在被申请人履行合作合同的过程中,申请人与鸿昌国际投资有限公司(下称"鸿昌公司")合谋变更和终止合作合同及补充合同书,并于1994年11月15日非法以合作企业拥有的土地使用权与鸿昌公司订立新的合同,并报深圳市引进外资办公室(仲裁庭注,实为深圳市引进外资领导小组办公室)审批。申请人的上述行为不仅违反了合作合同,而且严重侵犯了合作企业的合法资产和被申请人的权益,是导致合作企业被违法注销的主要原因。

由此可见,在合作合同和补充合同书的履行过程中,不是被申请人违约,而是申请人多次严重违约,并结合地方有关政府部门的违法行政行为,剥夺了合作企业赖

以经营的资产和法律资格,导致合作企业经营的全面停顿。

(3) 最高人民法院的相关行政诉讼判决尚未得到执行,合作企业的主体资格应当予以保留

由于上述第 2 点中所述的申请人的违约行为以及由此导致的深圳市工商行政管理局和深圳市招商局的违法行政行为,被申请人的合法权益受到了严重侵害。被申请人于 1995 年对深圳市工商行政管理局和深圳市招商局提起了行政诉讼,1997 年广东省高级人民法院作出一审判决:1) 撤销深圳市工商行政管理局 1994 年 11 月 23 日注销合作企业企业登记的行政行为;2) 撤销深圳市招商局 1994 年 12 月 1 日批准设立深圳鸿昌广场有限公司的批复;3) 撤销深圳市工商行政管理局 1995 年 8 月 1 日对合作企业进行清算的决定。1998 年 7 月,最高人民法院对该案作出了终审判决,判决维持广东省高级人民法院的上述判决,并要求深圳市工商行政管理局和深圳市招商局对合作企业和深圳鸿昌广场有限公司的有关事宜重新处理。但时至今日,深圳市有关政府部门尚未作出有关的具体行政行为来执行上述判决。为维护法律的严肃性和最高人民法院的权威,并保证合作企业的合法权益免受丧失,仲裁庭应当考虑该特殊情况,在上述判决尚未得到执行之前,不应裁决解除合作合同和补充合同书。

综上,被申请人要求仲裁庭驳回申请人的仲裁请求,并根据上述理由提出**反请求**如下:

1) 申请人向被申请人赔偿因其违约行为给被申请人带来的经济损失 43108000 港币和 584000 美元的利息损失;

2) 本案的仲裁费全部由申请人承担;

3) 仲裁的律师费和其他杂费由申请人承担。

双方当事人争议的主要观点如下:

(1) 关于被申请人的出资问题

1) 关于 1500 万元人民币土地补偿费问题

申请人认为被申请人从合作合同签署之初就开始违约,不能如期支付 1500 万元人民币的土地补偿费给申请人。

被申请人认为,由于"1989 年政治风波"及其客观上导致的西方国家对中国实行"经济制裁"这一事实,从 1989 年春天开始直至 1990 年,外商投资者普遍处于观望状态,合作合同难以得到如期顺利的执行。1990 年后,由于政府批准的大厦容积率发生重大变化,建筑面积剧降了近一半,双方不得不协商合同的变更事宜,申请人也承认此点。双方对合作合同的执行一直到 1990 年 10 月 23 日补充合同书签署之后才

成为可能。但同时,申请人一直未能将项目用地的土地使用权投入合作企业,其在1989年6月26日与深圳市政府签署土地使用合同书后却一直未能交付土地使用费,申请人一直主张被申请人未能按时支付土地补偿费,但事实上是申请人自己无视合同条款的规定。土地使用费是申请人应当依照其与政府之间的合同自行安排缴纳给政府以取得土地使用权的费用,而土地补偿费只是合作合同项下应由被申请人补偿给申请人,并作为一项合作条件的费用。二者是不同法律关系项下的义务,没有必然的先后或因果关系。同时,合作合同第9条第2款明确规定了该款项支付的条件,在条件满足之前,被申请人没有义务支付相应部分的费用。补充合同书实际上对合作合同规定的合作条件作了重大变更,即把申请人以土地使用权出资变更为由被申请人向合作企业投入资金,再由合作企业以自己的名义直接向政府交费,并申请取得土地使用权。补充合同书签署之后,被申请人即依约于1990年11月23日到29日向合作企业汇入了267万美元,折合15110370元人民币,完全履行了合同义务。

2) 关于合作企业注册资金和投资总额内的资金投入义务

申请人认为,被申请人未能履行合作合同约定的出资义务,按照(94)深国仲结字第40号裁决书(下称"40号裁决书"),王文洪和鸿昌公司对合作企业的投资都不能被视为被申请人的出资,被申请人全面违反出资义务致使大厦不能开工,开工后因资金不能到位,导致大厦的建设停工。被申请人应承担违约责任。

被申请人认为,其对合作企业投入的资金(包括注册资金和投资总额内的资金)由四部分组成:(a)吴贤成先生原先单独投入合作企业的资金3562585.51港币和91万美元;(b)吴贤成先生以向王文洪先生转让被申请人股权取得的价款投入或借给被申请人,供被申请人投入合作企业的资金4850万港币;(c)王文洪先生借给被申请人,供被申请人投入合作企业的2000万港币;(d)被申请人向佳和发展有限公司借款而投入合作企业的资金3571万港币和55万美元。以上合计出资10777万港币和146万美元,核减吴贤成先生以合作企业资金偿还其对佳和发展有限公司债务的3000万港币后,实际投入资金7777万港币和146万美元。被申请人认为其所提交的各项证据相互印证,充分说明了在1992年6月合作企业的补充合同(二)之前,不论是吴贤成还是王文洪,均是通过被申请人投资于深圳贤成大厦的,因此其二人的出资不论从法律文件上还是从财务资料上均应认定为是被申请人的出资。在补充合同(二)出现后,虽然吴、王二人协商了将王文洪和王泰生在被申请人公司中的权益分割出来,单独作为其对合作企业相应的权益的事项,但由于该事项不论从合作企业角度还是从被申请人角度,均未能依照各自应当适用的法律(分别为中国法和泰国法)完成必要的法律程序,因此均未能生效。在此法律条件下,无疑前述投资或出资仍然应当计为被申请人的投资或出资。鉴于此,被申请人认为其已经完成了对合作企业注册资本(3848万元人民币)的出资义务,并基本完成了投资总额内的资金筹措义务。其余资金由于涉及申请人的违约行为导致被申请人无法通过房屋预售等正常途径进行进一步的融资,致使合作企业的大厦建设资金不足。

(2) 关于合作企业的经营期限问题

申请人认为,合作合同约定的合作期限是5年,合作企业于1989年4月13日领取营业执照,因此,合作企业的经营期限应自1989年4月13日起算至1994年4月12日止;补充合同书签署和批准后虽然经营期限仍为5年,但补充合同书并未明确该5年期限的起算时间,因此仍应按原定时间起算;补充合同书被批准后合作企业并未办理经营期限的工商变更登记或延长手续,因此原经营期限应当不变;我国法律规定的时效中断指诉讼时效中断,没有经营期限中断的规定;即使合作企业的5年经营期限从补充合同书被批准后重新起算,并且从合作企业被注销后中断,至最高人民法院终审行政判决1998年7月23日送达生效后恢复计算,该经营期限也应在1999年8月1日届满。

被申请人认为,由于项目前期的容积率变化和双方关于面积分配比例的重新协商,以及补充合同书的签订,项目在1990年11月补充合同书被批准时并未实际动工,如果仍然从1989年4月13日开始计算经营期限,显然合作企业将没有足够的时间建成贤成大厦;补充合同书第7条明确规定"合作公司……取得建筑许可证后即破土动工,大厦计划于1995年底前竣工"。显然,补充合同书规定的大厦建设期限是从1990年底补充合同书被批准时开始至1995年底为止的5年;依照法律规定,经营期限的变更应从审批机构批准时起生效。工商变更登记手续上的缺陷应当由当事人予以补办,而不应否定其效力。1994年11月23日合作企业被注销之后,合作企业的经营期限显然被违法行政行为所中断,这种期限的中断无须法律通过特别的制度加以规定,与诉讼时效的中断制度是完全不同的法律制度。该违法行政行为虽经行政判决撤销,但行政判决不可能从行政程序上直接解决合作企业的主体资格或经营期限问题,深圳市工商行政管理局至今尚未作出任何"重新处理"的具体行政行为,因此,在该机构通过具体和明确的行政行为(可证明其行为法律效力的正式文件)作出"重新处理"之前,合作企业或其营业执照不可能自动恢复,合作企业不可能开展任何经营活动,其经营期限也无从恢复计算。

(3) 关于合作企业的外方合作者问题

1) 关于王文洪入股被申请人的问题

申请人在庭审过程中提交了一份王文洪先生的证言,以证明被申请人吴贤成先生在 1991 年到香港邀请王文洪先生加入合作企业,在申请人不知情的情况下私自转让合作企业的股份,并将合作企业的土地使用权证私自抵押给王文洪先生。

被申请人认为,1991 年,深圳的房地产行情上涨,被申请人投资的合作企业具有良好发展的前景,王文洪先生主动到泰国与吴贤成先生签订了"股份合约",吴贤成先生是向王文洪先生转让被申请人 50% 的股份,对价是 11000 万港币,王文洪先生因此成为被申请人的股东。吴贤成先生从未向王文洪先生或鸿昌公司转让合作企业的股权,所谓私自转让合作企业的股权是毫无根据的。证据表明,王文洪先生 1999 年 5 月 28 日将其在被申请人的全部股权在香港转让给泰国公民萨达帕拉古拉努瓦先生,后者于 1999 年在泰国法院(普通民事法院)提起针对吴贤成和被申请人的诉讼,要求吴贤成作为被申请人的无限合伙人和董事长完成将其登记为公司有限股东的注册手续。上述证据证明王文洪直至 1999 年 5 月 28 日仍认为自己是被申请人的公司股东,并以被申请人股东的身份向第三方转让被申请人的股份。该证据进一步印证了王文洪先生向合作企业投入的全部资金均为被申请人及吴贤成先生向合作企业的投资。

2) 关于 40 号裁决书的问题

申请人认为应按照已生效的 40 号裁决书的要求确认鸿昌公司为合作企业的股东。

被申请人认为,王文洪先生与吴贤成先生两个境外人士在中国境外签署的关于被申请人(一家中国境外企业)的"股份合约"及其他相关协议的纠纷不应适用中国法律;补充合同(二)是一份尚未成立和生效的合同,不应裁决实际履行。还认为仲裁庭在审理本案时,应当依照本案争议双方提交的证据和理由独立判断,而不应参考 40 号裁决书的认定和裁决结果。因此,合作企业的外方股东只能是被申请人一家,而不可能有其他个人或公司,也不存在被申请人违反合作合同私自转让合作企业股份的事实。

(4) 关于预售贤成大厦商品房的问题

被申请人认为,补充合同书明确规定了申请人无偿分得的建筑面积,遂按照法律规定和合同约定在大厦的建设过程中向有关政府部门提出了商品房的预售申请,但申请人向政府有关部门提交报告,以不合法的理由禁止贤成大厦预售楼宇。申请人的错误行为致使大厦的预售计划不能顺利进行,从而给合作企业及被申请人造成了极大的经济损失并最终导致大厦建设项目的停工。

申请人认为,被申请人不能取得预售楼宇的批准是因为其不能向政府有关部门提交贤成大厦的房地产证,与申请人无关。

(5) 关于补充合同(二)的签字问题

申请人认为,王文洪先生是吴贤成先生带进合作企业的,在补充合同(二)签署之前,申请人一直都不知道王文洪先生的真实身份。在得知王文洪先生是实际的投资者时,未在补充合同(二)上签字的第二、第三申请人后来都签了名,此意味着申请人放弃了优先受让权。补充合同(二)反映了双方当事人的真实意愿。

被申请人认为,其早在1993年8月18日便由于补充合同(二)合同主体的认知错误而公开声明其在该合同文本上的签字作废,并分别于1993年9月8日和9月7日送达未在合同文本上签字的第二、第三申请人,该两申请人在被申请人已发表声明后又补签补充合同(二),是因为申请人四家公司和王文洪先生在私底下达成了一桩交易,损害了被申请人的合法权益,因而补充合同(二)并不具有法律约束力,而王文洪先生或鸿昌公司也不具备成为合作企业股东的有效合同基础。

(二) 本案仲裁庭对事实的认定

由于本案案情相当复杂,本案仲裁庭先后分别于1999年9月22—23日、12月20—22日、2000年5月29—31日,三度开庭审理(含主持双方自愿的再次调解),认真听取各方的陈述和辩论,审核了大量的有关文档,查明和认定了基本事实。

仲裁庭查明和认定事实如下:

1. 1988年12月5日,双方当事人在中国深圳签订了合作合同,共同建立合作企业,合作合同与本争议有关的内容如下:

(1) 合作企业经中国政府批准成立,其一切活动必须遵守中国法律和法规及深圳房地产管理条例等有关规定。合作企业的合法权益受中国法律保护。(第3条)

(2) 合作企业为有限责任公司,申请人以土地使用权为投资,被申请人以补偿土地使用费计1500万元人民币及负责建房的全部资金为投资,合作建造贤成大厦。建筑面积为18万平方米,申请人无偿分得建筑面积25000平方米的房产,其余房产归被申请人所有。(第4、6条)

(3) 合作企业的投资总额为9620万元人民币(2600万美元),注册资本为3848万元人民币。其中申请人提供12581.81平方米的土地使用权,承担该地块的征地费、报建费1780万元人民币;被申请人承担大厦建造的全部资金2600万美元(包括图纸设计、土建工程、室内外水电以及公共电梯、消防通信设施和道路、绿化等室外

工程的费用),由于地价上升,被申请人愿意为申请人提供1500万元人民币作为土地补偿费。(第7、8条)

(4) 合作企业的资金和合作条件(第9条)

1) 购买土地使用权的费用,由申请人负责同国土局签订合作企业的土地使用合同并交付土地使用费。若逾期支付需向国土局交付利息时,利息由双方当事人各承担50%。

2) 被申请人给申请人的土地补偿费,在合作合同经批准生效、被申请人收到批文后的30天内预付100万元人民币给申请人;设计要点经主管部门批准后的1个月内,被申请人支付650万元人民币给申请人;设计方案批准后的1个月内,被申请人支付750万元人民币给申请人。申请人收到全部费用后15天内将国土局正式批准的土地使用红线图和土地使用合同正本交给被申请人验证,并于合作企业登记注册后60天内移交给合作企业。

3) 大厦的建造费用,在合作企业登记注册后半年内被申请人以备用信用证现金或汇票将资金汇入合作企业在深圳银行开立的账户内。由被申请人按工程合同支付。

4) 大厦的建造期限为5年。

(5) 合作各方责任(第10条)

申请人责任:

1) 依照合作合同第9条第1点规定办理申请取得土地使用权等手续;

2) 负责办理申请设立合作企业、登记注册等事宜;

3) 负责办理大厦工程项目立项工作;

4) 负责将大厦建设要点报规划局批准;

5) 负责办理大厦的建设方案报批手续;

6) 负责办理报建手续;

7) 负责办理水、电、路、通讯的"四通"及土地的平整;

8) 协助办理合作企业建造大厦自用的建筑材料、装饰材料、家用电器、机器设备、家私等的进口报关手续;

9) 负责办理合作企业委托的其他事宜。

被申请人责任:

1) 依照合作合同第9条第1、2、3点的规定提供资金;

2) 协助申请人作施工前的准备工作[主要为申请人责任中的第4)、5)、6)条];

3) 负责大厦的建设(包括从破土动工至竣工的整个施工和安装工作);

4)负责办理合作企业委托的其他事宜。

(6)合作企业建造大厦的设计由被申请人负责。(第11条)

(7)在合作中,申请人将得到被申请人所补偿的土地使用费1500万元人民币,无偿分得25000平方米建筑面积房产(如果地面总建筑面积不足12万平方米时,申请人得益分配要适当减少:即建12万平方米时申请人分23000平方米;建10万平方米时申请人分22000平方米)。(第13条)

(8)申请人必须承担由于政策变化不能按合同规定进行建房的风险,如不能建房时,保证在市政府及有关部门确认不能建房文件下达的1个月内将1500万元人民币土地补偿费退回被申请人。被申请人必须承担在建房经营中的全部风险。(第15条)

(9)董事会由4名董事组成,申请人委派1名,被申请人委派3名。董事长由被申请人委派,董事长和董事任期5年。(第17条)

(10)合作各方在合作期限内协商同意对合同作重大变更,必须经合作各方签署书面协议,并报原审批机关批准,经工商行政管理局办理变更登记手续后生效。(第35条)

(11)合作任何一方如不履行合作企业规定之义务或严重违反合作合同条款,视为违约。履行方除有权向违约方索赔外,还有权报请原审批机关提前终止合作合同。(第38条)

(12)合作企业合营期限以建成贤成大厦为期初步确定为5年,如大厦建成期限提前或推后,合作企业期限也相应提前或推后,合作企业在完成大厦建设任务,房产分配完毕后,向工商行政管理局办理变更登记手续后,由被申请人继续经营。(第41条)

(13)合作期满或提前终止合作合同时,合作企业的一切债权债务依照法定程序及合作合同规定清理,双方所得的房产归双方所有。(第42条)

(14)合作合同受中华人民共和国法律的保护和管理。合作各方履行合作合同发生争议时,通过协商或调解解决,如协商调解无效,应提交中国国际经济贸易仲裁委员会深圳分会仲裁,裁决是终局的,对各方都有约束力。合作各方应执行裁决,仲裁费用由败诉方承担。(第43、44条)

1989年3月28日,深圳市人民政府以深府经复〔1989〕180号文批复了上述合作合同,1989年4月13日,合作企业取得了国家工商行政管理局下发的营业执照。

2. 1989年6月26日,第三、第四申请人和深圳市人民政府签订了深地合字(88)127号深圳经济特区土地使用合同书,以人民币1760万元的地价取得了编号为

H116-1约8625平方米的土地使用权,使用年期50年,从1988年11月16日起至2038年11月15日止,土地用途为综合楼。此后,申请人将被申请人支付的100万元人民币土地补偿费和自己筹集的176万元人民币共276万元人民币交给了深圳市国土局。

3. 1990年8月10日,申请人向深圳市经济发展局提交关于"深圳贤成大厦有限公司"提前终止合同的申请报告,称由于被申请人不支付土地补偿费,导致申请人不能按期向国土局支付地价款,经多次交涉、协商,被申请人毫无诚意,因而申请人申请提前终止合作合同。

4. 1990年10月23日,双方当事人签订了补充合同书,内容如下:

因大厦建筑规模受土地容积率的限制,可建面积由合作合同的18万平方米减为10万平方米左右等情况的变化,特对合作合同作如下补充:

(1) 申请人以投入276万元人民币的土地价款以及划拨土地面积12581.81平方米,其中实际使用面积8625.4平方米,其余为绿化用地的土地使用权为合作条件。被申请人以出资1500万元人民币的补偿土地价款及建造大厦的全部资金为投资,合作建造贤成大厦。建设规模为10万平方米左右。由于大厦面积减少,申请人同意将原合作合同规定的无偿分得建筑面积25000平方米改为11000平方米,即贤成大厦建成后(总建筑面积不管低于或高于10万平方米),申请人无偿分得建筑面积11000平方米的相对集中的楼房(该面积包括相连的裙楼和公共设施以及设备所占用的面积)的产权,双方裙楼建造标准相同,申请人其余楼房标准和被申请人副楼相同,申请人同时得到20个单位的自用车辆免费停车场。其余楼房及一切资产全部归被申请人所有。大厦工程竣工交付使用时,双方的房地产证由合作企业向房地产部门办理手续后,分属各方所有,其手续费由各方自行承担。各方自行出售、转让房产,其增值税由各方自行分担。(第2条)

(2) 申请人同意将贤成大厦的土地使用权转到合作企业,由合作企业直接与深圳市建设局签订购买土地使用权合同。双方将各自未付的土地价款,申请人人民币84万元,被申请人1400万元人民币,于1990年11月20日前汇入合作企业在深圳市的银行账户。合作企业于1990年11月30日前将土地价款1484万元人民币全数付给深圳市建设局,取得该地50年的土地使用权。此后,合作企业有权将该土地使用权作抵押,取得贷款。(第4条)

(3) 合作企业合作经营期限为5年。合作企业设立联合委员会和贤成大厦工程指挥部两机构为经营管理机构,不再设立董事会。联合委员会设主席1名,由被申请人出任,设委员5名,申请人委派2名,被申请人委派3名。贤成大厦工程指挥部由

被申请人组阁和领导,负责大厦的全部建设和管理工作。(第5、6条)

(4) 合作企业收到深圳市建设局批复的建设要点后,2个月内委托作设计方案;设计方案批准后的6个月内报施工图,取得建筑许可证后即破土动工,大厦计划于1995年底前竣工。(第7条)

(5) 合作任何一方如不履行合作企业规定之义务或严重违反合作合同条款,视为违约。因此如遇上地价上涨,或上交滞纳金,或土地被深圳市政府无偿收回,履行方除有权向违约方索赔外,还有权报请原审批机关提前终止合作合同。(第8条)

(6) 合作合同与补充合同书不一致的条款,以补充合同书为准。补充合同书是合作合同不可分割的一部分。(第9条)

1990年11月19日,深圳市人民政府以深府外复〔1990〕875号文批准了补充合同书。

5. 1990年11月28日,合作企业和深圳市国土局签订了深地合字(88)127号深圳经济特区土地使用合同书(修改),合作企业以1760万元人民币的地价取得H116-1地块约8646平方米50年的土地使用权,从1990年11月28日至2040年11月27日止,土地使用者同意负责"宗地图"所示3964平方米绿化带的绿化、管理、维护,绿化带属社会所有。原深地合字(88)127号深圳经济特区土地使用合同书作废。同日,合作企业向深圳市建设局付清了地价款1484万元人民币,12月7日,合作企业向深圳市建设局支付了地价利息1866666.56元人民币,1990年12月15日合作企业取得深房地字第0034401号房地产证。

6. 1991年11月18日,由魏天洲先生代表鸿昌公司,吴贤成先生代表丰泰发展有限公司(下称"丰泰公司")签订了"承让股权意向书"。该意向书称,丰泰公司是泰国贤成两合公司属下在香港注册的公司,丰泰公司为甲方,鸿昌公司为乙方,双方就深圳贤成大厦物业承让股权事宜,达成如下意向:

(1) 乙方同意以11000万港币购入甲方拥有的深圳贤成大厦50%之股权,并合作继续经营上述物业;甲方将乙方交付予甲方的购股金额中的6000万港币,计息(息率另商定)借与双方合作的公司,作为兴建上述大厦的一部分资金,借贷期限,双方另行商定。

(2) 双方承让股权的合同等法律手续,须在泰国曼谷市和香港委托双方各自的律师进行办理,并经双方正式签字后生效。

(3) 意向书经双方签字后,乙方须于本年11月23日前,汇5000万港币入深圳贤成大厦有限公司设于深圳市的银行户口,上述款项在正式合同签字生效前,甲方不能动用。如承让事宜双方达不成协议,乙方可将上述款项取回,承让事宜达成协议并正式签订合同后,双方合作公司即可动用上述款项,乙方并在合同签订后15天内,将其剩余款项6000万港币汇入甲方指定的户口内,合同始正式生效。

(4) 双方确认:如承让达成协议并签订的合同生效后,自1991年12月1日起,所有为上述大厦应付出的开支(凭正式收据),计入甲乙双方合作的公司。1991年12月1日前甲方为上述大厦已付出的开支,除按原有协议(或合同)未付完或必须继续分期支付的设计费、勘探费、顾问费等之外,全部由甲方负责,不再计入甲乙双方合作的公司账目;未付完或必须继续支付的上述费用,由双方合作的公司负责支付。甲方1991年12月1日前在账面上的,除上述必须由双方合作公司支付的费用外的贷款(本意向书第6条所列FT008-91/11的投资合约除外)及经济责任与合作公司无关。

(5) 甲方原与中方(四家公司或其代表)已签订的协议、合同、章程等,凡经深圳市政府有关部门批准的以及由深圳市政府有关部门,如国土局、工商管理局等所颁发的文件,乙方须予承认,并共同执行。上述合同、协议、政府文件等,甲方须交予乙方确认。

(6) 甲方原已签订的有关第FT008-91/11号投资合约,乙方须出面妥善处理。处理不果时,合作公司须予承认并共同执行。

以上所订立的6条意向,经双方签字后执行。正式承让能否达成协议,须待本意向书第2、3条所订条款执行后并签订正式合同始生效。本意向书不具有法律效力。

7. 上述"承让股权意向书"签订后,同年11月27日,被申请人出具了"委派书",称根据深圳贤成大厦有限公司章程第四章第14条之规定,泰国贤成两合公司委派王文洪先生为合作企业副董事长。

8. 1991年12月11日,被申请人方吴贤成先生和王文洪先生在泰国曼谷大公律师楼订立了一份股份合约,内容如下:

(1) 甲(吴贤成)乙(王文洪)双方已注册为泰国贤成两合公司,各占50%股权,乙方为有限制负债股份,甲乙双方共同投资兴建深圳贤成大厦以22000万港币为资本额,而乙方同意以11000万港币购入甲方拥有的深圳贤成大厦物业50%之股权,并合作继续共同经营上述物业之业务,如有任何损益甲乙双方各负一半。甲方将乙方交付予甲方的购股金额中的3000万港币借与双方合作的公司,作为兴建上述大厦的一部分资金,借贷期限,双方另定。

(2) 泰国贤成两合公司除兴建深圳贤成大厦之业务外,其他资产如有任何负债或致使被控赔偿均为甲方单独负责甚至如影响及乙方以上所持的股本,甲方须给乙方赔偿一切之损失。

(3) 自1991年12月1日起,所有为上述大厦应付出的开支,计入甲乙双方合作的公司。1991年11月30日前,除了未付完新设计费、勘探费、顾问费之外,所有其余在账面上之债务、贷款及一切经济责任,全部由甲方负责,同乙方无关。

(4) 甲方在此工程原与中方(四家公司或其代表)已签订的合同、章程等,凡经深圳市政府有关部门批准的以及由深圳市政府有关部门,如国土局、工商管理局等所颁发的文件,乙方须予承认,并共同执行上述合同、协议、政府之文件等,甲方须交予乙方确认。

9. 1991年12月30日,泰国大公律师楼律师陈振东出具了一份证书,内容如下:

泰国贤成两合公司在泰国商业部1980年1月2日登记成立列6/2523(6/1980)号,由吴贤成占80%,翁婵珍占20%,公司法人代表为吴贤成先生。

1991年12月11日,吴贤成先生与王文洪先生订立"股份合约",主要内容是王文洪同意以1.1亿港元购买吴贤成拥有的泰国贤成两合公司的50%的股份。而后,同吴贤成一起在泰国商业部完成了股份转让手续(即王文洪占38%,其侄儿王泰生占12%)。

双方同时约定两合公司在深圳贤成大厦以外项目的盈亏与王文洪先生无关,并明确承认所有深圳市政府有关部门批准的关于深圳贤成大厦有限公司的全部文件。

至此,王文洪先生依照泰国法律完成购买两合公司股份的法律手续,他在泰国贤成两合公司内部的股东权益,已受到泰国法律的严格保护。

10. 1992年4月2日,王文洪先生与吴贤成先生在香港律师楼签订"契约",内容为,鉴于:1)吴(贤成)是在泰国注册的泰国贤成两合公司的股东之一及经营者;2)两合公司与中方四家公司达成协议在中国成立了深圳贤成大厦有限公司,其主要业务是建造综合性大厦,并且在大厦完成后出售、租赁和经营;3)王(文洪)是在香港从事经营的商人;4)由于吴需要资金投入上述工程,为使工程全力进行,吴将邀请王,王同意投资共同建造贤成大厦工程,此工程即将全面开工;5)为使上述投资生效,吴和王通过各自在香港注册的公司"丰泰发展有限公司"和"鸿昌国际投资有限公司"于1991年11月18日在香港签署了意向书;6)吴和王就1991年12月11日在泰国曼谷所签订的协议将进一步补充其意向;7)为了更充分体现吴、王的合作精神,两人一致同意接受下列共同签订的条款制约。该契约条款如下:

(1) 双方同意:虽然指定吴为深圳贤成大厦有限公司的董事和法定代表人,但吴要准确无误地向王提供与深圳贤成大厦有限公司有关的信息资料、工程进展及贤成大厦的开发。尤其是深圳贤成大厦有限公司董事会或两合公司所作出的任何决定。

(2) 凡是对两合公司或深圳贤成大厦有限公司的利益产生影响的事情,吴须征得王的同意后,方能决定。

(3)吴应与王商议一切重要事情,包括与合作的中方四家公司有关的交易及所有重大事情。

(4)两合公司或深圳贤成大厦有限公司与中国政府机构签订的任何合同或协议,吴在没有取得王的一致同意下,不得进行任何更改、变化、增加或减少。

(5)王或其委托的代理人有权接触所有合同和深圳贤成大厦有限公司有关的账本、记录、文件、账目以及发票,在必要时有权复印上述材料,吴应提供同样的资料,在必要时王有权指定审计师进行审计。

(6)吴应努力使王被任命为深圳贤成大厦有限公司的副董事长、副总裁,并要使此任命得到中国政府有关部门的批准,在王是两合公司股东期间,此委任不得撤销。

(7)在必要时,吴和王应定期会面,双方应讨论共同关心的,以及有关两合公司、深圳贤成大厦有限公司与贤成大厦利益的一切事情。

(8)……

(9)因而至此,各方同意并确认王持有两合公司50%的股权(另50%归吴所有),王是具有有限权益的股东,即对两合公司在深圳贤成大厦有限公司和贤成大厦的投资具有有限的权利和义务。因此吴和王在贤成大厦和深圳贤成大厦有限公司及贤成大厦中由吴与王同意的其他项目中,获得的利润及遭受的损失均按50%:50%划分承担。而两合公司的其他方面的业务,如在中国、泰国或其他任何地方的利润和损失全部属于吴。如果因其他任何一方索赔所造成的损失使王的承担超过上述的责任,吴应使其免于承担所超越的损失,包括法律诉讼费。

(10)吴保证除非事先得到王的书面同意外,两合公司和深圳贤成大厦有限公司不得向任何其他人借债。如无王的书面同意,吴不得将两合公司和深圳贤成大厦有限公司信用作抵押。

(11)为此,双方一致同意在贤成大厦或其任何一部分出售前,吴将努力使深圳贤成大厦有限公司为此目的开立一个或数个银行账户,所有销售收益将存进上述账户,条件是吴将使王成为上述账户的签署人之一,没有他的签名,不能从这些账户中提款。

11. 1992年5月9日,被申请人和鸿昌国际投资有限公司签订了"协议书",主要内容为:由于种种原因,鸿昌国际投资有限公司(乙方)提议退出贤成两合公司(甲方),经两合公司股东会议决议,同意将两合公司所拥有的贤成大厦有限公司的全部权益按股东的股份比例进行分割。(1)原贤成两合公司对合作公司的投资权及全部权益、义务的50%仍由甲方所有;另50%归乙方所有。双方之间不需作任何支付。

(2) 按照本协议第 1 条规定的权益分割比例,甲方应向合作公司投资 4810 万元人民币,实际已投资 36686142.07 元人民币;乙方应向合作公司投资 4810 万元人民币,实际已投资 36686142.07 元人民币。甲、乙双方均应按合作合同和补充合同书规定的时间向合作公司投足资金。(3) 根据 1990 年 10 月 23 日原两合公司与中方四家公司签订的补充合同书第 3 条规定,深圳贤成大厦的建造管理及经营风险责任由原贤成两合公司承担,从 1992 年 5 月 1 日起由原两合公司享有和承担的权利、义务,改为由甲、乙双方各自分别享有和承担其 50%。(4) 甲方保证对其分割给乙方的合作公司权益拥有完全、有效的处分权,保证该权益没有设置抵押权,并免遭第三人追索,否则应由甲方承担由此而引起的一切经济和法律责任。(5) 甲、乙双方确认:本协议书附表所列截至 1992 年 4 月 30 日合作公司所拥有的全部资产、负债,包括债权、债务及经营损益属实。双方同意按本协议书第 1 条规定的权益分割比例承担和享有附表所列之合作公司资产和负债,包括债权债务和经营损益。在附表以外的任何债务,不论其是否以合作公司或两合公司的名义,均由行为人承担一切经济和法律责任。如因此造成合作公司或他方经济损失,应由行为人承担赔偿责任。(6) 在本协议书条款及附表中,凡写为"原贤成两合公司"或"原两合公司"时,意指乙方未退出前的两合公司。凡写为"甲方"时,意指乙方退出后的两合公司。(7) 本协议经甲、乙双方签字,交深圳市公证处公证,上报深圳市人民政府批准,并到工商行政管理机关办理相应变更登记手续。

12. 1992 年 6 月 10 日下午 3 时,合作企业董事会召开了临时会议。根据会议纪要记录,参加会议的有吴贤成先生、王文洪先生、张楚辉先生、魏天洲先生和申请人委派的总代表陈仪春女士。会议内容是讨论深圳贤成大厦有限公司补充合同(二)。纪要称,经董事会充分讨论,对补充合同(二)的几个重要问题作如下的确定:

(1) 确认鸿昌国际投资有限公司是泰国贤成两合公司在中国所投资的合作企业深圳贤成大厦有限公司 50% 股权的投资者。

(2) 泰国贤成两合公司和鸿昌国际投资有限公司等两家公司在深圳贤成大厦有限公司的投资比例双方各自承担 50%。

(3) 深圳贤成大厦有限公司乙方的全部权益分别由泰国贤成两合公司拥有 50%、鸿昌国际投资有限公司拥有 50%。

(4) 同意取消联合委员会,恢复董事会。明确各方的董事为:中方:陈仪春、陈俊民。泰方:吴贤成、张楚辉。港方:王文洪、魏天洲。确定公司高级管理人员:董事长由吴贤成先生担任,副董事长由王文洪先生担任,总经理由王文洪先生兼任,副总经理由张楚辉和魏天洲先生担任。

（5）合作公司乙方内部的一切重大问题和债权、债务及产权转移等事务必须由董事长吴贤成和副董事长王文洪共同决定，签名确认后方为有效。

（6）深圳贤成大厦有限公司补充合同（二）的其他条款一致通过。补充合同书（二）经深圳市政府批准生效后，鸿昌国际投资有限公司即办理退出泰国贤成两合公司的退股手续。

五位董事在会议纪要上签了名。

同日，由曾国华先生代表第一申请人、陈俊民先生代表第四申请人、吴贤成先生代表被申请人、王文洪先生代表鸿昌国际投资有限公司在"合作经营深圳贤成大厦有限公司补充合同（二）"上签了名，第二、第三申请人没有签名。该补充合同（二）的主要内容为，将鸿昌国际投资有限公司纳入了深圳贤成大厦有限公司的合作者，并将被申请人在合作企业中所拥有的全部权益改为由被申请人和鸿昌国际投资有限公司各拥有50%，取消了原补充合同书关于设立联合委员会的规定，恢复董事会。

13. 1992年7月11日，被申请人在深圳召开股东特别会议，全体股东吴贤成先生、王文洪先生、王泰生先生、翁婵珍女士均出席了会议。会议议案为"股东退出暨股权分割"，会议决议称，经股东友好协商，一致通过王文洪、王泰生先生退出泰国贤成两合公司暨分割深圳贤成大厦有限公司的股权之提议，并决议如下：

（1）股东会议一致同意将本公司在中国深圳市深圳贤成大厦有限公司所拥有的全部权利和义务分割为：王文洪先生拥有50%（包括王泰生先生的12%）；其余50%的权利和义务仍归由本公司拥有。

（2）上述分割使王文洪先生拥有深圳贤成大厦有限公司50%的权利和义务，本公司特别保证其完整、真实、独立、合法。

（3）股东会议授权吴贤成先生代表本公司在中国深圳市与王文洪先生签署权利和义务分割协议书。

（4）王文洪先生、王泰生先生无条件退出泰国贤成两合公司并签订协议书，在广州泰国驻华领事馆鉴证，在深圳贤成大厦有限公司的外方权利与义务分割协议书得到中国深圳市政府批准生效后，王文洪先生即在生效后10日内，去泰国与王泰生先生一起办理退出泰国贤成两合公司的法律手续。

同日，泰国贤成两合公司股东特别会议达成补充决议如下：

本公司股东就泰国贤成两合公司和丰泰发展有限公司的4000万港币债务的处理问题与吴贤成本人先行投入深圳贤成大厦有限公司3000万港币的问题，经过友好协商，一致作出如下决议：

（1）以本公司及丰泰发展有限公司名义向香港佳和发展有限公司借款4000万

港币的债务及向香港鸿昌国际投资有限公司借款2000万港币的债务和由此债务产生的应付利息、佣金、利润分成分别由：吴贤成先生承担向香港佳和发展有限公司借款3000万港币的债务以及由此产生的利息、佣金和利润分成，王文洪先生承担向香港佳和发展有限公司借款1000万港币及向香港鸿昌国际投资有限公司借款2000万港币的债务以及由此产生的利息、佣金和利润分成。

（2）鉴于吴贤成先生先行投入深圳贤成大厦有限公司3000万港币，为了保证吴贤成先生和王文洪先生向深圳贤成大厦有限公司对等的投资，王文洪先生同意在本公司股东特别之决议和分割之文件，获得深圳市公证处正式签发公证书之后10个工作日内支付给深圳贤成大厦有限公司3000万港币。

王文洪、王泰生、吴贤成、翁婵珍都在该决议上签了名。

14. 1992年12月10日，申请人共同向深圳市副市长李传芳报送"深圳贤成大厦有限公司中方要求重新调整贤成大厦建筑面积分配比例的请示"，称贤成大厦的总建筑面积由10万平方米增加到13.348万平方米，并于1992年11月领取了建筑许可证，申请人认为补充合同书显失公平，要求市政府主持正义，维护原合同分配原则，即申请人应无偿分得2.3万平方米，另要求增加1.1万平方米按成本造价售给申请人。李传芳在请示上批复"面积增加，分配数量应增加。请先与合作方协商，否则可提请法律介（解）决，中方利益应予保护"。

15. 1993年8月16日，鸿昌国际投资有限公司向深圳市罗湖区人民法院起诉，称被申请人侵害其合法权益，要求法院确认其在深圳贤成大厦有限公司中所持有股权。

16. 1993年8月18日，被申请人出具一份声明，称在被申请人1992年6月10日签字盖章的补充合同（二）中两中方一直没有签字，故补充合同（二）一直未能成立。现被申请人发现补充合同（二）主体错误，又鉴于一年多来情况的变化，被申请人认为签订补充合同（二）已无意义，为了保证其合法权益不受损失，被申请人郑重声明：取消其在补充合同（二）上的签字和盖章，被申请人不受补充合同（二）的约束。被申请人将该补充合同（二）报送给深圳市经发局外资处、深圳市工商行政管理局、深圳市公证处，并送给申请人。

17. 1993年9月6日，王文洪先生、魏天洲先生代表鸿昌国际投资有限公司（甲方）与申请人四家公司（乙方）进行商谈，并签订了"商谈纪要"，内容为：甲乙双方本着互惠互利、相互支持的精神，经友好协商，就以下事宜达成一致意见：（1）甲方已向乙方提供了在泰国贤成两合公司拥有深圳贤成大厦50%股权的有关文件，并陈述了实际的投资经过，为了使其在中国的投资权益得到合法保障，要求乙方承认其合法的股权,支持其在深圳市向有关部门报批并办理有关法律手续,乙方对此表示了理解和支持。(2)甲方充分理解乙方为争取贤成大厦面积合理分配所提出的要求,同意在原分配方案的基础上,再从甲方在贤成大厦50％股权中无偿增加分配给乙方建筑面积3888平方米。(3)甲乙双方明确,甲方无偿增加分配给乙方的面积以乙方承认并支持甲方所投资之股权在深圳市办妥法律保障手续为前提条件;一旦办妥法律手续,甲方保证兑现上述无偿增加分配给乙方的面积。(4)纪要经各方签字后生效。

1993年9月7日和10月5日,第二和第三申请人分别在补充合同(二)上签字盖章。

18. 1993年8月21日,合作企业向深圳市规划国土局申请贤成大厦商品房预售。1993年9月20日,承建贤成大厦的中国建筑第三工程局深圳第一建筑安装工程公司向合作企业发出"关于贤成大厦工程被迫停止施工的致函",称由于合作企业自5月以来一直未能按时按量支付工程进度款,导致贤成大厦工程自9月20日起全面停工。1993年10月28日,申请人向深圳市政府报送"关于请求禁止贤成大厦预售楼宇的报告",报告称由于分配比例不公平,申请人根据市领导的批示,半年多一再与被申请人交涉、协商,但被申请人拒不接受申请人的多种调整方案。最近被申请人未经股东大会、董事会一致通过决议就向市政府有关部门申请预售楼宇许可证,据悉有关部门已批准,只因缺乏某些文件才未实施。申请人要求政府有关部门禁止被申请人预售楼宇,以免国家财产遭受损失。

19. 1993年12月20日,被申请人在深圳分会向鸿昌国际投资有限公司提起仲裁,就双方在合作企业的权益问题提请法律解决。1994年8月1日,该案仲裁庭作出40号裁决书。

20. 1994年11月15日,申请人向深圳市工商行政管理局提交"关于申请注销'深圳贤成大厦有限公司'的报告"。1994年11月23日,深圳市工商行政管理局发出了深圳贤成大厦有限公司注销通知书。

21. 1994年11月15日,申请人和鸿昌国际投资有限公司签订了"合作经营'深圳鸿昌广场有限公司'合同书"。该合同书约定:申请人四家公司以位于深圳市深南东路地号为H116-1地块的土地使用权作为投资,合作公司应承担原"贤成大厦有限公司"在合法经营中实际产生的债权和债务,其责任范围以原"贤成大厦有限公司"的注册资本额为限,等等。同年12月1日,深圳市引进外资领导小组办公室以深外资办复〔1994〕976号文批复了上述合同。1995年8月1日,深圳市工商行政管理局作出深工商清盘〔1995〕1号"关于成立深圳贤成大厦有限公司清算组的决定"。

22. 被申请人和合作企业不服上述行政行为,于1995年1月20日向广东省高级人民法院对深圳市工商行政管理局、深圳市引进外资领导小组办公室和本案申请人四家、深圳鸿昌广场有限公司提起诉讼,1997 年 8 月 11 日,广东省高级人民法院作出(1995)粤高法行初字第 1 号行政判决书,判决:(1) 撤销被告深圳市工商行政管理局 1994 年 11 月 23 日注销深圳贤成大厦有限公司企业登记的行政行为;(2) 撤销被告深圳市引进外资领导小组办公室 1994 年 12 月 1 日深外资办复〔1994〕976 号《关于设立中外合作经营企业"深圳鸿昌广场有限公司"的批复》;(3) 撤销被告深圳市工商行政管理局 1995 年 8 月 1 日深工商清盘〔1995〕1 号《关于成立深圳贤成大厦有限公司清算组的决定》。**1998 年 7 月 21 日,最高人民法院就该案作出(1997)行终字第 18 号行政判决书,判决:(1) 维持广东省高级人民法院(1995)粤高法行初字第 1 号行政判决;(2) 深圳市工商行政管理局、深圳市招商局(即原深圳市引进外资领导小组办公室),依法对深圳贤成大厦有限公司、深圳鸿昌广场有限公司的有关事宜重新处理。**

23. 1996 年 4 月 1 日,中国银行湖北省分行花桥支行(下称"中银花桥支行")就其曾向深圳贤成大厦有限公司发放人民币 3900 万元投资贷款问题,向湖北省武汉市中级人民法院(下称"武汉中院")对深圳贤成大厦有限公司清算组和深圳鸿昌广场有限公司提起了民事诉讼,要求两被告偿付贷款本金 3900 万元人民币和利息等,并申请财产保全。1996 年 4 月 9 日,武汉中院作出(1996)武民初字第 124 号民事裁定书,裁定查封深圳贤成大厦(鸿昌广场)一层至五层房屋,严禁买卖、转让、抵押。1996 年 9 月 25 日,武汉中院作出(1996)武民初字第 124 号民事判决书,该判决书确认,中银花桥支行与深圳贤成大厦有限公司于 1992 年 9 月 29 日、11 月 13 日、1993 年 1 月 31 日分别签订了两份"投资合同"和一份"补充协议",中银花桥支行据此向深圳贤成大厦有限公司投资 3900 万元人民币,但到期未能收回投资。法院认定,双方所签订的合同和协议违反国家有关金融政策的规定,均属无效合同,因而判决深圳贤成大厦有限公司清算组返还中银花桥支行投资款 3900 万元人民币及该款的资金占用费,并判决深圳鸿昌广场有限公司在接受贤成大厦的财产及债权、债务后,依法对上述款项负清偿责任。

24. 1996 年 12 月 23 日,深圳贤成大厦有限公司清算组和深圳鸿昌广场有限公司就上述已发生法律效力的 124 号民事判决书以中银花桥支行贷出的 3900 万元人民币不是深圳贤成大厦有限公司的法定债务,诉讼主体不合格,违反法定程序等理由,向武汉中院申请再审。1999 年 4 月 23 日,武汉中院作出(1999)武民再字第 10 号民事判决书,该判决书称,经武汉中院审查,该申请符合法律规定的再审条件,而深圳贤成大厦有限公司的法律地位已恢复,追加为本案被告。再审查明,1992 年 9

月29日、11月13日、1993年1月31日中银花桥支行与香港贤成集团有限公司先后签订了三份"投资合同"和一份"关于1992年9月29日合同的说明",中银花桥支行共计向香港贤成集团有限公司投资贷款3900万元人民币,并按香港贤成集团有限公司董事长吴贤成的指令分次汇入深圳南泰针纺织品有限公司账户。1994年5月28日,中银花桥支行与香港贤成集团有限公司、深圳贤成大厦有限公司三方签订"关于修改变更投资合同的协议",将中银花桥支行3900万元人民币投资贷款的还本付息的义务,由香港贤成集团有限公司转由深圳贤成大厦有限公司全部承担,而该两公司的法定代表人均为吴贤成。同日,中银花桥支行与深圳贤成大厦有限公司签订了两份"投资合同"和一份"补充协议",将签约时间和收款收据的时间均倒签为原"投资合同"的时间。法院认定原审判决不当,并作出再审判决:(1)撤销(1996)武民初字第124号民事判决;(2)深圳贤成大厦有限公司清算后,以董事长吴贤成在该公司的实际投资所产生的价值或楼房面积折抵,偿还中银花桥支行的投资款3900万元人民币及资金占用费。

25. 1993年1月15日,被申请人与中国农业银行西安市分行职工技协服务部(下称"农行西安分行")签订了借款2000万元人民币的"借款合同",借款期一年,年息为20%,借款汇至被申请人所指定的深圳南泰针纺织品有限公司账户,被申请人以其所拥有的深圳贤成大厦楼花作抵押。1993年10月18日,农行西安分行又与深圳贤成大厦有限公司和被申请人签订了"借款偿还协议书",主要内容是:深圳贤成大厦有限公司确认上述2000万元人民币的借款已全部用于建造深圳贤成大厦,现深圳贤成大厦有限公司愿无条件地承担此笔借款本息的偿还责任,并愿用深圳贤成大厦第三十层的房产作抵押。此后,由于借款没有全部偿还,农行西安分行对深圳贤成大厦有限公司和贤成两合公司提起诉讼。1999年7月14日,陕西省高级人民法院作出(1997)陕经一初字第1号民事判决书,判决:(1)上述"借款合同"和"借款偿还协议书"及农行西安分行、深圳贤成大厦有限公司的担保协议均无效;(2)二被告在判决生效后10日内向原告偿还所欠本金1450万元人民币及合同期外利息等。1999年10月13日,陕西省高级人民法院作出(1999)陕执经字第38-5号民事裁定书,裁定变更深圳鸿昌广场有限公司为本案被执行人,查封、扣押、冻结、拍卖深圳鸿昌广场有限公司的财产。并于同日和11月22日下发了查封、扣押鸿昌广场第28层、第29层和第30层的财产清单。同年12月23日,陕西省高级人民法院委托深圳市阳光拍卖行有限公司对上述查封房产进行了拍卖。

三、本案仲裁庭的合议评析和终局裁断

(一) 本案仲裁庭的合议评析

仲裁庭审阅了本案申请人、被申请人、反请求的申请人和反请求的被申请人先后提交的申请书、答辩书以及有关证据材料,并在多次庭审中听取了各方当事人就本案事实和问题进行的充分陈述和反复辩论,在查明本案事实的基础上,针对本案的法律适用问题、被申请人对本案管辖权的异议问题、申请人请求终止合作合同和补充合同书问题、被申请人反请求问题、仲裁费及律师费的承担问题,分别提出如下意见:

1. 关于本案的法律适用问题

《中华人民共和国涉外经济合同法》第5条第2款规定,在中华人民共和国境内履行的中外合作经营企业合同,适用中华人民共和国法律。又,双方当事人在合作合同第43条约定,本合同受中华人民共和国法律的保护和管理。根据以上两点,本案应适用中华人民共和国法律。

2. 关于被申请人对本案管辖权的异议问题

1999年4月29日,深圳分会收到本案被申请人提交的"受理、管辖异议书",1999年6月10日,仲裁委员会作出"(99)贸仲字第3325号管辖权决定",确认合作合同的仲裁条款有效;本案争议属于仲裁委员会受理范围;深圳分会对本案具有管辖权。

本仲裁庭于1999年6月10日正式组成后,已经查明本案项下的合作合同第44条明文规定:"合作各方履行本合同发生争议时,通过协商或者调解解决,如经过协商调解无效,应提交中国国际经济贸易仲裁委员会深圳分会仲裁,仲裁是终局的,对各方都有约束力。合作各方应执行裁决,仲裁费用由败诉方承担。"

据此,依照合作合同中上述仲裁条款以及《中华人民共和国仲裁法》第4条的有关规定,深圳分会对本案具有当事人约定的和法定的管辖权。

深圳分会于1999年7月12日收到被申请人关于"延期缴纳反诉仲裁费申请书",其中声称对仲裁委员会上述管辖权决定(6月10日)仍然保留异议。但是,被申请人在1999年9月30日向深圳分会提出变更反请求金额的要求,接着,又于1999年10月15日向深圳分会提交了"反请求变更说明",并按规定缴纳了反请求的仲裁

费。自此之后,直到仲裁庭于 2000 年 5 月 30 日宣布本案最后一次庭审终结,被申请人未再表示对本案管辖权有任何异议。迄本裁决书签发之日止,被申请人也未再提出此种异议。可见被申请人实际上已经完全放弃了原先的管辖权异议主张,完全接受了深圳分会对本案的管辖。

3. 关于申请人请求终止合作合同和补充合同书问题

本案合作合同于 1989 年 3 月生效。十余年来,各方当事人之间纠纷不断,争讼迭起,并且多次"对簿公堂"。根据最近一年多以来的案情发展,申请人与被申请人的争议焦点集中在应否按照申请人的请求正式终止本案合作合同及其补充合同书,解散深圳贤成大厦有限公司这一问题上。

仲裁庭认为,解决这一争议焦点,取决于三个方面的事实,即:第一,本合作合同及其补充合同书的各方当事人是否已经切实履行了约定的义务;各方当事人有无重大的违约行为,导致合作企业无法继续经营。第二,合作企业是否已经发生严重亏损,导致无力继续经营。第三,合同规定的合作期限是否已经届满。

甲、关于第一方面,申请人和被申请人各自主张本方是守约方,对方是违约方,而且是严重的违约方。经仲裁庭查核认定:双方都有重大的违约行为。

A. 就被申请人一方而言,其主要的重大违约行为至少有三:

(1) 被申请人为筹措资金,自 1991 年 11 月 18 日至 1992 年 5 月 9 日,在这大约半年的时间里,未经申请人四方的同意,也未经合作企业董事会讨论和作出决定,先后以泰国贤成两合公司属下的"丰泰发展有限公司"的名义,或以"吴贤成"个人名义,与本合作合同以外的第三人,即"鸿昌国际投资有限公司"或"王文洪"个人等,签订了或签署了"承让股权意向书"(1991 年 11 月 18 日)、"股份合约"(1991 年 12 月 11 日)、"契约"(1992 年 4 月 2 日)、"协议书"(1992 年 5 月 9 日)以及"股东退出暨股权分割决议"(1992 年 7 月 11 日)等五份文件,这五份文件的核心内容互相衔接,其主旨在于擅自将被申请人拥有的深圳贤成大厦物业的 50% 权益转让给鸿昌公司或王文洪等人,从而获得巨额款项。这就严重违背了合作合同第 16 至 22 条以及合作企业章程第 12 至 22 条的有关规定,也完全违反了《中华人民共和国中外合作经营企业法》第 10 条的明文规定,即"中外合作者一方转让其在合作企业合同中的全部或部分权利、义务的,必须经他方同意并报审批机关批准"。

(2) 被申请人于 1992 年 9 月 29 日、11 月 13 日,1993 年 1 月 31 日,以"香港贤成集团有限公司"的名义,与中银花桥支行相继签订了两份"投资合同"和一份"补充协议",以支付高达 24% 和 27% 的年利为条件,向中银花桥支行取得"投资贷款"3900 万元人民币。事后,被申请人未经申请人四方同意,也未经合作企业董事会讨论并作出决定,又于 1994 年 5 月 28 日擅自以"深圳贤成大厦有限公司"的名义,与本合作合同以外的第三人,即中银花桥支行,签订了"关于修改变更投资合同的协议",约定将香港贤成集团有限公司所欠上述 3900 万元人民币巨款的还本付息义务,全部转由深圳贤成大厦有限公司承担。被申请人的这种行为,再次违背了合作合同第 16 至 22 条以及合作企业章程第 12 至 22 条的有关规定,也违反了深圳市政府对该合作企业补充合同书有关批复(1990 年 11 月 19 日)中的明文规定:"合作合同贷款的担保问题由乙方(指泰国贤成两合公司)负责。"其后,被申请人的这一行为终于在 1996 年 4 月 9 日导致原深圳贤成大厦地面五层以下的建筑物业被武汉中院强制执行,公告查封。

(3) 被申请人于 1993 年 1 月 15 日以"泰国贤成两合公司"的名义与农行西安分行签订了"借款合同",向后者借得 2000 万元人民币。随后,被申请人又在 1993 年 10 月 18 日,未经申请人四方的同意,也未经合作企业董事会讨论和作出决定,擅自以"深圳贤成大厦有限公司"的名义,作为乙方当事人,与本合作合同以外的第三人,即甲方当事人农行西安分行,签订了"借款偿还协议书",约定原由被申请人借得的上述 2000 万元人民币,"乙方(即深圳贤成大厦有限公司)愿无条件地承担此笔借款本息的偿还责任";"乙方愿用深圳贤成大厦第三十层的房产作为甲方(即农行西安分行)资金的抵押";"如乙方不能按期偿还借款时,依法处理抵押房产以归还甲方资金。"被申请人的这种行为,又再次违背了合作合同第 16 至 22 条以及合作企业章程第 12 至 22 条的有关规定以及深圳市政府有关贷款担保问题的上述批复规定。其后,在 1999 年 12 月 23 日,被申请人的这一行为最终导致了在原深圳贤成大厦底层建筑物业基础上建成的第 28、29、30 层楼房合计 5316.57 平方米被陕西省高级人民法院强制执行,低价拍卖偿债,从而造成申请人的重大经济损失。

B. 就申请人四方而言,其主要的重大违约行为至少有二:

(1) 申请人四方于 1993 年 9 月 6 日,未经被申请人同意,也未经合作企业董事会讨论并作出决定,擅自与合作合同以外的第三人,即鸿昌公司,签订了"商谈纪要",以申请人四方共同承认鸿昌公司在深圳贤成大厦有限公司"拥有"由泰国贤成两合公司让与的 50% 股权并支持报批和办理法律手续作为交换条件,从鸿昌公司"拥有"的深圳贤成大厦有限公司股权项下,额外无偿取得深圳贤成大厦建筑面积 3888 平方米的物业。申请人四方的这种行为,显然违反了合作合同第 16 至 22 条以及合作企业章程第 12 至 22 条的有关规定,也违反了补充合同书(1990 年 10 月 23 日)第 2 条关于建筑面积分割的原有约定。

(2) 申请人四方于 1994 年 11 月 15 日,未经被申请人同意,也未经合作企业董事会讨论并作出决定,擅自与鸿昌公司签订了"合作经营'深圳鸿昌广场有限公司'合同书",约定由申请人四方将原属于深圳贤成大厦有限公司的深圳市 H116-1 号地块 12581.81 平方米的土地使用权作为申请人四方的投资,与鸿昌公司另行组建新的中外合作企业,即深圳鸿昌广场有限公司,并且报经深圳市主管部门批复同意。申请人四方的这种行为,"属于以非自有财产与他方合作经营"(见最高人民法院(1997)行终字第 18 号行政判决书),显然从根本上违背了其与被申请人签订并已实施四五年的原有合作合同及其补充合同书,也完全违反了《中华人民共和国中外合作经营企业法》第 10 条的前述规定。

仲裁庭认为:被申请人与申请人先后分别从事以上各项重大违约行为,其综合后果,已经导致合作企业无法继续经营。

乙、关于第二方面,即合作企业是否已经发生严重亏损,无力继续经营问题。仲裁庭经查核申请人与被申请人提供的大量资料证据,倾听双方在多次庭审过程中的反复辩论,现在认定:由于申请人与被申请人双方在履行本案项下合作合同过程中,都至少有过上述重大的违约行为,而且互为因果,矛盾日益激化,争讼频频,从而严重影响合作企业的正常经营,并确已造成合作企业的严重亏损,负债累累;加上深圳市工商、外资主管部门的有关行政行为"违反了法定程序"(见最高人民法院同上判决书),在这些内外因素的综合作用下,终于导致了合作企业实际上陷于瘫痪状态,确已难以恢复正常运作。

丙、关于第三方面,即合同规定的合作期限是否已经届满以及何时届满问题,当事人各方持有不同见解。申请人主张五年合作期限的起算日期应是合作合同正式生效、合作企业领取营业执照的 1989 年 4 月 13 日,原应于 1994 年 4 月 12 日期满。即使按补充合同书被批准(1990 年 11 月 19 日)后重新起算,并且合作企业被注销的期间(1994 年 11 月 23 日—1998 年 7 月 23 日)中断不计,合作经营期限也应在 1999 年 8 月 1 日届满。被申请人则主张 5 年合作期限应自补充合同书被批准后起算,原应于 1995 年底满期,但因合作企业被注销而期限中断,在深圳市工商行政管理局遵照最高人民法院的行政判决采取具体和明确行政行为作出"重新处理"之前,合作企业的经营期限无从恢复计算。

仲裁庭经核查和听审,认定如下:

(1) 合作合同第 41 条规定:"合作公司合营期限以建成综合大厦为期初步确定为 5 年,如大厦建成期限提前或推后,合作公司期限也相应提前或推后。"可见,关于 5 年合营的计算取决于大厦建设的工程进展,具有一定灵活性。其后,由于大厦建筑规模的变化,补充合同书第 7 条明确规定"大厦计划于 1995 年底前竣工";第 9 条进一步规定:"原合同与本补充合同不一致的条款,以本补充合同为准"。据此,被申请人关于5年合营期限的起算日期的主张,是有合同依据的,应予采信。

(2)在最高人民法院上述行政判决送达各方当事人之后,深圳市工商行政管理局已于1998年8月4日致函合作企业,全文如下:"深圳贤成大厦有限公司:根据最高人民法院(1997)行终字第18号行政判决,本局决定撤销1994年11月23日作出的注销深圳贤成大厦有限公司企业登记的决定,收回'核准企业注销登记通知书'。深圳市工商行政管理局(公章)1998年8月4日。"

随后,该局又于1998年11月10日以"深工商函(1998)59号"文件正式通知深圳贤成大厦有限公司:"鉴于你司营业执照有效期限已经届满……你司应到我局申请办理延期变更登记或注销登记手续……请你司自收到本通知之后,备齐法定资料到我局办理有关手续。"接着,该局又于1998年12月28日以深工商〔1998〕107号文件向深圳贤成大厦有限公司原清算组各组成人员单位发出通知:"根据最高人民法院(1997)行终字第18号行政终审判决,本局决定:撤销深工商函〔1996〕28号、〔1996〕67号、〔1996〕98号文。相关事宜待后依法处理。"

此外,该局又于1998年12月30日向深圳鸿昌广场有限公司发出公函,通知该公司:"依据中华人民共和国最高人民法院(1997)行终字第18号判决,深圳市外商投资局以深外资函〔1998〕20号致函你司,收回深圳市引进外资领导小组办公室1994年12月1日深外资办复〔1994〕976号《关于设立中外合作经营企业"深圳鸿昌广场有限公司"的批复》。该函已抄送我局。请你单位据此依法到我局办理相应手续。"

根据以上文档,仲裁庭认定:深圳市工商行政管理局已经采取具体明确的行政行为,执行了最高人民法院行政判决中关于"重新处理"的决定;合作企业的5年经营期限,自补充合同书正式生效的1990年11月19日起算,扣除1994年11月23日至1998年7月23日这3年8个月的中断时间之后,最迟应于1998年12月30日起恢复连续计算,并应于2000年2月6日届满。

查:《中华人民共和国中外合作经营企业法实施细则》第48条规定:"合作企业因下列情形之一出现时解散:(一)合作期限届满;(二)合作企业发生严重亏损,或者因不可抗力遭受严重损失,无力继续经营;(三)中外合作者一方或者数方不履行合作企业合同、章程规定的义务,致使合作企业无法继续经营;(四)合作企业合同、章程中规定的其他解散原因已经出现;(五)合作企业违反法律、行政法规,被依法责令关闭。"

对照以上三方面的实际情况,仲裁庭认定:现在上述法定的(一)(二)(三)项解散原因和条件已经同时出现或同时具备,本案申请人请求终止合作合同和补充合同书,解散深圳贤成大厦有限公司的主张,依法可以成立,应予支持。

4. 关于被申请人反请求问题

被申请人(即反请求的申请人)1999年5月24日提交深圳分会的反诉申请书,请求裁定申请人(即反请求的被申请人):(1)赔偿经济损失43108000港币和584000美元的利息损失;(2)承担本案全部仲裁费用;(3)赔偿被申请人支付的律师费和其他杂费。

1999年9月30日和1999年10月15日,被申请人致函深圳分会,变更了上述第1项反请求,改为索赔10773047.30元人民币,并提出了变更说明,其主要理由是:(1)本案申请人于1993年10月28日向深圳市政府主管部门提交"关于请求禁止贤成大厦预售楼宇的报告";(2)随后又于1994年11月15日提出关于注销深圳贤成大厦有限公司的报告;(3)同日,又以原合作公司的土地使用权与鸿昌公司签署了另一份合作合同,并于1995年初在原合作公司在建工程的基础上动工兴建"鸿昌广场"。申请人的这些行为造成了被申请人在1993年10月28日至1994年12月31日期间遭受上述经济损失,应予赔偿。

经查核,被申请人曾以"深圳贤成大厦有限公司"的名义在1993年8月21日向深圳市规划国土局递交了"商品房预售申请书",并随附"商品房预售明细表"和"售楼方案"各一份。深圳市有关主管部门的经办人罗先生于1993年9月5日批注:"经审查,该项目有下列问题须待查:(1)……(2)超建筑面积2485平方米,占0.2%;(3)迟迟未送房地产证正本。建议:先由领导审批,后按指示执行。"随后,该主管部门的"处领导"蒋先生于1993年9月14日在"预售商品房审批表"上明确批示:"拟同意。房地产证正本收回,此项目批准预售后,不可再作抵押。"上述主管部门的经办人的批注和"处领导"的批示,均在申请人提交上述"禁售"报告之前一个多月即已作出,且已明确表示"拟同意"预售申请,故后来深圳贤成大厦有限公司申请预售楼花一事之所以未能如愿以偿,其根本原因不在于申请人于主管部门领导批示"拟同意"月余之后提交了"禁售报告",而在于被申请人自身始终未能按批示要求,及时把房地产证正本送交政府主管部门,可见,由此造成的融资困难及其后果,应由被申请人自行承担责任。

至于以上第2、3两点所述行为,申请人确应承担违约责任,但这两项违约行为,都与被申请人在此之前从事的三项重大违约行为〔详见"仲裁庭意见"(三)甲之A〕有直接的因果关系,被申请人对于自己的重大违约行为及其所导致的后果,也应承担相应的违约责任。

查:《中华人民共和国民法通则》第111条规定,当事人一方不履行合同义务或者履行合同义务不符合约定条件的,另一方(即守约方)有权要求违约方赔偿损失。第113条则进一步明确规定:"当事人双方都违反合同的,应当分别承担各自应负的民事责任"。

《中华人民共和国涉外经济合同法》第18、21条也有相应的规定。

对照本案案情,鉴于申请人与被申请人都有重大违约行为,鉴于被申请人并非纯粹的守约方,而且其违约行为发生在先,鉴于被申请人的违约行为也给申请人造成重大经济损失而申请人并未提出索赔要求,因此,仲裁庭认为:依据上述法律规定的基本精神以及相关的公平合理原则,对于被申请人提出的前述索赔反请求,不应予以支持。

5. 关于本案仲裁费和律师费等的承担问题

鉴于本案申请人提出的关于终止合作合同和补充合同书、解散合作企业的仲裁请求已经获得仲裁庭支持;又鉴于申请人的违约行为对于造成合作企业严重亏损、无法继续经营、从而不得不解散存在一定影响,因而也应当承担一定责任,因此仲裁庭认为:本案仲裁请求的仲裁费应由被申请人承担60%,申请人承担40%。

鉴于本案被申请人提出的反请求未能获得仲裁庭支持,因此,仲裁庭认为:本案反请求的仲裁费应由被申请人自行承担。

鉴于本案被申请人有重大违约行为,对于本案争议之提交仲裁,负有相应的责任,因此,仲裁庭认为:被申请人在仲裁过程中所支付的律师费用和其他杂费,应由被申请人自行承担。

(二) 本案仲裁庭的终局裁断

综上各点,仲裁庭裁决如下:

1. **终止申请人与被申请人订立的"合作经营'深圳贤成大厦'有限公司合同书"和"合作经营'深圳贤成大厦'有限公司补充合同书",解散深圳贤成大厦有限公司,并依法清算;**

2. 驳回被申请人提出的第一项和第三项反请求;

3. 驳回申请人和被申请人关于本案仲裁费全部由对方承担的请求;

4. 本案仲裁请求的仲裁费由申请人承担40%,由被申请人承担60%。申请人预缴的554800元人民币,其中221920元人民币抵作其应承担的仲裁费,其余的332880元人民币,应由被申请人在本裁决书作出之日起30日内偿还申请人。逾期不还,按年利率6%计付利息。

5. 本案仲裁反请求的仲裁费全部由被申请人承担。被申请人已经预缴的

275627元人民币,抵充其应承担的仲裁费。

本裁决为终局裁决。

首席仲裁员:陈　安

仲裁员:张灵汉

仲裁员:姚　壮

2000年7月31日于深圳

附录

一、中华人民共和国最高人民法院行政判决书

(1997)行终字第18号

上诉人(原审被告):深圳市工商行政管理局。

[法定代表人、委托代理人等,从略。下同]

上诉人(原审被告):深圳市招商局(原深圳市引进外资领导小组办公室)。

上诉人(原审第三人):深圳上海时装公司。

上诉人(原审第三人):深圳市工艺服装工业公司。

上诉人(原审第三人):深圳开隆投资开发公司

委托代理人:江平,中国政法大学教授。

上诉人(原审第三人):深圳市华乐实业股份有限公司。

上诉人(原审第三人):深圳鸿昌广场有限公司。

被上诉人(原审原告):泰国贤成两合公司。

法定代表人:吴贤成,董事长。

被上诉人(原审原告):深圳贤成大厦有限公司。

法定代表人:吴贤成,董事长。

委托理人:应松年,国家行政学院教授。

第三人:(香港)鸿昌国际投资有限公司。

法定代表人:王文洪,董事长。

上诉人深圳市工商行政管理局、深圳市招商局(原深圳市引进外资领导小组办公室)、深圳上海时装公司、深圳市工艺服装工业公司、深圳开隆投资开发公司、深圳市华乐实业股份有限公司、深圳鸿昌广场有限公司不服广东省高级人民法院(1995)粤高法行初字第1号行政判决,向本院提起上诉。本院依法组成合议庭,公开开庭审理了本案,上诉人深圳市工商局法定代表人龚陪连,委托代理人龙云飞、闫建国;上

诉人深圳市招商局委托代理人肖峋、卢全章；上诉人深圳上海时装公司法定代表人孔祥茂，委托代理人高宗泽、王以岭；上诉人深圳市工艺服装工业公司法定代表人顾伯英，委托代理人耿北原、王以岭；上诉人深圳开隆投资开发公司法定代表人刘如尧，委托代理人江平、王以岭；上诉人深圳市华乐实业股份有限公司法定代表人黄敬忠，委托代表人胡铁成、王以岭；上诉人深圳鸿昌广场有限公司法定代表人王文洪，委托代理人刘振芳、贾红卫；被上诉人泰国贤成两合公司委托代理人袁曙宏、张正乾；被上诉人深圳贤成大厦有限公司委托代理人应松年、马怀德；第三人（香港）鸿昌国际投资有限公司法定代表人王文洪，委托代理人刘振芳、严天敏等到庭参加诉讼。本案现已审理终结。

经审理查明，1988年12月5日，泰国贤成两合公司与深圳上海时装公司、深圳市工艺服装工业公司、深圳开隆投资开发公司、深圳市华乐实业股份有限公司（以下简称"中方四家公司"）签订《合作经营"深圳贤成大厦"有限公司合同书》，合同约定：中方四家公司以深圳市深南东路地号为H116-1地块12581.81平方米土地使用权为投资，泰国贤成两合公司以补偿土地使用费1500万元及负责建房全部资金为投资，合作兴建贤成大厦，合作期限初步确定为5年；如大厦建成提前或推后，合作公司期限也相应提前或推后等。1989年3月28日深圳市人民政府以深府经复〔1989〕180号文批准该合作合同。而后，深圳贤成大厦有限公司在深圳市工商行政管理局（以下简称"深圳市工商局"）注册登记，领取了企业法人营业执照。执照有效期限自1989年4月13日至1994年4月13日。1990年11月23日，合作双方又签订了《合作经营"深圳贤成大厦"有限公司补充合同书》，合同约定：合作经营期限为5年，大厦计划于1995年底前竣工；原合同与本合同不一致条款，以本补充合同为准，本补充合同是原合同不可分割的一部分。同年11月19日深圳市人民政府以深府外复〔1990〕875号文批复同意该补充合同，但深圳贤成大厦有限公司未到深圳市工商局办理变更营业执照期限的手续。同年12月15日，深圳贤成大厦有限公司办理了使用深圳市深南东路地号为H116-1地块的深房地字第0034401号房地产证，该房地产证注明权利人是深圳贤成大厦有限公司。1991年11月29日，深圳贤成大厦动工兴建。后因泰国贤成两合公司内部发生股权纠纷，工程建设资金不能到位，贤成大厦建设于1993年9月20日起全面停工。1994年11月23日深圳工商局作出《核准企业注销登记通知书》，注销了深圳贤成大厦有限公司企业登记。该通知记载："深圳贤成大厦有限公司（字第200059号）已于1994年11月23日在我局办理注销登记手续。"但深圳贤成大厦有限公司一再申明没有向深圳市工商局申请注销登记，深圳市工商局也未能提供深圳贤成大厦有限公司董事长签署的申请文件和该公司债权债务清算报告。同年12月1日，深圳市引进外资领导小组办公室（以下简称"原深圳市外资办")作出深外资办复〔1994〕976号《关于设立中外合作经营企业"深圳鸿昌广场有限公司"的批复》,批准中方四家公司与(香港)鸿昌国际投资有限公司在1994年11月15日签订的《合作经营"深圳鸿昌广场"有限公司合同书》。该合同约定:中方四家公司以位于深圳市深南东路地号为H116-1地块的土地使用权为投资,与(香港)鸿昌国际投资有限公司合作经营鸿昌广场有限公司;深圳鸿昌广场有限公司承担深圳贤成大厦有限公司在合法经营中实际产生的债权债务等。而后,深圳鸿昌广场有限公司在原贤成大厦建设的基础上兴建鸿昌广场。1995年8月1日,深圳市工商局作出深工商清盘〔1995〕1号《关于成立深圳贤成大厦有限公司清算组的决定》。该决定称:根据《中华人民共和国公司法》决定成立深圳贤成大厦有限公司清算组,负责该公司清算业务。泰国贤成两合公司、深圳贤成大厦有限公司对上述三个具体行政行为均不服,先后提起诉讼。一审法院进行了合并审理。

一审认定:深圳市工商局注销深圳贤成大厦有限公司企业登记不符合法律规定;深圳市工商局在注销深圳贤成大厦有限公司企业登记后再决定组成清算组,对该公司进行清算,违反了法定程序;中方四家公司以深圳贤成大厦有限公司拥有的土地使用权为投资与(香港)鸿昌国际投资有限公司合作,不符合法律规定;原深圳市外资办在中方四家公司未取得土地使用权的情况下,便批准其与(香港)鸿昌国际投资有限公司的合作合同,与法不符。据此,一审法院于1997年8月1日作出如下判决:

一、撤销深圳市工商局1994年11月23日注销深圳贤成大厦有限公司企业登记的行政行为;

二、撤销深圳市外资办1994年12月1日深外资办复〔1994〕976号《关于设立中外合作经营企业"深圳鸿昌广场有限公司"的批复》;

三、撤销深圳市工商局1995年8月1日深工商清盘〔1995〕1号《关于成立深圳贤成大厦有限公司清算组的决定》。

深圳市工商局、深圳市招商局、中方四家公司及深圳鸿昌广场有限公司对上述判决不服,向本院提起上诉。二审开庭前,(香港)鸿昌国际投资有限公司向本院申请参加诉讼,本院准许其以第三人身份参加诉讼。

上诉人诉称:原深圳贤成大厦有限公司营业执照已过期,停止经营活动一年多,工商机关注销其企业登记是合法的;深圳市工商局是依职权注销深圳贤成大厦有限公司企业登记的,注销登记后成立清算组符合法律规定;外资企业管理部门审查中外合作企业合作合同时,只进行形式审查,不进行实体审查,原深圳市外资办批准成立深圳鸿昌广场有限公司是正确的;一审两原告以公司的名义提起诉讼未经公司董事会讨论决定,不具备原告主体资格;原深圳市外资办是受深圳市人民政府委托对合作企业办理审批的,非本案的适格被告。一审判决认定事实不清,适用法律错误,程序违法,请求二审法院撤销一审判决。

被上诉人辩称:深圳贤成大厦有限公司中外双方签订的补充合同规定的合作期限并未到期,贤成大厦工程虽然停工,但并未停止经营活动;根据有关法律规定,工商机关无权直接注销企业登记;公司终止应当先清算后注销,深圳市工商局先注销后清算,程序违法;中方四家公司以深圳贤成大厦有限公司已获使用权的土地又作为与(香港)鸿昌国际投资有限公司合作经营鸿昌广场的合作条件是违法的,原深圳市外资办批准该合同也是违法的;被诉的三个具体行政行为侵害其合法权益,其法定代表人以公司的名义提起诉讼符合法律规定;原深圳市外资办以自己的名义行使审批权是当然的被告。一审判决认定事实清楚,适用法律正确,程序合法,请求二审法院予以维持。

第三人述称:一审两原告主体资格不合法,(香港)鸿昌国际投资有限公司是工程建设的实际投资者,其合法权益应予保护,请求将本案发回重审。

本院认为,《中华人民共和国公司法》《中华人民共和国中外合作经营企业法》《中华人民共和国公司登记管理条例》《中华人民共和国企业法人登记管理条例》等有关法律、法规,均未明确授予工商行政管理机关未经清算和申请即可注销企业登记的权力。上诉人深圳市工商局虽在注销登记通知书中称深圳贤成大厦有限公司已在该局办理了注销登记手续,但在诉讼中未能提供该公司法定代表人签署的申请文件和该公司债权债务清算报告,在注销登记通知书中亦未引用有关法律依据。因此,上诉人深圳市工商局注销深圳贤成大厦有限公司企业登记缺乏法律依据和事实根据。中方四家公司以位于深圳市深南东路地号为 H116-1 地块的土地使用权为投资与泰国贤成两合公司合作经营深圳贤成大厦有限公司,经有权机关批准,该公司已依法取得该地块使用权。中方四家公司在未经土地合法使用权人同意且未依法变更登记的情况下,又以该土地与(香港)鸿昌国际投资有限公司签订合作合同,属于以非自有财产与他方合作经营,且合作协议有处分第三者权益的条款。原深圳市外资办批准该合同的行为,违反了《中华人民共和国中外合作经营企业法实施细则》、对外贸易经济合作部《外商投资企业合同、章程的审批原则和审查要点》的规定,应属无效。根据《中华人民共和国公司法》第 199 条的规定,公司清算结束后,清算组应当制作清算报告,报股东会或者有关主管机关确认,并报送公司登记机关,申请注销公司登记。上诉人深圳市工商局在注销深圳贤成大厦有限公司企业登记 8 个月后,才决定成立清算组进行清算,违反了法定程序。根据《中华人民共和国行政诉讼法》的有关规定,泰国贤成两合公司、深圳贤成大厦有限公司认为深圳市工商局、原深圳市外资办作出的具体行政行为侵犯其合法权益,其法定代表人有权以公司的名义提起诉讼。上诉人及第三人以被上诉人泰国贤成两合公司、深圳贤成大厦有限公司不具备原告资格的上诉理由不能成立;原深圳市外资办是以自己的名义作出批复的，上诉人深圳市招商局提出原深圳市外资办系受委托进行审批不是本案适格被告的理由亦不能成立。二审开庭前，(香港)鸿昌国际投资有限公司向本院申请参加诉讼，考虑到该公司与本案有利害关系，准许其以第三人身份参加诉讼。但该公司不属于必须参加诉讼的第三人，一审法院未通知其参加诉讼，不属于违反法定程序，其发回重审的请求不予支持。上诉人及第三人提出的涉及企业法人之间的投资、股权争议以及保护实际投资者利益等问题，属于民事法律关系范畴，不属于行政诉讼的审查范围，当事人可自行协商或通过民事诉讼等方式解决。一审事实清楚，证据确实充分，适用法律法规正确，符合法定程序。经本院审判委员会讨论决定，依照《中华人民共和国行政诉讼法》第54条、第61条第1项的规定判决如下：

一、维持广东省高级人民法院(1995)粤高法行初字第1号行政判决；

二、深圳市工商行政管理局、深圳市招商局，依法对深圳贤成大厦有限公司、深圳鸿昌广场有限公司的有关事宜重新处理。

本案二审受理费660100元，由上诉人深圳市工商行政管理局、上诉人深圳市招商局、上诉人深圳上海时装公司、上诉人深圳市工艺服装工业公司、上诉人深圳开隆投资开发公司、上诉人深圳市华乐实业股份有限公司、上诉人深圳鸿昌广场有限公司各负担94300元。

本判决为终审判决。

审判长：罗豪才
审判员：杨克佃
审判员：江必新
审判员：岳志强
审判员：赵大光
代理审判员：罗锁堂
代理审判员：胡兴儒
中华人民共和国最高人民法院
（盖章）
1998年7月21日
本件与原本核对无异
书记员：杨临萍
杨　晶
王　平

二、《深圳特区报》新闻报道:深圳贤成大厦事件始末

(2004年4月7日)

一座当年被媒体称作"中华第一楼"的大厦引发了一场历时10年之久、案及最高司法机关的连环行政诉讼案,被法律界称为我国"行政诉讼第一案",在社会各界中引起了强烈反响。今年3月,省高级法院一纸终审判决为这一系列案件画上了句号。

今年3月21日,鸿昌广场隆重开盘。这座矗立于深圳繁华闹市、高耸入云的摩天大厦,其前身正是当年辉煌一时,号称"中华第一楼"的深圳贤成大厦。记者昨天从采访中了解到,这座曾历经风雨的大厦目前的销售势头令人看好。10年来,这座大厦所引出的故事,无疑将在推进我国依法行政的历史进程中留下浓重的一笔,其间的法与理、对与错、是与非,更将留给我们无尽的思索。

【泰港股权起纠纷】"中华第一楼"搁浅

案件的起因要追溯到16年前。1988年12月5日,泰国贤成两合公司与中方四家公司签订合作协议,约定中方四家公司以土地使用权为投资,泰国贤成两合公司投入建房资金,合作兴建贤成大厦。1989年3月,深圳市政府批准了该合作合同,尔后,贤成大厦公司在市工商局注册登记,领取了企业法人营业执照,执照有效期自1989年4月13日至1994年4月3日。

1991年11月29日,贤成大厦正式破土动工。贤成大厦之名取自泰国贤成两合公司董事长吴贤成的名字,项目建立之初,合作双方都踌躇满志,决意将贤成大厦建成国内最高的"中华第一楼",不想大厦始建不久,双方在合作中即产生了波折,而这一波折的产生与泰方在建楼过程中引入港资所引发的股权纠纷有着直接的关系。

1991年12月11日,吴贤成与香港鸿昌国际投资公司董事长王文洪签订了一份"股份合约",约定双方各占泰国贤成两合公司50%的股权,以2.2亿港币为资本额,双方共同投资兴建贤成大厦,王文洪同意以1.1亿港币购入吴贤成拥有的贤成大厦物业50%的股权。同年12月16日,国家工商行政管理局变更登记贤成大厦公司执照,增加王文洪为公司副董事长,随后,王开始向大厦投入资金,成为大厦的实际投资者。

正当贤成大厦这艘巨舰朝着"中华第一楼"的目标,顺风满舵地挺进时,却由于泰方投资人吴贤成的突然变卦而搁浅了。

1992年6月,深圳贤成大厦有限公司投资各方召开临时董事会,会议形成决议,确认了以王文洪为代表的香港鸿昌公司在贤成大厦投资的事实和实际投资者的地位,决定签订经营贤成大厦的补充合同,同意香港鸿昌公司作为外方投资者进入贤

成大厦有限公司,并报政府有关部门批准。

在这一关键时刻,身为公司董事长的吴贤成却突然变卦,拒绝履行公司董事会的决议,拒不办理增加香港鸿昌公司成为贤成大厦实际投资者的法律手续,同时也不再向大厦投资,同时与鸿昌公司就股权纠纷提起了仲裁。贤成大厦——这座在蹒跚中起步的"中华第一楼"也因"断粮"而全面停工,直至贤成大厦有限公司营业执照到期时仍未能恢复,"中华第一楼"的建设中途夭折。

【董事长不辞而别】内地与香港合作另起炉灶

1993年12月20日,泰国贤成两合公司向中国国际经济贸易仲裁委员会深圳分会提出仲裁申请,请求该机构裁定其与香港鸿昌公司签订的共同投资兴建贤成大厦的协议无效,鸿昌公司在大厦中无实际股权。

经过认真地审查案情,1994年8月1日,中国国际经济贸易仲裁委员会深圳分会作出裁决:(1)香港鸿昌公司在深圳贤成大厦中具有实际投资;(2)在裁决作出30日内,泰方须协同中方四家投资者办理香港鸿昌公司成为贤成大厦有限公司合作者的法律手续。裁决书同时确认,该裁决为终局裁决。

据后来有关机构审计,香港鸿昌公司无论在事实上还是在法律上,都是贤成大厦的实际投资者,泰国贤成两合公司名义上是贤成大厦的投资者,但其实际投资只占大厦建设资金的极少部分。

仲裁裁决的结果,令泰方的如意算盘完全落空。如果此时泰方本着诚信的原则对合作各方以诚相待,忠实履行仲裁裁决,贤成大厦也许早已矗立在特区的土地上。但令人难以置信的是,此时的吴贤成却选择了一条极端的道路。

此后,中方四家公司与香港鸿昌公司多次找到吴贤成,协商履行仲裁裁决及处理合作公司延期的问题,但此时的吴贤成态度十分强硬,明确拒绝履行仲裁裁决。同年9月12日,中方四家公司的负责人与吴贤成进行了最后一次会谈,之后吴便一去杳无踪影,任凭合作方千呼万唤,始终没有回应。

董事长不辞而别,公司营业执照已经过期,大厦处于全面停工状态,香港鸿昌公司投入的大量资金及中方提供的土地使用权都陷入其中。万般无奈之下,中方四家公司及港方投资者伸手向政府求援。

【贤成大厦变鸿昌广场】清算引发行政诉讼

1994年11月4日,深圳市工商局、外资办、规划国土局、建设局等部门及中方四家公司、香港鸿昌公司代表召开了协调会,会议通知了泰方,但泰方代表没有到会。鉴于深圳贤成大厦有限公司的营业执照已经过期且没有申请延期的事实,会议经各方面协调,大致形成了如下处理意见:依法注销贤成大厦有限公司,对公司进行清算,以维护各方利益,同时由中方四家公司与香港鸿昌公司组成新公司继续建设大厦,新公司承担贤成大厦有限公司的合法债权债务。

协调会后,深圳市工商局注销了贤成大厦有限公司,同时组成清算组对该公司进行了清算。中方四家公司与香港鸿昌公司合作成立了一家名为深圳鸿昌广场有限公司的新公司,将大厦改名为"鸿昌广场",继续合作兴建,在双方的通力合作下,大厦迅速复工,仅仅一年时间,一座雄伟的大厦便耸立在深圳的中心区,创造了新的"深圳速度"。

正当内地与香港合作方额手称庆,准备分享合作成果之时,一场旷日持久的系列行政诉讼官司却不期而至。

1995年1月,身在境外的吴贤成以泰国贤成两合公司和深圳贤成大厦有限公司法定代表人的身份,以注销贤成大厦有限公司和批准成立鸿昌广场有限公司及成立清算组的行政行为违法为由,对深圳市工商局、外资办提起行政诉讼。广东省高级人民法院受理此案后,于1997年8月11日作出一审判决,撤销深圳市工商局、外资办作出的注销深圳贤成大厦有限公司、成立清算组和批准成立鸿昌广场有限公司的三个具体行政行为。深圳市工商局和外资办对判决不服,上诉至最高人民法院。最高人民法院于1998年7月21日作出终审判决,除维持一审判决外,还判决深圳市有关主管部门对深圳贤成大厦有限公司和深圳鸿昌广场有限公司的有关事宜重新处理。

【泰商无理诉求被驳回】鸿昌广场终见光明

最高人民法院的终审判决虽然对内地与香港合作建楼十分不利,但中方四家公司与泰方决裂的决心并未因此而动摇。

1999年9月22—23日,中方四家公司根据有关仲裁条款,向中国国际经济贸易仲裁委员会深圳分会提出仲裁申请,请求裁决终止双方于1988年订立的合作建设贤成大厦的合同及相关补充合同书。

仲裁庭经过开庭审理,于2000年7月31日作出终局裁决,支持了中方四家公司的请求,裁决终止双方订立的合作经营深圳贤成大厦的合同书及相关补充合同书,解散深圳贤成大厦有限公司并依法清算。

值得一提的是,在此期间,吴贤成又以深圳贤成大厦有限公司和泰国贤成两合公司的名义,向深圳市规划国土局、外商投资局、工商局提起第二宗行政诉讼,提出总额高达7亿多元的"天价"索赔要求。广东省高级人民法院一审此案,以其请求不符合起诉条件为由,裁定驳回了吴贤成的巨额索赔之诉。吴贤成再度上诉至最高人民法院,最高人民法院依法驳回其上诉,维持了一审裁定。

2000年8月16日,中方四家公司以仲裁裁决为依据,向深圳市工商局申请组织清算深圳贤成大厦有限公司。随后,深圳市根据《深圳经济特区企业清算条例》成立了清算组,不想再次招来一场行政诉讼官司。

吴贤成又以泰国贤成两合公司及深圳贤成有限公司的名义,第三次向法院提起行政诉讼,认为深圳市工商局依据《深圳经济特区企业清算条例》成立清算组,属适用法律、法规错误,应依据外经贸部发布的《外商投资企业清算办法》予以清算。

深圳市中级人民法院一审认定:根据1992年7月1日全国人大常委会第26次会议通过的《关于授权深圳市人民代表大会及其常务委员会和深圳市人民政府分别制定法规和规章在深圳经济特区实施的决定》及《中华人民共和国立法法》的有关规定,深圳市工商局依据深圳市人大常委会制定的《深圳经济特区企业清算条例》,对在深圳经济特区注册成立的企业法人作出组织清算组的决定,适用依据正确。

一审判决下达后,吴贤成不服提起上诉。广东省高级人民法院在终审判决中明确指出:"本案的争论焦点是依照《深圳经济特区企业清算条例》还是《外商投资企业清算办法》规定的程序组织清算组(清算委员会)的问题……《深圳经济特区企业清算条例》是全国人民代表大会常务委员会授权制定的地方性法规,深圳贤成大厦有限公司因仲裁裁决解散,被上诉人(深圳市工商局)作为深圳市企业清算主管机关,根据实际情况,决定成立该公司清算组,符合上述规定,原审判决对该行政行为予以维持是正确的。"最终,省高级人民法院终审判决驳回了吴贤成一方的上诉,维持了原判。

从某种意义上说,这起行政官司的终审判决,其意义远远超越了案件本身的是与非,因为它不仅依法维护了行政机关作出的行政行为,保障了投资人的合法权益,更从司法的角度保障了深圳的特区立法具有优先适用的效力。

(作者:本报记者刘众、吴涛、冯杰)

三、《深圳商报》新闻报道:贤成两合公司净欠深贤公司3211万元

(2004年4月6日)

深圳市工商局依法组织清算组的清算结果表明:在深圳贤成大厦合作开发中,以吴贤成为法人代表的泰国公司没有按合同的约定投资——贤成两合公司净欠深贤公司3211万元。

【本报讯】(深圳商报记者陈洋)2000年7月31日,中国国际经济贸易仲裁委员会深圳分会作出仲裁书裁决,终止申请人中方四家公司与被申请人泰国贤成两合公司订立的"合作经营'深圳贤成大厦'有限公司合同书"以及"合作经营'深圳贤成大

厦'有限公司补充合同书",解散深圳贤成大厦有限公司,并依法清算。根据该裁决,深圳市工商局于2000年12月6日,依法组织了深圳贤成大厦有限公司清算组。由中方深圳上海时装公司、深圳市工艺服装工业公司、深圳开隆投资开发公司、深圳市华乐实业股份有限公司(以下简称"中方四家公司")的代表,吴贤成的委托代理人及在贤成大厦中有实际投资的香港鸿昌国际投资有限公司(代表王文洪),以及独立的多名注册会计师和律师组成清算组,广东圣天平律师事务所律师黄土林担任清算组组长,开始对深圳贤成大厦有限公司进行清算。

经过近两年的时间,到2002年9月,清算组完成了对深圳贤成大厦有限公司的清算,清算有效。清算组接管了深圳贤成大厦有限公司(以下简称"深贤公司")的资产,对其现有的资产进行登记、造册和审计,并进行了债权申报及审查确认,对公司债权进行了追偿,在此基础上编制了资产负债表和财产清单。清算组在完成了债权申报及审查、财产清理、清算方案制作等程序后,向深圳市工商局提出了申请,深圳市工商局于2002年9月12日对深圳贤成大厦有限公司的资产负债表、财产清单依法确认。清算组宣布对清算方案的合法性、真实性、完整性独立承担法律责任,并于2002年10月19日对外发布了清算结果的报告。

由于深贤公司对大厦土地使用权于1996年被深圳市规划国土局收回,并被注销了大厦房地产证,依中国国际经济贸易仲裁委员会深圳分会1994年的仲裁书裁决,在贤成大厦有实际投资的香港鸿昌国际投资有限公司,成立了深圳鸿昌广场有限公司(以下简称"深鸿公司"),该公司与深圳市规划国土局签订了大厦土地使用权出让合同书,并办理了该宗地的初始登记,取得了大厦房地产证。由此,深圳贤成大厦变更为深圳鸿昌广场。

根据贤成公司清算组与深鸿公司清算组共同委托的深圳鹏城会计师事务所出具的评估字〔2001〕76号《关于深圳鸿昌广场(贤成大厦)房地产评估结果报告书》(以下简称"评估结果报告书"),确定于基准日2000年12月6日大厦整栋物业评估总值为145342万元(含税),减去应交税费21661万元,评估净值为123680万元。

根据鹏城所出具的特字〔2001〕73号《深圳贤成大厦有限公司审计报告》和《评估结果报告书》,深贤公司清算财产总计260007814.43元。债权状况:深贤公司现有应收的债权如下:(1)吴贤成1555109.79元(账面记载的欠款);(2)泰国贤成两合公司4718370.09元(账面记载的欠款和占有的汽车等)。债务状况:经清算组会议审查核定,确认云浮硫铁矿集团公司等3个单位债权总计为60824868.89元。

根据《深圳经济特区企业清算条例》第38条的规定,将深贤公司的清算财产拨付清算费用和清偿债务如下:

(1) 优先支付的清算费用 2500000 元。
(2) 根据《评估结果报告书》，深贤公司需承担税金及费用为 28870108.32 元。
(3) 清偿企业债务合计 60824868.89 元。

深贤公司清算财产按照上述顺序清偿后的剩余财产为 109077894.90 元。按照投资人实际投资比例进行分配，深贤公司中的中方四家公司应分得的总价值为 17550547.66 元。

经上述预留清算费用、应交税费，清偿企业债务，以及中方四家公司优先分配后，剩余的房产价值为 85283470.43 元；另外应收债权资产为 6273479.88 元，两项资产合计为 91556950.31 元。这部分资产应当在泰国贤成两合公司与（香港）鸿昌国际投资有限公司之间进行分配。根据审计报告，泰国贤成两合公司投入资金为 14338842.64 元，占深贤公司外方投资总额比例 17.2662%；（香港）鸿昌国际投资有限公司投入资金为 68706900.00 元，占深贤公司外方投资总额比例 82.7338%。依上述投资比例分配如下：

(1) 泰国贤成两合公司应分配财产：15808406.15 元。
(2) （香港）鸿昌国际投资有限公司应分配财产：75748544.16 元。

经清算审计，泰国贤成两合公司欠付深贤公司债务为 4718370.09 元。

清算组于 2002 年 5 月 13 日作出了《关于向泰国贤成两合公司追偿损失的决议》，确认泰国贤成两合公司应当赔偿深贤公司经济损失 52218163.00 元。上述债务和损失赔偿额合计为 47920440.64 元。

鉴于泰国贤成两合公司既是深贤公司财产分配的享有者，又是深贤公司的债务人，故依法将其应分得的财产与其所欠债务相互折抵。将泰国贤成两合公司所欠 47,920,440.64 元债务和损失赔偿额与其应分得房地产现值 14725214.57 元和应收债权 1083191.58 元，合计 15808406.15 元全部折抵后，泰国贤成两合公司在深贤公司中应得财产已分配完结，并且尚欠深贤公司 32112034.49 元。

一位全面参与深贤公司法律纠纷处理与协调的法律界人士接受记者采访时说，从清算的结果和已生效的仲裁裁决不难看出，以吴贤成为法人代表的泰国贤成两合公司在深圳贤成大厦合作开发中，并没有按照合同的约定进行投资，其严重违约行为不仅侵犯了合作经营的中方四家公司的合法利益，而且侵害了共同投资人的正当权益。正是基于这样的事实，深圳市有关部门从保护正常的经济秩序、维护良好的投资环境以及保护真正投资者和中方合作者的合法权益的角度出发，依仲裁裁定注销深圳贤成大厦有限公司，重新注册成立深圳鸿昌广场有限公司。这样做，既是符合中国法律的宗旨和基本原则的，又是世界各国的法律原则所公认的。

〔编者按:本报 3 月 28 日发表了《省高级人民法院依法驳回泰国贤成两合公司、深圳贤成大厦有限公司不服深圳中级人民法院判决提起的上诉,作出终审判决:深圳市工商局对深圳贤成大厦有限公司的清算行政行为合法——维持深圳市工商局依法行政行为》及《中国国际经济贸易仲裁委员会深圳分会仲裁裁决:解散合作企业深圳贤成大厦有限公司》的报道后,引起社会强烈反响。许多读者来电来信,询问有关贤成大厦清算的结果及深圳贤成大厦变更为深圳鸿昌广场等情况。于是本报记者进行追踪采访,写出今天的报道。〕

第四编
国际贸易法

第1章　某些涉外经济合同何以无效以及如何防止无效*

▶▶ 内容提要

"合同必须信守"与"违法合同自始无效"是两条贯穿于民商法中的基本法理原则,也体现在我国的《涉外经济合同法》中。涉外经济合同无效的原因包括合同主体不合格、合同内容不合法以及欺诈等等。近年来涉外经济合同中,因违反中国法律或社会公益而归于无效者,就有关当事人的主观状态和法律意识而言,不外乎明知故犯、侥幸轻率、"法盲"犯法三类,其中后两类当事人占大多数,可以通过普遍推行经济合同鉴证制度,使他们得到及时的指导和提醒,自行修正合同中的有关条款,防止合同无效。已经无效的合同可由主管机关依法予以公平处理。

▶▶ 目　次

一、"合同必须信守"与"违法合同自始无效"

二、"鳗苗"风波——数项合同一连串违法

三、合同主体不合格导致合同无效

四、合同内容不合法导致合同无效

五、两起涉嫌"欺诈"的涉外合同纠纷

六、无效合同的处理和预防

---

* 本文原为英文论文,载于美国俄勒冈州威拉梅特大学《威拉梅特法学评论》1987年第23卷第3期。香港、新加坡书刊先后予以收辑或转载。韩国留美学者将其译成朝鲜文并收辑入朝文版法学文集。本文的中文译文于1990年4月9日至14日分5次连载于《中国贸促报》。文中所援引的法律、法规,均以1990年当时现行有效者为准。阅读时请注意查对1990年以来有关法律、法规的发展情况。

一、"合同必须信守"与"违法合同自始无效"

1979年以来，顺应着经济形势的重大转折和长足发展，我国的经济立法，包括涉外经济立法，也出现了崭新的局面，从原先的不完备状态，逐步走向完备化和系列化。

1981年12月，颁布了《中华人民共和国经济合同法》（以下简称《经济合同法》）。它为中国境内的经济贸易活动确立了一套基本的行为规范和行动规则。

鉴于跨越中国国境的涉外经济贸易活动既具有中国境内经贸活动的一般共性，又具有涉外经贸活动的独特个性，《经济合同法》第55条规定："涉外经济贸易合同条例参照本法的原则和国际惯例另行制定。"这意味着：《经济合同法》所体现的基本准则和基本精神，也适用于中国的涉外经济合同。

1985年3月颁布的《中华人民共和国涉外经济合同法》（以下简称《涉外经济合同法》），正是根据上述原则制定的。可以说，《涉外经济合同法》是《经济合同法》的重大发展和延伸。

《经济合同法》规定：经济合同当事人的合法权益应当受到保护；[1]经济合同依法成立，**即具有法律约束力**，当事人必须全面履行合同规定的义务，任何一方不得擅自变更或解除合同。[2] 同时规定：订立经济合同，必须遵守国家的法律，必须符合国家政策和计划的要求。任何单位和个人不得利用合同进行违法活动，扰乱经济秩序，破坏国家计划，损害国家利益和社会公共利益，牟取非法收入。[3] 相应地，一切违反国家法律、政策和计划的合同，一切采取欺诈、胁迫等手段所签订的合同，一切违反国家利益或社会公共利益的合同，都是无效的；无效的经济合同，**从订立的时候起，就没有法律约束力**。[4] 这些规定，显然同时贯穿着民商法中的两条基本法理原则："合同必须信守"和"违法合同自始无效"。

这些精神和原则，也体现在《涉外经济合同法》之中。它大力强调：必须保障涉外经济合同当事人的合法权益，以促进中国对外经济关系的发展。[5] 合同依法成立，即具有法律约束力。当事人应当履行合同约定的义务，任何一方不得擅自变更

---

[1] 参见《经济合同法》第1条。
[2] 参见《经济合同法》第6条。
[3] 参见《经济合同法》第4条。
[4] 参见《经济合同法》第7条。
[5] 参见《涉外经济合同法》第1条。

或者解除合同。在这里,郑重地重申了"合同必须信守"的原则。与此同时,该法第4条、第9条、第10条又分别明文规定:"订立合同,必须遵守中华人民共和国法律,并不得损害中华人民共和国的社会公共利益";"违反中华人民共和国法律或者社会公共利益的合同无效";"采取欺诈或者胁迫手段订立的合同无效"。这些条文,再次强调和郑重重申了"违法合同自始无效"的原则。[6]

"违法合同自始无效",这是一条十分古老的、业已获得举世公认的法理原则。时至今日,全世界各国的法学家和法律工作者,不论他属于什么思想体系,持有何种政治观点,即使是最强烈的"契约(合同)自由"论者,看来都不会公然反对这一原则。世界各国的民法、商法,不论其属于什么法系,也都以不同的法律形式和不同的文字表述,肯定了和包含了这一共同的原则。[7]

但是,当人们把这一举世公认的法学理论原则在不同的国家和地区付诸具体实践时,由于各国和各地区社会、经济制度的不同,政治、法律体制的差异,法学观点的分歧,也由于合同各方当事人法律知识的广狭深浅以及守法观念的强弱有无,就发生了种种的龃龉、矛盾和冲突。而这些龃龉、矛盾和冲突,除了明知故犯、以身试法者外,集中到一点,就在于对什么是合法的契约、什么是违法的契约看法不同;或者说,契约之合法与违法,其根本界限与判断标准往往是因国而异、因地而异、因时而异的。

就近年来中国的情况而言,自从1979年大力贯彻对外经济开放政策以来,涉外经济合同数量与日俱增。这些合同在保障各方当事人合法权益、促进中国社会主义建设、繁荣世界经济等方面,都起了重大的、积极的作用。这是客观事实的本质和主流。但是,由于前述种种原因,在涉外经济合同中,也出现了一定数量违法的,因而是无效的合同。尽管它只是事物的支流,但是它的消极和破坏作用却是不容忽视的,因而已经引起中外法学界、工商界有识人士的共同关注,并且正在进行共同的努力,以遏制这一支流及其消极和破坏作用。

---

〔6〕 参见《涉外经济合同法》第4、9、10、16条。1999年3月,中国立法机关公布了《中华人民共和国合同法》(以下简称《合同法》),统一适用于一切内国合同和涉外合同。其中吸收和保留了原先《经济合同法》《涉外经济合同法》以及《技术合同法》中的各项基本法理原则和基本规定。新的统一的《合同法》自1999年10月1日起施行,原先的《经济合同法》《涉外经济合同法》以及《技术合同法》同时废止。

〔7〕 试以在世界大陆法系各国立法史上具有重大影响的1803年《法国民法典》(即《拿破仑法典》)为例。其中第1134条规定:"依法订立的契约,对于缔约当事人双方具有相当于法律的效力";第1108条则以具备"**合法原因**"作为"契约成立的主要条件"之一。第1133条规定,如果订立契约的原因"为法律所禁止,或原因违反善良风俗或公共秩序时,此种原因为**不法原因**";而第1131条则强调"**基于……不法原因的义务,不发生任何效力**"。该法典"总则"第6条中,把上述各点概括为"不得以特别约定违反有关公共秩序和善良风俗的法律"。

在英美法系诸国,不论在以判例法形式出现的普通法中,还是以制定法形式出现的成文法中,也都贯穿着同样的基本原则。参见高尔森:《英美合同法纲要》,南开大学出版社1984年版,第36—47页。

本文试图以近年来所发生过的一些典型事实和案例[8]为基础,以中国现行的法律为准绳,对内地涉外经济贸易往来中的某些违法的,因而是无效的合同加以分析和评论,冀能引起更多的关注和讨论,汇合到上述的共同努力之中去。

以下试从一桩"鳗苗"案件入手,剖析其中涉外合同的违法与无效问题。

二、"鳗苗"风波——数项合同一连串违法

本案的案情梗概是:外商A鉴于鳗苗在国际市场交易中获利甚丰,于1984年12月和1985年2月与中国B公司先后签订了"合作协议书"和"补偿贸易协议书",约定共同组织福建沿海盛产的珍品"乌耳鳗"鱼苗以及盐水蘑菇等出口。同时,由外商A向B公司提供进口涤纶丝500吨。先由B公司提供人民币货款定金,日后由外商A以美元购货进口,货款对抵结算。双方私下口头达成结汇协议,每1美元折合5元人民币(按当时国家银行牌价1美元合2.8元人民币左右)。1985年2月1日至8日,外商A先后向B公司提取现金26万元人民币及汇票16万元,共计42万元人民币,前往沿海甲县设点高价收购鳗鱼苗。待将来涤纶丝进口后,该项巨款即按上述比率抵充美元货款。同时,外商A另以12000美元按1:5.5的比率折估人民币,质押给鳗鱼贩子庄某,充当收购价款,日后再以人民币兑回。

鳗苗贩子庄某从乙县收购鳗苗转运至甲县途中,在丙县被扣。丙县工商行政主管部门从中获悉外商A在甲县设点高价收购鳗苗,即会同公安、海关、渔政部门前往追查,连夜查获已经收购等待外轮运输出口的鳗鱼苗81.64市斤。上述主管部门面告外商A:上述换汇、购苗等诸项行为均属违法,有关各项合同自始无效,鳗苗应予没收,并应接受罚款处分。

外商A辩称:鳗苗和涤纶丝均非"违禁品",在国际上素来都属于自由贸易的合法商品;外商A与B公司之间的各项书面协议和口头协议、鳗苗收购人与采苗人及转运贩子之间的买卖协议均出于双方当事人完全自愿,并无任何胁迫欺诈,应属合法合同。特别是在甲县设点收购鳗鱼一事,外商A事先曾与甲县某官办贸易公司张经理洽谈,并获该县县委书记李某的接见和宴请,李书记在席间明确表示同意搞鳗苗生意,并指示张经理要提供方便。显见设点收购鳗苗全系公开进行,光明正大,并未瞒骗地方当局,并非违法行为。至于有关各项合同以美元折抵人民币或以美元质

---

[8] 文中所列举的事实和案例,凡牵涉到具体的个人和公司,除个别刑事大案外,均隐其真实姓名或商号名称。

押,鉴于美元是国际通行的硬通货,折算率或质押率均属双方自愿约定,亦非违法行为。

丙县工商行政管理部门、渔政管理部门以及海关部门驳称:

第一,擅自设点收购鳗苗系违禁行为。福建沿海所产"乌耳鳗",乃是国际美食家交口赞誉的海味珍品,不但肉味鲜美,而且营养价值极高。因此,福建鳗苗一向是国际养殖界争购的紧俏商品。单单鳗苗一项的出口创汇率,就占福建全省水产品出口创汇率的一半左右。它是中国沿海的重要渔业资源之一。鳗苗每年只有3个月旺产时期,如不严加控制,滥采滥捕或走私出口,则不但大量减少国家的外汇收入,而且势必破坏国家的重要渔业资源。有鉴于此,我国对鳗苗的采捕和出口,素来采取国家控制管理的政策。诚然,鳗苗本身并非"违禁品",但未经依法授权,便擅自设点高价抢购,[9]争夺国家控制的紧缺资源,破坏国家收购计划,却是违反禁令的。根据国务院1979年2月颁布的《中华人民共和国水产资源繁殖保护条例》第19条的授权,福建省于1983年3月制定和发布了《福建省水产资源繁殖保护实施细则》,其中第7条明文规定:"因养殖生产和出口需要采捕鳗苗和其他经济鱼虾幼苗时,其采捕数量、规格及时间、地点,应由当地主管水产行政部门统一安排,渔政部门发给采捕和收购许可证。"[10]无证采捕或无证收购,即是违法行为。至于外商A所称事先获得甲县县委李书记口头许可一节,经查证,当事人否认此事。退一步说,即使地方某领导人确有口头许可,亦不等于申请人业已依法获得采捕授权。因为任何干部,均不得以言代法。"任何组织或者个人都不得有超越宪法和法律的特权。"[11]

第二,擅自运输鳗苗出口系走私行为。福建鳗苗属于国家控制的出口物资,凡从我国境内运出,均须事先获得对外经贸部门的正式定额出口许可证,出口时应持证向海关申报,办理缴纳关税等项手续,经海关检验、审批放行。外商A全然未曾正式办理各项法定手续,便私自约请外轮,准备运出,显属走私行为,触犯了《中华人民

---

[9] 当时,每市斤鳗苗的国家收购价均为1000元人民币,外商A却把抢购价抬高为1500—1800元人民币,运往香港国际市场,每市斤约可售得900美元。如按1∶5的私定汇率计,约折合4500元人民币。转手之间,便可牟得暴利。

[10] 福建省水产厅编印:《渔政工作手册》(第2辑),第5页。1986年1月通过、同年7月1日开始施行的《中华人民共和国渔业法》第21条更加明确地规定:"禁止捕捞有重要经济价值的水生动物苗种。因养殖或者其他特殊需要,捕捞有重要经济价值的苗种或者禁捕的怀卵亲体的,必须经国务院渔业行政主管部门或者省、自治区、直辖市人民政府渔业行政主管部门批准,在指定的区域或时间内,按限额捕捞。"该法把捕捞珍贵水生动物苗种的审批权局限在**省级以上**渔政主管机关,同时对无证(许可证)采捕或违证采捕行为,规定了罚款。情节严重的,应依《中华人民共和国刑法》第129条追究刑事责任。参见《渔业法》第28—33条。

[11] 《中华人民共和国宪法》第5条第4款。

共和国暂行海关法》[12]《关于出口许可制度的暂行办法》[13],以及国务院、中央军委1981年3月27日联合发布的《关于坚决打击走私活动的指示》[14]。此理极明,毋庸赘述。

第三,擅自高价竞换美元系套汇及扰乱金融行为。中国是社会主义国家,也是发展中国家,从本国的具体国情出发,为了维护国家权益,促进国民经济发展,中国参照许多同类国家的惯例,对外汇实行管理和控制。美元虽属国际流行的硬通货,亦在外汇管制之列。《中华人民共和国外汇管理暂行条例》第4条第2款规定:"在中华人民共和国境内,禁止外币流通、使用、质押,禁止私自买卖外汇,禁止以任何形式套汇、逃汇。"有关主管当局根据该条例颁布了《违反外汇管理处罚施行细则》[15],其中第2条载明:非经国家管汇机关批准或国家另有规定,凡以人民币偿付应当以外汇支付的进口货款或其他款项者,均属"套汇"行为。第6条规定:非经国家管汇机关批准,在中国境内以外汇计价结算、借贷、转让、质押或者以外币流通、使用者;私自买卖外汇、变相买卖外汇,或者超过国家外汇管理局规定价格买卖外汇,以及倒买倒卖外汇者,均属"扰乱金融"行为。对于犯有"套汇"行为的双方,应根据情节轻重,各按套汇额处以10%至30%的罚款。[16] 对于犯有上述"扰乱金融"行为者,应强制收兑违法外汇,没收非法所得,或者处以违法外汇等值以下的罚款,或者罚、没并处。[17] 对照本案中外商A与中国B公司约定以美元高价抵日后进口涤纶丝货款、以美元高价质押给鳗苗贩子庄某等项情节,显属共谋卖汇套汇、扰乱金融行为,触犯了上述法规禁令,除有关合同自始无效外,双方当事人均当依法受罚。

第四,B公司未经登记擅自从事外贸活动属于非法经营。国务院曾于1982年8月发布《工商企业登记管理条例》,以保障合法经营,取缔非法活动,维护社会主义经济秩序。其中规定:工商企业均应依法办理登记。登记的主要事项之一即是经过主管部门批准的**生产经营范围**。一经登记,即应严格按照依法核定的登记事项从事生

---

[12] 《中华人民共和国暂行海关法》规定:"进出口货物应依法交验对外贸易管理机关的许可证件向海关申报"(第104条);"进出口货物,应按照中央人民政府颁布的海关税则征收关税"(第113条);"运输或携带货物、货币、金银及其他物品,不经过设关地方进出国境,或经过设关地方而逃避监管者",以及从事上述活动的"预备行为者",均属走私行为(第175条第1、10项);"有本法175条所列行为之一者,海关应将其走私物品没收,并得科走私人以走私物品等值以下的罚金。但情节轻微者,得仅科罚金或免予处分"(第177条)。1987年7月1日开始施行的《中华人民共和国海关法》,也有类似的规定。前述暂行海关法同时废止。

[13] 参见《关于出口许可制度的暂行办法》第4条、第6条、第8条,中国进出口管理委员会、对外贸易部于1980年3月6日颁布。

[14] 该指示第2项第3点规定:举凡"在沿海海域,一切船只,包括渔船在内,偷运货物、货币及其他物品,逃避进出口管理,在海上或上岸非法买卖的",均属走私行为,应予打击。

[15] 1985年4月5日由国家外汇管理局公布施行。

[16] 参见《违反外汇管理处罚施行细则》第3条。

[17] 参见《违反外汇管理处罚施行细则》第7条。

产经营,不得擅自更改或扩大经营范围,否则即属非法经营,应受惩处。[18] 就进口贸易而言,中国实行进口货物许可制度。凡属法定凭证进口的货物,必须事先申请领取进口货物许可证,经由国家批准经营该项进口业务的公司办理进口订货。[19] 法律"禁止未经批准经营进口业务的部门、企业**自行进口货物**"[20]。换言之,凡未经依法批准授权的企业,根本无权经营进口,即不具备与他人签订进口贸易合同的合法资格。本案中的 B 公司即属此类。它所登记在案的合法经营范围,并不包括进口业务。因此,它与外商 A 所订立的关于进口 500 吨涤纶丝的协议乃是非法越权交易,协议理应自始无效。

根据以上各项有关法规,前述主管部门对本案作出如下处理决定:

1. 本案所涉多项协议和合同,应确认为具有违法性质,自始无效。

2. 将外商 A 擅自设点收购并筹划私运出口的鳗苗 81.64 斤(约值 14 万元人民币)予以没收,并结合其变相高价卖汇、扰乱金融等违法行为,合并科处罚款 8 万元人民币。

3. 责成外商 A 将 B 公司提供的 42 万元人民币资金,全数退还后者。

4. B 公司非法从事进口经营,并实行高价套汇、扰乱金融,处以罚款 5 万元人民币;工商行政主管当局命令该公司限期停业整顿。

5. 鳗苗贩子庄某查有前科,屡教不改,另案处理。

当事人外商 A 对以上处理决定表示不服,向上申诉,上级主管当局经审议后,驳回申诉,维持原有处理决定。

从有关主管部门对本案案情及其性质所作的前述四点分析中,可以看出,之所以确认本案中的数项经济合同为无效,主要出于两个方面的原因:一是参加签订涉外经济合同的一方或两方**主体不合格**,一是经济合同的**内容本身不合法**。近年来,中国有相当数量的涉外经济合同之所以终归无效,究其主要原因,也大多出于以上两个方面,有鉴于此,下面将循此主要线索,就有关事例作进一步的评述和剖析。

---

[18] 参见《工商企业登记管理条例》第 2 条、第 5 条、第 17 条、第 18 条。第 18 条规定的处罚办法包括警告、罚款、勒令停办或停业、吊销营业执照、没收非法所得等,视情节轻重而定。1985 年 8 月 25 日,中国国家工商行政管理局根据本条例的基本原则以及新的实践经验,进一步颁布了《公司登记管理暂行规定》,对有关的行为规范作了许多重要的补充。1988 年 7 月 1 日开始施行的《中华人民共和国企业法人登记管理条例》,吸收了上述基本精神,作了类似的、更严格的规定。前述两项法规同时废止。

[19] 参见《中华人民共和国进口货物许可制度暂行条例》第 2 条。另据该条例第 3 条规定,中华人民共和国对外经贸部代表国家统一签发进口货物许可证。省级对外经贸管理部门,在对外经贸部规定的范围内,可以签发本省、自治区、直辖市进口货物许可证。

[20] 《中华人民共和国进口货物许可制度暂行条例》第 4 条第 3 款。

三、合同主体不合格导致合同无效

所谓合同的主体,指的就是签订合同的各方当事人。涉外经济合同的主体,就是指在这种合同的经济法律关系中享有民事权利和承担民事义务的各方当事人。

按中国《涉外经济合同法》的规定,有资格签订涉外经济合同的主体(即当事人),在外国一方是外国的企业、其他经济组织或个人;在中国一方,则是"中华人民共和国的企业或者其他经济组织"[21]。不具备上述资格的当事人所签订的涉外经济合同是无效的。

涉外经济合同中的**外国主体**,其主体资格问题,因各国有关法律规定不一,兹暂不置论。

就中国法律而言,有关涉外经济合同中**中国主体**的主体资格问题,除上述概括性条文外,还有许多具体的规定。例如:

1. 非企业法人不能成为涉外经济合同的主体

按照《中华人民共和国民法通则》(以下简称《民法通则》)的规定,18岁以上的成年公民,只要不是精神病人,即具有完全的民事行为能力;[22]法人一经依法成立,亦即具有完全的民事行为能力。[23] 从法理上说,凡具有完全民事行为能力的自然人或法人,当然就有资格与他人订立经济合同。但是,依照《涉外经济合同法》的上述规定,并非所有具备民事行为能力的人(自然人或法人),都有资格与他人签订涉外经济合同。

《民法通则》把法人分为两大类,一类是企业法人,[24]另一类是非企业法人,即机关、事业单位和社会团体法人。[25]《涉外经济合同法》把订立涉外经济合同的中国方面的主体,限于"企业或其他经济组织",显然是把后一类法人(即非企业法人)排除在外,换言之,中国的机关、事业单位和社会团体法人,由于它们并非"企业",也非"其他经济组织",因而并不具备订立涉外经济合同的资格,相应地,外商、港商如果与上述这些非企业法人订立经济合同,就势必因中方的合同主体不合格而归于无效。

---

[21] 《涉外经济合同法》第2条。
[22] 参见《民法通则》第11条。
[23] 参见《民法通则》第36条第2款。
[24] 参见《民法通则》第41条。
[25] 参见《民法通则》第50条。

目前,有的地方性法规规定可以由当地政府的土地管理机关与外商直接签订土地使用权有偿转让合同,这种规定如何与《涉外经济合同法》中有关中方主体的规定取得一致和互相衔接,是值得认真探讨的。

2. 国家法令禁办的企业法人不能成为涉外经济合同的主体

1984 年下半年,在开放、搞活、体制改革的经济形势下,有些党政机关和党政机关在职干部利用社会上存在多种价格和多种调节手段的客观条件,以牟利为目的而经商或办企业,并用所得利润变相增加工资。某些地方甚至出现"皮包公司"性质的经营体,从事套购或倒卖国家紧缺物资,走私贩私、买空卖空、牟取高利。从实质上说,这是一种以权谋私、与民争利,甚至损民以自肥的不法行径和犯法行为。它危害了党风政纪、腐蚀了党政机体、破坏了党群关系、败坏了改革声誉。为了纠正这种现象,中共中央、国务院于 1984 年 12 月 3 日颁发了《关于严禁党政机关和党政干部经商、办企业的决定》,对此类企业加以整顿,关、停、并、转。凡属国家禁办及正在整顿和关、停、并、转的企业,当然也就不再具备订立涉外经济合同的主体资格。外商与这类中方企业签订的经济合同也就势必归于无效。

上述决定表明:并非所有的企业法人,都无一例外地可以成为涉外经济合同的中方主体。

3. 企业法人不能成为其登记经营范围以外的涉外经济合同的主体

如前所述,工商企业在依法成立、正式开业之前,即应向工商行政主管当局办理登记,申报生产经营范围,并严格按照核定的登记事项进行生产经营。否则,企业本身就会视情节轻重受到一定处罚。[26]

《民法通则》作为指导中国自然人和法人民事活动的基本法律,又前进了一步,以更加明确的文字,重申"企业法人应当在核准登记的经营范围内从事经营"[27];如果超出登记机关核准登记的经营范围,从事非法经营,则除企业法人本身应当承担法律责任外,主管机关还可以对该企业的**法定代表人**给予行政处分、罚款;构成**犯罪**的,还应依法**追究刑事责任**。[28]

根据以上原则以及其他有关规定,凡核准登记的经营范围限于对内经济活动和

---

[26] 参见《工商企业登记管理条例》第 2 条、第 5 条、第 17 条、第 18 条。第 18 条规定的处罚办法包括警告、罚款、勒令停办或停业、吊销营业执照、没收非法所得等,视情节轻重而定。

1985 年 8 月 25 日,中国国家工商行政管理局根据本条例的基本原则以及新的实践经验,进一步颁布了《公司登记管理暂行规定》,对有关的行为规范作了许多重要的补充。

1988 年 7 月 1 日开始施行的《中华人民共和国企业法人登记管理条例》,吸收了上述基本精神,作了类似的、更严格的规定。前述两项法规同时废止。

[27] 《民法通则》第 42 条。

[28] 参见《民法通则》第 49 条第 1 款。

对内贸易业的企业,即不具备订立涉外经济合同的主体资格。在涉外经济合同中,由于中方主体不合格而导致合同无效者,时有发生。前述"鳗苗"风波案件中外商 A 与中方 B 公司之间的进口合同,即是一例。[29] 又如香港某贸易公司曾于 1984 年与福州市某公司订立一批电子台历的购销合同,约定价款为 6.4 万余美元。因后者(买方)不履行付款义务导致前者(卖方)遭受重大经济损失。港商起诉于人民法院。经查,始悉被告(买方)登记经营范围仅限于内贸,根本无权从事进口贸易,由于**无法申请外汇**,导致"合同不能履行"。追本溯源,该合同本身因福州市某公司作为合同主体不合格,自始就是一项无效合同。

进而言之,即使是有权进行外经外贸活动的中方企业法人,也并非具备订立**任何种类**涉外经济合同的主体资格。

例如,中国规定:棉纱、棉坯布、棉涤纶纱、棉涤纶坯布的出口,是由中国纺织品进出口总公司统一经营的,其他外贸公司,非经特许,均不得经营。[30] 又如,按照法律规定,"中华人民共和国对外合作开采海洋石油资源的业务,统一由中国海洋石油总公司全面负责","中国海洋石油总公司是具有法人资格的国家公司,享有在对外合作海区内进行石油勘探、开发、生产和销售的**专营权**"[31]。其他任何外贸、外经企业,全然无权经营。由此可见,涉外经济合同的双方当事人在谈判过程中互相了解对方的资信和履约能力之际,就外商一方而言,尤应认真查明作为谈判订约对象的中国企业法人,其获准登记的具体经营范围是否包含外经外贸业务,双方所订的经济合同的具体内容是否超出对方登记在案的特定的经营范围,然后决定是否与对方正式订立经济合同,以免日后因对方并不具备涉外经济合同主体资格导致合同无效,造成无谓的矛盾纠纷和经济损失,后悔莫及。

4. 中国公民个人**目前一般**不能直接成为涉外经济合同的主体

如前所述,1985 年 3 月颁布的《涉外经济合同法》把订立涉外经济合同的外方主体规定为"外国的企业和其他经济组织或者个人",而把中方主体限定为"中华人民共和国的企业或其他经济组织",对比两段法律文字,显然可见中国的公民(自然人)个人目前并不具备订立涉外经济合同的主体资格。不难理解,这种规定是立足于中国现阶段的国情,旨在加强涉外经济活动的引导和管理的。它同 1979 年 7 月颁行的《中华人民共和国中外合资经营企业法》中关于中方合营主体的规定是一致的。[32]

---

[29] 参见《中华人民共和国进口货物许可制度暂行条例》第 4 条第 3 款。
[30] 参见国务院批转对外经济贸易部《关于向香港出口棉纱、棉坯布、棉涤纶纱、棉涤纶坯布实行出口许可证管理的请求》的通知(1985 年 1 月 19 日)。
[31] 《中华人民共和国对外合作开采海洋石油资源条例》(1982 年 1 月 12 日通过)第 5 条。
[32] 参见《中华人民共和国中外合资经营企业法》第 1 条。

但是，随着我国现行经济体制改革的逐步深入，在实践中和理论上都出现了一些值得注意的新动向：

首先，在国家对外开放政策的指导下，我国经济特区、开放城市和经济技术开发区已经出现一定数量的个体工商户或其合伙经济组织，从事某些对外经济合作的辅助活动，或参加某些小额的涉外经济合作。诸如小额的来料加工、来图加工、来样装配，小型的种植或养殖出口，小型的运输、修理、提供劳务等服务性营业。相应地，也就出现了各种自发的、小额的涉外经济合同。

据新闻报道：已有个别公民曾与外商开设合资经营企业，获得有关方面的肯定和支持。尽管有人认为"那仅是个别情况，并不意味着我国现行政策鼓励我国公民同外商办合资企业"[33]，但是，这至少说明在特定的情况下，有关当局并不绝对地、一无例外地禁止公民个人与外商订立涉外经济合同。

其次，1985年5月国务院发布的《中华人民共和国技术引进合同管理条例》第2条规定，可以与外商签订技术引进合同的中方主体，包括"中华人民共和国境内的公司、企业、团体或个人"[34]，这种合同既然同样贯穿着"等价有偿"的原则，自属涉外经济合同的范畴。由于该条例允许中国境内的"个人"也可以成为有关技术引进的涉外经济合同的主体，因此，学术界有人认为，这是对前述《涉外经济合同法》一般性规定的重大**发展**和重要**补充**。

尤其值得注意的是：在第六个五年计划结束的1985年底，我国的个体工商户已达一千多万户，从业人员已达1700万人。中国在第七个五年计划期间（1986—1991年）继续推行**扶持和鼓励个体**经济发展的政策，预计"七五"期间个体经济从业人员将发展到5000万人。[35] 这个数字，相当于欧洲地区的一个头等大国！在广东的农村，则有更大数量的"承包经营户"。现行的《民法通则》，根据《宪法》第11条的精神，正式从法律上具体地肯定了这些个体经济的应有地位和权利义务，明文规定对个体工商户和农村承包经营户加以法律保护。[36] 凡此，都说明个体经济作为"社会主义公有制经济的补充"[37]，随着经济体制改革的发展与深入，势必发挥相当重大的作

---

[33] 《我国公民能同外商办合资企业吗？》，载《民主与法制》1985年第8期，第48页。
[34] 《中华人民共和国技术引进合同管理条例》第5条第2款第3项。
[35] 参见《我国将继续发展个体经济》，载《人民日报》（海外版）1986年1月23日。另参见王汉斌：《关于〈中华人民共和国民法通则（草案）〉的说明》，第三点，载《中国法制报》1986年4月4日。
[36] 参见《民法通则》第28条。
[37] 《中华人民共和国宪法》第11条。1984年10月《中共中央关于经济体制改革的决定》更强调指出：中国现在的个体经济"是社会主义经济必要的有益的补充"，"它对于发展社会生产、方便人民生活、扩大劳动就业具有不可代替的作用"。

用。在今后经济发展的某个阶段,它们是否可以、是否应当在社会主义公有制经济的主导下,在国家主管当局的引导和管理下,在一定的范围内和一定的程度上,也以积极的姿态参与涉外经贸活动,从而**一般地**成为涉外经济合同的重要主体,这个问题,当然还有待于今后的实践逐步作出完满的回答。

1988年7月1日开始施行的《中华人民共和国私营企业暂行条例》正式允许个体工商户和农村村民开办私营企业,即企业资产属于私人所有、雇工8人以上的营利性经济组织;同时规定这些私营企业可以依法与外商举办各种中外合营企业,可以承揽外商来料加工等,从事补偿贸易。[38] 可以说,这些规定已经对上述问题提供了部分答案:中国公民个人在现阶段虽然一般还不能直接成为涉外经济合同的主体,却已经可以通过开办私营企业,以私营企业名义依法与外商签订各种经济合同。[39]

四、合同内容不合法导致合同无效

如前所述,《涉外经济合同法》强调订立合同必须遵守中华人民共和国法律,并不得损害中华人民共和国的社会公共利益;违反中华人民共和国法律或者社会公共利益的合同,概属无效。[40] 这些原则,在后来颁布的《民法通则》中得到了再次强调。[41]

近年来的涉外经济合同中,因违反中国法律或社会公益而归于无效者,可大致分为三类:第一类是合同主体(当事人)出于私利,见利忘义或利令智昏,对中国法律明知而故犯;第二类是对中国法律体制一知半解,若明若暗,想当然,或心存侥幸,未弄清有关法令规定就轻率签约,以致违法;第三类是习惯于资本主义的法律体制,对于社会主义法律体制的不同规定确实缺乏了解,属于"法盲"违法。这三类情节各

---

[38] 参见《中华人民共和国私营企业法》第2条、第11条、第22条。
修订后的《中华人民共和国对外贸易法》自2004年7月1日起施行,其中第8条就"对外贸易经营者"作出界定:"指依法办理工商登记或者其他执业手续,依照本法和其他有关法律、行政法规的规定从事对外贸易经营活动的法人、其他组织或者**个人**。"据此,自2004年7月1日起,依法办理了执业手续的**个人**已经可以成为外贸合同的合格主体。

[39] 据国家工商行政管理局个体私营经济司对12个省市的不完全统计,目前有产品出口的个体和私营企业已有近万户。它们通过外贸部门出口或从事"三来一补"业务,累计已为国家增加外汇收入折合人民币近十亿元。有关负责人认为:我国个体和私营企业发展外向型经济呈上升趋势,发展潜力很大。目前遇到的问题是:一些政策、法律已不适应个体和私营企业发展外向型经济的需要。参见《人民日报》(海外版)1989年2月10日。

[40] 参见《涉外经济合同法》第4条、第10条。

[41] 《民法通则》第55条规定:"民事法律行为的必备条件之一是不违反法律或者社会公共利益。"第58条规定:"一切违反法律或者社会公共利益的民事行为,均属无效;无效的民事行为,从行为开始起就没有法律约束力。"详见各有关条文。

异,合同当事人因此承担的法律责任也各不相同,但有关合同本身因违法归于无效,这一点却是基本相同的。

试就若干实际案例,列举如下,以明梗概:

案例一:原国家经济委员会进出口局技贸结合处副处长叶之枫,伙同某经济文化开发总公司职员张常胜,于1984—1985年,与不法外商互相勾结,由叶、张把国家采购进口汽车以及涉外谈判的重要机密泄漏给外商,索取贿赂。外商大量行贿后,叶利用职权施加压力,要我国有关公司接受外商提出的价格,从速签订合同;在得知国家关于进口汽车的规定将有变动的消息后,叶又通过张示意外商及中方有关公司,采取倒签合同日期等手段,欺骗国家主管部门。在此期间,张常胜先后收受贿赂款及物品共折合71.1万余元人民币(当时约合180万港元);叶之枫收受贿赂款及物品,共折合25000余元人民币。赃款、赃物被全部查获。北京市中级人民法院于1986年3月27日判决:张常胜犯泄露国家重要机密罪、收受贿赂罪和私藏枪支弹药罪,判处死刑。叶之枫犯泄露国家重要机密罪、收受贿赂罪,判处17年有期徒刑。[42] 本案所涉及各项汽车购销合同,按《涉外经济合同法》第9条第1款以及第10条的规定,显属自始无效。[43]

案例二:外商李某经营的贸易公司(卖方)与福建省平潭某实业公司(买方)于1985年签订西装布及冷暖机购销合同。买方收货后,发现质量低劣,不符合合同质量条款规定,拒付货款,要求退货。港商李某向人民法院起诉,追索货款。经调查,始悉李某在订立合同当时早有预谋:为逃避我海关征税,利用我对台贸易政策,伪造台湾原产地证明和台湾商业企业登记证,贿赂大陆沿海某对台贸易机构负责人,从而将大量劣质**港货**冒充**台货**运进福建。如全部得逞,即可牟取暴利3000万元人民币以上。大量确凿证据表明:李某素系走私分子,订立合同之初就是"以合法形式掩盖非法目的"[44],合同属于自始无效,应按无效合同处理。本案的刑事部分,由人民法院移送人民检察院立案,继续全面深入侦查,按公诉程序另行追究刑事责任。

案例三:外商某公司与广东省某公司洽谈在大陆某风景区合资经营一个旅游点,包括兴建宾馆以及各项旅游、娱乐设施。外商提出的合同草案中有一条

---

[42] 参见《中华人民共和国最高人民法院公报》1989年第二号,第34—36页。
[43] 《涉外经济合同法》第9条第1款规定:"违反中华人民共和国法律或者社会公共利益的合同无效";第10条规定:"采取欺诈或者胁迫手段订立的合同无效"。《民法通则》第58条除重申上述原则外,进一步补充规定:"凡恶意串通,损害国家、集体或者第三人利益的民事行为(包括订立合同),凡以合法形式掩盖非法目的民事行为,概属无效"。
[44] 《民法通则》第58条第1款第7项。

规定:拟在旅游区内举办"适合国际成年人娱乐要求"的项目,中方合营者起初不以为意。后来经知情人提醒,才知道这些"娱乐"项目实际上是一些伤风败俗的淫秽玩意,经耐心解释、说服,在取消了这一条款的前提下,双方愉快地达成了合营协议。

假设当时中方合营者因不明内情而贸然签约,则合同应属自始无效。因为此项合同内容不但不符合中国社会主义道德风尚(善良风俗)的要求,违反了社会公共利益,而且触犯了国家的法令,[45]属于违法合同。

鉴于某些合同当事人(特别是某些外商)确属对中国的社会主义法制不甚了解,属于"法盲违法",为了给无意中触犯法网或知法以后愿意守法者留有余地,《涉外经济合同法》进一步规定:"合同中的条款违反中华人民共和国法律或者社会公共利益的,经当事人协商同意予以取消或者改正后,不影响合同的效力。"(第9条第2款)[46]此项规定既维护了社会主义法制的尊严,又保护了合同当事人的合法权益,可谓十分得当和合理。对比上述案例,设使当初双方签订的正式合同中已经载有所谓"成人娱乐"条款,则在双方重新议定取消这一条款后,关于合资经营旅游点的整个合同仍然具有法律上的约束力,双方都必须认真履约,不得食言。否则就应承担违约和赔偿损害的民事责任。

案例四:有些外商,在与中方公司洽谈涉及用地问题的经济合同时(特别是在中国实行对外开放政策初期),往往在合同草案中提出"购买土地""拥有土地所有权"等条款。其中部分合同在提交有关部门审核时,上述条款和措辞被删改了,有些合同则未被及时纠正,造成有关合同或有关条款因违法而自始无效。根据中国的具体国情,《宪法》第10条原先规定:城市的土地属于国家所有;农村和城市郊区的土地,除由法律规定属于国家所有的以外,属于集体所有。任何组织或者个人不得侵占、买卖、出租或者以其他形式非法转让土地。据此,1987年1月施行的《民法通则》规定,公民个人可以依法取得国有土地或集体所有土地的承包经营权(使用、收益权),受法律保护,但重申土地不得买卖、出租、抵押

---

[45] 《中华人民共和国刑法》第170条规定:"以牟利为目的,制作、复制、出版、贩卖、传播淫秽物品的,处三年以下有期徒刑、拘役或者管制,并处罚金。"国务院于1985年4月17日发布的《关于严禁淫秽物品的规定》载明:凡具体描写性行为或露骨宣扬色情淫秽形象的录像带、录音带、影片、电视片、幻灯片、照片、图画、书籍、报刊等十四类,均属淫秽物品。指令全国各地:"对各种淫秽物品,不论是否以营利为目的,都必须严禁进口、制作(包括复制)、贩卖和传播"(第1条);"凡携带、邮寄或走私入境的淫秽物品,由海关一律予以没收,并可对当事人处以罚款。对情节严重的,由公安、司法机关依法惩处"(第4条)。

[46] 《经济合同法》有类似规定:"确认经济合同部分无效的,如果不影响其余部分的效力,其余部分仍然有效。"其后,《民法通则》第60条也规定:"民事行为部分无效,不影响其他部分的效力的,其他部分仍然有效。"

或以其他形式非法转让。[47] 即使是在经济特区,对于经有关当局批准提供使用的土地,特区企业或个人也**只有使用权,没有所有权**。[48]

随着形势的发展和根据客观的需要,中国《宪法》上述条款于1988年4月12日作了重要修改,即删去了关于不得出租的规定,增加了"土地的使用权可以依照法律的规定转让"的明文规定,而土地的所有权,仍然绝对禁止买卖或非法转让。

据报道,广西柳江县发生过一起重大的非法倒卖耕地案,令人惊心![49] 在1985年一年中,该县"综合开发公司"无视国家有关规定,非法越权征用耕地,擅自以每亩2100元人民币的价格,强征并占用进德乡耕地2128亩,不经任何开发,旋即转手以每亩3500元至5000余元的价格,倒卖给若干工厂、学校和行政机关,攫取暴利总额竟高达人民币470多万元。[50] 据初步调查,这家"综合开发公司"之所以如此胆大妄为,主要原因在于该公司的正、副经理竟是由该县县长和县府办公室主任分别兼任;而非法倒卖土地的决定竟是该县领导共同研究作出的。尽管该县土地管理部门曾提醒县领导要依法办理征地审批手续,但县长覃××竟说:"先用再说,有责任我负!"此案依法查处,自在意料之中。显然,覃县长妄自"负责"和"授权"订立的有关倒卖土地的一切合同,势必因其严重违法而概属无效。举一可以反三!外商在中国洽谈经贸业务、签订合同之际,如果遇到个别地方领导人作出此类违法诺言或约许,切忌轻信!

案例五:福建某贸易公司(买方)于1984年与香港某旅游公司(卖方)签订汽车购销合同,由后者向前者提供国产东风牌汽车和北京牌吉普车各五辆,约定以人民币支付货款,并预付了巨额定金。交货方式是由港方支付港币在香港开

---

[47] 参见《民法通则》第80条。1986年6月25日通过、1988年12月29日修改的《中华人民共和国土地管理法》进一步明确规定:"国有土地和农民集体所有的土地,可以依法确定给单位或者个人使用"(第7条);"依法登记的土地的所有权和使用权受法律保护,任何单位和个人不得侵犯"(第11条)。同时规定,对买卖或以其他形式非法转让土地者,没收非法所得,限期拆除或没收在这些土地上新建的建筑物,并可对当事人处以罚款(第47条)。

[48] 参见《厦门经济特区土地使用管理规定》(1984年7月14日)第9条;《深圳经济特区土地管理暂行规定》(1981年11月17日)第5条。

[49] 参见《广西柳江县领导非法倒卖耕地》,载《人民日报》(海外版)1986年6月2日。

[50] 国务院于1982年5月14日公布施行的《国家建设征用土地条例》第8条规定:"一般县人民政府,只有权批准征用三亩限额以下的耕地,如征用耕地达三亩以上,或林地、草地十亩以上,县府只有审查权而无批准权,审查后必须报省级人民政府批准。征用耕地一千亩以上,必须由国务院批准。"柳江县领导人既越权征地于先,又暴利倒卖于后,实属双重严重违法!

1987年1月1日开始施行的《中华人民共和国土地管理法》对征地审批权限问题作了大体相同的规定(第25条)。同时明文强调:"超越批准权限非法批准占用土地的,批准文件无效,对非法批准占用土地的单位主管人员或者个人,由其所在单位或者上级机关给予行政处分;收受贿赂的,依照《刑法》有关规定追究刑事责任。非法批准占用的土地按照非法占用土地处理。"(第48条)。

单,由上述贸易公司在内地提货。首批来车交货过程中,被有关主管部门发觉,认定为这种交易是"以人民币偿付应当以外汇支付的进口货款"[51],属于"套汇"行为,加以制止。买方向卖方追索已交的巨额定金,卖方拒还,并辩称:"《中华人民共和国经济合同法》第14条第2款明文规定:给付定金的一方不履行合同的,无权请求返还定金,国际贸易中也向来有此惯例。"买方无奈,向人民法院起诉。人民法院认定:本项汽车购销合同违反我国外汇管理法令,[52]属自始无效,应按无效合同处理。[53]

与本案案情近似的另一起汽车"互赠"纠纷,也值得人们注意。港方某车商与吉林省某公司议定:由前者向后者"无偿赠送"日产皇冠牌小轿车×辆、丰田牌22座小巴旅行车×辆,以"赠车回乡"名义免税进口。半年以后,由该吉林某公司"无偿赠送"福建晋江一带侨属解放牌货车×辆。货车已运到厦门并通知侨属前来提货,被有关主管部门查扣。港方车商向吉林某公司索赔。经查,这批货车实际上是由某些海外华侨向前述香港车商交款购买并指名赠送内地亲属农村专业户的。所谓"互赠"协议,实质上是一项改头换面、变相伪装的换货交易合同,其中既有套汇情节,又有逃税行为,纯属违法合同。合同自始无效,并应追究双方责任,依法论处。

案例六:广东、福建有的地区为吸引外资、侨资,任意制定与国家税法统一规定相抵触的本地区优惠税则。有的领导人不经法定程序,自行宣布税收优惠办法,或轻率越权许诺,以言代法,造成不良影响。例如,福建某地区擅自规定侨资经营的"独资企业所得税税率为16%,合作企业所得税税率为15%"。(按:中华人民共和国财政部〔1982〕财税字第24号通知规定:对此类侨资企业应比照《外国企业所得税法》征税,即最低税率应为20%,视所得额累进征税,最高税率达40%。[54])福建另一地区擅自规定:华侨投资的"三资"企业(即独资企业、合资企业、合作企业),凡经营期在十年以上的,"从开始获利年度起,免征企业所得税五年;从第六年起,减半征收所得税。"(按:首先,财政部(1983)财税字第19号通知规定:侨资合营企业应按修改的《中华人民共和国企业所得税法》纳税,即从开始获利年度起第一年和第二年免征所得税。第三年至第五年减半征收所

---

[51] 参见《违反外汇管理处罚施行细则》第2条第1款。
[52] 参见《中华人民共和国外汇管理暂行条例》第4条第2款;《厦门经济特区土地使用管理规定》(1984年7月14日)第9条、《深圳经济特区土地管理暂行规定》(1981年11月17日)第5条。
[53] 参见本文第六部分。
[54] 参见《中华人民共和国外国企业所得税法》第3条。

得税。自第六年起,即按所得税率全额计征,不再享受减免待遇。[55] 其次,前述独资企业以及合作企业,性质不同于合资企业,故根本不能享受合资企业减免所得税的优惠待遇。此外,还有个别省级领导人,竟然无视《中华人民共和国个人所得税法》的有关规定,[56]口头随意许诺某港商资方人员在我国境内所得可完全免纳个人所得税。)

至于内地国有公司与港商签订投资合同时,擅自在合同条款中载明降低法定税率、延长法定减免税期限或推迟法定起征时间的,也时有发生。[57]

以上情况,都在一定地区内或一定程度上造成混乱现象。十分明显,凡是未经国家授权并且未经法定程序制定的地方立法或地方领导人的各种约许,如果违反国家有关税法的统一规定,都应当是不发生法律效力的。至于中外双方当事人擅自商定的违反税法统一规定的合同条款,其自始无效,更是不言而喻的。

为了廓清诸如此类的混乱现象,国务院于1986年4月21日发布了《中华人民共和国税收征收管理暂行条例》,其中第3条明确规定:"各类税收的征收和减免,必须按照税收法规和税收管理体制的规定执行。任何地区、部门、单位和个人,都不得以任何形式作出同现行税收法规和税收管理体制的规定相抵触的决定。"这条规定的基本精神,显然应当贯彻于在中国境内的一切征税领域。

案例七: 外商某电子公司(供方)与中方某计算机公司(受方)于1985年7月订立转让合同,由前者向后者提供某型电子计算机生产技术图纸以及有关的原材料和零部件。同时规定后者在十年以内不得向其他任何公司引进类似技术以及采购同类型的原材料与零部件。合同上报主管机关审批,主管机关认为该项合同所引进的机型生产技术并不十分先进,而且其中限制条件要求过苛,拒绝批准,驳回重议。主管机关这样处理的主要法律依据是1985年5月24日国务院发布的《中华人民共和国技术引进合同管理条例》第9条第2款和第4款,

---

[55] 参见《关于修改〈中华人民共和国中外合资经营企业所得税法〉的决定》(全国人民代表大会常务委员会1983年9月2日通过)第1项。

[56] 按《中华人民共和国个人所得税法》的规定:个人工资、薪金所得,适用超额累进税率,月收入超出800元者,其超额部分累进税率为5%—45%;个人劳务报酬所得,股息、特许权使用费所得等,适用比例税率,税率为20%。参见该法第3条及所附税率表。

据报道:上海石油化工总厂在与港商洽谈合资经营项目时,也遇到了港方企图规避缴纳个人所得税的问题。港商曾经提出双方高级职员的工资应在各方的利润中支付。化工总厂的法律顾问及时、敏锐地指出:这样做,实质是规避和违反了中国的《个人所得税法》。他们劝说对方依法办事,从而避免了日后双方都陷于被动的局面。参见《民主与法制》1986年第1期,第8页。

[57] 如广州某中外合资经营酒家的合同中规定:在还清外商全部投资资本本息后,才开始缴纳企业所得税,这显然是违反有关税法的起征时间规定的。参见《中华人民共和国外汇管理暂行条例》第4条第2款;《厦门经济特区土地使用管理规定》(1984年7月14日)第9条;《深圳经济特区土地管理暂行规定》(1981年11月17日)第5条。

即禁止供方"限制受方自由选择不同来源购买原材料、零部件或设备",禁止供方"限制受方从其他来源获得类似技术或与之竞争的同类技术"。

该条例概括地规定"供方不得强使受方接受不合理的限制性要求"的同时,进一步具体列举了九种限制性条款,明文规定:非经合同审批机关**特殊批准**,一概不得把此类条款列入合同。换言之,除了上述两种以外,还有七种限制性条款,也在一般禁止之列:(1)要求受方接受同技术引进无关的附带条件,包括购买不需要的技术、技术服务、原材料、设备或产品;(2)限制受方发展和改进所引进的技术;(3)双方交换改进技术的条件不对等;(4)限制受方利用引进的技术生产产品的数量、品种或销售价格;(5)不合理地限制受方的销售渠道或出口市场;(6)禁止受方在合同期满后,继续使用引进的技术;(7)要求受方为不使用的或失效的专利支付报酬或承担义务。[58]

五、两起涉嫌"欺诈"的涉外合同纠纷

如前所述,在《经济合同法》与《涉外经济合同法》中,都有专门条款明文规定:采取欺诈或者胁迫手段订立的合同无效。[59] 从广义上说,采取上述手段订立的合同也是一种违法合同,因为各国法律都无一例外地禁止一方当事人用这些手段使对方在违背真实意思的情况下"同意"签约。但从狭义上仔细分析,"违法合同"一般指的是立约**内容**上的违法,而对于通过欺诈或胁迫所签订的合同,则着重强调其立约**手段**上的违法。不论是立约内容上的违法,还是立约手段上的违法,都势必导致合同无效。

近年来,有两项涉港合同,因涉嫌"欺诈"分别在福建某市引起了纠纷。双方对簿公庭,引人注目。

一项是该市某皮革工业公司诉香港某实业公司案。原告于1981年3月向被告订购从联邦德国进口的碎牛皮71500磅,价款为393250港元。双方约定采取"付款交单"(documents against payment,D/P)方式,并可由买方**验货后再付款**。1981年5月,首批(1/5)碎牛皮运抵厦门,原告(买方)验收时发现碎牛皮面积太小,不符合约定规格者竟达50%。双方协商调换,数年未决。原告不愿付款,被告应交的其余4/5

---

[58] 参见《中华人民共和国技术引进合同管理条例》第9条。
[59] 参见《经济合同法》第7条第2款;《涉外经济合同法》第10条。后来,《民法通则》第58条第3款更明确地规定,若一方以欺诈、胁迫的手段或者乘人之危,使对方在违背真实意思的情况下所为的民事行为,无效。

碎牛皮亦不再交货。原告遂于 1984 年 7 月向该市人民法院起诉,指控被告(卖方)在供货中以小充大,以次充好,不符合合同质量条款,涉嫌欺诈取财。要求赔偿因碎牛皮质量不适于生产加工所造成的经济损失 33000 余元人民币。

被告辩称:合同中载明碎牛皮每块面积应为"**十五平方公分**"以上。卖方供货,完全符合合同所定规格,毫无"欺诈"可言。同时,按国际贸易惯例,双方约定的"付款交单"(D/P)方式,理应是原告(进口买方)付款之后才能向代收银行领取货运单据并凭单提货,但原告竟未付款就取单提货,提货后不但不付款,反而要索赔三万余元人民币,实属蛮横无理,赖债诈财。

本案争执主要点在于:(1)买方何以不付款就提货?提货后何以仍不付款?(2)碎牛皮面积大小究竟是否符合原先约定的规格?(3)原被告两造对有关事实,何以各执一词?

经查:被告(卖方)于首批碎牛皮发运后,曾将提单副本寄给原告,原告即凭此提单副本将货提出(仓管发货人员疏忽,把副本误认为正本),根本没有向代收银行付款取单。原告认为,既然双方曾经约定"可由买方验货后再付款",则在付款前为验货而提货,是合情合理、无可厚非的。至于提货、验货后因发现碎牛皮质量不合约定规格而拒付货款,更是理所当然的。

因此,决定性的关键问题仍在于碎牛皮的面积规格。初查合同文字,确实有利于被告,因其中载明要求被告供应的碎牛皮可以"大小不等,但十五平方公分以下者不得超过百分之四。"按此种面积规格检验,被告所供碎牛皮百分之百合格,货品质量超过合同要求。但是,深入调查之后,才弄清原告在订立合同之际,曾向被告提交皮革工厂生产所需的碎牛皮样品,样品上写明"碎牛皮最小不得小于一个**巴掌**"。如按合同文字所载"十五平方公分"计算面积,则只相当于一个**火柴盒面**,可见合同文字所载,并非原告购货真意,即合同文字中的意思表示违背原告真意。根据原告申述的日常生产用途,特别是根据上述样品物证及物证上的文字,足以认定原告的真实意思应是采购"15 公分×15 公分"面积的碎牛皮,即采购相当于"一个巴掌"大小而不是相当于一个火柴盒面大小的碎牛皮。经法院邀请该市商检局专家,会同原告、被告双方,查询洽谈订约过程中的各项细节,最终确认如上。被告面对事实,自知理亏,对此也不再持有异议。

众所周知,国际商品供销合同中的品质条款,通常可区分为凭样品买卖(sales by sample)与凭规格买卖(sales by specification)两大类。本合同则存在两类标准同时混用而又互相矛盾的复杂情况。原、被告各执一端,相持不下,法院并未简单地肯定任何一造,而是通过细致的调查和取证,澄清了真意,解决上述矛盾,这是值得称道的。

另一方面,原告方的过错在于:第一,指派的洽谈签约人员缺乏数字常识,在合同文字中把"15cm×15cm"表述为"十五平方公分"(实为225平方公分),予被告方以可乘之机。幸亏立约时附有采购样品并另附有文字说明,否则就"有理说不清"了。第二,原告方验货后认为质量不合格,本可以拒绝付款并要求退货,或者是退货之后提出索赔,但均未按此办理。原告收货之后,既不退货,又不付款,自属无理。第三,被告方曾向原告方提出允许退货,原告鉴于还有4/5碎牛皮未交货,未作明确回答及妥善处理。

经人民法院调查和调解,原告、被告双方都明确了各自的责任所在。鉴于讼争旷日持久,对双方都十分不利,双方自愿和解,被告将首批小片碎牛皮无偿赠送给原告,以补偿原告因合格碎牛皮生产原料供应不上所造成的部分经济损失。原订合同予以解除,其余4/5碎牛皮不再交货、不再付款。法院于1984年11月10日裁定:准如原告所请,撤诉结案。诉讼费由原告负担。

另一项涉港经济合同因涉嫌"欺诈"所引起的讼案,是福建省A市房主19户联名诉香港某投资公司及该市D开发公司案。案情梗概如下:

> 1981年,被告方两家公司决定合作在A市新区兴建多座公寓大楼。双方商定:香港某投资公司负责提供建房资金、在港澳地区及东南亚各国进行售楼广告宣传、办理售楼合同手续;该市某开发公司负责申请建屋用地、招工承建、在该市进行售楼广告宣传并办理售楼合同手续。1982年间,在港售出公寓22单元,在A市售出12单元。1982年9月,首批两座大楼竣工。34家业主住户迁入后,发现墙面、地面、门窗、水管等多项质量问题,同时房屋实用面积小于该市售屋广告面积(广告称:实用面积可达建筑面积的85%以上,实际上各套公寓的实用面积只在73%—76%之间)。其中19家房屋业主(分别为外籍华人、华侨、香港居民及国内侨属)联名于1984年7月向人民法院起诉,指控前述两家公司"虚构面积,欺骗买主",所售房屋偷工减料,质量有严重瑕疵,对买主造成重大损失,要求判处被告两家公司另建合格楼房履约,或解除原先的房屋买卖合同,双方互相退款、退屋,并由被告赔偿原告因被欺骗购屋所受一切经济损失。

被告香港某投资公司辩称:售屋统一合同的条款文字以及售屋广告的文稿和图样,均由建屋合作双方共同商定。广告内容与合同内容相符,并无虚夸和欺骗买主情节。关于楼房实用面积的计算,因考虑到售屋对象主要在海外和香港,故双方商定依据香港房地产买卖的商业习惯,采用香港通常使用的一种计算方法,房屋实用面积已达85％,并在每份售屋合同中都附有面积计算图表和具体尺寸。因此,售屋合同签约时买卖双方对合同内容的理解是一致的,不存在卖方欺诈香港和海外买主及其国内亲眷问题。至于建房质量问题,可由合作建房的两家公司会同承建工程公司负责维修补救。

被告 A 市 D 开发公司的答辩理由与上述香港公司大体相同。问题在于,在 A 市成交签约的12项售屋合同,并未附有面积计算图表。如也按香港地区通用的那种计算方法,实用面积可达85％,即与该市广告内容相符。但是,如按 A 市通行的关于实用面积的计算方法,实况与广告内容就有一定差距。D 开发公司辩称:A 市广告内容与香港广告内容是一致的,实用面积均按香港惯用方法计算。在该市成交签订的售屋合同中虽未附有面积计算图表,但各有关买主在签约之前均已询明情况并曾到建屋现场就地察看各单元实物位置和实际面积,当时并无任何异议。因此,买卖双方对合同的理解也是一致的,卖方并无欺诈情事。

市人民法院经过调查、取证、庭审,还特地聘请当地多家房建工程单位的八名工程师组成鉴定小组,对前述两幢大楼多次进行质量鉴定,确认了房屋内外装修方面存在的各项具体问题。最后作出综合判断:(1) 房屋实用面积问题,是由于原告、被告双方对计算方法的事后解释不同引起的。但在合同签订当时,买卖双方对实用面积的理解和意思表示是清楚的、一致的和真实的,因此,不能认为有关经济合同因一方受欺诈而自始无效,或任意加以撤销、解除。它们在法律上仍有拘束力,双方均应认真履行。(2) 鉴于被告一方在履行合同质量条款上有多项缺陷,影响业主住户正常生活,应由被告两家公司承担经济责任,由它们会同建筑承包工程公司负责维修补救,并由市建筑质量监督机构监督执行。根据上述认定,市人民法院于1986年4月8日作出相应的公开判决。

原告一方对上述第一审判决表示不服,已上诉于福建省高级人民法院。二审(即终审)判决如何,迄本文撰写时止,尚未揭晓。

福建省有关法学界人士对上述第一审判决看法不尽一致。

一种意见认为:上述一审判决大有商榷余地。因为:第一,按照国际私法中的冲突规范(conflict rules or choice of law rules,亦称"法律适用规范"或"法律选择规范"),对于涉外合同内容合法性的认定以及对于合同内容的解释,一般应以**"合同缔结地法"**(*lex loci contractus*)作为准据法。[60] 衡诸本案,似应以香港法律为准。但是,在国际私法冲突规范中,还有一条关于适用"合同履行地法"(*lex loci solutionis*)

---

[60] 参见韩德培主编:《国际私法》,武汉大学出版社1983年版,第50页。

的准则,一般用于解决合同履行方面的纠纷问题。[61] 本案争端发生在履行过程中,而履行地又在中国内地的 A 市,自应以该市民间通行的住房面积计算规则和惯例作为判断原、被告有关房屋面积纷争孰是孰非的准据。第二,按照国际惯例,有关不动产权益的涉外争端,一般应适用"物之所在法"(lex situs)作为解决问题的准据法。[62]《民法通则》第 144 条明确规定,不动产的所有权,适用不动产所在地法。足见中国已经同意接受这一国际惯例。本案所涉的全部房屋既都是坐落在福建 A 市的不动产,则有关此项不动产面积计算问题上的意见分歧,自应以该市通常的住房面积计算惯例作为判断是非的圭臬。第三,特别是在该市成交签约的那 12 个单元住房的售屋合同,无论是按"合同缔结地法"准则、"合同履行地法"准则,还是按"不动产所在地法"准则,均应采取该市惯用的面积计算标准加以解释,更属毫无疑义。第四,本案一审判决对被告一方的主张加以认可和肯定,认为应以香港通行的面积计算惯例作为解释合同的标准,这不但不符合国际私法上的前述各项冲突规范准则,也颇不利于法律上切实保护中国内地公民的应有权益。总之,事关中国国家主权、法律尊严和公民权益,在选择和确定解决涉外经济合同纠纷的准据法时务必三思,不可不慎之又慎。

与此相反,另外一种意见认为:上述第一审判决是正确的。因为:

第一,国际私法冲突规范——法律选择规范中,有一条举世公认、广泛实施的当事人"意思自治"(autonomy of will)原则,即在一定条件下,允许各方当事人在缔结涉外合同时自己约定适用某国某地的法律。[63] 中国《涉外经济合同法》第 5 条规定:"合同当事人可以选择处理合同争议所适用的法律",后来,《民法通则》第 145 条也重申了这一点,[64] 足见中国已经同意接受国际通行的当事人"意志自治"原则。在这种情况下,就国际私法各种冲突规范的适用、实施而言,当事人"意思自治"这一准则的地位和层次,一般地应当高于、优先于"合同缔结地法"和"合同履行地法"等准则。换言之,既然承认当事人有选择契约准据法的自主权,那么,当事人一经明示特定选择,就理应排除此种选择以外的其他准则的适用。衡诸本案,作为被告的中国内地和香港两家公司事先自行商定,按香港房地产买卖的商业习惯计算所建商品房屋的实用面积,对于当事人这种并非违法行为的"意思自治",法院自应予以认可和尊重。

---

[61] 参见韩德培主编:《国际私法》,武汉大学出版社 1983 年版,第 51 页。
[62] 同上书,第 120—121 页。
[63] 同上书,第 51 页。
[64] 《民法通则》专辟一章,题为"涉外民事关系的法律适用"。其中第 145 条规定:"涉外合同的当事人可以选择处理合同争议所适用的法律,法律另有规定的除外。"第 150 条规定:"依照本章规定适用外国法律或者国际惯例的,不得违背中华人民共和国的社会公共利益。"可见,当事人选择适用法律的自主权,受到一定的但书限制。这些限制也同样体现在《涉外经济合同法》的有关条文(第 4 条、第 5 条第 2 款)中。

就原告、被告双方(即房屋买卖双方)在香港成交签约的 22 单元售房合同而言,由于所附面积计算图表明白无误,双方签约时对住房面积的理解应当是一致的,双方签约时的意思表示也应当是真实的和一致的。对于双方基于真实意思表示而达成的协议——合同,法院同样应当本着认可和尊重当事人意思自治[65]的原则,承认其法律效力。

第二,就原、被告双方在福建成交签约的 12 单元售屋合同而言,虽然未附面积计算图表,但买方在签约之前既已实地勘察目睹实物(即售屋合同中的标的物),则买主签约也应认定为基于个人自由意志和真实意思表示,因此,不应主张因受诈欺而所签合同自始无效或应予撤销。

第三,诚然,国际惯例及中国《民法通则》都肯定不动产**所有**权的涉外争端应按不动产所在地的**法律**处理。但是,此种国际惯例或条文的含义,指的是不动产所有权客体的法定范围、不动产所有权本身的法定内涵及其行使,一般应依物之所在地法决定;不动产所有权的取得、转移、变更和消灭的法律方式和法律条件,一般应依物之所在地法决定。[66] 因此,不能任意扩大这种国际惯例或条文的真实含义,随便把诸如不动产所在地有关住屋面积的通常计算方法,也认定为当地的**法律**或具有法律效力的强制性规定,进而主张当事人只有服从的义务而无选择、规避的权利。衡诸本案,前述福建 A 市通行的住屋面积计算方法,本身并非法律,也未见有什么法令加以肯定和强制推行,因此不能把它认定为"不动产所在地的法律",它并不具备法律的权威性、约束性和强制性;换言之,售屋合同当事人双方如有真实的、自由的意思表示,就可以不受此种住屋面积计算方法的约束。当然,如果问题牵涉到上述房屋的业主(不动产所有权人)对于自己的房产是否可以全盘享有占有、使用、收益和处分的权利,是否可以在自己的房产上设置典权、抵押权,在房产所有权的取得、转移、变更或消灭上,应当具备何种法定条件和履行何种法定手续,等等,凡此,都是涉及不动产所有权的**法定内涵**和**法定外部条件**问题,那就务必要遵守中华人民共和国有关不动产所有权的各种法规(包括省、市的地方性法规)的具体规定,严格依法办事,涉外合同当事人不得规避或违反。否则,就会导致有关民事行为的违法和无效。

第四,从宏观上说,法律是上层建筑,是为经济基础服务的。在经济上实行对外开放,加强对外经济贸易交往,是中国的长期国策。中国的立法和司法,亦应以此种

---

[65] "意思自治"一词,通常有广、狭二义。狭义的"意思自治",指的是当事人有选择契约准据法的自由,属于国际私法的范畴;广义的"意思自治",指的是当事人有订立契约的自由,即"契约自由"或"契约自治"原则,属于民法的范畴。本文此处是从广义上使用此词的;而在前面论及法律选择问题时,则是从狭义上使用此词的。参见《中国大百科全书》(法学卷),中国大百科全书出版社 1984 年版,第 95、464 页。

[66] 参见韩德培主编:《国际私法》,武汉大学出版社 1983 年版,第 123 页。

国策作为指导,从而对此种国策的贯彻实现加以保证和促进。前述《涉外经济合同法》和《民法通则》关于允许涉外合同当事人有权在一定条件下自行选择合同争议准据法的规定,就体现了这种精神。在上述国际惯例已为国际社会所广泛承认和采用的情况下,中国的国内立法也作出类似的规定,这样做,不但无损于中国的国家主权和法律尊严,而且正是在各国主权平等基础上实行的国际互利立法,是促进国际经贸往来的正常的、必要的措施。国家主权尊严,当然必须坚持和维护,但不能对主权问题作僵化的理解。特别是有关中国对香港恢复行使主权的问题,已经在 1984 年 9 月的《中英联合声明》中得到肯定,在这种情况下,对于通行于香港地区的某些习惯做法(包括住屋面积的通行计算方法,等等),只要它并不违反内地的法律和社会公益,就没有理由不允许涉港经济合同的当事人自行抉择采用。

基于以上四点理由,应当认为福建省 A 市人民法院对上述售屋合同争端的第一审判决是正确的。

不过,也有人认为上述一审判决只能说是基本正确,它还有不足之处。例如,它只责令被告一方负责对新屋进行维修补救,而未针对由于被告提供的商品房屋含有多项质量瑕疵、造成原告长期生活不便和精神苦恼等情节,进一步追究被告的民事责任,责令他们赔偿原告在物质上和精神上所受到的各种损害;对于原告方因起诉而支付的各种费用(包括律师聘请费等),也未责令被告方予以补偿。

六、无效合同的处理和预防

无效经济合同的出现,对于社会经济秩序和当事人合法权益说来,都是一种消极、有害的现象。无论国家机关还是合同当事人,对于已经出现的无效合同,应当及时妥善处理,对于可能出现的无效合同,更应多方设法预防。

有鉴于此,中国国家工商行政管理局于 1985 年 7 月 25 日发布了《关于确认和处理无效经济合同的暂行规定》。其中的基本原则,当然也适用于无效的涉外经济合同。

无效经济合同的确认权和处理权,属于各级工商行政管理局和人民法院。[67] 上述暂行规定把无效经济合同大致分为合同主体不合格、合同内容不合法以及无效代理三类,每类各包含三四种,共计十一种。[68] 除有关当事人可以诉请法院对无效经

---

[67] 参见《经济合同法》第 7 条第 3 款。
[68] 参见国家工商行政管理局《关于确认和处理无效经济合同的暂行规定》第 1 条。

济合同加以确认和处理外,工商行政管理局对在日常工作检查中发现的或者第三人告诉的无效经济合同,也应当立案处理,并按一定程序在查明事实、分清责任的基础上,制作"无效合同确认书"。[69] 确认书一经正式生效并交付执行,即应认定有关的经济合同从设立时起就没有法律约束力;合同尚未履行的,不得履行;正在履行的,应立即终止履行;合同被确认为部分无效的,如不影响其余部分的效力,其余部分仍然有效。[70]

对于无效经济合同造成的财产后果,应根据当事人过错大小,用返还、赔偿、追缴三种方法处理:

(1) 返还财产:使当事人的财产关系恢复到合同签订以前的状态。当事人依据无效经济合同取得的标的物,应当返还给对方。如果标的物已不存在或已被第三人合法取得,因而不能返还时,可按赔偿损失的方法折价赔偿。

(2) 赔偿损失:由有过错的一方对自己给对方造成的损失承担赔偿责任。如果双方均有过错,应按责任的主次和轻重,分担经济损失中的相应份额。

(3) 追缴财产:对当事人故意损害国家利益的行为采取必要的经济惩罚。如果双方都是故意的,应追缴双方已经取得或者约定取得的财产,收归国库。如果只有一方是故意的,故意的一方应将从对方取得的财产返还给对方;非故意的一方已经从对方取得或约定取得的财产,应予追缴,收归国库。在追缴故意一方当事人的财产时,必须切实注意保护非故意一方当事人的合法利益。[71] 这些原则性规定,是若干年来主管当局处理无效经济合同的经验总结,也是现阶段正确处理无效经济合同的法律规范。本文前面所援引和评述的各项涉外经济合同,在被正式确认为无效合同之后,虽因情节不同而处理各异,但略加分析归纳,确实也不外乎是上述三种方式:返还、赔偿、追缴,或三者分别单独使用,或其中两者合并使用,或三者同时兼施。如此处理,确已取得了明显的、积极的社会效果。

但是,亡羊补牢,虽未为晚,毕竟不如曲突徙薪,防患于未然。"一分预防,胜似十分治疗"!这是医学界的信条,它对于医治社会病象之一——无效经济合同来说,同样具有指导意义。有鉴于此,中国国家工商行政管理局于1985年8月13日进一步发布了《关于经济合同鉴证的暂行规定》。

鉴证制度的核心,是经济合同管理机关根据双方当事人的申请,依法证明经济合同的真实性和合法性。除国家法令另有规定者外,应按当事人自愿的原则,实行

---

[69] 参见国家工商行政管理局《关于确认和处理无效经济合同的暂行规定》第3条。
[70] 参见国家工商行政管理局《关于确认和处理无效经济合同的暂行规定》第2条。
[71] 参见国家工商行政管理局《关于确认和处理无效经济合同的暂行规定》。这些具体规定的主要依据,是《经济合同法》第16条。其整体精神,亦体现于后来颁行的《民法通则》第92条、第111—113条、第117条。

对经济合同的鉴证。[72] 工商行政管理局是国家法定的经济合同鉴证机关。鉴证手续一般由合同签订地或履行地的工商行政管理局办理。[73]

鉴证机关在收到合同当事人的自愿申请后,应当依照国家法律、行政法规和有关政策的规定,着重从以下四个方面审查合同的有关条款:[74]

(1) 签订经济合同的当事人是否合格,是否具有权利能力和行为能力;

(2) 经济合同当事人的意思表示是否真实;

(3) 经济合同的内容是否符合国家的法律、政策和计划的要求;

(4) 经济合同的主要条款内容是否完备,文字表述是否准确,合同签订是否符合法定程序。

申请鉴证的各方当事人可亲自前往鉴证机关办理手续,亦可书面委托他人代办。申请人应当提供:经济合同正本和副本;营业执照或副本;签订经济合同的法定代表人或委托代理人的资格证明;其他有关证明材料。[75]

鉴证人员在认真审查各方当事人提供的上述文本和材料之后,如认为全部真实、合法,符合鉴证条件,即应在合同文本上签名并加盖工商行政管理局经济合同鉴证专用图章。如发现经济合同内容不真实、不合法,应即向当事人说明不予鉴证的理由,并在合同文本上注明。[76]

如前所述,近年来涉外经济合同中,因违反中国法律或社会公益而归于无效者,就有关当事人的主观状态和法律意识而言,不外是明知故犯、侥幸轻率、"法盲"犯法三类。其中第二类和第三类占相当大的比重。普遍地推行经济合同鉴证制度,可以使后两类当事人得到及时的指导和提醒,增加法律知识和增强守法意识,及时修改合同有关条款,从而避免日后的无谓纠纷和无谓损失,使自身的合法利益受到应有的法律保护。有些当事人(特别是对中国法制比较陌生的外商)担心:如果合同条款中有违法内容,在申请和提交鉴证过程中被发现,可能受到惩处。其实,这是不必要的顾虑。违法条款未经实施即在鉴证中被发现并及时改订,这正是上述法规所鼓励的,不存在因此受罚的问题。至于对那些明知故犯的不法之徒来说,此种合同鉴证制度无异设下了一道重大障碍,使其违法、犯法经济活动难以得逞,至少不能通行无阻。而鉴证制度广泛施行之后,凡是未经鉴证机关认可和鉴证的经济合同,虽然未必违法、无效,但在合同当事人以外的各方关系人中,就较难获得一般的"社会承

---

[72] 参见国家工商行政管理局《关于经济鉴证合同的暂行规定》第1、2条。
[73] 参见国家工商行政管理局《关于经济鉴证合同的暂行规定》第3条。
[74] 参见国家工商行政管理局《关于经济鉴证合同的暂行规定》第4条。
[75] 参见国家工商行政管理局《关于经济鉴证合同的暂行规定》第7条。
[76] 参见国家工商行政管理局《关于经济鉴证合同的暂行规定》第9条。

认"。日积月累,由此逐步形成的社会心态,势必反过来大有助于提高整个社会的法律意识和守法观念,大有助于社会经济秩序的正常、安定和健康发展。

中国在经济上实行对外开放、促进对外经贸往来的政策,已经深入人心,受到举世欢迎。在涉外经济合同中,各方当事人若能认真贯彻"合同必须信守"原则,同时自觉地预防和抵制违法合同的产生和出现,则无论对于中国的四化建设,对于友好国家和世界的经济繁荣,还是对于当事人的经济事业,显然都是大有裨益的。

第 2 章 跨国商品代销中越权抵押和争端管辖权问题剖析

——意大利古西公司 v. 香港图荣公司案件述评

>> 内容提要

意大利古西公司诉香港图荣发展有限公司一案中,原被告双方签订了两份代销合同、一份销售合同,约定由被告代销原告的"GUCCI"名牌系列产品。合同履行过程中,被告严重违约,既逾期一年多不偿还代销货物的价款,又不交还逾期未能销出的剩余产品,甚至谎称拥有代销货物的完全所有权而将之作为贷款抵押,致使原告合法利益受到重大损害。原告在代理律师的帮助下,及时参讼,据理力争,并及时申请"财产保全"和"先予执行",其合法权益获得了中国法律的有力保护。

>> 目 次

一、本案案情梗概

二、本案民事诉状

(一) 两份代销合同的约定

(二) 一份销售合同的约定

(三) 香港图荣公司严重违约侵权

(四) 意大利古西公司请求参讼维权

三、本案争端管辖权问题剖析——对图荣公司答辩状的反驳

(一) 对本案实行管辖完全符合中国法律和国际惯例

(二) 对本案放弃管辖有损中国法律尊严和中国法院形象

四、本案讼争商品所有权问题剖析

(一) 本案讼争的标的物的所有权属于意大利古西公司

(二) 古西公司不能为图荣公司的过错负责

附录

一、古西公司财产保全申请书
二、古西公司先予执行申请书

一、本案案情梗概

意大利古西公司于 1992 年 6 月 30 日与香港图荣发展有限公司（简称"图荣公司"）签订了两份代销合同、一份销售合同，约定代销或销售意大利古西"GUCCI"名牌系列产品。三份合同所涉总金额为 1791 万余美元。这三批货物均按图荣公司指定的交货地点运入厦门，存放在厦门市商业储运公司（简称"厦储公司"）的**"保税仓库"** 中。图荣公司对外谎称对上述全部货物"拥有永久、全部的所有权"，在 1992 年 10 月 12 日与厦储公司订立合作协议，随后不久，又与厦门东方发展有限公司（简称"东方公司"）订立借贷协议，由东方公司贷给图荣公司 100 万美元，图荣公司则从古西公司委托图荣公司代销的厦门存货中，拨出价值 600 万美元的名牌产品，作为贷款抵押物。事后，图荣公司违约，不但长期欠交应向厦储公司缴纳的仓储费，而且逾期不偿还东方公司的美元贷款。1993 年 11 月图荣公司向厦储公司提货，厦储公司以其久欠仓储费为由拒绝发货。东方公司则从古西公司在厦存货中拨出价值 140 美万元的产品，削价出售获得 20 万美元，用以抵债，并将继续甩卖其余价值 460 万美元的古西厦门存货，以便得款抵债。图荣公司提货未果，遂于 1993 年 12 月 5 日以厦储公司为被告，向法院起诉要求厦储公司放货。因涉案金额巨大，折合 1.4 亿余元人民币，且案情复杂，故由福建省高级人民法院作为第一审法院直接受理。

在此之前，古西公司因图荣公司严重违约，既逾期一年多不偿还代销货物的价款，又不交还逾期未能销出的剩余产品，曾经多次催讨已售产品的货款和要求退还未售产品原物，均被图荣公司以各种借口敷衍搪塞，迄无结果。直至 1993 年 11 月图荣公司、厦储公司双方已经卷入诉讼并即将对簿公堂，古西公司才获知信息，"如梦初醒"，对于受图荣公司长期蒙骗感到十分震惊和愤怒，遂求助于兼职律师陈安、王志勇和吴翠华。律师代表古西公司向福建省高院申请依中国民事诉讼法有关规定以"第三人"身份直接参与上述以图荣公司为原告、以厦储公司为被告的诉讼。图荣公司眼看骗局即将败露，委托北京律师针对古西公司直接参与本案诉讼的请求，向法院提出"管辖权抗辩"。所持的主要理由是：古西公司与图荣公司签订的代销合同中规定了争端管辖条款,约定一旦发生争端应提交意大利米兰市法院处断。古西方代理律师依据国际通行的惯例和中国民事诉讼法的有关规定,力争应由中国法院受理此案。

1994年3月22日,福建省高院开庭审理本案,原告图荣公司的法定代表人及其代理律师胆怯缺席。诉讼程序照常进行。法庭调查基本澄清了事实真相,梳理了涉案的先后五项合同和协议订约各方的权利义务,解开了纠缠在一起的"疙瘩"。庭后,在有关审判员和各方律师参加下,古西公司与厦储公司、东方公司达成了协议:(1) 将厦储公司仓库中剩余的存货全部归还原物主古西公司;(2) 由古西公司对厦门两家公司因图荣公司的蒙骗和违约行为而遭受的损失给予一定补偿。

在福建省高院正式开庭审理本案之前约两个月,古西公司鉴于厦门存货可能被图荣公司或其他债权人转移、盗卖或拍卖,特依法向法院申请对厦门存货予以"财产保全";在开庭之后,法院作出正式判决之前,古西公司鉴于上述存货滞存已久,仓储条件欠佳,为防止名牌产品款式"老化"、发生霉变,又依法向法院申请"先予执行",请求准予早日提货出仓,以便及时销售。1994年8月2日,福建省高院作出裁定,同意"将现存于厦门商业储运公司的所有GUCCI牌产品全部运出保税仓库",予以销售。意大利当事人对于本案纠纷及时获得公正、公平处断,其合法权益获得中国法律的有力保护,深表满意。

以下根据当时笔者接受古西公司委托,先后书写并呈交福建省高院的《民事诉状》《对图荣公司〈答辩状〉的反驳》《代理词》《财产保全申请书》以及《先予执行申请书》,综合整理,撰成本文。

二、本案民事诉状

原告:意大利古西公司(Guccio Gucci S. P. A)
[地址、电话、传真、诉讼代理人、法定代表人等,从略]
被告:香港图荣发展有限公司(Two Wins Development Ltd.)
[地址、电话、传真、诉讼代理人、法定代表人等,从略]
直接关系人:厦门市商业储运公司
[地址、电话、传真、诉讼代理人、法定代表人等,从略]
案由:代销合同纠纷、产品所有权纠纷,并直接涉及仓储合同纠纷

（一）两份代销合同的约定

意大利古西公司（以下简称"原告"）与香港图荣发展有限公司（以下简称"被告"）于 1992 年 6 月 30 日签订了两份"GUCCI"名牌系列产品的代销合同。双方约定：

(1) 被告负责代销两批 GUCCI 产品，其总值为 12073078 美元＋3945032 美元＝16018110 美元。被告同意按上述总值在签约后 6 个月以内（即 1992 年 12 月 30 日以前）向原告付清全部价款。

(2) 交货目的地由被告指定。运费及保险费由原告承担。

(3) 被告在 1992 年 12 月 30 日以前如未能将上述产品代售完毕并付清全部价款，应即将原货返还给原告。

(4) 上述产品只能在中国内地销售，不得在香港销售。

现在，售货和付款期限已过，被告严重违约，至今逾期一年多，不但分文未付还货款，也不按合同规定迅速将原货返还原告，使原告蒙受严重经济损失。

（二）一份销售合同的约定

原告与被告在 1992 年 6 月 30 日签订了另一份"GUCCI"产品的销售合同，双方约定：价款为 1898202 美元；交货地点为厦门市商业储运公司；1992 年 7 月底以前交货完毕；交货完毕后 180 天以内还清全部价款。

现在，被告严重违约，迄今还款期限已逾期一年多，货款分文未付，也不将原货退还原告，致使原告蒙受另一份严重经济损失。

（三）香港图荣公司严重违约侵权

现已查清：

(1) 上述货物目前均储存在厦门市商业储运公司（以下简称"商储公司"）的保税仓库中。

(2) 1992 年 10 月 12 日，被告与商储公司签订了一份有关"GUCCI"上述货物仓储业务的合作协议书，其中第 2 条第 2 款第(5)项竟公然声称上述"GUCCI"产品的"所有权永远、全部属于"被告所有；被告"拥有全权处理其 GUCCI 产品"。

(3) 合作协议书中没有片言只字说明这三批"GUCCI"产品的真正所有权人（即货主）乃是意大利古西公司，从而隐瞒和歪曲了这批商品的所有权全部属于原告的真相。

鉴于被告严重违约,迄今既不付款,又不还货;鉴于被告在上述合作协议书中隐瞒真相,谎称对上述货物拥有永远、全部的所有权,势必使原告遭受更严重的经济损失,原告不得不请求贵院给予法律保护。

(四) 意大利古西公司请求参诉维权

意大利古西公司获悉:被告图荣公司已于1993年12月5日向贵院起诉,要求厦门市商业储运公司立即同意图荣公司提取上述全部货物,贵院已决定立案受理并已于同年12月15日向厦门市商业储运公司发出"应诉通知书"。根据《中华人民共和国民事诉讼法》第56条的规定,古西公司曾于1993年12月27日正式向贵院申请,作为本案的第三人,直接参加本案的诉讼。现特再次备状,重申上述请求,**并恳请贵院作出如下判决:**

(1) 被告应立即向原告付清上述三批"GUCCI"名牌产品的全部价款17916312美元,或立即负责将上述货物全数返还给原告。

(2) 被告应赔偿因被告严重违约给原告造成的一切经济损失。

(3) 本案涉及的诉讼费及律师费用等全部由被告承担。

谨呈

中华人民共和国福建省高级人民法院

意大利古西公司
1994年1月28日

三、本案争端管辖权问题剖析——对图荣公司答辩状的反驳

福建省高级人民法院经济庭:

收到图荣发展有限公司1994年1月15日的答辩状后,意大利古西公司认为图荣公司提出的关于中华人民共和国福建省高级人民法院对本案没有管辖权的"答辩"不能成立,其事实和理由如下:

(一) 对本案实行管辖完全符合中国法律和国际惯例

依法行使对涉外民事案件的司法管辖权,是坚持和维护国家主权的一种具体体现。在合理的程度上尽可能地扩大本国对境内涉外案件的司法管辖权,是

近数十年以来日益强化的国际惯例。

根据举世公认的主权观念和由此产生的"属地优越权"(supremacy of territory)原则,主权国家对于本国领土上(或本国境内)的一切人和事,享有独立的、排他的管辖权。第二次世界大战结束以后数十年来,众多原先的弱小民族纷纷挣脱殖民枷锁,实现了本国的独立自主。从近数十年以来世界各国涉外民事案件管辖的实践来看,扩大本国司法管辖权乃是一切国家,特别是众多发展中国家的发展趋势。这一发展趋势和时代潮流已逐渐形成各国民事诉讼法的重要立法原则之一。

中国《民事诉讼法》第243条至第246条的规定以及中国最高人民法院《关于适用〈中华人民共和国民事诉讼法〉若干问题的意见》(以下简称《民诉法适用意见》)第305、306条的规定,都充分地体现了这种基本精神。

兹摘录有关条文如下,俾使对照本案事实,加以分析:

1. 《民事诉讼法》的规定

第243条 因合同纠纷或者其他财产权益纠纷,对在中华人民共和国领域内没有住所的被告提起的诉讼,如果合同在中华人民共和国领域内签订或者履行,或者诉讼标的物在中华人民共和国领域内,或者被告在中华人民共和国领域内有可供扣押的财产,或者被告在中华人民共和国领域内设有代表机构,可以由合同签订地、合同履行地、诉讼标的物所在地、可供扣押财产所在地、侵权行为地或者代表机构住所地人民法院管辖。

第244条 涉外合同或者涉外财产权益纠纷的当事人,可以用书面协议选择与争议有实际联系的地点的法院管辖。选择中华人民共和国人民法院管辖的,不得违反本法关于级别管辖和专属管辖的规定。

第245条 涉外民事诉讼的被告对人民法院管辖不提出异议,并应诉答辩的,视为承认该人民法院为有管辖权的法院。

第246条 因在中华人民共和国履行中外合资经营企业合同、中外合作经营企业合同、中外合作勘探开发自然资源合同发生纠纷提起的诉讼,由中华人民共和国人民法院管辖。

2. 最高人民法院《民诉法适用意见》的规定

305. 依照民事诉讼法第34条和第246条规定,属于中华人民共和国人民法院专属管辖的案件,当事人不得用书面协议选择其他国家法院管辖。但协议选择仲裁裁决的除外。

306. 中华人民共和国人民法院和外国法院都有管辖权的案件,一方当事人向外国法院起诉,而另一方当事人向中华人民共和国人民法院起诉的,人民法院可予受理。判决后,外国法院申请或者当事人请求人民法院承认和执行外国法院对本案作出的判决、裁定的,不予准许;但双方共同参加或者签订的国际条约另有规定的除外。

《民事诉讼法》第243、244、245和246条规定了中国法院对涉外民事案件行使司法管辖权的基本原则。从这些条文规定的逻辑看,很显然,第243条大力强调了中国对本国领域内涉外民事案件实行司法管辖的"属地优越权",并逐一规定了这种管辖权的具体范围。凡属该条文列举的六种情况,即合同签订地、合同履行地、诉讼标的物所在地、可供扣押财产所在地、侵权行为地或代表机构住所地,六者之一是在中国领域之内,即使涉讼被告在中国境内并无住所,也应由中国法院管辖。该条文乃是**强制性**的规定,而绝非**任意性**的规定,强行法(jus cogens),又称强制法、绝对法,指必须绝对执行的法律规范,不允许法律关系当事人一方或双方任意予以伸缩或变更。其相对名称为任意法(jus dispositivum),又称相对法,指可以随意选择取舍的法律规范,允许法律关系当事人在法定范围内自行确定相互间的权利义务关系,并不能按当事人的协议而任意改变。

第244条的规定是在第243条这一前提下,允许当事人作有限制的选择。至于第245条,则是上两条规定情况之外的一种补充——推定性补充,即如果不具备第243、244条的条件,只要被告应诉答辩,便可根据这一事实,推定被告已默示同意接受中国法院的司法管辖。第246条是专属管辖的规定,也贯彻了在合理程度上扩大中国对涉外民事案件的司法管辖权的基本精神。简言之,第243条构成了涉外民事案件司法管辖的基石,而且不论是依据法理上的"紧密联系"原则,或是"实际控制"原则,都足以论证第243条乃是强制性规范。至于第244条的规定,目的也是为了扩大中国法院的管辖范围,而不是为了限制自己的司法主权。

联系到第243条的文字内容,"……可以由……人民法院管辖",其中"可以"一词在这里显然指的是法院的自由裁量和依法认定,而绝不是当事人的任意选择和随心所欲。

第243条作为中国法院对涉外民事案件的司法管辖规定,鲜明地体现了中国在司法管辖问题上的主权。而第244条则是在充分维护中国主权(司法管辖权)的前提下,适度地体现了当事人的"意思自治"。"意思自治"原则绝不能对抗"国家主权"原则,更不能以"约定管辖"为由,排除中国法律对异国受害人弱者的应有保护,或逃避中国法律对异国侵权行为人(不法分子)的应有制裁。

(二)对本案放弃管辖有损中国法律尊严和中国法院形象

在本案中,孤立地、片面地强调"约定管辖",势必背离上述立法精神和法理逻辑，也不利于保护合法权利受侵害的异国弱者当事人的利益，从而有损于中国法律的尊严和中国法院的国际形象。

1. 就本案的实际情况看，发生纠纷的合同标的物是限定在中国境内代销的货物，因而合同的履行地在中国；被告图荣公司在中国境内设有代表机构；合同标的物（即诉讼标的物）至今仍存放在中国厦门商业储运公司的保税仓库内；被告对原告所有权的侵权行为地也显然在中国领域之内；所有这些条件，都完全符合中国《民事诉讼法》第243条的规定，本案应接受中国法院的管辖，乃是理所当然，毫无疑义的。

2. 被告在答辩状中声称：本案涉讼的**"这批货物只是在事实上存放于中国境内的仓库中"**，而诉讼**"标的物在法律意义上不在中国境内"**。其唯一借口乃是这批货物尚未"进关完税"。这种辩解，不但无力，而且近乎荒谬！试问：第一，"中国境内的仓库"难道"在法律意义上不在中国境内吗"？它难道是坐落在公海上？在外国领土上？在火星上？第二，这批货物目前是在中国海关的依法严密监管之下的中国"保税仓库"之中，这难道不是铁的事实，证明这批货物千真万确地"在法律意义上"百分之百地正在中国境内吗？

3. 虽然"代销合同"有"约定管辖"的条款，但是，(1) 被告自1992年12月30日起严重违约至今已一年。(2) 对于争议之标的物，不仅所有权人（即货主）——古西公司现已无法控制，就算意大利米兰法院（协议条款中规定的管辖法院）也根本无法控制和进行有效审理。(3) 被告对其无权处分的争议标的物，已经违法处分了一部分，而且到处对外谎称其拥有"永远的所有权"；此外还存在着其他人的侵权问题（如厦门东方发展公司已经擅自盗卖了其中价值160万美元的"古西存货"，而且还将继续盗卖另外440万美元的"古西存货"）。(4) 原告古西公司提起的诉讼，直接关系到被告对厦门商业储运公司的另一场诉讼，原告古西公司主张自己对争议的标的物拥有所有权，乃是一种**物权**主张，它不应受原先"代销合同"中有关**债权**的"约定管辖"的限制。换言之，"约定管辖"仅仅在法律没有强制性规定的前提下可以约束"代销合同"在订立、履行中的合同债权问题，而现在的实际情况已经远远超出单纯的合同债权问题，并且与福建省高级人民法院正在审理的另一宗诉讼密切相关。因此，福建省高级人民法院对本案行使司法管辖权，是切合实际的，是具有充分法律根据和事实根据的。

4. 意大利古西公司作为讼争合同的债权人，作为受被告以及其他第三人侵权行为侵害的受害人，为了维护自己的合法利益，基于对中国法院执法公正廉明的信任，基于对中国法院办事效率的信任（据原告所知，由于意大利目前政局混乱，法院办事效率极低，本案如由意大利米兰法院管辖，即使历时五年能否结案尚是问题），尤其是基于对中国法律的信任,向中国法院提出了诉讼请求。中国的司法机关如果不考虑已经发生的实际情况,不分析被告妄图利用其居心不良的"意思自治",借口"约定管辖",使其严重违法侵权行为得以逃避中国法律的追究和制裁,势必严重损害中国法律的尊严和中国法院主持正义、扶弱抑强、惩劣安良的良好国际形象。

综上所述,意大利古西公司认为:(1) 中国法院(福建省高级人民法院)对本案拥有完全合法和无可争议的司法管辖权。(2) 原告坚持中国法院对本案拥有司法管辖权,完全合理合法,完全符合实事求是的基本原则。这是严格依据中国《民事诉讼法》的规定,从纠纷的实际情况出发,从最有利于案件的有效审理着眼,以及从判决结果实际有效执行等方面得出的正确结论。(3) 被告人所谓的"**本案系约定管辖案件**",所谓的"**本案并非财产权益纠纷,标的物在法律意义上也不在中国境内**",所谓的"**本案应适用特殊优于一般的原则**",所有这些借口和遁词,如果不是有意曲解,显然就是对有关基本法理,对中国民诉法立法精神的肤浅理解。因此,意大利古西公司恳请贵院依法据理,实事求是,坚持对本案的司法管辖权,驳回被告人的"答辩",维护受害原告人的合法权益。不胜感激!

致

礼

意大利古西公司谨呈

1994 年 1 月 28 日

四、本案讼争商品所有权问题剖析

(一) 本案讼争的标的物的所有权属于意大利古西公司

(1) 这批讼争的物品,是根据古西公司与图荣公司于 1992 年 6 月 30 签署的两份合同,由图荣公司运进中国内地,存放于厦门商储保税仓库之中的。

(2) 根据合同的规定,图荣公司有义务在从合同签订之日起 6 个月内(即至 1992 年 12 月 30 日)将未售出的产品返还古西公司,并支付已出手货物的协议价款。全部货物的协议总价款为 16018110 美元。

(3) 1992 年 6 月 30 日签署的两份合同,其性质属于《意大利民法典》第 1556 条(合同中明确记载的法律条款)规定的"代销合同"。即,根据可退货经售合同(代销合同),一方当事人将一件或多件动产交付给另一方;另一方必须支付价款,除非他在规定期限内返还该物品。

（4）古西公司按"代销合同"规定，承担了运输和保险费用，将合同规定的产品，交付到图荣公司指定的地点。

（5）在合同履行期间，图荣公司除了开出一张到期日为1992年10月5日的50万美元的**不能兑现**的信用证外，未向古西公司支付过任何价款。

（6）合同规定的应当返还产品的期限届满后，图荣公司既不按合同规定支付价款，也不按合同规定返还货物，已构成对合同的违约。

（7）虽然从1993年1月开始，图荣公司多次向古西公司提出延长合同期限3个月（即延长至1993年3月底）和延长付款期限，但都未得到古西公司的同意。1993年12月22日，古西公司最后一次通知图荣公司，年内应将应返还的全部产品运回给香港古西公司。至今，由于图荣公司与厦门东方发展公司的纠纷，这批产品仍滞留在厦门商储保税仓库中。

上述事实，有如下证据支持：

（1）古西公司与图荣公司于1992年6月30日签署的两份代销合同。

（2）意大利律师Marina Wongher出具的古西公司致陈安教授函及附件《意大利民法典》第四章第1556、1557、1558条的条文。

（3）1993年11月30日，古西公司副总裁J先生给图荣公司法定代表人、董事长L女士的传真件。

（4）1993年12月20日，L女士给J先生的传真件。

（5）1993年12月22日，古西公司M先生给L女士的传真件。

（6）1993年4月9日，L女士给M先生的信。

（7）1993年4月6日，L女士给M先生的信。

（8）1993年2月20日，L女士给古西公司G博士的信。

基于上述的事实和证据，显然应当认定：

（1）古西公司与图荣公司1992年6月30日订立的两份合同，是代销合同。无论是按合同约定的《意大利民法典》来看，或是按中国民法来看，其性质都是十分清楚的。代销合同中代销人的权利仅限于代为销售。也就是说，代销人虽然实际占有合同规定的代销物品，但代销人对这些代销物品**并没有所有权**，只有在代销人支付了这些代销货物的**价款后**，**所有权才发生转移**。代销人可以在两种义务中进行选择，或是按期返还代销货物，或是按期支付货物价款，绝不应既不返还货物，又不支付货款。至于代销人将代销货物用于抵押借款，也是十分错误的，代销人无权这么做。图荣公司关于借款抵押的种种理由，都是无稽之谈。古西公司并未承诺要负责图荣公司代销这批货物的承销费用。代销合同之所以成立，本身已就销售风险作了考虑。否则，何需让代销人在两种应该履行的义务中选择其一。至于图荣公司强调的货物老旧、有瑕疵等，更不能成为该公司长期非法占有所有权属于古西公司产品的理由，假如这些货物无法在中国市场销售，图荣公司完全可以按约定的时间返还货物，大可不必让这些货物继续滞留在自己手中，这于人于己都是有害而无利的。图荣公司既然不选择按合同履行义务，而宁可违反合同约定和违反有关法律，后果当然也只能由图荣公司自负。

（2）自《代销合同》签订之后，古西公司已完全履行其义务。而图荣公司则根本未履行义务，事实已证明图荣公司违反了合同的约定，也违反了双方合同中约定的适用法律条款。

（3）由于合同规定的代销期限早已届满，也由于图荣公司未支付任何代销货物的价款，加上1993年12月22日，古西公司与图荣公司就返还货物达成一致，所以，现在储存于厦门商储保税仓库中的全部"GUCCI"产品，其所有权属于古西公司。图荣公司应立即将这些"GUCCI"产品运回给古西公司，并承担因其过错而给古西公司造成的全部经济损失。

（4）图荣公司在其指控厦门市商业储运公司的诉状中，说明了现存于厦门商储保税仓库中的"GUCCI"产品共为303180件（3196箱，价值14734180美元），而古西公司交付给图荣公司"代销"的货物价值16018110美元，现存物品与应返还的物品之间价值差额为1283930美元。

体现上述价差的物品，无论是如何减少的，按代销合同规定，只要代销人无法返还原物品，那么，代销人就有义务支付相应的物品的价款。

（二）古西公司不能为图荣公司的过错负责

图荣公司与厦门商储公司、东方发展公司之间的纠纷，业经法庭调查，事实应当基本清楚了。关于这些纠纷，古西公司认为，无论是图荣公司或是其他公司，虽然它们之间的纠纷与现在存于厦门商储保税仓库中的"GUCCI"产品有关联，但纠纷是由它们的相互行为而形成的，古西公司对此毫无责任。具体说来：

1. 图荣公司诉商储公司系它们之间的仓储合同纠纷，无论基于何种原因产生的纠纷，显然与代销行为无关，也与货物本身无关。

2. 图荣公司违法将价值600万美元的代销货物抵押给东方发展公司，不论图荣公司基于何种理由作了这种抵押，图荣公司应自行承担责任。因为：

（1）作为货物的代销人，在未支付货物价款之前，并无这批货物的所有权。

（2）图荣公司依合同得到的权利，仅仅是代为销售，而抵押是与销售不同的法律行为，作为代销人的图荣公司无权将代销货物用作抵押。

（3）图荣公司以 600 万美元的货物抵押借款 100 万美元，且到期不归还借款，而贷款人东方发展公司则非法将 160 万美元的抵押货物私自销售，仅得款 20 万美元左右，贷款双方的此种所作所为，很难令人相信是善意的。

（4）古西公司直至参加诉讼，方知属于自己的货物被图荣公司用于抵押，且被贷款人东方发展公司私自处理，对此，古西公司十分震惊。

古西公司谨此再次声明：图荣公司自己的 100 万美元借款，应由图荣公司自己负责，古西公司不承认该抵押的效力。

以上意见，请法庭充分加以考虑。古西公司请求法庭：

（1）依法确认古西公司对现存于厦门商储保税仓库中的全部"GUCCI"产品的所有权；

（2）责令图荣公司立即按 1993 年 12 月 22 日古西公司的指示，将这批"GUCCI"产品运到古西公司指定的地点；

（3）责令图荣公司支付不能返还的"GUCCI"产品的合同价款；

（4）责令图荣公司承担其自己的行为所产生的全部责任。

另外，古西公司希望法庭能够注意到，现已临近春季雨期，天气状况可能会对这些"GUCCI"产品的保管、储存带来不利的影响。希望法庭能尽快就这批产品的返还作出判决。

感谢之至！

意大利古西公司谨呈
1994 年 3 月 22 日

附：《中华人民共和国民事诉讼法》第 92 条：

人民法院对于可能因当事人一方的行为或者其他原因，使判决不能执行或者难以执行的案件，可以根据对方当事人的申请，作出财产保全的裁定；当事人没有提出申请的，人民法院在必要时也可以裁定采取财产保全措施。人民法院采取财产保全措施，可以责令申请人提供担保；申请人不提供担保的，驳回申请。人民法院接受申请后，对情况紧急的，必须在四十八小时内作出裁定；裁定采取财产保全措施的，应当立即开始执行。

附录

一、古西公司财产保全申请书

申请人:意大利古西公司
被申请人:香港图荣发展有限公司
直接关系人:厦门市商业储运公司
申请保全事项:

请将被申请人现在储存于厦门市商业储运公司的全部"GUCCI"产品,予以妥善保护和暂时冻结,禁止被申请人或任何第三人对这些产品以任何方式加以损害、转移、拍卖或盗卖。

事实和理由:

上述全部"GUCCI"产品,其所有权完全归属于申请人(详情见1994年1月28日申请人呈交贵院的两份民事诉状)。鉴于申请人与被申请人之间因代售合同及销售合同纠纷一案已由贵院受理,为了避免上述产品即本案涉讼标的物在诉讼进行期间受到被申请人或任何第三人的损害、转移、拍卖或盗卖,导致日后无法挽回或难以弥补损失,故谨依《民事诉讼法》第92条规定,向贵院申请财产保全。

此呈
福建省高级人民法院经济庭

申请人:意大利古西公司(盖章)
1994年1月28日

二、古西公司先予执行申请书

申请人:意大利古西公司

申请事项:请求贵院对现在储存于福建省厦门市商业储运公司保税仓库中的全部"GUCCI"产品作出先予执行的裁定,允许申请人尽快将上述产品提出仓库予以出售。

申请理由:

现在储存于厦门市商业储运公司保税仓库中的全部"GUCCI"产品,其所有权均为申请人拥有。由于本案当事人香港图荣公司对这些产品所有权的不法侵犯,已给申请人造成了重大损失,为此,申请人以诉讼第三人的身份加入本案诉讼。法庭已就本案于3月22日开庭审理。

申请人鉴于:(1) 这批产品已在厦门该保税仓库中存放18个月以上,随着时间的延长与款式的逐渐陈旧和老化,销售这批产品的不利因素势必与日俱增,从而导致销售价格(产品价值)急剧下降;(2)目前面临春季雨期,货物易生霉变,气候状况极其不利于这批产品的保管和储存,加之这批产品属高档消费品,产品外观对销售影响极大;(3)按中国海关法规规定,在保税仓库中储存的货物,期限为一年;特殊情况经批准可续期一年。再有几个月这批产品储存期将满,面临即将被勒令退运出境的被动局面。基于这些考虑,申请人特依《中华人民共和国民事诉讼法》第97、98条的规定,提供有效担保,请求贵院作出先予执行的裁定,允许申请人尽快将上述"GUCCI"产品提出仓库予以出售,以减轻不必要的损失。十分感谢!

  古西公司谨此表示:1994年1月3日古西公司为申请"财产保全"所提供的担保以及所承担的法律责任,同样适用于本项"先予执行"的申请。

  此呈

  福建省高级人民法院

申请人:意大利古西公司
1994年4月2日

附:《中华人民共和国民事诉讼法》第97、98条

  第97条 人民法院对于情况紧急需要先予执行的案件,可以根据当事人的申请,裁定先予执行。

  第98条 人民法院裁定先予执行的,应当符合下列条件:(一)当事人之间权利义务关系明确,不先予执行将严重影响申请人的生活或者生产经营的;(二)被申请人有履行能力。人民法院可以责令申请人提供担保,申请人不提供担保的,驳回申请。申请人败诉的,应当赔偿被申请人因先予执行遭受的财产损失。

第3章 外贸汇票承兑争端管辖权冲突问题剖析

——美国约克公司 v. 香港北海公司案件述评

▶▶ 内容提要

本文论证的主旨是:(1)本案合同当事人双方曾经以明示方式一致选定中国国际经济贸易仲裁委员会作为受理合同争端的管辖机构;(2)无论根据"默示推定"原则或是"最密切联系"原则,中国的法律都理应是解释、分析和解决本合同一切争议的唯一准据法;(3)本案汇票承兑的争议,是本案买卖合同关于供货与付款总争议的一个组成部分,应当同样接受买卖合同中仲裁条款以及中国有关法律的约束。简言之,当时英国治下的香港法院无权受理本案。

▶▶ 目 次

一、本案案情梗概
二、关于约克公司与北海公司争议案件的专家意见书
　　(一)专家简况
　　(二)咨询的问题
　　(三)专家的看法和意见
　　(四)基本结论
三、关于约克公司与北海公司争议案件专家意见书的重要补充
四、评英国皇家大律师狄克斯(A. R. Dicks Q. C.)的书面证词

一、本案案情梗概

美国约克空调制冷公司(卖方)与香港北海冷电工程公司(买方)于 1992 年 12 月 31 日在中国北京签订了一份货物买卖合同。其中约定:与合同有关的争端如不能协商解决,应提交中国国际经济贸易仲裁委员会仲裁。1993 年 6—7 月,双方因交货和付款问题发生纠纷,互不让步,僵持不下,约克公司于同年 9 月向香港初审法院起诉。北海公司援引上述买卖合同中的仲裁条款,请求香港初审法院依法中止诉讼,转交上述约定的仲裁机构仲裁。香港初审法院驳回北海公司的请求,北海公司不服上诉。应北海公司及其代理律师要求,笔者在 1994 年 3 月、4 月、9 月先后出具了《专家意见书》《专家意见书的重要补充》以及《评英国皇家大律师狄克斯的书面证词》,对本案的**管辖权**归属问题作了剖析,依据国际公认的法理原则、国际条约、法律规定以及国际通行惯例,论证和确认本案的管辖权理应归属于当事人事先约定的中国国际经济贸易仲裁委员会;指出当时英国治下的香港各级法院均无权受理本案;并且揭露和批驳了英国皇家大律师狄克斯(A. R. Dicks. Q. C.)在其"书面证词"中对中国《民事诉讼法》和票据法规内容的肆意歪曲和"大胆"篡改。这里收辑了这三份法律文书。有关本案论争的焦点和后续发展,请参看本书第四编第 4 章《指鹿为马 枉法裁断》中的"案情梗概"一节。

二、关于约克公司与北海公司争议案件的专家意见书

(1994 年 3 月 10 日)

本人,中华人民共和国厦门大学政法学院院长陈安教授,应香港贺×、陈××律师事务所 1994 年 2 月 3 日来函要求,就美国约克空调制冷公司(York Air Conditioning & Refrigeration, Inc.,以下简称"约克公司")与香港北海冷电工程公司(North Sea A/C & Elect. Eng., Co.,以下简称"北海公司")争议案件(编号为:1993, No. A8176,以下简称"本案"),提供法学专家意见如下:

(一) 专家简况

[本段第 1 点至第 11 点,参照国际上同类法律文书的通行做法,简述了有关专家

本人的学历、经历以及主兼各职,以供香港高等法院了解本件《专家意见书》作者的学识与能力背景。为节省本书篇幅,兹从略。]

12. 基于以上各点,本人自信具有合格的学识和能力针对上述香港律师事务所提出的以下诸问题,提供专家咨询意见。

(二) 咨询的问题

13. 香港贺×、陈××律师事务所于1994年2月3日来函,并附寄本案"上诉卷宗"(Appellant's Hearing Bundle,AHB)共284页,随后又在2月23日、3月4日通过传真发来补充资料35页,要求依据所述事实,对照查证中华人民共和国的有关法律规定,就本案关于合同"仲裁条款"适用范围问题的争端,提供法学专家意见。

14. 事实摘要:

14.1 本案原告约克公司(卖方)与本案被告北海公司(买方)于1992年12月31日在中国北京签订了一份货物买卖合同(编号为 A158/4/92-01,以下简称"A158号买卖合同"或"本合同")。双方约定:约克公司向北海公司提供四台约克牌冷水机组,总价款为 USD 522760.00。合同第7条规定:"仲裁:与合同有关的分歧通过友好协商解决。如不能达成协议,将提交中国国际经济贸易仲裁委员会仲裁"。(见附件"PAC-1":第7条,AHB p.111)(从略)

14.2 1993年9月11日,约克公司向香港高等法院原讼法庭(High Court)起诉,声称:该公司曾于1993年6月3日向北海公司出具一张汇票(Bill of Exchange),要求后者补还上述货物价款余额 USD 339794.00,后者曾经同意承兑,但事后却又拒付。因此,诉请法院责令北海公司补还上述货款,另加延期付款利息以及其他有关费用。(见附件"PAC-2":AHB pp.2-3)(从略)

14.3 约克公司强调:上述 Bill of Exchange 乃是完全独立于上述 A158 号买卖合同之外的另一份合同,因此,A158 号买卖合同中的仲裁条款完全不适用于上述 Bill of Exchange。(见附件"PAC-3":Submission for the Plaintiff, pp.2-3)(从略)

14.4 被告北海公司辩称:原告在履行上述 A158 号买卖合同中,有多项违约行为,无权索取全额价款;更重要的是:原告与被告在上述合同中订有仲裁条款,本案涉讼的 Bill of Exchange 付款争端,乃是 A158 号买卖合同货物价款问题的一部分,自应适用上述仲裁条款的规定。同时,A158 号买卖合同是由约克公司设在北京的营业办事处的代表与北海公司的代表,共同在中国北京磋商和签订的,根据香港《仲裁条例》第6条的有关规定,理应将上述争端提交由双方在 A158 号买卖合同中约定的仲裁机关仲裁。据此,北海公司请求香港法院裁定:(1) 中止本案诉讼;(2) 责令原告约克公司偿还被告北海公司因被卷入本案诉讼而支付的一切费用。(见附件"PAC-4";AHB pp.5-6、16-17)(从略)

14.5 1993年12月7日,香港高等法院之High Court法官Master Woolley裁定:驳回被告北海公司关于中止诉讼的申请,并责令被告偿还原告约克公司因本案支付的费用。(见附件"PAC-5":AHB p.271)(从略)

14.6 被告北海公司不服上述裁定,乃提起上诉,并重申第14.4点提出的两项请求。(见附件"PAC-6":AHB pp.273-274)(从略)

15. 疑难问题:

基于以上事实及其有关争端,请解答以下两方面疑难问题:

(1) 有关上述A158号买卖合同的争端应当适用何种法律?是内地的法律,还是香港地区法律?

(2) 上述Bill of Exchange的争端,是否独立于A158号买卖合同之外?是否不适用该合同第7条所规定的仲裁条款?换言之,该合同中的仲裁条款的约束力是否不足以涵盖(或包括)有关Bill of Exchange的争端在内?

(三) 专家的看法和意见

16. 针对第15点中(1)(2)两个方面的问题,本人提出以下各点看法和意见,供各有关方面参考。

17. 以下先解答第15点中第(1)方面的问题:

18. 《中华人民共和国民法通则》(以下简称《民法通则》)第八章"涉外民事关系的法律适用"第145条明文规定:"涉外合同的当事人可以选择处理合同争议所适用的法律,法律另有规定的除外。涉外合同的当事人没有选择的,适用与合同有最密切联系的国家的法律。"(见附件"PAC-7":第145条)

本条的规定,显然与当代各国民法、国际私法(冲突法)通行的"国际惯例"相一致。其中第1款的规定,贯穿了当事人"意思自治"(autonomy of will)原则;第2款的规定,则贯穿了"最密切联系"(the closest connection)原则。

19. 《中华人民共和国涉外经济合同法》(以下简称《涉外经济合同法》)第5条也有基本相同的明文规定:"合同当事人可以选择处理合同争议所适用的法律。当事人没有选择的,适用与合同有最密切联系的国家的法律。"(见附件"PAC-8":第5条)(从略)

20. 根据以上两种基本法律,对照本案事实,必须依次逐一澄清以下四个问题:

(1) 何谓"涉外经济合同"?上述法律条文中的这一概念,其内涵和处延

(intension and extension)是否可以涵盖(或包括)本案中由两家非中国境内公司(即一家香港公司和一家美国公司)订立的上述A158号买卖合同?

(2) 如果上述合同属于法定"涉外经济合同"的范围,则上述合同的当事人双方是否曾在合同中协议一致选择处理本合同争议所适用的法律?

(3) 如果对20(2)问题的答案是肯定的,即当事人曾经作过协议一致的选择,则处理本合同争议所适用的法律应当是哪一国的法律?

(4) 如果对20(2)问题的答案是否定的,即本合同当事人对处理本合同争议所适用的法律并未作出协议一致的选择,那么,上述条文中所称"适用与合同**有最密切联系的国家的法律**"指的是什么?

21. 对于20(1)问题的权威性答案,见中华人民共和国最高人民法院作出的两项司法解释,即第21.1点与第21.2点。

21.1 1987年10月19日下达的《最高人民法院关于适用〈涉外经济合同法〉若干问题的解答》第一部分第(一)(二)项指出:《涉外经济合同法》不但适用于中国企业或其他经济组织同外国的企业、其他经济组织或者个人之间订立的经济合同,而且"也可以适用于……外国企业、其他经济组织或者个人之间,港澳地区的企业、其他经济组织或者个人之间,**外国企业**、其他经济组织或者个人**与港澳地区的企业**、其他经济组织或者个人之间**在中国境内订立**或者履行的上述经济合同。"〔见附件"PAC-9":第一部分第(一)(二)项〕(从略)

本案中的A158号买卖合同乃是美国企业约克公司与香港企业北海公司之间在中国境内(北京)订立的合同,对照上述权威性司法解释,显然属于中国《涉外经济合同法》可以适用的范围。

21.2 1988年4月2日《最高人民法院关于贯彻执行〈中华人民共和国民法通则〉若干问题的意见(试行)》第178条规定:"凡民事关系的**一方或者双方当事人是外国人**、无国籍人、外国法人的;民事关系的标的物在外国领域的;产生、变更或者消灭民事权利义务关系的法律事实发生在外国的,**均为涉外民事关系**。人民法院在审理涉外民事关系的案件时,**应当按照《民法通则》第八章的规定**来确定应适用的实体法。"(见附件"PAC-10":第178条)(从略)

本案中的A158号买卖合同关系是一种民事关系,其一方当事人是外国(美国)法人;另一方当事人是香港法人,它在1997年7月1日香港回归中国以前,被中国法律视同外国法人。对照上述权威性司法解释,上述合同关系显然也是中国《民法通则》所认定的一种"涉外民事关系",其有关的"法律适用"问题,应当按照《民法通则》第八章各条的相应规定予以确定。

第 18 点所援引的《民法通则》第 145 条的规定，正是该通则第八章中的首要条文，列为第八章之首条。

由此可见，本案中的 A158 号买卖合同，乃是《民法通则》所规定的"涉外民事关系"之一，应当按该通则第 145 条的规定，确认其应当适用的法律。

21.3 对照以上两项司法解释，本案 A158 号买卖合同应当属于中国《民法通则》以及《涉外经济合同法》所规定的"涉外合同""涉外经济合同"及/或"涉外民事关系"的范畴，受上述中国法律的约束。

这样，我们就依法回答了第 20 点中的第(1)个问题。

22. 把以上 18、19、21.1 以及 21.2 各点综合起来，理应得出简明的逻辑结论如下：

根据中国《民法通则》《涉外经济合同法》有关条款的规定以及中国司法解释中相应的权威说明，对于处理本案 A158 号买卖合同争议所适用的法律，如果本合同当事人已有一致的选择，应尊重当事人的共同选择；如果当事人并无一致选择，则应适用与本合同有最密切联系的国家的法律。

23. 由于对前述第 20 点中第(1)个问题的答案是肯定的，于是就有必要对第 20 点中的第(2)个问题作出进一步的回答，即：本案中 A158 号买卖合同的当事人双方是否曾经协议一致选择处理本合同争议所适用的法律？

23.1 本案双方当事人在上述 A158 号买卖合同第 7 条中明确约定："与合同有关的分歧通过友好协商解决。如不能达成协议，将提交中国国际经济贸易仲裁委员会仲裁。"(见附件"PAC-1")(从略)

23.2 在上述"仲裁条款"中，当事人双方一致同意并明白表示：日后应将与本合同有关而又互相僵持的争端提交中国的上述仲裁机构仲裁。这意味着双方共同选择了**中国的**上述仲裁机构作为受理和解决本合同有关争议的**管辖机构**。

23.3 在上述"仲裁条款"中，双方虽未明确表示在仲裁中选择适用中国法律作为准据法，但它们既然明示选择**中国的**仲裁机构作为受理和解决争端的管辖机构，而又并未明确表示另外选择任何其他国家（非中国）的法律作为准据法，那么，就应当推定：它们是以**默示**的方式，共同**选择中国法律作为准据法**。这种推定是顺理成章、合乎逻辑的，也是完全符合大量仲裁实践的事实的。

23.4 上述既符合逻辑又符合实践的"推定"原则，早在 1983 年就已正式载入国家统编的"**高等学校法学教材**"《国际私法》一书，十几年来，已被中国法学界和司法界所广泛接受并获得公认。这本大学教科书由中国权威法学家韩德培教授主编，其中写道："当事人虽未约定应适用的法律，但在合同中规定了一旦发生争议，交由某国法院或仲裁机关管辖时,一般均可据此推定当事人意图适用该国法律。"(见附件"PAC-11":该书第 145 页)(从略)

24. 根据第 23.1 点所援引的合同"仲裁条款"以及第 23.2—23.3 点所作的分析,实际上也回答了第 20 点中提出的第(3)个问题。其答案是:本案 A158 号买卖合同双方当事人以**明示**的方式一致选择中国的仲裁机构作为受理合同争端的管辖机构;并以**默示的方式**一致选择中国的法律作为解决合同争端的准据法。

25. 退一步说,如果有人反对上述有关"默示选择"这一符合逻辑、符合实践的见解,硬说:当事人既未在合同中以明示方式选择中国法律作为处理合同争议所适用的法律,就意味着当事人并未对应适用的法律作出任何选择,那么,就有必要进一步对第 20 点中提出的第(4)个问题作出回答,即中国《民法通则》第 145 条第 2 款中所称"适用与合同**有最密切联系**的国家的法律"究何所指?

25.1 《最高人民法院关于适用〈涉外经济合同法〉若干问题的解答》第二部分第(六)项指出:"如果当事人未选择合同所适用的法律时,对于下列经济合同,人民法院按照最密切联系原则确定所适用的法律,在通常情况下是:1. 国际货物买卖合同,适用合同订立时卖方营业所所在地的法律。……"第二部分第(七)项又进一步规定:"当事人有一个以上的营业所的,应以与合同有最密切关系的营业所为准。"〔见附件"PAC-9":第二部分第(六)(七)项〕(从略)

25.2 对于"最密切联系"原则,第 23.4 点所引大学教科书中也作了比较具体的说明。它认为:从国际私法的理论与实践看,在当事人未作法律选择,而法院地的冲突法又未规定可以直接适用的法律时,则以下几种可能的推定,在相关情况下是可以采取的:

(1)**缔约地法**。通常,只有在**缔约地也是合同谈判地**,或当事人共同的住所地时,其法律才具有重要意义。

(2)**履行地法**。一位英国法官于 1891 年认为,"如果一个合同在一个国家订立,而打算在别国履行,不管此种履行是全部的或部分的,只要没有相反约定情况,单只据此便可以推定得出当事人双方必然是意图适用这另一国法律的"[1]。1971 年美国的 *Restatement of the Conflict of Laws*(*Second*)一书认为,当合同履行地和合同谈判地相一致的时候,该州(国)的实体法通常应适用于此合同所发生的一切问题。(见该书第 188 节)

(3)**法院地法或仲裁地法**。当事人虽未约定应适用的法律,但在合同中规定了

---

[1] 参见〔英〕诺里:《商法》(第 4 版),1975 年英文版,第 365 页。

一旦发生争议,交由某国法院或仲裁机关管辖时,一般均可据此推定当事人意图适用该国的法律。

(4) **物之所在地法**。凡属与合同的成立有关的形式要件及所产生的债权(如买卖的价格、价金返还请求权、损害赔偿请求权等),应适用债法原则,可由当事人选择适用的法律。在这种情况下,**债权**既是**由物权派生出来**的,故缺乏当事人明示的选择时,可首先推定适用物之所在地法。

(5) 船旗国法。

(6) **当事人**的居住地、住所地或**营业地法**。(见附件"PAC-11";该书第 143—145 页)(从略)

26. 根据第 25.1 点提到的权威司法解释以及第 25.2 点摘引的权威学者主张,对照本案 A158 号买卖合同的有关事实,以下各点特别值得注意:

27. **缔约地**:本合同的缔约地是在中国首都北京,这已是双方不争的事实。这里应当强调指出的是:从"法律选择"(choice of laws)的角度来看,从"最密切联系"(the closest connection)的原则来看,本合同**缔约地**这个连结点(connecting point)或连结因素(connecting factor),并**不是孤立自在的**,它和本合同的下述其他几个连结点或者连结因素,包括合同履行地、协议仲裁地、物之所在地以及卖方营业所所在地等,都是极其紧密地**结合在一起**而且**高度一致**的(详见以下逐点具体分析)。换言之,下述的其他几个连结点,或者全部在**中国**,或者至少其实质部分或主要部分在**中国**,因此,缔约地**在中国**这个因素与其他连结点也全部或主要在中国的那些因素,就起着相辅相成、互相促进和互相强化的作用。由于它们相互之间的紧密结合和高度一致,这就在综合判断本合同的"最密切联系"点并进而选择本合同准据法(lex causae, applicable law, or the proper law of the contract)时,起着**决定性**的作用。

28. **履行地**:本合同的履行地,乍一看,或者孤立地从形式上看,似乎只是在香港一地(即本合同第 2 条规定的运输"终点站"——交货地),但仔细观察,就应当承认本合同的履行地实质上或主要在中国首都北京。其理由是:

28.1 合同在列明买卖双方当事人之后,就开宗明义,赫然载明本合同的立约宗旨:"**工程名称:中国中央电视台冷冻站**"(见附件"PAC-1":AHB p. 108)(从略),即为在中国北京建造中国中央电视台冷冻站这一工程项目而买卖本合同规定的商品。这就从**总体上**载明了本合同当事人双方共同的**最终履约地,是在中国北京**。换言之,一方面,立约双方通过这个买卖合同,共同向**中国北京**的这个终端用户提供冷水机组设备,**在北京**提供各种售后技术服务,从而在北京建造起合乎要求的冷冻站;另一方面,立约双方又分别通过出售产品或买入后又转售同一产品,而归根结底地各自从**中国北京**这个终端用户所支付的价款中,分享一份利润。

28.2 上述设备运抵北京安装完毕后,按本合同第 5 条及"附件一"[2]B、C、D 三点规定,卖方约克公司负责:(a) **在北京**为终端用户免费调试;(b) **在北京**参加验收;(c) 于一年保用期内**在北京**为终端用户免费修理或更换零件;(d) **在北京**为终端用户排除操作故障;(e) 免费邀请**在北京**的终端用户四名人员赴美监造验收后,再免费送回**北京**;(f) 免费将**在北京**的终端用户六名操作人员送往香港或新加坡培训后,再免费送回北京。[3] 这其中,(a)(b)(c)(d) 四点合同义务的**履行地**完全在北京,(e)(f) 两点合同义务的**履行地**也基本上或至少一半在北京。

28.3 设约克—北海合同为 A,北海—兴远合同为 B,兴远—中央电视台合同为 C,则 A、B、C 这三个合同实际上从**一开始**就共同构成一个**总体**的连锁合同—链条合同—**多边接力合同**。约克、北海、兴远三家公司从**一开始**就有意识地、自觉自愿地和**有计划地**组成一个"接力跑团队"(relay team),而上述设备商品则形同这个团队的"接力棒"(relay baton),并由这三个"接力队员"共同负责跑完自美国(经香港、汕头)至中国北京的接力全程,将"接力棒"送到北京终点,交给终点"收棒员",并由后者对这三位"接力队员"分别酬以一块大"蛋糕"(总价款)中的一份。

这种粗略譬喻的根据是:A、B、C 三份合同在同一日期(1992 年 12 月 31 日)、同一地点(中国北京)、同一会议室,以同一种文字(中文)连续地相继签订,三份合同各自的当事人(包括约克公司驻北京营业办事处的代表刘×女士、北海公司代表林××先生、兴远公司代表王××先生以及终端买主(用户)中央电视台代表许××先生)都同时亲临现场,既**各自签约**,又**互相见证**。其现场照片右下角的日期标记是"92.12.31",与上述三份合同的签署日期完全吻合;而照片背景的那个大字横幅,尤其值得注意:它鲜明地标示各方代表正在举行的聚会乃是"**中央电视台购买约克冷机签字仪式**"(见附件"PAC-13":AHB p.167)(从略)。这有力地证明了三点事实:

第一,这三份合同的各方当事人(一个原始卖主,两个中间买主兼转售人,一个终端买主),为了一个"共同目标"——为中央电视台购买约克冷机设备——而走到一起来了。他们共同策划和精心设计了一个**实质上**的"**多边接力合同**",而又把它分

---

[2] 本合同末句载明:"合同附件是合同不可分割的部分"。见附件"PAC-1":AHB p.111。(从略)
[3] 本合同文字上并未标明这些监造、验收和操作人员来自北京和应送回北京,但联系 AHD/p.39,中央电视台与深圳兴远公司所订购销合同第 13 条以及后来履行的事实,上述人员之来自北京和送回北京就一目了然和无可争辩了。见附件"PAC-12":AHB pp.39,42。(从略)

解为三个法律上的"双边合同",以便既规避美国法律的禁运规定,[4]又逃避中国海关征税,**分工执行**,合作完成。换言之,各方当事人合作履行这个实质上的"多边接力合同"时,虽各有"专段跑程",但这种有意识、有计划的"分工"是为了共同跑完全程,共同完成在北京全面履约的任务。

第二,各方当事人对所有这三份合同的主要内容都是事先经过互相磋商和明确知情的;而三份合同各自附列的四个附件(供货范围、技术参数、技术服务项目以及零部件清单),其内容则完全雷同(AHB pp. 62-68,85-91,112-117)(从略),这也足证各方当事人在举行签字仪式之前早已互相充分沟通并已全面达成协议。

第三,在 A158 买卖合同中即使单就约克公司交货这一单项义务的履行地而言,在字面上和形式上固然载明是香港地区,但在实质上则是**在北京地区全面履行**合同的**不可分割**的一个组成部分。因此,即使对交货这一单项义务的履行地,也不应孤立地只从字面上作片面的和割裂的理解。更何况,本合同中还有其他多项义务(见第 28.2 点中所列各项),其履行地无可争辩地就是中国北京!

28.4 特别应当强调的是:就在各方当事人在同日(1992 年 12 月 31 日)、同地、同室连续地分别签署三项合同之际,约克公司驻北京营业办事处代表刘×女士又会同北海公司代表林××先生向北京终端用户出具一份"保证书"(见附件"PAC-15":AHB p. 34)(从略),刘×女士在其中明确表示:"我们代表香港约克公司[按:指美国约克公司在香港设立的营业代表机构]保证按时保质提供冷水机组。"这表明:在交货这一单项义务的履行问题上,**约克公司已越过或绕过了两家中间买主和转售人,直接向北京的终端买主保证在北京**按时保质供货,从而把自己"按时保质提供冷水机组"这一义务的履行,从原履行地香港进一步扩展和**延长到新履行地北京**,对于在新履行地北京履行供货义务,也承担了**全面的连带责任**。

28.5 综上各点,可见本合同的履行地实质上或主要地在中国北京。同时,这一履行地又是本合同的谈判地和缔约地,这三个"连结点"的重叠、复合、结合和吻合,就大大加强了它们在本合同准据法选择过程中的分量、作用和重要性。

29. **仲裁地**:本合同仲裁条款中对仲裁地已有明确的选择,即明确选择中国国际经济贸易仲裁委员会作为受理本合同争端的管辖机构,因此,应当作为本合同准据法的"仲裁地法",显然就是中国法。关于这一点,第 23.1—23.4 点以及第 25.2 点之(3)已作阐析,兹不再赘。

---

[4] 美国对华实行高科技禁运,约克公司提供的四套冷水机组中包含有"微电脑控制中心"等(见附件"PAC-1":AHD, p. 108,合同第 1 条第 2 款"供应范围"),依美国法律不得售与中国。故这批货物的提单上特别注明:"美国只许可这批货物运往最终目的地香港。禁止违背美国法律规定。"(These commodities licensed by the United States for ultimate destination HONG KONG. Diversion contrary to U.S. Law prohibited.)见附件"PAC-14":AHB p. 146。(从略)

30. **物之所在地**：本合同之标的物四套约克冷水机组等，自 1993 年 7 月起即运抵北京市中央电视台，保存至今。因此，按国际上"冲突法"学者们公认的标准以及第 25.2 点之(4)摘引的中国权威学者的见解，纵使当事人对本合同的准据法缺乏明示选择，也应首先推定适用上述标的物当前所在地的法律，即中国的法律。

31. **当事人的营业所所在地**：本合同买方当事人北海公司的营业所设在香港，在北京并无营业所；卖方当事人约克公司则在美国、中国内地与香港地区均设有营业所。本合同是卖方约克公司设在**中国北京**的营业办事处代表刘×女士与买方北海公司代表林××先生在北京磋商、谈判、签订的，又主要是**在北京**履行的，因此，就卖方约克公司设在世界各地的多家营业所而言，其驻北京的营业办事处应当是与本合同**有最密切联系**的营业所。根据第 25.1 点摘引的权威性司法解释所作的说明，本合同无疑应当适用与本合同有最密切联系的卖方营业所所在地的法律，即中国的法律。

32. 综合第 27—31 点的事实，显然可以断言：本合同的**谈判地、实质履行地或主要履行地、仲裁地、物之所在地**以及与本合同有最紧密联系之**卖方营业所所在地**，无一不是在中国。换言之，从"法律选择"和"最紧密联系"的判断标准来看，与本合同有**最密切联系**的上述这**几个"连结点"，是高度竞合、重叠和互相一致的**，即都在中国，因此，根据这些举世公认的"连结点"去选择、认定或推定本合同应当适用的准据法，就必然要**落实为**适用**中国法律**。

至此，我们就有足够的理由毫不含糊地回答第 15 点提出的第(1)个方面的问题：有关上述 **A158** 号买卖合同的争端，应当适用中华人民共和国的法律。依据中国法律规定和合同当事人的约定，应将无法取得协议的争端提交中国国际经济贸易仲裁委员会仲裁。

33. 于是，就有必要进一步分析和回答**第 15 点提出的第(2)个方面的问题**，即本案买卖双方当事人有关 Bill of Exchange 的争端，是否独立于 A158 号买卖合同之外，既不适用中国内地的法律，也不受合同中仲裁条款的约束？相反，它是否应当由香港法院适用香港或英国的法律作出司法裁判？

34. 如前所述，A158 号买卖合同第 7 条明确规定，"仲裁：与合同有关的分歧通过友好协商解决。如不能达成协议，将提交中国国际经济贸易仲裁委员会仲裁"。揣摩这段文字，对照本案事实，必须依次逐一澄清以下四个问题：

(1) 如何理解"与合同有关的分歧"一语？它的范围是广义的，还是狭义的？

(2) 本案中关于 Bill of Exchange 的争端，是否属于上述"与合同有关的分歧"的范围？它是**独立于**合同之外的争端，还是**附属于**合同本身的争端？

（3）此项争端，应当由**中国**国际经济贸易仲裁委员会受理、管辖，并作出**仲裁裁决**，还是应当由**香港**法院受理、管辖，并作出**司法裁判**？

（4）如果在受理本项争端之管辖权本身以及法定管辖机构本身问题上发生分歧，应当如何解决？

35. 第 21.1 点所引的司法解释第二部分第（一）项指出："对于《涉外经济合同法》第 5 条所说的'**合同争议**'应作**广义**的理解。凡是双方当事人对合同是否成立、合同成立的时间、**合同内容的解释**、**合同的履行**、违约的责任以及合同的变更、中止、转让、解除、终止等发生的争议，均应包括在内。"〔见附件"PAC-8"：第 5 条；"PAC-9"：第二部分第（一）项〕（从略）

35.1 对照本案事实：上述 Bill of Exchange 的兑现问题，乃是买卖双方在本**合同履行**过程中货款支付上的争议；而关于此项争议是否应当提交中国仲裁机构仲裁的问题，则是对本合同第 7 条仲裁条款的含义和适用范围应当如何解释的争议，即乃是一种有关"**合同内容的解释**"上的争议。根据第 35 点摘引的司法解释，无论是前一种争议还是后一种争议，显然都应归属于广义的"合同争议"的范围，应当按中国《涉外经济合同法》第 5 条和《民法通则》第 145 条的有关规定，确认或推定适用于本合同上述两大争议的准据法以及管辖和处理这两大争端的专属机构。

35.2 由此可见，就**逻辑概念**而论，上述 Bill of Exchange 的争议，**不能独立**于上述仲裁条款中"与合同有关的分歧"一词以及上述司法解释中"合同争议"一词的"**内涵**"与"**外延**"之外，即不能排除中国上述有关法律条文中"合同争议"这一概念对它的涵盖，不能排除中国上述有关法律规定以及有关司法解释对它的适用和约束。

这样，我们就澄清了第 34 点中提出的第（1）个问题。

36. 不但如此，**就买卖合同的特殊本质而论**，上述 Bill of Exchange 争端，也不可能独立于 A158 号买卖合同之外，孤立自在。否则，这个 Bill of Exchange 本身就会成为**无根之本**、**无源之水**或无身躯的"半个心脏"——从而失去它自己的生命！

36.1 A158 号买卖合同一开头就标明"**买方**"和"**卖方**"，足见这是一个典型的买卖合同。合同第 1 条规定卖方的供货义务（即买方的得货权利）；第 2 条规定交货地点和费用；紧接着，第 3 条规定买方的付款义务（即卖方的得款权利）。第 3 条标题赫然标明"付款"两字，显然是指买方应当支付给卖方的货物价款。换言之，第 3 条与第 1 条明确规定了买卖双方的基本权利和基本义务，两者互相对应，**互相依存**，互相结合，**不可分割**地构成本买卖合同的**灵魂**和**心脏**。诚然，"付款"两字以下并未写明具体支付方式，但是，这种文字空白和合同末尾双方的签字盖章结合在一起，只是说明当事人双方当时一致同意先行立约，然后再就付款问题的细节另行具体议定，以填补此项空白,使本合同更加完善化。事实证明:后来双方当事人就是如此行事的。

36.2 如果以事后另行议定作为理由,或援引任何似是而非的借口,硬说此项 Bill of Exchange 乃是完全独立于 A158 号买卖合同之外的另一合同,那么,试问:第一,**难道 Bill of Exchange 上载明的 USD 339794.00 竟然不是 A158 号买卖合同上载明的"合同总金额 USD 522760.00"之中的一个组成部分**?第二,如果硬说 Bill of Exchange 上的金额竟然与上述合同货款总金额毫不相干,那么,合同第 3 条规定的"付款"义务就成为一句空话,从而 A158 号买卖合同就成为"只要求卖方供货、**不要求买方付款**"的合同,就变成了约克公司向北海公司实行"无偿赠与"的合同,合同开头标明的"买方"与"卖方"也就变成了"受赠人"和"赠与人",这岂不荒谬可笑?第三,约克公司要求北海公司兑现 Bill of Exchange,也就相应地变成毫无合法原因而强行要求北海公司向约克公司实行"无偿赠与"的"勒索"了!这岂是原告索取货物价款的原意或行使请求权的立足点?可见,如果硬把本案中的 Bill of Exchange 说成是独立于 A158 号买卖合同之外的法律事实或法律关系,这就不但**根本改变了 A158 号买卖合同作为买卖合同的特殊本质**,从而剥夺了它的法律"生命",而且也使约克公司就该项 Bill of Exchange 提出的**兑现请求权**成为**无根之本和无源之水**,从而**根本否定了该 Bill of Exchange 本身的合法存在**并同样剥夺了它的法律"生命"。

37. 本案中 Bill of Exchange 兑现问题的争议乃是付款问题上的争议,它实际上是直接由供货问题引起的,也可以说是同一争议问题的正反两个方面。终端用户买主(中央电视台)强调中间卖方未能按时、按质、按量供货(即逾期交货、货品部分损坏、部分短缺),造成终端买方的损失,因而扣住部分货款不付,供作损害赔偿,其"连锁反应"所及,追本溯源,导致北海公司也扣住部分货款,不肯向原始卖主(约克公司)全额付清价款。可见供货问题上的争议与付款问题上的争议两者之间具有**直接的、不可分割的因果关联**;也可以说,付款争议乃是供货争议的一种表现形式。既然双方当事人都不否认供货问题的争议乃是**直接属于本合同履行**上的争议,那么,对于由此直接引起的付款争议(即 Bill of Exchange 争议),任何一方当事人也就无权、无法否认它也是完全**直接属于本合同履行**上的争议。

38. 既然从"合同争议"的逻辑概念上,从买卖合同的特殊本质上,从供货与付款的直接因果关连上,都绝对无法否认本案 Bill of Exchange 争议乃是整个 A158 号买卖合同内容争议的一个不可分割的、有机的组成部分,那么,本合同中专为解决合同任何争议而订立的仲裁条款,也就毫无疑义地应当完全适用于此项 Bill of Exchange 的争议。

至此,我们也就澄清了第 34 点中提出的第(2)个问题。

39. 由于 A158 号买卖合同的仲裁条款明确规定应将当事人双方无法达成协议的有关合同的任何争端提交中国国际经济贸易仲裁委员会仲裁,因此,与本合同货款支付直接相关的 Bill of Exchange 的争议,理所当然地应依约提交上述中国仲裁机构仲裁,而不应**违约**诉请香港法院受理和管辖,并由后者作出司法裁判。

这样,我们也就澄清了第 34 点中提出的第(3)个问题。

40. 在澄清了第 34 点中提出的三个问题之后,如果当事人对于上述"仲裁条款"本身的内容及其适用范围仍有争议,特别是对于上述中国仲裁机构对本案 Bill of Exchange 争议是否有权受理管辖一事仍有分歧,那么,要解决这种争议或分歧,在中国的有关规定中仍然是**有法可依**和**有章可循**的。这些法律和规章的基本要点如下:

40.1 中国《民事诉讼法》第 257 条规定:"**涉外经济贸易**……**中发生的纠纷,当事人在合同中订有仲裁条款或者事后达成书面仲裁协议,提交中华人民共和国涉外仲裁机构或者其他仲裁机构仲裁的,当事人不得向人民法院起诉。**"(见附件"PAC-16":第 257 条)(从略)

40.2 《中国国际经济贸易仲裁委员会仲裁规则》(以下简称《仲裁规则》)第 60 条规定:"**仲裁裁决是终局的,对双方当事人均有约束力。任何一方当事人均不得向法院起诉,也不得向其他机构提出变更仲裁裁决的请求。**"(见附件"PAC-17":第 36 条)(从略)

40.3 上述这两项规定是互相呼应、互相补充的。这些规定意味着:凡是当事人约定对涉外争端**采取仲裁解决的**,就绝对**排除司法解决**;除非双方当事人另有新的协议,任何一方当事人都**不得违约向法院起诉**,法院也不得受理。

40.4 按照第 35 点所引证的司法解释,关于"**合同内容的解释**"的争议,也是诸多"**合同争议**"之中的一种。合同中的仲裁条款,当然是合同内容的一个重要组成部分,因此,有关仲裁条款含义和适用范围的争议,也应认定为一种合同争议,并依合同中仲裁条款的规定,提交事先约定的仲裁机构仲裁。

40.5 《仲裁规则》第 2 条第 3 款规定:"仲裁委员会有权就**仲裁协议**的**有效性**和仲裁案件的**管辖权**作出决定。"(见附件"PAC-17":第 2 条)(从略)

《仲裁规则》的这种规定,显然和上述司法解释互相呼应,互相补充,两者的基本精神是完全一致的。

41. 上述"仲裁委员会"就各种仲裁协议的有效性和各宗仲裁案件的管辖权作出判断时,应该根据哪些准则来衡量和审定?关于这一点,《仲裁规则》本身并未作明确规定或具体说明。

其所以如此,看来有两个原因:第一,《仲裁规则》一共只有 43 条,十分简明扼要,篇幅极其有限,不可能事事逐一详细规定。第二,中国的《民事诉讼法》中对于涉外民事纠纷案件的管辖权问题设有专章(第 25 章),具体规定了有关**可否受理**和**能否管辖**的基本准则。这些基本准则,显然也是上述"仲裁委员会"在判断仲裁协议有效性和仲裁案件管辖权时应当**遵循**的,或应当认真**参照执行**的。

42. 上述第二点见解,是有行政法令作为依据的。

1988 年 6 月,中国国务院在一份专为《仲裁规则》修订工作下达的"**批复**"文件中,明确指示:**应当根据中国法律**和中国缔结或参加的国际条约,并参照国际惯例,对中国原有的涉外案件仲裁规则进行修订。(见附件"PAC-17";该书第 1 页:《中国国务院对中国国际贸易促进委员会的"批复"》)(从略)这显然是明确指示:1988 年颁行的《仲裁规则》,其一切内容和具体规定(包括管辖受理原则和审理原则等),都**不得违背中国法律**所明确规定的基本法理原则和**基本行为准则**,也都不得违背中国已经参加的国际条约,不得违背国际社会早已公认的、约定俗成的国际惯例。

43. 中国的《民事诉讼法》第 25 章专门对涉外民事纠纷案件受理管辖的基本准则作了比较具体的规定。其中第 243 条列明:"因合同纠纷或者其他财产权益纠纷,对在中华人民共和国领域内没有住所的被告提起的诉讼,如果合同在中华人民共和国领域内签订或者履行,或者诉讼标的物在中华人民共和国领域内,或者被告在中华人民共和国领域内有可供扣押的财产,或者被告在中华人民共和国领域内设有代表机构,**可以由合同签订地、合同履行地、诉讼标的物所在地、可供扣押财产所在地、侵权行为地或者代表机构住所地人民法院管辖**。"(见附件"PAC-16":第 243 条)(从略)

按照本条的规定,涉外民事纠纷案件中只要有所列的**六种情况(或六种"连结点")**之一,中国的法院就可以管辖和受理。

44. 中国《民事诉讼法》中关于涉外民事纠纷案件管辖原则的上述规定,是立足于本国国情并参照国际立法惯例制定的,它是与当代有关司法管辖权的国际惯例互相接轨和基本一致的。诚然,上述规定是针对中国法院的司法管辖权而言的,但是,根据第 42 点提到的**中国国务院指令性文件**的基本精神,中国国际经济贸易仲裁委员会在判断**可否受理**和**能否管辖**涉外民事纠纷仲裁案件时,显然也应当遵循或至少应当**认真参照执行**上述有关法院管辖权的基本准则。

45. 对照本案的事实,本案第 A158 号买卖合同是在中国**签订**的;合同**履行**地的实质部分或主要部分在中国;**诉讼标的物**一直在中国;被诉人香港北海公司在北京投资举办了一家中外合资经营企业,因而在北京拥有**可供扣押的财产**。根据第 43 点引述的法律规定,所列六种"连结点"中只要具备其中之一,中国法院即可予管辖,而本案合同纠纷中,六个法定"连结点"中已具备其中之四,可见中国的仲裁机构遵循或参照执行上述管辖原则,对本案纠纷予以管辖受理,自是理由充足,顺理成章,应在意料之中。

至此,我们也就澄清了第 34 点中提出的第(4)个问题。

(四)基本结论

46. 综上分析,本人认为对香港贺×、陈××律师事务所来函咨询的疑难问题,应当作出如下几点基本结论:

46.1 本案 A158 号买卖合同纠纷应当适用何种准据法?对于这个问题,**应当根据有关本合同争端的各种事实,以中国的现行法律、法规、司法解释以及国际公认的冲突法(conflict of laws)基本原则作为准绳,加以解释和分析(to construe and analyse)**,作出判断和决定。

46.2 中国的《民法通则》第 145 条和《涉外经济合同法》第 5 条的规定,与当代国际公认的冲突法最基本的准则是完全一致的,其中贯穿的是"**当事人意思自治**"原则和"**适用与合同有最密切联系的法律**"原则。本案 A158 号买卖合同适用的**准据法或 the Proper Law of the Contract** 应当根据上述法规和原则加以**解释、分析、判断和认定**。

46.3 本案 A158 号买卖合同第 7 条仲裁条款的规定表明:本合同当事人双方已经以明示方式一致选定中国的涉外仲裁机构——中国国际经济贸易仲裁委员会,作为受理合同争端的管辖机构。对于当事人这一共同的明示选择,应当按国际公认的"意思自治"原则,予以充分的尊重。

46.4 根据当事人已作明示选择的上述事实,对照和遵循国际公认并已为中国各界公众广泛接受的"**仲裁地法**"这一准据法推定原则,应当推定本合同当事人已经以**默示方式**一致选择仲裁地法——中国的法律,作为解决合同争端的准据法。对于这一符合逻辑、符合实践、符合国际惯例的科学推定,应当予以客观的承认和足够的肯定。

46.5 根据本案 A158 号买卖合同的**谈判地、缔约地、履行地、仲裁地、物之所在地、卖方营业所所在地**等多方面的事实,对照和遵循冲突法领域盛行的**国际惯例——"最密切联系"原则**,对照和遵循中国法律关于"最密切联系"原则的规定以及相应的司法解释,并参考中国权威学者对"最密切联系"原则的具体论述,应当承认本合同与中国法律之间具有**一系列最紧密联系的和互相竞合重叠的"连结点"**,从而果断地确认**中国法律**乃是**解释、分析和解决**本合同一切争议的**唯一准据法**。

46.6 本案有关 Bill of Exchange 兑现问题的争议,无论从仲裁条款措辞的**逻辑概念**上,从买卖合同的**特殊本质**上,还是从争议产生的直接**因果关系**上来分析,都理应充分肯定和明确认定它乃是 A158 号买卖合同关于**供货与付款总争议的一个组成部分**。它是**不可分割地从属于、隶属于 A158 号买卖合同**的一项争议,而绝非可以完全独立于该合同之外、与该合同毫不相干的另外一份合同的争议,因此,**它不能不受 A158 号买卖合同仲裁条款以及中国有关法律的约束**。

46.7 由于 A158 号买卖合同仲裁条款中"与合同有关的分歧"一词应当涵盖和包括上述 Bill of Exchange 兑现问题的争议,因此,应当将这一争议按仲裁条款的明文规定**提交中国国际经济贸易仲裁委员会仲裁**。

46.8 根据中国法律的规定:凡是当事人在涉外经济合同中约定和订有仲裁条款的,**即不得向法院起诉**。本案 A158 号买卖合同的卖方当事人约克公司将隶属于本合同的 Bill of Exchange 兑现争议问题与本合同割裂开来,完全无视合同中仲裁条款的明文规定,擅自单方向香港法院提起诉讼,这既是一项违约行为,也是一项违反中国有关法律的行为。

46.9 A158 号买卖合同的买方当事人北海公司依据合同中已订有仲裁条款的事实,向香港法院**提出中止诉讼的申请**,并要求将上述争议提交中国国际经济贸易仲裁委员会仲裁,这一申请和要求是**符合合同约定、符合中国法律规定、符合国际惯例的**。

47. 据我们所知,北海公司的上述申请和要求,也是符合香港《仲裁条例》(《香港法例》第 341 章)第 6 条(Section 6 of Hong Kong Arbitration Ordinance,Cap. 341)规定的基本精神的。

48. 在这里,我们愉快地看到了内地与香港两种仲裁体制**基本规范之间**具有一个十分重要的**交汇点**、融合点和共同点。

三、关于约克公司与北海公司争议案件专家意见书的重要补充

(1994 年 4 月 7 日)

本人应香港贺×、陈××律师事务所要求,曾于 1994 年 3 月 10 日出具《关于约克公司与北海公司争议案件的专家意见书》(以下简称《专家意见书》)。事后,1994 年 4 月 1 日,本案当事人北海公司的负责人林××先生又传真发来两份证据文件,一份是本案涉讼的 Bill of Exchange 的全文(见附件"PAC-18")(从略),另一份是约克

公司签发给北海公司的售货发票（INVOICE，NO. HKB 10732C，见附件"PAC-19"）（从略）。经仔细研究，并与本案涉讼的北海—约克买卖合同（编号为 A158/4/92-01，以下简称"A158 号买卖合同"）核对，本人认为这两份证据十分重要，它们极其雄辩地证明了三个要害问题，即：

（1）上述 Bill of Exchange 所载明的款项确是 A158 号买卖合同货物总价款的一部分；

（2）上述 Bill of Exchange 本身乃是 A158 号买卖合同**不可分割**的一个**组成部分**；因此，

（3）A158 号买卖合同中的"仲裁条款"，应当完全适用于买卖双方当事人有关该 Bill of Exchange 的争端。

兹特补充列举事实和分析意见如下：

1. 前述 1994 年 3 月 10 日出具的《专家意见书》第 33 至 39 点，已经系统地论证了这样的见解：无论从"合同争议"的逻辑概念上，从买卖合同的特殊本质上，或从供货与付款的直接因果关连上，都绝对无法否认本案 Bill of Exchange 争议乃是整个 A158 号买卖合同内容争议的一个不可分割的、有机的组成部分。

2. 现在，我们已进一步查明该 Bill of Exchange 倒数第 4 行赫然记载："所收款项乃是本公司 1993 年 5 月 22 日签发的第 **HKB 10732C 号售货发票价款总额的百分之 65%**"（Value received as 65% value per our invoice No. HKB 10732C dtd. May 22, 1993）。这就证明：该 Bill of Exchange 上所载明的 USD 339794.00 这笔款项，既不是任何赠与，也不是出于任何其他法律原因的支付，即只能是根据约克公司的上述**特定发票**所要求支付的**货物总价款的一个组成部分**，即 65%。

3. 那么，该特定发票究竟记载哪些要点呢？

3.1 约克公司第 HKB 10732C 号发票上载明"顾客定货单号码：A158/4/92-01"，这个号码与上述北海—约克买卖合同的号码——A158/4/92-01——完全一致和互相衔接。

3.2 发票的主题是"关于北京中国中央电视台"（Re：CTV，BEIJING）。这说明了两点：第一，该发票的主题与 A158 号买卖合同的主题是完全一致和互相衔接的，因为合同的主题也赫然载明："工程名称：中国中央电视台冷冻站"（Name of the project：Cooling Station of the China Central Television (CCTV)，见附件"PAC-1"：第 23、28 页）（从略）。第二，约克公司售货当初和签发发票当时就已明知这批货物尽管有两个中间买主和转售人，但其终端买主和实际用户乃是北京的中国中央电视台。这就进一步确凿地证明了前述《专家意见书》第 28.1—28.5 点所作的分析和论证是符合事实和正确无误的。

3.3 该发票所列明的售出货物:4 台约克冷机组以及一批零配件(accessories),其具体型号与数量,与 A158 号买卖合同第 1 条第 1 款的记载完全相符和互相衔接。

3.4 该发票所载明的总金额货款为 USD 522760.00,也和 A158 号买卖合同第 1 条第 3 款规定的合同总金额的具体数字完全相符和互相衔接。

4. 如果进一步把该发票与本案涉讼之 Bill of Exchange 加以仔细对照,就可以看出如下几个**关键要点**,特别值得注意:

4.1 该发票右上端载明发票编号为"NO. HKB 10732C"。这个号码与本案涉讼之 Bill of Exchange 倒数第 4 行记载的发票号码完全一致和互相衔接。

4.2 该发票右上方载明"签发日期:1993 年 5 月 22 日"(INVOICE DATE:May 22,1993),这个记载与上述 Bill of Exchange 倒数第 4 行末端以下、约克公司印章以上之间注明的发票日期也完全一致和互相衔接。

4.3 该发票右上方载明:"付款条件:承兑后交单,30 天内付还价款总额的 65%"(TERMS:D/A 30 days on 65% of Total);而在以大写字母英文文字写明价款总额 USD 522760.00("Total US Dollars Five Hundred Twenty Two Thousand Seven Hundred Sixty Only")之后,紧接着又在括号内列出了一个具体算式:"(**USD 522760.00×65%＝USD 339794.00**)",这个**百分比**数字及其**绝对值**金额均与上述 Bill of Exchange 所列的**百分比**与**绝对值**金额完全雷同和互相衔接。

4.4 该发票左上方载明的买主——北海公司,既是 A158 号买卖合同中的买主,同时也是上述 Bill of Exchange 左下方载明的受票人(drawee)和付款人(payer),这三者之间是完全一致和互相衔接的;与此相对应,该发票右下端载明的签发单位——约克公司,则既是 A158 号买卖合同中的卖主,也是上述 Bill of Exchange 右下端载明的出票人(drawer)和事实上的受款人(payee)。这三者之间,也是完全一致和互相衔接的。众所周知:按照国际货物买卖行为中的常规和惯例,如果以 Bill of Exchange 的方式付款,则出票人和事实上的受款人就是卖主,受票人和付款人就是买主。本案涉讼的 Bill of Exchange 的内容和形式,都是完全符合国际买卖行为的上述常规和惯例的。因此,该 Bill of Exchange 中载明并要求北海公司支付的金额,只能是 A158 号买卖合同规定的以及 NO. HKB 10732C 发票指明的总货款中的 65%。

5. **综上所述**,第 3.1—3.4 点所指出的事实,确凿地证明了约克公司签发的 NO. HKB 10732C 售货发票与 A158 号买卖合同的完全一致和互相衔接。换言之,A158

号买卖合同中记载的法律行为内容以及买卖双方当事人相互间的权利义务,都在 HKB 10732C 号发票中得到进一步的肯定和证实。这份发票与这份合同是有机地联系在一起、密切结合、不可分割的。

6. **综上所述**,第 2 点以及第 4.1—4.4 点所指出的事实,确凿地证明了本案涉讼的 Bill of Exchange 中要求支付的款项,就是第 HKB 10732C 号发票中要求支付的货款,同时也就是 A158 号合同中要求支付的总货款的 65%。

7. 如果说,第 3.1—3.4 点所列举的事实,组成了**一条粗大的铁链**,把 HKB 10732C 号发票**紧紧地焊接**在 A158 号买卖合同之上;那么,第 2 点所摘的文字"Value received as 65% value per our invoice No. HKB 10732C dtd. May 22, 1993",以及第 4.1—4.4 点所列举的事实,组成了**另一条粗大的铁链**,把本案涉讼的 Bill of Exchange **牢牢地焊接**在第 HKB 10732C 号发票之上,从而使这份 Bill of Exchange 通过 HKB 10732C 号发票这一"中介体",与 A158 号买卖合同牢牢地结合在一起,成为其不可分割的组成部分。换言之,正是 **Contract—Invoice—Bill of Exchange** 这三者紧密联系和有机结合,才完整地构成本项买卖行为的全过程。

8. **结论**

本案涉讼 Bill of Exchange 中的文字和数字记载,确凿地证明它本身就是 A158 号买卖合同中的货款支付方式,也就是 A158 号买卖合同第 1 条第 3 款"**合同总金额**"以及第 3 条"**付款**"规定的具体化。因此,有关这份 Bill of Exchange 的争议,当然就是有关该合同内容的重大分歧之一。既然该合同第 7 条明文规定:与合同有关的分歧如不能达成协议,应提交中国国际经济贸易仲裁委员会仲裁,那么,按照这条"仲裁条款"的规定,将此项 Bill of Exchange 的争议提交上述仲裁机构仲裁,应当是充分尊重"约定必须信守"(*pacta sunt servanda*)以及当事人"意思自治"(autonomy of will)原则,从而合理、合法地解决本案分歧的唯一途径。

四、评英国皇家大律师狄克斯(A. R. Dicks Q. C.)的书面证词

(1994 年 9 月 1 日)

本人曾于 1994 年 3 月 10 日出具《关于约克公司与北海公司争议案件的专家意见书》,1994 年 4 月 7 日又出具了《关于约克公司与北海公司争议案件专家意见书的重要补充》。这两份法律文件,均已由香港贺×、陈××律师事务所呈交香港高等

法院。

最近，本人阅读了香港律师狄克斯先生撰写的"Affidavit of Anthony Richard Dicks"（以下简称"Dicks' Affidavit"或"D A"）。其中对本人为本案撰写的上述两份法律文件提出了若干异议。经过仔细研究，本人认为狄克斯先生的这些异议是不正确的。兹特评论如下：

1. 狄克斯先生提到：本案原告律师要求他提供专家证词（expert evidence），回答一个问题，即"本案原告的索赔要求是否属于原告与被告在 1992 年 12 月 31 日所订合同中仲裁条款约束的范围"。(The question whether or not the Plaintiff's claim in this action falls within the ambit of the arbitration clause in the contract made between the Plaintiff and the Defendant and dated 31st December, 1992. 原文见 D A 第 7 点)

面对这个直截了当的问题——本案当前争论的焦点和核心问题，狄克斯先生没有直截了当地正面回答，却声称："我的证词并非针对这个问题作答，即本案的索赔要求是否属于中国国际经济贸易仲裁委员会组织章程所规定的管辖范围"。(My evidence is not direct to the question whether the claim in this action is of a kind which falls within the jurisdiction scope of the China International Economic and Trade Arbitration Commission (CIETAC) as defined by its organizational statute. 原文见 D A 第 8 点)这样回答问题，很难不被理解为：（1）答非所问，文不对题（beside the point, or wide of the mark）；或（2）不能、不敢正面回答，因而回避主题，转移视线，"顾左右而言他"。

2. 狄克斯先生完全撇开或回避本案涉讼汇票（即 YIHK 10732C 号汇票）与本案"A158/4/92—01 号合同"（以下简称"A158 号买卖合同"）之间不可分割的有机联系，硬说"香港《汇票法例》中的强制规定使得票据当事人之间订立的一系列合同都只能受香港法律的管辖支配"（见 D A 第 10 点）。可是，他"忽略"（ignore）了以下几点，致使他的这个论断留下了以下几个漏洞：

2.1 在香港的《汇票法例》中，究竟有哪几条"强制性规定"规定本案涉讼汇票只能由上述法例加以"管辖支配"，而与任何其他法律一概无关？对此，狄克斯先生连一条也没有明白地加以引证和列举。只有论点而没有论据，或只有主张而没有举证，这样的论点和主张是站不住脚的。

2.2 在香港的法律体系中，有着许许多多的"条例"或"法例"（ordinances），它们相互配合构成一个整体，才能使香港法制正常运作。有如一部正常运转的机器，各个齿轮轮轮相扣，缺一不可。就本案而言，目前争论的焦点恰是应否提交仲裁和提交何处仲裁的问题,因此,绝对不能将《香港仲裁法例》(香港法例第 341 章,Hong Kong Arbitration Ordinance,Cap. 341) 弃置不顾,不置一词。《香港仲裁法例》第 6A(1)条明文规定:仲裁协议的任何一方当事人,在法院对仲裁协议的另一方当事人就双方所同意的事项开始诉讼程序时,任何一方诉讼当事人均可向法院申请中止诉讼,法院应作出中止诉讼的命令。但该仲裁协议无效、失效或无法实行,或双方当事人在同意提交事项上并无实际争议者,不在此限。本案 A158 号买卖合同的买方当事人和 YIHK 10732C 号涉讼汇票的承兑人北海公司依据该合同中已订有仲裁条款的事实,向香港法院提出中止诉讼的申请,并要求将上述争议提交合同约定的仲裁机构仲裁,这是完全符合《香港仲裁法例》第 6A(1)条规定的。如果认为本案涉讼汇票与《香港仲裁法例》第 6 条的规定完全无关,因而应当排除它对本案的适用,那也总要加以科学论证,说出一个道理来,怎能只抓住一个《汇票法例》,而对《仲裁法例》熟视无睹?

2.3 英国是 1958 年《承认和执行外国仲裁裁决公约》(以下简称《纽约公约》)的缔约国,香港也属于该公约的适用地区,应当受该公约的约束。该公约第 2 条第 3 款规定:"当事人就诉讼事项订有本条所称之协议者(按:指合同中的仲裁条款或单独的仲裁协议),缔约国法院受理诉讼时应依当事人一造之请求,命当事人提交仲裁,但前述协议经法院认定无效、失效或不能实行者不在此限。"只要将《纽约公约》的这一规定与香港《仲裁条例》的上述规定稍加比较,就不难看出两者的基本原则是一脉相承、互相响应的,具体文字也是大体相同的。作为香港的律师,对于香港地区法院应受其约束的 1958 年《纽约公约》的上述规定,显然不应当不加以足够的重视,更不应任意夸大香港《汇票法例》的法律效力,不但使它凌驾于香港《仲裁条例》之上,排斥后者的适用;而且使它凌驾于 1958 年《纽约公约》之上,藐视后者的约束。

3. 和任何事物一样,票据也有它产生的原因和由来。在中国的学术著作中,[5]把票据当事人之间授受票据的原因称为"票据的原因关系"[6](见附件"PAC-20":p. 3,画线处。)(从略)就本案而言,YIHK 10732C 号涉讼汇票产生的原因和根源就是前述 A158 号买卖合同。A158 号买卖合同与 YIHK 10732C 号汇票之间的因果关系和主从关系是一目了然的。本案买主(北海公司)与卖主(约克公司)先是从事买卖行为的双方当事人,继而又是从事票据行为的双方当事人,在这份业经承兑的汇票**并未转让**给任何第三人以前,本买卖行为与本票据行为的各方主体(当事人、行为人)

---

[5] 1995 年 5 月 10 日,全国人大常委会通过《中华人民共和国票据法》,自 1996 年 1 月 1 日起施行。1994 年 9 月笔者撰写本项法律文书时,中国尚未颁行用以调整票据行为的基本法律,无从援引当时的现行法律进行论证。

[6] 覃有土、李贵连主编:《票据法全书》,中国检察出版社 1994 年版,第 31 页。

是完全重叠、复合和一致的。买卖行为双方当事人在民法上的权利与义务(买方得货付款,卖方得款交货)与票据行为双方当事人在票据法上的权利与义务(承兑人——付款人因得货而付款,收款人因交货而得款)也是完全重叠、复合和一致的。在这种情况下,**双方在票据行为**上发生的争执(应否付款)与买卖行为上的争执(交货是否符合合同约定)实际上也是完全重叠、复合和一致的。此时,对于这样一件在**买卖行为和票据行为**上双方当事人分别重叠复合、权利义务重叠复合、争端重叠复合的案件,如果任意夸大票据行为的"独立性"或"自主性"(autonomy),硬把本项票据纠纷与其直接产生原因即本项买卖供货纠纷完全割裂开来,单就票据本身谈票据,而丝毫不问其纠纷直接原因即买卖行为中的**是非曲直**和**青红皂白**,要求买方(即承兑人——付款人)无条件付款,这就既不符合基本法理,也不符合具体法律规定。因此,向香港法院提出这种无理要求,就难免令人联想到广泛流行于中国民间的一则著名寓言:某甲中箭受伤,求医于某乙。乙取出小锯,锯断甲体外的箭杆,即称手术完毕,要求付酬。甲惶惑不解,诉说箭镞尚在体内。乙答:"我是外科医生,只管体外部分。箭镞既在体内,请另找内科医生!"不言而喻:任何一个稍具水平的律师在为当事人排难解纷时,显然都应把因果直接相连、不可分割的两项纠纷综合考虑,作出符合基本法理的公平判断,就像任何一个稍有医学常识的医生在治疗上述箭伤时,理应对"箭镞"与"箭杆"综合考虑、综合施治一样。

4. 狄克斯先生批评说:"陈教授和姚教授两人提出的见解,都没有考虑到,也不符合中国在汇票以及其他票据方面实施的各项法律原则。"(Both Professor Chen and Professor Yao have adopted a view which neither takes account of nor accords with the legal principles applicable in China to bills of exchange and other payment instruments. 原文见 DA 第 11 点)并且列举了 1988 年《银行结算办法》(Procedures for Bank Settlement,1988)中的若干规定、郭锋先生(Mr. Guo Feng)论述票据纠纷的一篇文章以及中国《民事诉讼法》的若干条款,论证上述批评的"正确"。遗憾的是:经过仔细对照被摘引或转述的上述文件的原文和全文,我们发现狄克斯先生所引述或转述的,并不符合原文和全文的原意。这就使他的批评从自认为的"正确"转变成为事实上的不正确和错误。

5. 狄克斯先生在援引《银行结算办法》(以下简称《办法》)时,转述了其中第 14 条第 5 款关于商业汇票允许**背书转让**的规定,同时摘引了其中第 20 条的规定,即"本办法允许背书转让的票据,因不获付款而遭退票时,持票人可以对出票人、背书人和其他债务人行使追索权,票据的各债务人对持票人负连带责任"。他力图以这两项规定来论证他所主张的有关汇票的绝对的"独立性"或"自主性"(见 DA 第 11、15、16

点),似乎中国的有关法令或规章也承认汇票的这种"独立性"或"自主性"乃是至高无上、凌驾一切、压倒一切、"所向无敌"和不容抗辩的。

5.1 据我们所知,中国的现行法令和规章中,从未使用过"独立性"或"自主性"这样的字眼来形容票据权利的"崇高性"或"权威性",更从未赋予票据权利以如此崇高、如此权威的地位,似乎它可以不受民法任何基本法理原则的指导以及一系列其他法律规定的限制和约束。

5.2 即以《办法》本身而言,第14条第2款和第3款的规定,就是对商业汇票使用范围及其票据权利的重大限制:该第2款从正面规定:"在银行开立账户的法人之间根据**购销合同**进行**商品交易**,均可使用商业汇票。"紧接着,该第3款又从反面加以补充:"签发商业汇票必须以合法的商品交易为基础,**禁止**签发**无商品交易**的汇票。"按照这两款的规定,一张商业汇票,即使它完全具备一般票据行为的要件,但它的签发如果不以**合法的商品交易**为基础,或者它竟是一张无商品交易的汇票,那么,**在中国**,这张汇票就是不受法律保护的汇票,或者,它就是一张法令所**禁止**的因而是**自始无效**(*void ab initio*)的汇票。试问:一张不受法律保护的汇票或自始无效的违法汇票,它所记载的票据权利,在**并未背书转让**以前,又有何"autonomy"可言?衡诸本案事实,本案涉讼的 YIHK 10732C 号汇票,如果它不是以 A158 号买卖合同的商品交易为基础,如果它不与此项商品交易紧密结合,它就是中国现行法令所禁止的"无商品交易的汇票"。在此种情况下,以中国的现行《办法》作为法律准绳,这张汇票对于收款人约克公司说来,就理所当然地成为无根之本、无源之水或无身躯的"半个心脏",从而失去它自己的法律生命,这又有什么值得大惊小怪呢?(参见 D A 第 12 点。)试问,一张汇票连法律生命都不存在了,又有何"autonomy"仍然健在呢?

5.3 上述办法第 10 条明文规定:"银行按照本办法的规定审查票据、结算凭证和有关单证。**收付双方发生的经济纠纷**,应由其自行处理,或向仲裁机关、人民法院申请调解或裁决。"这一条文至少说明了三点事实:

(1)票据成立之后,收款人与付款人之间产生经济纠纷乃是一种屡见不鲜的正常现象。就汇票而言,此类"收付双方发生的经济纠纷"的主要表现一般就是收款人要求兑现付款而承兑人或付款人提出抗辩并拒绝付款。由此可见,一方面,执票人或收款人依法享有汇票上所载明的收款的权利;另一方面,承兑人或付款人也依法享有对对方收款权利提出抗辩的权利。这样才会形成"收付双方的经济纠纷"。反之,如果不承认承兑人或付款人的抗辩权,凡是票据上的债务人对票据载明的债权只许屈从不许抗辩,那就不会发生任何"收付双方的经济纠纷",从而也就无须在有关票据的法令中对票据"收付双方的经济纠纷"的解决途径专设一条规定了。可见,这条规定的实质就是承认和保护票据债务人有权对票据债权人依法抗辩。

(2) 票据"收付双方发生的经济纠纷"的解决途径有三,即 A. 当事人自行协商解决;B. 向仲裁机构申请调解或仲裁;C. 向人民法院起诉,要求给予判决。本案的案情已经表明:上述 A 种途径已经行不通。

(3) 中国的《民事诉讼法》第 257 条规定:涉外经济贸易中发生的纠纷,当事人在合同中订有仲裁条款或者事后达成书面仲裁协议,提交中国涉外仲裁机构或者其他仲裁机构仲裁的,**当事人不得向人民法院起诉**。衡诸本案案情,A158 号买卖合同中已经订有明确的仲裁条款(合同第 7 条),因此,上述第(2)点所述的 C 种途径也已经行不通。剩下唯一可行的途径就是将本案"收付双方发生的经济纠纷"依法、依约提交中国国际经济贸易仲裁委员会仲裁。

由此可见,中国的《银行结算办法》第 10 条关于票据收付双方经济纠纷解决途径的规定,也不存在什么"autonomy",它不但不能排斥中国《民事诉讼法》第 257 条对于票据收付双方经济纠纷的适用,而且正是与《民事诉讼法》这一条规定互相衔接,并且严格遵循这一条法律规定的。

由此可见,在上述办法第 10 条面前,狄克斯先生所反复强调的关于 YIHK 10732C 号汇票的"autonomy",再一次被打了一个大大的折扣。谁也无法否认,本案 YIHK 10732C 号汇票的收付双方纠纷,实质上就是 A158 号买卖合同买卖双方纠纷的集中表现,前者就是后者不可分割的一个组成部分。正是《办法》第 10 条的规定,根据本案 A158 号买卖合同的仲裁条款,遵循《民事诉讼法》第 257 条的规定,已经把作为 A158 号买卖合同买卖双方纠纷之组成部分的"YIHK 10732C 号汇票"收付双方纠纷的受理权和管辖权,明白无误地和无可置疑地授予了中国国际经济贸易仲裁委员会。

6. 狄克斯先生转述了中国律师郭锋先生论述票据纠纷的一篇文章,认为文章作者概述了票据的若干特点,并"清楚地论证了这种(票据)交易的独立性"(demonstrating clearly the autonomy of such transactions,见 D A 第 17、18 点)(从略)。我们发现,狄克斯先生在转述这篇文章时"忽略"(ignore)了几个关键问题:

6.1 据我们了解:在 1992 年 5 月撰写上述文章当时,郭先生是中国人民大学法律系的一名讲师(现在是北京"中银律师事务所"的一名律师)。一般说来,发表在《法制日报》上的署名文章通常只是个人学术见解,既不代表该报,也不代表该报的任何主管部门。在中国任何报纸上发表的个人文章,通常都是参考性、讨论性的。在同一份报纸上同时发表或先后发表不同观点的文章,这在世界各国都是常事,在当前中国也不例外。没有必要在转述郭先生的个人观点时牵扯到中国的司法部。

何况，中国的立法权或司法解释权都另有专属机关。

6.2　郭锋先生这篇文章探讨的主题乃是：票据经**背书转让**之后，票据债务人对于持票的**善意第三人**的票据债权应当承担什么责任。换言之，全文的论述主题，特别在论述普通债权与票据债权的区别时，其大前提乃是：第一，票据**已经背书转让**；第二，**已经出现**持票的善意第三人。狄克斯先生提醒人们注意的他提供的这篇文章英译本的第一部分，其中的醒目标题就赫然写着"应当区别普通债权转让和票据的**背书转让**"，接下来所列举的六点区别，也无一不是以票据已经"**背书转让**"和已经出现持票的"善意第三人"作为立论前提的。（见附件"PAC-21"：画线处）（从略）但是，狄克斯先生在援引郭文这些论点用以论证狄克斯先生自己所极力强调的票据权利的"autonomy"时，却有意无意地忽略了或**删除了**郭文立论的这两个**大前提**。本案涉讼的 YIHK 10732C 号汇票，其票据双方当事人始终就是买卖合同原来的双方当事人，**从未发生过"背书转让"**情事，因此，本案这场票据纠纷的当事人也百分之百的就是原来买卖合同纠纷的当事人，丝毫**不涉及**任何持票的善意**第三人**问题。在根本不存在任何持票善意第三人的本案中，援引专论**票据背书转让后**如何对待持票善意第三人的文章，来论证票据的所谓"autonomy"，这岂不是"驴唇不对马嘴"（no more alike than chalk and cheese, or quite a different pair of shoes）？

6.3　应当指出：郭锋先生的这篇文章本来就含有数处明确论述，对狄克斯先生所坚持的票据无条件"autonomy"的主张十分不利，或者说，对这种票据绝对"autonomy"的主张起了否定的作用。但郭文中的这些明确论述，也被狄克斯先生不该忽略地"忽略"（ignore）了。例如，郭文中提到，在许多场合，票据债务人可以对票据债权人提出抗辩，拒绝付款。其中包括：如果票据债务人从事的票据行为是受欺诈或胁迫而进行的，或者**原因关系**中的直接相对人拒绝履行民事义务[7]，等等，票据债务人均可依法行使抗辩权。为了说明问题，郭文中特地举了一个例子："如甲乙签订购销合同，乙销售货物给甲，甲签发商业汇票一张给乙，乙**背书转让**给丙。由于某种原因，乙未能交货给甲。此时，**如果乙持票要求甲付款，甲可以以乙未履行合同为由进行抗辩**。但如果受让票据时不知情的丙提示票据要求付款，则甲不能拒付。"郭先生并且强调："司法实践中，对于**正当抗辩必须予以维护**。"（见附件"PAC-21"：画线处）（从略）

根据郭锋先生本人所作的说明，他在上述文章中所说的"原因关系"，其含义是

---

[7] 顺便说说，狄克斯先生把郭文中的"原因关系中的直接相对人"一词译为"a party with an immediate relationship"（见狄克斯先生呈交香港法院的 ARD-2 英译文第 9 页末；并见 PAC-21，画线处）（从略），显然是不正确的，请对照原文原意予以订正。

指票据的基础关系。在因买卖行为而授受票据的情况下,该买卖关系就属于原因关系(见 PAC-22)(从略)。郭先生这种观点与当前中国内地有关票据法著作中的一般观点是一致的(见附件"PAC-20":p.3,画线处)(从略)

6.4 郭锋先生的这些观点是正确的。它所论证的恰恰就是:在一项买卖行为(票据授受的原因或原因关系)中,尽管卖主已经持有买主承兑的汇票,如果卖方不依约履行供货义务(包括完全不供货、供货数量或质量不符合合同规定),买方就有权在卖方持票要求兑现付款时,提出抗辩,拒绝付款。在这种情况下,卖主所持有的汇票之能否兑现,**取决于**和完全**从属于**原有的买卖行为中卖方是否已经依约履行供货义务,这么一来,这张汇票及它所记载的票据债权,又有何"autonomy"可言呢?

联系到本案,北海公司就相当于郭文上述举例中的甲,约克公司就相当于上例中的乙,北海公司与约克公司之间的买卖关系与票据关系,就相当于上例中的甲乙两方当事人的关系。因此,北海公司对 YIHK 10732C 号汇票的抗辩权,依法是无可争议的,也是法律所应当予以保护的。由于约克公司持票索款和北海公司依法行使票据抗辩权而引发的票据纠纷,事实上是和 A158 号买卖合同的买卖纠纷完全"化合"在一起的,并且从属于买卖纠纷,成为一个不可分割的有机的整体,无法机械地予以切割分离。此时此际,岂能以票据的所谓"autonomy"为借口,胡乱切割,只顾锯断体外的"箭杆",却不连根拔除体内的"箭镞"?

7. 在中国内地出版的票据法著作中,持有与上述第 6.3 点郭锋相同的见解者,可谓屡见不鲜。在这方面最新的著作之一,是 1994 年 2 月出版的《票据法全书》(全书 1950 页,约 315 万字),其中就辟有一章专门论述"**票据抗辩**"。书中多处论证、肯定和支持票据债务人依法行使抗辩权,从而很不利于或否定了狄克斯先生论证票据的绝对"autonomy"(见附件"PAC-20":pp.5-8,画线处)(从略)。兹简单摘录数段如下:

7.1 "票据抗辩是指票据债务人对于票据债权人提出的请求(请求权),提出某种合法的事由而加以拒绝。票据抗辩所根据的事由,称为抗辩原因;债务人提出抗辩,以阻止债权人行使债权的权利,称为抗辩权。票据抗辩是票据债务人的一种防御方法,是债务人用以保护自己的一种手段。"[8](见附件"PAC-20":p.5,画黑线处)(从略)

7.2 "对人的抗辩:对人的抗辩是指特定的债务人对特定的债权人的抗辩……"主要有以下几种情况:

(1)原因关系不合法:签发票据的原因是否有效,本来不影响票据债权的效力,

---

[8] 覃有土、李贵连主编:《票据法全书》,中国检察出版社 1994 年版,第 67 页。

因为票据是无因证券。但是如果这种不合法的原因关系**发生在授受票据的直接当事人之间**,则仍**可以**此为理由而主张**抗辩**。例如,为支付赌博所欠款项而签发的支票,债务人对于**直接接受该支票的受让人**的付款请求,可以主张抗辩,但不得对抗其他非直接受让人的请求。

(2)原因关系的无效、不存在或已消灭:票据上的权利义务因票据行为而发生,本来不会因其原因关系无效、不存在或消灭而受影响,但在**直接授受票据的直接当事人间**,仍可主张抗辩。例如,甲向乙购货而签发一张本票给乙,后**乙不能交货**,对于乙的付款请求,**甲可以主张抗辩**。

(3)欠缺对价:"票据关系的效力本不因对价关系的有无而受影响,但**在直接当事人间**,如以对价的**收受**为**条件**时,**一旦欠缺对价,则可主张抗辩**。例如,发票人以执票人应贷相当于票面金额的款项为条件而签发票据与执票人时,如执票**人未依约贷款给发票人,则发票人可以此对抗执票人**。"〔9〕(见附件"PAC-20":pp. 6-7,画线处)(从略)

7.3 "……在对人的抗辩中,对直接当事人之间的抗辩也无法限制。例如,在发票人与受款人之间,**既存在票据关系也存在原因关系**。依照民法同时履行的原则,受款人向发票人请求付款时,发票人也可以请求受款人履行原因关系中的债务。虽然前者属于票据关系,后者属于原因关系,**但是既然同时存在于相同的当事人之间**,如不许其行使抗辩权,显然是不公平的,而且会使当事人之间的法律关系更加复杂。所以,**对直接当事人之间的抗辩,票据法也不予限制**。"〔10〕(见附件"PAC-20":pp. 7-8,画线处)(从略)

"……如果原因关系与票据关系存在于**同一当事人之间**时,**债务人可以利用原因关系对抗票据关系**。例如,A 向 B 购货而交付本票于 B,以后 A、B 间的买卖合同解除,B 持票向 A 请求付款时,A 可以主张原因关系不存在而拒绝付款,这种情形只限于直接当事人之间。"〔11〕(见附件"PAC-20":p. 4,画线处)(从略)

8. 中国内地学者上述票据法著作中所阐述的基本观点,与1988年《联合国国际汇票和国际本票公约》有关规定的基本精神是完全一致的。

该公约第28(1)(b)和(1)(d)条规定:当事人既可以向不受保护的持票人提出基于他本人与出票人在票据项下一项交易的任何抗辩;也可以提出对他本人与持票人之间的合同内行动可提出的任何抗辩。第30(1)(b)条则进一步规定:当事人对于受

---

〔9〕 同上书,第68—69页。
〔10〕 同上书,第69—70页。
〔11〕 覃有土、李贵连主编:《票据法全书》,中国检察出版社1994年版,第33页。

保护的持票人可以提出基于他本人与上述持票人在票据项下的交易而使该当事人在票据上签字而提出的抗辩。(见附件"PAC-23":画线处)(从略)

9. 从中国内地学者票据法著作中所阐述的上述观点以及联合国上述公约的有关规定中,显然可以归纳出以下几个要点:

9.1 民法上的一般债权债务关系与票据法上的债权债务关系既有区别又有联系。因此,既不能把两者完全混为一谈,又不能无条件地把两者绝对割裂。

9.2 在票据上的原债权债务通过背书已转移给授受票据的原当事人以外的善意第三人之后,就应当严格地区分作为授受票据原因的原有一般民事债权债务关系与票据转让后新产生的票据债权债务关系。换言之,在这种条件下,即在票据背书转让后,新产生的票据债权债务关系具有一定的独立性,不受原民事债权债务关系的影响。

9.3 在票据未经任何背书转让给任何第三人以前,在直接授受票据的直接当事人之间,既存在票据法上的债权债务关系,也存在票据原因上的债权债务关系,即原有的、一般民法上的债权债务关系。在此种场合,票据行为上的债权债务关系就与民事行为上的债权债务关系完全交融和完全化合在一起,成为一个合成体和化合物;而且,就该民事行为与该票据行为完全相同的双方当事人之间而言,票据行为上的债权债务产生于、从属于民事行为的债权债务,在这种情况下,该票据行为上的债权债务关系就不存在任何"独立性"。因此,应当对该票据行为上的债权债务纠纷与原民事行为上的债权债务纠纷实行综合"诊断"和综合"治疗"。此时此际,就应当特别强调保护票据债务人依法享有和依法行使的抗辩权。

9.4 联系到本案,A158号买卖合同纠纷与YIHK 10732C号汇票兑现纠纷之间的双方当事人、纠纷性质、纠纷关系,完全符合第9.3点的情况。因此,对于双方行为和双方主张的是非曲直,理应切实按照第9.3点的分析,作出符合当今世界各国基本法理原则、符合国际惯例的综合分析,实行综合"诊断"和综合"治疗"。

10. 第4至9点评论了狄克斯先生在援引、转述中国《银行结算办法》、中国报端文章时,多处不符合原文件和原文原意的事实。这里,我们还要进一步郑重指出,狄克斯先生在转述中国的《民事诉讼法》,以论证其所谓汇票的"autonomy"时,竟出现了令人惊讶不已的误解(misunderstanding)或曲解(misinterpretation or twist)。

10.1 狄克斯先生转述了《民事诉讼法》第189—192条所规定的"督促程序",说是:

(1)"它使原告在请求被告给付金钱或有价证券时,有权单方申请法院向被告发出'支付令',被告在15日内不提出反对意见,支付令即可强制执行。被告有权提出书面'异议',说明原告要求给付的权利受到当事人间其他纠纷的制约,在这个基础上,法院就必须决定是否取消支付令。"(It enables a plaintiff claiming a sum of money or delivery of a valuable security to obtain ex part and serve on the defendant a payment order which, if not contested by the defendant within 15 days, can be enforced. It is subject to the right of the defendant to enter a written opposition... showing that the right to payment (or delivery) is the subject of dispute between the parties, on the basis of which **the court must decide whether or not to discharge the payment order**. 见 D A 第 26 点)

(2)"……关于当事人之间是否存在某种纠纷从而可否取消针对票据的支付令,应由法院根据被告主张是否有理,作出决定,而并非单凭被告呈交'异议',便可自动决定取消。"(... the question **whether or not** there is a dispute of such a kind as to require discharge of a payment order made in respect of a payment instrument is a **question for the courts to decide** on the strength of defendant's case **rather than being automatically determined by the mere filing of the opposition**... 见 D A 第 28 点)

(3)"对依据汇票提出的付款请求提出不合理的或未说明理由的异议,即使是在汇票原有当事人之间提出,也不足以取消支付令。"(**An unreasoned or unexplained opposition to a claim on a bill of exchange**, even between the original parties to the bill, **can not suffice to discharge a payment order.** 见 DA 第 28 点)

10.2 把狄克斯先生的这**三段转述文字**,与中国《民事诉讼法》有关条文的下述**原文作一对照**,立即可以看出狄克斯先生竟把他的不正确理解**强加给**中国的有关法律:

(1)《民事诉讼法》第 189 条第 1 款规定:"债权人请求债务人给付金钱、有价证券,符合下列条件的,可以向有管辖权的基层人民法院申请支付令:(一)**债权人与债务人没有其他债务纠纷**的;(二)支付令能够送达债务人的。"

(2)该法第 191 条第 1 款规定,人民法院受理申请后,经过审查,可以批准申请并向债务人发出支付令,也可以驳回债权人的申请。第 2 款则进一步规定:"**债务人应当自收到支付令之日起十五日内清偿债务**,或者**向人民法院提出书面异议**。"

(3)该法第 192 条明文规定:"人民法院收到债务人提出的书面异议后,**应当裁定终结督促程序,支付令自行失效,债权人可以起诉**。"(以上三条的全文见 PAC-24。)

10.3 根据第 10.2(1)点的法律规定,债权人可以向法院申请支付令的必备前提条件是该"债权人与债务人没有其他债务纠纷"。反之,只要债权人与债务人之间还存在其他债务纠纷,该债权人就失去了向法院申请"支付令"的资格,就无权申请"支付令"。狄克斯先生在转述中国有关申请"支付令"的法律规定时,却把这个**要害和关键"阉割"**了。衡诸本案事实,原告与被告之间除了 YIHK 10732C 号汇票纠纷之外,还存在着密切相关的 A158 号买卖合同纠纷,即还存在着"其他债务纠纷",据此,原告哪有什么资格向法院申请"支付令"呢?

10.4 根据第 10.2(3)点的法律规定,法院在收到债务人提出的书面异议后,就**"应当裁定"**终结督促程序,与此同时,已经发出的"支付令"立即**"自动失效"**。在这里值得特别强调的是:第一,这段法律条文明确规定了法院必须遵循的审判原则和行为规范,即:一旦债务人在法定期限内提出了书面异议,法院**"应当裁定终结督促程序"**,从而使"支付令自动失效"。换言之,此时法院在应否裁定终结督促程序并使已经签发的"支付令"自动失效问题上,并无任何自由裁量的权力(the power/right of discretion),而只有**依法**裁定**终结督促程序的义务**。第二,如果真有哪一位中国法官敢于无视法律的上述**强制性规定**(mandatory provision),在债务人提出上述书面异议之后,竟然采纳狄克斯先生的"建议",自由地"decide **whether or not to discharge the payment order**",并胆敢擅自作出继续实行"督促程序"和维持原有"支付令"的决定或裁定,那么,这位中国法官就是"知法犯法"和"执法犯法"了。第三,可以断言,在"督促程序"和"支付令"这个具体问题上,中国不会出现这种水平的法官。因为《民事诉讼法》第 192 条文字是如此斩钉截铁、明明白白,毫无模棱两可之处。

10.5 中国《民事诉讼法》第 189—192 条的上述规定显然否定了狄克斯先生所极力主张的汇票债权债务的绝对"autonomy"。因为,第一,尽管票据当事人之间确实存在债权债务关系,但只要该当事人之间还有其他债权债务纠纷,该票据债权人就无权依法申请"支付令";显见在此情况下,**票据债务纠纷**与当事人间的**其他债务纠纷**已经**"化合"**在一起,票据债务纠纷已完全失去"autonomy"。第二,即使法院已同意票据债权人的申请并向票据债务人签发了"支付令",但只要该债务人提出书面异议,法院就别无选择,只能必须裁定终结督促程序,必须使已经签发的支付令自动失效。换言之,此时此际,法院根本无权对债务人提出的书面异议的内容和理由进行实质性的审查。相反,**单凭**债务人提出书面异议这一行为和这一事实,就足以促使法院必须立即终结本督促程序,并且从**实质上**取消已发的"支付令"。显而易见,在此种条件下的票据债权以及据此签发的"支付令",也不存在任何"autonomy"。第三,在申请法院签发和执行"支付令"失败后,"债权人可以起诉",这显然意味着正规的诉讼程序完全取代了已经终结的督促程序。只有**在督促程序已完全转化为诉讼程序之后**,法院才有权对债务人针对票据债权提出的**书面异议**的内容、主张及其理由加以实质性的审查,并结合票据债权人与债务人之间所存在的**其他**债务纠纷,进行综合的审理和裁判。按照中国法律的上述规定,既然法院无论在"督促程序"或"诉讼程序"中都不能无视存在于票据债务纠纷当事人之间的其他债务纠纷,而必须将相同当事人之间的票据债务纠纷与其他债务纠纷综合考虑和综合处理,那么,此时票据债权的"autonomy"又从何谈起呢?

由此可见,第 10.1(2)点中摘引的狄克斯先生的见解,即认为在票据债务人提出书面异议**之后**和督促程序终结**以前**,法院竟然有权审查究竟是否真正存在票据债务人所主张的"其他债务纠纷",而且这个问题竟然"应由法院根据被告主张是否有理,作出决定,而并非单凭被告呈交'异议'便可自动决定撤销",这一见解显然与中国《民事诉讼法》中的上述明确规定背道而驰。

10.6 简言之,中国《民事诉讼法》第 189—192 条的中文表述是如此之明白和准确,其原文原意容不得有半点误解或曲解。其中所说的内容与所谓的"汇票自治原则"是风马牛不相及的。因此,狄克斯先生没有理由硬把他所理解的所谓汇票的"autonomy"强加于中国上述法律条文。

11. 狄克斯先生断言,中国既没有关于汇票冲突法的国内特别立法,又未参加 1930 年《关于解决汇票与本票若干法律冲突的公约》,因此,"在合同关系中适用法律冲突的一般准则时务必谨慎小心"(the applicability of the general rules regarding conflict of laws in relation to contracts must be a matter requiring great caution),并由此进一步断言,适用于合同关系的一切法律冲突准则一般说来与汇票几乎没有什么关系。(**all the conflict rules applicable to contracts in general thus have little relevance to bills of exchange.** 见 Ｄ Ａ 第 24 点)

狄克斯先生作出这种论断之际,没有列举出任何法律根据、学理依据和事实证据,难免令人产生一系列疑问;而且,如果误信狄克斯先生的论断,就势必在中国的司法实践中到处碰壁。

11.1 就中国的法律体系而言,它所实行的是"**民商合一**"而不是"民商分立",**因此,除法律另有明文规定之外,中国《民法通则》中规定的基本原则均应适用于商务法律关系**。对于中国法律体系的这一重大特点,狄克斯先生谅必不会一无所知。在中国,众所周知,《民法通则》中设有专章,即第八章"涉外民事关系的法律适用",其中规定了解决民事关系法律冲突和准据法(proper law)问题的最基本的、已经成为国际惯例的原则。诸如:中国缔结或者参加的国际条约同中国的民事法律有不同规定的,适用国际条约的规定,但中国声明保留的条款除外;中国法律和中国缔结或参加的国际条约没有规定的,可以适用国际惯例;中国公民定居国外的,他的民事行为能力可以适用定居国法律;涉外合同的当事人可以选择处理合同争议所适用的法律,但法律另有规定的除外;法律没有规定,当事人又没有选择的,适用与合同有最密切联系的国家的法律;侵权行为的损害赔偿,适用侵权行为地法律;依照本章规定适用外国法律或者国际惯例的,不得违背中国的社会公共利益,等等。(见附件"PAC-25")试问:中国《民法通则》中规定的适用于一切中国涉外民事关系法律冲突的这些基本准则,都一概与汇票关系无关或"几乎没有什么关系"吗?都绝对不能适用于涉外汇票关系上的法律冲突吗?果真如此,则中国法院在审理涉外票据纠纷时,在准据法问题上就完全"无法可依"了吗?稍知中国司法实践情况者,都不会作此等错误判断。请看,中国民法以及许多其他国家同类法律都有同类规定:一个国家参加某项国际条约之后,该国际条约的法律效力应优越于该国国内法。试问,这样一条冲突法原则,**难道与国际票据关系无关**因而不能适用于国际票据关系吗?果真如此,则当今世界上一切有关票据的国际条约还有什么缔结的必要和存在的价值?

11.2 中国的《民事诉讼法》设有专门一编,即第四编"涉外民事诉讼程序的特别规定"(包括第 237—270 条),其中也规定了解决涉外民事诉讼中法律冲突和准据法问题的一系列基本准则。这些准则,也是与国际上行之已久、业已形成国际惯例或已为国际社会所公认的民事诉讼法律冲突基本准则互相一致和相接轨的。试问在中国的涉外票据关系诉讼中,《民事诉讼法》中的这些准则也一概无关、不能适用吗?果真如此,中国法院在审理涉外票据诉讼时,在程序上就完全"无法可依"了吗?稍知中国司法实践情况者,也都不会作此等错误判断。

11.3 由此可见,狄克斯先生在没有列举任何法律根据、学理依据和事实证据的情况下,硬说在中国"适用于合同关系的一切法律冲突准则一般说来与汇票几乎没有什么关系",轻轻一句话就剥夺了中国现有的全部(all)冲突法准则在涉外票据关系上的"生存权"和生命力,这样的论断,就很难不被认为是一种**专横的武断**!

结论(Conclusions)

12. 在中国的现行法律和法令中,客观上并不存在也不承认(recognize)任何票据关系(包括汇票债权债务关系)具有什么无条件的、**绝对的**独立性或自主性(autonomy)。

12.1 只有在特定前提条件下,即在票据已经被**背书转让**给原票据关系以外的**善意第三人**之后,票据债务人与被背书人之间的新票据关系才具有相对的独立性。关于这种**相对的**独立性,我们已在前面第 6.2—6.4 点、第 7.1—7.4 点、第 9.1—9.4 点中作出了阐述。

12.2 在直接授受票据的直接当事人之间，如果还存在该票据债权债务关系以外，但属于该票据开立原因或转让原因的其他债权债务关系，则在这一对授受票据的直接当事人之间的该票据债权债务关系，就被化合于或从属于该票据的原因关系，从而**没有任何独立性**可言。关于这个关键问题，我们已在前面第 6.4 点、第 7.3 点以及第 9.3 点中予以特别强调。

12.3 中国法律、法规以及中国学者关于票据关系独立性问题的上述规定和见解，都是符合国际公认的基本法理原则、符合 1988 年订立的《联合国国际汇票和国际本票公约》的基本精神的。对此，我们已在前面第 8 点作了引证和对照。

13. 狄克斯先生所援引的中国《银行结算办法》、中国郭锋先生的文章以及中国《民事诉讼法》的具体条文，都不能证明狄克斯先生所描绘的**幻境**：中国的法规似乎已经"**承认**"了他所理解的所谓汇票关系的绝对的"autonomy"，即"the principle of autonomy of bills of exchange as **recognized** by the provisions of Chinese Statutory law"。(D A 第 33 点)恰恰相反，他所援引的上述文件的原文原意中，却有多处惊醒和破灭了他的上述幻觉，否定了他所主张的汇票关系的绝对"autonomy"。

既然狄克斯先生自称是"**精通中国文字**"，并且"**精心研究中国法律已逾 25 年**"(conversant with the Chinese written language, 并且 have for over 25 years made a **careful study** of Chinese law, 见 D A 第 4 点狄克斯先生在其"证词"开头向香港法院所作的"自我介绍")，那么，上述误解和幻觉的产生就更加令人惊讶和难以置信。但善良的人们可以预期：如果他对他所援引的上述各项文件以及尚未援引的其他有关法令，**逐字逐句**地对中文原文的**全文**作更进一步的"精心研究"(**careful study**)，他谅必会认真修改甚至完全推翻他现有的成见(preconception)和论断。

14. 正因为在票据(包括汇票)债权债务关系上并不存在无条件的、绝对排他的"autonomy"，因此，在票据背书转让给善意第三人以前，如果**票据关系**上的债务纠纷与**票据原因关系**上的债务纠纷同时存在于相同的双方当事人之间，则这两种债务纠纷就完全交融和"化合"成为一个不可分割的整体，前者成为后者的一个组成部分并从属于后者，从而失去任何独立性或自主性。

15. 本案 YIHK 10732C 号汇票纠纷与 A158 号买卖合同纠纷，完全符合第 14 点所述的条件，因此，应当将已经完全"化合"在一起的两项纠纷作为一个整体来看待和处理。

16. 根据 A158 号买卖合同第 7 条双方约定的仲裁条款，根据 1958 年《纽约公约》第 2 条第 3 款，根据中国《民法通则》第 145 条、《涉外经济合同法》第 5 条以及有关的权威性司法解释，根据中国《民事诉讼法》第 243 条和第 257 条，根据香港的《仲裁条例》第 6 A 条的明确规定，本案 YIHK 10732C 号汇票纠纷毫无疑问应当作为 A158 号买卖合同纠纷的一个不可分割的组成部分，提交本案原告与被告早已约定的中国国际经济贸易仲裁委员会仲裁。关于这方面的论证，请参看陈安教授、姚壮教授先后在 1994 年 3 月 10 日、4 月 4 日以及 4 月 7 日向香港法院提供的三份专家意见书。兹不另赘。

第 4 章 指鹿为马 枉法裁断

——评香港高等法院"1993 年第 A8176 号"案件判决书*

>> **内容提要**

美国约克空调与制冷公司诉香港北海冷电工程公司一案在香港高等法院的审理中,主审法官尼尔·卡普兰对中文"一窍不通",却又缺乏高级法官应有的敬业精神和谦虚谨慎,轻率地完全采信了当时在香港执业的英国皇家大律师狄克斯先生提供的虚假不实的《书面证词》(Affidavit),凭以断案,造成错判。狄克斯在其证词中自诩"精通中国文字"、"精心研究中国法律已逾 25 年",以博取主审法官的信赖;同时又胆大妄为,利用主审法官对中文的"不识之无"和盲目轻信,肆意歪曲和篡改中国内地票据法规和《民事诉讼法》有关规定的原文原义,杜撰出一些在中国内地处理票据争端的所谓"法律原则",对主审法官实行误导,诱使主审法官以其虚假证词为据,懵懵懂懂、稀里糊涂地落入错判陷阱!此位英国皇家大律师职业操守之劣,着实令人惊讶!最后,本案原、被告双方在中国国际经济贸易仲裁委员会深圳分会仲裁庭的主持下,达成和解协议,分别在香港撤诉结案。本文针对该案的错误判决,就本案的管辖权、中国内地票据法原则、民事诉讼程序中的"支付令",以及被告的答辩权三个主要方面,分别提出质疑和评论,并指出:在偏听偏信、受人误导情况下,以子虚乌有的所谓中国内地票据"法律原则"作为断案的主要根据之一,则在真相大白之后,此种判决的法律效力和有关人士的公信力,必将丧失殆尽,不但贻笑大方,而且贻笑天下!

---

* 本文的基本内容原载于香港城市大学出版社的《中国法与比较法研究》1995 年第 1 卷第 2 期。其后经修订增补和译成英文,以"Three Aspects of Inquiry into a Judgment—Comments on a High Court Decision in the Supreme Court of Hong Kong"为题,发表于[日内瓦]*Journal of International Arbitration* Vol. 13, No. 4,1996;修订增补后的中文本题为《一项判决 三点质疑——评香港高等法院"1993 年第 A8176 号"案件判决书》,发表于《民商法论丛》1997 年第 8 卷,法律出版社 1997 年版。《民商法论丛》主编梁慧星教授在第 8 卷"卷首语"中指出:"该文所论,涉及中国内地法、英国法及香港法之间的'法律冲突',属地管辖与仲裁管辖的分野与交叉,民法债权债务与票据法债权债务的区别与联系,原告与被告诉讼权利之平等与保障,主审法官与作证专家的知识水平与职业操守,执法不公与枉法裁判之揭示与预防等多种歧义,涵盖实体法与程序法多方面的理论与实务问题,因此商得作者同意,刊载于此,以飨读者。"现在收辑于本书,题目修改为《指鹿为马 枉法裁断》,借以更加突显全文批判主旨。

目 次

引言

一、本案案情梗概

二、判决质疑之一:关于本案的管辖权问题

（一）把本案管辖权判归香港法院,根本违反了"有约必守"以及当事人"意思自治"这两大法理原则

（二）把本案汇票争端管辖权判归香港法院,拒不裁定中止本案诉讼程序,根本违反了香港的《仲裁条例》

（三）把本案汇票争端管辖权判归香港法院,拒不裁定中止本案诉讼程序,根本违反了对香港具有法律约束力的国际公约

（四）把本案汇票争端管辖权判归香港法院,根本违反了举世公认的国际惯例

（五）把本案汇票争端管辖权判归香港法院,是对已与国际惯例接轨的中国内地法律缺乏应有的尊重

三、判决质疑之二:关于中国内地法律"承认"本案汇票争端之"独立性"问题

（一）中国内地法律中并不存在狄克斯生造的"汇票自治原则"和汇票至高无上的"独立性"

（二）狄克斯援引中国内地的《银行结算办法》时,使用了断章取义和化有为无的手法

（三）狄克斯在转述郭锋先生的论文时,"阉割"前提、歪曲原意

（四）狄克斯的见解与中国内地票据法学术著作中公认的观点、有关的国际公约以及中国内地票据法的具体规定都是背道而驰的

（五）狄克斯在援引中国内地《民事诉讼法》,以论证其所谓汇票的"autonomy"时,竟然篡改条文,无中生有

四、判决质疑之三:关于本案被告的答辩权问题

（一）卡普兰法官的"为时太晚"论是站不住脚的

（二）卡普兰法官不给予被告充分的答辩权,是违反公平原则、违反国际诉讼程序惯例的

引　言

美国约克空调与制冷公司(York Air Conditioning & Refrigeration Inc)因货物买卖合同纠纷诉香港北海冷电工程公司(North Sea A/C & Elect Eng, Co)一案,于1993年9月由香港高等法院受理,编号为:1993年第A8176号(以下简称"本案")。1994年12月16日,香港高等法院法官尼尔·卡普兰(Neil Kaplan)对本案作出判决。

当时,本案原告、被告双方虽然都不是中国内地公司,但买卖讼争的标的、案情的是非曲直以及诉讼当事人的胜负得失,都直接牵涉到中国内地两个(家)法人[1]的重大利害。案件虽在香港法院审理,却直接牵涉到中国国际经济贸易仲裁委员会(以下简称"CIETAC")的管辖权问题,以及中国内地的民事诉讼法、民法、涉外经济合同法、国际私法(法律冲突规范)等领域的一系列法律问题。对于这些法律问题,中国和英国的学者、仲裁员、法官和律师们见仁见智,分歧很大。最后,本案经香港高等法院法官作出判决之后,在被告再度上诉过程中,讼争双方却又在CIETAC的主持下,达成和解协议,并由CIETAC作出裁决,双方当事人共同遵守,分头执行。

因此,不论从哪个角度来看,本案的讼争和解决过程,都是中国内地法、香港法以及比较法方面具有**典型意义**的案例或事例,值得中外法学界同行加以认真回顾、剖析和证论,借以达到在法学学术上互相沟通的目的。

本文拟从案情事实简介入手,阐述全案讼争的关键法律问题,并针对香港高等法院对本案所作的"1993年第A8176号"案件判决书,以及该判决书引以为据的香港执业皇家大律师安东尼·理查德·狄克斯(Anthony Richard Dicks)先生出具的《书面证词》(Affidavit),进行剖析、评论,并就本案的管辖权、中国内地票据法原则、民事诉讼程序中的"支付令",以及被告的答辩权三个主要方面,分别提出质疑,以就教于国内外同行。

一、本案案情梗概

本案原告美国约克空调与制冷公司(以下简称"约克公司"或"卖方")与本案被

---

[1] 指中国北京市的中国中央电视台(CCTV)以及中国深圳市的兴远实业有限公司。

告香港北海冷电工程公司(以下简称"北海公司"或"买方")于 1992 年 12 月 31 日在中国北京签订了一份货物买卖合同(编号为 A158/4/92-01,以下简称"A158 号买卖合同""A 合同"或"本合同")。[2]

在 A158 号买卖合同中,双方约定:约克公司向北海公司提供四台约克牌冷水组,总价款为 USD 522,760.00(伍拾贰万贰仟柒佰陆拾美元)。该合同第 7 条规定:"仲裁:与合同有关的分歧通过友好协商解决。如不能达成协议,将提交中国国际经济贸易仲裁委员会仲裁"[3]。

1992 年 12 月 31 日,即 A158 号买卖合同签订的同一天,在北京的同一间会议室中,由香港北海公司(卖方)与深圳兴远实业有限公司(买方)、深圳兴远实业有限公司(卖方)与中国中央电视台(买方)另外分别签订了两份内容基本相同的合同(以下简称"B 合同"和"C 合同")。三份合同的买卖标的物完全相同,但其价款则有所不同。

A158 号买卖合同第 3 条的内容是"付款"。由于买卖双方在签约当时付款的具体方式尚未议妥,双方同意待签约后再补上,故第 3 条除"付款"这两字标题之外,并无具体规定。在合同签署之后,买卖双方口头约定货款分三期支付:(1) 总价款的 30%,即 156,828 美元,于 1993 年 1 月内以现金支付;(2) 总价款的 65%,即 339,794 美元,于买方收到上述货物海运提单后,以汇票支付;(3) 总价款的其余 5% 尾数,即 26,138 美元,于上述货物运抵中国北京在中国中央电视台安装调试完毕和验收之后 15 日以内付清。

事后,第一期货款如期支付。关于第二期货款,卖方在 1993 年 6 月 3 日开出面额为 339,794 美元的汇票(编号为"YIHK10732C",以下简称"10732C 号汇票"),买方于同年 6 月 7 日收到海运提单后立即在汇票上签署承兑,定于同年 7 月 19 日兑现付清。但买方随即发现和认定卖方在供货义务上有重大错漏短缺。经一再通知,卖方仍不补发缺漏的设备重要部件,买方遂于 1993 年 7 月 17 日通知付款银行停止付款,致使上述汇票不能如期兑现。[4]

1993 年 9 月 11 日,约克公司向香港高等法院起诉,请求法院责令北海公司补还

---

[2] 参见《香港高等法院 1993 年第 A8176 号案件上诉卷宗(Appellant's Hearing Bundle)》(以下简称《本案上诉卷宗》或"AHB"),第 108—119 页。该卷宗复印件收存于香港城市大学法律学院资料室和厦门大学法律系资料室。原件见香港高等法院上述案件档案。

[3] 参见《本案上诉卷宗》,第 111、115 页。

[4] 以上事实,散见于《本案上诉卷宗》。在香港诉讼和在深圳仲裁的全过程中,双方当事人对这些基本事实没有争议。

上述货款,另加延期付款利息以及其他有关费用。[5] 1993年9月23日,被告北海公司答辩称:原告在履行上述A158号买卖合同中,有多项违约行为,无权索取全额价款;更重要的是:原告与被告在上述合同中订有仲裁条款,本案10732C号汇票的付款争端,乃是A158号买卖合同货物价款问题的一部分,自应适用上述仲裁条款的规定。同时,A158号买卖合同是由约克公司设在北京的营业办事处的代表与北海公司的代表共同在中国北京磋商和签订的。根据香港《仲裁条例》的有关规定,理应将上述争端提交由双方在A158号买卖合同中约定的仲裁机构仲裁。据此,北海公司请求香港法院裁定:中止本案诉讼。[6]

原告约克公司强调:10732C号汇票乃是完全独立于A158号买卖合同之外的另一份合同,因此,A158号买卖合同中的仲裁条款完全不适用于上述汇票。约克公司于1993年9月27日进一步具状向香港高等法院请求援用《香港高等法院规则》中的第14号令,对上述汇票争端实行"即决裁判"[7],责令被告北海公司立即如数兑现支付汇票所载款额。[8]

1993年12月7日,香港高等法院法官乌利(Woolley)裁定:驳回被告北海公司关于中止诉讼的申请,并责令被告偿还原告约克公司因本案支付的费用。[9] 被告北海公司不服上述裁定,乃于翌日即1993年12月8日提起上诉,并重申上述答辩中提出的关于中止本案诉讼的请求。[10]

应被告北海公司要求,厦门大学国际经济法学专家陈安教授于1994年3月10日出具了一份专家意见书。他详细地剖析了本案的主要事实,援引中国内地的有关法律、香港的有关法例以及当代各国民法、国际私法(法律冲突)领域中通行的国际惯例和基本原则,论证:被告北海公司向香港法院申请中止诉讼,将本案转交CIETAC仲裁,是符合合同约定、符合中国内地法律规定、符合国际惯例的,也是符

---

〔5〕 参见1993年9月11日《约克公司起诉状》(Writ of Summons/Statement of Claim),载《本案上诉卷宗》,第2—3页。

〔6〕 参见1993年9月23日《北海公司负责人林贵洪答辩状》(Affirmation of Lam Kwai Hung)、1993年11月24日《林贵洪第二次答辩状》(2nd Affirmation of Lam Kwai Hung),载《本案上诉卷宗》,第5—6、16—18、21—26页。

〔7〕 香港法院所采用的"即决判决"程序,有若干特点类似于中国内地《民事诉讼法》中的"简易程序"和"督促程序",但又有许多重大区别。参见《香港高等法院规则》第14号令、第14A号令;《民事诉讼法》第142—146条、第189—192条。

〔8〕 参见1993年9月27日香港高等法院书记官(Registrar)为本案发出的"传票"(summons),载《本案上诉卷宗》,第8—10页。

〔9〕 参见1993年12月7日"乌利法官裁定书"(Order, Before Master Woolley of Supreme Court in Chambers),载《本案上诉卷宗》,第271页。"Master"一词,又译"助理推事"或"司法事务官"。

〔10〕 参见1993年12月8日北海公司《关于向高级法官上诉的通知书》(Notice of Appeal to Judge in Chambers),载《本案上诉卷宗》,第273—274页。

合香港《仲裁条例》规定的。[11] 1994年4月,北海公司向陈安教授提供了两份新的、十分重要的证据文件。据此,后者又对前述专家意见书作了重要补充。[12]

应被告北海公司要求,中国外交学院国际法研究所原所长姚壮教授于1994年4月4日出具了另一份专家意见书。他强调:依据中国内地有关法律的规定,特别是依据1958年《承认及执行外国仲裁裁决公约》的规定,A158号买卖合同引起的10732C号汇票兑现争端,应当以中国内地的法律为准据法,并提交 CIETAC 仲裁。[13]

应原告约克公司要求,香港执业大律师安东尼·理查德·狄克斯于1994年8月5日出具了一份专家意见书。他强调:汇票能够绝对地"独立存在",具有"自主性",并称之为"汇票自治原则"。他援引在中国《法制日报》上发表的一篇文章、1988年颁行的《银行结算办法》以及1991年颁行的《民事诉讼法》的若干条文,硬说他所提倡的"汇票自治原则"已经被中国内地的法规规定所承认和肯定[14],并且以此为据,批驳陈安、姚壮两位教授的前述见解。他断言:"陈教授和姚教授所持的看法,都没有考虑到,也不符合中国内地在汇票和其他票据方面实施的各项法律原则"[15];而且进一步断言,即使是中国的仲裁庭,只要充分重视他所强调的、已为中国内地法规所承认的"汇票自治原则",也不会采纳陈、姚两位教授对 A158 号买卖合同仲裁条款的解释。[16] 狄克斯先生的结论是:(1) 本案10732C号汇票争端并非 A158号买卖合同争端的一个不可分割的组成部分;因此,(2) A158号买卖合同中双方约定的仲裁条款不能适用于10732C号汇票争端;(3) 10732C号汇票争端应由香港法院根据香港的《汇票条例》和香港的其他法律加以审理和处断。[17]

被告北海公司收到狄克斯先生的上述意见书后,立即转寄一份复印件给陈安教授。后者发现狄克斯先生所援引的中国报刊文章、法律和法规以及所作的论证发挥,有多处误解、曲解原文原意。遂应北海公司要求,于1994年9月1日再次出具一份专家意见书,题为《评狄克斯律师的 AFFIDAVIT》[18],对上述误解和曲解逐一予以澄清,并由被告再次及时呈送香港高等法院。

在此之前,北海公司鉴于本案在香港久拖不决,徒耗时间、金钱,遂根据 A158 号

---

[11] 参见1994年3月10日陈安《关于约克公司与北海公司争议案件的专家意见书》,载《本案上诉卷宗》。
[12] 参见1994年4月7日陈安《关于约克公司与北海公司争议案件专家意见书的重要补充》,同上卷宗。
[13] 参见1994年4月4日《姚壮书面证词》(Affidavit of Yao Zhuang),同上卷宗。
[14] 参见1994年8月5日《狄克斯书面证词》(Affidavit of A. R. Dicks)(英文本),第6页,第12点;第15页,第33点。同上卷宗。
[15] 同上证词,第5页,第11点。
[16] 同上证词,第15页,第33点。
[17] 同上证词,第4—5、13—15页。狄克斯先生在表述这三点结论时,用的是迂回曲折的语言,但他的真实观点却是相当明白、并不含糊的。
[18] 收辑于《本案上诉卷宗》。

买卖合同仲裁条款的规定,于 1994 年 8 月 23 日 CIETAC 深圳分会申请仲裁,后者迅速立案受理。[19]

1994 年 12 月 16 日,香港高等法院法官尼尔·卡普兰作出判决。其要点是:(1) A158 号买卖合同中的仲裁条款不适用于 10732C 号汇票争端;(2) 10732 号汇票争端的准据法应当是香港法;(3) 被告北海公司对原告约克公司根据该汇票提出的索债要求无权抗辩;(4) 被告北海公司上诉申请中止诉讼,应予驳回;(5) 被告应赔偿原告因反对中止诉讼而支付的费用;(6) 原告请求按《香港高等法院规则》第 14 号令(Order 14)对 10732C 号汇票的有关争端实行"即决裁判",此项请求留待其他法官另行审理。[20]

被告北海公司不服卡普兰法官的上述判决,遂由香港大律师 R.J. 福克纳具状向香港上诉法院上诉。上诉理由有三:(1) 卡普兰法官错误地认定 A158 号买卖合同中的仲裁条款不能适用于本案 10732C 号汇票的争端;(2) 该法官错误地认定被告对原告的凭汇票索债无权抗辩;(3) 该法官错误地全盘采信(原告方)狄克斯先生提供的证词,却不让被告方提供专家证词加以反驳。[21]

1995 年 3 月 15 日,CIETAC 仲裁庭在深圳开庭审理本案,在澄清事实和分清是非之后,经仲裁庭调解,北海公司与约克公司达成了和解协议,仲裁庭据此作出了相应的裁决。其要点是:(1) 北海公司应在 1995 年 4 月 15 日以前(即裁决后一个月以内)向约克公司支付 A158 号买卖合同项下的 65% 货款及其利息;(2) 约克公司应在收到北海公司通知之后 15 天以内,派技术人员前往北京中国中央电视台,为购自约克公司的制冷设备补足所有缺漏零部件,并全部安装调试完妥;(3) 北海公司应在上述设备经过验收合格之后的 15 天以内,将 A158 号买卖合同项下 5% 的货款尾数支付给约克公司;(4) 双方在香港支付的各项诉讼费用(包括诉讼费、庭费、律师费等),由双方各自承担;(5) 在深圳仲裁所缴纳的仲裁费,由双方平均分担;(6) 双方应在 1995 年 3 月 18 日中午以前同时撤销在香港法院为本案提起的一切诉讼和上诉。[22]

---

〔19〕 参见 1994 年 8 月 23 日《香港北海公司诉美国约克公司仲裁申请书》,载中国国际经济贸易仲裁委员会深圳分会《(94)深国仲受字第 84 号案件卷宗》(以下简称《第 84 号仲裁案件卷宗》)。该卷宗复印件收存于厦门大学法律系资料室(XULAL)。

〔20〕 参见 1994 年 12 月 16 日《香港高等法院判决书》(1993 No. A8176),载《本案上诉卷宗》。

〔21〕 参见 1995 年 1 月 4 日 R. J. 福克纳大律师代表北海公司向香港上诉法院呈交的《上诉状》(Notice of Appeal),同上卷宗。复印件收存于 XULAL。

〔22〕 参见 1995 年 3 月 16 日《中国国际经济贸易仲裁委员会裁决书》[(95)深国仲结字第 16 号],载《第 84 号仲裁案件卷宗》。

二、判决质疑之一:关于本案的管辖权问题

本案的首要关键,在于它的管辖权究竟应属谁:它应由香港的高等法院通过诉讼方式处断还是应由 CIETAC 通过仲裁方式解决?

在"1993 年第 A8176 号"案件判决书中,卡普兰法官写道:

"本案汇票是在香港出具并在香港承兑的,因此,应当适用香港法律。该汇票本身并未定有仲裁条款。我不认为本案[A158 号买卖合同]所规定的仲裁条款足以涵盖因汇票引起的讨债争端……我认为,本案中的汇票产生了一项自由独立的合同,它离开当事人之间签订的含有仲裁条款的基础合同而单独存在……

……我的结论是:本案基础合同适用的准据法,对于考虑因汇票引起的此项讨债争端说来,是不相干的;此项汇票争端另有适用的法律,即香港法律。根据香港法,我非常相信:对于根据汇票提出的此项讨债请求,无权抗辩;所引据的仲裁条款不能适用于此项讨债请求。按照最后的分析,我显然应当驳回关于中止诉讼的请求,因为它所依据的仲裁条款不能涵盖本项诉讼中提出的讨债请求"[23]。

这样,卡普兰法官就把本案的管辖权强行扣留在香港法院手中,而拒绝把它归还给 CIETAC。

卡普兰法官对本案的管辖权作出这样的处断,不但无视客观事实之间的本质联系,根本违反了当事人的原有意愿和共同约定,根本违反了香港的《仲裁条例》,而且根本违反了英国参加缔结、对香港有法律约束力的国际公约,违反了举世公认的国际惯例,也显见他对于与国际法和国际惯例接轨的中国法律法规的明文规定,缺乏最起码的知识和应有的尊重。兹逐一缕述如次:

(一)把本案管辖权判归香港法院,根本违反了"有约必守"以及当事人"意思自治"这两大法理原则

1. A158 号买卖合同的签约地和履行地是当事人的自愿选择

如本文第一部分所述,约克与北海、北海与兴远、兴远与中央电视台之间分别签订的 A158、B、C 三份合同,不但其买卖的标的物完全相同,即都是原始卖主约克公司提供的那四台冷水机组,而且这三份合同都在同一日期(1992 年 12 月 31 日)、同一

---

[23] 1994 年 12 月 16 日《香港高等法院判决书》(1993 No. A8176),第 27—29 页。

地点(中国北京)、同一会议室、以同一种文字(中文)连续地相继签订,三份合同各自的当事人都同时亲临现场,既各自签约,又互相见证。其现场照片右下角的日期标记"92.12.31",与上述三份合同的签署日期完全吻合一致;而照片背景的那个大字横幅,尤其值得注意:它鲜明地标示各方代表正在举行的聚会乃是"中央电视台购买约克冷机签字仪式"。[24] 这有力地证明了三点事实:

(1) 这三份合同的各方当事人(一个原始卖主,两个中间买主兼转售人,一个终端买主)基于"意思自治"和自愿选择,为了一个"共同目标"——为北京中央电视台购买约克冷机设备——而走到一起来了。它们共同策划和精心设计了一个实质上的"多边接力合同",而又把它分解为三个法律上的"双边合同",以便既规避美国法律的禁运规定[25],又逃避中国海关征税[26],分工执行,合作完成。

(2) 各方当事人对这三份合同的主要内容都是事先经过互相磋商和明确知情的;而三份合同各自附列的四个附件(供货范围、技术参数、技术服务项目以及零件清单),其内容则完全一样[27],这也足证各方当事人在举行签字仪式之前早已互相充分沟通并已全面达成协议。

(3) 在 A158 号买卖合同的第一段,就开宗明义,赫然载明本合同的立约主旨[28]:"工程名称:中国中央电视台冷冻站。"这就从总体上载明了本合同当事人双方共同的最终履约地是在中国北京,立约双方通过这个买卖合同,共同向中国北京的这个终端用户提供冷水机组设备。

除此之外,按本合同第 5 条及"附件三"[29]B、C、D 三点规定,上述设备运抵北京安装完毕后,卖方约克公司还应负责在北京提供各种售后技术服务:(a) 在北京为终端用户免费调试;(b) 在北京参加验收;(c) 于一年保修期内在北京为终端用户免费修理或更换零件;(d) 在北京为终端用户排除操作故障;(e) 免费邀请北京终端用户的四名人员赴美监造验收后,再免费送回北京;(f) 免费将北京终端用户的六名操作人员送往香港或新加坡培训后,再免费送回北京。[30] 这其中,(a)(b)(c)(d)四项合

---

[24] 参见《本案上诉卷宗》,第 167 页。
[25] 美国对华实行高科技禁运,约克公司提供的四套冷水机组中包含有"微电脑控制中心"等,依美国法律不得售与中国。故这批货物的提单上特别注明:"美国只许可这批货物运往最终目的地香港。禁止违背美国法律规定。"(These commodities licensed by the United States for ultimate destination HONG KONG. Diversion contrary to U.S. Law prohibited.) 参见《本案上诉卷宗》,第 108、164 页。
[26] 实际上由兴远公司设法实施。
[27] 参见《本案上诉卷宗》,第 62—68、85—91、112—117 页。
[28] 同上卷宗,第 108 页。
[29] 本合同末句载明:"合同附件是合同不可分割的部分。"同上卷宗,第 111 页。
[30] 本合同文字上并未标明这些监造、验收和操作人员来自北京和应送回北京,但联系中央电视台与深圳兴远公司所订购销合同第 13 条以及后来履行的事实,上述人员之来自北京和送回北京就一目了然和无可争辩了。同上卷宗,第 39、42 页。

同义务的履行地完全在北京,(e)(f)两项合同义务的履行地也基本上或至少一半在北京。

综合以上各点,可见本合同的履行地实质上或主要是在中国北京。同时,这一履行地又是本合同的谈判地和缔约地,这三个"连结点"的重叠、复合、结合和吻合,就大大加强了它们在本合同准据法选择过程中的分量、作用和重要性。

2. A158号买卖合同的仲裁管辖机构及其准据法是当事人的自愿选择

在争端解决方式上,本案双方当事人作过共同的选择。在A158号买卖合同第7条中,双方明确约定:"与合同有关的分歧通过友好协商解决。如不能达成协议,将提交中国国际经济贸易仲裁委员会仲裁。"[31]这意味着双方共同选择了中国的上述仲裁机构作为受理和解决本合同有关争议的管辖机构。

在上述"仲裁条款"中,双方既未明确表示在仲裁中选择适用中国法律作为准据法,也未明确表示另外选择任何其他国家(非中国)的法律作为准据法,但它们既然明示选择中国的仲裁机构作为受理和解决争端的管辖机构,那么,就应当推定:它们是以默示的方式,选择中国法律作为准据法。

中国权威法学家韩德培教授在大学教材《国际私法》一书中主张:"当事人虽未约定应适用的法律,但在合同中规定了一旦发生争议,交由某国法院或仲裁机关管辖时,一般均可据此推定当事人意图适用该国的法律。"[32]这一点,和国际上著名权威法学家的见解是互相吻合的,下文对此将作进一步的引证和阐述。

3. A158号买卖合同仲裁条款应当适用于10732C号汇票争端,也是当事人的自愿选择

本案管辖权分歧的关键问题在于:A158号买卖合同双方当事人对于本合同争端管辖机构的上述明示选择以及对解决合同争端准据法的默示选择,是否足以涵盖和应当适用于本案10732C号汇票争端?有关事实雄辩地证明答案应当是肯定的。因为,这也是双方当事人自愿选择的一个不可分割的组成部分。其最有力的证据是本案涉讼的10732C号汇票上所记载的文字[33]与约克公司签发给北海公司的HKB10732C号售货发票所记载的文字[34],同A158号买卖合同上载明的有关文字,三者互相衔接、高度吻合、完全一致。

把10732C号汇票与HKB10732C号发票加以仔细对照,就可以看出以下几个特别值得注意的关键要点:

---

[31]《本案上诉卷宗》,第111、115页。
[32] 韩德培主编:《国际私法》,武汉大学出版社1985年版,第149页。
[33] 参见1993年6月3日YIHK10732C号汇票,载《本案上诉卷宗》。
[34] 参见1993年5月22日HKB10732C号汇票,载《本案上诉卷宗》。

（1）10732C 号汇票倒数第 4 行赫然记载："所收款项乃是本公司 1993 年 5 月 22 日签发的 HKB10732C 号售货发票价款总额的 65％。"这就证明：该汇票上所载明的 USD 339,794.00 这笔款项，既不是任何赠与，也不是出于任何其他法律原因的支付，即只能是根据约克公司的上述特定发票所要求支付的货物总价款的一个组成部分，即 65％。

（2）该发票右上端载明发票编号为"NO. HKB10732C"。这个号码与本案涉讼之 10732C 号汇票倒数第 4 行记载的发票号码完全一致和互相衔接。

（3）该发票右上方载明"签发日期：1993 年 5 月 22 日"，这个记载与上述汇票倒数第 4 行末端以下、约克公司印章以上之间注明的发票签发日期也完全一致和互相衔接。

（4）该发票右上方载明："付款条件：承兑后交单，30 天内付还价款总额的 65％"；而在以大写字母英文文字写明价款总额 USD 522,760.00 之后，紧接着又在括号内列出了一个具体算式："(USD 522,760.00×65％＝USD 339,794.00)"，这个百分比数字及其绝对值金额均与上述汇票所列的百分比与绝对值金额完全相同和互相衔接。

（5）该发票左上方载明的买主——北海公司，既是 A158 号买卖合同中的买主，同时也是上述汇票左下方载明的受票人(drawee)和事实上的付款人(payer)，这三者之间是完全一致和互相衔接的。与此相对应，该发票右下端载明的签发单位——约克公司，则既是 A158 号买卖合同中的卖主，也是上述汇票右下端载明的出票人(drawer)和事实上的受款人(payee)，这三者之间也是完全一致和互相衔接的。众所周知，按照国际货物买卖行为中的常规和惯例，如果以汇票的方式付款，则出票人和事实上的受款人就是卖主，受票人和事实上的付款人就是买主。本案涉讼的 10732C 号汇票，其内容和形式都是完全符合国际买卖行为中的上述常规和惯例的。因此，该汇票中载明并要求北海公司支付的金额，只能是 A158 号买卖合同规定的以及 HKB10732C 号发票指明的总货款中的 65％，而不可能是出于任何其他原因的、独立于 A158 号买卖合同之外的任何其他支付。

如果再进一步，把 HKB10732C 号发票与 A158 号买卖合同加以仔细对照，则又有几个关键要点特别值得注意：

（6）该发票上载明"顾客定货单号码：A158/4/92-01"，这个号码与上述北海—约克买卖合同的号码——A158/4/92-01——完全一致和互相衔接。

（7）该发票的主题是"关于北京中国中央电视台"(Re：CCTV,BEIJING)。这说明这个主题与 A158 号买卖合同的主题是完全一致的和互相衔接的。[35] 这就再次确凿地证明:约克公司售货当初和签发发票当时就已明知这批货物尽管有两个中间买主和转售人,但其终端买主和实际用户乃是北京的中国中央电视台。

(8) 该发票所列明的售出货物:四台约克冷机组与一批零配件(accessories),其具体型号与数量,同 A158 号买卖合同第 1 条第 1 款的记载完全相符和互相衔接。

(9) 该发票所载明的总额货款为 USD 522,760.00,这也和 A158 号买卖合同第 1 条第 3 款规定的合同总金额的具体数字完全相符和互相衔接。

综上所述,第(1)至(5)点所列举的事实组成了一条粗大的铁链,把本案涉讼的 10732C 号汇票牢牢地焊接在 HKB10732C 号发票之上;而第(6)至(9)点所列举的事实,组成了另一条粗大的铁链,进一步把 HKB10732C 号发票紧紧地焊接在 A158 号买卖合同之上。其综合效果就是:本案中的 10732C 号汇票,通过 HKB10732C 号发票这一"中介体",与 A158 号买卖合同牢牢地结合在一起,成为其不可分割的组成部分。换言之,正是合同—发票—汇票这三者的紧密联系和有机结合,才完整地构成本项买卖行为的全过程。

由此可见,本案 10732C 号汇票中的文字和数字记载,证明它本身就是 A158 号买卖合同中的货款支付方式,也就是 A158 号买卖合同第 1 条第 3 款"合同总金额"与第 3 条"付款"规定的具体化。因此,有关这张汇票兑现问题的争议,当然就是有关该合同内容的重大分歧之一。应按该合同第 7 条"仲裁条款"的规定,将此项汇票的争议提交 CIETAC 仲裁。显然,这是充分尊重"有约必守"和当事人"意思自治"原则,从而合理、合法地解决本案分歧的唯一途径。

如果根本不顾以上确凿事实和有力证据,硬说"本案中的汇票产生了一项自由独立的合同,它离开当事人之间签订的含有仲裁条款的基础合同而单独存在"[36],并进而武断地排除该仲裁条款对 10732C 号汇票争端的适用,排除当事人共同的约定和自愿选择的中国仲裁机构对此项汇票争端的管辖,无异于肆意践踏"有约必守"和"意思自治"这两大法理原则。

(二) 把本案汇票争端管辖权判归香港法院,拒不裁定中止本案诉讼程序,根本违反了香港的《仲裁条例》

根据香港《仲裁条例》第 2 条、第 34A 条和第 34C 条的规定,涉及香港地区当事人的国际仲裁协议以及按国际协议进行的仲裁,应当适用联合国国际贸易法委员会

---

[35] 参见《本案上诉卷宗》,第 108 页。
[36] 1994 年 12 月 16 日《香港高等法院判决书》(1993 No. A8176),第 27—29 页。

于 1985 年 6 月 21 日颁行的《国际商事仲裁示范法》。

《国际商事仲裁示范法》第 8 条明文规定：

（1）法院受理涉及仲裁协议事项的诉讼，若当事人一方在不迟于就争议实质提出第一次申述之际，即要求提交仲裁，法院应指令当事人各方提交仲裁。但法院认定仲裁协议无效、失效或不能履行者，不在此限。

（2）已经提起本条第（1）款规定的诉讼，尽管有关争端在法院中悬而未决，仲裁程序仍可开始或继续进行，并可作出裁决。[37]

将上述规定与本案事实加以对照，不难看出：由于 10732C 号汇票就是 A158 号买卖合同第 1 条第 3 款"合同总金额"以及第 3 条"付款"规定的具体化，因此，有关这张汇票兑现问题的争议，显然是有关该合同内容的重大分歧。这一确凿事实本身证明该争议事项应当按仲裁协议提交仲裁。本案被告在香港地区诉讼程序开始而被迫到庭应诉之后，于 1993 年 9 月 23 日立即根据香港《仲裁条例》与《国际商事仲裁示范法》的上述规定，向主审法院申请中止诉讼，以便尽快将本案转由 CIETAC 仲裁解决；随后又在 1994 年 8 月 23 日向 CIETAC 申请仲裁并由后者迅速立案受理。这表明该方当事人已依法采取了一切促进仲裁解决的必要措施。因此，受理本案的香港地区法院或其法官理应依法裁定中止诉讼。遗憾的是：在这样的充分条件下，卡普兰法官却仍全然不顾 10732C 号汇票与 A158 号买卖合同具有不可分割关系的确凿事实，以及当事人一方依法提出的正当请求，拒绝中止在香港地区的诉讼程序。这不但践踏了"有约必守"和"意思自治"这两大基本法理原则，而且也明显地违反了香港《仲裁条例》的上述规定。

（三）把本案汇票争端管辖权判归香港法院，拒不裁定中止本案诉讼程序，根本违反了对香港具有法律约束力的国际公约

国际货物买卖或其他国际经济关系中的合同争议，在该合同中订有仲裁条款的场合，必须依约将该合同争议提交合同当事人协议指定的仲裁机构进行仲裁，各有关国家的法院或其他司法机关、行政机关对于该争议概无任何管辖权。这一原则，不但已由当代众多国家的国内立法予以肯定，而且已由有众多国家参加缔结的专题国际公约予以确立。在这方面，具有全球性影响、目前适用于九十多个国家和地区的 1958 年《承认和执行外国仲裁裁决公约》（简称《1958 年纽约公约》）中就有明确的规定。该公约第 2 条第 3 款明文规定：当事人就有关诉讼事项订有本条所称之[书面

---

[37] 参见《香港法例》第 341 章，附录五。

仲裁]协议者,各缔约国的法院在受理诉讼时,应依当事人一方的请求,指令各方当事人将该事项提交仲裁。但前述协议经法院认定无效、失效或不能实行者,不在此限。[38]

此项规定意味着该公约的一切缔约国都承担着国际公法上的条约义务,在仲裁事宜上切实遵守当事人"意思自治"和"有约必守"原则。换言之,各缔约国管辖区内的任何法院都无权无视上述国际公约的明文规定,不顾当事人双方的仲裁协议和其中一方提交仲裁的请求,擅自以诉讼方式受理和处断此类案件。由于众所周知的历史原因,香港地区当时属于英国管辖。英国早在1957年9月就参加缔结了上述国际公约,因此,该公约对香港法院当然具有国际公法上的约束力。卡普兰法官的前述判决,显然是根本违背了英国和香港地区在《1958年纽约公约》上所承担的法律义务。身为法官忽略了应当恪守国际公法义务,实在不能不令人深感遗憾。

(四)把本案汇票争端管辖权判归香港法院,根本违反了举世公认的国际惯例

国际上享有盛名的英国国际私法学者狄西和莫里斯在其名著《法律冲突》一书中,曾根据大量国际商务纠纷的案例作出总结,将当事人的上述各种自愿选择与合同的准据法联系起来,认为当事人对于合同签订地、履行地、仲裁地的选择,就意味着当事人对于适用于合同的准据法的选择。其中,当事人对仲裁地的选择,法律意义更为重大。他们引证许多案例中权威法官的判词,强调指出:

> ……"当事人作出的实际法律选择,可以包括对解决争端的仲裁地的选择,因为这种情况意味着仲裁员势必采用当地的法律"……大法官威尔伯福斯说:"选择某地进行仲裁,就表明有关各方当事人意欲接受当地法律的管辖,这是一条稳妥可靠的基本准则";大法官狄普洛克补充说:"当事人订立仲裁条款一般是为了要选择所适用的法律,并且理应如此解释,除非合同中的其他条款或进行交易的周围环境另有强有力的相反的证据。"此项判决的实际效果是,此后许多法院相继推定:当事人在合同中约定在某个特定的国家提交仲裁,一般说来,这就是一项默示的法律选择。[39]

---

[38] 参见《承认和执行外国仲裁裁决公约》,载《香港法例》第341章,附录三。
[39] 〔英〕狄西、莫里斯:《法律冲突》(第2卷),1993年英文第12版,第1225—1226页;同书1987年英文第11版,第1182—1183页。另参见"突尼斯航运公司诉阿梅门特海运公司"案中威尔伯福斯大法官的意见、狄普洛克大法官的意见,分别载于《英国上议院上诉案例汇编》(1971年卷)(The Law Reports (1971), Appeal Cases Before the House of Lords),1971年版,第596页B段、第609页D—E段。

另外两位著名的英国学者马斯蒂尔(Mustill)和波伊德(Boyed)在其合著的《英国商务仲裁的法律与实务》一书中,对于在认定合同准据法时应当尊重当事人的自愿选择,应当遵循"最密切最实际联系"准则,切实重视合同签订地、合同履行地等原理,也作了与上述观点大体相同的论证。[40]

此外,澳大利亚著名学者赛克斯(Sykes)和普赖尔斯(Pryles)在《澳大利亚国际私法》一书中也引证典型判例,对当事人选择仲裁地的法律意义作了更加明确的阐述:

> ……(在合同中)设立条款规定在某特定国家提交仲裁,这仍然是一种强有力的推定:实行仲裁的所在地国家的法律就是合同的准据法。这种推定,只有另设明文规定的法律选择条款,或者另有其他具有绝对优势的综合因素表明应当适用其他法制,才能加以改变。因此,订有仲裁条款的合同的准据法,往往就是仲裁举行地当地的法律。[41]

将以上诸位著名学者对国际商务纠纷典型判例所作的总结与本案事实加以对照,不难看出:第一,本案基础合同(A158号买卖合同)的签订地、主要履行地以及仲裁地都是在中国内地,因此这份合同的准据法当然应当是中国内地的法律。对于这一点,卡普兰法官面对大量事实,不能不在本案判决书中予以认定[42],这当然是正确的。但是,第二,卡普兰法官忽视客观事实,拒不承认10732C号汇票兑现纠纷乃是整个A158号买卖合同履行争端的一个有机的、不可分割的组成部分,从而把这个与合同躯体血肉相连的组成部分加以"肢解",并硬说"本案基础合同适用的准据法,对于考虑因汇票引起的此项讨债争端说来,是不相干的;此项汇票争端另有适用的法律,即香港法律"[43],从而把本案的管辖权强行扣留在香港法院,拒绝把它归还给CIETAC。这种判断和认定,衡之于上述诸位著名学者所阐述的对于国际商务纠纷实行正确处断的惯例,显然是背道而驰的,因而当然是错误的。这样断案,其综合结果是,卡普兰的错误否定了卡普兰的正确。另外,人们不得不提出这样的疑问:他肯定中国内地法律乃是A158号买卖合同的准据法,究竟是"虚与委蛇",还是真心实

---

[40] See M. J. Mustill and S. C. Boyed, *The Law and Practice of Commercial Arbitration in England*, 2nd ed, Butterworths, London, 1989, pp. 71-72.
[41] E. I. Sykes and M. C. Pryles, *Australian Private International Law*, 3rd ed, The Law Book Co. Ltd. (Australia), 1991, p. 143.
[42] 参见1994年12月16日《香港高等法院判决书》(1993 No. A8176),第16页。
[43] 同上书,第27—29页。

意?他对他认为应作为 A158 号买卖合同准据法的中国内地法律,是否具备应有的知识和起码的尊重?

(五)把本案汇票争端管辖权判归香港法院,是对已与国际惯例接轨的中国内地法律缺乏应有的尊重

(1)中国内地民法、合同法对"涉外合同争议"准据法的规定

《中华人民共和国民法通则》(以下简称《民法通则》)第八章第 145 条明文规定:"涉外合同的当事人可以选择处理合同争议所适用的法律,法律另有规定的除外。涉外合同的当事人没有选择的,适用与合同有最密切联系的国家的法律。"

本条的规定,显然与当代各国民法、国际私法(冲突法)通行的"国际惯例"相一致。其中第 1 款的规定,贯穿了当事人"意思自治"原则;第 2 款的规定,则贯穿了"最密切联系"原则。

《中华人民共和国涉外经济合同法》(以下简称《涉外经济合同法》)第 5 条也有基本相同的明文规定:"合同当事人可以选择处理合同争议所适用的法律,当事人没有选择的,适用与合同有最密切联系的国家的法律。"

(2)中国内地司法解释对"涉外合同争议"准据法的规定

中华人民共和国最高人民法院在一项司法解释中规定:"凡民事关系的一方或者双方当事人是外国人、无国籍人、外国法人的;民事关系的标的物在外国领域内的;产生、变更或者消灭民事权利义务关系的法律事实发生在外国的,均为涉外民事关系。人民法院在审理涉外民事关系的案件时,应当按照民法通则第八章的规定来确定应适用的实体法。"[44]

根据最高人民法院作出的另一项司法解释,《涉外经济合同法》不但适用于中国企业或其他经济组织同外国的企业、其他经济组织或者个人之间订立的经济合同,而且"也可以适用于……外国企业、其他经济组织或者个人之间,港澳地区的企业、其他经济组织或者个人之间,外国企业、其他经济组织或者个人与港澳地区的企业、其他经济组织或者个人之间在中国境内订立或者履行的上述经济合同"[45]。

本案中的 A158 号买卖合同乃是美国企业约克公司与香港企业北海公司之间在中国境内(北京)订立的合同,对照上述权威性司法解释,显然属于中国《民法通则》和《涉外经济合同法》上述有关规定可以适用的范围。

---

[44] 《最高人民法院关于贯彻执行〈中华人民共和国民法通则〉若干问题的意见(试行)》(1988 年 4 月 2 日)第 178 条。

[45] 《最高人民法院关于适用〈涉外经济合同法〉若干问题的解答》(1987 年 10 月 19 日)第一部分第(一)(二)项,载《最高人民法院公报、典型案例和司法解释精选》,中华工商联合出版社 1993 年版,第 871—872 页。

(3) 中国内地大学教科书对"涉外合同争议"准据法的基本主张

前面提到的中国内地大学教科书对"最密切联系"原则作了系统的阐述和论证,其中强调:在按照"最密切联系"原则推定合同准据法时,应当认真考虑采用缔约地法(即合同签订地法)、履行地法、法院地法或仲裁地法、物之所在地法、当事人居住地、住所地或营业地法等。[46] 这种观点,既符合国际公认的惯例,又已为中国内地法学界和司法界所广泛接受和推行。

对照本案 A158 号买卖合同的有关事实,显然可以断言:本合同的谈判地、实质履行地或主要履行地、仲裁地、物之所在地以及与本合同有最紧密联系之卖方营业所所在地,无一不是在中国内地。根据公认的"最紧密联系"原则,中国内地法律乃是解决本合同一切争议的唯一的准据法。因此,有关 A158 号买卖合同的争端,应当依据中国内地法律规定和合同当事人的约定,提交 CIETAC 仲裁。

于是,就有必要进一步分析和回答本案中最为关键的问题,即根据中国内地的法律体制,本案买卖双方当事人有关 10732C 号汇票的争端,是否独立于 A158 号买卖合同之外,既不适用中国内地的法律,也不受合同中仲裁条款的约束?相反,它是否应当由香港地区法院适用香港或英国的法律作出司法裁判?

(4) 根据中国内地法律体制对本案汇票争端管辖权的正确理解

如前所述,A158 号买卖合同第 7 条明确规定:"与合同有关的分歧"如不能协商解决,将提交 CIETAC 仲裁。揣摩这段文字,对照本案事实,必须依次澄清以下四个问题:

A. 根据中国内地的法制,如何理解"与合同有关的分歧"一语?它的范围是广义的,还是狭义的?

B. 根据中国内地的法制,本案中关于汇票的争端,是否属于上述"与合同有关的分歧"的范围?它是独立于合同之外的争端,还是附属于合同本身的争端?

C. 根据中国内地的法制,此项争端,应当由 CIETAC 受理、管辖并作出仲裁裁决,还是应当由香港法院受理、管辖并作出司法裁判?

D. 根据中国内地的法制,如果在受理本项争端之管辖权本身以及法定管辖机构本身问题上发生分歧,应当如何解决?

兹针对这四个问题,逐一澄清如下:

A. 中国最高人民法院的司法解释规定:"对于《涉外经济合同法》第 5 条所说的'合同争议'应作广义的理解。凡是双方当事人对合同是否成立、合同成立的时间、

---

[46] 参见韩德培主编:《国际私法》,武汉大学出版社 1985 年版,第 147—149 页。

合同内容的解释、合同的履行、违约的责任,以及合同的变更、终止、转让、解除等发生的争议,均应包括在内。"[47]

对照本案事实,上述汇票的兑现问题,乃是买卖双方在本合同履行过程中货款支付上的争议;而关于此项争议是否应当提交中国仲裁机构仲裁的问题,则是对本合同第 7 条仲裁条款的含义和适用范围应当如何解释的争议,即乃是一种有关"合同内容的解释"上的争议。根据上述司法解释,无论是前一种争议还是后一种争议,显然都应归属于广义的"合同争议"的范围,应当按《涉外经济合同法》第 5 条和《民法通则》第 145 条的有关规定,确认或推定适用于本合同上述两大争议的准据法以及管辖和处理这两大争议的专属机构。

由此可见,就中国内地的法律逻辑概念而论,上述汇票的争议,不能独立于上述仲裁条款中"与合同有关的分歧"一词以及上述司法解释中"合同争议"这一概念对它的涵盖,不能排除中国内地上述有关法律规定以及有关司法解释对它的适用和约束。

B. 根据《涉外经济合同法》第 12 条的规定,合同的标的和标的的价款是任何经济合同必备的基本条款。就买卖合同的特殊本质而论,上述汇票争端,也不可能独立于 A158 号买卖合同之外,独立自在。A158 号买卖合同一开头就标明"买方"和"卖方",足见这是一个典型的买卖合同。合同第 1 条第 1 款和第 2 款规定了卖方的供货义务(即买方的得货权利);紧接着,第 1 条第 3 款和第 3 条规定了买方的付款义务(即卖方的得款权利)。换言之,这些条款明确规定了买卖双方的**基本权利**和**基本义务**,两者互相对应、互相依存、互相结合,**不可分割**地构成本买卖合同的灵魂和心脏。因此,如果硬说 10732C 号汇票乃是完全独立于 A158 号买卖合同之外的另一合同,硬说这张汇票上的金额竟然与上述合同货款总金额毫不相干,那么,合同上述条款规定的买方付款义务就成为一句空话,从而 A158 号买卖合同就成为"只要求卖方供货、不要求买方付款"的合同,就变成了约克公司向北海公司实行"**无偿赠与**"的合同,合同开头标明的"买方"与"卖方"也就变成了"**受赠人**"和"**赠与人**",这岂不**荒谬可笑**? 另外,约克公司要求北海公司兑现这张汇票,也就相应地变成毫无合法原因而强行要求北海公司向约克公司实行"无偿赠与"的"**勒索**"了!这岂是原告索取货物价款的原意或行使请求权的立足点? 可见,如果硬把本案中的 10732C 号汇票说成是独立于 A158 号买卖合同之外的法律事实或法律关系,不但根本改变了 A158 号买卖合同作为买卖合同的特殊本质,从而剥夺了它的法律"生命",而且也使约克公

---

[47] 参见《最高人民法院关于适用〈涉外经济合同法〉若干问题的解答》(1987 年 10 月 19 日)第二部分第(一)项,载《最高人民法院公报、典型案例和司法解释精选》,中华工商联合出版社 1993 年版,第 872 页。

司就这张汇票提出的兑现请求权成为**无本之木**和**无源之水，失去任何法律根据**。

另外，就供货与付款的因果关系而论，上述汇票争端也不能独立于 A158 号买卖合同之外。因为，此项汇票兑现付款争议是由卖方未能按时、按质、按量供货引起的，可见供货问题上的争议与付款问题上的争议两者之间具有直接的、不可分割的因果关联；也可以说，付款争议乃是供货争议的一种表现形式。既然双方当事人都不否认供货问题的争议乃是直接属于本合同上的争议，那么，对于由此直接引起的付款争议（即 10732C 号汇票兑现争议），任何一方当事人也就无权、无法否认它也是完全直接属于本合同履行上的争议。

C. 根据《涉外经济合同法》第 37 条的规定，发生合同争议时，当事人可以依据合同中的仲裁条款或者事后达成的书面仲裁协议，提交中国仲裁机构或者其他仲裁机构仲裁。由于 A158 号买卖合同的仲裁条款明确规定应将当事人双方无法达成协议的有关合同的任何争端提交 CIETAC 仲裁，因此，与本合同货款支付直接相关的汇票兑现的争议，理所当然地应依约提交上述仲裁机构仲裁，而不应违约诉请香港法院受理和管辖，并由后者作出司法裁判。

D. 在澄清上述 A、B、C 三个问题之后，如果当事人对于上述仲裁条款本身的内容及其适用范围仍有争议，特别是对于上述中国仲裁机构对本案汇票争议是否有权受理管辖一事仍有分歧，那么，要解决这种争议或分歧，在中国内地的有关规定中仍然是有法可依和有章可循的。这些法律和规章的基本要点如下：

《民事诉讼法》第 257 条规定："涉外经济贸易……中发生的纠纷，当事人在合同中订有仲裁条款或者事后达成书面仲裁协议，提交中华人民共和国涉外仲裁机构或者其他仲裁机构仲裁的，当事人不得向人民法院起诉。"

这意味着：凡是当事人约定对涉外争端采取仲裁解决的，就绝对排除司法解决。

根据前引最高人民法院的司法解释[48]，有关合同中仲裁条款本身含义和适用范围的争议，也应认定为一种合同争议，并依合同中仲裁条款的规定，提交事先约定的仲裁机构仲裁。

《中国国际经济贸易仲裁委员会仲裁规则》第 2 条第 3 款规定："仲裁委员会有权就仲裁协议的有效性和仲裁案件的管辖权作决定。"这种规定，显然和《民事诉讼法》第 257 条的规定以及最高人民法院的上述司法解释互相响应，互相补充，三者的基本精神是完全一致的。其综合性的法律结论当然就是：凡是当事人约定对涉外争端采取仲裁解决的，如果双方对仲裁条款的内涵本身发生争议，也应提交原先约定的仲

---

[48] 参见《最高人民法院关于适用〈涉外经济合同法〉若干问题的解答》（1987 年 10 月 19 日）第二部分第（一）项，载《最高人民法院公报、典型案例和司法解释精选》，中华工商联合出版社 1993 年版，第 872 页。

裁机构,就该条款本身的有效性和仲裁管辖权作出决定。当事人任何一方都不得违约就仲裁条款本身的争议向法院起诉,法院也不得受理。(1995年9月1日开始施行《中华人民共和国仲裁法》后,另有新的规定。详见该法第20条。)

综上所述,任何人,只要真心实意地尊重和遵循当事人"意思自治"和"最密切联系"这两大法理原则,就必然会认定中国内地的法律是解决A158号买卖合同一切有关争端的唯一准据法;任何人,只要言行一致地承认中国内地的法律是解决本合同一切争端的准据法,并对此准据法给予起码的尊重,就绝不会对中国内地法律体制中有关涉外合同争议及其管辖权的一系列具体规定弃置不顾,硬把与A158号买卖合同血肉相连的10732C号汇票争端强行"**肢解**",硬把香港地区法律作为它的准据法,并把该争端的管辖权强行扣留在香港法院。

三、判决质疑之二:关于中国内地法律"承认"本案汇票争端之"独立性"问题

卡普兰法官作出前述判决的主要依据之一,是狄克斯先生提供的前述证词。判词共29页,却以长达6页的篇幅引述了狄克斯先生的观点。据称:

> 原告提供了御用大律师安东尼·狄克斯先生撰写的一份专家证词。狄克斯先生是一位中国内地法律的专家,尤其精通中国内地各类付款制度包括汇票制度的发展过程。……狄克斯先生证词的精华在于:他指出,(陈、姚)两位教授都忽视了汇票作为可转让票据的特性,因此他们所持的看法,都没有考虑到或不符合于中国内地在汇票以及其他票据方面实施的各项法律原则。[49] ……
>
> 我对狄克斯先生的证词印象十分深刻,在我看来,该证词分析问题合乎逻辑,条理分明,并从中国内地有关可转让票据法律的发展过程来加以论证。[50] ……
>
> 我准备采纳狄克斯先生作出的结论。……我的结论是:以中国内地的法律作为准据法,应当把汇票与出具汇票有关的基础合同分割开来,区别对待。[51]

关于狄克斯先生作出的结论,其主要论点已列明于本文第一部分倒数第6段,毋

---

[49] 1994年12月16日《香港高等法院判决书》(1993 No. A8176),第20页。
[50] 同上判决书,第24页。
[51] 同上判决书,第25页。

庸赘述。问题在于狄克斯先生在论证其论点时所援引和发挥的论据,即他所谓的"中国内地在汇票以及其他票据方面实施的各项法律原则",却往往是"无中生有"或"化有为无",并不符合事实原貌或原文原意。于是卡普兰法官就在"印象十分深刻"之下被导入所谓"中国内地票据法律原则"的误区,信假为真,以讹传讹。兹择要说明狄克斯先生的讹误如下:

(一)中国内地法律中并不存在狄克斯生造的"汇票自治原则"和汇票至高无上的"独立性"

据狄克斯先生强调,他所称的"汇票自治原则","已经被中国内地的法规所认可"。但我们遍查所有的中国内地法规,始终未能发现这个怪名词的踪迹。至于他所描绘的汇票能够绝对地"独立存在",即使未经任何背书转让,票据债务人也无权对不履行约定义务的与自己有直接债权债务关系的持票人进行抗辩,依法拒绝对票据债权人履行付款义务,我们遍查中国内地法规,也从未见过任何法规竟然赋予未经背书转让的汇票如此崇高的法定独立地位。

(二)狄克斯援引中国内地的《银行结算办法》时,使用了断章取义和化有为无的手法

狄克斯先生援引来论证其所谓"汇票自治原则"的主要中国内地法规之一,是1988年12月19日由中国人民银行发布的《银行结算办法》(以下简称《结算办法》)。他转述了其中第14条第5款关于商业汇票允许背书转让的规定,同时摘引了其中第22条的规定,即"本办法允许背书转让的票据,因不获付款而遭退票时,持票人可以对出票人、背书人和其他债务人行使追索权,票据的各债务人对持票人负连带责任"。他力图以这两项规定来论证他所主张的有关汇票的绝对的"autonomy"[52],似乎中国内地的有关法令或规章也承认汇票的这种"autonomy"乃是至高无上、凌驾一切、压倒一切和不容抗辩的。

但是,狄克斯先生却任意**"阉割"**了适用第22条规定的**法定前提**:票据经过**"背书转让"**,并且以移花接木和张冠李戴手法,把它强加于本案10732C号这份未经背书转让的汇票头上;同时忽略了或"回避"了《结算办法》第14条第2款和第3款的规定,即对商业汇票使用范围及其票据权利加以重大限制。该办法第14条第2款从正面规定:"在银行开立账户的法人之间根据购销合同进行商品交易,均可使用商业汇

---

[52] 参见1994年8月5日《狄克斯书面证词》(Affidavit of A. R. Dicks)(英文本),第5页,第11点;第7—8页;第15—16点,载《本案上诉卷宗》。

票。"紧接着,该办法第 14 条第 3 款又从反面加以补充:"签发商业汇票必须以合法的商品交易为基础,禁止签发无商品交易的汇票。"按照这两款的规定,一张商业汇票,即使它完全具备一般票据行为的要件,但它的签发如果不以合法的商品交易为基础,或者它竟是一张无商品交易的汇票,那么,在中国内地,这张汇票就是不受法律保护的汇票,或者它就是一张法令所禁止的因而是自始无效的汇票。试问:一张不受法律保护的汇票或自始无效的违法汇票,它所记载的票据权利,在并未背书转让以前,又有何"autonomy"可言?衡之于本案事实,本案涉讼的 10732C 号汇票,如果它不是以 A158 号买卖合同的商品交易为基础,如果它不与此项商品交易紧密结合,它就是中国内地法令所禁止的"无商品交易的汇票"。在此种情况下,以中国内地《结算办法》作为法律准绳,这张汇票对于收款人约克公司说来,就理所当然地成为无根之本、无源之水,从而失去它自己的法律生命。试问,一张汇票连法律生命都不存在了,"autonomy"又何能健在呢?

另外,狄克斯先生也忽略了或回避了《结算办法》第 10 条的明文规定:"银行按照本办法的规定审查票据、结算凭证和有关单证。收付双方发生的经济纠纷,应由其自行处理,或向仲裁机关、人民法院申请调解或裁决。"这一条文至少说明了三点事实:

(1) 票据成立之后,收款人与付款人之间产生经济纠纷乃是一种屡见不鲜的正常现象。就汇票而言,一方面,持票人或收款人依法享有汇票上所载明的收款的权利;另一方面,承兑人或付款人也依法享有对对方收款权利提出抗辩的权利。这样才会形成"收付双方的经济纠纷"。如果不承认承兑人或付款人的抗辩权,凡是票据上债务人对票据载明的债权只许屈从不许抗辩,那就不会发生任何"收付双方的经济纠纷",从而也就无须在有关票据的法令中对票据"收付双方的经济纠纷"的解决途径专设一条规定了。可见,这条规定的实质就是承认和保护票据债务人有权对票据债权人依法抗辩。

(2) 票据"收付双方发生的经济纠纷"的解决途径有三,即(A)当事人自行协商解决;(B)向仲裁机构申请调解或仲裁;(C)向人民法院起诉,要求给予判决。本案的案情已经表明:上述(A)种途径已经行不通。

(3) 根据前引中国内地《民事诉讼法》第 257 条规定,由于本案 A158 号买卖合同中已经订有明确的仲裁条款(合同第 7 条),当事人不得向人民法院起诉。因此,上述(C)种途径也已经行不通。剩下唯一可行的途径就是将本案"收付双方发生的经济纠纷"依法、依约提交 CIETAC 仲裁。

由此可见,在《结算办法》第 10 条面前,狄克斯先生所反复强调的关于 10732C

号汇票的"autonomy",再一次被打了一个大大的折扣。正是这第 10 条规定,根据本案 A158 号买卖合同的仲裁条款,遵循《民事诉讼法》第 257 条的规定,已经把作为 A158 号买卖合同买卖双方纠纷之组成部分的 10732C 号汇票收付双方纠纷的受理权和管辖权,明白无误地和无可置疑地授予了 CIETAC。

人们不禁纳闷:既然是一个"精通"中国内地票据法发展过程的专家,怎么能在援引中国内地《结算办法》时,使一些关键性条文在其笔下失去原有的适用前提(如前述第 22 条),或在其眼中整条整条地消失无踪(如前述第 10 条和第 14 条)?

(三) 狄克斯在转述郭锋先生的论文时,"阉割"前提、歪曲原意

狄克斯先生转述了中国律师郭锋先生论述票据纠纷的一篇文章(以下简称"郭文"),认为文章作者概述了票据的若干特点,并清楚地说明了票据行为的"独立自主"。[53] 经查对原文,我们发现,狄克斯先生在转述这篇文章时又"忽略"了几个关键问题:

郭文探讨的主题乃是:票据**经背书转让之后**,票据债务人对于持票的善意第三人的票据债权,应当承担什么责任。换言之,全文的论述主题,特别是在论述普通债权与票据债权的区别时,其大前提乃是:第一,票据已经背书转让;第二,已经出现持票的**善意第三人**。在狄克斯先生提醒人们注意他提供的这篇文章英译本的第一部分(the first seven pages of the translation of part I of the article),其中的醒目标题是"应当区别普通债权转让和票据的背书转让",接下来所列举的六点区别,也无一不是以票据已经"背书转让"和已经出现持票的"善意第三人"作为立论前提的。[54] 但是,狄克斯先生在援引郭文这些论点用以论证狄克斯先生自己所极力强调的票据权利的"autonomy"时,却有意地"忽略"了或删除了郭文立论的这两个大前提。本案涉讼的 10732C 号汇票,其票据双方当事人始终就是买卖合同原来的双方当事人,从未发生过"背书转让"情事,因此,本案这场票据纠纷的当事人也百分之百地就是原来买卖合同纠纷的当事人,丝毫不涉及任何持票的善意第三人问题。在根本不存在任何持票善意第三人的本案中,援引专论票据背书转让后如何对待持票善意第三人的文章,来论证本案票据的所谓"autonomy",这岂不是"驴唇不对马嘴"?

应当指出:郭文中本来就含有数处明确论述,对狄克斯先生所坚持的票据无条件"autonomy"的主张十分不利,或者说,对这种票据绝对"autonomy"的主张起了否

---

[53] 参见 1994 年 8 月 5 日《狄克斯书面证词》(Affidavit of A. R. Dicks)(英文本),第 8 页,第 17—18 点,载《本案上诉卷宗》。
[54] 参见郭锋:《法院审理票据纠纷案应注意的几个问题》,载《法制日报》1992 年 5 月 5 日。

定的作用。但郭文中的这些明确论述,也被狄克斯先生不该忽略地"忽略"了。例如,郭文中提到,在许多场合,票据债务人可以对票据债权人提出抗辩,拒绝付款。其中包括:如果票据债务人从事的票据行为是受欺诈或胁迫而进行的,或者原因关系中的直接相对人拒绝履行民事义务等,票据债务人均可依法行使抗辩权。为了说明问题,郭文中特地举了一个例子:"如甲乙签订购销合同,乙销售货物给甲,甲签发商业汇票一张给乙,乙背书转让给丙。由于某种原因,乙未能交货给甲。此时,如果乙持票要求甲付款,甲可以以乙未履行合同为由进行抗辩。但如果受让票据时不知情的丙提示票据要求付款,则甲不能拒付。"郭先生并且强调:"司法实践中,对于正当抗辩必须予以维护。"[55]

根据郭锋先生本人所作的说明,他在上述文章中所说的"原因关系",其含义是指票据的基础关系。在因买卖行为而授受票据的情况下,该买卖关系就属于原因关系或基础关系。[56] 郭先生的这种观点与当前中国内地有关票据法著作中的一般观点是一致的。下文将作进一步介绍。

郭锋先生的这些观点是正确的。它所论证的恰恰就是:在一项买卖行为(票据授受的原因或原因关系)中,尽管卖主已经持有买主承兑的汇票,如果卖方不依约履行供货义务(包括完全不供货、供货数量或质量不符合合同规定),买方就有权在卖方持票要求兑现付款时提出抗辩,拒绝付款。在这种情况下,卖主所持有的汇票之能否兑现,取决于和完全从属于原有的买卖行为中卖方是否已经依约履行供货义务,这么一来,这张汇票及它所记载的票据债权,又有何"autonomy"可言呢?联系到本案,北海公司就相当于郭文上述举例中的甲,约克公司就相当于上例中的乙,北海公司与约克公司之间的买卖关系与票据关系,就相当于上例中的甲乙两方当事人的关系。因此,北海公司对 10732C 号汇票的抗辩权,依法是无可争议的,也是法律所应当予以保护的。

在中国内地阐述票据法基本原理的学术著作中,把票据当事人之间授受票据的原因称为"票据的原因关系"。[57] 就本案而言,10732C 号涉讼汇票产生的原因和根源就是 A158 号买卖合同。A158 号买卖合同与 10732C 号汇票之间的因果关系和主从关系是一目了然的。本案买主(北海公司)与卖主(约克公司)先是从事买卖行为的双方当事人,继而又是从事票据行为的双方当事人,在这份业经承兑的汇票并未转让给任何第三人以前 本买卖行为与本票据行为的各方主体(当事人、行为人)是

---

[55] 参见郭锋:《法院审理票据纠纷案应注意的几个问题》,载《法制日报》1992 年 5 月 5 日。
[56] 参见"郭锋先生答复陈安教授的传真函件"(1994 年 8 月 24 日),载《本案上诉卷宗》,第 356 页。
[57] 参见覃有土、李连贵主编:《票据法全书》,中国检察出版社 1994 年版,第 31 页。

完全重叠、复合和一致的。买卖行为双方当事人在民法上的权利与义务(买方得货付款,卖方得款付货),与票据行为双方当事人在票据法上的权利与义务(承兑人—付款人因得货而付款,收款人因交货而得款),也是完全重叠、复合和一致的。在这种情况下,双方在票据行为上发生的争执(应否付款)与买卖行为上的争执(交货是否符合合同约定)实际上也是完全重叠、复合和一致的。

此时,对于这样一件在买卖行为和票据行为上双方当事人分别重叠复合、权利义务重叠复合、争端重叠复合的案件,如果任意夸大票据行为的"独立性"或"自主性",硬把本项票据纠纷与其直接产生原因即本项买卖供货纠纷完全割裂开来,单就票据本身谈票据,丝毫不问其纠纷直接原因即买卖行为中的是非曲直和青红皂白,而要求买方(即承兑人—付款人)无条件付款,这就既不符合基本法理,也不符合中国内地的具体法律规定。因此,任何法院或律师如果竟然支持这种无理要求,就难免令人联想到广泛流行于中国民间的一则著名寓言:某甲中箭受伤,求医于某乙。乙取出小锯,锯断甲体外的箭杆,即称手术完毕,要求付酬。甲惶惑不解,诉说箭镞尚在体内。乙答:"我是外科医生,只管体外部分。箭镞既在体内,请另找内科医生!"不言而喻:任何一个稍具水平的律师或法官在为当事人排难解纷时,显然都应把因果直接相连、不可分割的两项纠纷综合考虑,作出符合基本法理的公平判断,就像任何一个稍有医学常识的医生在治疗上述箭伤时,理应把"箭镞"与"箭杆"综合考虑、综合施治一样。

(四)狄克斯的见解与中国内地票据法学术著作中公认的观点、有关的国际公约以及中国内地票据法的具体规定都是背道而驰的

在中国内地,1994年2月出版的《票据法全书》(全书1950页,约315万字)中,就辟有一章专门论述"票据抗辩"。书中多处论证、肯定和支持票据债务人依法行使抗辩权,从而很不利于或否定了狄克斯先生论证票据的绝对"autonomy"。兹简单摘录数段如下:

A. "票据抗辩是指票据债务人对于票据债权人提出的请求(请求权),提出某种合法的事由而加以拒绝。票据抗辩所根据的事由,称为抗辩原因;债务人提出抗辩,以阻止债权人行使债权的权利,称为抗辩权。票据抗辩是票据债务人的一种防御方法,是债务人用以保护自己的一种手段。"[58]

B. "对人的抗辩:对人的抗辩是指特定的债务人对特定的债权人的抗辩……主

---

[58] 覃有土、李连贵主编:《票据法全书》,中国检察出版社1994年版,第67页。

要有以下几种情况:……"

"(1) 原因关系不合法:签发票据的原因是否有效,本来不影响票据债权的效力,因为票据是无因证券。但是如果这种不合法的原因关系发生在授受票据的直接当事人之间,则仍可以此为理由而主张抗辩。例如,为支付赌博所欠款项而签发的支票,债务人对于直接接受该支票的受让人的付款请求,可以主张抗辩,但不得对抗其他非直接受让人的请求。

(2) 原因关系的无效、不存在或已消灭:票据上的权利义务因票据行为而发生,本来不会因其原因关系无效、不存在或消灭而受影响,但在直接授受票据的直接当事人间,仍可主张抗辩。例如,甲向乙购货而签发一张本票给乙,后乙不能交货,对于乙的付款请求,甲可以主张抗辩。

(3) 欠缺对价:票据关系的效力本不因对价关系的有无而受影响,但在直接当事人间,如以对价的收受为条件时,一旦欠缺对价,则可主张抗辩。例如,发票人以执票人应贷相当于票面金额的款项为条件而签发票据与执票人时,如执票人未依约贷款给发票人,则发票人可以此对抗执票人。"[59]

C. "……在对人的抗辩中,对直接当事人之间的抗辩也无法限制。例如,在发票人与受款人之间,既存在票据关系也存在原因关系。依照民法同时履行的原则,受款人向发票人请求付款时,发票人也可以请求受款人履行原因关系中的债务。虽然前者属于票据关系,后者属于原因关系,但是既然同时存在于相同的当事人之间,如不许其行使抗辩权,显然是不公平的,而且会使当事人之间的法律关系更加复杂。所以,对直接当事人之间的抗辩,票据法也不予限制。"[60]

D. "……如果原因关系与票据关系存在于同一当事人之间时,债务人可以利用原因关系对抗票据关系。例如,A 向 B 购货而交付本票于 B,以后 AB 间的买卖合同解除,B 持票向 A 请求付款时,A 可以主张原因关系不存在而拒绝付款,这种情形只限于直接当事人之间。'[61]

中国内地学者上述票据法著作中所阐述的基本观点,与 1988 年《联合国国际汇票和国际本票公约》有关规定的基本精神是完全一致的。该公约第 28(1)(b) 和(1)(d)条规定:当事人既可以向不受保护的持票人提出基于他本人与出票人在票据项下的基础交易的任何抗辩,也可以提出对他本人与持票人之间的合同内行动可提出的任何抗辩。第 30(1)(b)条则进一步规定:当事人对于受保护的持票人可以提出基

---

[59] 覃有土、李连贵主编:《票据法全书》,中国检察出版社 1994 年版,第 68—69 页。
[60] 同上书,第 69—70 页。
[61] 同上书,第 33 页。

于他本人与上述持票人在票据项下的基础交易而提出的抗辩。[62]

从中国内地学者票据法著作中所阐述的上述观点以及联合国上述公约的有关规定中,显然可以归纳出以下几个要点：

(1) **民法**上的**一般债权债务关系**与**票据法**上的**债权债务关系**既有区别又有联系。因此,既**不能**把两者完全**混为一谈**,又不能无条件地把两者**绝对割裂**。

(2) 在票据上的原债权债务通过背书已转移给授受票据的原当事人以外的善意第三人之后,就应当严格地区分作为授受票据原因的原有一般民事债权债务关系与票据转让后新产生的票据债权债务关系。换言之,在票据背书转让后,新产生的票据债权债务关系具有一定的独立性,不受原民事债权债务关系的影响。

(3) 在票据未经任何背书转让给任何第三人以前,在直接授受票据的直接当事人之间,既存在票据法上的债权债务关系,也存在票据原因上的债权债务关系,即原有的、一般民法上的债权债务关系。此时,这两种债权债务关系完全交融和完全化合在一起,成为一个合成体和化合物；同时,就该民事行为与该票据行为完全相同的双方当事人之间而言,票据行为上的债权债务产生于、从属于民事行为的债权债务,在这种情况下,该票据行为上的债权债务关系就不存在任何"独立性"。因此,应当对该票据行为上的债权债务纠纷与原民事行为上的债权债务纠纷实行综合"诊断"和综合"治疗"。此时此际,就应当特别强调保护票据债务人依法享有和依法行使的抗辩权。

(4) 联系到本案,A158 号买卖合同纠纷与 10732C 号汇票兑现纠纷之间的双方当事人、纠纷性质、纠纷关系,完全符合上述第(3)点的情况。因此,对于双方行为和双方主张的是非曲直,理应切实按照上述分析,作出符合当今世界各国基本法理原则、符合国际惯例的综合分析,实行综合"诊断"和综合"治疗"。

中国内地学者的上述一贯观点和联合国上述公约所规定的票据法基本原则,不但已经体现在 1988 年中国内地《银行结算办法》的前引条文之中,而且尤其鲜明地体现在 **1995 年 5 月 10 日通过的《中华人民共和国票据法》**之中。后者强调：票据的签发、取得和转让,都必须"具有真实的交易关系和债权债务关系"。除了因税收、继承、赠与可以依法无偿取得票据以外,"票据的取得,必须给付对价,即应当给付票据双方当事人认可的相对应的代价"[63],从而赋予票据债权人与票据债务人以公平、平等的权利与义务。在这一基本立法原则指导下,它明文规定：

---

[62] 同上书,第 1745、1746 页。
[63] 《中华人民共和国票据法》第 10 条、第 11 条第 1 款。

票据债务人可以对不履行约定义务的与自己有直接债权债务关系的持票人,进行抗辩。本法所称抗辩,是指票据债务人根据本法规定对票据债权人拒绝履行义务的行为。[64]

至此,可谓尘埃终于落定,"真、假包公"一目了然!人们终于看清:无限推崇汇票至高无上的"autonomy",鼓吹一票在手便所向无敌,不许票据债务人依法据理进行抗辩和拒绝付款,这种主张,乃是一位"假包公",因为不是别人,正是它自己,根本没有考虑到,也不符合于中国内地在汇票和其他票据方面实施的各项法律原则!

(五)狄克斯在援引中国内地《民事诉讼法》,以论证其所谓汇票的"autonomy"时,竟然篡改条文,无中生有

狄克斯先生转述了中国内地《民事诉讼法》第189—192条所规定的"督促程序",说是:

(1)它使原告在请求被告给付金钱或有价证券时,有权单方申请法院向被告发出"支付令",被告在15日内不提出反对意见,支付令即可强制执行。被告有权提出书面"异议",说明原告要求给付的权利受到当事人间其他纠纷的制约,在这个基础上,法院就必须决定是否取消支付令。[65]

(2)……关于当事人之间是否存在某种纠纷从而可否取消针对票据的支付令,应由法院根据被告主张是否有理,作出决定,而并非单凭被告呈交"异议",便可自动决定取消。[66]

(3)对依据汇票提出的付款请求提出不合理的或未说明理由的异议,即使是在汇票原有当事人之间提出,也不足以取消支付令。[67]

把狄克斯先生的这三段转述文字,与中国内地《民事诉讼法》有关条文的下述原文作一对照,立即可以看出狄克斯先生竟把他的错误理解强加给中国内地的有关法律:

(1)《民事诉讼法》第189条第1款规定:"债权人请求债务人给付金钱、有价证券,符合下列条件的,可以向有管辖权的基层人民法院申请支付令:(一)债权人与债务人没有其他债务纠纷的;(二)支付令能够送达债务人的。"

---

[64] 《中华人民共和国票据法》第13条第2款、第3款。
[65] 参见1994年8月5日《狄克斯书面证词》(Affidavit of A. R. Dicks)(英文本),第12页,第26点,载《本案上诉卷宗》。
[66] 同上证词,第12页,第28点,同上卷宗。
[67] 同上证词,第13页,第28点,同上卷宗。

(2) 同法第 191 条第 1 款规定,人民法院受理申请后,经过审查,可以批准申请并向债务人发出支付令,也可以驳回债权人的申请。第 2 款则进一步规定:"债务人应当自收到支付令之日起十五日内清偿债务,或者向人民法院提出书面异议。"

(3) 同法第 192 条明文规定:"人民法院收到债务人提出的书面异议后,**应当裁定**终结督促程序,支付令自动失效,债权人可以起诉。"

根据上述(1)中的法律规定,债权人可以向法院申请支付令的必备前提条件是该"债权人与债务人没有其他债务纠纷"。狄克斯先生在转述中国内地有关申请"支付令"的法律规定时,却把这个要害和关键"**阉割**"了。衡之本案事实,原告与被告之间除了 10732C 号汇票纠纷之外,还存在着密切相关的 A158 号买卖合同纠纷,即还存在着"其他债务纠纷"。据此,原告哪有什么资格向法院申请"支付令"呢?

根据上述(3)中的法律规定,法院在收到债务人提出的书面异议后,就"应当裁定"终结督促程序,与此同时,已经发出的"支付令"立即"自动失效"。在这里值得特别强调的是:第一,这段法律条文明确规定了法院**必须遵循**的审判原则和行为规范,即一旦债务人在法定期限内提出了书面异议,法院就"应当裁定终结督促程序",从而使"支付令自动失效"。换言之,此时法院在应否裁定终结督促程序并使已经签发的"支付令"自动失效问题上,**并无任何自由裁量的权力**,而只有依法裁定终结督促程序的义务。第二,如果真有哪一位中国内地法官敢于无视法律的上述**强制性规定**,在债务人提出上述书面异议之后,竟然采纳狄克斯先生的"建议",自由地"decide whether or not to discharge the payment order",并胆敢擅自作出继续实行"督促程序"和维持原有"支付令"的决定或裁定,那么,这位法官就是"知法犯法"和"执法犯法",从而难免受到惩处。第三,可以断言,在"督促程序"和"支付令"这个具体问题上,中国内地不会出现这种水平的法官。因为,《民事诉讼法》第 192 条的文字是如此斩钉截铁,明明白白,毫无模棱两可之处。

由此可见,狄克斯先生的上述见解,即认为在票据债务人提出书面异议之后,法院竟然拥有自由裁量权,可以不终结督促程序,不使"支付令"自动失效,这种"自由裁量权"显然是他自己无中生有地"制造"出来并强加于中国内地《民事诉讼法》的。

四、判决质疑之三:关于本案被告的答辩权问题

卡普兰法官在"中国内地票据法原则"方面受到的狄克斯先生的误导,**本来是可以避免**的。因为,陈安教授在阅读狄克斯先生的"Affidavit"之后,发现其中有多处误

解、曲解中国内地法律或法学文章的原文原意,因而曾应被告要求,再次出具一份专家意见书呈交香港高等法院,对上述误解和曲解逐一予以澄清。如果卡普兰法官充分尊重法律赋予被告的答辩权利,他本来可以做到"兼听则明",避免偏听偏信、"**误入迷途**"和以讹传讹的。

可惜的是,正如卡普兰在本案判决书中所称:

> 1994年11月下旬,我拒绝了被告的申请,不接受他们提交的陈安教授所写的另外一份意见书,因为已经为时太晚,而且在特殊的环境下,对方的专家狄克斯御用大律师没有机会在足够的时间内作出答复。[68]

这种说法和所列举的理由,是难以令人信服的。

(一) 卡普兰法官的"为时太晚"论是站不住脚的

按照卡普兰法官1994年3月24日下达的裁定,原告约克公司必须在1994年5月5日以前提供两份专家意见书。但狄克斯先生为原告提供的专家意见书却一拖再拖,直到1994年8月5日才呈交香港高等法院,逾规定时限已经整整三个月。卡普兰法官不但并未因其呈交"为时太晚"而拒绝接受,反而长篇援引作为判决的主要依据之一。可是,被告方面提供的针对狄克斯意见书的答辩、反驳意见和澄清说明,虽然早在1994年9月1日即已出具和提交,距狄克斯意见书的提交只有26天,可谓反应迅速,何能以"为时太晚"为借口而拒绝接受和置之不理?本案判决书直到1994年12月16日才作出,距离被告上述答辩和反驳意见提交的9月1日,已经三个半月,在这么长的时间里,足够经办本案的主审法官将该反驳意见认真审阅考虑,该法官何能以"为时太晚"为由而拒不理睬?这三个半月时间,也足够被反驳的狄克斯先生从容不迫地考虑问题和进行反答辩,经办法官有何根据可以断定他"没有机会在足够的时间内"作出反答辩?简言之,人们不禁要问:"为时太晚"和"足够时间"二词究竟有何标准?对于原告方与对于被告方,**是否适用同一标准**?

至于所谓"特殊的环境",究何所指,判决书中也未作任何具体说明和晓谕。人们只是从香港地区出版的 *The News-Gazette* 上看到一则信息:

> 卡普兰法官已宣布他将辞去高等法院职务。他将在今年圣诞节左右离开法院。[69]

---

[68] 参见1994年12月16日《香港高等法院判决书》(1993 No. A8176),第2—3页。
[69] 《卡普兰将辞去法院职务》,载《新公报》(香港)1994年8月,第13页。

我们很不相信这就是"特殊环境"的主要内容。因为经办本案的主审法官显然不能以他本人即将辞职离任作为理由,拒不接受和拒不认真审读和考虑来自被告的答辩意见,何况这种答辩意见早在圣诞节以前三个多月就已呈交该法官座前。如果该法官即将辞职离任并不是"特殊环境"的主要内容,那么,为什么不在庄严的判决中堂堂正正明确列举事实,以证明该法官不给予被告平等的答辩权是确有道理的,从而维护该法院和该法官的权威和荣誉?这真是令人百思不得其解!

(二)卡普兰法官不给予被告充分的答辩权,是违反公平原则、违反国际诉讼程序惯例的

众所周知,在任何诉讼程序中或仲裁程序中,最基本的法理原则之一,就是一定要确保争端双方当事人享有充分的、平等的诉讼权利,允许双方在一定期间内充分举证、充分争辩,使"真理愈辩愈明",藉以便于法官或仲裁员查明事实,分清是非,正确适用法律,公正、公平地处断案件。这条法理原则,不但体现在当代各国的诉讼立法和仲裁规则之中,而且体现在有关仲裁程序的国际公约之中,成为国际公约和国际惯例的一部分。

在英美诉讼法的理论和实践中,有所谓"rules of natural justice"(自然公平准则),这是任何正直法官都必须认真遵循和贯彻的。在 Board of Education v. Rice 一案中,就曾经有如下的精辟论断和有关评论:

> 遵循"兼听则明"这一自然公平准则,就必须让"讼争的各方当事人都享有公平的机会,能够纠正或反驳不利于自己主张的各种有关陈述"。否则,受到判决损害的一方当事人就有正当理由控诉审理不公。[70]

在中国内地的《民事诉讼法》中,为了贯彻"以事实为根据,以法律为准绳",公平公正断案,也反复强调了对讼争双方当事人应当赋予公平、平等的诉讼权利:

> 民事诉讼当事人有平等的诉讼权利。人民法院审理民事案件,应当保障和便利当事人行使诉讼权利,对当事人在适用法律上一律平等。[71]

在诉讼过程中,如果法官对任何一方当事人的申诉权或答辩权给予不公平的待遇,或宽纵一方而限制另一方,或不予任何一方以充分的陈述意见、提出异议的机会,则均属于在诉讼过程中违反法定程序,可能影响案件的正确判决或裁定,对于这

---

[70]《教育董事会诉赖斯案》,载《英国上诉法院案例汇编》(1911年卷),第179、182页。另参见〔英〕S. A. 德·史密斯:《案例与评论》,载《剑桥法律学刊》(第28卷第2册),1970年11月,第177页。
[71]《民事诉讼法》第8条。另参见《民事诉讼法》第7条。

样的裁判,即使它是终审裁判,仍可通过法定的"审判监督程序",予以再审或提审。[72]

在某些国际公约或示范性文件中,也规定了主审人员应当给予争端当事人平等权利,特别是给予被诉人以充分答辩权。其中,被广泛接受的《1958年纽约公约》就有这样的规定:终局性仲裁裁决生效之后,受裁决执行之不利影响的一方有权以他在仲裁过程中未能充分陈述意见进行申辩作为理由,向仲裁裁决执行地之主管机关(通常是各国法院)申请对该裁决不予承认和不予执行。[73] 1985年《国际商事仲裁示范法》则更进一步,允许受裁决执行之不利影响的一方当事人,有权举证证明仲裁过程中确实存在未能充分申辩的事实,向执行地主管机关申请对该裁决予以撤销。[74]

至于在**偏听偏信、受人误导**情况下,以**子虚乌有**的"中国票据法原则"(如不容许票据债务人抗辩)作为断案的主要根据之一,则在真相大白之后,此种判决的法律效力必将丧失殆尽,贻笑大方!而有关人士的**公信力**,特别是自诩"精通中国文字"却又胆敢篡改中国法律条文的狄克斯先生的**公信力**,也势必荡然无存,贻笑天下!

我们对香港高等法院"1993年第A8176号"判决书提出以上三个方面的质疑,其主旨在于通过学术争鸣,进一步探求真知。诚恳期待能引起国内外法学界和司法界同行进一步的评论和探讨,也欢迎卡普兰和狄克斯两位先生提出科学的批评意见。

---

[72] 《民事诉讼法》第64条第1款、第3款,第66条,第125条,第179条第1款第4项,第185条第1款第3项。
[73] 参见《承认和执行外国仲裁裁决公约》第2条第1款(b)项。
[74] 参见《国际商事仲裁示范法》第34条第2款(a)项(ii)。

第 5 章　外贸争端中商检结论暧昧、转售合同作伪问题剖析

——中国 A 市 MX 公司 v. 韩国 HD 株式会社案件述评

>> 内容提要

A 市 MX 进出口有限公司（买方）诉韩国 HD 综合商事株式会社（卖方）一案中，双方曾经签订一份 200 吨有光聚酯切片"进口保税"的购销合同，其中逐一列明有关产品规格和质量的 8 种具体数据，并规定以目的港（A 市）进出口商品检验局出具的检验证书作为最后依据。由于买方 MX 公司的失误，订错货物，发现后买方退货不成，遂制造借口，拒绝付款。随后又以 A 市商检局出具证书中的只言片语作为新的借口，主张货物质量不符合订货合同的要求，拒绝收货付款，甚而更进一步要求卖方赔偿"预选转售"的损失，并提请中国国际经济贸易仲裁委员会仲裁。卖方（被申请人）韩国 HD 公司在代理律师的帮助下，指出买方（申请人）MX 公司提供的证据存在多种可疑之处，并向仲裁庭提交了中国两家权威机构出具的新的质量验证书，澄清了事实，有力地驳斥了买方 MX 公司的无理要求，维护了韩国 HD 公司的合法权益。本案以原告 MX 公司的彻底败诉告终。

>> 目　次

一、本案案情梗概

二、A 市的商检证书结论暧昧，不足采信
　　——韩国 HD 公司的答辩书及反请求书
　（一）反请求事项
　（二）基本事实
　（三）主要理由

三、MX 公司的"转售合同"涉嫌凭空伪造或逃税走私（一）
　（一）该合同没有编号，不盖公章，显然是一份无效合同

（二）该合同未按约定条件提交鉴证和交付定金，应属"从未生效"或早已"自动失效"

　　（三）该合同极可能是一份走私逃税的违法合同

四、MX 公司的"转售合同"涉嫌凭空伪造或逃税走私（二）

　　（一）MX 公司在定金"转账"和"进账"上弄虚作假

　　（二）MX 公司在掩盖"内贸合同"走私逃税上信口雌黄

　　（三）MX 公司的其他"损失"即使属实，也是咎由自取，无权索赔

五、本案的仲裁庭意见和终局裁决

　　（一）仲裁庭对本案基本事实的认定

　　（二）仲裁庭对双方请求的判断和终局裁决

一、本案案情梗概

A 市保税区 MX 进出口有限公司（买方，简称"MX 公司"）于 1995 年 10 月 9 日与韩国 HD 综合商事株式会社（卖方，简称"HD 公司"）签订了一份 200 吨有光聚酯切片"进口保税"的购销合同。合同格式由买方 MX 公司提供，其中逐一列明有关产品规格和质量的 8 种具体数据，并规定以目的港（A 市）进出口商品检验局出具的检验证书作为最后依据。

同年 10 月 24 日货物从韩国启动后，买方经办订货人员发现订货有误，要求换货，卖方因货已离港数日正在海上来华途中，难以遵办。11 月 4 日货抵 A 市码头后，MX 公司制造借口，以"单证有不符点"为由拒绝付款。随后，眼见此说难以成立，又以 A 市商检局出具的证书中的只言片语作为新的借口，主张来货质量不符合订货合同要求，拒绝收货付款。卖方 HD 公司鉴于来货滞港多日，为避免损失进一步扩大，要求解除原合同，俾将原货转卖其他客户，又遭 MX 公司拒绝。紧接着，MX 公司以为上述商检证书上的文字有机可乘，遂进一步向 HD 公司索赔 66 万元人民币，索赔理由是：该批韩国来货事先已预售（进口货"内销"转售）给下一家（需方买方）LM 公司并已收取定金 33 万元人民币，现因无法供应合格订货，已经依法依约双倍返还定金给下家买主。HD 公司认为索赔无理，坚决拒绝，MX 公司乃于 1996 年 1 月 19 日依据合同中仲裁条款的规定，将有关争端提交中国国际经济贸易仲裁委员会申请仲裁。被申请人 HD 公司求助于兼职律师陈安、吴翠华。代理律师经过深入调查了

解,发现 MX 公司据以索赔的两项主要书面凭证,即商检局证书与转售合同,都存在重大问题:前者在质量鉴定的措辞上,含糊不清和模棱两可,回避关键问题,未能严格按照中国国家标准局确立的法定标准(通称"国标"),切实根据来货聚酯切片这一特定商品的 11 项具体指标,作出产品质量是否合格的明确结论,因而缺乏应有的科学性、公正性和权威性;后者则存在许多漏洞和疑窦,细加推敲和质证,显见是一项仓促之间草率伪造的文书,或者是一项逃税转卖的走私合同,两者必居其一,根本不能作为索赔的依据。经将来货样品送请国内两家权威性化纤专业研究和测试机构重新仔细检验,其结论均为:符合国标优级品质量要求,适合于该商品的正常用途。根据以上确凿证据和事实,HD 公司提出"反请求",请求仲裁庭裁定 MX 公司赔偿因其违约行为以及无理索赔行为给 HD 公司造成的全部经济损失。1996 年 8 月 21 日,仲裁庭作出裁决:HD 公司全面胜诉,各项反请求均获得支持和满足。以下根据当时笔者接受 HD 公司委托书写并呈交中国国际经济贸易仲裁委员会本案仲裁庭的《G96029 号案件仲裁答辩书及反请求书》及其《补充材料》(一)(二)(三),综合整理,撰成本文。

二、A 市的商检证书结论暧昧,不足采信
——韩国 HD 公司的答辩书及反请求书

呈:中国国际经济贸易仲裁委员会
G96029 号案件仲裁庭
答辩人和反请求人:韩国 HD 综合商事株式会社(以下简称"HD 公司")
(地址、邮编、电话、传真等从略)
申请人和被反请求人:A 市 MX 进出口有限公司(以下简称"MX 公司")
(地址、邮编、电话、传真等从略)

(一) 反请求事项

甲、驳回原申请人 MX 公司的全部请求;
乙、裁决被反请求人 MX 公司全额赔偿因其严重违约行为而给反请求人 HD 公司造成的经济损失共计 USD 114,646.85;
丙、裁决原申请人 MX 公司全额承担本案的原仲裁费用;
丁、裁决被反请求人 MX 公司全额承担本案的反请求仲裁费用。

（二）基本事实

2.1 1995年8月31日MX公司采购业务经办人C小姐向HD公司A市办事处业务经理S小姐发来传真，求购聚酯切片，列明等级、熔点等5项指标。（见附件一）

2.2 1995年9月27日HD公司发去传真，送去韩国出产的POLY CHIP BRIGHT FOR YARN GRADE（有光纺丝级聚酯切片）的有关资料，列明了韩国生产厂家规定的8项指标，即特性黏度、溶点、灰分、水分、色度（L值）、色度（b值）、羧基含量、二甘醇等有关数据，请C小姐确认。（见附件二）

2.3 1995年10月5日，C小姐发传真给HD公司P先生和S小姐，对含有上述8项韩国指标的韩国产品聚酯切片加以明确确认，订购200吨，并明确指定"技术要求按9月25日（按：此日期有笔误，实为9月27日）发来的传真为准，并系原包装A级产品者"。（见附件三）

2.4 1995年10月9日，答辩人HD公司的代表P先生与申请人MX公司的代表M先生签订200吨有光聚酯切片购销合同。合同编号：XMN951001。合同格式由MX公司提供，具体内容亦由MX公司人员打字填写。合同第1—4条约定HD公司（卖方）向MX公司（买方）提供200吨总值为USD 316,000的上述产品。按照MX公司的指定，合同第1条具体列明产品的货名、规格和质量。货名是POLY CHIP BRIGHT FOR YARN GRADE（有光纺丝级聚酯切片）；有关规格和质量的要求，列明了8种具体数据。这8种数据，完全按第2.2点韩国生产厂家规定的8项指标数据照抄，未作任何更改。合同第18条第2款规定，这批货物的质量、规格和数量，均以目的港（A市）进出口商检局出具的证书为最后依据。（见附件四）

2.5 1995年10月10日，MX公司通过中国农业银行A市分行开出不可撤销的信用证。（见附件五）

2.6 1995年10月24日，这批货物由韩国港口装船运出。

2.7 1995年10月27日，MX公司采购本批货物经办人员C小姐与MX财务小姐（姓名不详）前来HD公司A市办事处晤谈时，见到了上述指定货物的样品（半透明，略带乳白色），C小姐发现自己订错了货，十分紧张和忐忑不安，请求HD公司A市办事处P先生换货，P当即与汉城HD公司总部通电话，总部答复：因货已装船运出，不可能更换。这一时间，C小姐不停地打电话找MX公司G先生均未拨通，财务小姐问是否要向M总经理报告，C回答要是M总知道了肯定会将她"炒鱿鱼"（辞退），不要声张。随即多次要求HD公司A市办代她设法转卖。

2.8 1995年10月30日,C小姐与MX公司人员G先生再次来访,出示另一种聚酯切片样品(透明无色),即 POLY CHIP SUPER BRIGHT FOR BOTTLE GRADE,声称这种货物才是他们真正需要购买的,以此证明他们确实是订错了货,并恳切要求 HD 公司 A 市办设法寻找其他客户尽快转卖。因时间太短,未果。此后两三天内,C、G 二人多次打电话来催询转卖落实情况。

2.9 1995年11月4日,货抵A市码头。MX公司蓄意制造拒绝付款的借口,硬说什么"单证有不符点"(见附件六),把责任推向 HD 公司。

2.10 1995年11月16日,P 先生、S 小姐前往 MX 公司与 M、C、G 三人讨论所谓"单证有不符点",发现 M 总对 C 小姐订错货一事似仍懵然不知就里;当 P、S 二人向 M 总当面提醒订货错误时,C 小姐多次插话阻拦,一再强调这批货就是 MX 公司所需要的。

2.11 由于韩国议付银行据理力争,不停地催促 A 市农行付款(见附件七)。在此情况下,MX 公司自知上述借口站不住脚,于理有亏,乃**改变"策略"手法,另寻新的借口**,要求先取样商检,声称只要商检结果合格,则立即承兑付款并报关提货。答辩人出于尽快解决问题的诚意和对于供货质量的自信,迁就了 MX 公司的要求,同意在正式报关以前帮助出证明先行开柜(货柜)取样送检。

2.12 1995年12月2日,MX 公司以 A 市进出口商品检验局(以下简称"A 市商检局")于 1995年11月30日出具的 0018948 号证书中的只言片语(见附件八),作为新的借口,硬说上述货物质量不符合订货要求,拒绝收货付款。答辩人为避免无谓纠纷和扩大损失,主动退让,提出帮助 MX 公司转卖、降价 USD 30/MT 并给予 90 天远期付款优惠的建议,均遭 MX 公司 M 总一口拒绝。

2.13 答辩人为避免损失进一步扩大,于 1995年12月8日和12月20日,先后两度发文给 MX 公司要求解除合同,进行转卖(见附件九),又遭 MX 公司无理拒绝(见附件十),遂使答辩人处在既无法取得货款,又无法取回提单尽快转卖的两难绝境。MX 公司此种背信行为在国际商务正常往来中实属十分罕见,而其向答辩人无理勒索赔款的意图,则昭然若揭。

2.14 1995年12月23日,答辩人在律师帮助下再度致函 MX 公司,列举法律依据,要求解除合同(见附件十一)。MX 公司一直拖延至 1996年1月11日,才不得已正式履行退单手续,导致答辩人直到 1996年1月20日才得以完成转卖手续,从而造成损失的大幅度增加。对此,MX 公司负有不可推卸的法律责任和经济责任。

根据以上事实,答辩人认为申请人 MX 公司的拒收货物、拒付货款以及索赔巨款,都是毫无道理的。兹缕述理由如下。

（三）主要理由

（甲）关于商品质量问题

3.1 根据《中华人民共和国进出口商品检验法》（以下简称《商检法》）第 6 条规定，商检机构实施商检时，对于国家法律、行政法规规定有强制性标准或其他必须执行的检验标准的进出口商品，应依国家规定的检验标准（通称"国标"）进行检验。

3.2 中国国家标准局于 1993 年 8 月开始实施《中华人民共和国国家标准：纤维级聚酯切片 GB/T 14189-93》（以下简称"聚酯切片国标"），其中对于"纤维级聚酯切片质量指标"，经过中华人民共和国纺织工业部批准，列举了 11 项指标，包括特性黏度、熔点、羧基含量、色度（b 值）、水分、灰分、二甘醇含量等（见附件十二）。不言而喻，举凡此类聚酯切片，都应严格遵照国家确立的法定标准进行检验和衡量，并据以作出产品质量是否合格的结论。

3.3 A 市商检局出具的前述商检证书列举了特性黏度、熔点、羧基含量、色度（b 值）、水分、灰分以及二甘醇含量等 7 项指标的检验结果，如将其有关数据与国标规定的数据以及本案合同规定的数据相比较对照，显然它们完全符合国标的质量要求（其中多项已达到国标"优级品"的水平），也完全符合合同的质量要求。照理，在证书末尾的"评定"即结论中，应予明确肯定，但是，该证书在结论中对上述各项指标的**完全合格**，竟然**不置一词**，毫无肯定，却孤零零地只用一句话强调"上述商品**色度（L 值）不符合 XMN951001 号合同规定**"。这种结论，"攻其一点，不及其余"，"**明察秋毫而不见舆薪**"，实在令人难以相信它具备应有的、足够的公正性。

3.4 看来，关键问题在于上述合同中规定的商品"**色度（L 值）**"一项，究竟是否是国标中规定的质量指标，是否属于国家规定的质量要求的范围。

我们认真查对了前述第 3.1、3.2 点提到的国标所列 11 项质量指标，发现其中根本没有"色度（L 值）"的检验要求，显见按国家标准局和纺织工业部设定的质量标准，根本不要求对聚酯切片的"色度（L 值）"进行任何检验，换言之，即将"色度（L 值）"完全排除在国标质量要求的范围之外，认为它是一项无关紧要的数据，对于商品的总体质量并无任何消极影响。任何人只要稍加思考，就应当而且不难得出这一常识判断。

为了彻底弄清"色度（L 值）"在聚酯切片质量中所占有的确切地位，答辩人通过多方寻访，得悉在中国最大的纺织工业基地——上海有两家素享盛名的权威性的化纤专业研究所和化纤专门测试机构，即"上海合成纤维研究所"和"纺织工业部化纤产品测试中心"（即"中国纺织总会化纤工业产品检测中心"），遂派专人持本批聚酯切片的样品送验。

3.5 上海合成纤维研究所于 1996 年 3 月 5 日出具"测试分析报告"(见附件十三),对本批聚酯切片的质量作了科学的说明,并作出权威性的结论:

经本研究所测试分析,测得的各项指标的数据均符合合同条款规定的有关值的范围,只是 L 值比合同规定值稍偏高。

L 值为明亮度,L 值变高时,增加了明亮度。L 值与白度大体上是一致的,L 值高反映的白度也高。在国标中只规定 B 值(即黄色指数)为聚酯切片的色度质量控制指标,L 值不作为色度质量控制的指标。所以,L 值不需严格规定,应该说**稍偏高的 L 值对纤维的质量有利无弊**。

结论:按合同上规定的各个项目测得的数据表明,这批韩国产有光纺丝级聚酯切片的质量指标符合纺丝级聚酯切片国家标准(GB/T 14189-93)中优级品的质量标准范围;可纺性试验表明,纺丝温度控制在 286℃左右,具有**良好的可纺性**,这批料适合于纺丝等正常用途。

3.6 纺织工业部化纤产品测试中心于 1996 年 3 月 8 日出具"质量检验报告"(见附件十四),突出地强调了三个基本点,即:

A. 本检验报告所列检验项目严格按照 GB/T 14189-93 标准所规定的各项指标检验。

B. 关于聚酯切片的"色度","国标只考核 B 值,故此项仅列 B 值数据",换言之,L 值根本不在考核之列,可以完全排除在质量要求的范围之外。

C. 根据以上检验结果,按照国标 GB/T 14189-93 标准考核,本批送检的韩国 POLY CHIP BRIGHT **符合国标质量要求**。

3.7 依据上述两份权威性质量检验报告测定的数据和作出的明确结论,可以确证:前面第 3.4 点中提到的**常识判断**不但完全**符合逻辑**,而且完全符合科学,即**具备科学根据**。

既然"L 值"并非国标质量要求检验的项目,不在考核之列,既然"稍偏高的 L 值对纤维的质量**有利无弊**",既然本批聚酯切片的总体质量符合国际所定**优级品**水平,既然其"**可纺性**"良好,"适合于纺丝等正常用途",那么,就再也没有任何正当理由任意指责这批商品"质量不合格",并以"质量不合格"作为借口,拒绝收货和拒绝付款。

3.8 这样一来,申请人视为至宝和恃为至宝的,就只剩下一份 A 市商检局出具的编号为 0018948 的证书了。

于是,就有必要回过头来对这份证书的结论(即末尾的"评定")作进一步的剖析：

第一，这种结论性的"评定"，以细枝末节掩盖整体主流，可谓"明察秋毫而不见舆薪"。因此，它的表述缺乏思想方法上的科学性，也不具备应有的和足够的公正性。关于这一点，前述第3.3点中已经论及，兹不再赘。

第二，"评定"栏中孤零零的这一句话："上述商品色度不符合XMN951001号合同规定"，并未就**商品整体**质量是否符合国标要求（即国家法律、法规或国家主管部门行政规章规定的质量标准要求）这个关键问题和要害问题作出正面的回答，**既不加肯定，也不敢否定**，MX公司援引这种对商品总体质量虽未作应有的明确肯定但也不敢妄加否定的"评定"，作为"令箭"和"根据"，企图借以**全盘否定**本批商品质量符合国标要求的事实，显然是一厢情愿、无法令人信服的。

第三，诚然，按合同第18条第2款的规定，A市商检局出具的证书可以作为拒收或索赔的凭据，但是，这种凭据法律效力之大小和有无，又取决于它本身是否或在多大程度上符合于前述《商检法》的要求、符合于国家标准局制定的国标的要求，取决于它本身是否具备足够的合法性、公正性和科学性。从这个意义上说来，商检局出具的证书只是一种证据学上所说的"初步证据"或"表面证据"（prlma facie），**商检局的检验证书本身也必须接受法律、事实和科学的严格检验**，一旦另有更加全面恪守法定标准并且切合科学界定的确凿结论（即**确凿证据**），对商检局提供的"初步证据"或"表面证据"中的模糊之处、不足之处或不妥之处作出必要的澄清、补充或更正，那么，在法律和事实这两大权威面前，上述商检局证书的"权威性"就退居第二位了。仲裁庭断案时，也就没有必要单单以此份证书作为绝对的、唯一的、至高无上的证据了。

3.9 答辩人认为：第3.6和3.7两点中提到的两份检验报告，正是对上述商检证书模糊、不足和不妥之处作出必要补充或更正的**确凿证据**，它们的全面性、科学性和权威性超过了上述商检证书。恳请仲裁庭各位专家惠予综合考虑，惠予采信。

以上所述，归结为一点：MX公司以商品质量不符合要求为借口，拒绝收货付款，显然是毫无道理、严重违约的。由此产生的一切法律责任和经济责任，应当全部由MX公司承担。

（乙）关于MX公司索赔问题

3.10 MX公司拒绝收货付款，属于严重违约。如果它因其违约行为而确实导致某些"经济损失"（如商检费、开证费、利息），那也只是咎由自取，应由违约方自己承担后果，与守约方即答辩人一概无关。

如果这些"经济损失"中的某一部分是用于节外生枝、制造借口，那就是为了达到其违约目的而支出的"成本",MX 公司只能自食恶果,岂能作为索赔的根据?

3.11 MX 公司在其仲裁申请书末所附加的一份"损失清单"中,列举了 6 项具体损失的金额,却未将确凿可信的有关单据复印件附呈仲裁庭审查,并转交一份给答辩人核实。特别是其中第 4 项所列"业务支出及其他经济损失:60,000 元",如何计算,有无凭据,作何具体开支费用,毫未交代。这显然是言之无据,不足采信。

3.12 "损失清单"第 5、6 两项所列"违约赔偿:330,000 元""利润损失:190,000 元",仅此两项索赔款额就高达 52 万元人民币之巨。但它所依据的却仅仅是一纸很不像样的所谓"工矿产品购销合同"。稍加推敲,便不难发现这份"合同"存在许多漏洞,令人疑窦丛生,不敢相信它的真实性、有效性和合法性。关于这方面的问题,答辩人将另作补充评析。

3.13 退一步说,纵使经过认真查证核实,MX 公司所开列的 6 项损失毫无虚言,那也是纯由 MX 公司自己的严重违约造成的,应由它自己承担一切责任。

(丙)关于 HD 公司反请求、反索赔问题

3.14 在 XMN951001 号合同中,MX 公司是买方,也是违约方和加害方,HD 公司是卖方,也是守约方和受害方。作为守约方和受害方,HD 公司有足够的理由依法向违约方和加害方索取应有的损害赔偿。

3.15 据初步核算,由于 MX 公司严重违约造成的 HD 公司的直接经济损失已达 USD 114,646.85(折合约为 951,568.85 元人民币),其中包括本批聚酯切片降价转卖过程中的损失、MX 长时间既拒绝收货付款又拒绝解除合同(见"事实"部分之第 2.13 点)导致的海关滞报金、外轮代理公司滞箱费、码头滞期费、复验及测试费、咨询费和律师代理费、差旅费及国际电讯费,等等。这些损失的具体项目和金额,均见本答辩书及反请求书末所附的"损失清单"及其有关单据或说明。(见附件十五)

3.16 "损失清单"所列,只是初步核算结果。对于因 MX 公司严重违约行为造成 HD 公司的一切经济损失,HD 公司均保留全额索赔的权利,其中包括对上述"损失清单"所列的项目和金额进行"追加"和补充的权利。

答辩人及反请求人:

韩国 HD 综合商事株式会社

1996 年 3 月 30 日

附言:MX 公司职员 C 小姐是 XMN951001 号诉讼合同的具体经办人。C 在发现自己订错货物后十分紧张,但慑于该公司领导压力因而掩盖事实真相。除了经办人身份外,她又是本案纠纷的知情人和见证人之一。MX 公司的另一位职员 G 先生则是其后多次主动要求 HD 公司代为转卖错订货物的另一位知情人和见证人。答

辩人特此请求仲裁庭正式通知该公司的这两位职员到庭接受询问,并与答辩人一方的经办人进行当面对质,俾便仲裁庭彻底查清纠纷的真相。前述事实第7点中提到的那位财务小姐如能同时到庭备询和作证,自是更佳。

附件目录(共15件,从略)

三、MX公司的"转售合同"涉嫌凭空伪造或逃税走私(一)

呈:中国国际经济贸易仲裁委员会
G96029号案件仲裁庭
尊敬的诸位仲裁员先生:

作为题述本案的答辩人和反请求人,HD公司曾于1996年3月30日向贵庭呈交了仲裁答辩书及反请求书,其中第二部分第(二)项曾提到:MX公司凭以索取巨额赔偿的主要依据,乃是一纸很不像样的所谓"工矿产品购销合同"(即"转售合同",以下简称"该合同",详见《补充材料(一)》(从略)),它存在许多"漏洞",令人疑窦丛生,不敢相信它的真实性、有效性和合法性。

兹谨就这方面的问题和意见,补充陈述如下:

(一) 该合同没有编号,不盖公章,显然是一份无效合同

这份据称是1995年10月12日签订于A市的合同,其右上角的"合同编号"栏下,竟然空无一字;下端"需方"(即购销合同的买方当事人)一栏九个项目,除了在"法定代表人"一项填上"林YF"三个字之外,其余八项竟也全然空白:既无单位具体名称,也无单位具体地址;经商必备的"开户银行"及"账号",也全告阙如;甚至连个电话号码也没有。尤其严重的,竟然不盖公章以示负责,这是直接违反有效合同的**法定条件**的。1984年1月国务院发布的《工矿产品购销合同条例》第4条明文规定:"工矿产品购销合同,除即时清结者外,必须采取书面形式,由当事人的法定代表或者凭法定代表授权证明的经办人签字(盖章),并**加盖单位公章或合同专用章**。合同依法成立后即具有法律约束力,必须严格执行。"对照本案MX公司出示的上述合同,它显然不属"即时清结"的范畴,因而必须同时兼具三项法定前提条件:(1)书面形式;(2)法定代表或授权经办人签字;(3)加盖单位公章或合同专用章。三者缺一,即属合同并未**"依法成立"**,因而并不具备**"法律约束力"**。简言之,这份合同由于缺乏法定的必备条件之一,即并未依法加盖单位公章或合同专用章,因而自始就是

一份无效合同。

联系上述合同,连编号、单位名称、单位地址、开户银行、账号、电话号码等等重要项目记载,全部空空如也,未定一字,显见本合同是出于某种"特殊需要"而仓促备就和出具的,其制作之草率、粗糙、反常,实属商界罕见,令人吃惊,从而不能不提出疑问:这难道是一份真正存在过的正常合同吗?制作这份"合同"的目的难道真正是为了购销产品吗?

(二)该合同未按约定条件提交鉴证和交付定金,应属"从未生效"或早已"自动失效"

该合同第9条明文规定:"需方付总货款10%为定金,即33万元,……以需方货款定金付到供方账户后,此合同**方为生效**。签订合同后,10日内需方保证金未到供方账户,此合同**自动失效**。"据此,显见当事人双方事先**约定**,该合同生效的必备前提条件有二:第一,合同必须经过主管部门鉴定(鉴证);第二,合同经鉴定(鉴证)后,10天之内,需方必须将定金33万元付到供方账户。二者缺一,该合同就根本不能生效或立即"自动失效"。

对照该合同的实际情况,第一,细察该合同下端右角所列"鉴(公)证意见""经办人""鉴(公)证机关(章)"以及"年月日"四栏,全然空白,这说明该合同始终未曾按双方约定提交A市工商行政管理局**鉴证**。诚然,这份由A市市工商行政管理局"监制"的格式标准合同右下角注明:"除国家另有规定外,鉴(公)证实行自愿原则",但双方当事人既已自愿约定该合同必须经过"鉴定"(显然就是指"鉴证",但写得太仓促匆忙,竟写成了"鉴定",其含义与"鉴证"显然是相同的)方能生效,则未依约提交"鉴定"(鉴证),该合同就从未生效。第二,MX公司迄今并未出具任何确凿证据,证明需方已将该合同所规定的33万元定金如数、如期(10天以内)拨付给供方。根据《民事诉讼法》第64条第1款规定的"谁主张,谁举证"的原则,如果在仲裁庭责令MX公司举证的期限内,MX公司仍然无法举出确凿可信的证据,足以证明上述定金确已如期、如数交清,则这份所谓的"合同"早就已经"自动失效"了。MX公司根据这样一份**从未生效或早已失效**的合同向HD公司索赔,岂不荒谬可笑?

此外,还要顺便指出两点:第一,合同规定需方必须在合同经鉴证后10天内将33万元定金"付到供方账户",可谓要钱十分急切,但奇怪的是:合同左下方的供方"开户银行"和"账号"两项专栏,却是空白无字的,这岂不自相矛盾,荒唐至极?试问:这不是向需方暗示,所谓限期交清的33万元定金,实际上可以分文不交(无"户"可入),之所以把巨额定金写在这份合同上,纯属掩人耳目,凭空捏造向HD公司加倍索赔的借口而已！第二，合同左下端末行"有效日期"专栏，竟然填写为"9年"，一份如此简单的购销合同，其有效期或履行期竟长达"9年"，这就尤其滑稽可笑了！

（三）该合同极可能是一份走私逃税的违法合同

根据 MX 公司提出的"工矿产品购销合同"，本案涉讼聚酯切片每吨销售价定为 16,500 元人民币（含 950 元预期利润）。在此前提下，结合中国法定的进口关税率和增值税率细加核算，显见该合同单位售价与通过正常手续**依法纳税**进关的价格相差悬殊，因而可以认定它极有可能是一份走私合同和逃税合同。理由如下：

项目	序号	正常价格	MX 公司价格
CIF 美元价	A	USD 1,580/MT	USD 1,580/MT
CIF 人民币价（汇率 1∶8.3）	B	RMB 13,114/MT	RMB 13,114/MT
进口关税＝CIF 人民币价×税率 25%	C	RMB 3,278.50/MT	X＝？
增值税＝（CIF＋进口税）×税率 17%	D	RMB 2,786.73/MT	Y＝？
开信用证费（RMB 4,248.42/200MT）	E	RMB 21/MT	RMB 21/MTMX
公司预期利润（RMB 190,000/200MT）	F	RMB 950/MT	RMB 950/MT
合法销售价（成本＋预期利润）	G	RMB 20,150.23/MT（完税后）	RMB 16,500/MT

说明：

(1) 本表格 A 项所列美元货价，见本案涉讼 XMN951001 号合同第 3 条规定；B 项人民币货价，按当时美元与人民币的汇率折算而成。

(2) C 项所列进口关税率及 D 项所列增值税率，系根据《中华人民共和国海关关税：政策·法规·实务·税则》（经济管理出版社 1996 年版，第 278 页），税则编号为 3907·6010。（详见《补充材料（二）》）（从略））

(3) E 项所列 MX 公司开信用证费用及 F 项所列 MX 公司预期利润，系根据 MX 公司于 1996 年 1 月 10 日出具的"损失清单"第 2 条、第 6 条计算而来。（见 MX 公司仲裁申请书附件五）

(4) G 项所列数字是 B、C、D、E、F 诸项数字的总和，即 B＋C＋D＋E＋F＝RMB 20,150.23/MT，此项"合法销售价"，指通过正常手续、依法纳税、合法进关、合法销售的单价。而 MX 公司于上述"工矿产品购销合同"中所列单位售价仅为 RMB 16,500/MT，与"合法销售价"相比，每吨价差竟高达 RMB 3,650.23 元。

(5) 在本表右侧"MX 公司价格"一栏下端，所列的单价"RMB 16,500/MT"，指的是上述"工矿产品购销合同"中规定的单价。根据此项单价核算，MX 公司所"可能"缴纳的进口关税及增值税，即"X"＋"Y"的总和，充其量仅为：

16,500－13,114(CIF 人民币单价)－21(开证费)－950(预期利润)＝**RMB 2,415/MT**

(6) 按 C、D 两项所列的法定进口关税和增值税，MX 公司依法应当缴纳的每吨税款应为：3,278.50＋2,786.73＝**RMB 6,065.23/MT**。

(7) 据此，应当得出结论：如果上述"工矿产品购销合同"**属实**并且**履行**完毕，则 MX 公司势必违法逃税：6,065.23－2,415/MT＝RMB 3,650.23/MT，即每吨逃税 3600 余元，200 吨合计，MX 公司的逃税总额高达 3,650.23×200＝**RMB 730,046**！

一份合同，其**逃税总额**竟高达 73 万余元人民币，这不是地地道道的**走私合同**和**逃税合同**，又是什么呢？一份违法走私、逃税合同，其自始无效是不言而喻的，怎能凭借这样一份自始无效的违法走私合同来索取任何赔偿呢？如果硬说这样的违法走私合同竟也可以得到中国法律的保护，那岂不是对中国法律尊严的严重亵渎？

综上各点，显然应当得出这样的结论：MX公司所据以索赔巨款的这份"工矿产品购销合同"，如果不是一份为了"特殊需要"而临时仓促伪造的合同，就是一份并不具备**法定必要条件**和**约定必要条件**因而**自始无效**、**从未生效**或早已**自动失效**的合同；尤其严重的是，它极有可能是一份**蓄意走私**、**巨额逃税**、**严重违法**的合同。

有鉴于此，我们恳请仲裁庭对这份"形迹可疑"合同的真实性、有效性和合法性，认真予以审查追究，力求水落石出、真相大白；并殷切期待仲裁庭依法主持公道，驳回MX公司的荒谬索赔要求，保护在华外商的合法权益，维护中国法律的应有庄严，则韩国HD公司幸甚！中国法律尊严幸甚！

答辩人及反请求人：
韩国HD综合商事株式会社
1996年6月24日

四、MX公司的"转售合同"涉嫌凭空伪造或逃税走私（二）

呈：中国国际经济贸易仲裁委员会

　　G96029号案件仲裁庭

尊敬的诸位仲裁员先生：

我们在粗略地浏览贵庭转来的上述《MX公司补充材料》之后，认为MX公司的这些材料涉嫌**制作伪证**，妄图欺骗仲裁庭，而且达到不择手段的地步，特予**揭露**如下：

（一）MX公司在定金"转账"和"进账"上弄虚作假

1.1 MX公司向HD公司索取巨额赔偿的主要依据，乃是一纸很不像样的所谓"工矿产品购销合同"。HD公司在1996年6月24日贵庭庭审中曾强调："该合同未按约定条件提交鉴定和**交付定金**，应属'从未生效'或早已'自动失效'"，并且明确指出："MX公司迄今并未出具任何确凿证据证明需方（按：指这批进口货物内销转售中的下一家买主A市LM公司）已将该合同所规定的33万元定金如数如期（10天以内）拨付给供方（按：指A市MX公司）。根据《民事诉讼法》第64条第1款规定'谁主张，谁举证'的原则，如果在仲裁庭责令MX公司举证的期限内，MX公司仍然无法举出确凿可信的**证据**，足以证明上述定金确已如期如数交清，则这份**所谓的**'合同'早就已经'自动失效'了。MX 公司根据这样一份**从未生效**或**早已失效**的合同向 HD 索赔,这岂不荒谬可笑?"(详见 HD 公司于 1996 年 6 月 24 日呈交仲裁庭的《补充材料(一)》第 2 页末段至第 4 页首段。)

现在,仲裁庭规定的双方举证的最后期限——1996 年 7 月 14 日,早已届满和超过,MX 公司仍然无法举出有关定金确实已由需方(LM 公司)拨付到供方(MX 公司)账号的任何证据,这就从反面证实了 HD 公司在庭审中所强调的上述主张和所作的上述揭露,可谓"不幸而言中"!

1.2 MX 公司于庭后提交的补充材料中,有一张中国人民银行的"转账支票"(No.0166851)、一张 A 市 XX 投资公司(简称"XX 公司")的"进账单",两者的金额均为 660,000 元人民币;其收款人均为"A 市 LN 公司";两者的签发日期均为 1996 年 6 月 21 日。这两张单据的疑窦和作伪漏洞有:

1.2.1 1996 年 6 月 21 日是本案庭审前的三天。在此之前,签订于 1995 年 10 月 12 日上述合同的需方(LM 公司)迄今未将定金 33 万元人民币拨付到供方(MX 公司)账户,因而该合同依约从未生效,或在 1995 年 10—11 月早已自动失效。MX 公司在该合同从未生效或早已失效的条件下,而且是在事隔七八个月之后(1996 年 6 月 21 日),竟然"自觉自愿"地向未依约拨付分毫定金进账的需方"双倍返还定金"(即加倍赔偿定金),衡诸常识,试问:普天下的商界之中,会有这样的"笨伯"和"傻瓜"吗?

1.2.2 上述 XX 公司的"进账单"中,付款人的"开户银行"和收款人的"开户银行"均载明的"XX 公司营业部",其可疑之点有三:

(1)"XX 公司营业部"是一家"开户银行"吗?一家投资公司下属的"营业部"岂能作为本公司的"开户银行",同时又作为另一家公司(LM 公司)的"开户银行"?

(2)"A 市 XX 投资公司"简称"XX 公司",这在 A 市商界是"家喻户晓"、众所周知的。本案原仲裁申请人 MX 公司实际上是 XX 公司下属的一家进出口公司,而且在商界往来中经常是"一家公司,两块招牌"。换言之,两家公司本来就是一家人。现在出于急迫需要,由 XX 公司的大老板指示本公司的下属单位 XX 公司营业部为本公司的另一下属单位 MX 公司出具一份所谓"付款""收款"的"进账单",这不是不费吹灰之力吗?

1.2.3 XX 公司的这张"进账单"左下方所列"单位主管、会计、复核、记账"各栏全然空白,没有任何签字或盖章。右下方"收款人开户银行盖章"一栏,也是全然空白。简言之,就是无人敢对这样一张空头的"进账单"作任何签署,以免将来承担法律责任,这不是明如观火吗?把这样一张制作上如此粗糙、如此草率的空头"进账单"作为补充材料或证据向仲裁庭搪塞,妄图借以证明本仲裁案件原申请人 MX 公司已向下家需方买主 LM 公司"双倍返还定金"达 66 万元人民币,并据此向 HD 公司索赔巨款,这不但表明 MX 公司有关人员的弄巧反拙、欲盖弥彰,而且表明他们确已心劳日拙、黔驴技穷了。

1.2.4 前述"工矿产品购销合同"载明的"需方"是"A 市 LM 公司"。而第 1.2 点提到的"转账支票"和"进账单"载明的收款人却是"A 市 LN 公司"。本案原仲裁申请人是"MX 公司",而此次其补充材料总标题却标明是"MQ 公司……损失清单"。此类"改名换姓"或"张冠李戴"之所以频频出现,大概也像"几滴水珠"一样,从一个侧面反映出 MX 公司有关人员在本案开庭日期即将来临前夕(即开庭前两三天)或仲裁庭限定的补充举证日期瞬将届满之际,出于惶急心情和作伪心虚,因而"信笔写来",屡屡写错吧?

(二) MX 公司在掩盖"内贸合同"走私逃税上信口雌黄

2.1 前述"工矿产品购销合同"乃是一份蓄意走私和巨额逃税的违法合同。对此,HD 公司已在 1996 年 6 月 24 日呈交贵庭的《仲裁答辩书及反请求书补充材料(一)》第 4 页末段至第 6 页末段加以揭露。

2.2 MX 公司在庭后提交贵庭的"损失清单及说明"第 6 项第(7)点中列出所谓的"办理免税批文手续费:8,500 元",并且辩称:"A 市经营进出口业务的外贸公司每年均可申请一定额度的进出口免税指标,需向省计委缴纳一定手续费。"

经查核有关法律和法规,规定如下:

《中华人民共和国海关法》第 23 条和 26 条规定:一切"保税"(即暂不缴纳关税)的进口货物,均由海关监管货物,未经海关许可,任何单位和个人不得开拆、提取、抵押、转让……

《中华人民共和国海关对进料加工保税集团管理办法》(1993 年 11 月发布)第 15 条规定:"保税集团进口的料、件及加工出口的产品均属海关监管的保税货物,未经海关许可,任何单位和个人不得将其出售、转让、调换、抵押或移作他用。"

《A 市象屿保税区条例》(1994 年 9 月颁行)第 2 条、第 9 条、第 23 条以及第 39 条规定:保税区与非保税区设置隔离线,对保税区实行隔离管理;海关在保税区内设立机构,依法对进出保税区的货物等实施监管;由保税区进入非保税区的货物视同进口,应按国家的有关规定办理手续;货物从保税区销往非保税区时,**应依法纳税**,包括缴纳进口关税。

所有这些中央一级的法律、法规和 A 市的地方法规,全无一字授权像 MX 公司这样的设置在 A 市象屿保税区的进出口公司,只要向"省计委"缴纳 8,500 元"手续费",即可取得"免税批文",从而就可以大模大样地**违法**走私逃税!何况,MX公司在提出这种主张时,既未提供任何法律、法规的依据或者"省计委"任何行政规定的凭据,更未提供任何"省计委"出具的"免税批文"证据,也从未提供 A 市海关的任何批准文件,证明 MX 公司可以将保税聚酯切片不经补纳进口关税即可径自转售给非保税区的 A 市 LN 公司。

凡此种种,都足以反证前述"内贸合同"——"工矿产品购销合同",确是一份走私逃税、严重违法的合同;而 MX 公司为掩盖其走私逃税、严重违法行为而胡诌的"免税批文"云云,纯属信口开河!

(三)MX 公司的其他"损失"即使属实,也是咎由自取,无权索赔

3.1 MX 公司提供的两张"中国农业银行 A 市分行收费通知书",其中,"单位名称"均为"XX",却擅自涂改为"MX";而由 A 市商检局出具的一张收据,写明付款人是"XX",而并非"MX"。何以在单据上如此混乱?其真实性如何?实在不能不令人质疑。

3.2 即使这些单据上的付款人确属笔误,而非故意"借来"暂用,那么,其有关损失也纯粹是由于 MX 公司自己严重违约造成的。既然是咎由自取,当然应由它自己承担一切责任。岂能据以向因 MX 公司违约而无辜受害的 HD 公司索赔?

以上各点,请仲裁庭惠予审核、考虑,并殷切期待贵庭尽早作出公正的裁决。

答辩人及反请求人:
韩国 HD 综合商事株式会社
1996 年 8 月 2 日

五、本案的仲裁庭意见和终局裁决

(一)仲裁庭对本案基本事实的认定

仲裁庭根据双方当事人提交的书面材料和双方在庭审中的陈述,认定以下事实:

被申请人在 1995 年 11 月初将准备向申请人交付的 200 吨聚酯切片运抵目的港 A 市港。1995 年 11 月 8 日,开证行中国农业银行 A 市分行致函韩国的通知行,称被申请人提交的单据与信用证规定有不符合之处。1995 年 11 月 8 日,申请人收到了

开证行关于不符点的通知。申请人拒绝接受带有不符点的单据和支付信用证项下的货款。被申请人认为"单证不符"的说法不能成立。1995年11月13日,申请人致函被申请人,要求被申请人派代表与其就不符点问题以及争议的解决进行磋商。此后,申请人要求先取样商检,承诺只要商检结果合格就承兑付款并报关提货。被申请人同意申请人的要求。商检机构对申请人送交的货物样品进行了检验。1995年11月30日,A市进出口商品检验局出具品质证书,称送检商品"色度(L值)不符合XMN951001号合同规定"。1995年12月8日,被申请人致函申请人,要求其于1995年12月11日前付款赎单,否则将终止合同并转卖货物,并向申请人索赔有关损失。1995年12月20日,被申请人致函申请人,称其已终止合同,并称将向申请人索赔转卖货物引起的一切损失。1995年12月23日,被申请人再次致函申请人,称:为了表示和解诚意,被申请人愿意给申请人最后一次履约机会,即允许申请人在1995年12月25日中午12时以前支付货款,并称逾期被申请人将依法解除合同、转售货物,并向申请人索赔一切损失。1996年1月24日,被申请人完成转卖手续,1996年2月4日,最后完成报关手续。

(二)仲裁庭对双方请求的判断和终局裁决

申请人主张:合同规定,如货物与合同不符,买方在货到目的港后90天内凭商检局出具的检验证书有权拒收货物并向卖方提出索赔,而厦门商检局1995年11月30日出具的检验证书表明被申请人提供的货物品质与合同规定不相符合,因此,申请人可以拒收货物并要求被申请人赔偿因其违约给申请人造成的全部损失。

仲裁庭认为:虽然合同规定聚酯切片的"L值"为67+/-2,而根据A市进出口商品检验局1995年11月30日的品质证书,被申请人交付聚酯切片的L值为77,高于合同规定,但是,被申请人提供的证据表明,L值并不对聚酯切片的质量和用途产生不良影响,稍偏高的L值对纤维的质量有利无弊。对此申请人没有提出异议或反驳。据此,仲裁庭认为:被申请人的行为并没有剥夺申请人根据合同有权期待得到的东西,也就是说没有给申请人带来任何损失,因而不构成申请人有权拒收货物的理由。申请人拒收货物的行为已构成重大违约,由此造成的损失应由申请人自己承担。因此,仲裁庭不支持申请人的仲裁请求。本案申请人的申诉仲裁费应全部由申请人自己承担。

正如仲裁庭如前所述,申请人拒收货物的行为已构成重大违约。因此,仲裁庭认为,申请人应对由其违约给被申请人造成的损失承担赔偿责任。被申请人在反请求中提出的因申请人违约拒收货物给被申请人造成的"货物转卖过程中的损失""海关滞报金损失""拖箱费及码头费损失""集装箱滞期费损失"和"利息损失"的计算方法合理,且申请人未提出任何异议,仲裁庭对此予以认定。以上损失共为 100,017.93 美元,应由申请人向被申请人作出赔偿。

对于被申请人请求的"复检及测试费""律师费""差旅费""电话传真费"及"赴京出庭往返差旅费"等赔偿项目,仲裁庭认为,上述费用属被申请人为办理本案件而支出,根据仲裁规则第 59 条的规定,即其补偿金额最多不得超过胜诉方胜诉金额的 10%,并且根据本案的实际情况,仲裁庭认定申请人应支付被申请人 10,000 美元。

本案反请求仲裁费 38,063 元人民币,应由申请人全部承担。

仲裁庭裁决如下:

1. 驳回申请人的全部仲裁请求。

2. 申请人赔偿被申请人因其违约拒收合同项下的货物给被申请人造成的损失计 110,017.93 美元。

3. 本案申诉仲裁费 34,511 元人民币全部由申请人承担。该款已由申请人向仲裁委员会预交的仲裁费,34,511 元人民币相冲抵。

本案反请求仲裁费 38,063 元人民币全部由申请人承担。该款已由被申请人向仲裁委员预交的反请求仲裁费 38,063 元人民币相冲抵。因此,申请人应向被申请人支付 38,063 元人民币以补偿被申请人为其垫付的仲裁费。

以上申请人共应向被申请人支付 110.93 美元和 38,063 元人民币。申请人必须在本裁决作出之日起 45 天内向被申请人支付上述款项。逾期,则美元应加计年息为 6% 的利息,人民币应加计年息为 10% 的利息。

本裁决为终局裁决。

首席仲裁员:×××
仲裁员:×××
仲裁员:×××
1996 年 8 月 21 日于北京

第6章 外贸代理合同纠纷中的当事人、管辖权、准据法、仲裁庭、债务人等问题剖析

——韩国C公司 v. 中国X市A、B两家公司案件述评

▶▶ 内容提要

中国B公司受中国A公司委托,于1997年9月以中国B公司自己的名义与韩国C公司订立《柴油购销协议》,从韩国进口3万吨柴油。原约定以信用证(L/C)方式交付货款,嗣因"单证不符"而银行暂时拒兑。C公司急于收回货款,一方面以"无单放货"方式直接向终端用户A公司交货,另一方面同意A公司建议,变信用证付款为电汇(T/T)付款。A公司陆续交付货款约2/3后,因资金周转困难而拖欠其余的1/3。C公司数度催讨未果,不愿再等待,遂于1998年4月向国际商会国际仲裁院(ICC International Court of Arbitration,以下简称"ICC仲裁院")申请仲裁,要求裁令中国A、B两家公司承担还债的共同责任和连带责任,偿清货款余额及相应滞付利息。本案涉及外贸代理合同的适格当事人、"无单放货"和T/T付款方式的效率与风险、仲裁条款的效力、法律选择条款的效力、ICC仲裁院与中国法院对本案管辖权的冲突和协调等一系列问题,案情相当复杂。韩国C公司聘请英国律师代理本案仲裁事务,坚持按其格式合同的规定,要求在英国伦敦开庭并适用英国法裁断。ICC仲裁院受理后,不顾中国A、B两家公司的多次异议,完全排斥由A、B两家公司共同指定一名中国仲裁员参加本案"三人合议庭"的正当要求,竟指定另一名英国籍的律师担任本案的"独任仲裁员",听其独自审断。这些因素综合起来,就使中国A、B两家公司处境十分被动,抗辩艰难,前景危殆。但是,经过两年多的广泛搜集证据和依法据理力争,中方当事人逐步摆脱了被动困境,扭转了局面,并终于促使本案独任仲裁员于2000年6月在英国伦敦作出了有利于中方当事人的终局裁决。其要点是:(1)驳回韩国C公司向中国B公司的索赔请求。(2)本案仲裁费全部由韩国C公司承担;

韩国C公司并应赔偿中国B公司因本案仲裁而支付的各种费用。(3) ICC仲裁院本案仲裁庭对于韩国C公司向中国A公司的索赔请求,没有管辖权;C公司向A公司的索赔请求,应向中国的法院提出,由中国法院管辖受理。[1]

>> 目　次

一、本案案情梗概
二、关于当事人和管辖权的争议
三、关于准据法的争议
四、关于仲裁庭人数和人选的争议
五、关于无单放货和货款债务人的争议
六、本案终局裁决
七、从本案实践看现行《ICC仲裁规则》及其执行中的瑕疵

一、本案案情梗概

1. 中国A公司总经理于1997年初结识韩国C公司驻沪办事处代表。同年4—8月双方洽谈柴油购销事宜,就柴油数量、质量、价款、付款方式、交货时间和地点等基本取得一致意见。但A公司是一家内贸公司,按当时中国法律规定,无对外贸易权,遂立约委托中国B外贸公司与韩国C公司驻沪办签订柴油购销协议。

2. 1997年9月8日,A公司(乙方)与B公司(甲方)签订《委托协议书》,其主要条款如下:

(1) 甲方责任

① 以甲方自己的名义与外商谈判并签订购买3万吨进口柴油的协议;

② 根据乙方提供的资料,及时开出符合乙方要求的不可撤销L/C;

③ 根据乙方提供的完整单据,及时办理进口付汇核销手续。

---

[1] 在本案争讼过程中,笔者接受中国A、B两家公司聘请,担任仲裁代理人。本文依据本案的原始英文文档整理、撰写。这些文档及其复印件分别收存于:(1) ICC International Court of Arbitration, 38, Court Albert 1er, 75008, Paris, France (Case No. 9959/OLG);(2) Essex Court Chambers, 24 Lincoln's Inn Fields, London, UK;(3) 厦门大学国际经济法研究所资料室。本文中所援引的法律法规,均以1997—2000年讼争当时现行有效者为准。阅读时请注意查对2000年以来有关法律、法规的发展情况。

(2) 乙方责任

① 协助甲方对外谈判,办理进口手续中的有关文件;

② 筹集开立信用证所需的开证保证金;

③ 为甲方向银行申请开证提供担保,负责担保或付汇的承兑赎单;

④ 负责办理货物到港后的进口提货手续,缴纳税费并承担一切相关费用;

⑤ 负责向甲方提供完整的有关进口单据,办理核销手续;

⑥ 独自开展国内销售业务,并独自承担国内销售的经济、法律责任。

(3) 结算方式

甲方按开证金额的 0.5% 向乙方提取代理费,所有银行费用及责任均由乙方负担,甲方不承担任何风险及经济、法律责任。

3. 1997 年 9 月 9 日,中国 B 公司(Party A, the Buyer)与韩国 C 公司(Party B, the Seller)签订了一份由韩国 C 公司提供的英文格式合同《柴油购销协议》,其主要条款如下:

本协议由以下双方于 1997 年 9 月 9 日订立:

甲方:中国 B 公司(以下简称"B 公司",地址等略)

乙方:韩国 C 公司(以下简称"C 公司",地址等略)

B 公司与 C 公司双方同意按以下各项条款购销一批柴油:

(1) 卖方:C 公司

(2) 买方:B 公司(代表中国 A 公司)

(3) 产品:柴油

(4) 数量:30,000 公吨(可由卖方决定增减 10%)

(5) 交货:1997 年 9 月 25—30 日运抵中国 X 港安全泊位或码头交货

(6) 价款:到岸价款(CIF),中国 X 港安全泊位或码头,每公吨 176.80 美元(固定价,无涨落)

(7) 质量:(略)

(8) 付款:用美元付款;由国际性一级银行,以卖方可以接受的格式签发信用证(Letter of Credit),于卖方提交三套完整的货物提单(Bill of Lading)原件以及发票和常规海运文件之后 45 天以内,付清货款

(9) 卸货时间:(略)

(10) 船舶滞期费:(略)

(11) 质量、数量认定:(略)

(12) 所有权与风险转移:货物越过与装货口岸连接的船舷后,其所有权和损失

风险即由卖方转移到买方

（13）法律：适用英国法律

（14）仲裁：由本协议引起或与本协议有关的一切争端、争议或分歧，或有关本协议的违约行为，应依据国际商会（International Chamber of Commerce）制定的仲裁和调解规则，提交按上述规则指定的一名或数名仲裁员，在英国伦敦仲裁解决。由此作出的仲裁裁决是终局性的，对双方均有约束力

（15）不可抗力：（略）

（16）其他条款

如果买方未能按照本协议第 8 条规定开出信用证，卖方有权取消本合同，并要求买方赔偿一切费用和损失。

其他一切条款，均按国际商会制定的《1990 年国际贸易术语解释通则》中 CIF 条款规定及其最新修订内容，加以实施。

本合同经由传真签署，即作为合同原件加以使用，不另设书面合同原件。

中国 B 公司（签署）
韩国 C 公司（签署）
中国 A 公司（签署）

4. 在上述《柴油购销协议》中，明文规定卖方（Seller）为 C 公司，买方（Buyer）为 B 公司。但在签约过程中，A 公司代表参加谈判，并在协议末端签字。

5. 1997 年 9 月 12 日，B 公司通过 D 银行向 C 公司签发 L/C，以支付购油价款，总金额为 USD 176.80×30,000 MT＝USD 5,304,000。同年 9 月 26 日，C 公司租船装运柴油 30,049.506 MT，船长签发清洁提单后，起航运抵中国 X 港，并按原终端用户 A 公司要求，以"**无单放货**"的快速方式，向 X 港的新终端用户 E 公司直接交货。同年 10 月 4 日卸货交货完毕。

6. 由于 C 公司的过错，发生"单证不符"，D 银行拒绝兑付 L/C 所载货款。应卖方 C 公司要求，买方 B 公司通知开证的 D 银行，表示愿意接受与 L/C 有所不符的 B/L 等单据文件，但几经磋商，未能达成共识，货款兑付问题暂时搁浅。

7. C 公司急于收回巨额货款，遂同时向 A、B 两家公司发函催索。1997 年 11 月 3 日，原终端用户 A 公司直接以传真致函 C 公司，建议"绕开开证银行，通过香港有关公司以 T/T 方式将货款汇至 C 公司"，并拟于 11 月 7 日、14 日分两期付清。

8. 翌日，即 11 月 4 日，C 公司也以传真复称："We confirm our acceptance for your suggestion to pay the amount USD 5,312,752.80 (due date：Nov 10,1997) by T/T instead of L/C."［我方确认同意接受贵方建议：以电汇方式取代信用证方式，支

付货款总额 5,312,752.80 美元(到期日：1997 年 11 月 10 日)。]

9. A 公司将 3 万余吨柴油转售给 E 公司。但因 E 公司失信，A 公司未能及时收到全部货款，资金周转发生困难。自 1997 年 11 月 6 日至 1998 年 1 月 21 日，A 公司以 T/T 方式，汇付 C 公司柴油货款 3,200,000 美元，尚欠本金 2,112,752.80 美元，外加 1997 年 11 月 10 日到期以后的相应滞付利息。

10. 韩国 C 公司多次向中国 A 公司催讨所欠货款余额，A 公司多次承认欠债，承诺分期还清，并加计相应滞付利息。但因资金周转困难而暂时无力全部清偿，货款余额又拖欠了两个多月。C 公司不愿再等待，遂聘请英国律师在 1998 年 4 月 28 日、5 月 13 日先后两度向 ICC 仲裁院呈交《仲裁申请书》及其补充文件，将中国的 B 公司作为第一被申请人，中国的 A 公司作为第二被申请人，主张两公司应共同承担和连带承担还债责任，请求 ICC 仲裁院作出裁决，"裁令 B、A 两家公司共同地和连带地偿还以下款项：(1) 所欠货款余额本金 2,112,752.80 美元；(2) 自 1997 年 11 月 10 日起算，因滞付上述货款余额本金所滋生的利息，按仲裁庭认可的公平合理的利率计息；(3) 申请人提请仲裁而支付的各种合理费用"。

11. 《仲裁申请书》提出：本案仲裁庭应在英国伦敦开庭，以英国法律作为准据法，由一名独任仲裁员(sole arbitrator)审理。

12. ICC 仲裁院受理了本案，设定案号为 9959/OLG，并由其秘书处于 1998 年 6 月底将韩国 C 公司的《仲裁申请书》分别送达被申请人中国的 B 公司和 A 公司。B、A 两家公司先后聘请陈安教授以兼职律师身份，分别在 1998 年 8 月 2 日和 8 月 25 日提出答辩，就 ICC 仲裁院对本案的管辖权、本案的准据法以及仲裁庭的人数等问题提出异议。随后，B 公司又增聘另一位律师，共同参加仲裁代理。

二、关于当事人和管辖权的争议

13. 申请人韩国 C 公司认为：上述《柴油购销协议》第 14 条和 13 条分别明确规定了仲裁条款和准据法条款，理应依约提交 ICC 仲裁院，依其现行仲裁规则，在英国伦敦开庭审理并作出裁决，裁决是终局的，对双方当事人均有约束力。该协议适用的准据法应是英国法。

14. 第一被申请人中国 B 公司就 ICC 仲裁院对本案争端的管辖权提出抗辩，其理由是：

14.1 本案先后涉及 4 项协议(合同)：

甲、中国 A 公司(委托人)与中国 B 公司(受托人)之间签订的对外贸易《委托协议书》(1997 年 9 月 8 日,以下简称《1 号协议》);

乙、中国 B 公司(买方)与韩国 C 公司(卖方)之间签订的《柴油购销协议》(1997 年 9 月 9 日,以下简称《2 号协议》);

丙、中国 B 公司(委托人)与中国 D 银行(受托人)之间签订的 L/C《委托开证协议》(1997 年 9 月 12 日,以下简称《3 号协议》);

丁、中国 A 公司(新买方)与韩国 C 公司(转卖方)之间签订的《柴油购销协议》(1997 年 11 月 3 日 A 公司发出要约,1997 年 11 月 4 日 C 公司加以承诺,新的柴油购销协议遂告成立,其具体文字和关键内容见上述第 7、8 两段。以下简称《4 号协议》)。

14.2 以上《2 号协议》与《4 号协议》貌似互相连接,密不可分,实是两项不同的合同,体现了不同的法律关系。两相比较,其当事人、标的物、价款、支付方式、争端解决方式、准据法等条款均迥然相异。可列表说明如下:

协议名称 有关条款	《2 号协议》	《4 号协议》
当事人	买方:中国 B 公司 卖方:韩国 C 公司	新买方:中国 A 公司 新卖方:韩国 C 公司
标的物及其所在地	3 万吨柴油(在中国境外)	3.0049506 万吨柴油(在中国境内)
总价款	USD 5,304,000	USD 5,312,752.80
付款方式	L/C	T/T
仲裁条款	第 14 条(交 ICC 仲裁院仲裁)	无
准据法条款	第 13 条(适用英国法)	无
协议成立期	1997 年 9 月 9 日	1997 年 11 月 4 日

14.3 就上述《2 号协议》而言,买方中国 B 公司已依约通过 D 银行开出 L/C,但因卖方韩国 C 公司的过错,出现"单证不符",D 银行拒不兑付货款,致使该协议之履行暂时中断。对此,中国 B 公司毫无过错。尤其重要的是:中国 B 公司并未取得柴油提单,从而并未收到约定的货物——3 万吨柴油。因此,B 公司对于 C 公司所遭损失不应承担任何责任。

14.4 本案争端,纯因上述《4 号协议》引起,与《2 号协议》无关。换言之,正是由于韩国 C 公司急于获得货款,违背《2 号协议》,**绕开原买主 B 公司,绕开开证的 D 银行**,径自直接与**新买方** A 公司达成**转售**柴油的协议,即《4 号协议》,**抛弃 L/C** 这一安全的付款方式,采取 **T/T** 这一**风险颇大**的付款方式,才导致货已全交,款未收齐。这纯属"饥不择食",甘冒风险,咎由自取。何况,B 公司不是《4 号协议》的当事人,而是**无关的第三人**,《4 号协议》中规定的付款义务,应纯由该协议中的新买主 A 公司全部承担,与 B 公司毫不相干。C 公司以 B 公司作为第一被申请人,并要求裁决 B 公司对 A 公司的还款义务承担共同的和连带的责任,显属"株连"无辜。有鉴于此,ICC 仲裁院应以"第一被申请人**不适格**"为由,驳回韩国 C 公司对中国 B 公司的无理索债要求。

14.5　本案争端既然纯由《4 号协议》引起,自应严格按《4 号协议》中的争端解决条款予以处理和解决。但是,通观《4 号协议》,双方当事人并未约定任何争端解决方式,更未明文规定任何仲裁条款;纠纷发生之后,双方又未达成任何仲裁协议。由此可见,韩国 C 公司将纯由《4 号协议》引起的本案付款争端提交 ICC 仲裁院,这一仲裁申请,**既无合同根据,也无法律依据**。换言之,ICC 仲裁院对本案争端不具备约定的或法定的管辖权,无权受理。有鉴于此,ICC 仲裁院应以"本院对本案无管辖权"为由,驳回韩国 C 公司对中国 A、B 两公司的仲裁申请。

15. 第二被申请人中国 A 公司就 ICC 仲裁院对本案争端的管辖权也提出抗辩。其所持理由是:

15.1　与第一被申请人对管辖权的抗辩大体相同,但有以下补充。

15.2　A 公司承认柴油货款尚未付清。但所欠货款余数以及延迟付款的相应利息,应由 A 公司自己独立承担清偿责任,不应株连无辜的 B 公司。B 公司不是《4 号协议》的当事人,不应无理要求 B 公司承担共同责任和连带责任。

15.3　争端纯因《4 号协议》引起,但该协议中没有仲裁条款,故本案争议不应由 ICC 仲裁院管辖。换言之,韩国 C 公司向该院申请仲裁一举,是"**告对了人,却告错了地方**"。本案应按《中华人民共和国民事诉讼法》第 22 条或第 29 条的规定[2],由被告(被申请人中国 A 公司)住所地的人民法院管辖,即应由中国 X 港的人民法院受理处断。

16. 针对 A 公司和 B 公司提出的上述管辖权抗辩,C 公司提出反抗辩(reply),强调:前述《4 号协议》并非一项独立的协议,而仅仅是原有协议即《2 号协议》所定付款方式的修改或变更(variation)。《4 号协议》除将付款方式从 L/C 改为 T/T 之外,别无任何其他条款,应认为 A 公司与 C 公司之间通过默示(by implication)达成默契:其他条款包括订约当事人条款、仲裁条款和准据法条款悉按原协议即《2 号协议》规定不予改变,继续有效。其具体理由和论证是:

16.1　第一被申请人即中国 B 公司既已收到了协议项下的货物,自应保证指示其开证银行不斤斤计较现有的技术性的"单证不符"。第一被申请人未能做到这一

---

〔2〕《中华人民共和国民事诉讼法》第 22 条第 2 款规定:"对中国法人提起的民事诉讼,由被告所在地人民法院管辖。"第 29 条规定:"因侵权行为引起的诉讼,由侵权行为地或者被告住所地人民法院管辖。"

点,就不能消除其清偿货款的义务。

16.2 申请人韩国 C 公司断然否定第一被申请人中国 B 公司的主张,即所谓有关改变付款方式的做法等同于另外订立了一项全新的买卖合同。申请人强调:

中国 A 公司在 1997 年 11 月 3 日发出的传真函件以及韩国 C 公司于 1997 年 11 月 4 日发出的传真复函,从其措辞用语与当时环境看,双方所达成的协议显然只是对原有《柴油购销协议》中的付款条款加以改变。韩国 C 公司虽同意中国 A 公司改变付款方式,但是,如果 A 公司仍然未能付清货款,则依然不能取消韩国 C 公司向 B 公司索债的权利。中国 A 公司在其传真中并未指出该传真乃是一份新的购销合同;如果是有意使它成为一份新的合同,也毫未说明其基本条款是什么。A 公司的传真中提到"绕开开证银行",直接以 T/T 方式付款;C 公司在传真回函中表示同意改用 T/T 方式付款,但同时提出要求:原有的信用证仍然有效,如果以 T/T 方式付款未能实现,则该原有信用证仍可使用。由此可见,当时所使用的措辞完全符合只是变更原有的付款条款,而根本不是另外订立一份新的购销合同。更何况,当时原《柴油购销协议》项下的柴油业已交货、收货完毕,在这样的环境下,另订一份新的购销合同之说,是完全不符合逻辑的,绝不应如此推论或臆测。

16.3 如果 ICC 仲裁院认为 1997 年 11 月 3 日和 4 日中国 A 公司与韩国 C 公司之间的传真磋商构成了一份新的购销合同,那么,该合同中唯一的"明示条款"(express term)只是付款条款,而其余条款就是通过"默示"而保留了原有购销合同中的其余条款,包括保留了原有的合同各方当事人、法律选择条款以及管辖条款。

17. 针对韩国 C 公司上述反抗辩中的主张,中国 A 公司和 B 公司援引中国对外经贸部 1991 年发布的《关于对外贸易代理制的暂行规定》,予以反驳。

17.1 援引的条文:

第 1 条 有对外贸易经营权的公司、企业(代理人)可在批准的经营范围内,依照国家有关规定为另一无对外贸易经营权的公司、企业(被代理人)代理进出口业务。如代理人以被代理人名义对外签订合同,双方权利义务适用《中华人民共和国民法通则》有关规定。如**代理人以自己名义**对外签订合同,双方权利义务适用本暂行规定。

第 2 条 无对外贸易经营权的公司、企业、事业单位及个人(委托人)需要进口或出口商品(包括货物和技术),须委托有该类商品外贸经营权的公司、企业(受托人)依据国家有关规定办理。双方权利义务适用本暂行规定。

第 8 条 经受托人同意,**委托人可参加对外谈判**,但不得自行对外询价或进行商务谈判,不得自行就合同条款对外作任何形式的承诺。

凡委托人同意的进口或出口合同条款,委托人不得以因条款本身的缺陷引起的损失向受托人要求补偿。

第 9 条 委托人**不得自行**与外商**变更**或**修改**进出口合同。委托人与外商**擅自达成**的补充或修改进出口合同的**协议无效**。

A、B 两家公司根据上引条文作出如下论证:

17.2 众所周知,中国是社会主义国家,也是发展中国家。基于维护国家利益的需要,考虑到本国的具体国情,中国有必要在一定的历史时期内对外贸活动实行一定程度的管制,其重要措施之一,就是把本国的企业和公司划分为有权直接经营外贸和无权直接经营外贸两大类。

17.3 申请人韩国 C 公司一再强调前述《4 号协议》仅仅是原有协议即《2 号协议》所定付款方式的变更。在这一方面,其关键问题在于中国的 A 公司本身究竟是否有权任意修改或变更该《2 号协议》中的付款条款,而且 A 公司又不是该《2 号协议》的签约当事人。对这种关键问题的答案是:肯定无权!

17.4 在《2 号协议》(即原《柴油购销协议》)的顶端,明文标示该协议只有两个缔约当事人,即"甲方:中国 B 公司,买方;乙方:韩国 C 公司,卖方"。换言之,中国 B 公司乃是合同中单独的或唯一的合法买方,它依法有权从事进口贸易业务,因而有权在该《2 号协议》中以它自己的名义与外商卖方即韩国 C 公司签约。与此同时,B 公司是以受托人的身份"代表"(on behalf of)无权从事进口贸易的 A 公司在《2 号协议》上签署的。按照前引规定第 8 条,经受托人 B 公司同意,委托人 A 公司可以参加对外谈判,但无权自行就合同条款对外商作任何形式的承诺。因此,该 A 公司董事长 H 先生在《2 号协议》上的签署,充其量只不过是表明他参加谈判和在场见证(witness),而并非表明 A 公司也是该协议的缔约当事人。任何非缔约当事人或任何见证人当然无权任意擅自修改或变更该《2 号协议》的任何条款,这是不言而喻的常识。

17.5 1997 年 9 月进行这笔柴油购销交易当时,韩国 C 公司主管前述《2 号协议》谈判、签约和执行事宜的具体人员是该公司汉城总部石油产品部门经理 Chun Sang Hyun 先生。他在 1999 年 11 月 16 日提供的证词中,缕述整个谈判过程,也确认《2 号协议》只有一个缔约的买方(contractual buyer),即中国 B 公司;而中国 A 公司仅仅是终端用户(the end user),而不是缔约买方。其证词称:

事先,中国 A 公司的代表曾经到过韩国 C 公司驻中国上海办事处,然后来到韩国汉城总部,要求供应一批柴油。提供这批柴油的各项条款,如数量、质量、交货、价款等,都由中国 A 公司和韩国 C 公司达成协议。但是,韩国 C 公担心中国 A 公司履行合同的能力。我们从未与中国 A 公司搞过交易,而且知道它只是一家私营公司。因此,我们要求它去寻找另一家中国政府经营的公司,后者有能力与我们签订合同并达成付款方式,以便履行合同。中国 A 公司建议由中国 B 公司作为购买这批柴油的缔约当事人(contracting party),我们同意。然后,拟定了一份合同,载明我们与中国 A 公司双方达成的各项条款,并且载明中国 B 公司是这批柴油的缔约买方(the contractual buyer of the gasoil)。……中国 B 公司按合同的规定开具了信用证。中国 A 公司是这批柴油的终端用户(the end user of the gasoil)。……我们没有理由怀疑:中国 B 公司会按照合同上规定的义务向我们交付货款。

诚然,Chun Sang Hyun 的上述证词是应韩国 C 公司的要求而出具的,而且其主旨显然在于证明中国 B 公司作为**缔约买方**对于韩国 C 公司负有依约偿还货款的义务,但从其缕述谈判过程的主要情节中,也无可规避地透露了一些基本事实,即中国 A 公司并不具备法定的缔约行为能力,必须另找一家有权对外缔约和支付外汇货款的中国政府经营公司,来充当《2 号协议》的唯一合法买方;中国 A 公司尽管一开始就与韩国 C 公司直接谈判柴油供销事宜和有关条款,但毕竟只是、始终只是这批柴油的"终端用户",而非《2 号协议》的缔约人。可见,这一证言又从另一个重要侧面,有力地印证了中国 A、B 两家公司在第 17.1—17.4 段所叙述的事实和提出的主张。

17.6 除了前述《2 号协议》(即原《柴油购销协议》)顶端明文标示该协议只有两个当事人即买方中国 B 公司和卖方韩国 C 公司之外,与该协议紧密相关的大量单证也反复表明只有中国 B 公司是该协议项下柴油唯一的买方和收货人。这些单证是:(1) 1997 年 9 月 19 日签发的三份信用证(L/C),其中载明唯一的办证"申请人"(applicant)是中国 B 公司,唯一的"受益人"(beneficiary)是韩国 C 公司。众所周知,信用证上载明的"申请人"通常就是买方,"受益人"通常就是卖方。(2) 1997 年 9 月 28 日签发的三份"发票"(invoice),也载明中国 B 公司是唯一的受票付款人(on account of...)。众所周知,发票通常是由卖方签发给买方的催收货款或已收货款的凭据。(3) 1997 年 9 月 26 日签发的三份"提单"(B/L)也载明中国 B 公司是唯一的**"被通知人"**。众所周知,提单上标明的"被通知人"通常就是凭单提货和付款的买方。(4) 1997 年 10 月 7 日签发的三份"原产地证明"(certificate of origin),均明文记载:中国 B 公司是唯一的"买方"(buyer)。(5) 1997 年 9 月 26 日签发的三份"海运出口货单"(sea export cargo manifest),三份"质量证明"(certificate of quality),三份"数量证明"(certificate of quantity),一份"油槽损耗量报告书"(tanker ullage report),一份船长签发的样品收据(master's receipt of samples),一份船舱清洁证明

(certificate of cleanliness),也全都载明中国 B 公司是唯一的"被通知人"(notify party)。众所周知,在这些单证上载明的"托运人"或"发货人"(shipper)通常就是卖方,"被通知人"通常也就是买方。总之,出现在以上这 24 份与《2 号协议》息息相关、"成龙配套"的海运单证中的"买方"或相当于"买方"身份的"申请人""受票人"或"被通知人"全都仅仅标明只有中国 B 公司一家,而中国 A 公司的名称从未在上述任何一种单证中出现或被提及。这就从许多重要的侧面反复多次地证明:中国的 B 公司是前述《2 号协议》中唯一的、合法的买主;而中国 A 公司从来就不是前述《2 号协议》的缔约当事人。

17.7 根据前引规定第 9 条,委托人不得自行与外商变更或修改进出口合同,其与外商擅自达成变更或修改进出口合同的协议,是无效的。由此可见,当时中国的现行法禁止中国的 A 公司擅自绕开受托人中国 B 公司,直接与韩国的 C 公司针对《2 号协议》(即原《柴油购销协议》)达成任何修改或变更的协议;其所达成的任何修改、变更协议在法律上都是无效的。由此可见,韩国 C 公司硬说前述《4 号协议》只不过是针对原先《2 号协议》的一种修改变更,这种主张不但违背客观事实,而且违反中国当时的现行法。[3]

17.8 一家企业或公司有权从事何种经营或无权从事何种经营,直接涉及法人的行为能力问题。如果不同国家的法律对于同一类法人的行为能力问题有不同的规定,则一旦在法律适用上发生冲突,如何解决准据法上的矛盾?应当说,在这个问题上,当代国际社会已经达成了全球公认的共识,即应当依据法人的属人法(lex personalis, personel law)来确认法人的行为能力,亦即依法人的国籍或住所地所属国家的法律规定加以确认。关于这一准则,在具有全球影响的权威性著作《戴西和莫里斯论冲突法》一书中,英国著名教授们曾加以提炼、归纳和明文记载,列为"法律冲突规则"第 154 条(Rule 154)[4]:

> 规则 154:(1) 法人(corporation)从事法律交易行为的能力受该法人的章程以及交易行为地国家有关的法律支配。(2) 法人章程的一切事项受法人成立地的法律支配。

---

[3] 《中华人民共和国合同法》自 1999 年 10 月 1 日起施行。其中第 402、403 条对于受托人以自己的名义在委托人授权范围内与第三人订立合同时的法律关系问题,作出了一些新的规定。这些新规定在中外法学界引起一些争议和评论,因不属本文探讨范围,暂不置论。另外,中国加入 WTO 后,有关对外贸易的原有法律、法规和行政规章,正在陆续重新审议和修订之中,也值得法学界和实务界认真学习和研究。例如,2004 年 4 月修订后的《中华人民共和国对外贸易法》自 2004 年 7 月 1 日起施行,其中第 8 条和第 9 条有关"对外贸易经营者"的最新界定,就应予认真探讨和加深理解。

[4] *Dicey and Morris on the Conflict of Laws*, 13th ed., Vol. 2, Sweet & Maxwell, 2000, p. 153. 在 1993 年推出的该书第 12 版中,这条规则的序号是 Rule 156。

英国牛津大学的另一位著名教授马丁·沃尔夫（Martin Wolff）在《国际私法》一书中也明确地论及："法人享有何种权利以及可以缔结何种合同的问题,应依据其属人法加以确定。不过,这个问题并不完全取决于它的属人法,而且也取决于行为地法。"[5]此书也是具有全球影响的权威性名著,自1944年出版以来已被译成多种文字,其中文本出版于1988年。

不言而喻,由英国著名教授们从全球司法实践（包括英国丰富的典型判例）中总结出来的上述规则,理应是英国法学界和实务界（包括英国的律师和仲裁员）所普遍认同和认真遵循的。

当然,也应该提到:上述法律冲突规则多年来也已经在中国的著名教科书和论著[6]中加以吸收、推介和论证,并已为中国的法学界和实务界所普遍认同和认真遵循。

17.9 早在1988年4月,上述法律冲突规则就不但被中国法学界和实务界所广泛认同,而且被进一步吸收于中华人民共和国最高人民法院作出的司法解释,即《关于贯彻执行〈中华人民共和国民法通则〉若干问题的意见（试行）》第184条,从而使它成为在中国具有法律约束力的行为规范,其具体文字是："外国法人以其注册登记地国家的法律为其本国法,法人的民事行为能力依其本国法确定。"[7]

17.10 把前述第17.1段至17.9段所引证的大量事实、法律规范、国际通行做法以及权威学者论述,联系本案案情加以剖析,就理应得出结论：

（1）中国A公司既然是在中国依法注册登记成立的,其住所地也在中国境内,则其民事行为能力自应**依据其"属人法"即中国有关法律**规定加以确认。

（2）依据中国现行法律关于管制外贸经营的强制性禁止规定,中国**A公司不具备直接从事外贸经营**的合法权利和**行为能力**。

（3）因此,中国A公司不但**无权**以"合同当事人"的身份直接与韩国C公司签订《2号协议》,而且**无权擅自**直接与韩国C公司议定**修改或变更**《2号协议》。

（4）因此,中国A公司也**无权**以"合同当事人"的身份直接与韩国C公司签订《**4号协议**》。

（5）因此,中国A公司与韩国C公司通过1997年11月3—4日两份传真函件直接达成协议,**约定将L/C付款变更为T/T付款**,双方的此种民事行为**在法律上是无

---

[5] 参见〔英〕马丁·沃尔夫:《国际私法》,李浩培等译,法律出版社1988年版,第438页。
[6] 参见韩德培主编:《国际私法》,武汉大学出版社1984年版,第116—119页;韩德培主编:《国际私法新论》,武汉大学出版社1997年版,第240—242页;姚壮主编:《国际私法的理论与实务》,法律出版社1992年版,第91页。
[7] 《最高人民法院公报、典型案例和司法解释精选》,中华工商联合出版社1993年版,第741页。

效的,不受任何法律保护。

(6) 在《2号协议》中,中国 A 公司既然不是缔约的当事人,则该协议中的**"仲裁条款"对中国 A 公司当然不具备法律约束力。**

(7) 因此,依据《2号协议》中的"仲裁条款"而设立的本案仲裁庭,**对于中国 A 公司没有管辖权**,即根本无权管辖。

17.11 迄本案提交仲裁为止,始终未见有任何证据可以证明:由新买主中国 A 公司与新卖主韩国 C 公司于 1997 年 11 月 4 日达成的新协议即《4号协议》之中,包含有任何法律选择条款或任何管辖权条款。因此,不可能也不应该武断地把原先由旧买主中国 B 公司与旧卖主韩国 C 公司之间达成的《2号协议》之中的法律选择条款与仲裁管辖条款,强行塞入其后由新买主中国 A 公司与新卖主韩国 C 公司之间达成的《4号协议》之中。众所周知,在国际经贸实务中,就有许多协议或合同并不设立或包含此类条款。在许多国际经贸实务中,并不以协议或合同中含有法律选择条款和仲裁管辖条款作为协议或合同得以成立的不可缺少的前提条件。

由于在《4号协议》中根本不存在任何"仲裁条款",而且作为该协议缔约当事人的中国 A 公司,已经反复多次针对根据子虚乌有的所谓"仲裁条款"强加的仲裁管辖权,明确地提出异议,因此,ICC 仲裁院对本案中的中国 A 公司不具备任何管辖权。韩国 C 公司与中国 A 公司之间的债权债务纠纷,应提交中国法院管辖受理。

三、关于准据法的争议

18. 针对中国 A、B 两家公司的上述反驳,韩国 C 公司断然加以否定。强调:**不能以中国的法规作为准据法来判断**中国 A 公司是否有权与外商 C 公司直接约定修改《2号协议》,而**只能依英国法律**来加以**认定**。其理由是:

18.1 《2号协议》第 13 条明文规定"Law: English Law to apply"。根据"**当事人意思自治**"原则,根据当时有效的《中华人民共和国涉外经济合同法》第 5 条第 1 款前段的规定,"合同当事人可以选择处理合同争议的法律",本合同(协议)争端应尊重当事人的共同自愿选择,适用英国法予以解释和处断。

18.2 《2号协议》末端,除 B 公司和 C 公司的法定代表人分别作了签署之外,A 公司的法定代表人也作了签署。但 A 公司的签署并未注明其身份是 witness。**按照英国的法律和判例**,A 公司也是《2号协议》的当事人,其法律身份应与 B 公司并列,作为共同买主(co-buyer),并非局外第三人,因而 A、B 两家公司均应受《2号协议》中准据法条款的约束,不得节外生枝,援引中国有关法规借以规避英国法律的适用,从而规避 ICC 仲裁院的管辖权。

19. 中国 A、B 两家公司反驳韩国 C 公司的上述主张,强调本案争议只能适用中国的法律和法规予以处断,其理由是:

19.1 本案争端纯因《4 号协议》引起,与《2 号协议》无关。故不能武断地将《2 号协议》中的准据法条款强加于《4 号协议》,任意推定纯由《4 号协议》引起的争端也应适用英国法予以处断。

19.2 "当事人意思自治"原则在贸易合同中的适用并非毫无限制。中国的《涉外经济合同法》第 9 条规定:违反中国法律的合同或其有关条款,是无效的。可见,违反强行法(mandatory law)禁止规定的当事人自愿选择,在法律上是无效的。第 17.1 段援引的中国《关于对外贸易代理制的暂行规定》第 9 条的禁止规定,是强制性规定。即使就《2 号协议》而言,其第 13 条的准据法条款的适用范围亦不得与中国法规的强制性规定相抵触。换言之,即使适用英国法,亦不得否定中国外贸代理制前述禁止规定的优先地位和强制效力。

19.3 本案争端纯由《4 号协议》引起。在《4 号协议》中,买卖双方当事人即中国 A 公司与韩国 C 公司之间并未就处理协议有关争议所适用的法律作出任何选择。按中国《涉外经济合同法》第 5 条第 1 款后段的规定,"当事人没有选择的,适用与合同有最密切联系的国家的法律"。《4 号协议》的当事人住所地一在中国 X 港,一在中国上海,签约地和履行地也均在中国境内,按国际私法上公认的"最密切联系"准则,因本协议引起的本案争端,应适用中国法律予以处断。

19.4 即使单就《2 号协议》而论,其中第 13 条虽明文规定"适用英国法律",但对于这一规定固有的准确含义,如何根据英国本身的法律加以解释,却有待分析、澄清。就英国法律而言,普通法系(common law)中关于合同方面原有的大部分法律选择准则,已由《欧洲经济共同体合同义务准据法公约》(以下简称"《罗马公约》")[8]中的有关准则所取代。这些准则已由英国的《1990 年合同(准据)法》[9]所吸收并自 1991 年 4 月 1 日起施行。《罗马公约》第 3 条第 3 款明文规定:"尽管各方当事人已经选择适用某一国家的法律,不论是否同时选择这个国家的法庭,如果在作出此种选择当时其他一切有关因素都仅仅与另外一个国家相联系,则仍然不得规避适用该另一国家那些不能用合同加以排除的法律规定〔按:即'强制性规定'(mandatory rules)〕。"《罗马公约》的此项规定,不但已被吸收到英国的相关法律之中,而且也被

---

[8] EEC Convention on the Law Applicable to Contractual Obligations ("Rome Convention").
[9] Contracts (Applicable Law) Act 1990.

英国著名的教授们进一步加以论证、提炼和归纳,作为"法律冲突规则"第 175 条(Rule 175),载明于具有全球影响的前述权威性论著——《戴西和莫里斯论冲突法》。[10]

衡诸本案事实,买卖双方当事人中国 B 公司与韩国 C 公司虽已在《2 号协议》中共同选择英国法律作为适用于该协议的准据法,但是,鉴于该协议的其他关键因素,包括双方当事人的所在地、签约地、货款信用证开证地、货物进口履行地等,都仅与中国密切相关,而与英国毫不相干,因此,双方当事人不得通过《2 号协议》中对英国法的选择,排除适用中国的任何强制性法律规定,包括中国有关外贸代理制的前述强制性禁止规定。

19.5 根据英国法院断案的长期实践以及英国权威学者的论述,如果一项英国合同在外国履行,而其履行行为直接或间接地触犯或违反当地国家的法律,则英国法院将拒绝予以承认和执行。特别是,如果该合同的履行行为触犯或违反与英国友好国家的法律,即使该合同根据英国法律是合法的、有效的,但如实施当事人所选择的准据法就势必会损害英国与该履行地国家之间的友好关系,从而"明显地违反了英国法的公共秩序"[manifestly incompatible with the public policy (order public) of English Law],那么,英国法院就尤其应当拒绝予以承认和执行。英国法院长期断案中所贯穿的这一原则和基本精神,也已由英国的权威学者们归纳和提炼,作为"法律冲突规则"第 180 条(Rule 180),载入具有全球影响的前述名著。[11] 而其有关的典型判例,也不难逐一加以研究和查证,诸如:

(1) De Wutz v. Hendricks (1824) 2 Bing. 314-316. (2) Foster v. Driscoll (1929) 1 K. B. 470,518,521(C. A.); Regazzoni v. K. C. Sethia, Ltd. (1958) A. C. 301, 322, 328, 329. (3) Jennings (1956) C. L. J. 41. (4) F. A. Mann (1956) 19 M. L. R. 523 and (1958) 21 M. L. R. 130; A. L. G. (1957) 73 L. Q. R. 32. (5) Rossano v. Manufacturers' Life Ins. Co. (1963) 2. Q. B. 352,376-377. (6) Frischke v. Royal Bank of Canada (1977) 80 D. L. R. (3d) 393 (Ont. C. A). (7) Euro-Diam Ltd. v. Bathurst (1990) 1 Q. B. 1,40(C. A.).

19.6 举世皆知,英国乃是最早承认新中国的国家之一。两国之间自 1950 年 1 月以来,在广泛的领域中长期保持着友好和合作的关系,并且在平等互利的基础上

---

[10] See *Dicey and Morris on the Conflict of Laws*,13th ed. ,Vol. 2,Sweet & Maxwell,2000,p. 1242. 在 1993 年推出的该书第 12 版中,这条规则的序号列为 Rule 177,见第 1239 页。

[11] Ibid. ,pp. 1276-1277,1280-1281. 在 1993 年推出的该书第 12 版中,这条规则的序号列为 Rule 182,见第 1243—1244、1281—1282 页。

互相尊重对方的经济、政治和法律制度,特别是互相尊重对方的强制性法律规定。因此,本案争端即使是"适用英国法律",那么,依据前述英国参加的《罗马公约》、英国现行的《1990年合同(准据)法》、英国法院多年断案的实践先例,以及由英国权威学者详加论述、归纳,并已为国际社会广泛接受的法律冲突规则,理应遵循对待英国友好国家国内强制性法律规定的传统判例和英国现行法,充分尊重中国现行法律中有关管制外贸的前述强制性禁止规定(详见第17.1—17.6段),确认中国 A 公司既无权直接与韩国 C 公司签订外贸协议,也无权直接与韩国 C 公司议定修改或变更外贸协议。简言之,正是在这种意义上,完全可以断言:认真适用英国的现行法律与英国的司法判例,就不能不认定中国 A 公司无能力和不可能成为《2 号协议》的签约当事人,因而《2 号协议》(包括其中的仲裁条款)对于中国 A 公司没有约束力,以该仲裁条款为依据而设立的本案仲裁庭对于中国 A 公司与韩国 C 公司之间的争端没有管辖权。

四、关于仲裁庭人数和人选的争议

20. 仲裁申请人韩国 C 公司要求将本案交由一名"独任仲裁员"(sole arbitrator)审理处断。其理由是:(1)本案债权债务关系明确,案情简单,可以简易方式,速审、速裁、速决;(2)按《2 号协议》第 14 条的规定,仲裁庭应由"one or more arbitrators"构成。依据现行的《ICC 仲裁规则》第 8 条,在当事人没有约定仲裁庭组成人数的情况下,可由 ICC 仲裁院对仲裁庭的构成(一名独任仲裁员或三名仲裁员)作出决定。

21. 被申请人中国 A、B 两家公司反对韩国 C 公司的上述主张,并且郑重声明:(1)被申请人继续坚持 ICC 仲裁院对本案纠纷无管辖权的前述抗辩;(2)在不影响被申请人保留前述管辖权异议权利的前提下,要求将本案交由三人组成的仲裁庭合议审断。其理由是:

21.1 本案争端先后涉及多项合同,债权债务关系复杂,特别是其中的被申请人是否适格、管辖权究应谁属以及准据法如何确认等问题,双方针锋相对,分歧极大,应当交由三人仲裁庭合议,俾能发挥集体智慧,慎重审理,公平处断。

21.2 现行的《ICC 仲裁规则》(1998 年 1 月 1 日生效)第 8 条第 1 款、第 2 款规定如下:

第 8 条　仲裁员人数

1. 争议应由一名或三名仲裁员裁决。

2. 当事人没有约定仲裁员人数的,仲裁院应指定一名独任仲裁员审理案件,除非仲裁院认为案件争议需要交由三人仲裁庭审理。在后一种情况下,申请人应在收到仲裁庭对上述决定的通知后 15 日内指定一名仲裁员,被申请人应在收到申请人已指定仲裁员的通知之后 15 日内指定另一名仲裁员。

衡诸双方争端的复杂性,本案应属于"案件争议需要交由三人仲裁庭审理"之列。一旦 ICC 仲裁院确认并最后决定该院对本案有管辖权,则中国 A、B 两家公司请求该院尽快组建三人仲裁庭审理本案。

22. 中国 A、B 两家公司鉴于本案案情复杂,且多处涉及应当适用中国法律作为准据法的问题,故在继续保留前述管辖权异议权利的前提下,一方面力主应当组建三人仲裁庭合议审理本案;另一方面,接获 ICC 仲裁院有关受理本案的立案通知后,即依据《ICC 仲裁规则》第 5 条第 1(d)款、第 2 款以及第 10 条第 1 款的规定,共同指定一名中国知名专家、中国国际经济贸易仲裁委员会(CIETAC)的资深仲裁员 Y 教授,参加三人仲裁庭。

22.1 韩国 C 公司所聘请的英国 SRT 律师事务所驻上海办事处的律师阿德里安·克拉克(Adrian Clarke)在 1998 年 7 月 31 日致 ICC 仲裁院秘书处的函件中,竟公然对中国两家公司的指定表示反对。其"理由"是:(1)本案涉讼合同规定的准据法是英国法,故仲裁员应当具有足够的有关英国法律的知识和实践经验。可是,"迄今为止,我们没有看到证据,足以证明中国两家公司指定的这位仲裁员先生具备这方面的知识和经验"。(2)上述合同规定的仲裁地点是英国伦敦。然而,这位被指定的仲裁员先生却"平常住在中国(ordinarily residing in China),这会妨碍和延误在伦敦开庭审理争端"。"被申请人两家公司完全可以选择指定一名住在伦敦的仲裁员"。

22.2 针对英国律师克拉克的上述十分放肆、专横的主张,中国 A、B 两家公司作了针锋相对的反驳:(1)看来有必要提醒克拉克先生:ICC 仲裁院素来就具有国际本质(of internationality),而并不具备也不专属于英国国籍(of English nationality)。没有任何法定理由或法律依据,居然可凭以主张:由 ICC 仲裁院主办、在伦敦进行的仲裁开庭听审事宜必须由英国籍的律师和英国当地的仲裁员包揽一切,全盘包办。(2)任何人,包括任何英国律师事务所或任何英国律师个人,都不享有任何特权,竟然可以任意侵害中国的当事人依据《ICC 仲裁规则》以及国际公认的"自然公正"(natural justice)原则所享有的指定仲裁员的合法权利。(3)作为英国 SRT 律师事务所派驻中国上海办事处的一名英国律师,克拉克先生谅必也是"平常住在中国",并非常住伦敦。不知此种情况是否也会"妨碍和延误在伦敦开庭审理争端"?(4)迄今为止,我们也没有看到证据,足以证明接受韩国 C 公司聘请、在中国境内执业的这位克拉克先生,已经具备足够的有关中国法律的知识和实践经验。不知中国方面的当事人是否也可以凭借这种"理由"主张克拉克先生不宜在中国境内开业、执业?或者主张,韩国 C 公司不宜聘请克拉克先生承办涉及中国法律问题的本案?不言而喻,中国方面的当事人决不会提出如此缺乏法律常识的荒唐主张!

23. ICC 仲裁院于 1998 年 10 月 14 日作出三项决定:(1)按"表面证据"(prima facie),可能存在仲裁协议,依据《ICC 仲裁规则》第 6 条第 2 款规定,本院对本案有管辖权,对于仲裁庭管辖权的异议,应由仲裁庭自行裁断;(2)将本案交由一名独任仲裁员审理;(3)由仲裁院秘书处(Court Secretariat)采取步骤指定独任仲裁员。

23.1 ICC 仲裁院声称:上述第(1)项决定的根据是《ICC 仲裁规则》第 6 条第 2 款:

第 6 条 仲裁协议的效力

1. ……

2. 如果被申请人不按照第 5 条的规定提交答辩,或者对仲裁协议的存在、效力或范围提出异议,而仲裁院认为,从表面上看,一个按国际商会仲裁规则进行仲裁的仲裁协议可能存在,则仲裁院可以决定仲裁程序继续进行,但不影响实体主张及其是否应予采纳。在这种情况下,任何有关仲裁庭管辖权的异议均由仲裁庭自己决定。如果仲裁院认为相反,它将通知当事人仲裁程序不能进行。在这种情况下,当事人仍有权要求有管辖权的法院对是否存在有约束力的仲裁协议作出裁定。

23.2 但是,对于上述第(2)项决定,ICC 仲裁院并未说明任何理由。

24. 被申请人中国 A、B 两家公司对 ICC 仲裁院的上述决定提出异议,联合向 ICC 仲裁院递交《复议申请书》(Application for Reconsideration)。其中特别强调:(甲)仲裁案件中的双方当事人都应当享有知情权(right to know),仲裁院理应将作出上述第(2)项决定的具体理由明确告知被申请人 A、B 两家公司;(乙)被申请人在得知上述决定的理由之后,应当有权申请复议;(丙)本案案情复杂,理应交由三名仲裁员组成的合议庭审理裁决。

25. 被申请人中国 A、B 两家公司再次提醒申请人韩国 C 公司与 ICC 仲裁院:被申请人有权联合指定一名仲裁员参加三人仲裁庭,此种权利是不可剥夺、不容侵害的。此种指定权不仅受到《中华人民共和国仲裁法》的保护,而且受到 1958 年《纽约公约》(即《承认及执行外国仲裁裁决公约》)的保护。如果任意剥夺或侵害被申请人的此种权利,致使被申请人"没有得到指定仲裁员的适当通知"(was not given proper notice of the appointment of the arbitrator),则日后 ICC 仲裁院就本案作出的仲裁裁决,在中国境内势必会被拒绝承认和不予执行。其具体根据是:

25.1 《中华人民共和国仲裁法》第 31 条规定:"仲裁案件中的各方当事人有权各自选定一名仲裁员。"同法第 71 条进一步规定,被申请人提出证据证明涉外仲裁裁决有《中华人民共和国民事诉讼法》第 260 条第 1 款规定情况之一者,中国法院就应裁定不予执行,其中就包含有"被申请人没有得到指定仲裁员的通知"这一情况。

25.2 1958 年《纽约公约》第 5 条第(1)(b)款规定,受仲裁裁决援引执行的一方当事人(the party against whom the award is invoked),提出证据证明自己未接获关于指派仲裁员之适当通知者,执行地的主管机关(法院)对该项裁决有权不予承认和不予执行。

25.3 因此,被申请人中国 A、B 两公司期待 ICC 仲裁院驳回韩国 C 公司关于单单由一名独任仲裁员审理本案的主张,以免造成日后的负面后果。A、B 两家公司希望被申请人指定仲裁员的合法权利获得应有的尊重和切实的保护,请求 ICC 仲裁院对于前述 23 段中的第(2)点决定予以复议,并重新作出决定:将本案交由三人组成的仲裁庭合议审理。

26. ICC 仲裁院经过复议,于 1998 年 11 月 10 日决定:不接受中国 A、B 两家公司的意见,仍然维持其 1998 年 10 月 14 日的原决定,即把本案交由一名独任仲裁员审理;同时,具体指定英国的一名"皇家大律师"W. R. 塞伯里(William Richard Sibery, Q. C.)担任本案的"独任仲裁员"。

27. 中国 A、B 两家公司对 ICC 仲裁院上述指定任命及时提出异议。其主要依据是《ICC 仲裁规则》的第 9 条:

(1) 第 9 条第 1 款规定:"仲裁院在确认或指定仲裁员时,应考虑各位仲裁员的**国籍**、住址、与当事人或其他仲裁员国籍国的其他**关系**以及该仲裁员的时间和依据本规则进行仲裁的**能力**。"

(2) 第 9 条第 5 款规定:"独任仲裁员或首席仲裁员的**国籍**应与各当事人的**国籍**不同。然而,在适当的情况下,独任仲裁员或首席仲裁员也可以从当事人所属国选定,但以当事人在仲裁院规定的期限内**不提出异议**为条件。"

27.1 独任仲裁员在仲裁全程中实际上拥有"**独断独行**"的权力和作用,为确保其断案公正、公平,对独任仲裁员的公正素质与能力水平,应有不同于对一般合议庭仲裁员的更加严格的要求。鉴于本案涉及与合同纠纷具有最密切联系的大量中国法律,因此,对于本案审理全程具有"**独断独行**"大权的独任仲裁员,自应确保其具有熟悉中国法律的知识和能力。但是,迄今没有证据足以证明本案独任仲裁员英国塞伯里律师除熟知英国法律之外,也熟悉与本案纠纷密切相关的中国法律。

27.2 本案申请人韩国 C 公司聘请的英国 SRT 律师事务所及其受聘的克拉克律师,其总部即设在英国伦敦,其本人是英国国籍。换言之,本案对方当事人所指定的代理人(其地位相当于对方**当事人**),其**国籍**与本案**独任仲裁员**的**国籍**完全相同;没有证据足以证明,受聘担任对方当事人之代理人的**英国** SRT 律师事务所及该律师,与同在伦敦一地开业的**英国**塞伯里大律师原先并无任何共同利害关系、业务互介互助关系或私人友情关系。按照一般常理和常识,中国 A、B 两家公司难以完全排除一切疑虑,完全信赖塞伯里先生能够在**单独审理**本案中能够绝对保持公正公平、不偏不倚。ICC 仲裁院总部远在异地巴黎,显然也无法对上述情况下可以"**独断独行**"的塞伯里先生实行有效的监督,切实保证后者断案的公正与公平。

27.3 根据《ICC 仲裁规则》第 9 条的上述规定,ICC 仲裁院理应不贸然指定与本案对方当事人之代理人属于**同一国籍**的英国专家担任本案的独任仲裁员,而应当指定**非英国籍**的其他国家专家(诸如同属英美法系因而也熟知英国法律的美国籍专家、加拿大籍专家或澳大利亚籍专家),担任本案的独任仲裁员。当然,被指定为本案独任仲裁员的**非英国籍**专家也应当具备必要的中国法律知识,以确保其具有公正、公平地审断本案的能力,符合上述第 9 条第 1 款的有关"能力"的规定。ICC 仲裁院素来具有广泛的国际联系,当然不难物色到来自英国以外的英美法系各国,并且兼具英国法和中国法知识的国际知名学者,以指定其为本案的独任仲裁员。如有必要,中国 A、B 两家公司也可以提供有关合格人选的信息,供 ICC 仲裁院参考和选择。

27.4 根据以上陈述和分析,中国 A、B 两家公司进一步依据《ICC 仲裁规则》第 11 条赋予的权利,正式提出要求英国籍的塞伯里回避,并由 ICC 仲裁院依据该规则第 12 条规定,更换新的独任仲裁员。

28. 对于中国 A、B 两家公司提出的有关独任仲裁员具体人选的异议、回避和更换人选的正当请求,ICC 仲裁院没有接受,并于 1998 年 12 月 17 日决定驳回所请,但并未说明任何理由。

29. 英国籍的独任仲裁员塞伯里先生遂依据 ICC 仲裁院的前述指定和授权,依《ICC 仲裁规则》第 18 条的规定,开始与本案各方当事人反复磋商本案的"审理范围"(Terms of Reference, T/R),并于 1999 年 3 月达成一致意见。据此,独任仲裁员塞伯里要求各方当事人就 T/R 中所列的经过"**细化**"的 15 项具体问题,进一步提供有关"控、辩"的书面文件、证据、证言和专家意见。

30. 此后,本案申请人与被申请人之间又经过数轮控辩交锋。直至 1999 年 10 月 20 日,本案独任仲裁员通知各方当事人,定于 1999 年 11 月 29 日在伦敦开庭审理本案。

31. 在 ICC 仲裁院主持下的伦敦仲裁庭正式开庭前六天,情况发生了"戏剧性"的变化:独任仲裁员塞伯里经过仔细对照比较控、辩过程中各方提供的大量书状、证据等之后,于 1999 年 11 月 23 日发出传真给韩国 C 公司以及中国 A、B 两家公司,提出以下两方面问题,要求各方明确回答。

31.1 独任仲裁员塞伯里提出的第一方面问题是:"我注意到(本案证人) Mr. Hyun 对当时中国 B 公司签约情况的说明,他把中国 B 公司说成是一个'缔约当事人'或'缔约买方'(英文单数(按:原文如此))。[12] 与此相对照,他把中国 A 公司说成是'这批柴油的终端用户'……诚然,有关 B 公司和 A 公司在原先柴油购销合同(按:指《2 号协议》)中各自的地位作用问题,可能还有待本案开庭时进行辩论,但是,鉴于 Mr. Hyun 所谈到的有关情况,请(韩国 C 公司聘请的)SRT 律师事务所告诉我:**本案申请人(韩国 C 公司)是否仍然坚持原有的主张**,即认为中国 A 公司乃是原先购销合同的当事人并/或负有原合同规定的付款义务。按我的理解,至少某些有关中国法律规定的专家证词是直接针对这个待决的独立问题的。鉴于 Mr. Hyun 作出的说明,如果当事人各方都不再纠缠追究这个争议之点,那就该让大家都知道这一点,愈快愈好,因为这样既节省时间又节省费用。"[13]

31.2 独任仲裁员塞伯里提出的第二方面问题是:"《本杰明论货物买卖》(第五版)(Benjamin's Sale of Goods, 5th ed.)是一部专门论述货物买卖的首要的英国法律教科书。该书第 23-091 段论述了信用证开证银行因单证不符而拒绝付款时,货物买方的地位问题。"此段文字摘引如下:

银行拒收内容不相符的单证时买方的地位:如果银行因各种有关单证

---

[12] 详见前文第 17.5 段。
[13] 本传真函件这段原文是:"I note what Mr. Hyun says about the circumstances in which B Company became what he describes as 'the contracting party'/'the contractual buyer'[singular]. In contrast, he refers to A Company as 'the end user of the gasoil...'. Of course, the respective roles of B Company and A Company in relation to the Original Sale Contract may be the subject of debate at the hearing, but in the light of what Mr. Hyun says, would SRT please advise whether the Claimant persists in its allegation that A Company was a party to and/or liable under the Original Sale Contract? At least some of the expert evidence on Chinese law will, as I understand it, be directed to this discrete issue. If the point is not to be pursued in the light of Mr. Hyun's statement, the sooner everybody knows about this the better—as this may save both time and costs."

(documents)与信用证条款规定不相符而拒绝兑付货款,则货物卖方处于什么地位?尽管银行拒绝收单付款,但只要买方已经接受了货物,买方就有义务付款,这是显而易见的。买方不能既接受了货物却又主张由于银行拒绝收单付款就解除了买方偿还货款的义务。买方既然接受了货物,就必须认定这是买方已经放弃了基于单据不符而享有的一切(抗辩)权利。〔14〕

"中国 B 公司无疑应当认真考虑这段论述,并准备在本案开庭时对我回答:(1)如果没有中国 A 公司与韩国 C 公司之间在 1997 年 11 月 3—4 日的两份函件〔15〕来往,那么,在这批柴油已经依约交付(due delivery)之后,中国 B 公司是否本来就有义务向韩国 C 公司交付合同规定的货款?(2)如果是本来有此义务,那么,为什么竟然可以曾有上述函件往来作为理由,就推论说是韩国 C 公司已经放弃了向中国 B 公司索取货款的权利?"

32. 韩国 C 公司聘请的英国 SRT 律师事务所经办律师显然是从塞伯里上述两方面的提问中获得某种"信息"或受到某种"启发",心领神会:大量的法律规定、证据、证词,甚至包括韩国 C 公司自己提供的证人证词,都已经证明中国的 A 公司并非《2 号协议》中的买方当事人,企图用《2 号协议》中的"仲裁条款"来约束并非该协议当事人的中国 A 公司,并迫使它接受伦敦仲裁庭的管辖,此种无理主张,看来"大势已去",希望落空;倒不如紧紧揪住《2 号协议》中唯一的买方当事人,即中国的 B 公司,要求伦敦仲裁庭裁令它赔偿拖欠的柴油货款。于是,在 1999 年 11 月 26 日,即伦敦仲裁庭开庭前第三天,英国 SRT 律师事务所向伦敦仲裁庭的塞伯里独任仲裁员以及中国 A、B 两家公司,分别发送了一份标明"急件"(URGENT)的传真:

我方客户指示:在下星期的仲裁庭开庭审理中,(我们)不再继续主张中国 A 公司是原先柴油购销合同的一方当事人并/或承担合同规定的义务。〔16〕

33. 于是,自 1998 年 4 月至 1999 年 11 月,有关 ICC 仲裁院及其主持组建的伦敦仲裁庭对本案中的中国 A 公司是否有权管辖的问题,经过长达一年又七个月的争

---

〔14〕 本段原文是:"Buyer's position when bank rejects discrepant documents. What is the seller's position if the bank rejects the documents by reason of their noncompliance with the terms of the documentary credit? It is clear that if, despite the bank's rejection of the documents, the buyer accepts the goods, he is under a duty to pay. The buyer cannot possibly accept the goods but claim that the bank's rejection of the documents discharges him from his duty to pay the price. The acceptance of the goods by the buyer has to be regarded as his waiver of any rights based on the discrepancies in the documents."

〔15〕 指前文第 7、8 两段提到的中国 A 公司直接与韩国 C 公司擅自约定把 L/C 付款方式改为 T/T 付款的两份传真来往函件。

〔16〕 原文是:"We are instructed by our client that the allegation that Chinese A Company was a party to and/or liable under the original sale contract is not being pursued at the hearing next week."

辩,总算初步告一段落。即韩国 C 公司聘请的英国 SRT 律师事务所经办律师,在英国籍独任仲裁员的暗示下,终于以曲折隐晦、含糊不清和模棱两可的语言,**暂且**承认本案伦敦仲裁庭对于本案的第二被申请人,即中国 A 公司,没有仲裁管辖权,因而**暂且**不在**本次仲裁开庭**中向中国 A 公司索偿所欠货款。相应地,1999 年 11 月 29 日至 12 月 1 日伦敦仲裁庭开庭审理过程中,主要焦点就集中在:《2 号协议》中唯一合法的买方当事人,即中国 B 公司,是否应当向韩国 C 公司偿还该协议项下这批柴油拖欠货款的本息。

五、关于无单放货和货款债务人的争议

34. 本案仲裁庭在伦敦正式开庭后,韩国 C 公司所聘英籍律师即循着英籍独任仲裁员塞伯里所提示和指引的问题以及英国法律教科书所设定的"准绳"(见前文第 31.2 段),作为"主攻方向",对中国 B 公司发起了"猛攻"。其具体索赔理由是:

34.1 本杰明的前述名著援引和总结了英国的大量判例,其中所述原理、原则已成为英国法院和法学界广泛接受的断案依据。该书第 23-091 段提到:尽管银行因"单证不符"而拒绝收单付款,但只要**买方已经接受了货物**(the buyer accepts the goods),就应认定为买方已经放弃了基于"单证不符"而享有的任何抗辩(异议)的权利,从而买方就负有不可推卸的付款义务。

34.2 本杰明前述名著的第 19-132 段对于"买方已经接受货物"的含义,作出如下界定:

(1) 买方明确通知卖方:已经收到货物。

(2) 买方虽未明确通知卖方已经收到货物,但在货物交付后买方已经采取行动对有关货物作了处置,致使卖方不再享有该项货物的所有权。

(3) 买方虽未明确通知卖方已经收到货物,但在到货后一段合理的期间内,买方持续保留货物(retains the goods),却又不明确通知卖方拒绝收货或要求退货。

34.3 将上述"准绳"用以衡量本案事实:(1) 中国 B 公司曾经明确通知韩国 C 公司:已经收到货物。其证据是中国 A 公司总经理 H 先生曾于 1997 年 10 月 17 日签署函件发传真给韩国 C 公司,以中国 A、B 两家公司共同的名义抱怨柴油质量存在瑕疵,但函件开头第一句即明确表明:"感谢贵司及时交货。"(2) 中国 B 公司在到货后一段合理期间内一直保留(retain)这批柴油,迄未拒收或退货。(3) 没有任何证据表明 A、B 两家公司任何一方曾经拒收或退还这批柴油。由此可见,中国 B 公司已经

收受了这批柴油,因而负有付清货款的法律义务。

35. 对于以上各点,中国 B 公司列举了大量证据针锋相对地逐一加以反驳:

35.1 这批涉讼柴油于 1997 年 9 月 26—28 日在韩国釜山装船启运往中国 X 港之际,韩国 C 公司曾将有关发票、提单、原产地证明、出口货单、质量证明、数量证明等全套单据的原件(详见前文第 17.6 段),直接寄给这批柴油的**终端用户**中国 A 公司,即寄给了虽然曾经参加谈判但却并非前述《2 号协议》签约者的第三人。而作为该协议唯一合法买方的中国 B 公司所收到的,却只是上述全套单据的复印件,即从未收到这套单据的原件(包括提单原件)。

35.2 上述终端用户中国 A 公司于这批柴油启运前夕,通知韩国 C 公司:货物抵 X 港后具体的收货人是中国 E 公司。实际上,中国 A 公司已将这批柴油转售给中国 E 公司。韩国 C 公司于 1997 年 9 月 25 日指示承运油船公司向中国 E 公司直接交货。

35.3 为了快速交货,韩国 C 公司又于 1997 年 9 月 26 日向承运油船公司发出电传指示:"这批柴油已经装船启运,其有关提单等尚未寄达中国 X 港。我们要求你们按'无单放货方式'(delivering cargo without production of the bills of lading)向中国 X 港的 E 公司直接交货。"同时表示承担因无单放货而可能引起的责任。

35.4 中国 A 公司总经理 H 先生 1997 年 10 月 17 日发给韩国 C 公司的传真函件中虽以中国 A、B 两家公司的共同名义表示"感谢贵司及时交货",但中国 B 公司并不知情,函末并无中国 B 公司法定代表人的任何签署或该公司的任何盖章。

35.5 在这批柴油的运输交货过程中,韩国 C 公司实际上都是直接与中国 A 公司联系、操作的。作为这批柴油的卖方,韩国 C 公司除了曾给唯一合法的买方中国 B 公司送达有关提单等全套海运单据的复印件(而非原件)之外,不但始终没有向中国 B 公司送达全套海运单据的原件,而且也未将依据中国 A 公司的要求将这批柴油以"无单放货"的方式直接向中国 E 公司交货等情节,正式通知中国 B 公司。

35.6 正因为中国 B 公司始终未能收到这批柴油的提单原件,也无法凭单提货,或在提单原件上背书交给原委托人中国 A 公司提货,所以,对于作为唯一合法买方的中国 B 公司说来,它所购买的这批货物始终未曾实现"如约交货"(duly delivery)和"如约收货"。另外,即使对于中国 A 公司或其指定的收货人中国 E 公司而言,这批柴油确实已经"交货"和"收货",但这种交货与收货都并非"如约"(duly),而是"不如约"或违约(unduly),因为 A、E 两公司都不是《2 号协议》中约定的收货人,也从未获得《2 号协议》约定的收货人即中国 B 公司的授权代收或背书转让;韩国 C 公司应中国 A 公司的要求向中国 E 公司无单放货一事,也从未获得中国 B 公司的事先同意或事后追认。

35.7　诚然,这批柴油在运抵中国 X 港后一直"保留"在中国而从未有人主张拒收或退货,但在事实上直接收受和直接"保留"了这批柴油的人,并不是《2 号协议》中约定的唯一买方——中国 B 公司,却是未经中国 B 公司事先授权代收、背书转让或事后追认的中国 E 公司。中国 B 公司立约向韩国 C 公司购买了这批柴油,并开出了信用证以供支付货款,不但没有收到这批货物,反而要对韩国 C 公司与中国 E 公司之间的违约"私相授受"行为承担赔付货款的义务。显而易见,全世界任何法律体系包括英美法系中,都不会存在这么荒谬的法律规定或法理原则。

35.8　韩国 C 公司所聘请的英国代理律师对前述本杰明名著虽倍加推崇,并刻意援引其中的第 23-091 段和 19-132 段,以论证自己的索赔主张,但是,对于这两段文字立论的前提和基础,即"买方已经接受货物",却无视事实,任意扭曲,主观臆断,妄加推论,造成"E 冠 B 戴"。这样的臆断和推论显然是不能采信的。

与此相反,从第 35.1—35.7 段所列举的事实看,买方——中国 B 公司始终未曾收到完全符合这批柴油信用证条款的提单等全套单证原件,因而也无从凭单提货。这些情况倒是完全切合和应当适用本杰明上述名著中另外一段(第 23-092 段)论述中依据英国有关判例总结出来的原则:

> **买方拒付货款的权利**:如果信用证的受益人(beneficiary)[17]未能提供必要的单证文件(documents),买方是否有权拒付基础合同(underlying contract)项下的货款并拒绝收货? 实际上,这就是 Shamsher Jute Mills v. Sehtia (London)[18]一案中的关键问题。在此案中,某出口商按 F. O. B. 价格条件出售货物,银行应进口商要求开出了一份不可撤销的信用证,但出口商未能向开证银行提交符合该信用证条款的全套单证文件。宾汉姆(Bingham J.)裁断:由于出口商自己未能提供必要的单证文件,他就不能依据不可撤销的信用证取得货款;同时,他也违背了此项售货的基础合同。因此,该出口商就不能向买方收回货款,尽管并无证据表明这批货物不适销或有瑕疵。[19]

---

[17]　通常即是购销合同中的卖方。

[18]　[1987]1 Lloyd's Rep. 388. See also Dary Offshore Ltd. v. Emerald Field Contracting Ltd., [1992] 2 Lloyd's Rep. 142, p. 155.

[19]　本段原文是:"Buyer's right to repudiate. But does the beneficiary's failure to furnish the required documents entitle the buyer to repudiate the underlying contract and to reject the goods? This was, actually, the issue in Shamsher Jute Mills v. Sehtia (London). An exporter of goods sold on terms f. o. b. failed to present to the issuing bank a set of documents complying with the terms of the irrevocable credit opened at the importer's request. Bingham J. held that, as the exporter's inability to obtain payment under the irrevocable credit was occasioned by his own failure to tender the required documents, he was also in breach of the underlying contract of sale. Consequently, he was unable to recover the price from the buyer, notwithstanding that there was no evidence to suggest that the goods were unmerchantable or defective."

可见,中国B公司拒绝向韩国C公司支付货款,不但符合中国的法律,也完全符合英国有关判例的裁断和英国权威学者的总结。

36. 针对以上反驳意见,韩国C公司所聘英籍律师再次提出抗辩。其主要论点是:

36.1 中国B公司曾经默许(implied authority)韩国C公司有权直接接受中国A公司有关交货的指示;中国A公司若不是经过中国B公司实际授权就是具有表面代理权(had either actual or ostensible authority)[20],可以接受这批货物并签发前述"感谢贵司及时交货"的函件(见第34.3段)。

36.2 中国A公司总经理H先生曾于1997年10月17日以A、B两家公司共同的名义签发上述函件。中国B公司主张H先生未经任何授权因而无权代表B公司表态,对此,B公司应负举证责任。如果无法举证证明H先生的签署是未经B公司授权的,便应认定他代表两家公司签署是经过授权的。

37. 经过认真查证英国判例中有关"表面代理权"(ostensible authority)一词的真实含义及其实际运用,中国B公司针对英籍律师提出的上述主张,再次提出反驳:

37.1 据我们所知,英国法律中的所谓"表面代理权"原则,曾由著名的英国大法官狄普洛克(Lord Justice Diplock)在一宗判例中作出如下说明:

> 一项"外观的"或"表面的"代理权,……指的是在本人与对方订约人之间形成的一种法律关系,由本人向对方订约人作过某种表示:代理人有权代表本人在一定范围内或在"外观"授权范围内,与对方订约人订立某种合同,从而使得本人必须履行该项合同所规定的各项义务,其用意在于使对方订约人可以据此原则行事,而实际情况也果然如此。在按上述这种方式形成的法律关系中,代理人只是第三人,他不必知道(尽管一般会知道)本人有过上述这种表示,但他不得声称他自己就是作为本人去订立那项协议。当对方订约人根据本人的上述表示而与代理人订立某项合同时,此种表示就起着禁止翻悔食言(estoppel)的作用,防止本人事后主张他自己不受该项合同约束。至于代理人是否实际上

---

[20] "ostensible authority"一词又译为"名义代理权",见张仲绛等编:《英汉法律词典》,法律出版社1985年版,第592页。中国台湾地区《民法典》第169条规定:"由自己之行为表示以代理权授与他人,或明知他人表示为其代理人而不为反对之表示者,对于第三人应负授权人之责任。"其有关注释中称之为"表见代理",并说明"所谓表见代理乃原无代理权,但表面上足令人信为有代理权"。参见林纪东等编纂:《新编六法全书》,五南出版公司1997年修订版,第127—128页;黄立:《民法总则》,中国政法大学出版社2002年版,第409—413页。1999年10月起施行的《中华人民共和国合同法》第49条规定:"行为人没有代理权、超越代理权或者代理权终止后以被代理人名义订立合同,相对人有理由相信行为人有代理权的,该代理行为有效。"现在中国大陆有关论著中也把此类法律行为称为"表见代理"。参见王利明:《合同法研究》(第一卷),中国人民大学出版社2002年版,第552—572页。

经过授权去订立此项合同,那是没有关系的。[21]

依据狄普洛克大法官这段论述,可以看出,要形成所谓"表面授权"这种法律关系,其前提条件是必须由本人向对方订约人作过表示:某代理人有权代表本人与对方订立合同。可是,在韩国 C 公司与中国 B 公司的纠纷中,就当初达成 09/09/1997《2 号协议》时的法律关系而言,本人(即委托人)乃是中国 A 公司,代理人乃是中国 B 公司,对方订约人乃是韩国 C 公司。本人(即委托人)A 公司事先曾与对方订约人韩国 C 公司直接磋商这笔柴油交易;接着,又因自己没有外贸经营权而正式委托 B 公司代理,以 B 公司自己的名义与 C 公司订约;最后,A 公司又确曾于 B、C 两家公司订约当时在场参加谈判,并以在场见证人身份在《2 号协议》上作了签署(详见第 1—4 段)。所有这些事实,都证明委托人 A 公司确曾向对方订约人韩国 C 公司一再作过表示(representation):中国 B 公司经过中国 A 公司委托授权,有权代表 A 公司与 C 公司订约,在这笔柴油交易合同的全过程中,中国 B 公司具有真实的代理权以及/或者"表面代理权"(ostensible authority),而不必事事都在实际上经过 A 公司的具体授权。

简言之,按英国法的"准绳"和狄普洛克大法官的论述,本案中作出"表面授权"表示的乃是中国 A 公司(本人即委托人),享有此种"表面授权"的乃是中国 B 公司(代理人)。而按第 36.1 段所述英国代理律师的主张,则是作出"表面授权"表示的乃是中国 B 公司(代理人),享有此种"表面授权"的乃是中国 A 公司(本人即委托人)。这就把本人即委托人与代理人的关系完全搞颠倒了。这样,就出现了英国代理律师歪曲援引(或颠倒援引)英国大法官的权威论述和英国有关判例的笑柄和闹剧。对于英国代理律师这种颠三倒四、逻辑错乱的主张,在英国伦敦开庭并且熟知英国有关著名判例的英国仲裁员,显然不能贸然采信。

除此之外,还应当注意到英国另一著名判例中有关"表面授权"的论述。英国的另一位大法官戈弗(Justice Robert Goff)在裁断该案时,十分强调不能随意滥用"表

---

[21] 这段文字的原文是:"An apparent or ostensible authority... is a legal relationship between the principal and the contractor created by a representation, made by the principal to the contractor, intended to be and in fact acted upon by the contractor, that the agent has authority to enter on behalf of the principal into a contract of a kind within the scope or the 'apparent' authority, so as to render the principal liable to perform any obligations imposed upon him by such contract. To the relationship so created the agent is a stranger. He need not be (although he generally is) aware of the existence of the representation but he must not purport to make that agreement as principal himself. The representation, when acted upon by the contractor by entering into a contract with the agent, operated as an estoppel, preventing the principal from asserting that he is not bound by the contract. It is irrelevant whether the agent had actual authority to enter into the contract." See Freeman & Lockyer v. Buckhurst Park Properties (Margal) Ltd., (1964) 2 Q. B. 480, p. 503.

面授权"的说法,而必须把它限制在科学的、符合逻辑的、合理的、有限的范围内,慎重使用,以免混淆是非,导致不公。

37.2 如果韩国 C 公司及其英国代理律师仍然坚持第 36.1 段所谓的"表面授权"主张,则依据上述英国判例和英国大法官论述的原理或"准绳",他们至少必须举证回答以下问题:

(1) 何时、何地中国 B 公司曾经以本人即委托人身份与中国 A 公司订立过对外代理合同,授权 A 公司可以在这笔柴油交易中代表 B 公司与韩国 C 公司订约或"便宜行事"?

(2) 何时、何地中国 B 公司曾向韩国 C 公司作过某种其他表示(representation),足以令韩国 C 公司相信中国 A 公司享有"表面授权",因此,A 公司所采取的有关这笔柴油交易的一切对外立约或其他行为,都对中国 B 公司有法律上的约束力,都对中国 B 公司起着"禁止翻悔食言"的作用?

37.3 针对第 36.2 段英国代理律师所述有关函件签署是否经过中国 B 公司授权的举证责任问题,中国 B 公司也作了反驳:(1) 中国 A 公司和中国 B 公司是两家互相独立的法人,分别依法注册登记,具有不同的营业执照、不同的营业范围、不同的法定代表人、不同的资金和资产。两个独立法人相互之间,未经具体委托授权,任何一方都无权向任何第三人代理表态。有关这方面的证据中国 B 公司早已呈交本案仲裁庭。(2) 依据中国法律,中国 A 公司无权直接从事外贸经营,而只能委托有权经营外贸业务的 B 公司代理对外订约。A 公司超越法定权限、绕过代理人对外国公司的任何交易行为或表态,都是不合法的,对代理人 B 公司都是毫无约束力的。有关这方面的法律规定,中国 B 公司也早已呈交本案仲裁庭查核。(3) 按照"谁主张,谁举证"这一国际公认的法律原理,如果韩国 C 公司坚持认为中国 A 公司法定代表人 H 先生的个人签署,有权同时代表中国 B 公司对外表态并且对中国 B 公司具有法律上的约束力,则韩国 C 公司显然负有举证责任,而不能随心所欲,任意转嫁举证责任。

37.4 总之,在《2 号协议》项下的这批柴油的交货问题上,卖方韩国 C 公司始终未能提供确凿证据证明已向买方中国 B 公司"如约交货";也始终无法举证证明韩国 C 公司依中国 A 公司的指定直接向中国 E 公司无单放货一事,是经过《2 号协议》唯一合法买方中国 B 公司事先授权代收、背书转让或事后追认的;更始终未能举证证明这批货物曾经由中国 B 公司在任何一段时间内持续"保留"(retain)或"占有"(possess),既不拒收也不退货。相反,中国 B 公司却列举了大量确凿证据证明这批柴油的提单等全套单证原件迄未送达给《2 号协议》的唯一合法买方;这批柴油的实物也完全绕开了中国 B 公司,在 1997 年 9 月 30 日至 10 月 4 日以"无单放货"的方式,直接交给了中国 E 公司,实行了"违约交货"或"不当交货"。因此,无论是依据前述英国判例,英国权威法官的论述和裁断,英国著名教科书的归纳、总结和论证,还是依据中国民法、商法、经济法的基本规定,始终没有收到这批货物的买方——中国 B 公司,当然没有支付这批货物价款的约定义务或法定义务,当然不是这笔货款的债务人。拖欠这笔货款余额的真正债务人,显然只能是中国 A 公司。正是有鉴于此,中国 A 公司多次反复表示应当自行单独承担这笔债务,从未否认。

38. 综观本案案情,韩国 C 公司将中国 B 公司列为第一被申请人,将中国 A 公司列为第二申请人,提请 ICC 仲裁院设在伦敦的仲裁庭加以仲裁,就其**程序和实体的综合体**而言,可以概括为:

(1) 对于本案第一被申请人中国 B 公司说来,由于本案争端纯因 1997 年 11 月 4 日的《4 号协议》引起,而中国 B 公司并非该《4 号协议》的立约当事人,而且该协议中根本没有任何仲裁条款,再加上中国 B 公司根本不是所欠货款的真正债务人,而是无辜的第三人,是"不适格"的"被告",因此,韩国 C 公司把中国 B 公司"告"到对《4 号协议》争端没有管辖权的 ICC 仲裁院,要求加以仲裁,可以说是**"既告错了地方,又告错了人"**。

(2) 对于本案第一被申请人中国 B 公司说来,即使依《ICC 仲裁规则》第 6 条第 2 款的规定,承认表面上仲裁协议的"可能存在"而暂且承认 ICC 仲裁院所指定的伦敦仲裁庭对本案具有管辖权,那么,韩国 C 公司也是**"告对了地方,却告错了人"**。因为,中国 B 公司并不是本案中适格的、真正的货款债务人。

(3) 对于本案第二被申请人中国 A 公司说来,韩国 C 公司是**"告对了人,却告错了地方"**,因为中国 A 公司虽是所欠货款的真正债务人,但却不是《2 号协议》的订约当事人,从而《2 号协议》中的仲裁条款对于中国 A 公司没有约束力,因此,伦敦仲裁庭对 A、C 两家公司之间的债权债务纠纷没有管辖权。

六、本案终局裁决

39. 本案伦敦仲裁庭 1999 年 11 月 29 日至 12 月 1 日庭审结束之后,韩国 C 公司与中国 B 公司又就庭审中控辩的若干主要问题,各自补充提供了新的证据材料,进行了两轮的书面"交锋"。仲裁庭宣布于 2000 年 5 月 10 日结束争辩举证程序,继而于 2000 年 6 月 12 日作出终局裁决。裁决的主要内容及其主要理由可概括如下：

(1) 本仲裁庭对于1997年9月9日《柴油购销协议》(即《2号协议》)引起的韩国C公司与中国B公司之间的争端,具有管辖权。主要理由是:B、C两家公司分别是订立上述协议的买方当事人和卖方当事人,而该协议中又含有仲裁条款,双方同意将有关本协议的争端提交ICC仲裁院仲裁解决。

(2) 韩国C公司向中国B公司索赔上述协议项下所欠贷款本息2,112,752.80美元,其主张不能成立,应予驳回。主要理由是:韩国C公司并未按上述协议规定向中国B公司如约交货,而又不能充分举证证明它按照中国A公司的指定向中国E公司实行"无单放货"的行为,是经过中国B公司事先授权或事后追认的。韩国C公司因自己的过失造成"单证不符"从而未能兑取到信用证货款,又绕过中国B公司直接与中国A公司议定改用"风险"较大的直接电汇付款,又未经中国B公司同意向中国E公司实行风险较大的"无单放货",由此造成的损失,不应由中国B公司承担赔偿责任。

(3) 本仲裁庭对于韩国C公司向中国A公司索赔所欠柴油货款的争端,没有管辖权。主要理由是:大量证据(包括韩国C公司自己提供的证人证词)都证明,中国A公司并非上述《柴油购销协议》(即《2号协议》)的订约当事人,该协议中的仲裁条款对于中国A公司没有约束力。韩国C公司向中国A公司索还所欠货款的诉求,应向中国的法院提出,由中国法院管辖受理。

(4) 本案仲裁费由ICC仲裁院核定为78,000美元,全部由韩国C公司承担。韩国C公司并应赔偿中国B公司因本案仲裁而支付的费用××××××元人民币,××××英镑。

(5) 中国A公司因上述货款争端被提交ICC仲裁院仲裁而支付的各种费用问题,本仲裁庭不作裁决,因为本仲裁庭对韩国C公司与中国A公司之间的争端没有管辖权。

七、从本案实践看现行《ICC仲裁规则》及其执行中的瑕疵

40. 现行的《ICC仲裁规则》本身的规定及其在本案的实施过程中,存在着以下几点瑕疵和问题,主要体现在仲裁庭的具体组成和独任仲裁员的具体指定上:

40.1 ICC仲裁院扩大解释和不当援用《ICC仲裁规则》第8条第2款,硬套到本案,在事实上剥夺了被申请人指定仲裁员的权利。

《ICC 仲裁规则》第 8 条第 1 款规定:"争议应由一名或三名仲裁员裁决。"同条第 2 款规定:"当事人**没有约定仲裁员人数的**,仲裁院应指定一名独任仲裁员审理案件,除非仲裁院认为有关争议需要交由三人仲裁庭审理。"本案《2 号协议》第 14 条约定将本协议有关的一切争端提交按《ICC 仲裁规则》指定的"一名或数名仲裁员"仲裁解决。

把《ICC 仲裁规则》第 8 条第 2 款的规定与《2 号协议》第 14 条的约定加以比较和推敲,如何理解当初双方共同约定并写进《2 号协议》的指定"一名或数名仲裁员"这一表述的真实含义?是否可以理解为这一表述就是《ICC 仲裁规则》第 8 条第 2 款所称当事人"**没有约定仲裁员人数**",因而应由仲裁院代为酌情随意决定组建"一人庭",抑或"三人庭"?

笔者认为,不能如此任意扩大诠释《ICC 仲裁规则》的上述规定的含义,并将它硬套到《2 号协议》的上述约定上。因为两者的文字措辞和逻辑内涵存在着明显的差异:"没有约定仲裁员人数"这一表述指的是双方在仲裁员的多寡上**没有约定**任何数字;而"一名或数名仲裁员"这一表述,却分明是双方已经约定了可供选择的两种具体数字,即**已经约定**一名或数名,既可以是"一名",也可以是"数名"。至于争端发生后究竟是交由一名还是数名仲裁员裁断,按当事人意思自治原则,显然应由当事人进一步自行商定,而不应由仲裁院秘书处越俎代庖,因为在当事人**已经约定**"一名或数名仲裁员"的情况下,《ICC 仲裁规则》第 8 条第 2 款的上述规定并未授权仲裁院或其秘书处可以代为决定。

如果当事人原先**已经约定**"一名或数名仲裁员",争端发生后却在仲裁员人数上发生了分歧,应如何定夺?笔者认为,对于这一分歧也应在当事人意思自治和当事人**权利平等**的原则指导下,参照运用《ICC 仲裁规则》第 8 条第 3 款的规定,加以解决,即双方各按自己的意愿平等地各指定一名,再由双方共同指定第三名;如未能在一定期限内共同指定,可由仲裁院指定第三名担任首席仲裁员。

但是,在本案的受理过程中,ICC 仲裁院却不顾中国被申请人一再提出异议,扩大解释和不当援用《ICC 仲裁规则》第 8 条第 2 款,从而在事实上剥夺了本案被申请人依照《ICC 仲裁规则》第 5 条第 1(d)款本应享有的指定一名仲裁员的权利。

40.2 ICC 仲裁院扩大解释和不当援用《ICC 仲裁规则》第 8 条第 2 款,可能导致其裁决书日后在执行地被拒绝承认和拒绝执行。

《ICC 仲裁规则》第 5 条 1(d)款规定:被申请人应在收到秘书处转来的仲裁申请书之后 30 天内提交答辩书,其中包括应当提出有关仲裁员人数的意见,并按有关规定**指定一名仲裁员**。更为重要的是,1958 年《纽约公约》第 5 条第 1(b)款规定:当事人一方未能获得指派仲裁员的适当通知（was not given proper notice of the appointment of the arbitrator），则日后该外国仲裁裁决在执行地东道国就会被拒绝承认和不予执行。

在本案的立案受理过程中，ICC 仲裁院一再无理拒绝中国被申请人关于组建三人合议庭的建议和否决其有关异议，这种做法，不但与《ICC 仲裁规则》第 5 条第 1(d)款的规定相矛盾，与《纽约公约》第 5 条第 1(b)款相抵触，而且还直接违反中国《仲裁法》和《民事诉讼法》关于当事人有权各自选定一名仲裁员的规定。特别是在仲裁院秘书处已向本案被申请人送达了仲裁申请书，被申请人已按《ICC 仲裁规则》第 5 条第 1(d)款规定明确要求由三名仲裁员组成合议庭，并且具体指定了自己选定的一名仲裁员之后，仲裁院却越俎代庖，另行决定由一名独任仲裁员审理和裁断本案，这显然是严重违背了国际商事仲裁中本来应当严格遵循的当事人意思自治原则，侵害了被申请人的合法权利。十分明显，如果本案的裁决是以中国被申请人"败诉"告终，则按照上述《ICC 仲裁规则》《纽约公约》以及中国法律的有关规定，它在中国势必难以获得承认和执行。这是不言而喻的。

40.3 现行《ICC 仲裁规则》第 9 条第 5 款有关独任仲裁员的规定应作必要的修订。

国际商事仲裁要做到公正、公平，其重要前提之一在于指定或选拔仲裁员时，特别是指定或选拔独任仲裁员或首席仲裁员时，应切实保证其独立性（independence）和中立性（neutrality）。可以说，这一基本原则特别集中在《ICC 仲裁规则》的"序言"和第 9 条、第 11 条的规定之中。

在有关指定独任仲裁员或首席仲裁员的问题上，《ICC 仲裁规则》第 9 条规定："独任仲裁员或首席仲裁员的国籍应与**各当事人**的国籍不同"。这显然是考虑到独任仲裁员或首席仲裁员在仲裁程序中的"独断"作用或"主导"作用，尽力避免他们因与当事人属于同一国籍而可能出现基于"同胞"感情原因或某种利益原因而产生的偏颇。这种规定当然是正确和有效的，因为它显然是认真总结了国际仲裁实践中多年积累的经验和教训。但是，上述规定中的"当事人"一词是仅限当事人本身，还是也包括以当事人名义或为当事人利益而代理仲裁程序事宜的律师？这是含糊和不明确的。在仲裁的实践中，当事人的利益与他所聘请代理律师的利益一般是息息相关的。如果被指定的首席仲裁员特别是在仲裁中起"独断"作用的独任仲裁员，其国籍与当事人的代理律师属于同一国籍，而《ICC 仲裁规则》对此又不予以禁止指定或更正指定，则其可能出现的弊端是显而易见的，当事人对独任仲裁员与对方当事人所聘代理律师属于**同一国籍**所必然产生的疑虑，也是不言而喻的。在本案由 ICC 仲裁院受理后的组庭过程中,中国被申请人曾明确表述了这种合情合理的疑虑,并且提出了与对方当事人所聘英籍代理律师属于同一国籍的独任仲裁员应当回避和予以更换的合理建议,却遭到了拒绝。但 ICC 仲裁院却并未具体说明:这是不是由于《ICC 仲裁规则》第 9 条第 5 款中的"当事人"一词只能作狭义理解,即仅仅限于当事人本人,而不应包括当事人聘请的代理律师在内。倘果真如此,则这种理解和运用,不但违背了"本人与代理人"之间法律关系的基本理论原则,而且脱离了本人与代理人经济关系上利害攸关的生活现实。因此,看来很有必要在《ICC 仲裁规则》的下次修订中,将上述条款的文字表述改写为"独任仲裁员或首席仲裁员的国籍应与**各当事人及其代理人**的国籍不同",或至少改写为"独任仲裁员的国籍应与**各当事人及其代理人**的国籍不同",以便从**指定制度**上切实保证在仲裁中起"独断"作用的独任仲裁员,真正做到"独立"和"中立"。诚能如此,谅必更有助于《ICC 仲裁规则》进一步走向完善。

第7章　中国中禾公司采购巴西大豆含毒案件专家意见书：含毒可能致癌　依法严禁进口

>> 内容提要

2004年2月25日中国的中禾公司与外商Bunge公司签署合同，购买55,000吨巴西大豆。其后，多船巴西大豆因被查出含有萎锈灵和克菌丹（有剧毒的物质）而被中国国家质量监督检验检疫总局禁止进口。2004年8月18日，Bunge公司向英国FOSFA仲裁机构申请仲裁。2006年5月9日，FOSFA仲裁员签署3951号仲裁裁决，责令中禾公司赔偿Bunge公司4,840,597美元，并承担12720英镑仲裁费用。2006年6月14日，中禾公司向FOSFA递交上诉通知，请求撤销该3951号裁决。中禾公司聘请的仲裁代理人林忠律师就本案涉及的各项问题，向陈安教授提出咨询。陈安教授于2006年11月1日出具了《专家意见书》，对所咨询的各项问题作出解答，并认为中禾公司关于撤销FOSFA上述裁决的请求，于法有据、完全合理。事后，FOSFA上诉仲裁庭又一再作出上诉裁决书，维持原有的错误裁决。英国FOSFA三度错误裁决均受到英国律师和中国律师宋迪煌等人不实证言的严重误导，从而一错再错三错；其中贯穿了对中国法律常识的愚昧无知和肆意歪曲，对中国法律尊严的极端藐视和严重亵渎，对中国国民健康和人身安全的极端漠视和麻木不仁。对此，本文依法作了有理有据、严肃认真、针锋相对的批判和揭露。

>> 目　次

一、专家简况

二、本案案情梗概

三、咨询的问题

四、专家的看法和意见

五、简短的结论

陈安,厦门大学法学院资深教授、博士生导师,中国国际经济法学会会长,应上海瑛明律师事务所(Chen & Co. Law Firm)的要求,就中国厦门中禾实业有限公司(以下简称"中禾公司")与 Bunge Agribusiness Singapore Pte. Ltd.(以下简称"Bunge 公司")一案,提供法学专家意见如下:

一、专 家 简 况[1]

1.1 陈安,厦门大学法学院资深教授,厦门大学法学院院长(1987—1998),国际知名的中国学者;

1.2 中国国际经济法学会(CSIEL,全国性学术协会)会长(1993—2011);

1.3 中国政府依据《华盛顿公约》向"解决投资争端国际中心"(ICSID)指派的国际仲裁员(1993—2016);

1.4 1981—1983 年美国哈佛大学高级访问学者,1990—1991 年以"亚洲杰出学者"名义应聘担任美国俄勒冈州西北法学院客座教授;

1.5 先后多次应邀赴美、比(欧共体总部)、瑞士(联合国分部)、德、加、英、澳、法、韩和新加坡等国家和地区参加国际学术会议或讲学;

1.6 兼职资深国际商务和国际仲裁律师,跨国公司高级法律顾问;

1.7 中国国际经济贸易仲裁委员会(CIETAC)仲裁员,国际商会(ICC)国际仲裁案件仲裁员,法国国际仲裁协会(IAI)仲裁员;

1.8 国际商会中国国家委员会专家(ICCCEX),国际商会中国国家委员会律师团成员;

1.9 在多起中外合资/合作投资争端和跨国贸易争端中,担任法律顾问、中国法律高级专家或仲裁员;

1.10 在国际经济法领域内,特别是国际投资法、国际贸易法和国际商务仲裁方面,取得较高的学术成就;39 部学术著作的作者和/或主编;中文和英语权威期刊和核心期刊多篇学术论文的作者;

---

[1] See An Chen's Brief Resume(见附件,从略)。See also http://www.icc-china.org/zy/web/Maling/ca.htm(陈安教授履历),http://www.icc-china.org/zy/web/Maling/lst.htm(ICC 律师团简介),http://www.icc-china.org/zy/web/Maling/md.htm(ICC CHINA 律师团名单,专业服务领域划分)。

1.11 综上所述，专家自信完全具备必要资质，为 Chen & Co. Law Firm 提供下述法律意见。

二、本案案情梗概

2006年10月24—29日，Chen & Co. Law Firm 向本专家提供了本案主要文档约220页，就本案涉及的中国和英国法律问题提出咨询。本专家推定：这些文档均属真实可信，并以此为据，作出以下分析和评论。

根据上述文档，本案案情梗概是：

2.1 2004年2月25日中禾公司与 Bunge 公司签署 S04-071 合同（CNF），购买55,000吨巴西大豆。合同规定，中禾公司于2004年5月20日之前在 Bunge 公司认可的中国一流银行（first-class Chinese bank）开立以 Bunge 公司为受益人的信用证。

2.2 其后，多船巴西大豆因被查出含有经萎锈灵（有毒物质）加工的大豆而被中国国家质量监督检验检疫总局（以下简称"AQSIQ"）禁止进口至中国（见2004年5月10日颁布的《国家质检总局关于进口巴西大豆中混有种衣剂大豆的警示通报》，2004年5月22日颁布的《国家质量监督检验检疫总局公告》（2004年第58号），2004年5月28日颁布的《国家质量监督检验检疫总局公告》（2004年第61号））。上述事件发生后，中禾公司曾因开证困难建议与 Bunge 公司重新协商合同条款，但被 Bunge 公司拒绝。2004年5月20日，中禾公司未能根据合同开出信用证。

2.3 2004年6月11日，中禾公司与 Bunge 公司的另一船巴西大豆（合同号：S03-593）因被查出含有萎锈灵（有毒物质）加工过的大豆，被认定为违反《中华人民共和国食品卫生法》第9条和《中华人民共和国进出口商品检验法》第35条，被 AQSIQ 禁止入境。

2.4 2004年6月14日，AQSIQ 发布《国家质量监督检验检疫总局公告》[2004年第71号]（以下简称"71号禁令"），宣布自2004年6月14日起暂停 Bunge 公司向中国出口巴西大豆的资格。

2.5 2004年6月14日71号禁令颁布当日，Bunge 公司来信同意将 S04-071合同项下的信用证开证日期延至6月17日。6月16日，中禾公司确认"希望履行合同"，同时提出由于71号禁令颁布导致 Bunge 公司无法向中禾公司实际交付大豆，建议双方协商解决合同争议。

2.6 2004年6月17日，中禾公司未开立信用证。

2.7 2004年6月18日,中禾公司通知Bunge公司:71号禁令导致合同双方无法继续履行协议,S04-071号合同应予解除。

2.8 2004年6月23日,AQSIQ颁布《国家质量监督检验检疫总局公告》[2004年第76号](以下简称"76号公告"),恢复被71号禁令规定暂停的Bunge公司等公司向中国出口巴西大豆的资格。同时规定:2004年6月11日以前已启运在途的巴西大豆,若混有有毒的种衣剂(即萎锈灵等)大豆,应在卸货前进行挑选处理,符合中国相关要求后方可准许入境。

2.9 2004年6月14日,Bunge公司同意延期开证后,该公司再未向中禾公司提出开证要求。

2.10 2004年6月25日,Bunge公司宣布中禾公司"违约"并解除S04-071合同。

2.11 Bunge公司认为:中国AQSIQ禁止含有萎锈灵毒素的上述大豆进口的多次禁令,法律依据不足。禁令所引用的法律主要有《中华人民共和国食品卫生法》第9条和《中华人民共和国进出口商品检验法》第35条。《中华人民共和国食品卫生法》第9条第2项规定:"含有毒、有害物质或者被有毒、有害物质污染,可能对人体健康有害的"。《中华人民共和国进出口商品检验法》第35条规定:"进口或者出口属于掺杂掺假、以假充真、以次充好的商品或者以不合格进出口商品冒充合格进出口商品的,由商检机构责令停止进口或出口,没收违法所得,并处货值金额百分之五十以上三倍以下的罚款;构成犯罪的,依法追究刑事责任。"Bunge公司向中禾公司出口巴西大豆,既不涉及《中华人民共和国食品卫生法》所指的食品,也非《中华人民共和国进出口商品检验法》所指的故意掺杂掺假行为,因此中国AQSIQ对有关大豆的处理,法律依据不足。

2.12 Bunge公司认为:71号禁令为临时禁令,且事实上仅持续9天,未达到使整个合同落空的程度。此外,对Bunge公司的71号禁令已于2004年6月23日解除,中禾公司本来可在2004年6月23—25日开立信用证。但中禾公司仍未开证,故应承担责任。

2.13 应Bunge公司要求,中国通商律师事务所宋迪煌律师于2005年8月2日出具《陈述意见》称:中国各家银行出具信用证与否,主要取决于申请人的资产和财务状况。AQSIQ 71号禁令的颁布对本单信用证的开立并无实质性影响。只要中禾公司愿意,且有良好资信,仍完全有可能申请到信用证。

2.14 Bunge公司认为:即使中禾公司在中国境内申请开证困难,它仍可在中国各银行的国外分行开立信用证。鉴于S04-071合同未明确开证义务履行地,除非中禾公司能证明其在世界任何地方通过中国各银行的海外分行开证,均违反法律,否则,不得主张合同落空。

2.15 根据 S04-071 合同,发生争端提交仲裁时适用英国法。英国法仅承认合同履行地的违法可能导致合同落空。而根据 S04-071 合同,中国不是信用证开立义务的履行地,开立信用证对中国法律的违反不得被认定为英国法下合同落空的理由。

三、咨询的问题

3.1 关于 AQSIQ 上述禁令的法律依据问题

第 2.2 段和第 2.4 段所列举的中国 AQSIQ 在 2004 年 5 月 10 日至 6 月 14 日多次发布的通报和公告,一再明文规定:禁止来自巴西的含有菱锈灵有毒物质的大豆进口至中国。Bunge 公司认为中国 AQSIQ 上述禁令的法律依据不足。请问:Bunge 公司的此种主张是否有理?能否成立?

3.2 关于 AQSIQ 上述禁令的法律效力问题

AQSIQ 的上述通报、公告中关于禁止有关巴西大豆进口至中国的规定,是否属于强制性的法规法令?有无强制性的法律效力?

3.3 关于 AQSIQ 上述禁令的持续时间问题

禁止含有菱锈灵毒素的巴西大豆进口至中国的上述多次禁令是否仍然有效?

3.4 关于中国各家银行拒绝开出信用证的真实原因问题

中禾公司曾向中国多家银行申请为 Bunge 公司出售的本单巴西大豆开出信用证。但中国的多家银行均以上述 **AQSIQ** 禁令为理由,拒绝开证。请问:这是否足以构成 S04-071 号合同落空?如果中国的**有关银行**胆敢不顾 **AQSIQ** 的禁令而擅自对本单大豆交易开出信用证,将会承担什么法律责任和导致什么法律后果?

3.5 关于适用英国法与中国是不是信用证开立义务的履行地问题

按 S04-071 合同规定,本案争端应按 FOSFA 22 的规定在英国伦敦提交仲裁,并适用英国法。Bunge 公司认为:英国法仅承认合同履行地的违法可能导致合同落空。然而,根据 S04-071 合同,中国不是信用证开立义务的履行地。因此,即使开立信用证构成对中国法律的违反,也不得被认定为英国法下合同落空的理由。请问:Bunge 公司上述主张是否有理?能否成立?

3.6 关于适用英国法与适用中国强制法问题

Bunge 公司主张:S04-071 合同要求中禾公司开出的信用证,乃是英国法律认定为合法的一项行为。但在事实上和实践中,本单大豆交易行为及其信用证开出事宜,依中国法律却被认定为应予强制禁止的违法行为,即两种法律认定之间存在矛盾与冲突。请问:在此种情况下,应当如何处置这种矛盾与冲突?以何者居于优先适用地位?

四、专家的看法和意见

兹针对上述咨询问题,逐一解答如下:

4.1 关于 AQSIQ 上述禁令的法律依据问题

4.1.1 众所周知,大豆本身乃是一种十分常见、十分重要的**食品**。以大豆作为原料的各种食品,诸如豆油、豆酱、豆腐、豆浆、酱油、酱菜等,更是多达数十种。Bunge 公司断言它向中禾公司出口的巴西大豆,并非《中华人民共和国食品卫生法》所指的食品,此说显然违背常识。

4.1.2 AQSIQ 自 2004 年 5 月 10 日至 6 月 23 日多次发布的通报和公告及其禁令,其法律依据不仅限于《中华人民共和国食品卫生法》第 9 条和《中华人民共和国进出口商品检验法》第 35 条,而且还包括前法第 39 条,特别是还包括《中华人民共和国刑法》第 140 至 149 条关于禁止生产、销售伪劣商品犯罪的规定。摘要列举如下:

《中华人民共和国食品卫生法》**第 39 条**规定:"违反本法规定,生产经营不符合卫生标准的食品,造成食物中毒事故或者其他食源性疾患的,责令停止生产经营,销毁导致食物中毒或者其他食源性疾患的食品,没收违法所得,并处以违法所得一倍以上五倍以下的罚款;没有违法所得的,处以一千元以上五万元以下的罚款。违反本法规定,生产经营不符合卫生标准的食品,造成严重食物中毒事故或者其他严重食源性疾患,对人体健康造成严重危害的,或者在生产经营的食品中掺入有毒、有害的非食品原料的,依法追究刑事责任。有本条所列行为之一的,吊销卫生许可证。"

《中华人民共和国刑法》**第 140 条**规定:"生产者、销售者在产品中掺杂、掺假,以假充真,以次充好或者以不合格产品冒充合格产品,销售金额五万元以上不满二十万元的,处二年以下有期徒刑或者拘役,并处或者单处销售金额百分之五十以上二倍以下罚金;销售金额二十万元以上不满五十万元的,处二年以上七年以下有期徒刑,并处销售金额百分之五十以上二倍以下罚金;销售金额五十万元以上不满二百万元的,处七年以上有期徒刑,并处销售金额百分之五十以上二倍以下罚金;销售金额二百万元以上的,处十五年有期徒刑或者无期徒刑,并处销售金额百分之五十以上二倍以下罚金或者没收财产。"

第 143 条规定:"生产、销售不符合卫生标准的食品,足以造成严重食物中毒事故或者其他严重食源性疾患的,处三年以下有期徒刑或者拘役,并处或者单处销售金额百分之五十以上二倍以下罚金;对人体健康造成严重危害的,处三年以上七年以下有期徒刑,并处销售金额百分之五十以上二倍以下罚金;后果特别严重的,处七年以上有期徒刑或者无期徒刑,并处销售金额百分之五十以上二倍以下罚金或者没收财产。"

第 144 条规定:"在生产、销售的食品中掺入有毒、有害的非食品原料的,或者销售明知掺有有毒、有害的非食品原料的食品的,处五年以下有期徒刑或者拘役,并处或者单处销售金额百分之五十以上二倍以下罚金;造成严重食物中毒事故或者其他严重食源性疾患,对人体健康造成严重危害的,处五年以上十年以下有期徒刑,并处销售金额百分之五十以上二倍以下罚金;致人死亡或者对人体健康造成特别严重危害的,依照本法第一百四十一条的规定处罚。"(注:**应处十年以上有期徒刑、无期徒刑或者死刑。**)

4.1.3 就本案而言,如果违反中国 AQSIQ 的禁令,擅自进口含有萎绣灵毒素的巴西大豆,则此种行为不但违反了《中华人民共和国食品卫生法》和《中华人民共和国进出口商品检验法》这两部法律,而且还可能触犯刑法。有关行政官员、办事人员和当事人不但要承担相应的行政违法责任和接受相应的行政处罚(含罚金、警告、记过、降职、撤职、开除公职、吊销营业执照等),而且还可能要视其触犯刑法的犯罪行为的严重程度和造成的损害后果,承担相应的**刑事责任**,接受相应的**刑事惩罚**(含罚金、财产刑、自由刑、生命刑等)。

4.2 关于 AQSIQ 上述禁令的法律效力问题

4.2.1 AQSIQ 是中华人民共和国国务院所属的一个部级单位,又是中国政府的一个强力执法机关。它代表中国国家把守国门,通过依法检验检疫,严防和杜绝一切有毒、有害食品或其他伪劣商品输入或输出中国,以免危害本国和他国人民的健康,或损害本国和他国的经济利益。AQSIQ 依照中国法律发布的通告、公告和禁令,其本身就是中国政府执法机关的行政法规、法令的一种表现形式,具有法律上的强制约束力。

4.2.2 与此同时,AQSIQ 的有关禁令往往又是以中国的其他基本法律(如《中华人民共和国食品卫生法》《中华人民共和国进出口商品检验法》《中华人民共和国刑法》等)作为依据、基础和后盾的,相应地,AQSIQ 依法发布颁行的禁令,就具有了综合的、强大的法律强制力。任何人对这类禁令只能严格遵守和执行,不得随意背离或违反。否则,就要自食其果,承担相应的行政违法或触犯刑法的法律责任,受到相应的行政处罚或刑事惩罚。

4.3 关于多家中国银行拒绝为本单大豆交易开具信用证的真实原因

4.3.1 中禾公司曾向中国国家一流银行的驻厦支行申请为本单大豆交易开具信用证,但先后均遭拒绝。它们先后向中禾公司提供了书面声明或证明书,说明拒绝开证的法律理由。例如,中国工商银行厦门同安支行的"Announcement"中明确地指出:

> Considering the fact that, during the period from April to June, 2004, the State Administration of Quality Supervision, Inspection and Quarantine (AQSIQ) prohibited lots of exportation of Brazilian soybeans to China, our bank was unwilling to open Letter of Credit to facilitate the purchase of soybeans from Brazil.
>
> We also hereby confirm that, between 14th and 23rd June 2004, because the beneficiary, i. e. BUNGE AGRIBUSINESS SINGAPORE PTE. LTD., of the letter of credit that Xiamen Zhonghe Industry Co., Ltd. applied to open was included in the list of banned exporter under the AQSIQ Order No. 71 of June 14,2004, our bank did not and would not accept Xiamen Zhonghe Industry Co., Ltd. 's application for opening a letter of credit to import soybeans from Brazil, so as to implement the nation's import and export policies.[2]

除此之外,中国农业银行厦门同安支行的"Announcement"、中国银行厦门同安支行与中国建设银行厦门同安支行出具的"Testimonies"中,也毫不含糊地说明了拒绝中禾公司申请,不能为本单大豆交易开出信用证的大体相同的法律理由。[3]

4.3.2 上述四家中国一级银行出具的"Announcement"或"Testimony",都明确指出了:它们之所以拒绝中禾公司的开证申请,不愿或不能为本单大豆交易开出信用证,其关键原因或唯一原因,就在于它们必须严格执行中国的进出口政策法令,严格遵守中国国家执法机关 AQSIQ 的明确禁令,以免它们自己因违反国家政策和禁令以及擅自开出信用证的违法行为,承担法律责任和受到法律处罚或惩罚。

4.3.3 中国国家执法机关 AQSIQ 依法发布的上述禁令,不但对中国境内的中国银行的开证行为具有强制性的法律约束力,而且对于中国境外的中国银行的任何

---

〔2〕 见附件2,从略。
〔3〕 见附件3、4、5,从略。

分支机构,也具有同样的、强制性的法律约束力。这是不言而喻的。设立在中国境外的中国银行各分支机构,如不切实遵守中国国家执法机关 AQSIQ 的上述禁令,擅自为含有萎锈灵毒素的巴西大豆进口至中国的交易开具信用证,方便或促进此种含毒大豆的进口交易,则同样不可能逍遥法外,不可能不受到中国法律的相应制裁和惩罚。因此,Bunge 公司认为中禾公司应当或者可以向开设于中国境外的中国银行的分支机关申请开出信用证,这种主张是不合法的。

4.3.4 由此可见,Bunge 公司以中国律师宋迪煌先生出具的《陈述意见》作为根据,断言中禾公司之所以未能如期开出本单大豆交易的信用证,"主要"或"完全"是由于中禾公司的资产情况不良,资金不足或资信欠佳云云;或者,断言"没有任何证据可以证明中国的银行对于此类开证申请作出决定时受到了中国质检总局行为,特别是关于暂停从巴西进口大豆决定的实质性影响"云云,这些说辞和主张,显然背离了事实,不足采信。

4.4 关于 AQSIQ 禁令的持续时间问题

4.4.1 鉴于巴西政府和出口商加强对出口大豆的严格查验和监管,并保证不再发生"萎锈灵毒素大豆"类似问题。有鉴于此,中国 AQSIQ 于 2004 年 6 月 23 日发布第 76 号公告,决定恢复 23 家出口商、供货商(含 Bunge 公司)向中国出口巴西大豆的资格。但是,它附有一项相当严格的前提条件,即 2004 年 6 月 11 日前已经启运在途的巴西大豆,如混有种衣剂大豆(按:即"萎锈灵毒素大豆"),**应在卸货前进行挑选处理**,符合中方相关要求后方可准许入境。挑选处理所产生的一切费用由出口商承担,**否则将作退运处理。**

4.4.2 从"应在卸货前进行挑选处理"并自行承担一切费用这个意义上说,AQSIQ 的 76 号公告显然仍然严格禁止含有萎锈灵毒素的大豆进入中国境内。因此,断章取义、含糊其词地说什么"71 号禁令只持续存在 9 天",并不符合 2004 年 6 月 23 日 AQSIQ 第 76 号公告继续从严禁止有毒巴西大豆进口,继续认真保护中国消费者健康的法律本意和法定本旨。

4.4.3 本案的关键,不在于 AQSIQ 的 71 号禁令持续多长时间,而是在乎,在此期间,中禾公司有权解除合同且事实上也解除了合同。因此,Bunge 公司关于禁令持续时间的争论是没有意义的。更何况 Bunge 并不能保证,也从未保证其运出的大豆不含有萎锈灵。

4.5 关于适用英国法与信用证开证义务履行地问题

4.5.1 根据 S04-071 合同"PAYMENT"条款明文规定:"Buyer to open L/C through a first-class **Chinese** bank acceptable to seller",显而易见,其文字的一般逻

辑含义和双方当事人的真实意思表示规定了中国乃是本单大豆交易信用证开立义务的履行地。

4.5.2 在此之前,中禾公司与 Bunge 公司之间曾经有过另外一单大豆交易(S03-593 号合同),其信用证就是由中国工商银行厦门分行和中国农业银行厦门分行分别开出的。换言之,其信用证开立义务的履行地就是在中国厦门。[4]

4.5.3 中禾公司与 Bunge 公司之间进行上述另外一单大豆交易时,在申请和取得信用证方面已经**开了这个先例**,而且相当方便和顺利。据此,完全有理由推定:相同的买卖双方(即中禾—Bunge)在为同类的大豆交易而订立同类合同(即 S04-071 号合同)之际,其中"first-class **Chinese** bank acceptable to seller"的真实含义和真实意思表示,就是指可以比照先例,在厦门当地开证,亦即以中国作为本单大豆交易信用证开立义务的履行地,由中国境内的中国一流银行开出信用证。

4.5.4 商业交易是最讲求效率的,商人们都是聪明机灵的。他们一般不会愚蠢到故意**舍近求远**,要求买方到远离买方所在地的、设在外国的中国银行分支机构,去申请开信用证。就本案而言,即使 Bunge 公司当初果真违背常识,不顾常理,竟然要求中禾公司到远离厦门的中国境外的中国银行分行去开证,那也应事先在合同中作出明确而毫不含糊的规定。但事实上,S04-071 号合同中不但没有此种明确而毫不含糊的规定,而且恰恰相反,却对在中国境内的中国一流银行开证作出了并不含糊的规定,即在文字的**一般逻辑含义上**和双方当事人的**真实意思表示上都显然专指中国境内中国银行的明确规定**(见第 4.5.1—4.5.3 段的分析)。可见,Bunge 公司所持的关于上述合同规定开证行应是中国境外的中国银行的主张,就类似于中国成语所说的"事后诸葛亮"了,似不宜采信。

4.5.5 即使 Bunge 公司当初果真违背常识,不顾常理,竟然要求中禾公司到远离厦门的中国境外的中国银行分行去开证,那也因其违反中国 AQSIQ 反复重申的、强制性的禁令,而根本无法实现,必然落空。关于此点,已在第 4.3.3 段中阐明,兹不再赘。

4.5.6 总之,诚如 Bunge 公司所称:英国法仅承认在合同履行地的违法可能导致**合同落空**。根据以上分析,S04-071 号合同中的文字规定和立约当事人当时的真实意思,都指定**中国乃是信用证开立义务的履行地**,因此,中国的有关银行如果在中国国家执法机构 AQSIQ 禁令条件下仍然擅自开立信用证,势必违反中国法律的强制性规定。事实也证明了中国的银行不可能在此种情况下为本单大豆交易开具信

---

[4] 见附件 6、7,从略。

用证。这一客观情节,理所当然地应被认定为英国法下合同落空的理由,中禾公司当然也有权在此种情形下解除 S04-071 号合同。

4.6 关于适用英国法与适用中国强制法问题

4.6.1 据查,在英国也制定和颁行了与食品安全有关的法规,即 **Food Safety Act 1990(c. 16)**。根据该法规第 1 条有关食品的定义,S04-071 合同项下的大豆理应被认定为食品(即第 1.1.d 条规定的 "articles and substances used as ingredients in the preparation of food or anything falling within this subsection")。该法规第 7 条规定,明知食物将会被人消费,却对食物加入某种物质,或使用任何物质作为食物原料,导致食物对人造成危害的,构成犯罪(guilty of an offence)。具体条文如下:

PART I PRELIMINARY

Article 1　Meaning of "food" and other basic expressions.

(1) In this Act **"food" includes**—

(a) drink;

(b) articles and substances of no nutritional value which are used for human consumption;

(c) chewing gum and other products of a like nature and use; and

(d) **articles and substances used as ingredients in the preparation of food or anything falling within this subsection.**

…

PART II MAIN PROVISIONS

Food Safety

Article 7　Rendering food injurious to health.

(1) **Any person who renders any food injurious to health by means of any of the following operations, namely**—

(a) **adding any article or substance to the food;**

(b) using any article or substance as an ingredient in the preparation of the food;

(c) abstracting any constituent from the food; and

(d) subjecting the food to any other process or treatment, **with intent that it shall be sold for human consumption, shall be guilty of an offence.**

(2) In determining for the purposes of this section and section 8(2) below whether any food is injurious to health, regard shall be had—

(a) not only to the probable effect of that food on the health of a person consuming it; but

(b) also to the probable cumulative effect of food of substantially the same composition on the health of a person consuming it in ordinary quantities.

(3) **In this Part "injury", in relation to health, includes any impairment, whether permanent or temporary, and "injurious to health" shall be construed accordingly.**

4.6.2 显而易见,英国法律的上述明文规定,其保护消费者权益和民族健康的基本立法宗旨和**强制性法律效力**,与前文摘引的中国相关法律,是完全一致的。换言之,依据英国法,进口含毒食品也是违法的。

4.6.3 本案 S04-071 合同以及 FOSFA 22 有关条款虽明文规定"适用英国法律",但对于这一规定固有的准确含义,如何根据英国本身的法律加以解释,却有待分析、澄清。

就英国法律而言,普通法系(Common Law)中关于合同方面原有的大部分"法律选择"准则,已由《欧洲经济共同体合同义务准据法公约》(简称《罗马公约》)[5]中的有关准则所取代。这些准则已由英国的《1990 年合同(准据)法》[6]所吸收并自 1991 年 4 月 1 日起施行。上述《罗马公约》第 3 条第 3 款明文规定:"尽管各方当事人已经选择适用某一国家的法律,不论是否同时选择这个国家的法庭,如果在作出此种选择当时其他一切有关因素都仅仅与另外一个国家相联系,则仍然不得规避适用该另一国家那些不能用合同加以排除的法律规定[按:即'强制性规定'(mandatory rules)]。"

4.6.4 《罗马公约》的此项规定,不但已被吸收到英国的相关法律之中,而且也被英国著名的教授们进一步加以论证、提炼和归纳,作为"法律冲突规则"第 175 条(Rule 175),载明于具有全球影响的权威性论著《戴西和莫里斯论冲突法》。[7]

衡诸本案事实,买卖双方当事人中国中禾公司与新加坡 Bunge 公司虽已在上述合同中共同选择英国法律作为争端仲裁适用的准据法,但是,鉴于该合同的其他关键因素,包括合同双方当事人的所在地、签约地、货款信用证开证地、货物进口履行

---

[5] See EEC Convention on the Law Applicable to Contractual Obligations ("Rome Convention").
[6] See Contracts (Applicable Law) Act 1990.
[7] See *Dicey and Morris on the Conflict of Laws*, 13th ed., Vol. 2, Sweet & Maxwell, 2000, p. 1242. 在 1993 年推出的该书第 12 版中,这条规则的序号列为 Rule 177,第 1239 页。(**见附件 8**,从略)

地等,都仅与中国密切相关,[8]而与英国毫不相干,因此,双方当事人不得通过对S04-071合同中有关英国法的选择,排除适用中国的任何强制性法律规定,包括中国AQSIQ的前述强制性禁令规定。

4.6.5 根据英国法院断案的长期实践与英国权威学者的论述,如果一份英国合同在外国履行,而其履行行为直接或间接地触犯或违反当地国家的法律,则英国法院应拒绝予以承认和执行。特别是,如果该合同的履行行为触犯或违反**与英国友好国家**的法律,即使该合同根据英国法律是合法的、有效的,但如实施当事人所选择的准据法就势必会损害英国与该履行地国家之间的友好关系,从而"明显地违反了英国法的公共秩序"[manifestly incompatible with the public policy ("ordre public") of English Law],那么,英国法院就尤其应当拒绝予以承认和执行。英国法院长期断案中所贯穿的这一原则和基本精神,也已由英国的权威学者们归纳和提炼,作为"法律冲突规则"第180条(Rule 180),载入具有全球影响的前述名著。[9]而其有关的典型判例,也不难逐一加以研究和查证,诸如:

(1) De Wutz v. Hendricks (1824) 2 Bing. 314-316. (2) Foster v. Driscoll [1929] 1 K. B. 470,518,521(C. A.); Regazzoni v. K. C. Sethia, Ltd. [1958] A. C. 301,322,328,329. (3) Jennings [1956] C. L. J. 41. (4) F. A. Mann (1956) 19 M. L. R. 523 and (1958) 21 M. L. R. 130; A. L. G. (1957) 73 L. Q. R. 32. (5) Rossano v. Manufacturers' Life Ins. Co. [1963] 2 Q. B. 352,376-377. (6) Frischke v. Royal Bank of Canada (1977) 80 D. L. R. (3d) 393 (Ont. C. A). (7) Euro-Diam Ltd. v. Bathurst [1990] 1 Q. B. 1,40(C. A.).

4.6.6 举世皆知,英国乃是最早承认新中国的国家之一。两国之间自1950年1月以来,在广泛的领域中长期保持着友好和合作的关系,并且在平等互利的基础上**互相尊重对方的经济、政治和法律制度,特别是互相尊重对方的强制性法律规定**。因此,本案争端即使是"适用英国法律",那么,依据前述(1)英国参加的《罗马公约》,(2)英国现行的《1990年合同(准据)法》,(3)英国法院多年断案的实践先例,以及(4)由英国权威学者详加论述、归纳,并已为国际社会广泛接受的法律冲突规则,就理应**遵循**充分尊重英国友好国家国内强制性法律规定的**英国传统判例**和**英国现行法**,充分尊重中国现行法律中有关管制外贸、切实保护民族健康和消费者权益的各

---

[8] 与中禾公司实际签订S04-071号合同的对方乃是新加坡Bunge公司设在中国上海的子公司Bunge International Trading (Shanghai),Co.,Ltd.。(**见附件9,从略**)

[9] See *Dicey and Morris on the Conflict of Laws*, 13th ed., Vol. 2, Sweet & Maxwell, 2000, pp. 1276-1277,1280-1281. 在1993年推出的该书第12版中,这条规则的序号列为Rule 182,第1243—1244页、1281—1282页。(**见附件10,从略**)

种强制性规定,大力支持中国严格执行 AQSIQ 的前述强制性禁令,**确认本案争端仲裁中应当以中国的强制性法律规定作为判断是非、处断争端的准据法**。

五、简短的结论

总之,基于以上分析,本专家认为:根据对"适用英国法"一词的正确理解,本案仲裁中应当以受到英国法充分尊重的中国强制法,作为断案的准据法。

因此,在有关信用证受益人 Bunge 公司被中国 AQSIQ 依法禁止向中国出口巴西大豆的情况下,中国的银行既不能也不敢违法违禁,擅自开具以 Bunge 公司为受益人的信用证,从而导致 S04-071 号合同落空。据此,中禾公司是有权解除该合同的。

以上意见谅必能获得仲裁庭诸位先生的认真考虑和充分采纳。

第8章 论英国FOSFA裁决严重枉法、不予执行

——中国中禾公司采购巴西大豆含毒案件述评[专家意见书]

▶▶ 内容提要

2004年2月25日中国中禾公司(买方)与新加坡Bunge公司(卖方)签署S04-071号合同(CNF),购买55,000吨巴西大豆。其后,多船巴西大豆因被查出含有经萎锈灵和克菌丹(有剧毒的物质)加工的大豆而被中国国家质检总局依法严令禁止进口至中国。2004年6月18日,中禾公司通知Bunge公司:第71号禁令导致无法继续履行原有协议,上述合同应予解除。双方协商未能解决争议。2004年8月,Bunge公司把争议提交英国FOSFA油料同业协会,申请仲裁。中禾公司被迫"应诉"。Bunge公司聘请的英国律师以中国宋律师先后出具的《陈述意见》(Statement)和《报告书》(Report)作为主要依据,主张:(1) 中国国家质检总局所发布的多次公告和禁令,都不是中国的法律法令,没有法律根据,不具备法律强制力;违反中国国家质检总局公告和禁令,不能构成违法行为,不必承担法律责任;(2) 进口中国的巴西大豆只是工业原料,不是食品,不属于中国有关食品卫生安全法律法令的适用范围,不受中国国家质检总局公告和禁令的监督;(3) 中国的法律对于经营巴西大豆出口的外国公司,没有法律强制力;(4) 应中禾公司提供法律意见的专家是中国人,没有资格评论英国的法律。

针对这些主张,中禾公司依法据理予以反驳。但FOSFA仲裁庭偏听偏信,于2006年5月至2007年11月底之间,三度枉法裁断,责令中禾公司(买方)赔偿Bunge公司(卖方)经济"损失"。2008年2月底,Bunge公司委托中国宋律师向中国厦门市中级人民法院申请执行终局裁决。陈安教授认为:FOSFA仲裁庭在不实证言的严重误导下作出的错误裁决,贯穿了对中国法律常识的愚昧无知和肆意歪曲,对中国法律尊严的极端藐视和严重亵渎,对中国国民健康和人身安全的极端漠视和麻木不

仁。它不但严重违反中国的强制性法律,也完全违反英国本国的强制性法律,更是完全背离当代世界潮流和全球共识,背离了全球人类社会的公共利益、公共秩序或公共政策。中国的主管法院理应依据1958年《纽约公约》的有关规定,从严审查来自英国FOSFA的枉法裁决,当机立断,坚决**不予承认,不予执行**。

目　次

一、专家简况

二、本案案情梗概

三、中禾公司咨询的问题

（一）关于中国国家质检总局上述禁令的法律依据问题

（二）关于中国国家质检总局上述禁令的法律效力问题

（三）关于中国国家质检总局上述禁令的持续时间问题

（四）关于中国各家银行拒绝开出信用证的原因及其相关的法律责任问题

（五）关于适用英国法与中国是否开证义务的履行地问题

（六）关于适用英国法与适用中国强制法的"法律冲突"问题

（七）关于向中国主管法院申请对英国FOSFA仲裁裁决不予承认、不予执行的问题

四、专家的看法和意见

（一）关于中国国家质检总局上述禁令的事实依据和法律依据问题

（二）关于中国国家质检总局上述禁令的法律效力问题

（三）关于中国国家质检总局上述禁令的持续时间问题

（四）关于中国各家银行拒绝开出信用证的原因及其相关的法律责任问题

（五）关于适用英国法与中国是不是开证义务的履行地问题

（六）关于适用英国法与适用中国强制法的"法律冲突"问题

（七）关于中国的法学专家是否有资格评论英国法的问题

（八）关于向中国主管法院申请对英国FOSFA仲裁裁决不予承认、不予执行的法律依据

五、结论:英国FOSFA裁决严重枉法,依法应不予承认、不予执行

陈安,厦门大学法学院资深教授、博士生导师,中国国际经济法学会会长,应中国厦门中禾公司(以下简称"中禾公司"或"买方")的要求,就新加坡Bunge公司Agribusiness Singapore Pte. Ltd.(以下简称"Bunge公司"或"卖方")申请在中国执行英国FOSFA仲裁裁决书一案,提供法学专家意见如下:

一、专家简况[1]

1. 陈安,厦门大学法学院资深教授,厦门大学法学院院长(1987—1998),国际知名的中国学者;

2. 中国国际经济法学会(CSIEL,全国性学术社团)会长(1993—2011);

3. 中国政府依据《华盛顿公约》向"解决投资争端国际中心"(ICSID)指派的国际仲裁员(1993—2016);

4. 1981—1983 年美国哈佛大学高级访问学者,1990—1991 年以"亚洲杰出学者"名义应聘担任美国俄勒冈州西北法学院客座教授;

5. 先后多次应邀赴美、比(欧共体总部)、瑞士(联合国分部)、德、加、英、澳、法、韩和新加坡等国家和地区参加国际学术会议或讲学;

6. 兼职资深国际商务和国际仲裁律师;跨国公司高级法律顾问;

7. 中国国际经济贸易仲裁委员会(CIETAC)仲裁员,国际商会(ICC)国际仲裁案件仲裁员,法国国际仲裁协会(IAI)仲裁员;

8. 国际商会中国国家委员会专家(ICCCEX),国际商会中国国家委员会律师团成员;

9. 在多起中外合资/合作投资争端和跨国贸易争端中,担任法律顾问、中国法律高级专家或仲裁员;

10. 在国际经济法领域内,特别是国际投资法、国际贸易法和国际商务仲裁方面,取得较高的学术成就;39 部学术著作的作者和/或主编;中文和英语权威期刊和核心期刊多篇学术论文的作者;

11. 综上所述,专家自信完全具备应有资质,为本案的外国仲裁裁决能否在中国执行的问题,提供下述法律意见。

二、本案案情梗概

12. 2008 年 3 月下旬至 4 月上旬,中禾公司向本专家提供了本案主要文档数百

---

[1] 陈安教授简历(见书证 1,从略)。另参见国际商会中国国家委员会审定公布的下述文档:http://www.icc-china.org/zy/web/Maling/ca.htm(陈安教授履历),http://www.icc-china.org/zy/web/Maling/lst.htm(ICC 律师团简介),http://www.icc-china.org/zy/web/Maling/md.htm(ICC CHINA 律师团名单,专业服务领域划分)。

页,就本案涉及的国际公约、中国法律和英国法律的各项问题提出咨询。本专家推定:这些文档均属真实可信,并以此为据,作出以下分析和评论。

根据上述文档,本案的主要梗概是:

13. 2004 年 2 月 25 日中禾公司与 Bunge 公司签署 S04-071 合同(CNF),购买 55,000 吨巴西大豆。合同规定中禾公司于 2004 年 5 月 20 日之前在 Bunge 公司认可的中国一流银行(first-class Chinese bank)开立以 Bunge 公司为受益人的信用证。

14. 其后,多船巴西大豆因被查出含有经萎锈灵和克菌丹(有剧毒的物质)加工的大豆而被中国国家质量监督检验检疫总局(以下简称"中国国家质检总局"或"国家质检总局")禁止进口至中国(见 2004 年 5 月 10 日颁布的《国家质检总局关于进口巴西大豆中混有种衣剂大豆的警示通报》,2004 年 5 月 22 日颁布的《国家质量监督检验检疫总局公告》(2004 年第 58 号),2004 年 5 月 28 日颁布的《国家质量监督检验检疫总局公告》(2004 年第 61 号))。上述事件发生后,中禾公司曾因银行不同意开出信用证,建议与 Bunge 公司重新协商合同条款,但被 Bunge 公司拒绝。2004 年 5 月 20 日中禾公司未能根据合同开出信用证。

15. 2004 年 6 月 11 日,中禾公司向 Bunge 公司购买的另一船巴西大豆(合同号:S03-593)因被查出含有萎锈灵和克菌丹(有剧毒的物质)加工过的大豆,被认定为违反《中华人民共和国食品卫生法》第 9 条和《中华人民共和国进出口商品检验法》第 35 条,被中国国家质检总局禁止入境。

16. 2004 年 6 月 14 日,中国国家质检总局发布《国家质量监督检验检疫总局公告》(2004 年第 71 号)(以下简称"71 号禁令"),宣布自 2004 年 6 月 14 日起暂停 Bunge 公司向中国出口巴西大豆的资格。

17. 2004 年 6 月 14 日 71 号禁令颁布当日,Bunge 公司来信同意将 S04-071 合同项下的信用证开证日期延至 6 月 17 日。6 月 16 日,中禾公司确认"希望履行合同",同时提出由于 71 号禁令颁布导致 Bunge 公司无法向中禾公司实际交付大豆,建议双方协商解决合同争议。

18. 2004 年 6 月 17 日,中禾公司因为国家质检总局 71 号禁令的影响,仍未能开立信用证。

19. 2004 年 6 月 18 日,中禾公司通知 Bunge 公司:71 号禁令导致合同双方无法继续履行协议,S04-071 号合同应予解除。

20. 2004 年 6 月 23 日,中国国家质检总局颁布《国家质量监督检验检疫总局公告》(2004 年第 76 号)(以下简称"76 号公告"),恢复被 71 号禁令规定暂停的 Bunge 公司等公司向中国出口巴西大豆的资格。同时规定:2004 年 6 月 11 日以前已启运在途的巴西大豆,若混有有毒的种衣剂(即萎锈灵和克菌丹等)大豆,应在卸货前进行挑选处理,符合中国相关要求后方可准许入境。

21. 2004年6月14日,Bunge公司同意延期开证后,该公司再未向中禾公司提出开证要求。

22. 2004年6月25日,Bunge公司宣布中禾公司"违约"并解除S04-071合同。

23. 2004年8月18日,Bunge公司向中禾公司提交向英国FOSFA(Federation of Oils, Seeds and Fats Associations,即油料、油籽、油脂协会联盟)申请仲裁的通知,并指定斯科特(A. G. Scott)先生为仲裁员。2004年9月14日,中禾公司指定格雷森(Richard Grayson)先生为仲裁员。

24. **Bunge公司认为**:中国国家质检总局发布的严防含有萎锈灵和克菌丹毒素的上述大豆进口的多次禁令,法律依据不足。禁令所引用的法律主要是:《中华人民共和国食品卫生法》第9条和《中华人民共和国进出口商品检验法》第35条。《中华人民共和国食品卫生法》第9条第2项规定:"含有毒、有害物质或者被有毒、有害物质污染,可能对人体健康有害的"。《中华人民共和国进出口商品检验法》第35条规定:"进口或者出口属于掺杂掺假、以假充真、以次充好的商品或者以不合格进出口商品冒充合格进出口商品的,由商检机构责令停止进口或出口,没收违法所得,并处货值金额百分之五十以上三倍以下的罚款;构成犯罪的,依法追究刑事责任。"Bunge公司主张,该公司向中禾公司出口巴西大豆,既不涉及《中华人民共和国食品卫生法》所指的**食品**,也非《中华人民共和国进出口商品检验法》所指的故意**掺杂掺假**行为,因此中国国家质检总局对有关大豆的处理,法律依据不足。

25. **Bunge公司认为**:71号禁令为**临时禁令**,且事实上仅持续9天,未达到使整个合同落空的程度。此外,对Bunge公司的71号禁令已于2004年6月23日**解除**,中禾公司本来可在2004年6月23—25日开立信用证。但中禾公司仍未开证,故应承担责任。

26. 应**Bunge公司**要求,中国通商律师事务所**宋迪煌**律师于2005年8月2日出具《陈述意见》(Statement)称:中国各家银行出具信用证与否,主要取决于申请人的资产和财务状况。**中国国家质检总局71号禁令**的颁布对本单信用证的开立**并无实质性影响**。只要中禾公司愿意,且有良好资信,仍完全有可能申请到信用证。

27. **Bunge公司认为**:即使中禾公司在中国境内申请开证困难,它仍可在中国各银行的国外分行开立信用证。鉴于S04-071合同未明确开证义务履行地,除非中禾公司能证明其在世界任何地方通过中国各银行的海外分行开证均违反法律,否则,不得主张合同落空。

28. Bunge 公司认为：根据 S04-071 合同，发生争端提交仲裁时适用英国法。英国法仅承认合同履行地的违法可能导致合同落空。而根据 S04-071 合同，中国不是信用证开立义务的履行地，即使**开立信用证构成对中国法律的违反，也不得被认定为英国法下合同落空的理由。**

29. 中禾公司聘请的仲裁代理人、上海瑛明律师事务所林忠律师对上述主张逐一加以反驳。

30. 2006 年 5 月 9 日，FOSFA 仲裁员签署第 3951 号仲裁裁决。由于双方指定的仲裁员未能达成一致，两位仲裁员指定公断人（UMPIRE）贝内特（M. Bennett）先生审理本案并由贝内特先生签署裁决书。裁决结果：（1）中禾公司赔偿 Bunge 公司 4,840,597 美元，并按年利 5% 从 2004 年 6 月 25 日起支付利息；（2）赔偿应扣除中禾公司预付的 2,000,000 元人民币履约保证金；（3）中禾公司承担法律费用及利息（按年利 5% 计算）；（4）中禾公司承担 12,720 英镑仲裁费用。

2006 年 5 月 31 日，由于打印错误，公断人又重新发布第 3951 号仲裁裁决，内容相同。

31. 2006 年 6 月 14 日，中禾公司向 FOSFA 和 Bunge 公司递交上诉通知，强调：FOSFA 第 3951 号仲裁裁决是错误的；请求撤销第 3951 号仲裁裁决。

32. 中禾公司聘请的仲裁代理人林忠律师就本案涉及的国际条约、中国法律和英国法律等各项问题，向陈安教授提出咨询。陈安教授于 2006 年 11 月 1 日出具了《专家意见书》，对所咨询的各项问题作出解答，并认为中禾公司关于撤销 FOSFA 上述 3951 号仲裁裁决的请求，于法有据、完全合理。

33. 2006 年 11 月 3 日，中禾公司向 FOSFA 上诉庭递交上诉意见，其中强调：上述裁决书公断人以买方没有在 2004 年 6 月 17 日之前开立 S04-071 号合同下的信用证为由，裁决买方构成违约，这是完全错误的。S04-071 号合同因为事后的 71 号禁令导致履行不能和履行非法而受阻。陈安教授的《专家意见书》对此进行了充分的说明。因此，买方履行此合同的义务已被免除。卖方应当返还买方的履约保证金 200 万元人民币。

34. 2006 年 11 月 27 日，Bunge 公司向本案上诉仲裁庭提交上诉《答辩书》（Submission），其中，以中国宋迪煌律师 2006 年 11 月 21 日出具的《报告书》（Report）作为主要依据，对陈安教授 2006 年 11 月 1 日提供的《专家意见书》加以否定和非难。其中主张：

（1）**中国国家质检总局所颁发的多次公告和禁令，都不是中国的法律法令，没有法律根据，不具备法律强制力；违反中国国家质检总局的公告和禁令，不能构成违法**

行为,不必承担法律责任;宋迪煌律师等人提供的《报告书》和证言,证明了中国国家质检总局的71号禁令与银行不肯开证没有关联;FOSFA一审裁决是正确的。

(2) 宋迪煌律师等人提供的《报告书》和证言,证明了进口至中国的巴西大豆**只是工业原料,不是食品**,不属于中国有关食品卫生安全法律法令的适用范围,不受中国国家质检总局多次公告和禁令的监督。

(3) 中国的法律对于经营巴西大豆出口的外国公司,没有法律强制力。

(4) 陈安教授是中国人,没有资格评论英国的法律。

35. 2006年12月,应中禾公司及其聘请的上海瑛明律师事务所林忠律师的要求,陈安教授针对上述否定和非难,依法作出必要的反驳。他指出:上述英国律师的《答辩书》及其所依据的中国宋迪煌律师出具的《报告书》,不但严重歪曲了中国的法律和禁令,而且无视有关的国际条约,违反了英国的法律,违反了英国权威学者率先总结并为国际社会广泛接受的"法律冲突"准则,因而是错误的,不能采信。

36. 2006年12月18日,中禾公司向FOSFA上诉仲裁庭递交意见,指出卖方再次提交的上述中国律师的证言和意见是错误的;再次强调中国国家质检总局颁发的禁令在中国拥有法律权威和强制执行力;同时,中禾公司提交买方于2004年5月至6月向中国有关银行提出的开证申请文件,进一步表明银行拒绝开出信用证的事实。

37. FOSFA上诉仲裁庭对中禾公司上述主张及新证据拒不采信。2007年2月12日,FOSFA上诉仲裁庭作出第945号上诉仲裁裁决,裁决维持第3951号仲裁裁决。

38. 2007年4月5日,中禾公司委托罗宾逊(Michael Robinson)律师向英国高等法院申请撤销FOSFA第945号上诉仲裁裁决,并递交尼科尔斯(Peter Nicholls)先生于3月21日作出的证人证言。主张:中国国家质检总局公告禁令乃是合同落空的主因;FOSFA上诉仲裁庭拒绝接受买方提交的关于开证申请书的"办公室文件"(Office Copies)以及中国国家质检总局网页的记载作为证据,此种决定构成程序性非法(Irregularity);上诉仲裁庭第945号上诉仲裁裁决应予撤销。

39. 2007年4月19日,Bunge公司鉴于自己理屈,向中禾公司提议认可中禾公司的两份新证据可由仲裁庭重新裁定,同时中止向英国高等法院提起的诉讼。5月4日,中禾公司接受Bunge公司此项提议。

40. 2007年5月21日,英国高等法院商事法庭发布"同意令"(Consent Order)。明确指示:FOSFA第945号上诉仲裁裁决应发回FOSFA上诉委员会**重新审理**(Reconsideration);中禾公司即买方提交的关于开证申请的办公室文件及关于中国国家质检总局职能和权力的网页记载,应被上诉仲裁庭认定为证据。

41. 2007年6月21日,中禾公司向FOSFA上诉仲裁庭再度提交意见。重申:买方在2004年6月15日和16日向银行申请开信用证,银行以71号禁令导致开信用证非法为由,拒绝了买方的请求。中国国家质检总局的公告、禁令具有法律强制效力,不得违反。它的实际影响是使得买方在卖方规定的时间内开信用证成为不可能,造成合同受阻落空,买方没有违约,不应承担违约责任。

42. 2007年7月3日,Bunge公司提交意见。主张:不论对新证据采取何种观点,它们都无法影响仲裁的最终结果;中国国家质检总局公告并不能在实质上影响买方的开证。

43. 2007年7月30日,中禾公司提交意见。买方坚持其在2007年6月21日提交的意见。买方进一步补充:中国国家质检总局的公告从法律上和实际效果上使买方无法开信用证。买方的财务状况没有问题,是公告使合同受阻。

44. 2007年11月28日,FOSFA上诉仲裁庭作出第945-2号上诉仲裁裁决,再次维持原第945号上诉仲裁裁决。

45. 英国FOSFA仲裁庭的三度裁决均受到英国律师和中国律师宋迪煌等人不实证言的严重误导,从而一错再错;其中贯穿了对中国法律常识的愚昧无知和肆意歪曲,对中国法律尊严的极端藐视和严重亵渎,对中国国民健康和人身安全的极端漠视和麻木不仁。

三、中禾公司咨询的问题

(一) 关于中国国家质检总局上述禁令的法律依据问题

46. 前文第14段和第16段所列举的中国国家质检总局在2004年5月10日至6月14日多次发布的通报和公告,一再明文规定:禁止来自巴西的含有萎锈灵和克菌丹剧毒物质的大豆进口至中国。Bunge公司及其聘请的中国宋迪煌律师认为中国国家质检总局上述禁令的法律依据不足,或没有法律依据。请问:Bunge公司和宋律师的此种主张是否有理?能否成立?

(二) 关于中国国家质检总局上述禁令的法律效力问题

47. 中国国家质检总局的上述通报、公告中关于禁止有关巴西大豆进口至中国的规定,是否属于强制性的法规法令?有无强制性的法律效力?

(三) 关于中国国家质检总局上述禁令的持续时间问题

48. 中国国家质检总局自 2004 年 5 月 10 日至 2004 年 6 月 17 日多次发布了有关严防巴西含毒大豆进口至中国的公告和禁令。其后,在 2004 年 6 月 23 日发布了 76 号公告,恢复 Bunge 公司等向中国出口巴西大豆的资格。请问:这是否表明自当天起,中国已不再禁止巴西含毒大豆进口至中国?原先禁止含毒巴西大豆进口至中国的上述多次禁令是否在 2004 年 6 月 23 日发布 76 号公告之后迅即失效?

(四) 关于中国各家银行拒绝开出信用证的原因及其相关的法律责任问题

49. 中禾公司曾向中国多家银行申请为 Bunge 公司出售的本单巴西大豆开出信用证。但中国的多家银行均以上述**中国国家质检总局**禁令为理由,拒绝开证。请问:

(1) 这是否足以构成 S04-071 号合同落空?

(2) 如果中国的**有关银行胆敢不顾中国国家质检总局**的禁令而擅自对本单大豆交易开出信用证,将会承担什么法律责任和导致什么法律后果?

(3) 如果中禾公司在上述**中国国家质检总局多次公告和禁令**之后,明知进口至中国的这几批巴西大豆含有剧毒,却仍然千方百计地寻求和催促相关银行开出相关的信用证,从而促进了含毒大豆的顺利进口,日后因此造成重大的人畜伤亡事故,则**中禾公司**将会承担什么法律责任和导致什么法律后果?

(五) 关于适用英国法与中国是否开证义务的履行地问题

50. 按 S04-071 合同规定,本案争端应按 FOSFA 22 规则的规定在英国伦敦提交仲裁,并适用英国法。Bunge 公司认为:英国法仅承认合同履行地的违法可能导致合同落空。然而,根据 S04-071 合同,中国不是信用证开立义务的履行地。因此,即使开立信用证构成对中国法律的违反,也不得被认定为英国法下合同落空的理由。请问:Bunge 公司上述主张是否有理?能否成立?

(六) 关于适用英国法与适用中国强制法的"法律冲突"问题

51. Bunge 公司主张:S04-071 合同要求中禾公司开出的信用证,乃是英国法律认定为**合法**的一项行为。但在事实上和实践中,本单大豆交易行为及其信用证开出事宜,依中国法律却被认定为应予强制禁止的**违法**行为,即两种法律认定之间存在矛盾与冲突。请问：在此种情况下，应当如何处置这种矛盾与冲突？以何者居于优先适用地位？

（七）关于向中国主管法院申请对英国 FOSFA 仲裁裁决不予承认、不予执行的问题

52. 2008 年 2 月 26 日，Bunge 公司向中国主管法院即厦门市中级人民法院申请针对中国中禾公司强制执行英国 FOSFA 作出的错误仲裁裁决。鉴于此项错误裁决，贯穿了对中国法律常识的愚昧无知和肆意歪曲，对中国法律尊严的极端蔑视和严重亵渎，对中国国民健康和人身安全的极端漠视，从而对恪守中国法律、有法必依的中禾公司造成严重的损害，中禾公司作为守法经营的无辜受害人，决定针锋相对，请求获得本国司法主权的有力保护，依法讨回公道，已向中国主管法院即厦门市中级人民法院申请对英国 FOSFA 作出的错误仲裁裁决，不予承认、不予执行。请问：这种反向请求有何国际条约根据和中国法律根据？

四、专家的看法和意见

53. 兹针对上述咨询问题，陈安教授按照"以事实为根据，以法律为准绳"的原则，对上述第 46—52 段七方面问题的有关文档作了仔细的查索、研究和分析，得出以下结论：

（1）中国国家质检总局发布的上述禁令具有充分的法律授权和足够的法律依据，具有不容违反、不许触犯的法律强制力，任何单位或个人，一旦因故意或过失而违反或触犯，就势必承担相应的法律责任。

（2）中国国家质检总局的上述通报、公告中关于禁止有关巴西大豆进口至中国的规定，当然是属于强制性的法规法令，具有强制性的法律效力。

（3）2004 年 6 月 23 日中国国家质检总局发布的 76 号公告（见第 20 段）含有两点主要内容，必须全面解读，不能断章取义。其后段文字表明：禁止含有萎锈灵和克菌丹毒素的巴西大豆进口至中国的禁令，在 2004 年 6 月 23 日之后的相当时期内，仍然有效。

（4）任何单位或个人，包括机关、企业事业单位及其办事人员，一旦因故意或过失而违反或触犯中国国家质检总局依法公布的有关禁令，并对中国国民健康或人畜安全造成损害事故，视其情节轻重，势必承担相应的法律责任。

(5)开立信用证构成对中国法律的违反,理应被认定为英国法下合同落空的理由。Bunge 公司的有关主张,不但不符合中国法律,而且不符合英国法律,不能成立。

(6)在本案合同纠纷中适用英国法与适用中国强制法的"法律冲突"问题,应依有关的国际条约、国际惯例和国际社会公认的权威学者所总结的"法律冲突规则",加以解决。

(7)向中国主管法院申请对英国 FOSFA 仲裁裁决不予承认、不予执行,应当援引中、英两国都已参加的 1958 年在纽约订立的《承认及执行外国仲裁裁决公约》(以下简称《1958 年纽约公约》)以及中国的法律,依法办理。

对于上述问题及作出相关结论的依据,兹逐一评介、剖析如下:

(一)关于中国国家质检总局上述禁令的事实依据和法律依据问题

54. 中国国家质检总局上述禁令同时具备确凿的事实依据和充分的法律依据

(1)确凿的事实依据

以下两篇权威性报道,由现场目击者撰写于"巴西毒豆事件"发生后的第一时间,令人触目惊心:

共和国:55 年来第一次这样说:"不!"[2]

2004 年 4 月 18 日,厦门东渡港区。厦门出入境检验检疫局张振民副科长和植检处的其他同志一起,登上了一艘装有 5.9 万吨巴西大豆的外轮,对该船大豆实施检验检疫。

有情况! 一颗、两颗……许多染红的大豆进入张振民的视线,让他大为震惊。紧接着,其他舱也发现了类似情况,第一舱、第二舱……第七舱,同时登轮的其他同志随之也报告,7 个船舱表层都均匀混有表面呈红色的大豆,在深挖十米以下仍可见到"红豆"!

技术中心实验室的进一步检测结果表明,**这些食用"红豆"实为含有萎锈灵和克菌丹两种农药的"毒豆"**;更为严重的是,这批大豆附有巴西检验检疫部门及有关机构出具的相关证书。

情况万分紧急! 正在南非出访的厦门出入境检验检疫局王仲符局长接到报告后,通过越洋电话指示:本着对国家、对企业、对老百姓负责的态度,严格认

---

[2] 参见厦门出入境检验检疫局:《国门卫士:跨越世纪的追梦之旅——厦门出入境检验检疫局成立五年工作纪实》,http://www.xmciq.gov.cn/views/controller.jsp?id=4466。(见书证 2,从略)

真做好检验把关,务必做到检验结果准确、处理方法妥善……在匆匆结束出访后,王局长马不停蹄,亲自带领技术骨干赴京汇报。**4月20日,在国家质检总局支持下,厦门出入境检验检疫局签出禁止巴西"毒豆"入境的证书。**

这是自新中国成立以来,我国首次在进口大豆中发现种衣剂种用大豆,也是被我国首次禁止进口的大宗粮食。

值得一提的是,此后检验检疫部门通过与巴方严正交涉,发出警示通报,暂停了四家供货商对华出口大豆,使"毒豆"事件受害方漳州百佳公司一举赢回巨额赔偿,安然渡过了濒临破产的重大危机。

厦门检验检疫局依法禁止 5.89 多万吨巴西大豆进口[3]

……经检验,全船各舱表层红色大豆含量 0.76‰。厦门检验检疫局技术中心对红色大豆进行检测,检出萎锈灵(CARBOXIN)和克菌丹(CAPTAN)。

萎锈灵是一种内吸性**杀菌剂**,一般用于防治锈病、黑穗病,可制成种衣剂,**毒性**:大白鼠急性经口 LD_{50} 3820 毫克/千克,**拌过药的种子不可食用或作饲料**。克菌丹是一种广谱性**杀菌剂**,一般用于防治蚕豆炭疽病、立枯病、根腐病,**毒性**:大白鼠急性经口 LD_{50} 9000 毫克/千克,**可致癌,拌过药的种子不可食用或作饲料**。一般包裹**有毒**种衣剂的种子都染有有色警示剂,供货商在**明确知道**本批大豆用途是加工**食用油**和豆粕的情况下,还将染有有色警示剂的种用有毒大豆混入输往我国的大豆中,是**十分恶劣**的行为,**性质非常严重**。根据《中华人民共和国**食品卫生法**》第 9 条、《中华人民共和国进出口商品检验法》第 35 条,厦门检验检疫局禁止本批大豆进口。

(2)充分的法律依据

中国国家质检总局上述禁令是中国**食品安全立法体系**中不可缺少的**关键环节**,它们不但切合中国的国情,具有**充分的法律依据**,而且完全符合当代世界潮流,符合国际立法惯例。

中国国务院发布的《**中国的食品质量安全状况**》白皮书[4](以下简称《白皮书》)综述了多年以来中国全面加强食品安全立法体系建设的概况,强调:"食品质量安全状况是一个国家经济发展水平和人民生活质量的重要标志。中国政府坚持以人为

---

[3] 参见厦门出入境检验检疫局:《厦门检验检疫局依法禁止 5.89 多万吨巴西大豆进口》,http://www.xmciq.gov.cn/views/controller.jsp?id=4361。(按:本文作者张振民是厦门出入境检验检疫局的一位副科长,他是主持此次检验并最早发现本批大豆含有剧毒的官员。)(见书证 3,从略)

[4] 中国国务院新闻办公室:《中国的食品质量安全状况白皮书》,http://news.sina.com.cn/c/2007-08-17/153413686446.shtml。(见书证 4,从略)

本,高度重视食品安全,一直把加强食品质量安全摆在重要的位置。多年来,中国立足从源头抓质量的工作方针,建立健全食品安全监管体系和制度,全面加强食品安全立法和标准体系建设,对食品实行严格的质量安全监管,积极推行食品安全的国际交流与合作,全社会的食品安全意识明显提高。"

55.《白皮书》指出:迄今为止,"中国已建立了**一套完整的食品安全法律法规体系**,为保障食品安全、提升质量水平、规范进出口食品贸易秩序提供了坚实的基础和良好的环境"。《白皮书》还逐一列举了有关的主要法律、法规和部门规章:

> **法律**包括《中华人民共和国产品质量法》《中华人民共和国标准化法》《中华人民共和国消费者权益保护法》《中华人民共和国农产品质量安全法》**《中华人民共和国刑法》**《中华人民共和国食品卫生法》《中华人民共和国进出口商品检验法》《中华人民共和国进出境动植物检疫法》《中华人民共和国国境卫生检疫法》和《中华人民共和国动物防疫法》等。
>
> **行政法规**包括《国务院关于加强食品等产品安全监督管理的特别规定》《中华人民共和国工业产品生产许可证管理条例》《中华人民共和国认证认可条例》《中华人民共和国进出口商品检验法实施条例》《中华人民共和国进出境动植物检疫法实施条例》《饲料和饲料添加剂管理条例》《农业转基因生物安全管理条例》等。
>
> **部门规章**包括《食品生产加工企业质量安全监督管理实施细则(试行)》《中华人民共和国工业产品生产许可证管理条例实施办法》《食品卫生许可证管理办法》《食品添加剂卫生管理办法》《进出境肉类产品检验检疫管理办法》《进出境水产品检验检疫管理办法》《流通领域食品安全管理办法》《农产品产地安全管理办法》《农产品包装和标识管理办法》和《出口食品生产企业卫生注册登记管理规定》等。

56.《白皮书》指出:正是以上述法律法规为根据,中国政府建立并执行了**严格的检验检疫制度**。进口食品到达口岸后,中国出入境检验检疫机构依法实施检验检疫,只有经检验检疫合格后方允许进口。在检验检疫时如发现质量安全和卫生问题,立即对存在问题的食品依法采取相应的处理措施,依法作出退货、销毁或改作他用处理,确保进入中国市场的进口食品质量安全。

57.《白皮书》指出:正是以上述法律法规为根据,中国政府强化了风险预警和应急反应机制建设,"建立了全国食品安全风险快速预警与快速反应系统,积极开展食品生产加工、流通、消费环节风险监控,通过动态收集和分析食品安全信息,初步实现了对食品安全问题的早发现、早预警、早控制和早处理。建立了一套行之有效的快速反应机制,包括风险信息的收集、分析、预警和快速反应,做到立即报告、迅速介入、科学判断、妥善处置"。

58. 由此可见,前文第14、16段所述中国国家质检总局发布的有关严防含有剧毒的巴西大豆进口的禁令,具有充分的法律授权和足够的法律依据,是中国**食品安全立法、执法体系中不可缺少的关键环节**。

59. 众所周知,大豆本身乃是一种十分常见、十分重要的**食品**。在中国,以国产大豆或进口大豆作为原料的各种食品,诸如豆油、豆酱、豆腐、豆浆、酱油、酱菜等,更是多达数十种。Bunge公司断言它向中禾公司出售并进入中国的巴西大豆,并非《中华人民共和国食品卫生法》所指的食品,此说显然违背常识。**任何中国人,稍有生活常识,稍有健康良知,决不会接受或附和这种荒唐说法。**

60. 中国国家质检总局自2004年5月10日至6月23日多次发布的通报和公告及其禁令,其法律依据不仅限于《中华人民共和国食品卫生法》第9条和《中华人民共和国进出口商品检验法》第35条,而且还包括前法第39条;特别是还包括《中华人民共和国刑法》第140至149条关于禁止生产、销售伪劣商品犯罪的规定。摘要列举如下:

《中华人民共和国食品卫生法》

第三十九条 违反本法规定,生产经营不符合卫生标准的食品,造成食物中毒事故或者其他食源性疾患的,责令停止生产经营,销毁导致食物中毒或者其他食源性疾患的食品,没收违法所得,并处以违法所得一倍以上五倍以下的罚款;没有违法所得的,处以一千元以上五万元以下的罚款。违反本法规定,生产经营不符合卫生标准的食品,造成严重食物中毒事故或者其他严重食源性疾患,对人体健康造成严重危害的,或者在生产经营的食品中掺入有毒、有害的非食品原料的,**依法追究刑事责任**。有本条所列行为之一的,吊销卫生许可证。

《中华人民共和国刑法》

第一百四十条 生产者、销售者在产品中掺杂、掺假,以假充真,以次充好或者以不合格产品冒充合格产品,销售金额五万元以上不满二十万元的,处二年以下有期徒刑或者拘役,并处或者单处销售金额百分之五十以上二倍以下罚金;销售金额二十万元以上不满五十万元的,处二年以上七年以下有期徒刑,并处销售金额百分之五十以上二倍以下罚金;销售金额五十万元以上不满二百万元的,处七年以上有期徒刑,并处销售金额百分之五十以上二倍以下罚金;销售金额二百万元以上的,处十五年有期徒刑或者无期徒刑,并处销售金额百分之五十以上二倍以下罚金或者没收财产。

第一百四十一条 生产、销售假药,……致人死亡或者对人体健康造成特别严重危害的,处十年以上有期徒刑、**无期徒刑**或者**死刑**。

第一百四十三条 生产、销售不符合卫生标准的**食品**,足以造成严重**食物中毒事故**或者其他严重**食源性疾患**的,处三年以下有期徒刑或者拘役,并处或者单处销售金额百分之五十以上二倍以下罚金;对**人体健康造成严重危害**的,处三年以上七年以下有期徒刑,并处销售金额百分之五十以上二倍以下罚金;后果特别严重的,处七年以上有期徒刑或者无期徒刑,并处销售金额百分之五十以上二倍以下罚金或者没收财产。

第一百四十四条 在生产、销售的**食品**中**掺入有毒**、有害的**非食品原料**的,或者销售明知掺有有毒、有害的非食品原料的食品的,处五年以下有期徒刑或者拘役,并处或者单处销售金额百分之五十以上二倍以下罚金;造成严重食物中毒事故或者其他严重食源性疾患,对人体健康造成严重危害的,处五年以上十年以下有期徒刑,并处销售金额百分之五十以上二倍以下罚金;致人死亡或者对人体健康造成特别严重危害的,依照本法第一百四十一条的规定处罚。

(注:即应处十年以上有期徒刑、无期徒刑或者死刑。)

61. 就本案而言,如果违反中国国家质检总局的禁令,擅自进口含有萎锈灵和克菌丹毒素的巴西大豆,则此种行为不但违反了《中华人民共和国食品卫生法》和《中华人民共和国进出口商品检验法》这两部**法律**,而且还可能触犯**刑法**。有关行政官员、企业事业单位的主管以及有关的办事人员和当事人,不但要承担相应的行政违法责任和接受相应的**行政处罚**(含罚金、警告、记过、降职、撤职、开除公职、吊销营业执照等),而且还可能要视其触犯刑法的犯罪行为的严重程度和造成的损害后果,承担相应的刑事责任,接受相应的**刑事惩罚**(含罚金、财产刑、自由刑、生命刑等)。

(二)关于中国国家质检总局上述禁令的法律效力问题

62. 中国国家质检总局是中华人民共和国国务院所属的一个部级单位,又是中国政府的一个强力执法机关。它代表中国国家把守国门,通过依法检验检疫,严防和杜绝一切有毒、有害食品或其他伪劣商品输入或输出中国,以免危害本国和他国人民的健康,或损害本国和他国的经济利益。中国国家质检总局依照中国法律发布的通告、公告和禁令,其本身就是中国政府执法机关的行政法规、法令的一种表现形式,具有法律上的强制约束力。

63. 与此同时,中国国家质检总局的有关禁令又是以中国的其他基本法律(如《中华人民共和国**食品卫生法**》《中华人民共和国进出口**商品检验法**》和《中华人民共和国**刑法**》等)作为依据、基础和后盾的,相应地,中国国家质检总局依法发布颁行的禁令,就具有了**综合的、强大的法律强制力**。任何人对这类禁令只能严格遵守和执行,不得随意背离或违反。否则,就要自食其果,承担相应的行政违法或触犯刑法的法律责任,受到相应的行政处罚或刑事惩罚。

(三)关于中国国家质检总局上述禁令的持续时间问题

64. 鉴于巴西政府和出口商保证加强对出口大豆的严格查验和监管,并保证不再发生"萎锈灵和克菌丹毒素大豆"类似问题,中国国家质检总局于 2004 年 6 月 23 日发布 76 号公告,决定恢复 23 家出口商、供货商(含 Bunge 公司)向中国出口巴西大豆的资格。但是,它附有一项相当严格的前提条件,即:

> 2004 年 6 月 11 日前已经启运在途的巴西大豆,如混有种衣剂大豆[按:即"含萎锈灵和克菌丹毒素的大豆"],**应在卸货前进行挑选处理**,符合中方相关要求后方可准许入境。挑选处理所产生的一切费用由出口商承担,**否则将作退运处理**。

从"应在卸货前进行挑选处理"并自行承担一切费用这个意义上说,中国国家质检总局的 76 号公告显然仍然严格禁止含有萎锈灵和克菌丹毒素的大豆进入中国境内。因此,断章取义、含糊其词地说什么"71 号禁令只持续存在 9 天",并不符合 2004 年 6 月 23 日中国国家质检总局 76 号公告继续从严禁止有毒巴西大豆进口,继续认真保护中国消费者健康的法条文字本意和法定本旨。

换言之,从该 76 号公告的全文解读,它仅仅只是恢复了 Bunge 公司等向中国出口**无毒**巴西大豆的资格,却仍然规定了巴西大豆进口至中国的先决条件:仍然绝对不许含毒的巴西大豆进口,即使是已经启运在途的巴西大豆,若混有有毒的种衣剂(即萎锈灵和克菌丹)大豆,仍然必须在卸货前进行挑选处理,符合中国相关要求后方可准许入境。可见禁止巴西含毒大豆进口至中国的公告和禁令,即使在 2004 年 6 月 23 日之后的相当时期内,仍然具有严肃的法律强制力,不得违反。如果中国的进口商、银行或其他任何办事人员胆敢违反仍然绝对不许含毒的巴西大豆进口的禁令,造成事故后果,则违禁者依旧不能不承担相应的法律责任。这是不能误解的,更是不容曲解的。

65. 当时的一篇新闻报道,[5]如实地反映了中国国家质检总局官方的鲜明态度:"决不允许毒大豆进口"! 报道称:2004年7月13日,中国有关主管部门召集50余家进出口企业,邀请国家质检总局动植司有关负责人,就进口巴西大豆的检验检疫问题专门召开了一个题为"大豆检验检疫情况"的会议。会上,国家质检总局动植司有关负责人对连日来一些进出口企业对国家质检总局颁布的73号和76号公告产生的不同理解,对从巴西进口的大豆中发现"种衣剂大豆"(即含有萎锈灵和克菌丹毒素的大豆)的情况和中国、巴西磋商处理的结果进行了通报,并对两个公告内容逐条进行详细讲解。官员们明确表示:"以后进口的大豆中再发现有种衣豆,我们也不会允许进口。"同时指出:"有种衣剂的大豆是不允许人类、动物食用或榨油的。""任何一个国家都不会允许种衣豆进口。"

会上,动植司官员也提到了**巴西政府**所做的努力。据了解,中国查出巴西进口船上含有有毒大豆后,巴西政府部门立即组织联邦公共部、联邦警察、海关、卫生等部门成立了联合突击队,对相关港口、码头、运输等各环节进行检查,查封了48万吨已经被污染的大豆,停发了检疫证书。巴西政府向中国政府保证,今后不会再发生种衣豆事件。正是在这种情况下,中国才同意恢复巴西23家出口企业对中国出口大豆。

以上这篇专题报道足以证明:中国国家质检总局关于严防巴西含毒大豆进口至中国的公告和禁令,在2004年6月23日之后相当时期内仍然具有法律强制力。如果中国的进口商、银行或其他任何办事人员胆敢违反此项仍然不许含毒的巴西大豆进口的禁令,违禁者依旧不能不承担相应的法律责任。

66. 当2004年6月14日国家质检总局发布71号禁令时,所有人根本无法预测也没有能力预测禁令到底要持续多长时间,而且6月17日禁令还在持续有效中,中禾公司不可能开证。6月25日Bunge公司就宣布中禾公司违约,中禾公司根本就没机会开证。

(四)关于中国各家银行拒绝开出信用证的原因及其相关的法律责任问题

67. 在2004年4月至6月期间,中禾公司曾向中国国家一流银行的驻厦支行申请为本单大豆交易开具信用证,但先后均遭拒绝。它们先后向中禾公司提供了书面声明或证明书,说明拒绝开证的法律理由。例如,中国银行厦门同安支行出具的书

---

[5] 参见王凤君:《国家质检总局:决不允许毒大豆进口》,http://www.people.com.cn/GB/jingji/1038/265/744.html。(见书证5,从略)

面《证明》[6]中明确地指出：

> 国家质量监督检验检疫总局于2004年4月至6月期间出台有关禁止一些大豆供应商向中国出口巴西黄大豆的政策，**我行不宜为巴西大豆贸易开立信用证**。
>
> 2004年6月14日国家质量监督检验检疫总局又发布71号禁令将邦基[Bunge]农贸新加坡私人有限公司列入禁止向中国出口巴西大豆的黑名单。
>
> 在此我行确认，在2004年6月14日至2004年6月23日期间，厦门中禾实业有限公司向本行申请开立的邦基农贸新加坡私人有限公司为受益人的信用证，**我行未予受理也不会受理。**
>
> 中国银行股份有限公司厦门同安支行
2006年6月15日

除此之外，中国农业银行厦门同安支行的《声明》、中国工商银行厦门同安支行与中国建设银行厦门同安支行出具的《证明》中，也毫不含糊地说明了拒绝中禾公司申请，不能为本单大豆交易开出信用证的大体相同的法律理由。[7]

上述四家中国一流银行出具的《证明》或《声明》，都明确指出了：它们之所以拒绝中禾公司的开证申请，不愿或不能为本单大豆交易开出信用证，其关键原因或唯一原因，就在于它们必须严格执行中国的进出口政策法令，严格遵守中国国家执法机关中国国家质检总局的明确禁令，以免它们自己因违反国家政策和禁令以及擅自开出信用证的违法行为，承担法律责任和受到法律处罚或惩罚。

68. 中国国家执法机关中国国家质检总局依法发布的上述禁令，**不但对中国境内**的中国银行的开证行为具有强制性的法律约束力，**而且对于中国境外**的中国银行的任何分支机构，也具有同样的、强制性的法律约束力。这是不言而喻的。设立在中国境外的中国银行各分支机构，如不切实遵守中国国家执法机关中国国家质检总局的上述禁令，擅自为含有萎锈灵和克菌丹毒素的巴西大豆进口至中国的交易开具信用证，方便或促进此种含剧毒大豆的进口交易，则一旦造成事故后果，同样不可能"逍遥法外"，不可能不受到中国法律的相应制裁和惩罚。因此，Bunge公司认为中禾公司应当或者可以向开设于中国境外的中国银行的分支机关申请开出信用证，这种主张是不合法的。

69. 由此可见，Bunge公司以中国律师宋迪煌先生出具的关于信用证的《陈述意

---

[6] 见书证6，从略。
[7] 见书证7、8、9，从略。

见》作为根据,断言中禾公司之所以未能如期开出本单大豆交易的信用证,"主要"或"完全"是由于中禾公司的资产情况不良,资金不足或资信欠佳云云;或者,断言"没有任何证据可以证明中国的银行对于此类开证申请作出决定时受到了中国质检总局行为,特别是关于暂停从巴西进口大豆决定的实质性影响"云云,这些说辞和主张,显然背离了事实,不足采信。

70. 本案的关键,不在于中国国家质检总局71号禁令持续多长时间,而是在于:在此期间,中禾公司有权解除合同且事实上也解除了合同。因此,Bunge公司关于禁令持续时间的争论是没有意义的。更何况Bunge公司并不能保证,也从未保证其运出的大豆不含有萎锈灵和克菌丹毒素。

(五)关于适用英国法与中国是不是开证义务的履行地问题

71. 根据 S04-071 合同"PAYMENT"条款明文规定:"Buyer to open L/C through a first-class **Chinese** bank acceptable to seller"(买方应经由卖方愿意接受的、一流的**中国的银行**开立信用证),显而易见,其文字的一般逻辑含义和双方当事人的真实意思表示,都规定了中国乃是本单大豆交易信用证开立义务的履行地。因为:

(1)在此之前,中禾公司与Bunge公司之间曾经有过另外一单大豆交易(S03-593号合同),其信用证就是由中国工商银行厦门分行和中国农业银行厦门分行分别开出,换言之,其信用证开立义务的履行地就是在中国厦门。[8]

(2)中禾公司与Bunge公司之间进行上述另外一单大豆交易时,在申请和取得信用证方面已经**开了这个先例**,而且相当方便和顺利。据此,完全有理由推定:相同的买卖双方(即中禾公司—Bunge公司)在为同类的大豆交易而订立同类合同(即S04-071号合同)之际,其中"卖方愿意接受的、一流的**中国的银行**"(first-class **Chinese** bank acceptable to seller)一词的真实含义和真实意思表示,就是指可以比照先例,在厦门当地开证,亦即以中国作为本单大豆交易信用证开立义务的履行地,由中国境内的中国一流银行开出信用证。

(3)商业交易是最讲求效率的,商人们都是聪明机灵的。他们一般不会愚蠢到**故意舍近求远**,要求买方到远离买方所在地的、设在外国的中国银行分支机构,去申请开信用证。就本案而言,即使Bunge公司当初果真违背常识,不顾常理,竟然要求

---

[8] 见书证10、11,从略。

中禾公司到远离厦门的中国境外的中国银行分行去开证,那也应事先在合同中作出明确而毫不含糊的规定。但事实上,S04-071 号合同中不但没有此种明确而毫不含糊的规定,而且恰恰相反,却对在中国境内的中国一流银行开证作出了并不含糊的规定,即在文字的**一般逻辑含义上**和双方当事人的**真实意思表示上都显然专指中国境内中国银行的明确规定**(见第 71、71(1)、71(2)各段的分析)。可见,Bunge 公司所持的关于上述合同规定开证行应是**中国境外**的中国银行的主张,就类似于中国成语所说的"事后诸葛亮"了,显然不宜采信。

72. 即使 Bunge 公司当初果真违背常识,不顾常理,竟然要求中禾公司到远离厦门的中国境外的中国银行分行去开证,那也因其违反中国国家质检总局反复重申的、强制性的禁令,而根本无法实现,必然落空。关于此点,已在前文第 68 段中阐明,兹不再赘。

诚如 Bunge 公司所称:英国法仅承认在合同履行地的违法可能导致**合同落空**。根据以上分析,S04-071 号合同中的文字规定和立约当事人当时的真实意思,都指定**中国乃是信用证开立义务的履行地**,因此,中国的有关银行如果在中国国家执法机构中国国家质检总局禁令条件下仍然擅自开立信用证,势必违反中国法律的强制性规定。事实也证明了中国的银行不愿意、不可能在此种情况下为本单大豆交易开具信用证。这一客观情节,理所当然地应被认定为英国法下合同落空的理由,中禾公司当然也有权在此种情形下解除 S04-071 号合同。

73. 总之,在中国法律的环境下,2004 年 6 月 17 日当时,无论中国的银行、中国的海关、中国的质检部门,都不能让中禾公司履行开证义务,这是中国有关食品安全的强制性法律、法规和禁令所绝对要求的,也是中国的银行、海关和质检部门所必须遵行的。

(六)关于适用英国法与适用中国强制法的"法律冲突"问题

74. 据查,英国也制定和颁行了与食品安全有关的法律,即 1990 年出台的《食品安全法》(**Food Safety Act 1990(c. 16)**)。根据该法第 1 条有关食品的定义,S04-071 合同项下的大豆理应被认定为食品,因为大豆显然是该法明文规定的"用于制造食品的原料"之一。同时,该法第 7 条规定,明知食物将会被人消费,却对食物加入某种物质,或使用任何物质作为食物原料,导致食物对人造成危害的,就构成犯罪

(guilty of an offence)。具体条文如下:[9]

Article 1   Meaning of "food" and other basic expressions.

(1) In this Act **"food" includes**—

(a) drink;

(b) articles and substances of no nutritional value which are used for human consumption;

(c) chewing gum and other products of a like nature and use; and

(d) **articles and substances used as ingredients in the preparation of food or anything falling within this subsection.**

...

中文译文:

第一条 "食品"的含义及其他表述

(1) 本法所称"食品",包含:

(a) 饮料;

(b) 供人类消费的、不具有营养价值的各种物品和物质;

(c) 口香糖及其他类似性质和用途的产品;以及

(d) 各种物品和物质,用于制造食品的原料或制造本条规定的任何产品的原料。

....

Article 7   Rendering food injurious to health.

(1) **Any person who renders any food injurious to health by means of any of the following operations, namely**—

(a) **adding any article or substance to the food;**

(b) using any article or substance as an ingredient in the preparation of the food;

---

[9] **Food Safety Act 1990 (c. 16)**, http://www.opsi.gov.uk/acts/acts1990/ukpga_19900016_en_2♯pt1-l1g1. 关于英国食品方面的法律可以在该国 FSA(Food Standards Agency)官方网站找到:http://www.food.gov.uk/foodindustry/regulation/foodlaw/. 目前英国涉及食品的主要法律包括:(1) The Food Safety Act 1990 (as amended) provides the framework for all food legislation in Great Britain. Similar legislation applies in Northern Ireland. (2) The General Food Law Regulation (EC) 178/2002 is EC legislation on general food safety. Please see the FSA Guidance Notes on this regulation. (3) The General Food Regulations 2004 (as amended) provides for the enforcement of certain provisions of Regulation (EC) 178/2002 **including imposing penalties)** and amends the Food Safety Act 1990 to bring it in line with Regulation (EC) 178/2002. Similar legislation applies in Northern Ireland. (见书证12,从略)

(c) abstracting any constituent from the food; and

(d) subjecting the food to any other process or treatment, **with intent that it shall be sold for human consumption, shall be guilty of an offence.**

中文译文：

第七条 制造有害于健康的食品

(1) 任何人,以出售供给他人消费为目的,采取以下办法之一,制造损害健康的任何食品,即构成犯罪：

(a) **把某种物品或物质添加于食品之中；**

(b) 用某种物品或物质作为制造食品的原料；

(c) 从食品中提取某种元素；

(d) 用其他办法加工食品。

75. 显而易见,英国法律的上述明文规定,其保护消费者权益和民族健康的基本立法宗旨和**强制性法律效力**,与前文摘引的中国相关法律,是不约而同、完全一致的。换言之,依据英国法,进口含毒食品原料也是违法的,甚至会构成犯罪。

76. 另据报道,[10]英国关于食品安全的立法和执法都是非常严格的。1990年出台的《食品安全法》规定,凡是销售和供应不适合人类食用的食品,以及使用虚假和误导消费者的食品标签都属于非法行为。《食品安全法》对各种食品、饮料所包含的具体成分和卫生标准作出了详细规定。具体执法工作主要由地方政府的官员们承担。而管辖全英的专设职能机构"食品标准局",其主要职能之一,就是对其他食品安全监管机关的执法活动进行全面的严格监督、评估和检查。"**一旦发现违法行为,法律的制裁将是无情的,罚款动辄就是几万英镑,情节严重的甚至会遭到[司法]起诉。**"

几年来,食品标准局代表女王履行职能,并向议会报告工作。根据法律,食品标准局对其检测结果,除依法不得公开的外,一律向公众公布,并向厂家或商家提出具体要求。

其典型事例之一是：2005年2月,英国食品标准局在**官方网站**上公布了一份通告,通知公众：亨氏、联合利华等30家企业的产品中可能含有具有**致癌性**的工业染色剂"**苏丹红一号**"。在"苏丹红"风波中,食品标准局除了提供信息外,还列出了几百种与苏丹红相关食品的名单,并要求它们在几天之内全部下架。由于品种繁多而且

---

[10] 参见《英国食品标准局独立执法威信高》, http://www.sinolaw.net.cn/wenxue/rdgt/2005916145501.htm。(见书证13,从略)

数量可观,伦敦一些大型超市一度出现大面积的空货架。英国的食品安全立法权威与英国食品标准局的执法权威,也由此可见一斑。随后,**一场声势浩大的查禁"苏丹红一号"的行动席卷全球**,英国食品标准局及其官方网站在全球公众中也因此赢得了不小知名度和执法威信。中国公众对这场也波及中国全国各地的查禁"苏丹红一号"的行动,都可谓"记忆犹新"。

77. 英国针对食品安全问题的立法和执法是如此严格、严肃。美国、法国、德国日本、新加坡、韩国等等,也莫不如此。[11]可以说,**针对食品安全实行严格立法和严肃执法,已经形成为当代世界潮流、全球公众共识、人类普遍要求。无论是当代的英国人,还是当代的中国人,对此都不应该愚昧无知,更不应该麻木不仁,颠倒黑白**。

78. 令人遗憾的是:英国 FOSFA 仲裁庭针对含致癌剧毒大豆进口中国一案的三度裁决,却在某种误导、误信之下,对于中国现行的食品安全立法和执法,竟充满了愚昧无知,对于事关中国国民健康和生命安全的大是大非,显示了麻木不仁,这是完全背离当代世界潮流和全球共识的。更有甚者,此三度错误裁断,也是**完全违反英国本国的立法规定和执法实践的**。

79. 本案 S04-071 合同与 FOSFA 22 有关条款虽明文规定"适用英国法律",但是,对于这一条款规定的真实含义,绝对不容许作出孤立的、片面的、表面的文字解释,而必须依据中国强制法、英国强制法,以及当代国际社会公认的"法律冲突准则"(Rules of Conflict of Laws),加以综合的、科学的诠解。

(1) 就中国的强制法而言,《中华人民共和国民法通则》和《中华人民共和国合同法》规定:涉外合同的当事人虽然可以约定选择处理合同争议所适用的法律,但是,选择适用外国法律或者国际惯例的,不得违反中国的强制性法律或中国的社会公共利益。违反中国的强制性法律或社会公共利益的任何约定,包括适用外国法律的约定,都是自始无效的。[12]换言之,当事人不得通过约定,逃避或排斥适用中国的强制性法律法规。就本案而言,Bunge 公司与中禾公司之间虽有关于**"适用英国法律"的约定,仍然不得逃避或排除适用中国的强制性法律法规**。而中国的强制性法律法规,却可以排除中外当事人之间任何违法的合同约定,使这种违法约定自始无效。

(2) 就英国的强制法而言,情况虽较为复杂,但也是有法可依、有章可循的,即必须切实依据英国本身的法律、英国参加缔结的《欧洲经济共同体合同义务准据法公约》(简称《罗马公约》)以及英国权威学者率先倡导并已获举世公认的"法律冲突规

---

[11] 参见《发达国家农产品质量安全市场准入的主要措施及启示》,http://www.cnca.gov.cn/cait/cprz/spncprz/spncprzxgzs/26532.shtml。(见书证14,从略)

[12] 参见《中华人民共和国民法通则》第7条、第58条第1款第5项、第145条第1款、第150条;《中华人民共和国合同法》第7条、第52条第4款、第5款。

则",加以综合的诠解和澄清。

众所周知,英国属于普通法系(Common Law)国家。但是,作为欧共体的成员国,英国在合同方面原有的大部分"法律选择"准则,已由《罗马公约》[13]中的有关准则所取代。这些准则已由英国的《1990年合同(准据)法》[14]所吸收并自1991年4月1日起施行。《罗马公约》第3条第3款明文规定:"尽管各方当事人已经选择适用**某一国家**的法律,不论他们是否同时选择这个国家的法庭,如果在作出此种法律选择当时其他一切有关因素都仅仅与**另外一个国家**相联系,则仍然**不得规避适用该另一国家那些不能用合同加以排除的法律规定**[按:即'强制性规定'(mandatory rules)]。"

80. 《罗马公约》的此项规定,不但已被吸收到英国的相关法律之中,而且也被英国著名的教授们进一步加以论证、提炼和归纳,作为"法律冲突规则"第175条(Rule 175),载明于具有全球影响的权威性论著《戴西和莫里斯论冲突法》。[15]

81. 衡诸本案事实,买卖双方当事人中国中禾公司与新加坡 Bunge 公司虽已在合同中共同选择英国法律作为争端仲裁适用的准据法,但是,鉴于该合同的其他关键因素,包括合同双方当事人的所在地、签约地、货款信用证开证地、货物进口履行地等,都仅与中国密切相关,[16]而与英国毫不相干,因此,双方当事人不得通过对 S04-071 合同中有关英国法的选择,排除适用中国的任何**强制性法律规定**,包括中国国家质检总局的前述强制性禁令规定。

82. 根据英国法院断案的长期实践以及英国权威学者的总结和论述,如果一项英国合同在外国履行,而其履行行为直接或间接地触犯或违反当地国家的法律,则英国法院对于该合同应拒绝予以承认和执行。特别是,如果该合同的履行行为触犯或违反**与英国友好国家**的法律,即使该合同根据英国法律是合法的、有效的,但如实施当事人所选择的准据法就势必会损害英国与该履行地国家之间的友好关系,从而"明显地**违反了英国法的公共秩序**"[manifestly incompatible with the public policy ("ordre public") of English Law],那么,英国法院就尤其应当拒绝予以承认和执行。英国法院长期断案中所贯穿的这一原则和基本精神,也已由英国的权威学者们归纳和提炼,作为"法律冲突规则"第180条(Rule 180),载入具有全球影响的前

---

[13] See EEC Convention on the Law Applicable to Contractual Obligations ("Rome Convention").
[14] See Contracts (Applicable Law) Act 1990.
[15] See *Dicey and Morris on the Conflict of Laws*, 13th ed., Vol. 2, Sweet & Maxwell, 2000, p. 1242. 在1993年推出的该书第12版中,这条规则的序号列为 Rule 177,见第1239页。(见书证15,从略)
[16] 与中禾公司公司实际签订 S04-071号合同的对方乃是新加坡 Bunge 公司设在中国上海的子公司 Bunge International Trading (Shanghai), Co., Ltd.。(见书证16,从略)

述名著。[17] 而其有关的典型判例,也不难逐一加以研究和查证,诸如:

(1) De Wutz v. Hendricks(1824) 2 Bing. 314-316. (2) Foster v. Driscoll [1929] 1 K. B. 470,518,521(C. A.); Regazzoni v. K. C. Sethia, Ltd. [1958] A. C. 301, 322, 328, 329. (3) Jennings [1956] C. L. J. 41. (4) F. A. Mann (1956) 19 M. L. R. 523; and (1958) 21 M. L. R. 130; A. L. G. (1957) 73 L. Q. R. 32. (5) Rossano v. Manufacturers' Life Ins. Co. [1963] 2 Q. B. 352,376-377. (6) Frischke v. Royal Bank of Canada (1977) 80 D. L. R. (3d) 393 (Ont. C. A). (7) Euro-Diam Ltd. v. Bathurst [1990] 1 Q. B. 1,40(C. A.).

83. 举世皆知,英国乃是最早承认新中国的国家之一。两国之间自 1950 年 1 月以来,在广泛的领域中长期保持着友好和合作的关系,并且在平等互利的基础上**互相尊重对方的经济、政治和法律制度,特别是互相尊重对方的强制性法律规定**。因此,本案争端即使是"适用英国法律",那么,依据前述(1)英国参加的《罗马公约》、(2)英国现行的《1990 年合同(准据)法》、(3)英国法院多年断案的实践先例,以及(4)由英国权威学者详加论述、归纳,并已为国际社会广泛接受的"法律冲突规则",就理应**遵循**充分尊重英国友好国家国内强制性法律规定的**英国传统判例**和**英国现行法**,充分尊重中国现行法律中有关管制外贸、切实保护食品安全、保障国民生命健康和消费者权益的各种强制性规定,大力支持中国严格执行中国国家质检总局的前述强制性禁令,**确认本案争端仲裁中应当以中国的强制性法律规定作为判断是非、处断争端的准据法**。

84. 简短的结论:基于以上分析,陈安教授认为:

(1) 根据对"适用英国法"一词的正确理解,本案仲裁中应当以受到英国法充分尊重的中国强制法,作为断案的准据法。

(2) 因此,在有关信用证受益人 Bunge 公司被中国国家质检总局依法禁止向中国出口含毒巴西大豆的情况下,中国的银行既不能也不敢违法违禁,擅自开出以 **Bunge** 公司为受益人的信用证,从而导致 **S04-071** 号合同落空。

(3) 正是适用和依据英国法,依据英国权威学者总结概括、举世公认的"法律冲突规则",中禾公司有权依据中国的强制法,解除该合同。

85. 本案被上诉人(the Respondent)即合同卖方 Bunge 公司于 2006 年 11 月 27 日提交本案上诉仲裁庭的《答辩书》以及宋迪煌律师 2006 年 11 月 21 日提交本案上

---

[17] See *Dicey and Morris on the Conflict of Laws*, 13th ed., Vol. 2, Sweet & Maxwell, 2000, pp. 1276-1277,1280-1281. 在 1993 年推出的该书第 12 版中,这条规则的序号列为 Rule 182,第 1243—1244、1281—1282 页。(见书证 17,从略)

诉仲裁庭的《报告书》,都对陈安教授 2006 年 11 月 1 日提供的《专家意见书》加以否定和非难。陈安教授认为**这些否定和非难,都是错误的**。具体地说:

86. 再论关于中国国家质检总局前述行政禁令的法律根据问题

宋迪煌律师 2006 年 11 月 21 日的《报告书》中强调:中国国家质检总局的前述"多次公告都没有提到作出此种禁令决定的任何法律或法规依据"[18]。这种说法,完全不符合中国法律界人士众所周知的事实:

(1)《中华人民共和国立法法》第 71 条规定:"国务院各部、委员会……和具有行政管理职能的直属机构,可以根据法律和国务院的行政法规、决定、命令,在本部门的权限范围内,制定规章。部门规章规定的事项应当属于执行法律或者国务院的行政法规、规定、命令的事项。"

(2)《中华人民共和国国务院组织法》第 10 条规定:"根据法律和国务院决定,主管部、委员会可以在本部门的权限内发布**命令**、**指示**和**规章**。"

(3) 根据《中华人民共和国立法法》和《中华人民共和国国务院组织法》的上述规定和授权,中国国家质检总局于 2001 年 9 月 7 日在"本部门的权限范围内",发布了"第 1 号部令",即《出入境检验检疫风险**预警**及快速反应管理**规定**》(以下简称《**中国国家质检总局预警规定**》)。在该规定第 1 条"总则"中,明文宣布了此项部门行政规章(rule)的宗旨及其所依据的多种中国法律:"为保障人类、动植物的生命健康,维护消费者的合法权益,保护生态环境,促进我国对外贸易的健康发展,根据《**中华人民共和国进出口商品检验法**》《**中华人民共和国动植物检疫法**》《**中华人民共和国食品卫生法**》《**中华人民共和国国境卫生检疫法**》《**中华人民共和国产品质量法**》等有关**法律法规**的规定,制定本规定。"

(4)《中国国家质检总局预警规定》第 2 条,专门就"**预警**"一词作出明确界定和解释:"本规定所称'预警'是指为使国家和消费者免受出入境货物、物品中可能存在的风险或**潜在危害而采取的一种预防性安全保障措施**。"

(5)《中国国家质检总局预警规定》第 9 条,又进一步对"预警"措施的具体形式作了具体的说明:"风险预警措施包括:(一) 向各地出入境检验**检疫机构**发布风险**警示通报**,检验检疫机构对特定出入境货物、物品有针对性地加强检验检疫和监测;(二) 向国内外**生产厂商**或**相关部门**发布风险**警示通报**,提醒其及时采取适当的措施,主动消除或降低出入境货物、物品的风险;(三) 向**消费者**发布风险**警示通报**,提醒消费者注意某种出入境货物、物品的风险。"

---

[18]《报告书》以英文撰写,其中第 52 段此句原文为:"The public announcements do not refer to any law or regulation upon which the decision was made." See Song's Report, para. 52.(见书证 18,从略)

(6) 除此之外,《中国国家质检总局预警规定》第 12 条还专门对直接采取"**紧急控制措施**"作了规定:"对已经明确存在重大风险的出入境货物、物品,**可依法采取紧急措施,禁止其出入境**;必要时,封锁有关口岸。"

(7) 由此可见,中国国家质检总局 2004 年 5 月 10 日发出的 332 号"警示通报"(Warning Circular)、5 月 22 日发布的 58 号警示"公告"(Public Announcement)、5 月 28 日发布的 61 号警示公告、6 月 14 日发布的 71 号警示公告,以及连续多次直接采取**紧急控制措施**,**直接禁止**多达 24 家巴西大豆出口商向中国出口含有剧毒致癌农药的巴西大豆,所有这些,全部都是依据《中华人民共和国立法法》的授权、《中华人民共和国国务院组织法》的授权,依据中国国家质检总局授权制定的"预警规定",在法律法规授权的范围内,在"本部门的权限范围内",依法发布的**行政命令**或**行政禁令**。

87. 由此可见,中国国家质检总局上述各项行政禁令,其具体的法律根据,就是上述《中国国家质检总局预警规定》第 1 条所明文列举的**至少五种以上**的中国法律,即《中华人民共和国进出口商品检验法》《中华人民共和国动植物检疫法》《中华人民共和国**食品卫生法**》《中华人民共和国国境卫生检疫法》《中华人民共和国产品质量法》。除此五种明文列举的法律之外,还有其他各种"**有关法律法规**"(其中当然包括有关保障人类生命健康、维护消费者合法权益的《**中华人民共和国刑法**》条款),也是中国国家质检总局上述各项行政禁令的法律根据。

88. 由此可见,硬说中国国家质检总局所发布的上述各项行政禁令"没有提到任何法律或法规依据""没有强制性构束力"云云,显然是错误的。错误之关键,就在于用"阉割"和断章取义的办法,完全孤立地看待这些行政禁令,完全"阉割"了这些行政禁令所依据的多种**上位法律和上位法源**,妄图使这些禁令被误解成为"无根之本""无源之水"。这样论证问题,如果不是有意的歪曲,就是明显的粗心,即对中国法律(law)、法规(regulations)、规章(rules)以及行政命令(administration orders)**总链条**中的"**环环相扣**"关系,对上位法律规范与下位法律规范之间的互相关联和互相连接关系,缺少应有的基本知识和必要的正确理解。

89. 由此可见,如果违反、触犯、破坏上述中国国家质检总局的行政禁令,其违反者——行为人就要承担由于违反上述五种具体的上位法律以及其他多种"**有关法律法规**"(包括**刑法**)所必须承担的法律责任,并受到相应的行政处罚甚至刑事惩罚。

90. 由此可见,英国 FOSFA 裁决书不顾事实,硬说违反这些禁令"与刑法毫不相干"(the criminal law had nothing to do with the matter),硬说"违反禁令可能构成犯罪的看法令人感到惊讶"云云,这些论调,不是高度愚昧无知,就是假装"天真无邪"!

91. 再论关于上述中国国家质检总局行政禁令的强制性约束力问题

（1）前文第 86(7) 段提到的 332 号"警示通报"，它虽是直接向"各地出入境检验检疫机构"发布的，但也直接在中国国家质检总局的网站上公开发布，并不是什么内部机密文件，公众完全可以从政府网站上看到。至于其后续的 58 号警示公告、61 号警示公告以及 71 号警示公告，其发布对象，本来直接就是广大的公众，包括"国内外的生产厂商"，一切"相关部门"（当然也包括经营外汇、信用证业务的银行部门）以及广大的"消费者"群体。广大公众当然更易于从中国国家质检总局的网站及其他新闻媒体网站上看到有关信息。

（2）特别值得注意的是：中国国家质检总局于 2004 年 5 月 10 日发布的上述 332 号警示通报，就是针对在**厦门**（本地口岸）发现的含有**剧毒致癌农药**[19]的巴西大豆，而向全国各地"出入境检验检疫机构"以"**特急**"级（Top Urgent）文件（见本"警示通报"左上标明的文字）颁发的警示禁令，其措辞之严厉、严格，在全国范围内，特别是在事件发生地厦门市引起了"轰动效应"。其中的严重警告是：

> 近日，**厦门**检验检疫局在对来自巴西的一般 5.9 万吨大豆实施检验检疫时，发现各舱混有染红的大豆。经检测，这些染有红色警示剂的大豆包裹了含有**萎锈灵和克菌丹**等**农药**的种衣剂。这会给**食用油**和豆粕带来**严重**的安全卫生问题。厦门检验检疫局依法对该批大豆作出禁止入境的决定。中国国家质检总局已向巴西方面通报。为**保护消费者身体健康**，根据《出入境检验检疫风险预警及快速反应管理规定》，现发布警示通报如下：一、从即日起暂停该批大豆的出口商及其他三家巴西供货商从巴西向我国出口大豆。二、……发现染有红色警示剂的大豆，**一律不准入境**。……裹有种衣剂的大豆含有**农药**，检验检疫人员应注意必要的**防护**。

（3）紧接着，中国国家质检总局又连续在同年 5 月 22 日、5 月 28 日、6 月 14 日，三度向社会公众发布有关严防**含致癌剧毒农药**的巴西大豆进入中国国境的**强制性禁令**。在短短 **35 天**（5 月 10 至 6 月 14 日）之内，中国国家质检总局**连续 4 次**下达上

---

[19] 厦门出入境检验检疫局政府网站在 2004 年 5 月 12 日向全国和全球公众公开宣布了一项惊人信息，题为《厦门检验检疫局依法禁止 **5.89 多万吨巴西大豆进口**》。明确宣示："这是我国首次在进口中发现有毒大豆，也是被我国首次禁止进口的大宗粮食"。厦门检验检疫局技术中心对红色大豆进行检测，检出萎锈灵（**CARBOXIN**）和克菌丹（**CAPTAN**）。萎锈灵是一种内吸性杀菌剂，有毒性；拌过药的种子不可食用或作饲料。克菌丹是一种广谱性杀菌剂，有剧毒：可致癌，拌过药的种子不可食用或作饲料。一般包裹有毒种衣剂的种子都染有有色警示剂，供货商在明确知道本批大豆用途是加工食用油和豆粕的情况下，还将染有有色警示剂的种用有毒大豆混入输往我国的大豆中，是十分恶劣的行为，性质非常严重。根据《中华人民共和国**食品卫生法**》第 9 条、《中华人民共和国进出口商品检验法》第 35 条，厦门检验检疫局禁止本批大豆进口。（见书证 3，从略）

述禁令,被禁止进口巴西大豆的商家累计达**24家**之多,这在中国进口大豆的贸易史上是十分罕见的,加之其中6月14日针对Bunge公司的禁令,又是再次发生在**厦门口岸本地**,这就更加成为厦门本地几乎是"家喻户晓,人人皆知"的特大新闻之一。正是在这种背景下,在厦门本地的所有银行及其外汇业务人员,只要不是生活在深山野林、与世隔绝、闭目塞听的糊涂虫,就不可能不知道有关信息和禁令,不可能不知道应当提高警惕,在自己开出信用证的业务中,切实遵守禁令,配合中国政府主管部门,严密防范含有剧毒致癌农药的巴西大豆进入中国国境,严防"给**食用油**和**豆粕**带来**严重的**安全卫生问题",损害广大"消费者身体健康",造成严重的无法挽救的人身伤亡事故。这是最起码的法律常识和工作常识。在明知是为进口含有剧毒的这批巴西大豆开出信用证的情况下,如果还胆敢故意为这批巴西大豆进口提供融资方便而开出信用证,这样的银行经办人员,在日后一旦这些含有剧毒的巴西大豆造成重大人身伤亡事故之后,难道不要承担任何行政法规上的责任和刑事法律上的责任?

92. 再论关于本案进口的含毒巴西大豆是不是食品原料问题

(1) Bunge公司和宋迪煌律师主张:(A)本案争端合同中进口的巴西大豆只供榨豆油之用,不供制作其他食物之用;(B)它本身不是食品,而只是不能食用的原料(inedible raw materials),**只供生产"油和豆粕"**(oil and meal),**然后再用来制造食物和饲料**(见宋迪煌律师的《报告书》第57—58段)。其用意显然是指进口此种含剧毒农药的大豆,并不可能违反《中华人民共和国食品卫生法》《中华人民共和国刑法》等保护中国人民健康和消费者权益的法律。

上述这种主张显然是错误的。理由如下:

(2) 第91(2)段提到,中国国家质检总局于2004年5月10日发布的332号警示通报中明文指出:这种含**致癌剧毒**农药的大豆"会给**食品油**和**豆粕**带来**严重的**安全卫生问题"。宋迪煌律师并非中国国家质检总局的主管官员、职能干部,也并非受聘检验专家,却硬说这批大豆不是供食用的,此说显然没有任何法律根据、科学根据和事实根据。

(3) 既然宋律师承认用大豆生产豆油和豆粕后通常可进一步用以制作各种食物和饲料,那么,世界上哪有如此愚蠢的商家,愿意买来含**有致癌剧毒**农药的大豆做原料,用以制作含**有致癌剧毒**的食品和饲料去毒害人类消费者和禽畜类动物,从而"以身试法、堕入法网",自讨惩罚?

（4）厦门**中禾公司**的主要**营业范围**和**主要产品**之一，就是生产**食用豆油**[20]；它购买大量巴西进口大豆作为原料，其主要产品就是食用豆油和豆粕。其主要销售对象（食用油买家）乃是各地专门生产和经营粮食、食用油的公司和食用油的精炼加工厂，诸如"厦门中盛粮油公司""泉州福海粮油公司"等等，其每单（次）食用豆油销售量多达 1000 吨—2000 吨，价款约达 500 多万元—1000 万元。[21]这是无可争辩的事实。

（5）前文已经强调，这里再次强调：大豆本身乃是一种十分常见、十分重要的**食品**。以大豆作为原料的各种食品，诸如豆油、豆酱、豆腐、豆浆、酱油、酱菜等，更是多达数十种。这种事实，可谓全球各国，家喻户晓；身在中国，更是无人不知。Bunge 公司和宋律师断言 Bunge 公司向中国中禾公司出口的巴西大豆，并非《中华人民共和国食品卫生法》所指的食品，此说显然违背全球各国公众，尤其是中国公众最起码的生活常识。此说类似"掩耳盗铃"，只能自欺，岂能欺人？

93. 再论中国国家质检总局上述行政禁令与中国多家银行拒发信用证的因果关系

（1）Bunge 公司和宋迪煌律师主张：本案各家有关银行之所以不敢、不愿开出信用证"与刑法规定毫不相干"。[22]这种主张是错误的，既不符合事实，也不符合法律。因为：

（2）第 62 段已经提到：中国国家质检总局是中华人民共和国国务院所属的一个部级单位，又是中国政府的一个强力执法机关。它代表中国国家把守国门，通过依法检验检疫，严防和杜绝一切有毒、有害食品或其他伪劣商品输入或输出中国，以免危害本国和他国人民的健康，或损害本国和他国的经济利益。中国国家质检总局依照中国法律发布的通告、公告和禁令，其本身就是中国政府执法机关的行政法规、法令的一种表现形式，具有法律上的强制约束力。

（3）第 63 段已经提到，这里不妨再次强调：中国国家质检总局依照中国法律制定和发布的规章、通告、公告和禁令，又是以中国的多种基本法律作为**依据、基础和后盾**的，其中包括《中华人民共和国食品卫生法》《中华人民共和国进出口商品检验法》和《中华人民共和国刑法》等等（详见第 86—88 段）。相应地，中国国家质检总局依法发布的禁令，就具有了综合的、强大的法律强制力。任何人对这类禁令只能严

---

[20] 参见中国国家质检总局颁发给厦门中禾公司的"生产许可证"。（见书证 19，从略）
[21] 参见 4 份购销食用豆油合同。（见书证 20，从略）
[22] 参见宋迪煌律师《报告书》英文版第 9 段（"In particular, the criminal law he [Prof. Chen] refers to had nothing to do with the matter", see Song's Report, para. 9. "This is over-egging the padding". See Bunge's Submission, para. 19.4）。（见书证 18，21，从略）

格遵守和执行,不得随意背离或违反。否则,就要自食其果,承担相应的行政违法或触犯刑法的法律责任,受到相应的行政处罚或刑事惩罚。

（4）第 67 段提到,中禾公司曾于 2004 年 4 月至 6 月向中国国家一流银行的驻厦门同安的四家支行申请为本单大豆交易开具信用证,但先后均遭拒绝。它们先后向中禾公司提供了书面声明或证明书,说明拒绝开证的**法律理由**和**真实原因**。即它们必须严格执行中国的进出口政策法令,严格遵守中国国家执法机关中国国家质检总局的明确禁令,以免它们自己因违反国家政策和禁令以及擅自开出信用证的违法行为,承担法律责任和受到法律处罚或惩罚。

（5）由此可见,Bunge 公司以中国律师宋迪煌先生 2005 年 8 月 2 日出具的关于信用证的《陈述意见》以及 2006 年 11 月 21 日提供的《报告书》作为根据,断言中禾公司之所以未能如期开出本单大豆交易的信用证,"主要"或"完全"是由于中禾公司的资产情况不良,资金不足或资信欠佳云云;或者,断言"没有任何证据可以证明中国的银行对于此类开证申请作出决定时受到了中国国家质检总局行为,特别是关于暂停从巴西进口大豆决定的实质性影响"云云,这些说辞和主张,显然不符合法律,也背离了事实,不足采信。

（6）就厦门各家银行的主管人员和有关信用证的经办人员而言,在**明知**这批巴西大豆含有**剧毒致癌农药**已遭禁令进口的情况下,如果胆敢不顾强制性禁令,擅自违反政府明文连续四次重申的禁令,为 Bunge 公司这批大豆进入中国境内开出融资信用证提供进口方便,促进了这批大豆的入境,则随后一旦这批含有**剧毒致癌农药**的大豆被加工成食用油、饲料以及各种食品,造成重大人身伤亡事故和大量禽畜伤亡事故,事后追究事故责任之际,这些"明知故犯"的银行人员,岂能摆脱应负的责任和受到应得的惩罚?

（7）《中华人民共和国刑法》第 14、15、25、27 条分别明文规定:"**明知**自己的行为会发生危害社会的结果,并且希望或者放任这种结果发生,因而构成犯罪的,**是故意犯罪**"。"**应当预见**自己的行为可能发生危害社会的结果,因为疏忽大意而没有预见,或者已经预见而轻信能够避免,以致发生这种结果的,**是过失犯罪**"。"共同犯罪是指二人以上共同故意犯罪"。"在共同犯罪中起主要作用的是**主犯**"。"在共同犯罪中起次要或者辅助作用的,**是从犯**。"无论是故意犯罪、过失犯罪、主犯、从犯,都应当分别承担刑事责任,按照他们所犯的罪分别处罚。

（8）这些刑法条款规定,对于中国的任何居民(包括银行从业人员)来说,都应当是普通常识。这些法律常识对于当时在厦门的一切居民,无疑都起到"震慑"的作用。任何略有法律常识、奉公守法的银行人员,当然不会甘愿冒险,"以身试法",胆敢"明知故犯"地在自己经办的信用证业务中,故意去触犯众所周知的禁令,为这批含有**剧毒致癌农药**的大豆的进口提供信用证融资付款方便,从而**在日后一旦发生人畜中毒伤亡事故时**,被追究刑事责任,受到惩罚(即使只是作为"起次要或辅助作用的'从犯'")。

(9)由此可见,Bunge 公司和宋迪煌律师硬说本案银行之所以不敢、不愿开出信用证"与刑法规定毫不相干"云云之类的说法,显然是对中国刑法条款和有关法律常识的无知或歪曲。

94. 再论关于中国国家质检总局上述行政禁令与本案 S04-071 合同落空的因果关系

(1)厦门各家银行从业人员都明知:(A)这批申请信用证的巴西进口大豆含有**剧毒致癌农药**,一旦进口,可能造成严重的人畜中毒伤亡之事故;(B)政府主管执法部门中国国家质检总局已经连续四次发布强制性禁令,并且迅速采取紧急措施,严禁此类和此批大豆进口。正是在这种条件下,各家银行理所当然地**依法、依禁拒绝**了中禾公司为这批含剧毒大豆**开具信用证**的申请,从而理所当然地导致了本案 S04-071 号**合同**因无法付款而**落空**(frustration)。

(2)综上各段所述,可以看出,本案 S04-071 号**合同落空**的**因果链条**可以概括为:

(**A**)由于本案被诉人 Bunge 公司严重违约,在向中国出口的本合同标的物巴西大豆中含有**致癌剧毒农药**,中国国家质检总局依中国多种法律法规连续多次发出严禁这类大豆和这批大豆入境的**强制性禁令**,向全国、全球公众公告周知;

(**B**)由于中国国家质检总局连续多次发布严禁这类大豆和这批大豆入境的**强制性禁令**,厦门各家银行人员众所周知:如为含有毒剧致癌农药的大豆开具信用证促进其进口,可能造成极其严重的人畜中毒伤亡事故,从而可能因此要承担行政法规和刑事法规上规定的违法责任和刑事责任,因而**不愿**和**不敢**擅自违法、违禁开出信用证;

(**C**)由于厦门各家银行人员**不愿**和**不敢**擅自违法、违禁开出信用证,遂使 S04-071 号合同因无法获得信用证而**落空**。

(七)关于中国的法学专家是否有资格评论英国法的问题

95. Bunge 公司提交本案上诉仲裁庭的《答辩书》第 19.1 段称:中国的法学专家陈安教授没有资格评论英国的法律(Professor Chen "is not qualified to deal with English law"),其《专家意见书》所作分析与英国法律"毫不相干"(wide of the

mark),不能视为"证词"(evidence)[23]云云。此外,还塞进了若干讥讽和揶揄语言。但是,该答辩书并未提出任何证据或论据,证明或论证中国的国际经济法资深专家陈安教授何以"没有资格"论及英国法问题。

96. 这种不提供任何证据的论断,显然只是狂妄的傲慢、无礼的嘲笑和蛮横的武断,完全背离了英国人素来提倡的"绅士"风度。武断并不能证明武断者的强大,反而是显示了武断者自身的虚弱。一味抵赖客观事实并不是科学的说理和以理服人。虚晃一枪,没有真实武艺,从来不能战胜和征服略有功夫的对手。

97. 陈教授在《专家意见书》中谈到的是国际经济法和国际商务仲裁领域中经常遇到的法律冲突问题(Conflict of Laws),而**不仅仅是英国法问题**。当今世界上,单单联合国会员国即已多达193个主权国家,并不是只有一个大英帝国。当英国法律与其他享有主权的国家的强制法规定不同,因而发生法律冲突之际,应当遵循什么原则和准则,正确地和妥善地加以解决,这是商务仲裁事业极其发达的英国数百年来所经常面临的现实问题。正是英国的权威学者戴西(Dicey)和莫里斯(Morris)及其后继学者,付出艰辛的劳动,编纂了《冲突法》(*The Conflict of Laws*)一书,总结了数百年来英国法院和仲裁庭处理国际法律冲突的宝贵经验,归纳出200多条通行的规则(Rules)。这些规则,在全世界范围内被公认为权威性的断案规则,可供全球司法界和仲裁界人士参考和采用。它们早已远远超出英国一国范围,成为全世界法律学人的共同财富。作为任何英国人,均应以此引为自豪。任何正直的英国法律界人士,谅必都对其他外国学生、外国学者学习和运用由英国人率先总结出来的国际法律冲突规则表示欢迎,感到高兴。如果既无知无能又狂妄自大,或鼠目寸光,坐井观天,或利令智昏,见利忘义,居然敢于断言:由英国人率先总结出来的规则只能由英国人加以**垄断解释**和**垄断运用**,那就显然既不符合当今英国作为全球大国的应有风度,也是违反当代历史潮流的重大倒退!

98. 陈安教授郑重地援引了上述国际权威学术专著中载明的第175条规则和第180条规则("Rules 175"和"Rules 180")。这显然是对于英国学者智慧的充分尊重。Bunge公司所聘请和雇用的法律执业人员在其答辩书中,对陈教授所援引的两条权威性断案规则及其原始论证和有关案例,迄今未能作出任何有理有据的评论和分析,加以任何否定和推翻,这就不能不令人质疑他们在"国际法律冲突"方面的法律知识是否足够,是否真正具备资格(qualified)向仲裁庭提供有理有据、可以采信的答辩书;或者,他们提供的答辩书是否可能属于"wide of the mark"了!反过来,如果他

---

[23] 见书证21,从略。

们根本提不出任何论点和论据,从根本上推翻和否定上述两条举世公认的权威性断案规则,那就从反面证明:陈教授所援引的这两条处理国际法律冲突的权威性断案规则,确实击中了 Bunge 公司无理请求的要害,确凿地证明了其原先的索赔仲裁请求是无理和不能成立的。

99. 至于陈教授在《专家意见书》中所援引的英国《食品安全法》,其中第 1 条关于食品的广泛定义、关于大豆应当认定为食品的法律依据,第 7 条关于销售有害有毒食品造成损害人类健康事故应当追究刑事责任的规定等,都是各国立法通行的规定和国际公认的法律常识和生活常识。

迄今为止,一般外国人确实不知道英国食品安全法律和法规中是否有完全违背上述国际法律常识和生活常识的相反规定,诸如:

(1) 大豆、豆油以及大豆加工的食品,都是"不可吃的"(inedible),均不得认定为食品。

(2) 对于含有剧毒致癌农药的大豆,完全应当允许其进入英国国境,以供制作食用豆油之用。

(3) 用这种含有致癌剧毒农药的大豆加工成为豆油和豆粕之后,即使造成严重的人畜中毒伤亡事故,其有关商家和各种辅助者、促进者、提供方便者、有关禁令的明知故犯者,都是可以不追究其法律责任和不受到任何法律惩罚的。

(4) 制作或销售有害有毒的食品,危害人类健康,造成严重人身伤亡事故的商家和个人,或者以不同方式参与其事、促进其事者,都可以完全逍遥法外,不承担任何法律责任,不受任何行政处罚或刑事处罚。

如果英国法中确实有、果真有上述这样的规定(尽管其十分荒谬),那么,是否不妨恭请受 Bunge 公司聘用,提供上述答辩书的先生们,略举一二例证,使非英国人,使"无资格"谈论英国法律的外国法律学生和外国法律学者们也能"分享奇闻",扩大知识面,增加"新鲜知识"?

100. 众所周知,英国是个讲法治的国家,其法律、法规、案例、规则,都是十分**透明**的、有案可查的。Bunge 公司的答辩书的撰写人蛮横无理地嘲笑外国的法律学者"没有资格"(is not qualified to)谈论英国法律问题,他们自己谅必都十分精通英国法。如果 Bunge 公司的答辩书的撰写人经过努力,仍然**提不出任何**与上述英国《食品安全法》或者英国法规上述强制性禁止规定**相反的规定**,足以证明即使食品或食品原料中加入或含有足以致癌致命的剧毒农药,而此种食品或食品原料,仍可几十万吨地、顺畅地进入英国国境,一旦因此造成严重的人畜中毒伤亡事故,有关行为人(不论是商家、个人、主持人、辅助人、促进者,不论是故意犯罪还是过失犯罪,不论是主犯还是从犯)都可以不被追究任何法律责任或刑事责任、不受任何行政处罚和刑事惩罚,那么,就确实只有他们才"有资格"谈论"英国法"问题了。

但是,他们确有这种"能耐",足以掩盖英国法的真相,肆意歪曲英国法律,在全世界公正人士面前对尊严的英国法律任意抹黑吗?——我们暂时不愿相信:他们竟然确有这种能耐!

101. **由此应当得出结论**:中国的陈安教授,尽管不是英国人,但是,他所提供的有关国际"法律冲突"的、由英国人率先总结出来并且在全世界享有权威的上述"法律冲突规则",有关英国《食品安全法》的相关规定和信息,都是可信赖的。陈安教授在 2006 年 11 月 1 日提供的《专家意见书》中所列举的证据,所援引的法律、法规、禁令以及所作的分析,都是有理有据的,有案可查的,可供本案英国 FOSFA 仲裁庭作为准确认定事实,公正公平断案的重要参考。

102. **令人遗憾的是**,本案英国 FOSFA 仲裁庭却一而再、再而三地接受误导,闭目塞听,盲目听信虚妄不实之词,并在最后作出了完全错误的终局裁决,致使守法经营的中国中禾公司无辜受害,遭受重大损失(单单履约保证金即被吞没 200 万元人民币,更不必说所耗费的巨大讼争开支和人力物力)。看来,无辜受害的中禾公司,如今可以依法讨回公道的唯一途径,就是向享有当代独立国家司法主权的中国人民法院,依据有关的国际公约、国际惯例以及与它们互相接轨的中国法律,秉公裁断,"拨乱反正",对英国 FOSFA 仲裁庭的错误裁决,不予承认,不予执行。

(八) 关于向中国主管法院申请对英国 FOSFA 仲裁裁决不予承认、不予执行的法律依据

103. 如前文第 40—42 段所述,应中禾公司上诉请求,英国伦敦高等法院商事法庭曾经在 2007 年发布"同意令"(Consent Order,是英国法院的一种裁定),明确指示:FOSFA 第 945 号上诉仲裁裁决发回 FOSFA 上诉委员会重新审理(Reconsideration)。这是英国 1996 年颁行的《仲裁法》明文规定的对有"重大不法行为"(Serious Irregularity)嫌疑的仲裁裁决实行司法监督的措施之一。[24] 此种裁定本身就有力地表明被"发回重审"的 FOSFA 原裁决,确实存在程序上或实体上的重大不法问题。

104. 事出无奈,为趋利避害,中禾公司最后的合理期待是:待机在中国自己的领土上,依据《1958 年纽约公约》的规定,请求中国人民法院给予法律保护,对英

---

[24] 参见陈安对英国 1996 年《仲裁法》有关司法监督条款和机制的评析,载陈安:《国际经济法刍言》(上卷),北京大学出版社 2005 年出版,第 278—287 页。(见书证 22,从略)

FOSFA 的枉法裁决,不予承认,不予执行。

105. 1986 年 12 月 2 日,全国人民代表大会常务委员会决定:中国加入《1958 年纽约公约》[25]。该公约第 3 条规定:"各缔约国应当互相承认外国仲裁裁决具有约束力,并按法定程序予以承认和执行。"不言而喻,这正是缔结该公约的主旨所在。但是,公约第 5 条第 1 款却规定了几种例外,即原裁决在程序上存在错误或违法的五种情况,只要具备其中之一,经受害当事人一方之请求和举证证实,有关缔约国之主管机关对于该项来自外国的仲裁裁决,就有权拒绝承认,也不予执行。这实质上意味着作为执行地所在国(东道国)的缔约国,对于已经发生法律效力并预期在其本国境内执行的外国裁决,有权加以必要的审查和监督,并保留否认其约束力和拒绝执行的权利。

106. 该公约第 5 条第 2 款又进一步规定:外国仲裁裁决执行地所在国(东道国)之主管机关,如果认定:(1)按照东道国本国的法律,该项争端不能以仲裁解决;或(2)**承认或执行某项外国仲裁裁决有违东道国本国的公共政策**,则有权拒不承认和执行该项外国仲裁裁决。这种规定,乃是"公共秩序保留"这一原则的具体运用,它的实质就是授权上述东道国主管机关对来自外国的仲裁裁决,在进行程序方面的审查和监督之外,也进行**实体内容上**的审查和监督。

107. 《1958 年纽约公约》上述条文中使用了英美法系所惯用的"公共政策"(public policy)一词,其含义相当于大陆法系中的"公共秩序"(public order),或中国法律用语中的"社会公共利益"(social public interests)。[26]这些同义语的共同内涵,通常指的是一个**国家的重大国家利益、重大社会利益、基本法律原则和基本道德原则**。[27]换言之,根据《1958 年纽约公约》第 5 条第 2 款的规定,外国仲裁裁决执行地所在国(东道国)的主管机关经过审查,一旦认定某项外国仲裁裁决的实体内容确有违反东道国国家或社会的重大利益、违反东道国法律或道德的基本规范之处,**如果加以承认和执行,势必严重损害本国社会的正常秩序,亵渎本国固有法律和道德的尊严**,在这种情况下,该东道国就有权以该项外国仲裁裁决的**实体内容存在错误和违法情事**为由,不予承认和执行。对外国仲裁裁决采取这样的审查标准和判断角

---

[25] 参见陈安主编:《国际经济法学资料选新编》(下册),北京大学出版社 2008 年版,第 1211—1214 页。(见书证 23,从略)

[26] 参见日本国际法学会编:《国际法辞典》(中译本),"公共秩序"条目,世界知识出版社 1985 年版,第 110—111 页。另参见《法国民法典》第 6 条;中国《民法通则》第 7 条、第 150 条;《合同法》第 7 条、第 52 条。(见书证 24,从略)

[27] 参见载《中国大百科全书·法学卷》,"保留条款"(条目),中国大百科全书出版社 1984 年版,第 10—11 页;韩德培主编:《国际私法》,武汉大学出版社 1985 年版,第 70—79 页;李双元主编:《国际私法》,北京大学出版社 1991 年版,第 135—137 页。(见书证 25,从略)

度,显然不属于程序运作上的审查与监督,而是实体内容上的审查与监督。

108. 《1958 年纽约公约》第 5 条第 2 款第 2 项的上述规定,通常称为"公共政策保留条款""公共秩序保留条款"或"社会公益保留条款"。不论其具体名称如何,都体现了当代国际社会对各国国家主权特别是对各国司法主权的充分尊重。换言之,《1958 年纽约公约》的此项规定,允许参加缔约的一切**主权国家**,充分"**留权在手**",有权通过独立自主的司法审查,针对势必损害本国重大权益的来自外国的一切裁决,拒绝承认,不予执行,从而维护本国社会的正常秩序、本国固有法律的权威和道德的尊严,以及本国人民生命健康的绝对安全。从这个意义上说,不承认、不执行来自外国的错误裁决和枉法裁决,乃是当代国家维护本国主权尊严、国家尊严、司法尊严的必要措施和必备条件。

109. 中国国内的现行法律,也充分体现了上述国际共识,并与它们完全接轨。《中华人民共和国民法通则》《中华人民共和国合同法》都反复强调:一切民事活动,包括订立和履行合同,都应当遵守法律、行政法规,尊重社会公德,不得扰乱社会经济秩序,不得损害社会公共利益,特别是不得违反法律和行政法规的强制性规定。[28] 为保障全球人类、动植物的生命健康,维护消费者的合法权益,《中华人民共和国食品卫生法》《中华人民共和国进出口商品检验法》《中华人民共和国动植物检疫法》《中华人民共和国国境卫生检疫法》《中华人民共和国产品质量法》等一系列法律以及配套的大量行政法规,都作出了明确的强制性规定,要求中外公众一体遵行,不得违反。《中华人民共和国刑法》则对违反有关法律法规强制性规定的某些犯罪行为,明文规定了追究刑事责任的具体刑种和量刑尺度。(见第 60—61 段;第 86—90 段;第 93 段)

110. 当代世界各国,都越来越关注全球人类的共同安全和本国国民的健康生存。相应地,各国的食品安全立法和执法也日益强化和更加严格,不断与时俱进。这种强大趋势,已经形成为当今世界的最新潮流、全球人类的共同认识和普遍要求。

111. 1948 年 12 月联合国大会通过的《**联合国人权宣言**》第 3 条明确规定:"人人有权享有生命、自由和人身安全。"第 25 条就健康权和生存权内容作了详细规定:"人人有权享有为维持他本人和家属的**健康**和福利所必需的生活水准,包括**食物**、衣着、住房、医疗和必要的社会服务……"在 1966 年 12 月召开的联合国大会上,正式通过了《经济、社会、文化权利国际公约》,该公约第 11 条对**健康生活权**作了专门

---

[28] 参见《中华人民共和国民法通则》第 7 条、第 150 条;《中华人民共和国合同法》第 7 条、第 52 条。(见书证 26,从略)

规定。[29]

112.《中华人民共和国宪法》《中华人民共和国民法通则》《中华人民共和国刑法》等都规定**生命健康和生存权是人最基本的权利,并加以有效保护**。[30]特别是《中国的人权状况》白皮书和《2000年中国人权事业的进展》对此作出了明确而卓有成效的规定。《中国的人权状况》白皮书认为生存权是中国人民长期争取的首要人权,而且至今仍然是一个首要问题。中国国务院新闻办公室于2001年4月发布了《2000年中国人权事业的进展》,指出"**中国政府继续把维护和促进人民的生存权和发展权置于首位**,大力发展经济,增强综合国力,改善人民的生存和发展状况。"

113. 近年来,中国国家领导人多次强调一切施政均应"以民为本""民以食为天,食以洁为先",[31]并正在为此采取一系列更加完善、更强有力的立法和执法措施。其最新的强有力措施是向全国公布了更加全面、更加严格的《中华人民共和国食品安全法》草案,广泛征求民意,以便进一步修订和完成新的立法,从而把保证食品安全,保障人民群众生命安全和身体健康的法制建设,推进到更高的水平。[32]此类举措,不但切合中国的国情和全民的强烈愿望,而且积极配合和推进了上述世界潮流,增强了上述全球共识。

114. 综上各点,显而易见:

(1)中国现行的上述法律体制,就是世界最新潮流的重要组成部分。

(2)中国关于保障食品安全的强制性法律、法规和禁令,不但是要保障占全球人口1/5的13亿中国人的生命安全和身体健康,而且是要保障全球60多亿人类共同的生命安全和身体健康。

---

[29] 参见蓝楠:《论环境保护法律调控的理论基础——生命健康和生存权》,http://www.riel.whu.edu.cn/show.asp?ID=5349。(见书证27,从略)

[30]《中华人民共和国宪法》第二章第33条明确规定:"国家尊重和保障人权。"人权最核心和最基本的权利就是生存权,生命健康权应该是生存权的重要组成部分。因此,保障国民的生命健康权乃是中国的基本法律原则。国内一切立法的核心理念和最终目的也是保障人的生命健康和生存权。例如,《中华人民共和国民法通则》对生命健康和生存权保护制度有系统的规定,一方面确定公民享有生命健康权(第98条),并将此项权利确认为人身权制度之首;另一方面明确规定侵害此项权利的违法行为及其法律责任,即在第六章第三节侵权民事责任中以第122—127条规定,公民生命健康和生存权被侵害时,侵权人应当承担民事责任,赔偿损失。可以说,以《中华人民共和国民法通则》为核心,中国民事法律已初步建立起系统而完整的人身权法律制度。该制度根据中国实际,突出对自然人人格利益的保护,特别是对生命健康和生存权的高度重视,体现出宪法保护公民生命健康和生存权的坚定信念。

[31] 参见《国家质检总局:决不允许毒大豆进口》,http://www.nanfangdaily.com.cn/jj/20040719/chj/200407190023.asp(见书证5,从略);《中国的食品质量安全状况白皮书》,http://news.sina.com.cn/c/2007-08-17/153413686446.shtml(见书证4,从略);《吴仪副总理在全国产品质量食品安全专项整治会上的讲话》,2007年8月25日(见书证28,从略);《李长江:中国政府月内出台6举措 高度重视产品质量食品安全》,http://www.gov.cn/wszb/zhibo132/content_728252.htm(见书证29,从略);高初建:《强调食品安全加快产业升级》,载《中华工商时报》2007年8月8日。(见书证30,从略)

[32]《食品安全法草案向社会全文公布 征求各方意见》,http://news.xinhuanet.com/legal/2008-04-20/content_8015518.htm。(见书证31,从略)

(3) 中国关于保障食品安全的强制性法律、法规和禁令,不但体现了全体中国人的基本价值观念、行为准则、法律秩序、大众福祉,而且体现了全人类共同的基本价值观念、行为准则、法律秩序和大众福祉。

(4) 违反中国关于保障食品安全的强制性法律、法规和禁令,不但是破坏了中国人的社会公共利益、公共秩序或公共政策,而且是破坏了全人类社会的公共利益、公共秩序或公共政策。

115. 联系和对照本案,2004年5月间本案合同卖方Bunge公司向中国输入五万多吨含毒巴西大豆,这无疑是违反中国强制性法律规定的严重违法行为。[33] 如果不是中国国家质检机关及时发现并发布禁令,严禁进口,其对中国人畜健康和生命安全造成的严重后果是不堪设想的。英国FOSFA仲裁庭就本案作出的三度仲裁裁决,对于Bunge公司此种违反中国强制性法律规定的严重违法行为,不但未作任何揭露和批判,反而多方袒护和蓄意包庇。裁决书中贯穿了对于中国食品安全立法和执法现状的愚昧无知和肆意歪曲,对中国法律尊严的极端藐视和严重亵渎,对中国国民健康和人身安全的极端漠视和麻木不仁,从而对恪守中国法律、守法经营的中国中禾公司造成严重的损害。这样的错误裁决,不但严重违反中国的强制性法律,也完全违反英国本国的强制性法律,更是完全背离当代世界潮流和全球共识,背离了全球人类社会的公共利益、公共秩序或公共政策。(见第74—78段;第110—114段)

116. Bunge公司向中国输入五万多吨含毒巴西大豆的严重违法行为,幸亏中国国家质检机关及时发现,把住国门,禁止进口;又幸亏中国各家有关银行紧密配合,及时拒绝开出融资信用证,使Bunge公司的此种违法行为终未得逞,未致酿成大祸。但是,它却已经无理侵吞了中禾公司200万元人民币的"履约保证金"。如今,Bunge公司不但不思悔改,反而贪得无厌,以英国FOSFA背离当代世界潮流作出的枉法裁断作为"令箭",力图通过"申请强制执行",绕过或突破中国的严密法网,以谋取更大的经济利益。此种图谋,实质上乃是对中国食品安全法制庄严、对中国司法审查监督法制庄严发起的**重大挑战**。如让此种图谋得逞,则不但是对守法经营、无辜受害的中国中禾公司造成更严重的损害和灾难,而且其客观后果,无异于扶邪压正,奖恶惩善;无异于洞开中国国门,鼓励国外不法商人把含毒食品源源不断、通行无阻地输向中国各地,听任其戕害中国13亿人民的人身安全和生存健康;严重扰乱中国社会

---

[33] "供货商在**明确知道**本批大豆用途是加工**食用油**和豆粕的情况下,还将染有有色警示剂的种用有毒大豆混入输往我国的大豆中,是**十分恶劣**的行为,**性质非常严重**。"参见厦门出入境检验检疫局:《厦门检验检疫局依法禁止5.89多万吨巴西大豆进口》,http://www.xmciq.gov.cn/views/controller.jsp?id=4361。(按:本文作者张振民是厦门出入境检验检疫局的一位副科长,他是主持此次检验并最早发现本批大豆含有剧毒的官员。)(见书证3,从略)另参见4份购销食用豆油合同。

的正常秩序,亵渎中国的法律权威,践踏中国的公益公德,破坏中国的司法尊严。相应地,也破坏了全球人类社会的公共利益、公共秩序或公共政策。

117. 这样的后果和局面,当然绝对不能容许其在中国的大地上产生。中国的法院在针对外国仲裁裁决申请在华执行实行审查监督过程中,不但担负着维护本国基本价值观念、行为准则、法律秩序、大众福祉不受侵犯的神圣职责,而且也担负着促进当代世界先进潮流,保护全球人类健康,维护全球人类社会的公共利益、公共秩序或公共政策的神圣职责。

五、结论:英国 FOSFA 裁决严重枉法,依法应不予承认、不予执行

118. 人们应当确信:中国人民自己的司法机关必定会明辨此案的大是大非,充分运用中国的司法主权,援引《1958 年纽约公约》第 5 条第 2 款第 2 项以及中国有关法律的规定,坚定地守住这最后一道防线,牢牢把握这最后一道"安全阀",依法从严审查来自英国 FOSFA 的违法裁决和错误裁决,当机立断,坚决**不予承认、不予执行**,从而**维护**本国的基本价值观念、行为准则、法律秩序和大众福祉,**不受侵犯**;维护全人类共同的基本价值观念、行为准则,不被亵渎,维护全球人类社会的公共利益、公共秩序或公共政策,不遭破坏。